高等职业教育“互联网+”新形态一体化系列教材
高职高专院校汽车类专业技术技能型人才培养教材

# 汽车机械基础（第2版）

主　编 ◎ 林承全　谢计红　丁礼灯
副主编 ◎ 赵文龙　张得仓　张　兵

華中科技大學出版社
http://www.hustp.com
中国 · 武汉

## 内 容 简 介

本书分为9个项目，主要包括：汽车常用工程材料与热处理、汽车零件焊接与胶接、汽车常用机构与机械传动、汽车轴系零部件、汽车零件配合与技术测量、汽车液压与气压传动、汽车零件切削加工与装配等内容。

本书适合高职高专汽车制造与装配技术、汽车运用与维修、汽车检测与维修、汽车电子技术等相关专业使用，也可以作为成人高等教育、民办高校、高级技校、技师学院、汽车技术社会培训大专班等相关课程的教材和工程技术人员参考用书。

**图书在版编目(CIP)数据**

汽车机械基础/林承全，谢计红，丁礼灯主编. —2版. —武汉：华中科技大学出版社，2017.7(2022.8重印)
ISBN 978-7-5680-3040-3

Ⅰ.①汽… Ⅱ.①林… ②谢… ③丁… Ⅲ.①汽车-机械学 Ⅳ.①U463

中国版本图书馆CIP数据核字(2017)第124245号

**汽车机械基础(第2版)**
Qiche Jixie Jichu

林承全 谢计红 丁礼灯 主编

策划编辑：张 毅
责任编辑：张 毅
封面设计：孢 子
责任监印：朱 玢
出版发行：华中科技大学出版社(中国·武汉) 电话：(027)81321913
武汉市东湖新技术开发区华工科技园 邮编：430223
录 排：武汉正风天下文化发展有限公司
印 刷：武汉市籍缘印刷厂
开 本：787mm×1092mm 1/16
印 张：22
字 数：586千字
版 次：2022年8月第2版第4次印刷
定 价：49.80元

高等职业教育"互联网+"新形态一体化系列教材

高职高专院校汽车类专业技术技能型人才培养教材

# 编审委员会

# 前言 QIANYAN

本书是国家示范性高等职业教育汽车类“十三五”规划教材，是根据教育部对高职高专汽车类专业各领域技能型紧缺人才培养目标的要求编写的，主要适用于高职高专汽车类各专业的教学。

本书在编写过程中力求突出高职高专教育的特色，满足企业对学生的技能需要，以服务教学、面向岗位、面向就业为导向，主要体现在如下几个方面。

(1) 完全采用项目教学、任务驱动、基于工作过程和学教做一体化模式与汽车制造、汽车运用、汽车维修各专业课程内容密切结合，而不是简单地把几本教材合并、把章改为项目、把节改为任务。本书为汽车专业基础课程采用任务驱动式教学开辟了一条新的途径。

(2) 本书对传统学科型教材进行了整合，在教学内容选取上保证了汽车类专业所需的最基本、最主要的机械基础的经典内容，尽量避免内容之间不必要的交叉和重叠，淡化学科体系，减少教学时数，提高课堂教学效率。

(3) 基本知识点的选取以实用、适用、先进的编写原则和通俗、精练、可操作的编写风格，没有过多的理论推导，以学生就业所需的专业知识和操作技能为着眼点，力求提高学生的实际操作能力，使学生更好地适应社会需求。为体现高职高专汽车教育的特点，本书选择了许多汽车工程中的实例，以培养学生分析问题和解决实际问题的能力。

(4) 本书在叙述上力求通俗易懂，深入浅出，对各种基本概念与基本原理的阐述力求简明扼要。每个项目均采用“任务导入”“任务分析”“相关知识”“任务实施”“知识拓展”和“复习与思考”等模式展开，有很强的实用性。

(5) 为便于教师教学和学生自学，每个项目前备有“知识目标”和“能力目标”，让学生(学员)知道该项目应该达到的知识要求和能力要求。本书所选案例均贴合工作实际，以满足广大企业对汽车类专业应用型人才实际操作能力的需求，增强学生在就业过程中的竞争力。

(6) 贯穿“以学生为主体，以教师为主导”、使学生“学会怎样学习，学会怎样思维，学会怎样创造”的思想；不仅学习知识，更要训练技能和学会思维方法。全书基本术语、材料牌号、设备型号等符合最新的国际标准和国家标准。

本书由荆州职业技术学院林承全、武汉交通职业学院谢计红、长江职业学院丁礼灯担任主编，广东工贸职业技术学院赵文龙、湖北三峡职业技术学院张得仓、连云港职业技术学院张兵担任副主编。编写分工如下：林承全编写项目1～项目3、项目6和附录，丁礼灯编写项目4，赵文龙编写项目5，张得仓编写项目7，谢计红编写项目8，张兵编写项目9。林承全负责全书统稿和定稿。

本书吸取了编者多年的教学改革和教材使用的经验,编写时力求教师和学生使用方便,既减轻学生负担,又能保证有利于培养学生机械实践动手能力。

本书在编写过程中得到了华中科技大学出版社和编者所在单位的大力帮助与支持,也参考了许多国内、国外先进汽车机械基础技术课程改革和教材改革的先进经验,在书后参考文献中列举出来,在此表示衷心感谢!

限于编审者水平,书中不妥之处在所难免,恳请读者批评指正。

编　者

2017 年 5 月

# 目录 MULU

1

# 项目 1 汽车常用工程材料

### 知识目标

(1) 分析铸铁、铝、铜及其合金和非金属材料的组成。

(2) 掌握非合金钢、常用合金钢和特殊性能钢的分类、牌号和用途。

### 能力目标

(1) 能正确选择汽车制造常用工程材料。

(2) 能正确使用铸铁和非铁合金等。

# 任务1　汽车合金钢材料与非合金钢材料

## 【任务导入】

受神龙汽车零部件制造有限公司委托，对一批汽车零件(包括汽车钢板、汽车齿轮和汽车传动轴等)选择合适的材料。

## 【任务分析】

目前，全世界汽车的保有量很大，超过9亿多辆，年产量超过8 000万辆。制造汽车所用的材料年消耗量十分巨大，钢铁材料的年消耗量占世界钢铁总产量的25%，橡胶的年消耗量占世界橡胶总产量的58%。

就汽车制造材料的消耗而言，金属材料约占整车质量的80%，其中钢铁材料约占70%，非铁金属材料约占10%；非金属材料约占整车质量的20%，其中塑料约占7%，橡胶约占3%～7%。如何正确使用汽车材料是产品质量的关键因素之一。

## 【相关知识】

### 一、非合金钢的分类、编号和用途

#### 1. 非合金钢的分类

非合金钢分类方法很多，比较常用的有三种，即按钢的含碳量、质量和用途分类。

(1) 按含碳量分类
- 低碳钢：$w_C \leqslant 0.25\%$
- 中碳钢：$0.25\% < w_C \leqslant 0.60\%$
- 高碳钢：$w_C > 0.60\%$

(2) 按质量分类
- 普通碳素钢：$w_S \leqslant 0.050\%$；$w_P \leqslant 0.045\%$
- 优质碳素钢：$w_S \leqslant 0.035\%$；$w_P \leqslant 0.035\%$
- 高级优质碳素钢：$w_S \leqslant 0.030\%$；$w_P \leqslant 0.030\%$

(3) 按用途分类
- 碳素结构钢：主要用于建筑、桥梁等工程和各种机械零件
- 碳素工具钢：主要用于各类刀具、量具和模具等

#### 2. 碳钢的牌号和用途

1) 碳素结构钢

碳素结构钢的牌号由Q加数字组成，“Q”为“屈”字的汉语拼音字首，数字表示屈服点数值。如Q275，表示屈服点为275 MPa的碳素结构钢。若牌号后面标注字母A、B、C、D，则表示钢的质量等级不同，即含硫量、含磷量不同，由A～D表示钢的质量等级依次提高。“F”表示沸腾钢，“b”表示半镇静钢，不标“F”和“b”的表示镇静钢。例如，Q235-A・F表示屈服点为235 MPa的A级沸腾钢，Q235-C表示屈服点为235 MPa的C级镇静钢。

碳素结构钢一般情况下都不经过热处理，而是在供应状态下直接使用。通常Q195、Q215、Q235含碳量低，有一定强度，常轧制成薄板、钢筋、焊接钢管等，用于桥梁、建筑等钢结构，也可

制造普通的铆钉、螺钉、螺母、垫圈、地脚螺栓、轴套、销轴等，Q255 和 Q275 钢强度、韧度较高，塑性较好，可进行焊接。通常轧制成型钢、条钢和钢板作结构件，以及制造连杆、键、销，简单机械上的齿轮、联轴器等。

2）优质碳素结构钢

优质碳素结构钢的牌号由两位数字或数字与特征符号组成。两位数字表示含碳量，以万分之几表示。沸腾钢和半镇静钢在牌号尾部分别加符号“F”和“b”，镇静钢一般不标符号。较高含锰量的优质碳素结构钢，在表示含碳量的数字后面加锰元素符号。例如，$w_C$＝0.50％，$w_{Mn}$＝0.70％～1.00％的钢，其牌号表示为“50Mn”。高级优质碳素结构钢，在牌号后加符号“A”，特级优质碳素结构钢在牌号后加符号“E”。

优质碳素结构钢主要用于制造机械零件，一般都要经过热处理以提高力学性能。根据含碳量不同，优质碳素结构钢有不同的用途。例如：08、08F、10、10F 钢，塑性好、韧度高，具有优良的冷成形性能和焊接性能，常冷轧成薄板，用于制作仪表外壳、汽车和拖拉机上的冷冲压件，如汽车车身、拖拉机驾驶室等；15、20、25 钢用于制作尺寸较小、负荷较轻、表面要求耐磨、心部强度要求不高的渗碳零件，如活塞钢、样板等；30、35、40、45、50 钢经热处理（淬火＋高温回火）后具有良好的力学性能，即具有较高的强度、韧度和较好的塑性，用于制作轴类零件；55、60、65 钢热处理（淬火＋高温回火）后具有较高的弹性极限，常用作弹簧。优质碳素结构钢的牌号、力学性能和用途见表 1.1。

**表 1.1　优质碳素结构钢的牌号、力学性能和用途**

| 牌号 | 力学性能 | | | | | 用途 |
|---|---|---|---|---|---|---|
| | $\sigma_s$ /MPa | $\sigma_b$ /MPa | $\delta_5$ /(%) | $\Psi$ /(%) | $A_K$ /J | |
| 08 | ≥195 | ≥325 | ≥33 | ≥60 | — | 这类低碳钢由于强度低、塑性好，一般用于制造受力不大的冲压件，如螺栓、螺母、垫圈等。经过渗碳处理或氰化处理可用作表面要求耐磨、耐腐蚀的机械零件，如凸轮、滑块等 |
| 10 | ≥205 | ≥335 | ≥31 | ≥55 | — | |
| 15 | ≥225 | ≥375 | ≥27 | ≥55 | — | |
| 20 | ≥245 | ≥410 | ≥25 | ≥55 | — | |
| 25 | ≥275 | ≥450 | ≥23 | ≥50 | ≥71 | |
| 30 | ≥295 | ≥490 | ≥21 | ≥50 | ≥63 | 这类中碳钢的综合力学性能和切削加工性均较好，可用于制造受力较大的零件，如主轴、曲轴、齿轮等 |
| 35 | ≥315 | ≥530 | ≥20 | ≥45 | ≥55 | |
| 40 | ≥335 | ≥570 | ≥19 | ≥45 | ≥47 | |
| 45 | ≥355 | ≥600 | ≥16 | ≥40 | ≥39 | |
| 50 | ≥375 | ≥630 | ≥14 | ≥40 | ≥31 | |
| 55 | ≥380 | ≥645 | ≥13 | ≥35 | — | 这类钢有较高的强度、弹性和耐磨性，主要用于制造凸轮、车轮、螺旋弹簧和钢丝绳等 |
| 60 | ≥400 | ≥675 | ≥12 | ≥35 | — | |
| 65 | ≥410 | ≥695 | ≥10 | ≥30 | — | |

3）碳素工具钢

碳素工具钢的牌号是由代表碳的符号“T”与数字组成，数字表示钢的含碳量，以千分之几表示。含锰量较高的碳素工具钢或高级优质碳素工具钢,牌号尾部表示与优质碳素结构钢的相同。如 T12 钢,表示 $w_C$=1.2%的碳素工具钢。

碳素工具钢生产成本较低,加工性能良好,可用于制造低速、手动刀具及常温下使用的工具、模具、量具等。在使用前要进行热处理(淬火+低温回火)。常用的牌号:T7、T8 用于制造要求较高韧度、承受冲击负荷的工具,如小型冲头、凿子、锤子等;T9、T10、T11 用于制造要求中等韧度的工具,如钻头、丝锥、车刀、冲模、拉丝模、锯条等;T12、T13 钢具有高硬度、高耐磨性,但韧度较低,用于制造不受冲击的工具,如量规、塞规、样板、锉刀、刮刀、精车刀等。碳素工具钢的牌号、化学成分和用途见表 1.2。

**表 1.2 碳素工具钢的牌号、化学成分和用途**

<table>
<tr><th rowspan="2">牌号</th><th colspan="5">化学成分/(%)</th><th colspan="2">硬 度</th><th rowspan="2">用 途</th></tr>
<tr><th>C</th><th>Mn</th><th>Si</th><th>S</th><th>P</th><th>供应状态<br>HBS</th><th>淬火后<br>HRC</th></tr>
<tr><td>T7</td><td>0.65~0.74</td><td rowspan="2">≤0.40</td><td rowspan="9">≤0.35</td><td rowspan="9">≤0.030</td><td rowspan="9">≤0.035</td><td rowspan="3">≤187</td><td rowspan="9">≥62</td><td>承受冲击、要求韧度较高的工具,如凿子、风动工具、木工用锯和凿子等</td></tr>
<tr><td>T8</td><td>0.75~0.84</td><td rowspan="2">用于冲击不大、要求硬度较高的工具,如小冲模、木工用铣刀、斧、凿、圆锯片及虎钳钳口等</td></tr>
<tr><td>T8Mn</td><td>0.80~0.90</td><td>0.40~0.60</td></tr>
<tr><td>T9</td><td>0.85~0.94</td><td rowspan="6">≤0.40</td><td>≤192</td><td>用于硬度较高,有一定韧度要求、不受剧烈冲击的工具,如冲模、饲料机切刀等</td></tr>
<tr><td>T10</td><td>0.95~1.04</td><td>≤197</td><td rowspan="2">用于不受剧烈冲击、耐磨性要求较高的工具,如冲模、小钻头、手用丝锥、板牙、锯条和量具等</td></tr>
<tr><td>T11</td><td>1.05~1.14</td><td rowspan="2">≤207</td></tr>
<tr><td>T12</td><td>1.15~1.24</td><td>用于不受冲击载荷、切削速度不高的工具或耐磨机件,如锉刀、刮刀等</td></tr>
<tr><td>T13</td><td>1.25~1.35</td><td>≤217</td><td>用于不受冲击、高硬度要求的工具,如剃刀、刮刀、刻字刀等</td></tr>
</table>

4)碳素铸钢

许多形状复杂的零件,很难通过锻压等方法加工成形,用铸铁时性能又难以满足需要,此时常用碳素铸钢铸造获取铸钢件。碳素铸钢也称铸钢,在机械制造尤其是重型机械制造业中应用非常广泛。

铸钢的牌号有两种表示方法。以强度表示的铸钢牌号,是由"铸钢"两字的汉语拼音字首"ZG"与表示力学性能的两组数字组成,第一组数字代表最低屈服点,第二组数字代表最低抗拉强度值。例如 ZG 200-400，表示 $\sigma_s(\sigma_{r0.2})\geqslant 200$ MPa、$\sigma_b\geqslant 400$ MPa 的铸钢。铸钢的另一种牌号用化学成分表示，在此不作介绍。

铸钢的含碳量一般为 0.15%～0.60%，过高则塑性差，易产生裂纹。铸钢的铸造性能比铸铁的差，主要表现在铸钢流动性差，凝固时收缩比大且易产生偏析等。铸钢的牌号、化学成分、力学性能和用途见表 1.3。

**表 1.3 铸钢的牌号、化学成分、力学性能和用途**

<table>
<tr><th rowspan="2">牌号</th><th colspan="4">化学成分/(%)</th><th colspan="5">力学性能</th><th rowspan="2">用 途</th></tr>
<tr><th>C</th><th>Si</th><th>Mn</th><th>S、P</th><th>$\sigma_s$ /MPa</th><th>$\sigma_b$ /MPa</th><th>$\delta_5$ /(%)</th><th>$\Psi$ /(%)</th><th>$A_K$ /J</th></tr>
<tr><td>ZG 200-400</td><td>0.20</td><td rowspan="3">0.50</td><td>0.08</td><td rowspan="5">0.04</td><td>200</td><td>400</td><td>25</td><td>40</td><td>30</td><td>有良好的塑性、较高韧度和焊接性能，用于受力不大、要求韧度高的各种机械零件，如机座、变速箱壳等</td></tr>
<tr><td>ZG 230-450</td><td>0.30</td><td rowspan="4">0.09</td><td>230</td><td>450</td><td>22</td><td>32</td><td>25</td><td>有一定强度、韧度和较好的塑性、焊接性能，用于受力不大，要求韧度高的各种机械零件，如外壳、轴承盖、底板等</td></tr>
<tr><td>ZG 270-500</td><td>0.40</td><td>270</td><td>500</td><td>18</td><td>25</td><td>22</td><td>有较高的强度和较好的塑性，铸造性能良好。焊接性能尚好，切削性好，用于轴承座、箱体、曲轴和气缸体等</td></tr>
<tr><td>ZG 310-570</td><td>0.50</td><td rowspan="2">0.60</td><td>310</td><td>570</td><td>15</td><td>21</td><td>15</td><td>强度和切削性良好，塑性较差、韧度较低，用于载荷较高的零件，如大齿轮、气缸体和制动轮等</td></tr>
<tr><td>ZG 340-640</td><td>0.60</td><td>340</td><td>640</td><td>10</td><td>18</td><td>10</td><td>有高的强度、硬度和耐磨性，切削性、流动性好，焊接性较差，用于起重运输机齿轮、联轴器等重要零件</td></tr>
</table>

## 二、合金元素在钢中的作用

### 1. 非合金钢中的常存杂质元素及其影响

实际使用的非合金钢并不是单纯的铁碳合金，由于冶炼时所用原料及冶炼工艺方法等影响，钢中总不免有少量其他元素存在，如硅、锰、硫、磷、铜、铬、镍等，这些并非有意加入或保留的元素一般作为杂质看待。它们的存在对钢的性能有较大的影响。

(1) 锰 钢中的锰来自炼钢生铁及脱氧剂锰铁。一般认为，锰在钢中是一种有益的元素。在碳钢中 $w_{Mn}<0.80\%$，在含锰合金钢中，$w_{Mn}$ 一般控制在 1.0%～1.2%。锰大部分溶于铁素体中，形成置换固溶体，并使铁素体强化；另一部分锰溶于渗碳体中，形成合金渗碳体，提高钢的硬度；锰与硫化合成 MnS，能减轻硫的有害作用。当锰的含量不多，在碳钢中仅作为少量杂质存在时，它对钢的性能影响并不明显。

(2) 硅 硅也是来自炼钢生铁和脱氧剂硅铁。在碳钢中 $w_{Si}<0.35\%$，硅与锰一样能溶于铁素体中，使铁素体强化，从而使钢的强度、硬度、弹性提高，而塑性、韧度降低。因此，硅也是碳

钢中的有益元素。

(3) 硫　硫是生铁中带来的而在炼钢时又未能除尽的有害元素。硫不溶于铁,而以 FeS 形式存在,FeS 会与 Fe 形成低熔点(985 ℃)的共晶体(FeS-Fe),并分布于奥氏体的晶界上,当钢材在 1 000～1 200 ℃压力下加工时,晶界处的 FeS-Fe 共晶体已经熔化,并使晶粒脱开,钢材将沿晶界处开裂,这种现象称为“热脆”。为了避免热脆,钢中 $w_S$ 必须严格控制,普通钢 $w_S \leqslant 0.055\%$,优质钢 $w_S \leqslant 0.040\%$,高级优质钢 $w_S \leqslant 0.030\%$。

在钢中增加锰,可消除硫的有害作用,锰与硫能形成熔点为 1 620 ℃的 MnS,而且 MnS 在高温时具有塑性,这样就可避免热脆现象。

(4) 磷　磷也是生铁中带来的而在炼钢时又未能除尽的有害元素。磷在钢中全部溶于铁素体中,虽可使铁素体的强度、硬度有所提高,但却使室温下的钢的塑性、韧度急剧降低,在低温时表现尤其突出。这种在低温时由磷导致钢严重变脆的现象称为“冷脆”。磷的存在还会使钢的焊接性能变坏,因此钢中 $w_P$ 应严格控制,普通钢 $w_P \leqslant 0.045\%$,优质钢 $w_P \leqslant 0.040\%$,高级优质钢 $w_P \leqslant 0.035\%$。

但是,在适当的情况下,硫、磷也有一些有益的作用。对于硫,当钢中 $w_S$ 较高(0.08%～0.3%)时,适当提高钢中 $w_{Mn}$(0.6%～1.55%),使硫与锰结合成 MnS,切削时易于断屑,能改善钢的切削性能,故易切钢中含有较多的硫。对于磷,如与铜配合能增加钢的抗空气腐蚀能力,改善钢的切削加工性能。

另外,钢在冶炼时还会吸收和溶解一部分气体,如氮气、氢气、氧气等,给钢的性能带来有害影响。尤其是氢气,它可使钢产生氢脆,也可使钢中产生微裂纹,即白点。

为使金属具有某些特性,在基体金属中有意加入或保留的金属或非金属元素称为合金元素,钢中常用的有铬、锰、硅、镍、钼、钨、钒、钴、铝、铜等。硫、磷在特定条件下也可以认为是合金元素。

合金元素在钢中的作用,主要表现为合金元素与铁、碳之间的相互作用,以及对铁碳相图和热处理相变过程的影响。

**2. 合金元素对钢基本相的影响**

(1) 强化铁素体　大多数合金元素都能溶于铁素体,引起铁素体的晶格畸变,产生固溶强化,使铁素体的强度、硬度增强,塑性、韧度降低。

(2) 形成碳化物　在钢中能形成碳化物的元素称为碳化物形成元素,有铁、锰、铬、钼、钨、钒等。这些元素与碳结合力较强,生成碳化物(包括合金碳化物、合金渗碳体和特殊碳化物)。合金元素与碳的结合力越强,形成的碳化物越稳定,硬度就越高。碳化物的稳定性越高,就越难溶于奥氏体,也越不易聚集长大。随着碳化物数量的增加,钢的硬度、强度提高,塑性、韧度下降。

**3. 合金元素对 $Fe\text{-}Fe_3C$ 相图的影响**

(1) 镍、锰等合金元素使单相奥氏体区扩大　如图 1.1 所示,若该元素量足够高,可使单相奥氏体扩大至常温,即可在常温下保持稳定的单相奥氏体组织(这种钢称为奥氏体钢)。

(2) 铬、钼、钛、硅、铝等合金元素使单相奥氏体区缩小　当其含量足够高时,可使钢在高温与常温下均保持铁素体组织,这类钢称为铁素体钢。

**4. 合金元素对钢的热处理的影响**

1) 对钢加热时奥氏体形成的影响

(1) 对奥氏体形成速度的影响　合金钢的奥氏体形成过程基本上与碳钢的相同,但由于碳

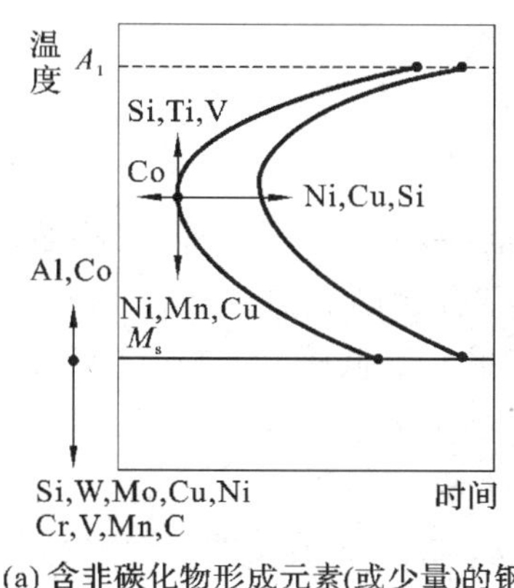

(a) 含非碳化物形成元素(或少量)的钢

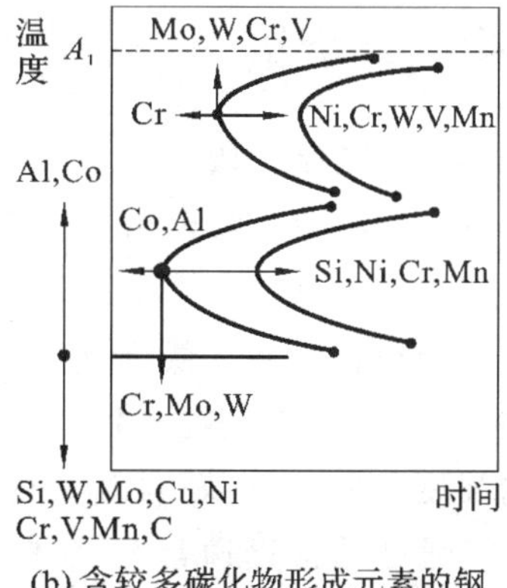

(b) 含较多碳化物形成元素的钢

图 1.1　合金元素的影响示意图

化物形成元素都阻碍碳原子的扩散，因而都减缓奥氏体的形成；同时，合金元素形成的碳化物比渗碳体难溶于奥氏体，溶解后也不易扩散均匀。因此，要获得均匀的奥氏体，合金钢的加热温度应比碳钢高，保温时间应比碳钢长。

(2) 对奥氏体晶粒大小的影响　由于高熔点的碳化物的细小颗粒分散在奥氏体组织中，能机械地阻碍奥氏体晶粒的长大，因此，热处理时合金钢(锰钢除外)不易产生过热组织。

2) 对过冷奥氏体的转变的影响

除钴以外，大多数合金元素都能增加奥氏体的稳定性，使C曲线右移，且碳化物形成元素使珠光体和贝氏体的转变曲线分离为两个C形。

由于合金元素使C曲线右移，因而使淬火的临界冷却速度降低，提高了钢的淬透性，这样就可采用较小的冷却速度，甚至在空气中冷却就能得到马氏体，从而避免了由于冷却速度过大而引起的变形和开裂。

C曲线向右移会使钢的退火变得困难，因此，合金钢往往采用等温退火使之软化。

此外，除钴、铝外，其他合金元素均使 $M_s$ 点降低，残余奥氏体量增多。

3) 对淬火钢回火的影响

合金元素固溶于马氏体中，减慢了碳的扩散，从而减慢了马氏体及残余奥氏体的分解过程，阻碍碳化物析出和聚集长大，因而在回火过程中合金钢的软化速度比碳钢慢，即合金钢具有较高的回火抗力，在较高的回火温度下仍保持较高的硬度，这一特性称为耐回火性(或回火稳定性)。也就是说，在回火温度相同时，合金钢的硬度及强度比相同含碳量的碳钢要高，或者说两种钢淬火后回火至相同硬度时，合金钢的回火温度高(内应力的消除比较彻底，因此，其塑性比碳钢的好，韧度比碳钢的高)。

此外，若钢中铬、钨、钼、钒等元素超过一定量时，除了提高耐回火性外，在400 ℃以上还会形成弥散分布的特殊碳化物，使硬度重新升高，直到500～600 ℃硬度达最高值，出现所谓的二次硬化现象为止。600 ℃以后硬度下降是由于这些弥散分布的碳化物聚集长大的结果。

高的耐回火性和二次硬化使合金钢在较高温度(500～600 ℃)下仍保持高硬度，这种性能称为热硬性(或红硬性)。热硬性对高速切削刀具及热变形模具等非常重要。

合金元素对淬火钢回火后的力学性能的不利方面主要是第二类回火脆性。这种脆性主要在含铬、镍、锰、硅的调质钢中出现，而钼和钨可降低第二类回火脆性。

## 三、常用合金钢

### 1. 低合金高强度结构钢

低合金钢是一类可焊接的低碳低合金工程结构钢,主要用于房屋、桥梁、船舶、车辆、铁道、高压容器等工程结构件。其中低合金高强度结构钢是结合我国资源条件(主要加入锰)而发展起来的优良低合金钢之一。低合金高强度结构钢 $w_C \leqslant 0.2\%$(低碳具有较好的塑性和焊接性),$w_{Mn}=0.8\%\sim1.7\%$,辅以我国富产资源钒、铌等元素,通过强化铁素体、细化晶粒等作用,使其具备了高的强度和韧度、良好的力学性能、良好的耐蚀性等。

低合金高强度结构钢通常是在热轧经退火(或正火)状态下供应的,使用时一般不进行热处理。

低合金高强度结构钢分为镇静钢和特殊镇静钢,在牌号的组成中没有表示脱氧方法的符号,其余表示方法与碳素结构钢的相同。例如Q345A,表示屈服强度为345 MPa的A级低合金高强度结构钢。

### 2. 机械结构用合金钢

机械结构用合金钢主要用于制造各种机械零件,是用途广、产量大、钢号多的一类钢,大多数需经热处理后才能使用。按其用途及热处理特点可分为合金渗碳钢、合金调质钢、弹簧钢等。

机械结构用合金钢牌号由数字与元素符号组成。用两位数字表示含碳量,以万分之几表示,放在牌号头部。合金元素含量的表示方法为:含量小于1.5%时,牌号中仅标注元素,一般不标注含量;含量为1.5%~2.49%、2.5~3.49%……时,在合金元素后相应写成2、3……。例如,碳、铬、镍的含量为0.2%、0.75%、2.95%的合金结构钢,其牌号表示为20CrNi3。高级优质合金钢和特级优质合金钢的表示方法与优质碳素结构钢的相同。

1) 合金渗碳钢

(1) 成分特点　用于制造渗碳零件的钢称为渗碳钢。合金渗碳钢 $w_C=0.12\%\sim0.25\%$,低的含碳量保证了淬火后零件心部有足够好的塑性和高韧度。合金渗碳钢的主要合金元素是铬,还可加入镍、锰、硼、钨、钼、钒、钛等元素。其中,铬、镍、锰、硼的主要作用是提高淬透性,使大尺寸零件的心部淬火、回火后有较高的强度和韧度;少量的钨、钼、钒、钛能形成细小、难溶的碳化物,以阻止渗碳过程中高温、长时间保温条件下晶粒长大。

(2) 热处理及性能特点　预备热处理为正火;最终热处理一般采用渗碳后直接淬火或渗碳后二次淬火加低温回火的热处理。

渗碳后的钢件,表层经淬火和低温回火后,获得高碳回火马氏体加碳化物,硬度一般为58~64 HRC;而心部组织则视钢的淬透性及零件的尺寸的大小而定,可得低碳回火马氏体(40~48 HRC)或珠光体加铁素体组织(25~40 HRC)。

20CrMnTi是应用最广泛的合金渗碳钢,用于制造汽车拖拉机的变速齿轮、轴等零件。

2) 合金调质钢

优质碳素调质钢中的40、45、50使用率高并且价格低,但由于存在着淬透性差、耐回火性差、综合力学性能不够理想等缺点,所以,对重载作用下同时又受冲击的重要零件必须选用合金调质钢。

(1) 成分特点　合金调质钢 $w_C=0.25\%\sim0.5\%$,主要合金元素是锰、硅、铬、镍、钼、硼、铝等,主要作用是提高钢的淬透性,钼能防止高温回火脆性,钨、钒、钛可细化晶粒,铝能加速渗氮过程。

(2) 热处理及性能特点　合金调质钢的锻造毛坯应进行预备热处理，以降低硬度，便于切削加工。合金元素含量低，淬透性低的调质钢可采用退火。淬透性高的钢，则采用正火加高温回火。例如，40CrNiMo 钢正火后硬度在 400 HBS 以上，经高温回火后硬度才能降低到 230 HBS 左右，满足了切削要求。合金调质钢的最终热处理为淬火后高温回火(500～600 ℃)，以获得回火索氏体组织，使钢件具有高强度、高韧度相结合的良好综合力学性能。

如果除了具备良好的综合力学性能外，若还要求表面有良好的耐磨性，则可在调质后进行表面淬火或渗氮处理。

(3) 用途　合金调质钢主要用来制造受力复杂的重要零件，如机床主轴、汽车半轴、柴油机连杆螺栓等。40Cr 是最常用的一种调质钢，有很好的强化效果。38CrMoAl 是专用渗氮钢，经调质和渗氮处理后，表面具有很高的硬度、耐磨性和疲劳强度，且变形很小，常用来制造一些精密零件，如镗床镗杆、磨床主轴等。

3) 合金弹簧钢

合金弹簧钢主要用于制造弹簧等弹性元件，如汽车、拖拉机、坦克、机车车辆的减振板簧和螺旋弹簧，以及钟表发条等。

(1) 成分特点　合金弹簧钢 $w_C$＝0.45％～0.7％，常加入硅、锰、铬等合金元素，主要作用是提高淬透性，并提高弹性极限。硅使弹性极限提高的效果很突出，也使钢加热时易表面脱碳；锰能增加淬透性，但也使钢的过热和回火脆性倾向增大。另外，合金弹簧钢中还加入了钨、钼、钒等，它们可减少硅锰弹簧钢脱碳和过热的倾向，同时可进一步提高弹性极限、耐热性和耐回火性。

(2) 热处理及性能特点　合金弹簧钢的热处理一般是淬火加中温回火，获得回火托氏体组织，具有高的弹性极限和屈服强度。

60Si2MnA 是典型的弹簧钢，广泛用于汽车、拖拉机上的板簧、螺旋弹簧等。

4) 滚动轴承钢

滚动轴承钢主要用来制造各种滚动轴承元件，如轴承内外圈、滚动体等。此外，还可以用来制造某些工具，如模具、量具等。

滚动轴承钢有自己独特的牌号。牌号前面以“G”(“滚”字的汉语拼音字首)为标志，其后为铬元素符号 Cr，数字表示含铬量，以千分之几表示，其余表示与合金结构钢的相同。例如，$w_{Cr}$＝1.5％的轴承钢，其牌号表示为 GCr15。

(1) 成分特点　滚动轴承钢在工作时承受很高的交变接触压力，同时，滚动体与内外圈之间还产生强烈的摩擦，并受到冲击载荷的作用以及空气和润滑介质的腐蚀作用。这就要求滚动轴承钢必须具有高而均匀的硬度和耐磨性，高的抗压强度和接触疲劳强度，足够强的韧度和对空气、润滑剂的耐蚀能力。为获得上述性能，一般 $w_C$＝0.95％～1.15％，$w_{Cr}$＝0.4％～1.65％。高碳是为了获得高硬度、高耐磨性，铬的作用是提高淬透性，增加回火稳定性。

滚动轴承钢的纯度要求很高，磷、硫含量限制极严，故它是一种高级优质钢(但在牌号后不加“A”字)。

(2) 热处理及性能特点　滚动轴承钢的热处理包括预备热处理(球化退火)和最终热处理(淬火与低温回火)。GCr15 为常用的轴承钢，具有高强度、高耐磨性和稳定的力学性能。常用合金结构钢的牌号、化学成分、力学性能和用途见表 1.4。

表 1.4　常用合金结构钢的牌号、化学成分、力学性能和用途

| 钢类 | 牌号 | 化学成分/(%) C | Si | Mn | Cr | Mo | Ti | 力学性能 $\sigma_s$/MPa | $\sigma_b$/MPa | $\delta_5$/(%) | $a_K$/(J·$cm^{-2}$) | 用途 |
|---|---|---|---|---|---|---|---|---|---|---|---|---|
| 普通低合金钢 | 16Mn | 0.12～0.20 | 0.20～0.55 | 1.20～1.60 | — | — | — | 350 | 520 | 21 | 59 | 用于桥梁、车辆、高压容器、船舶等 |
| 渗碳钢 | 20Cr | 0.18～0.24 | 0.17～0.37 | 0.50～0.80 | 0.70～1.00 | — | — | 540 | 835 | 10 | 59 | 用于齿轮、齿轮轴、凸轮、活塞销等 |
| 渗碳钢 | 20CrMnTi | 0.17～0.23 | 0.17～0.37 | 0.80～1.60 | 1.00～1.30 | — | 0.04～0.10 | 835 | 1 080 | 10 | 70 | 用于受力较大的齿轮、轴、十字头、爪形离合器等 |
| 调质钢 | 40Cr | 0.37～0.44 | 0.17～0.37 | 0.50～0.80 | 0.80～1.10 | — | — | 785 | 980 | 9 | 60 | 用于齿轮、连杆、主轴、高强度紧固件等 |
| 调质钢 | 35CrMo | 0.32～0.40 | — | 0.40～0.70 | 0.80～1.10 | 0.15～0.25 | — | 835 | 980 | 12 | 80 | 用于锤杆、连杆、轧钢机曲轴、电动机轴、紧固件等 |
| 弹簧钢 | 65Mn | 0.62～0.70 | 0.17～0.37 | 0.90～1.20 | — | — | — | 800 | 1 000 | — | — | 用于8～15 mm以下小型弹簧 |
| 弹簧钢 | 60Si2Mn | 0.56～0.64 | 1.50～2.00 | 0.60～0.90 | — | — | — | 1 200 | 1 300 | — | — | 用于25～30 mm的弹簧 |
| 滚动轴承钢 | GCr15 | 0.95～1.05 | 0.15～0.35 | 0.20～0.40 | 1.30～1.65 | — | — | — | — | — | — | 用于滚动轴承元件 |

## 【任务实施】

钢铁材料是汽车制造材料的主体。钢铁材料最大的优点是价格低廉,比强度(强度、密度之比)高。汽车用钢铁材料包括:碳素结构钢、优质碳素钢、合金结构钢(包括低合金结构钢、合金调质钢、合金渗碳钢、弹簧钢和滚珠轴承钢)、耐热钢、粉末冶金材料、铸铁(包括球墨铸铁、灰铸铁、蠕墨铸铁等)、复合钢板等。

(1) 钢板　钢板在汽车中的用量占整车总质量的50%～70%。

用于汽车钢板的钢种类主要包括:碳素结构钢(Q195、Q215)、优质碳素结构钢(08钢、10钢等)、低合金结构钢(Q295、Q345)。汽车专用钢板可分为热轧钢板和冷轧钢板。在汽车上的应

用主要是在车身覆盖件、部分支撑件等。部分型钢可参考附录A。

目前，在汽车中特别是在轿车中，低合金结构钢钢板的用量逐年加大，例如，车身外面板、车身内蒙板、保险杠、驾驶室、覆盖件、轮辋和轮辐、车门边梁、车架、部分行驶部件等。采用强度较高的低合金结构钢钢板的意义在于其价格低、工艺性好、性能优越，可以大幅度地减轻车身质量，促进汽车的轻量化，提高车辆燃料经济性和延长使用寿命。

在寒冷地带、沿海地区及环境和道路条件有腐蚀性（如寒冷地带在冬天为防止道路结冰要撒盐；沿海地区空气中含盐）的情况下，车辆外露部分应采用防锈钢板，例如，采用钢板表面镀锌、镀锡、镀铝、镀镍、镀铬等做法。

（2）结构钢钢材　结构钢钢材包括渗碳钢和调质钢。

常用的渗碳钢有20、20Cr、20CrMnTi、20CrMnMo、20MnVB、12Cr2N4等。

常用的调质钢有35、45、40Cr、40MnB、40CrNiMoA等。

这些钢主要用于制造汽车齿轮、轴类等零件。

（3）耐热钢　在汽车上，高温部件（如燃烧室、排气管、蜗轮增压器、气门等部位）由于工作温度较高，一般采用耐热钢和耐热合金，如SUS410、FCD45、SUSXMI5Ⅱ等。

（4）复合钢板、复合钢管　复合钢板、复合钢管以其独特的性能在车辆上逐年增加其用量。复合材料可以起到耐腐蚀、减震、隔声、轻量化的作用。例如，在两层钢板中夹入黏弹性树脂可达到优良的减震性能，这种性能使它应用在车辆的油底壳、气门室罩、驾驶室地板等零部件上。

## 【知识拓展】

## 一、合金工具钢和高速工具钢

合金工具钢与合金结构钢基本相同，只是含碳量的表示方法不同。当$w_C<1.0\%$时，牌号前以千分之几（一位数）表示；当$w_C\geqslant1.0\%$时，牌号前不标数字。合金元素的表示方法与结构钢的相同。高速工具钢牌号中不标出含碳量。

### 1. 合金工具钢

合金工具钢通常以用途分类，主要分为量具刃具钢、耐冲击工具钢、冷作模具钢、热作模具钢、无磁工具钢和塑料模具钢。

1）量具刃具钢

量具刃具钢主要用于制造形状复杂、截面尺寸较大的低速切削刃具和机械制造过程中控制加工精度的测量工具，如卡尺、块规、样板等。

量具刃具钢的含碳量高，一般为$w_C=0.9\%\sim1.5\%$，合金元素总量少，主要有铬、硅、锰、钨等，提高淬透性，获得高强度、高耐磨性，保证高尺寸精度。

该钢的热处理与非合金（碳素）工具钢的基本相同。预备热处理采用球化退火，最终热处理采用淬火（油淬、马氏体分级淬火或等温淬火）加低温回火。9SiCr是常用的低合金量具刃具钢。

2）合金模具钢

（1）冷作模具钢　用于制作使金属冷塑性变形的模具，如冷冲模、冷挤压模等。冷作模具工作时承受大的弯曲应力、压力、冲击及摩擦力。因此，要求具有高硬度、高耐磨性和足够的强度和韧度。

热处理采用球化退火（预备热处理）、淬火后低温回火（最终热处理）。

(2) 热作模具钢　用于制作高温金属成形的模具,如热锻模、热挤压模等。热作模具工作时承受很大的压力和冲击,并反复受热和冷却。因此,要求模具钢在高温下具有足够高的强度、硬度、耐磨性和韧度,以及良好的耐热疲劳性,即在反复的受热、冷却循环中,表面不易热疲劳(龟裂)。另外,还应具有良好的导热性和高淬透性。

为了达到上述性能要求,热作模具钢的 $w_C=0.3\%\sim0.6\%$。若过高,则塑性、韧度不足;若过低,则硬度、耐磨性不足。加入的合金元素有铬、锰、镍、钼、钨等。其中铬、锰、镍主要作用是提高淬透性,钨、钼提高耐回火性,铬、钨、钼、硅还能提高耐热疲劳性。

预备热处理为退火,以降低硬度利于切削加工,最终热处理为淬火加高温回火。

(3) 塑料模具钢　目前,在我国使用的塑料模具钢,既有传统的常用钢种(可称为借用钢种,如 45、40Cr、Cr12MoV 等),又有近年来我国研制的一些塑料模具专用钢(如 PMS、SM1、SM2 等,要求在其钢号前加字母 SM),还有一些从国外引进的优质塑料模具钢(如美国的 P20、瑞典的 718 等)。

**2. 高速工具钢**

高速工具钢(简称高速钢),主要用于制造高速切削刃具,在切削温度高达 600 ℃时硬度仍无明显下降,能以比低合金工具钢更高的速度进行切削。

(1) 成分特点　高含碳量($w_C=0.7\%\sim1.2\%$),但在牌号中不标出,高合金含量(合金元素总量 $M_{Me}>10\%$),加入的合金元素有钨、钼、铬、钒,主要是提高热硬性,铬还可提高淬透性。

(2) 热处理及性能特点　热处理特点主要是高加热温度(1 200 ℃以上),高回火温度(560 ℃左右),高回火次数(3 次)。采用高淬火加热温度是为了让难溶的特殊碳化物能充分溶入奥氏体,最终使马氏体中钨、钼、钒等含量足够高,保证热硬性足够高。高回火温度是因为马氏体中的碳化物形成元素含量高,阻碍回火,因而耐回火性高。多次回火是因为高速钢淬火后残余奥氏体量很大,多次回火才能消除。正因为如此,高速钢回火时的硬化效果很显著。常用合金工具钢和高速工具钢的牌号、化学成分和用途见表 1.5。

**表 1.5　常用合金工具钢和高速工具钢的牌号、化学成分和用途**

| 钢类 | 牌号 | 化学成分/(%) | | | | | | | 用途 |
|---|---|---|---|---|---|---|---|---|---|
| | | C | Si | Mn | Cr | W | Mo | V | |
| 低合金工具钢 | 9SiCr | 0.85～0.95 | 1.20～1.60 | 0.30～0.60 | 0.95～1.25 | — | — | — | 用于切削不剧烈的板牙、丝锥、铰刀、拉刀、冷冲模、冷轧辊等 |
| | CrWMn | 0.90～1.05 | ≤0.40 | 0.80～1.10 | 0.90～1.20 | 1.20～1.60 | — | — | |
| 高速工具钢 | W18Cr4V | 0.70～0.80 | 0.20～0.40 | 0.10～0.40 | 3.80～4.40 | 17.50～19.00 | ≤0.03 | 1.00～1.40 | 用于高速切削的钻头、车刀、铣刀、齿轮刀具、拉刀、刨刀和冷冲模等 |
| | W6Mo5Cr4V2 | 0.80～0.90 | 0.20～0.45 | 0.15～0.40 | 3.80～4.40 | 5.50～6.75 | 4.50～5.50 | 1.75～2.20 | |

续表

| 钢类 | 牌号 | 化学成分/(%) | | | | | | | 用途 |
|---|---|---|---|---|---|---|---|---|---|
| | | C | Si | Mn | Cr | W | Mo | V | |
| 热作模具钢 | 5CrMnMo | 0.50～0.60 | 0.25～0.60 | 1.20～1.60 | 0.60～0.90 | — | 0.15～0.30 | — | 用于中型锻模等 |
| | 3Cr2W8V | 0.30～0.40 | ≤0.04 | ≤0.40 | 2.20～2.70 | 7.50～9.00 | — | 0.20～0.50 | 用于压铸模、热剪切刀、热锻模等 |
| 冷作模具钢 | Cr12 | 2.00～2.30 | ≤0.40 | ≤0.40 | 11.50～13.00 | — | — | — | 用于冷冲模、冷剪切刀、螺纹滚模、拉丝模等 |
| | Cr12MoV | 1.45～1.70 | ≤0.40 | ≤0.40 | 11.00～12.50 | — | 0.40～0.60 | 0.15～0.30 | 用于工作条件繁重的冷冲模、冷剪切刀、搓丝板、圆锯等 |

## 二、特殊性能钢

特殊性能钢指具有某些特殊的物理、化学、力学性能,因而能在特殊的环境、工作条件下使用的钢,主要包括不锈钢、耐热钢、耐磨钢。

**1. 不锈钢**

在腐蚀性介质中具有抗腐蚀性能的钢一般称为不锈钢。铬是不锈钢获得耐蚀性的基本元素。

(1) 分类 按成分,不锈钢分为铬不锈钢和铬镍不锈钢;按组织,不锈钢分为马氏体不锈钢、铁素体不锈钢和奥氏体不锈钢。

(2) 牌号 牌号表示法与合金结构钢的基本相同,只是当 $w_C \leqslant 0.08\%$ 及 $w_C \leqslant 0.03\%$ 时,在牌号前分别冠以“0”及“00”,如 0Cr19Ni9。

(3) 铬不锈钢 这类钢包括马氏体不锈钢和铁素体不锈钢两种类型。其中 Cr13 属马氏体不锈钢,可淬火获得马氏体组织。Cr13 的 $w_{Cr}=13\%$,$w_C=0.1\%\sim0.4\%$。1Cr13 和 2Cr13 可制作塑性、韧度较高的受冲击载荷,在弱腐蚀条件下工作的零件(1 000 ℃淬火加 750 ℃高温回火)。3Cr13 和 4Cr13 可制作强度较高、高硬度、耐磨并且在弱腐蚀条件下工作的弹性元件和工具等(淬火加低温回火)。

当含铬量较高($w_{Cr} \geqslant 15\%$)时,铬不锈钢的组织为单相奥氏体,如 1Cr17 钢,耐蚀性优于马氏体不锈钢。

(4) 铬镍不锈钢 这类钢 $w_{Cr}=18\%\sim20\%$,$w_{Ni}=8\%\sim12\%$,经 1 100 ℃水淬固溶化处理(加热 1 000 ℃以上保温后快冷),在常温下呈单相奥氏体组织,故称为奥氏体不锈钢。奥氏体不锈钢无磁性,耐蚀性优良,塑性、韧度和焊接性优于其他不锈钢,是应用最为广泛的一类不锈钢。由于奥氏体不锈钢固态下无相变,所以不能热处理强化,冷变形强化是有效的强化方法。近年应用最多是 0Cr18Ni10。

**2. 耐热钢**

耐热钢是指在高温下具有热化学稳定性和热强性的钢，它包括抗氧化钢和热强钢等。热化学稳定性是指钢在高温下对各类介质化学腐蚀的抗力。热强性是指钢在高温下对外力的抗力。

对这类钢的主要要求是优良的高温抗氧化性和高温强度。此外，还应有适当的物理性能，如热膨胀系数小和良好的导热性，以及较好的加工工艺性能等。

为了提高钢的抗氧化性，加入合金元素铬、硅和铝，在钢的表面形成完整、稳定的氧化物保护膜。但硅、铝含量较高时钢材变脆，所以一般以加铬为主。加入钛、铌、钒、钨、钼等合金元素来提高热强性。常用牌号有3Cr18Ni25Si2、Cr13、1Cr18Ni9Ti等。

**3. 耐磨钢**

对耐磨钢的主要性能要求是很高的耐磨性和韧度。高锰钢能很好地满足这些要求，它是目前最重要的耐磨钢。

耐磨钢的含碳量和含锰量高，一般 $w_C=1.0\%\sim1.3\%$，$w_{Mn}=11\%\sim14\%$。高碳可以提高耐磨性(过高时韧度下降，且易在高温下析出碳化物)，高锰可以保证固溶化处理后获得单相奥氏体。单相奥氏体塑性很好、韧度很高，开始使用时硬度很低、耐磨性差，当工作中受到强烈的挤压、撞击、摩擦时，工件表面迅速产生剧烈的加工硬化(加工硬化是指金属材料发生塑性变形时，随变形度的增大所出现的金属强度和硬度显著提高、塑性和韧度明显下降的现象)，并且还发生马氏体转变，使硬度显著提高，心部则仍保持为原来的高韧度状态。

耐磨钢主要用于运转过程中承受严重磨损和强烈冲击的零件，如车辆履带板、挖掘机铲斗等。Mn13是较典型的高锰钢，应用最为广泛。

## 【复习与思考】

1. 含碳量对碳钢的性能有什么影响？为什么？
2. 合金钢与碳钢相比，具有哪些特点？
3. 什么是不锈钢、耐磨钢、耐热钢？各举出一个牌号。
4. 指出Q235A、45、ZG230-450、T10、20CrMnTi、60Si2Mn、9SiCr、W18Cr4V各属于哪一类钢？它们的符号和数字各表示什么？
5. 碳素铸钢的化学成分、力学性能和用途有哪些？

# 任务2　汽车铸铁材料和非铁合金材料

## 【任务导入】

受神龙汽车零部件制造有限公司委托，对气缸体、气缸盖、排气管、离合器外壳、变速器外壳、刹车制动鼓、制动盘等离合器壳、内饰罩板、坐椅支架、变速器手柄、变速器壳、车轮、凸轮轴盖等汽车零件选择合适的制造材料。

## 【任务分析】

由铁碳相图(见相关资料)可知，$w_C>2.11\%$的铁碳合金称为铸铁，工业上常用的铸铁的成分

范围 $w_C=2.5\%\sim4.0\%$，$w_{Si}=1.0\%\sim3.0\%$，$w_{Mn}=0.5\%\sim1.4\%$，$w_P=0.01\%\sim0.50\%$，$w_S=0.02\%\sim0.20\%$，有时还含有一些合金元素，如 Cr、Mo、V、Cu、Al 等，可见，在成分上铸铁与钢的主要区别是铸铁的含碳量和含硅量较高，杂质元素 S、P 含量较多。

虽然铸铁的力学性能较差，但是由于其生产成本低廉，并且具有优良的铸造性、可切削加工性、减震性及耐磨性，因此在现代工业中仍得到了普遍的应用，典型的应用是制造机床的床身，以及内燃机的气缸、气缸套、曲轴等。

铸铁的组织可以理解为在钢的组织基体上分布有不同形状、大小、数量的石墨。

## 【相关知识】

## 一、铸铁的石墨化

在铁碳合金中，碳除了少部分固溶于铁素体和奥氏体外，还以两种形式存在：①碳化物状态——渗碳体（$Fe_3C$）及合金铸铁中的其他碳化物；②游离状态——石墨（以 G 表示）。石墨的晶格类型为简单六方晶格，其基面中的原子间距为 0.142 nm，结合力较强；而两基面间距为0.340 nm，结合力弱，故石墨的基面很容易滑动，其强度、硬度和韧度很低，常以片状形态存在。

影响铸铁组织和性能的关键是碳在铸铁中存在的形式、形态、大小和分布。工程应用铸铁研究的中心问题是如何改变石墨的数量、形状、大小和分布。

铸铁组织中石墨的形成过程称为石墨化过程。一般认为，石墨可以从液态中直接析出，也可以自奥氏体中析出，还可以由渗碳体分解得到。

**1. 铁碳合金的双重相图**

实验表明，渗碳体是一个亚稳定相，石墨才是稳定相。通常在铁碳合金的结晶过程中自液体或奥氏体中析出的是渗碳体而不是石墨，是因为渗碳体的含碳量（$w_C=6.69\%$）比石墨的含碳量（$w_C\approx100\%$）更接近合金成分的含碳量（$w_C=2.5\%\sim4.0\%$），析出渗碳体时所需的原子扩散量较小，渗碳体的晶核形成较易。但在极其缓慢冷却（即提供足够的扩散时间）的条件下，或在合金中含有可促进石墨形成的元素（如 Si 等）时，在铁碳合金的结晶过程中，便会直接从液体或奥氏体中析出稳定的石墨相，而不再析出渗碳体。因此，对铁碳合金的结晶过程来说，实际上存在两种相图，即 Fe-$Fe_3C$ 相图和 Fe-G 相图，如图 1.2 所示，其中实线表示 Fe-$Fe_3C$ 相图，虚线表示 Fe-G 相图。显然，按 Fe-$Fe_3C$ 相图进行结晶，就得到白口铸铁；按 Fe-G 相图进行结晶，就析出或形成石墨。

**2. 铸铁冷却和加热时的石墨化过程**

按 Fe-G 相图进行结晶，则铸铁冷却时的石墨化过程应包括：从液体中析出一次石墨 $G_{I}$，通过共晶反应产生共晶石墨 $G_{共晶}$，由奥氏体中析出的二次石墨 $G_{II}$。

铸铁加热时的石墨化过程：当在比较高的温度下长时间加热亚稳定的渗碳体时，会发生分解，产生石墨，即 $Fe_3C\rightarrow3\ Fe+G$；加热温度越高，分解速度相对就越快。

**3. 影响铸铁石墨化的因素**

(1) 化学成分的影响　碳、硅、磷是促进石墨化的元素，锰和硫是阻碍石墨化的元素。碳、硅的含量过低，铸铁易出现白口组织，力学性能和铸造性能都较差；碳、硅的含量过高，铸铁中石墨数量多且粗大，性能变差。

(2) 冷却速度的影响　冷却速度越慢，即过冷度越小，越有利于按照 Fe-G 相图进行结晶，对石墨化越有利；反之，冷却速度越快，过冷度增大，不利于铁和碳原子的长距离扩散，越有利于

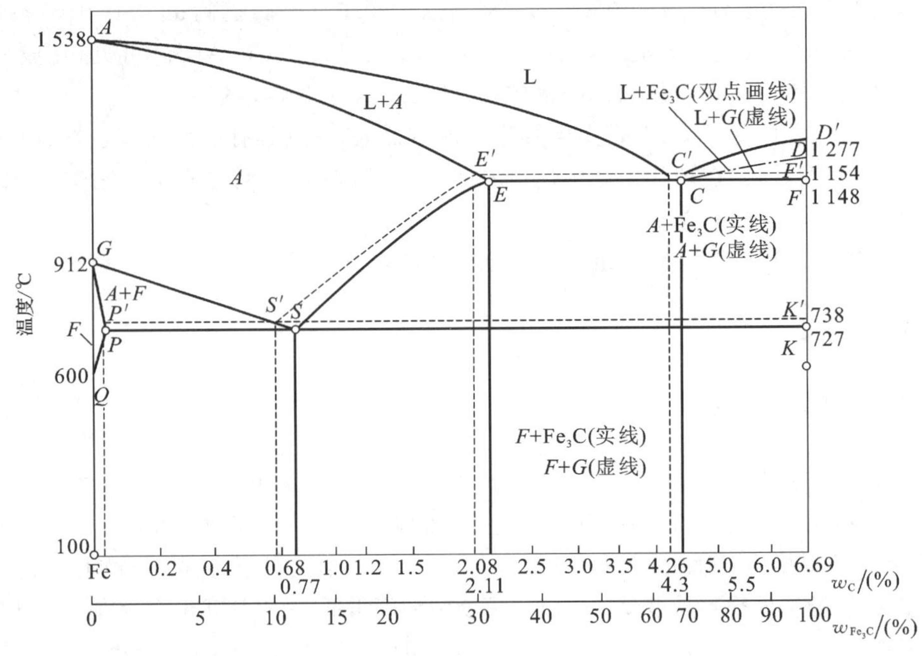


图 1.2　铁碳合金双重相图

按 $Fe\text{-}Fe_3C$ 相图进行结晶,不利于石墨化的进行。

## 二、常用铸铁

根据碳在铸铁中存在的形式及石墨的形态,可将铸铁分为灰铸铁、球墨铸铁、可锻铸铁和蠕墨铸铁等。灰铸铁、球墨铸铁和蠕墨铸铁中石墨都是自液体铁水在结晶过程中获得的,而可锻铸铁中石墨则是由白口铸铁通过在加热过程中石墨化获得的。

### 1. 灰铸铁

1) 灰铸铁的组织

灰铸铁的组织由片状石墨和钢的基体两部分组成。因石墨化程度不同,得到铁素体、铁素体+珠光体、珠光体三种不同基体的灰铸铁,如图 1.3 所示。

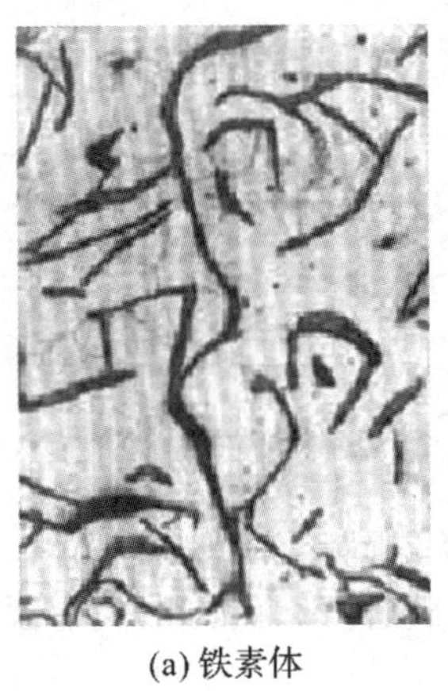

(a) 铁素体

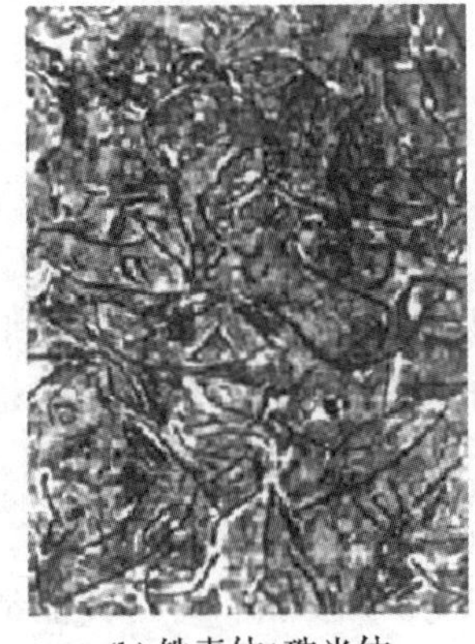

(b) 铁素体+珠光体

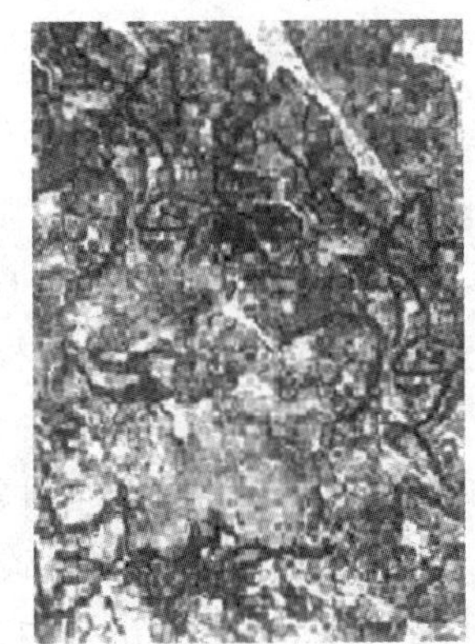

(c) 珠光体

图 1.3　灰铸铁的组织

2）灰铸铁的性能

灰铸铁的性能主要取决于基体组织及石墨的形态、数量、大小和分布。因石墨的力学性能极低，在基体中起割裂、缩减作用，片状石墨的尖端处易造成应力集中，使灰铸铁的抗拉强度、韧度比钢的低很多，塑性比钢的差很多。

3）灰铸铁的孕育处理

为提高灰铸铁的力学性能，在浇注前向铁水中加入少量孕育剂（常用硅铁合金和硅钙合金），使大量高度弥散的难熔质点成为石墨的结晶核心，灰铸铁得到细珠光体基体和细小均匀分布的片状石墨组织，这样的处理称为孕育处理，得到的铸铁称为孕育铸铁。孕育铸铁强度较高，且铸件各部位截面上的组织和性能比较均匀。

4）灰铸铁的牌号和应用

灰铸铁的牌号由“HT”（“灰铁”两字的汉语拼音字首）与一组数字组成。数字表示最低抗拉强度 $\sigma_b$。例如，HT300，代表抗拉强度 $\sigma_b \geqslant 300$ MPa 的灰铸铁。由于灰铸铁的性能特点及生产简便，灰铸铁产量占铸铁总产量的 80%以上，应用广泛。常用的灰铸铁牌号是 HT150、HT200，前者主要用于机械制造业承受中等应力的一般铸件，如底座、刀架、阀体、水泵壳等；后者主要用于一般运输机械和机床中承受较大应力和较重要的零件，如气缸体、气缸盖、机座、床身等。

5）灰铸铁的热处理

（1）去应力退火　铸件凝固冷却时，因壁厚不同等原因造成冷却不均，会产生内应力，或工件要求精度较高时，都应进行去应力退火。

（2）消除白口、降低硬度退火　铸件较薄截面处，因冷却速度较快会产生白口，使切削加工困难，应进行退火使渗碳体分解，以降低硬度。

（3）表面淬火　目的是提高铸件表面硬度和耐磨性，常用方法有火焰淬火、感应淬火等。

**2. 球墨铸铁**

1）球墨铸铁的组织

按基体组织不同，球墨铸铁分为铁素体球墨铸铁、铁素体＋珠光体球墨铸铁、珠光体球墨铸铁和下贝氏体球墨铸铁四种，其显微组织如图 1.4 所示。

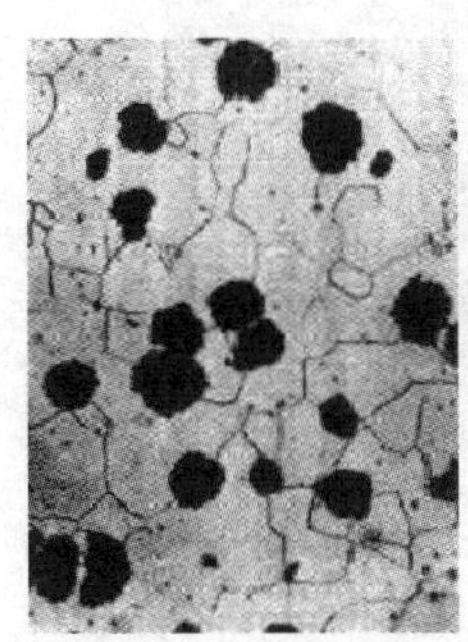

(a) 铁素体球墨铸铁

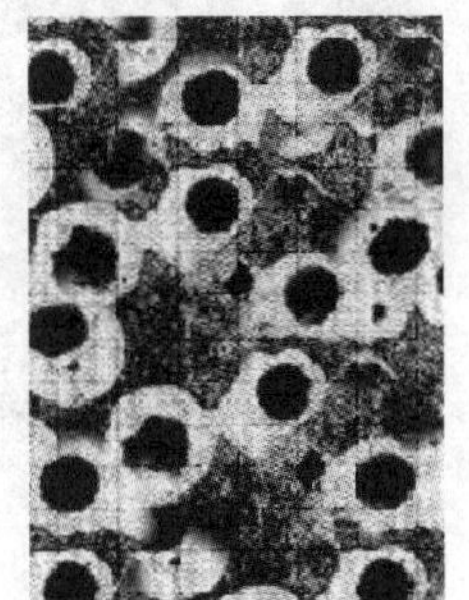

(b) 铁素体+珠光体球墨铸铁

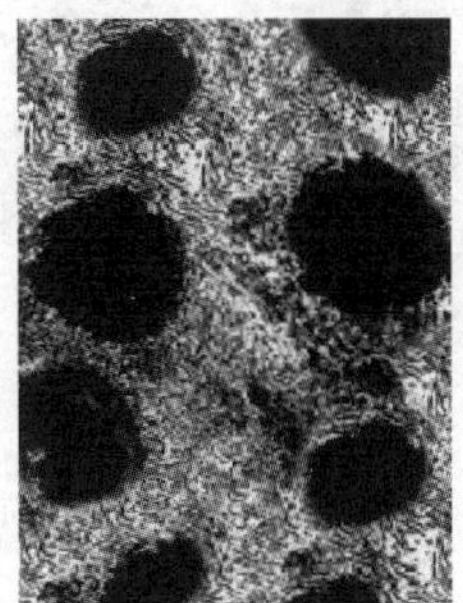

(c) 珠光体球墨铸铁

(d) 下贝氏体球墨铸铁

**图 1.4　球墨铸铁的组织**

2）球墨铸铁的性能

由于石墨呈球状，其表面积最小，大大减少了对基体的割裂和尖口敏感作用。球墨铸铁的力学性能比灰铸铁的高得多，强度与钢的接近，屈强比（$\sigma_{0.2}/\sigma_b$）比钢的高，塑性、韧度虽然大为改善，仍比钢的差。此外，球墨铸铁仍具有灰铸铁的一些优点，如较好的减震性、较好的减摩性、低的缺口敏感性、优良的铸造性和切削加工性等。

但球墨铸铁存在收缩率较大、白口倾向大、流动性稍差等缺陷,故它对原材料和熔炼、铸造工艺的要求比灰铸铁高。

3) 球墨铸铁的牌号和应用

球墨铸铁的牌号由"QT"("球铁"两字的汉语拼音字首)及两组数字组成。第一组数字表示最低抗拉强度 $\sigma_b$,第二组数字表示最低断后伸长率 $\delta$。例如,QT600-3,代表 $\sigma_b \geqslant 600$ MPa、$\delta \geqslant 3\%$ 的球墨铸铁。

球墨铸铁的力学性能好,又易于熔铸,经合金化和热处理后,可代替铸钢、锻钢,制作受力复杂、性能要求高的重要零件,在机械制造中得到广泛的应用。

4) 球墨铸铁的热处理

球墨铸铁的热处理与钢的相似,但因含碳量、含硅量较高,有石墨存在,热导性较差,因此球墨铸铁热处理时,加热温度要略高,保温时间要长,加热及冷却速度相应较慢。常用的热处理方法有以下几种。

(1) 退火　分为去应力退火、低温退火和高温退火。目的是消除铸造内应力,获得铁素体基体,提高韧度和塑性。

(2) 正火　分为高温正火和低温正火。正火的目的是增加珠光体数量并提高其弥散度,提高强度和耐磨性,但正火后需回火,消除正火内应力。

(3) 调质处理　目的是得到回火索氏体基体,获得较高的综合力学性能。

(4) 等温淬火　目的是获得下贝氏体基体,使其具有高硬度、高强度和较高的韧度。

**3. 可锻铸铁**

1) 可锻铸铁的组织

可锻铸铁组织与石墨化退火方法有关,可得到两种不同基体的可锻铸铁:铁素体可锻铸铁(又称黑心可锻铸铁)和珠光体可锻铸铁,其显微组织如图 1.5 所示。

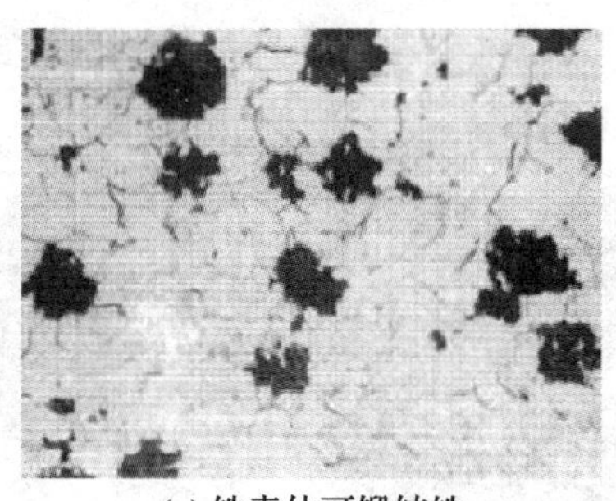

(a) 铁素体可锻铸铁

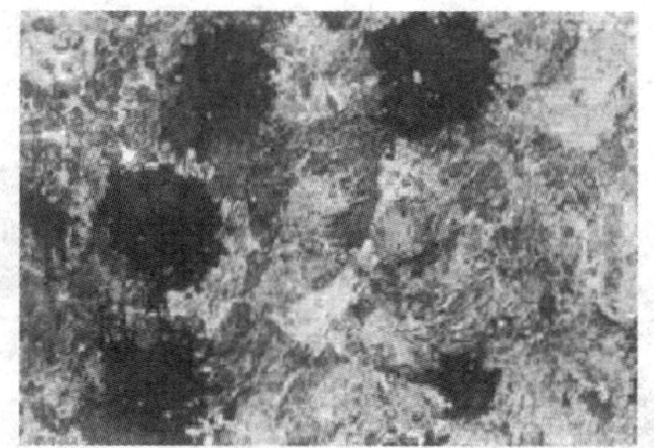

(b) 珠光体可锻铸铁

图 1.5　可锻铸铁的组织

2) 可锻铸铁的性能

由于石墨呈团絮状,对基体的割裂和尖口作用减轻,故可锻铸铁的强度、韧度比灰铸铁提高很多。

3) 可锻铸铁的牌号和应用

可锻铸铁的牌号由"KT"("可铁"两字的汉语拼音字首)和代表类别的字母(H、Z)及两组数字组成。其中,H 代表"黑心",Z 代表珠光体基体。两组数字分别代表最低抗拉强度 $\sigma_b$ 和最低

断后伸长率 $\delta$。例如，KTH 370-12，代表 $\sigma_b>370$ MPa、$\delta\geqslant12\%$的黑心可锻铸铁(铁素体可锻铸铁)。可锻铸铁主要用于形状复杂、要求强度和韧度较高的薄壁铸件。

**4. 蠕墨铸铁**

1) 蠕墨铸铁的组织

蠕墨铸铁的组织为蠕虫状石墨形态，介于球状和片状之间，它比片状石墨短、粗，端部呈球状，如图 1.6 所示。蠕墨铸铁的基体组织有铁素体、铁素体＋珠光体、珠光体三种。

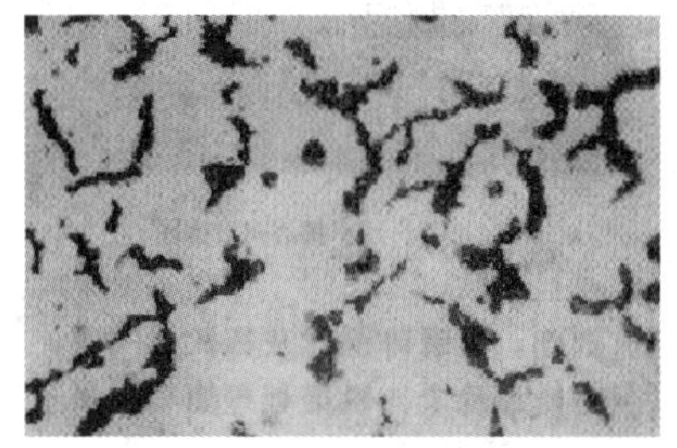

图 1.6 蠕墨铸铁的组织

2) 蠕墨铸铁的性能

蠕墨铸铁的力学性能介于灰铸铁和球墨铸铁之间。与球墨铸铁相比，蠕墨铸铁有较好的铸造性、良好的热导性、较低的热膨胀系数，是近 30 年来迅速发展的新型铸铁。

3) 蠕墨铸铁的牌号和应用

蠕墨铸铁的牌号由“RuT”(“蠕铁”两字的汉语拼音字首)加一组数字组成，数字表示最低抗拉强度，例如，RuT300。

**5. 合金铸铁**

合金铸铁是指常规元素硅、锰高于普通铸铁规定含量或含有其他合金元素，并且具有较高力学性能或某些特殊性能的铸铁，主要有耐磨合金铸铁、耐热合金铸铁、耐蚀合金铸铁。

工业中通常将钢铁材料以外的金属或合金，统称为非铁金属及非铁合金。因其具有优良的物理性能、化学性能和力学性能而成为现代工业中不可缺少的重要的工程材料。

## 三、铝、铜及其合金

**1. 工业纯铝**

工业上使用的纯铝，其纯度(质量分数)为 98.00%～99.7%。纯铝呈银白色，密度为 2.7 g/cm$^3$，熔点为 660 ℃，具有面心立方晶格，无同素异晶转变，有良好的电导性、热导性。纯铝强度低，塑性好，易塑性变形加工成材；熔点低，可铸造各种形状的零件；与氧的亲和力强，在空气中表面会生成致密的 $Al_2O_3$ 薄膜，耐蚀性良好。

纯铝的牌号为 1070A、1060、1050A。工业纯铝主要用于制造电线、电缆、管、棒、线、型材和配制合金。

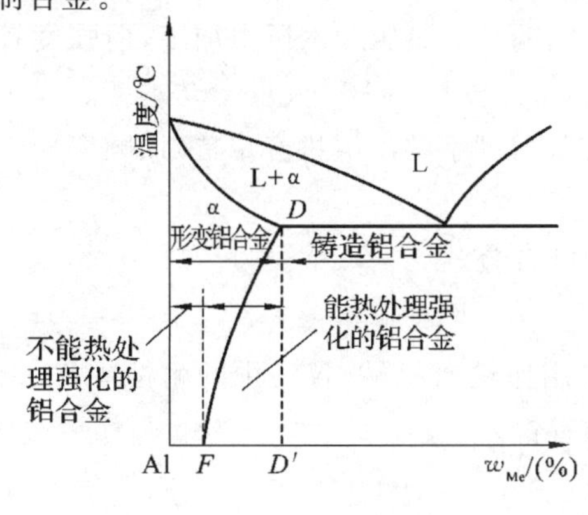


图 1.7 铝合金相图

**2. 铝合金的分类及热处理特点**

铝合金按其成分和工艺特点不同，分为变形铝合金和铸造铝合金两类。铝合金一般都具有如图 1.7 所示类型的相图。凡合金成分在 $D'$点右边的铝合金都具有低熔点共晶组织，流动性好，称为铸造铝合金。合金成分在 $D'$点左边的合金，在加热时都能形成单项固溶体组织，这类合金塑性较高，称为变形铝合金。

变形铝合金又分为两类，成分在 $F$ 点左边的合金称为不能热处理强化的铝合金；成分在 $F$ 点与 $D'$点之间的铝合金称为能热处理强化的铝合金。

1）变形铝合金

不能热处理强化的变形铝合金主要有防锈铝合金，能热处理强化的变形铝合金主要有硬铝、超硬铝和锻铝。

(1) 防锈铝合金　防锈铝合金属 Al-Mn 或 Al-Mg 系合金。加入锰主要用于提高合金的耐蚀能力和产生固溶强化；加入镁起固溶强化作用和降低密度作用。

防锈铝合金强度比纯铝高，并有良好的耐蚀性、塑性和焊接性，但切削加工性较差。因其不能热处理强化而只能进行冷塑性变形强化。其典型牌号是 5A05、3A21，主要用于制造构件、容器、管道及需要拉伸、弯曲的零件和制品。

(2) 硬铝合金　硬铝合金属 Al-Cu-Mg 系合金。加入铜和镁是为了在时效过程产生强化相。

将合金加热至适当温度并保温，使过剩相充分溶解，然后快速冷却以获得过饱和固溶体的热处理工艺称为固溶处理。固溶处理后，铝合金的强度和硬度并不会立即升高，且塑性较好，在室温或高于室温的适当温度下保持一段时间后，强度会有所提高，这种现象称为时效。在室温下进行的时效称为自然时效，在高于室温下进行的时效称为人工时效。

硬铝合金典型牌号是 2A01、2A11，主要用于航空工业中。

(3) 超硬铝合金　超硬铝合金属 Al-Cu-Mg-Zn 系合金。这类合金经淬火加人工时效后，可产生多种复杂的第二相，具有很高的强度和硬度，切削性能良好，但耐蚀性差。典型牌号是 7A04，主要用于航空工业中。

(4) 锻铝合金　锻铝合金属 Al-Cu-Mg-Si 系合金。元素种类多，但含量少，因而合金的热塑性好，适于锻造，故称“锻铝”。锻铝通过固溶处理和人工时效来强化。典型牌号是 2A05、0A07，主要用于制造外形复杂的锻件和模锻件。

2）铸造铝合金

铸造铝合金按主加元素不同，分为 Al-Si 系、Al-Cu 系、Al-Mg 系和 Al-Zn 系四类。应用最广的是 Al-Si 系铸造合金，通常称为硅铝明。

$w_{Si}=10\%\sim13\%$的 Al-Si 二元合金 ZAlSi12(ZL102)，成分在共晶点附近，其铸造组织为粗大针状硅晶体与 α 固溶体组成的共晶(如图 1.7 所示)，铸造性能良好，但强度、韧度较低。通过变质处理，得到塑性好的初晶 α 固溶体加细粒状共晶体组织，其力学性能显著提高，应用很广。

**3. 纯铜**

纯铜呈紫红色，又称紫铜，密度为 8.96 g/cm$^3$，熔点为 1 083 ℃，具有面心立方晶格，无同素异晶转变。它有良好的电导性、热导性、耐蚀性和塑性。纯铜易于热压和冷压力加工，但强度较低，不宜做结构材料。

工业纯铜的纯度为 99.50%～99.90%，其代号用“T”(“铜”字的汉语拼音字首)加顺序号表示，共有 T1、T2、T3、T4 四个代号，序号越大，纯度越低。

纯铜广泛用于制造电线、电缆、电刷、铜管、铜棒及配制合金。

**4. 铜合金**

铜合金有黄铜、青铜和白铜。白铜是铜镍合金，主要用作精密机械、仪表中的耐蚀零件，由于价格高，一般机械零件很少应用，下面主要介绍黄铜和青铜。

1）黄铜

黄钢是以锌为主要添加元素的铜合金。

(1) 普通黄铜　铜锌二元合金称为普通黄铜。其牌号由“H”(“黄”字的汉语拼音字首)加数字(表示铜的平均含量)组成,如H68表示含铜量为68%,其余为锌。

锌加入铜中不但能使强度提高,也能使塑性提高。当 $w_{Zn}<32\%$ 时,形成单相α固溶体,随锌元素含量的增加,其强度增加、塑性改善,适于冷热变形加工;当 $w_{Zn}>32\%$ 时,组织中出现硬而脆的β相,使强度升高而塑性急剧下降;当 $w_{Zn}>45\%$ 时,全部为β相组织,强度急剧下降,合金已无使用价值。

(2) 特殊黄铜　在普通黄铜中再加入其他合金元素制成特殊黄铜,可提高黄铜强度和其他性能。如加铝、锡、锰能提高耐蚀性和抗磨性,加铅可改善切削加工性,加硅能改善铸造性能等。

特殊黄铜的牌号仍由“H”与主加合金元素符号、铜含量百分数、合金元素含量百分数组成。如HPb59-1,表示 $w_{Cu}=59\%$、$w_{Pb}=1\%$,其余为锌的铅黄铜。铸造黄铜牌号表示方法与铸造铝合金的相同。

2) 青铜

青铜原指铜锡合金,又称为锡青铜。但目前已经将含铝、硅、铍、锰等的铜合金都包括在青铜内,统称为无锡青铜。

(1) 锡青铜　锡青铜是以锡为主要添加元素的铜合金。按生产方法不同,锡青铜可分为压力加工锡青铜和铸造锡青铜两类。

压力加工锡青铜含锡量一般小于10%,适宜于冷热压力加工。这类合金经变形强化后,强度、硬度提高,但塑性有所下降。

铸造锡青铜含锡量一般为10%～14%,在这个成分范围内的合金,结晶凝固后体积收缩很小,有利于获得尺寸接近铸型的铸件。

(2) 无锡青铜　无锡青铜是指不含锡的青铜,常用的有铝青铜、铍青铜、铅青铜、锰青铜等。

铝青铜是无锡青铜中用途最广泛的一种,其强度高、耐磨性好,且具有受冲击时不产生火花的特性。铝青铜铸造时,由于流动性好,可获得致密的铸件。

## 四、轴承合金、粉末冶金与硬质合金

### 1. 轴承合金

滑动轴承中用于制作轴瓦和轴衬的合金称为轴承合金。当轴承支承轴进行工作时,由于轴的旋转,使轴和轴瓦之间产生强烈的摩擦。为了减小轴承对轴颈的磨损,确保机器的正常运转,轴承合金应具有以下性能要求:

① 较高的抗压强度和疲劳强度;

② 摩擦系数小,表面能储存润滑油,耐磨性好;

③ 良好的抗蚀性、热导性和较小的膨胀系数;

④ 良好的磨合性;

⑤ 加工性能好,原料来源广,价格便宜。

为了满足以上性能要求,轴承合金的组织应是在软基体上分布硬质点(如锡基、铅基轴承合金)或硬基体上分布软质点(如铜基、铝基轴承合金),如图1.8所示。轴承工作时,硬组织起支承、抗磨作用,软组织被磨损后形成小凹坑,可储存润滑油,减小摩擦和承受振动。

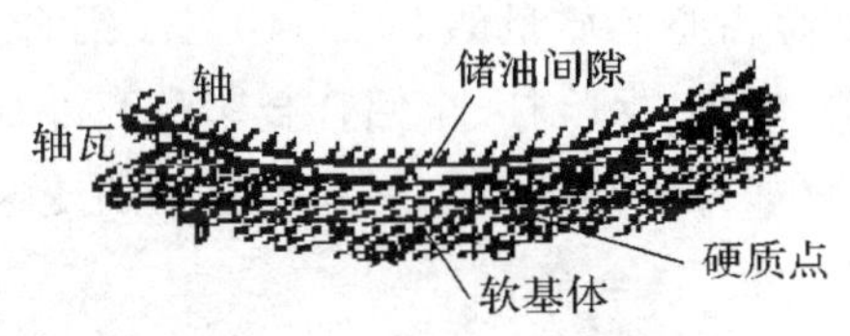

图1.8　轴承合金的结构

最常用的轴承合金是锡基或铅基“巴氏合金”。

**2. 粉末冶金**

粉末冶金是将几种金属或非金属粉末混合后压制成形,并在低于金属熔点的温度下进行烧结,而获得材料或零件的加工方法。其生产过程包括粉末的生产、混料、压制成型、烧结及烧结后的处理等工序。粉末冶金能生产具有特殊性能的材料和制品,是一种少(无)切削的精密加工工艺。随着科技的发展,对新材料的要求不断增长,粉末冶金材料在民用和国防工业中得到广泛应用。

**3. 硬质合金**

硬质合金是指以一种或几种高熔点、高硬度的碳化物(如碳化钨、碳化钛等)的粉末为主要成分,加入起黏结作用的金属钴粉末,用粉末冶金法制得的材料。硬质合金具有硬度高(69～81 HRC)、热硬性好(900～1 000 ℃,保持60 HRC)、耐磨和高抗压强度等特点。

硬质合金刀具比高速钢切削速度高4～7倍,刀具寿命高5～80倍。制造模具、量具,寿命比合金工具钢高20～150倍。可切削50 HRC左右的硬质材料。

但硬质合金脆性大,不能进行切削加工,难以制成形状复杂的整体刀具,因而常制成不同形状的刀片,采用焊接、粘接、机械夹持等方法安装在刀体或模具体上使用。

## 【任务实施】

### 一、铸铁在汽车中的应用

铸铁的优点是价格低廉、耐热、耐磨、吸震性及稳定性好,在汽车中有着广泛的应用。

(1) 灰铸铁　灰铸铁主要用于制造气缸体、气缸盖、排气管、离合器外壳、变速器外壳、刹车制动鼓、制动盘等铸件。

(2) 球墨铸铁　球墨铸铁主要用于制造曲轴、气缸套、底盘上的零件,例如,支架类、后桥壳、差速器壳,减速器外壳等铸件。

(3) 蠕墨铸铁　蠕墨铸铁由于良好热物理性能和优于灰铸铁的力学性能,在汽车中的用量正在逐年增加。蠕墨铸铁主要用于制造发动机气缸体、气缸盖、排气管等,特别是在柴油机上的用量,近年来增长较快。

### 二、非铁金属材料及其合金在汽车中的应用

目前,在汽车中应用的非铁金属材料主要有铝及铝合金、钛合金、铜及铜合金和镁合金。它们大多是实现汽车轻量化的首选汽车结构材料。

**1. 铝合金**

铝合金在车辆上应用较为广泛。作为实现汽车轻量化的首选材料,目前国际上轿车所用铝合金占整车质量的5%～10%。铝合金在汽车中的应用主要包括活塞、气缸体、气缸盖、散热器、轮辋、保险杠、全铝合金车身及外板(与全钢车身相比质量减轻45%)、悬挂系统、变速器壳体(如桑塔纳、奥迪、夏利等轿车的变速器壳体)、装饰件等。

**2. 镁合金**

镁合金是近年来兴起的仅次于铝合金的汽车轻量化材料。镁合金在汽车中主要应用于离

合器壳、内饰罩板、坐椅支架、变速器手柄、变速器壳、车轮、凸轮轴盖等零件的制造，加工方法主要是压铸。

## 【知识拓展】

### 非金属材料简介

汽车工业中使用的非金属材料可分为三大类：高分子材料（如塑料、胶粘剂、合成橡胶、合成纤维等）、陶瓷（如日用陶瓷、金属陶瓷等）和复合材料。

**1. 高分子材料**

高分子材料是指以高分子化合物为主要成分的材料。高分子化合物是指相对分子质量很大的化合物。高分子化合物按其来源分为天然的和合成的两大类。工程上的高分子材料主要指人工合成高分子化合物。高分子材料主要有塑料、橡胶及胶粘剂等。

1）工程塑料

塑料是应用最广的有机高分子材料，它是以合成树脂为主要材料，再加入填料或增强材料、增塑剂、润滑剂、稳定剂、着色剂、阻燃剂等添加剂，在一定温度和压力的条件下聚合反应合成的高聚物。树脂在一定的温度、压力下可软化并塑造成形，它决定了塑料的基本属性，并起到黏结剂的作用。添加剂是为了弥补或改进塑料的某些性能。塑料具有密度小、耐腐蚀、电绝缘性良好和介电损耗较小、耐磨和减磨性好、成形性良好和耐热性差等特性。塑料的不足之处是强度、硬度较低。根据塑料在加热和冷却时所表现的性质不同，可分为热塑性塑料和热固性塑料两类。

(1) 热塑性塑料　热塑性塑料在受热时软化和熔融，冷却后成形固化，再受热时又软化和熔融，具有可塑性和重复性。常用的塑料有聚烯烃、聚氯乙烯、聚苯乙烯、ABS、聚酰胺、聚甲醛、聚碳酸酯、聚四氟乙烯和聚甲基丙烯酸甲酯等。

以 ABS 塑料为例，ABS 塑料是丙烯腈（A）、丁二烯（B）、苯乙烯（S）的三元共聚物，它具有三种组元的特性。丙烯腈可提高塑料的耐热性、耐蚀性和表面硬度；丁二烯可提高弹性和韧度；苯乙烯赋予 ABS 较高的刚性、良好的加工工艺性和着色性。可见，ABS 具有较高的综合性能。此外，ABS 的性能还可以根据要求由改变其组成单体的含量来进行调整。目前，有三百多种不同性能的 ABS，热变形温度从 60～120 ℃不等。有些 ABS 耐低温，在－40 ℃时仍有很高的冲击韧度，还具有好的电绝缘性、尺寸稳定性、吸水性低、表面光滑、硬度高等特性。

ABS 的用途极广，在机械工业中可制造轴承、齿轮、叶片、叶轮、设备外壳、管道、容器、把手等，以及电气工业中仪器、仪表的各种零件等。近年来，在交通运输车辆、飞机零件上的应用发展很快，如车身、方向盘、内衬材料等。

(2) 热固性塑料　热固性塑料在一定温度（和压力或加入固化剂）下，经一段时间后变为坚硬制品，硬化后的塑料不溶于任何溶剂，再加热也不软化。常用的有酚醛塑料（PF）、环氧塑料（EP）等。

由酚类和醛类经缩聚反应而制成的树脂称为酚醛树脂，根据不同性能要求加入各种填料便制成各种酚醛塑料。常用的酚醛树脂是由苯酚和甲醛为原料制成的，简称 PF。

环氧塑料是由环氧树脂加入固化剂（胺类和酸酐类）后形成的热固性塑料。它强度、韧度较高，并具有良好的化学稳定性、绝缘性及耐热性、耐寒性，成形工艺性好，简称 EP，可制作塑料模具、船体、电子工业零部件。

2）橡胶

橡胶与塑料不同之处是橡胶在室温下处于高弹状态。

(1) 工业橡胶的组成　工业橡胶的主要成分是生胶。生胶具有很高的弹性。但生胶分子链间相互作用力很弱，强度低，易产生永久变形。此外，生胶的稳定性差，会发黏、变硬、溶于某些溶剂等。为此，工业橡胶中还必须加入各种配合剂。

(2) 橡胶的性能特点　受外力作用而发生的变形是可逆弹性变形，外力去除后，只需要1/1 000 s便可恢复到原来的状态。橡胶具有良好的回弹性(如天然橡胶可达70%～80%)。经硫化处理和炭黑增强后，其抗拉强度达25～35 MPa，并具有良好的耐磨性。

3）常用橡胶材料

根据原材料的来源不同，橡胶可分为天然橡胶和合成橡胶。

(1) 天然橡胶　天然橡胶是橡胶树上流出的胶乳，经过加工制成的固态生胶。天然橡胶具有很好的弹性，但强度、硬度并不高。为了提高其强度并使其硬化，要进行硫化处理。经处理后抗拉强度约为17～29 MPa，用炭黑增强后可达35 MPa。

天然橡胶是优良的电绝缘体，并有较好的耐碱性。但耐油、耐溶剂性和耐臭氧老化性差，不耐高温，使用温度为-70～110 ℃，广泛用于作轮胎、胶带、胶管等。

(2) 合成橡胶　合成橡胶分为丁苯橡胶(SBR)和顺丁橡胶(BR)。

丁苯橡胶是应用最广、产量最大的一种合成橡胶。它是以丁二烯和苯乙烯为单体形成的共聚物。丁苯橡胶的性能主要受苯乙烯含量的影响，随苯乙烯含量的增加，橡胶的耐磨性、硬度增大而弹性下降。

丁苯橡胶比天然橡胶质地均匀，耐磨、耐热、耐老化性能好，但加工成形困难，硫化速度慢。这种橡胶广泛用于制造轮胎、胶布、胶版等。

**2. 陶瓷材料**

陶瓷是一种无机非金属材料，一般可分为普通陶瓷(普通工业陶瓷、化工陶瓷)和特种陶瓷(氧化铝陶瓷、氮化硅陶瓷、氮化硼陶瓷、氧化镁陶瓷及氧化铍陶瓷等)两大类。

普通陶瓷是以天然硅酸盐矿物(黏土、石英、长石等)为原料，经粉碎、压制成形和高温烧结而成，主要用于日用品、建筑和卫生用品，以及工业上的低压和高压瓷瓶、耐酸和过滤制品等。

特种陶瓷是以人工制造的纯度较高的金属氧化物、碳化物、氮化物和硅酸盐等化合物为原料，经配制、烧结而成，这类陶瓷具有独特的力学、物理和化学等性能，能满足工程技术的特殊要求，主要用于化工、冶金、机械、电子、能源和一些新技术中。陶瓷的优点是：硬度极高，抗压强度高，耐磨性、耐蚀性好，耐高温和抗氧化能力强等。但缺点也较明显，如质脆易碎，延展性差，抗急冷、急热性差等。

为了提高陶瓷强度，改善脆性，目前常采用的措施如下：

① 制造微晶、高密度、高纯度的陶瓷，提高陶瓷中晶体的完整性；

② 在陶瓷制品表面制造一层残余应力，以抵消部分外加拉力，减小应力峰值；

③ 用碳纤维、石墨纤维等复合强化陶瓷材料。

**3. 复合材料**

复合材料是由两种或两种以上物理、化学性质不同的物质，经人工合成的多相固体材料。复合材料既保持了各组成材料的最佳性能特点，又具有组合后新的特性，这是单一材料所无法比拟的。

1）复合材料的性能特点

(1) 比强度和比模量高　比强度、比模量分别是指材料的抗拉强度 $\sigma_b$ 和弹性模量 $E$ 与相对密度之比。复合材料的比强度、比模量比其他材料要高得多。

(2) 抗疲劳性能好　复合材料中基体和增强纤维间的接口能够有效地阻止疲劳裂纹扩展。当裂纹从基体的薄弱环节处产生并扩展到结合面时，会受阻而停止，所以复合材料的疲劳强度比较高。

(3) 减振性　纤维增强复合材料比模量高，自振频率也高，在一般情况下，不会发生因共振而脆断的现象。此外，纤维与基体的接口具有吸振能力，所以具有很高的阻尼作用。

除了上述几种特性外，复合材料还具有较高的耐热性和断裂安全性、良好的自润滑和耐磨性等。但复合材料伸长率小，抗冲击性差，横向强度较低，成本较高。

2）复合材料的分类

(1) 纤维增强复合材料　玻璃纤维增强复合材料是以玻璃纤维及制品为增强剂，以树脂为黏结剂而制成的，俗称玻璃钢。

以尼龙、聚烯烃类、聚苯乙烯类等热塑性树脂为黏结剂制成热塑性玻璃钢，具有较高的力学、介电、耐热和抗老化性能，工艺性能也好。与基体材料相比，热塑性玻璃钢的强度和疲劳性能可提高 2 倍以上，冲击韧度提高 1～4 倍，可制造轴承、齿轮、仪表盘、壳体和叶片等零件。

以环氧树脂、酚醛树脂、有机硅树脂、聚酯树脂等热固性树脂为黏结剂制成的热固性玻璃钢，具有密度小、强度高、介电性和耐蚀性好及成形工艺简单的优点，可制造车身、船体、直升机旋翼等。

(2) 层状复合材料　层状复合材料是由两层或两层以上的不同材料结合而成的，其目的是为了将分层材料的最佳性能组合起来，以得到更为有用的材料。

这类复合材料的典型代表是 SF 型三层复合材料，它是以钢为基体，烧结铜网或铜球为中间层，塑料为表面层的一种自润滑材料，它的物理、力学性能主要取决于基体，而摩擦、磨损性能则取决于表面塑料层。常用于表面层的塑料为聚四氟乙烯(如 SF-1 型)和聚甲醛(如 SF-2 型)。这种复合材料适用于制作高应力(140 MPa)、高温(270 ℃)及低温(－195 ℃)和无油润滑或少油润滑的各种机械、车辆的轴承等。

(3) 颗粒复合材料　颗粒复合材料是一种或多种颗粒均匀分布在基体材料内而制成的。颗粒起增强作用，常用的颗粒复合材料有两类：一类是颗粒与树脂复合，如塑料中加颗粒状填料，橡胶用炭黑增强等；另一类是陶瓷粒与金属复合，如金属陶瓷颗粒复合材料。

## 【复习与思考】

1. 试述灰铸铁、球墨铸铁、蠕墨铸铁、可锻铸铁的性能特点及牌号表示方法。
2. 铝合金和铜合金有何性能特点？
3. 举例说明铸铁在汽车工业生产中的应用。
4. 球墨铸铁的热处理常用方式有哪些？
5. 铝合金的分类及热处理特点有哪些？

# 项目 2
# 汽车材料热处理

## 知识目标

（1）正确选用钢的退火、正火、淬火、回火、表面淬火和化学热处理。

（2）初步了解钢的热处理新工艺。

（3）能正确使用 HB-3000 型布氏硬度计及 H-100 型洛氏硬度计。

（4）掌握材料的硬度、强度、塑性、韧度和疲劳强度等概念。

（5）学会拉伸试验、摆锤冲击试验等测定方法。

## 能力目标

（1）熟悉碳钢的几种基本热处理（退火、正火、淬火及回火等）操作方法。

（2）了解含碳量、加热温度、冷却速度、回火温度等主要因素对碳钢热处理后性能（硬度）的影响。

（3）能正确使用 H-100 型洛氏硬度计等测量工具。

（4）掌握材料的硬度、强度、塑性、韧度和疲劳强度等。

# 任务1　汽车材料的热处理

## 【任务导入】

受神龙汽车零部件制造有限公司的委托，对一批汽车齿轮箱中的齿轮采用45钢制造，要求齿部表面硬度为52～58 HRC，心部硬度为217～255 HBS，问应选择何种热处理工艺，能不能改用20Cr代替45钢。

## 【任务分析】

钢的热处理是将钢在固态下进行加热、保温和冷却，以改变其内部组织，从而获得所需要性能的一种工艺方法。钢的热处理不仅可改进钢的加工工艺性能，更重要的是能充分发挥钢材的潜力，提高钢的使用性能，节约成本，延长工件的使用寿命。

钢的热处理方法主要有退火、正火、淬火、回火和表面热处理等多种。如果这一批汽车齿轮箱中的齿轮改用20Cr代替45钢，所选用的热处理工艺应作相应改变。

## 【相关知识】

### 一、钢的组织转变

#### 1. 钢在加热时的组织转变

研究钢在加热和冷却时的相变规律是以 $Fe\text{-}Fe_3C$ 相图为基础的。$Fe\text{-}Fe_3C$ 相图临界点 $A_1$、$A_3$、$A_{cm}$ 是碳钢在极缓慢地加热或冷却情况下测定的。但在实际生产中，加热和冷却并不是极其缓慢的，因此，钢的相变过程不可能在平衡临界点进行。加热转变在平衡临界点以上进行，冷却转变在平衡临界点以下进行。升高和降低的幅度，随加热和冷却速度的增加而增大。通常把实际加热温度标为 $A_{c_1}$、$A_{c_3}$、$A_{c_{cm}}$，冷却时标为 $A_{r_1}$、$A_{r_3}$、$A_{r_{cm}}$。如图2.1所示。

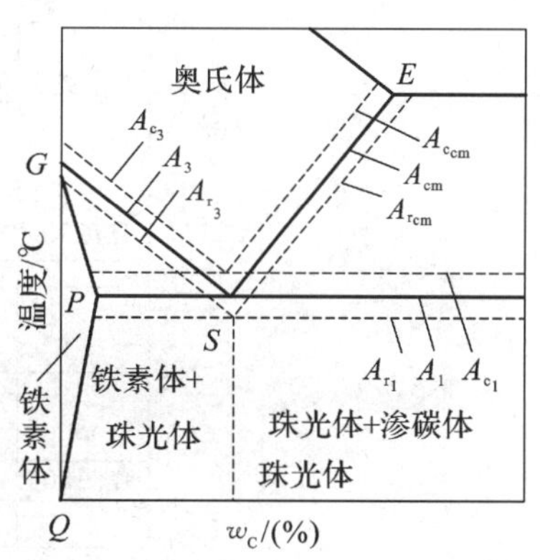

图2.1　钢加热和冷却时各临界点的实际位置

钢加热到 $A_{c_1}$ 点以上时会发生珠光体向奥氏体的转变，加热到 $A_{c_3}$ 和 $A_{c_{cm}}$ 点以上时，便全部转变为奥氏体。热处理加热最主要的目的就是为了得到奥氏体，因此，这种加热转变过程称为钢的奥氏体化。

奥氏体晶粒的大小对随后冷却时的转变及转变产物的性能有重要的影响。在珠光体刚转变为奥氏体时，由于大量的晶核造就了细小的奥氏体晶粒。但随着加热温度的升高和保温时间的延长，奥氏体晶粒就会自发地长大。奥氏体晶粒越粗大，冷却转变产物的组织越粗大，冷却后钢的力学性能就越差，特别是冲击韧度明显降低，所以在淬火加热时，总是希望得到细小的奥氏体晶粒。因此，严格控制奥氏体的晶粒度，是热处理生产中一个重要的问题。

奥氏体晶粒的大小是评定加热质量的指标之一。

在工程实际中,常从加热温度、保温时间和加热速度几方面来控制奥氏体晶粒的大小。在加热温度相同时,加热速度越快,保温时间越短,奥氏体晶粒就越小。因而,利用快速加热、短时保温来获得细小的奥氏体晶粒。

**2. 钢在冷却时的组织转变**

冷却过程是热处理的关键工序,其冷却转变温度决定了冷却后的组织和性能。实际生产中采用的冷却方式主要有连续冷却(如炉冷、空冷、水冷等)和等温冷却(如等温淬火)。

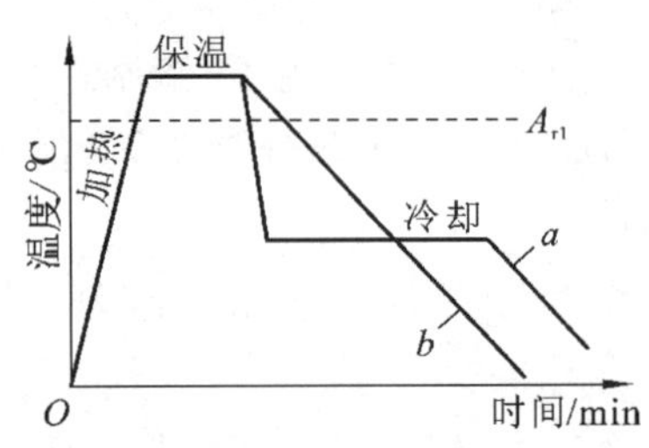


**图 2.2 两种冷却方式示意图**

所谓等温冷却是指将奥氏体化的钢件迅速冷至 $A_{r_1}$ 以下某一温度并保温,使其在该温度下发生组织转变,然后再冷却到室温,如图 2.2 中 $a$ 线所示。连续冷却则是指将奥氏体化的钢件连续冷却至室温,并在连续冷却过程中发生组织转变,如图 2.2 中 $b$ 线所示。

1) 过冷奥氏体的等温冷却转变

在不同的过冷温度下,反映过冷奥氏体转变产物与时间关系的曲线称为过冷奥氏体等温转变的动力学曲线。由于曲线的形状像字母 C,故又称为 C 曲线。如图 2.3 所示为共析碳钢过冷奥氏体等温转变曲线。

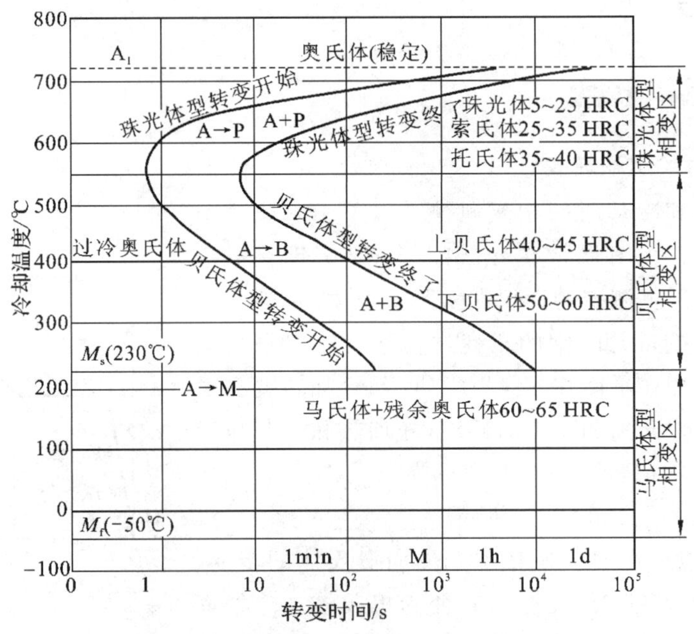


**图 2.3 共析碳钢过冷奥氏体等温转变曲线**

共析碳钢过冷奥氏体在 $A_{r_1}$ 线以下不同的温度会发生三种不同的转变,即珠光体转变、贝氏体转变和马氏体转变。

2) 过冷奥氏体的连续冷却转变

在实际生产中,过冷奥氏体大多是在连续冷却中转变的。例如,钢退火时的炉冷、正火时的空冷、淬火时的水冷等。因此,研究过冷奥氏体在连续冷却时的组织转变规律有重要的意义。

如图 2.4 所示是通过实验方法测定的共析碳钢的连续冷却曲线。由图 2.4 可见，共析碳钢的连续冷却转变过程中，只发生珠光体和马氏体转变，而不发生贝氏体转变。珠光体转变区由三条线构成：$P_s$、$P_f$线分别表示 A→P 转变开始线和终了线；$K$ 线为 A→P 终止线，它表示冷却曲线碰到 $K$ 线时，过冷奥氏体即停止向珠光体转变，剩余部分一直冷却到 $M_s$ 线以下发生马氏体转变。过冷奥氏体在连续冷却过程中不发生分解而全部过冷到马氏体区的最小冷却速度，称为马氏体临界冷却速度，用 $v_K$ 表示。钢在淬火时的冷却速度应大于 $v_K$。

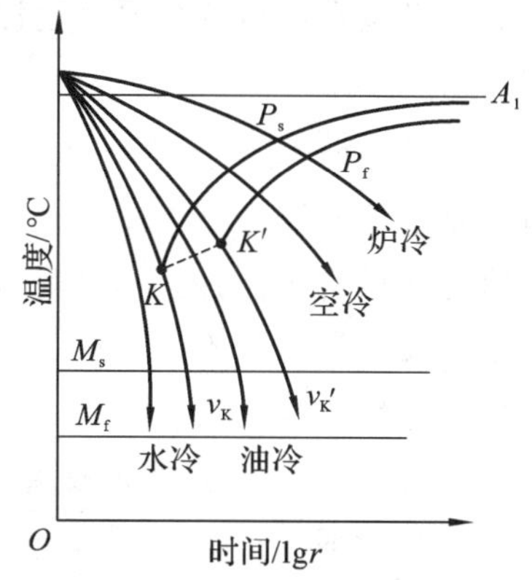

图 2.4 共析碳钢连续冷却转变

过共析碳钢的连续冷却转变 C 曲线与共析碳钢的 C 曲线相比，除了多出一条先共析渗碳体的析出线以外，其他基本相似。但亚共析碳钢的连续冷却转变曲线与共析碳钢的大不相同，它除了多出一条先共析铁素体析出线以外，还出现了贝氏体转变区。因此，亚共析碳钢在连续冷却后可以出现由更多产物组成的混合组织。

## 二、钢的退火和正火

退火和正火经常作为钢的预先热处理工序，安排在铸造、锻造和焊接之后或粗加工之前，以消除前一工序所造成的某些组织缺陷及内应力，为随后的切削加工及热处理做好准备。

**1. 钢的退火**

退火是将钢材(或钢件)加热到适当温度，保温一定时间，随后缓慢冷却以获得接近平衡状态组织的热处理工艺。

退火的主要目的是降低或调整硬度以便于切削加工，消除或降低残余应力，以防变形、开裂，细化晶粒，改善组织和提高力学性能，并为最终热处理做好组织准备。生产中常用的退火种类有完全退火、球化退火和去应力退火等。

完全退火是把钢加热到完全奥氏体化，保温后随之缓慢冷却的退火工艺。完全退火常用于含碳量小于 0.8%的碳素钢，45 钢完全退火时的加热温度为 840～860 ℃。对于含碳量大于 0.8%的碳素工具钢、合金工具钢、轴承钢等常采用球化退火，能使钢中碳化物球状(或颗粒状)化，碳素工具钢球化退火的加热温度为 760～780 ℃。去应力退火时不改变钢的内部组织，只是为了消除或降低内应力，其加热温度较低(一般为 500～600 ℃)。

**2. 钢的正火**

将钢材或钢件加热到 $A_{c_3}$(或 $A_{c_{cm}}$)以上 30～50 ℃，保温适当的时间后，在静止的空气中冷却的热处理工艺，称为正火。

正火的冷却速度比退火的冷却速度较快，所以能获得较细的组织和较高的力学性能，而且生产周期较退火短。低碳钢可通过正火处理提高强度和硬度，以改善切削加工性能。中碳钢进行正火处理可直接用于性能要求不高零件的最终热处理或代替完全退火。对于含碳量大于 0.8%的钢，可用正火来消除二次网状渗碳体。

## 三、钢的淬火和回火

机械零件使用状态下的性能，一般由淬火和回火获得，所以淬火和回火称为最终热处理。

重要的机械零件通常都要经过淬火和回火热处理，以提高零件的性能，充分发挥钢的潜力。

**1. 钢的淬火**

将钢件加热到 $A_{c_1}$(或 $A_{c_3}$)以上 30～50 ℃，保温一定的时间，然后以大于临界冷却速度冷却以获得马氏体或贝氏体组织的热处理工艺，称为淬火。其主要目的是为了获得马氏体，提高钢的硬度和耐磨性，是强化钢材最重要的工艺方法。

淬火质量取决于淬火三要素，即加热温度、保温时间和冷却速度。

1) 淬火加热温度

淬火加热温度 $T$ 主要取决于钢的成分，其经验公式如下：

亚共析钢　　$T=A_{c_3}+(30\sim50)$ ℃

共析、过共析钢　　$T=A_{c_1}+(30\sim50)$ ℃

2) 淬火冷却介质及冷却方法

为了获得马氏体组织，工件在淬火介质中的冷却速度必须大于其临界冷却速度。但冷却速度过大，会增大工件淬火内应力，引起工件变形甚至开裂。

淬火介质的冷却能力决定了工件淬火时的冷却速度。为减小淬火内应力，防止工件淬火变形甚至开裂，在保证获得马氏体组织的前提下，应选用冷却能力弱的淬火介质。

碳素钢常用的冷却介质为水溶液，而合金钢常用油作为冷却介质。此外，还有一些效果较好的新型淬火剂，如水玻璃-苛性碱淬火剂、氯化锌-苛性碱淬火剂、过饱和硝酸盐水溶液淬火剂及聚合物淬火剂等。

3) 钢的淬硬性与淬透性

钢的淬硬性是钢在理想条件下淬火硬化所能达到的最高硬度。淬硬性主要取决于马氏体中的含碳量，马氏体中含碳量越高，淬火后得到的马氏体中碳的过饱和程度越大，马氏体的晶格畸变越严重，钢的淬硬性就越大。

钢的淬透性是指在规定条件下，决定钢材淬硬深度和硬度分布的特性。工程上规定淬透层的深度是从表面至半马氏体层的深度。由表面至半马氏体层的深度越大，则钢的淬透性就越高。淬透性是合理选用钢材及制定热处理工艺的重要依据之一。

**2. 钢的回火**

工件淬火后通常获得马氏体加残余奥氏体组织，这种组织不稳定，存在很大的内应力，因此必须回火。回火不仅能消除内应力、稳定工件尺寸，而且能获得良好的性能组合。

钢件淬硬后，再加热到 $A_{c_1}$ 点以下某一温度，保温一定时间后冷却到室温的热处理工艺，称为回火。一般淬火件(除等温淬火)必须经过回火才能使用，根据不同的回火温度，分为低温回火、中温回火和高温回火三种。

(1) 低温回火(150～250 ℃)　低温回火的组织为回火马氏体，硬度一般为 60 HRC 以上，主要用于高碳钢或合金钢的刃具、量具、模具、轴承以及渗碳钢淬火后的回火处理。其目的是降低淬火应力和脆性，保持钢淬火后的高硬度和耐磨性。

(2) 中温回火(350～500 ℃)　中温回火后的组织为回火托氏体，硬度为 35～45 HRC，主要用于各种弹簧和模具零件的回火处理，其目的是保证钢的高弹性极限和高的屈服点、较高的韧度和硬度。

(3) 高温回火(500～650 ℃)　高温回火后的组织为回火索氏体，硬度为 28～33 HRC，主要用于各种重要的结构件，特别是交变载荷下工作的连杆、齿轮和轴类工件，也可用于量具、模具等精密零件的预先热处理。其主要目的是获得强度和韧度较高、塑性较好的良好综合力学性能。通常将钢件淬火加高温回火的复合热处理工艺称为调质。

## 四、钢的表面淬火

表面淬火是一种不改变表层化学成分,而改变表层组织的局部热处理方法。它是利用快速加热使钢件表层迅速达到淬火温度,不等热量传到心部就立即淬火冷却,从而使表层获得马氏体组织,心部仍为原始组织。常用的方法有感应加热表面淬火法和火焰加热表面淬火法。

### 1. 感应加热表面淬火

感应加热表面淬火,是利用电磁感应、集肤效应、涡流和电阻热等电磁原理,使工件表层快速加热,并快速冷却的热处理工艺。将工件置于通有交变电流的感应线圈内,在交变磁场的作用下,工作内部产生感应电流。由于集肤效应和涡流的作用,工件表层的高密度交流电产生的电阻热,迅速加热工件表层,很快达到淬火温度,随即喷水冷却,工件表层被淬硬,如图2.5所示。交变频率越高,则加热层越薄,因此,可选用不同频率来达到不同要求的淬硬层深度。根据所用电流频率不同,感应加热电流频率可分为高频(50~300 kHz)、中频(1 000~10 000 Hz)和工频50 Hz。感应加热表面淬火法的主要优点是:加热速度快,操作迅速,生产效率高,淬火后晶粒细小,力学性能好,不易产生变形及氧化脱碳。

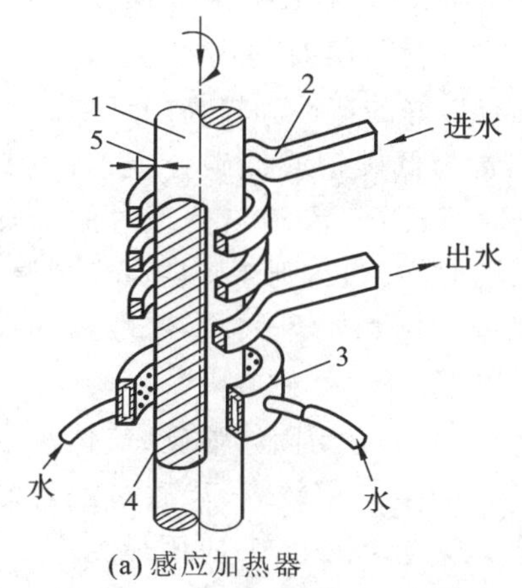

(a) 感应加热器

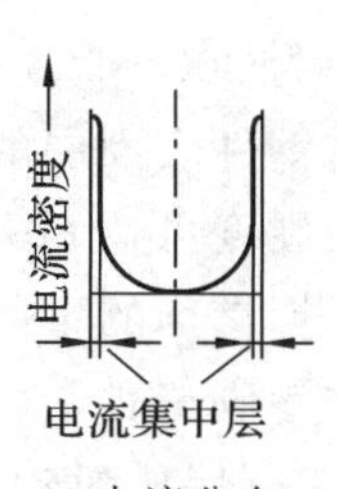

(b) 电流分布

**图2.5 感应加热表面淬火原理**

1—工件;2—加热感应圈;3—淬火喷水套;4—加热淬火层;5—间隙

**图2.6 火焰表面淬火**

1—加热层;2—烧嘴;3—喷水器;4—淬硬层;5—工件

### 2. 火焰加热表面淬火

火焰加热表面淬火是利用乙炔或其他可燃气体火焰(约3 000 ℃以上),将工件表面迅速加热到淬火温度,然后立即喷水冷却的热处理工艺,如图2.6所示。

火焰加热表面淬火的淬硬层深度一般为2~6 mm。它具有设备简单、淬火速度快、变形小等优点,适用于单件或小批量生产的大型零件和需要局部淬火的工具或零件,如大型轴、齿轮、轨道和车轮等。由于零件表面有不同程度的过热,淬火质量控制较难,因而使用上有一定的局限性。

## 【任务实施】

齿轮箱中的齿轮采用45钢制造,要求齿部表面硬度为52~58 HRC,心部硬度为217~255

HBS,其工艺路线为:下料→锻造→热处理→机加工→热处理→机加工→成品。第一次的热处理为退火,以消除钢中的内应力,降低硬度,以利于切削加工,还可改善组织,细化晶粒,改变钢的性能并为以后的最终热处理做准备。第二次的热处理为表面感应淬火,目的是提高表面硬度和耐磨性。

齿轮箱中的齿轮如改用20Cr代替45钢,所选用的第一次热处理工艺应改为正火,第二次热处理应改为渗碳,以合理提高材料的利用率。

## 【知识拓展】

### 一、钢的化学热处理

化学热处理是将工件置于一定温度的活性介质中保温,使一种或几种元素渗入它的表层,以改变其化学成分、组织和性能的热处理工艺。常用的化学热处理有渗碳、渗氮和碳氮共渗等。

**1. 渗碳**

为了增加钢件表层的含碳量和一定的碳浓度梯度,将钢件在渗碳介质中加热并保温,使碳原子渗入表面层的化学热处理工艺称为渗碳。渗碳的主要目的是提高钢件表层的含碳量和一定的碳浓度梯度,然后经淬火和低温回火,使工件的表面层获得高硬度、高耐磨性,而心部的含碳量低,具有良好的塑性和较高的韧度。

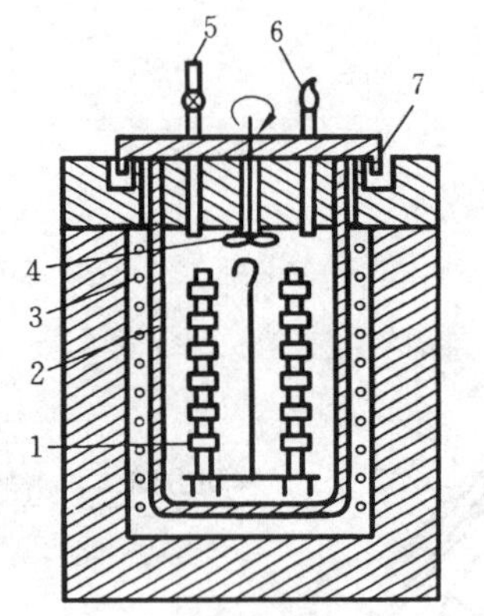


**图2.7　气体渗碳法示意图**

1—渗碳工件;2—耐热罐;3—加热组件;4—风扇;5—渗碳剂;6—废气;7—砂封

进行渗碳热处理的钢常为低碳钢或低碳合金钢,主要牌号有15、20、20Cr、20CrMnTi等。渗碳热处理时的加热温度约为900~950 ℃,保温时间越长,则渗碳层厚度越厚。渗碳后钢件表面层的含碳量可达0.8%~1.0%,故经淬火后表面硬度可达60 HRC以上。

根据渗剂的不同,渗碳方法可分为固体渗碳、气体渗碳和液体渗碳三种。气体渗碳的生产率较高,渗碳过程容易控制,渗碳层质量较好,易实现自动化生产,应用最为广泛。图2.7所示为气体渗碳法示意图。

渗碳热处理适用于表面要求高硬度、高耐磨性,而心部要求高韧度的零件。如表面易磨损且承受较大冲击载荷的齿轮轴、齿轮、活塞销、凸轮等。

**2. 渗氮**

在一定温度下(一般在钢的临界点温度以下)使活性氮原子渗入钢件表面的化学热处理工艺称为渗氮。其目的在于提高工件的表面硬度、耐磨性、疲劳强度、腐蚀性及热硬性。

渗氮处理有气体渗氮、离子渗氮等工艺方法,其中气体渗氮应用最广。

与渗碳相比,渗氮温度大大低于渗碳温度,工件变形小。渗氮层的硬度、耐磨性、疲劳度、耐蚀性及热硬性均高于渗碳层。但渗氮比渗碳层薄而脆,渗氮处理时间比渗碳长得多,而且生产效率低。渗氮处理常用于受冲击力不大的耐磨件,如精密机床主轴、镗床镗杆、精密丝杆、排气阀、高速精密齿轮等。

**3. 碳氮共渗**

碳氮共渗是在一定温度下同时将碳、氮渗入工件表层奥氏体中并以渗碳为主的化学热处理工艺。在生产中主要采用气体碳氮共渗。

碳氮共渗后，进行淬火加低温回火。碳氮共渗淬火后，得到含氮马氏体，耐磨性比渗碳更好。共渗层比渗碳层能承受更高的压应力，因而有更高的疲劳强度，耐蚀性也较好。

碳氮共渗工艺与渗碳工艺相比，具有时间短、生产效率高、表面硬度高和变形小等优点，但共渗层较薄，主要用于形状复杂、要求变形小的小型耐磨零件。

## 二、钢的热处理新工艺简介

为了不断提高钢材及其零件的性能，缩短生产周期和改善劳动条件，经不断研究和开发，出现了许多新的热处理工艺。以下简要介绍强韧化处理、形变热处理、真空热处理和激光热处理等方面的基本知识。

**1. 强韧化处理**

同时改善钢件强度和韧度的热处理，称为强韧化热处理。其主要措施包括以下几个方面。

1）获得板条马氏体的热处理

(1) 提高淬火加热温度　在正常淬火温度下，奥氏体晶粒内成分不均匀，低碳区形成板条马氏体，高碳区形成针片状马氏体。提高淬火加热温度，使奥氏体中的碳均匀化，则淬火后可全部得到板条马氏体。

(2) 快速短时低温加热淬火　其目的是减少碳化物在奥氏体中的溶解，尽量使高碳钢中的奥氏体处于亚共析成分状态，以利于得到板条马氏体。

(3) 锻造余热淬火　锻造加热温度一般较高(1 100 ℃以上)，这足以使奥氏体均匀化。而锻造及随后的再结晶又可使加热时变大了的奥氏体晶粒重新细化，故锻后直接淬火可得到细晶粒的板条马氏体。

2）超细化处理

超细化是将钢在一定的温度条件下，通过数次快速加热和冷却等方法以获得极细密的组织，从而达到强韧化目的。进行多次加热和冷却的原因是每次加热和冷却都能细化组织。碳化物越细，裂纹源就越少。组织越细密，裂纹扩展通过晶界的阻碍就越大，故能使金属材料强韧化。

3）获得复合组织的淬火

复合组织是指调整热处理工艺，使淬火马氏体组织中同时存在一定数量的铁素体或下贝氏体(或残余奥氏体)。这类组织往往硬度稍低，但能大大提高韧度。它主要用于结构钢及其零件。

**2. 形变热处理**

将变形强化和热处理强化结合起来的热处理工艺称为形变热处理。该方法能够较大程度地提高金属材料的综合力学性能，成为目前强化金属材料的先进技术之一。

(1) 高温形变热处理　在奥氏体区进行锻造或轧压，为了保留变形强化效果，随后立即淬火，这种操作称为高温形变热处理。这种处理方法能提高结构钢的塑性和韧度，显著减小回火脆性，适用于弹簧钢、轴承钢和工具钢等的热处理。

(2) 中温形变热处理　在亚稳定的奥氏体状态下进行塑性变形，随后快速冷却的操作称为中温形变热处理。这种方法有更为显著的强化效果，可应用于结构钢、弹簧钢、轴承钢和工具钢等的热处理。

形变热处理的主要问题是难以用于形状复杂的零件，经形变热处理后的工件将给焊接和切削加工带来一定困难。

**3. 真空热处理**

真空热处理是工件在低于一个大气压的封闭环境中进行的热处理工艺，包括真空退火、真空淬火和真空化学热处理等。真空热处理在工艺过程中不发生氧化、脱碳，表面光洁，加热升温平缓，工件温差小、变形小，有利于排除有害气体，减少了氢脆等危害，提高了韧度，污染小。但真空热处理设备复杂、成本高，维护调试要求高。这种方法多应用于工具、模具、精密零件，以及一些有特殊要求的工件的热处理。

**4. 激光热处理**

激光热处理是利用高能量密度的激光束扫描照射工件表面，以极快的加热速度迅速加热至相变温度以上，停止照射后，依靠工件自身传导散热迅速冷却表层而进行“自行淬火”。激光热处理加热速度快，加热区域准确集中，不需淬火冷却介质而能自行淬火，且表面光洁，变形极小，表面组织晶粒细小，硬度和耐磨性好，还能对复杂形状工件及微孔、沟槽、盲孔等部位进行淬火热处理。

## 【复习与思考】

1. 钢在冷却时的组织转变与在加热时的组织转变相比有什么特点？
2. 退火、正火和淬火有什么不同？
3. 淬火后的钢材为什么要进行回火？碳素工具钢常采用何种回火方法？
4. 为什么齿轮、凸轮轴、活塞销等承受冲击和交变载荷的机械零件要进行表面热处理？
5. 简述目前常用的钢的表面热处理技术，并说明其应用范围。
6. 简述钢的热处理新工艺的发展情况。

# 任务2　汽车材料的强度和塑性

## 【任务导入】

受神龙汽车零部件制造有限公司委托，对汽车钢板、汽车齿轮和汽车传动轴等汽车零件进行硬度测量。

## 【任务分析】

汽车材料的性能对零件的使用和加工有十分重要的作用，表2.1所示为汽车金属材料性能的主要种类。在机械制造领域选用材料时，大多以力学性能为主要依据。

**表2.1　汽车金属材料的性能的主要种类**

| 性能种类 | 主要指标 |
|---|---|
| 力学性能 | 强度、塑性、硬度、冲击韧度、疲劳强度等 |
| 物理性能 | 密度、熔点、导热性、导电性、热膨胀性等 |
| 化学性能 | 耐腐蚀性、抗氧化性、化学稳定性等 |
| 工艺性能 | 铸造性能、锻造性能、焊接性能、切削加工性能和热处理工艺性能等 |

力学性能是指材料在各种载荷作用下表现出来的抵抗力，主要的力学性能指标有：强度、塑性、硬度、冲击韧度和疲劳强度等。

## 【相关知识】

## 一、汽车零件的强度

强度是金属材料在载荷作用下抵抗塑性变形或断裂的能力。根据载荷作用方式不同，强度可分为抗拉强度($\sigma_b$)、抗压强度($\sigma_{bc}$)、抗弯强度($\sigma_{bb}$)和抗剪强度($\sigma_\tau$)等。一般情况下多以抗拉强度作为判断金属强度大小的指标。

抗拉强度指标是通过金属拉伸试验测定的。按照标准规定，把标准试样装夹在拉伸试验机上，然后对试样逐渐施加拉伸载荷，随着载荷的不断增加，试样逐渐产生变形而被拉长，直至试样被拉断为止。在试验过程中，试验机将自动记录下每一瞬时所施加的载荷 $F$ 和试样发生相应伸长变形量 $\Delta l$，并绘制出载荷与变形间变化关系的曲线——拉伸曲线。

**1. 拉伸曲线**

图 2.8 所示为低碳钢的拉伸曲线图，以此为例说明拉伸过程中几个变形阶段(四个阶段)。

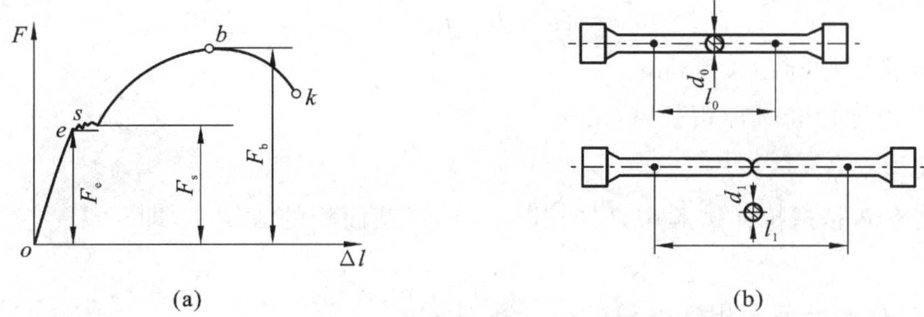


**图 2.8 低碳钢的拉伸曲线图**

(1) $oe$——弹性变形阶段　试样的伸长量与载荷成正比增加，此时若卸载，试样能完全恢复原状。$F_e$为能恢复原状的最大拉力。

(2) $es$——屈服阶段　当载荷超过 $F_e$后，试样除产生弹性变形外，开始出现塑性变形。当载荷增加到 $F_s$时，图形上出现平台，即载荷不增加，试样继续伸长，材料丧失了抵抗变形的能力，这种现象称为屈服，$F_s$称为屈服载荷。

(3) $sb$——均匀塑性变形阶段　载荷超过 $F_s$后，试样开始产生明显塑性变形，伸长量随载荷增加而增大。$F_b$为试样拉伸试验的最大载荷。

(4) $bk$——缩颈阶段　载荷达到最大值 $F_b$后，试样局部开始急剧缩小，出现“缩颈”现象，试样变形所需载荷也随之降低，到 $k$ 点时试样发生断裂。

工程上使用的金属材料，并不是都有明显的四个阶段，对于脆性材料，就没有明显的四个阶段，弹性变形后马上发生断裂。

**2. 强度指标**

金属材料的强度是用应力来度量的。常用的强度指标有屈服点和抗拉强度。

(1) 屈服点 $\sigma_s$　在拉伸过程中，载荷不增加，试样还继续发生变形的最小应力，单位为 MPa。

$$\sigma_s = F_s/A_0 \tag{2-1}$$

式中：$F_s$——屈服时的最小载荷(N)；

$A_0$——试样原始截面积($mm^2$)。

对于无明显屈服现象的金属材料(如铸铁、高碳钢等),通常规定产生0.2%塑性变形时的应力作为条件屈服点,用$\sigma_{0.2}$表示。

(2)抗拉强度$\sigma_b$　金属材料在拉断前所承受的最大应力,单位为MPa。

$$\sigma_b = F_b / A_0 \tag{2-2}$$

式中:$A_0$——试样原始截面积($mm^2$);

$F_b$——试样拉断前所承受的最大载荷(N)。

屈服点和抗拉强度都是机械零件设计和选材的重要依据。机械零件在工作时,一般不允许产生明显的塑性变形。

## 二、汽车零件的塑性

塑性是金属材料在载荷作用下产生塑性变形(或永久变形)而不断裂的能力,塑性指标也是通过拉伸试验测定的。常用塑性指标是断后伸长率和断面收缩率。

**1. 断后伸长率$\delta$**

断后伸长率$\delta$是指拉伸试验中试样拉断后,标距长度的相对伸长值,即

$$\delta = (l_1 - l_0)/l_0 \times 100\% \tag{2-3}$$

式中:$l_0$——试样原始标距长度(mm);

$l_1$——试样被拉断时标距长度(mm)。

**2. 断面收缩率$\psi$**

断面收缩率$\psi$是指拉伸试验中试样拉断后,试样截面积的收缩率,即

$$\psi = (A_0 - A_1)/A_0 \times 100\% \tag{2-4}$$

式中:$A_0$——试样原始截面积($mm^2$);

$A_1$——试样被拉断时缩颈处的最小截面积($mm^2$)。

断面收缩率不受试样尺寸的影响,因此,能更可靠地反映材料的塑性大小。断后伸长率和断面收缩率数值越大,表明材料的塑性越好。良好的塑性是保证顺利完成轧制、锻造、拉拔、冲压等成形工艺的必要条件,也可避免机械零件在使用中万一超载而发生突然折断。

## 三、汽车零件的硬度和韧度

硬度是指金属材料抵抗外物压入其表面的能力,即金属材料抵抗局部塑性变形或破坏的能力。硬度是衡量金属材料软硬程度的指标,实际上硬度是金属材料力学性能的一个综合物理量。常用的硬度指标有布氏硬度、洛氏硬度和维氏硬度等。

硬度实验设备简单,操作迅速方便,不需要专门制备试样,也不破坏被测试的工件,在工业生产中,被广泛应用于产品质量的检验。此外,硬度值与其他力学性能及某些工艺性能(如切削加工性)都有一定的联系,故在产品设计图样的技术条件中,硬度是一项主要技术指标。

目前,在测定硬度的方法中,最常用的是压入硬度法,其中以布氏硬度和洛氏硬度应用最广。它们的试验原理都是用一定几何形状的压头在一定载荷下压入被测金属材料的表面,根据压头被压入的程度来测定其硬度值。

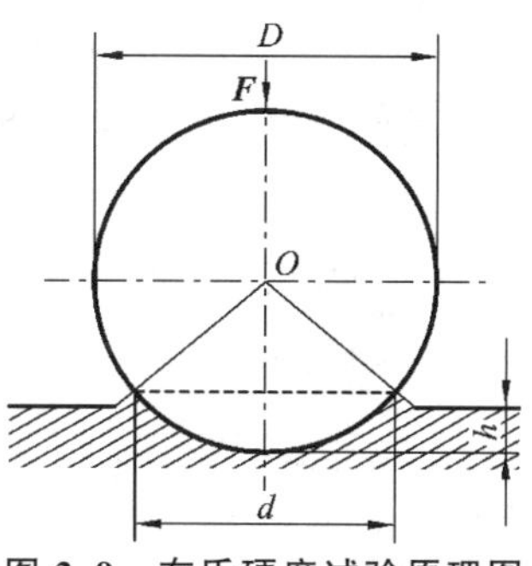

图 2.9　布氏硬度试验原理图

### 1. 布氏硬度

将一定直径的压头，在一定的载荷下垂直压入试样表面，保持规定的时间后卸载，压痕表面所承受的平均应力值称为布氏硬度值，以 HBW 表示。图 2.9 所示为布氏硬度试验原理图。

$$HBW = F/S_{压} = 0.102 \times 2F/[\pi D(D - \sqrt{D^2 - d^2})] \quad (2\text{-}5)$$

式中：$F$——试验力(N)；

$S_{压}$——压痕表面积($mm^2$)；

$D$——球体直径(mm)；

$d$——压痕直径(mm)。

布氏硬度试验主要设备有布氏硬度计和读数显微镜。常见的布氏硬度计有液压式和机械式两大类。图 2.10 所示为HB-3000 型布氏硬度计，试验时将试样 4 放在工作台 3 上，按顺时针方向转动手轮 2，使工作台上升至试样与压头 5 接触，并在手轮打滑后再开电动机 1，经二级蜗轮蜗杆减速器减速后，驱动连杆 10 与摇杆 8 向下运动，此时压头在砝码 11 通过大杠杆 9、小杠杆 7 及压轴 6 作用下，以一定大小的载荷压入试样。停留一定时间后，电动机自动反转，曲柄连杆带动摇杆上升而卸除载荷。在关闭电动机后，反时针方向转动手轮，使工作台下降并取下试样。最后用读数显微镜测出压痕直径 $d$，根据 $d$ 的大小查本书附录 B 即可求得布氏硬度值。

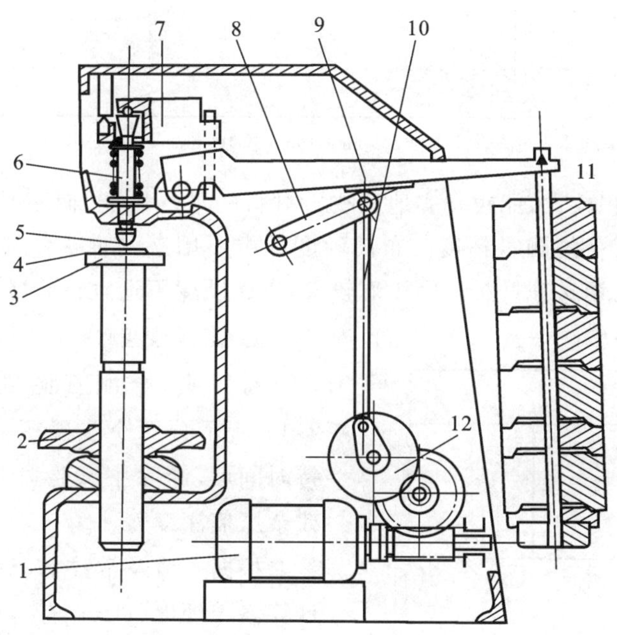

图 2.10　HB-3000 型布氏硬度计

1—电动机；2—手轮；3—工作台；4—试样；5—压头；6—压轴；
7—小杠杆；8—摇杆；9—大杠杆；10—连杆；11—砝码；12—减速器

在进行布氏硬度试验时，应根据被测试金属材料的种类和试样厚度，对不同大小的球体直径 $D$ 施加载荷 $\boldsymbol{F}$ 并保持一定时间。按国标《金属材料　布氏硬度试验　第 1 部分：试验方法》(GB/T 231.1—2009)的规定，球体直径有 10 mm、5 mm、2.5 mm、2 mm 和 1 mm 共 5 种；载荷与球体直径平方的比值($F/D^2$)有 30 $N/mm^2$、15 $N/mm^2$、10 $N/mm^2$、5 $N/mm^2$、2.5 $N/mm^2$、

1.25 $N/mm^2$和1 $N/mm^2$共7种，根据金属材料的种类和布氏硬度值，可按表2.2选定$F/D^2$。载荷的保持时间：黑色金属为10～15 s，有色金属为30 s，布氏硬度值小于35时为60 s。

**表2.2　不同材料的布氏硬度和试验力-球体直径平方的比**

| 材　　料 | 布氏硬度 HBW | 试验力-球体直径平方的比 $0.102\times F/D^2/(N/mm^2)$ |
|---|---|---|
| 钢、镍基合金、钛合金 | — | 30 |
| 铸铁① | <140 | 10 |
| | ≥140 | 30 |
| 铜和铜合金 | <35 | 5 |
| | 35～200 | 10 |
| | >200 | 30 |
| 轻金属及其合金 | <35 | 2.5 |
| | 35～80 | 5 |
| | | 10 |
| | | 15 |
| | >80 | 10 |
| | | 15 |
| 铅、锡 | — | 1 |

注：①对于铸铁试验，压头球体的名义直径应为2.5 mm、5 mm或10 mm。

布氏硬度压痕面积较大，能较真实地反映出材料的平均性能，而不受个别组成相和微小不均匀度的影响，具有较高的测量精度。布氏硬度计主要用来测量灰铸铁、有色金属，以及经退火、正火和调质处理的钢材等材料。因压痕较大，布氏硬度不适宜检验薄件或成品。

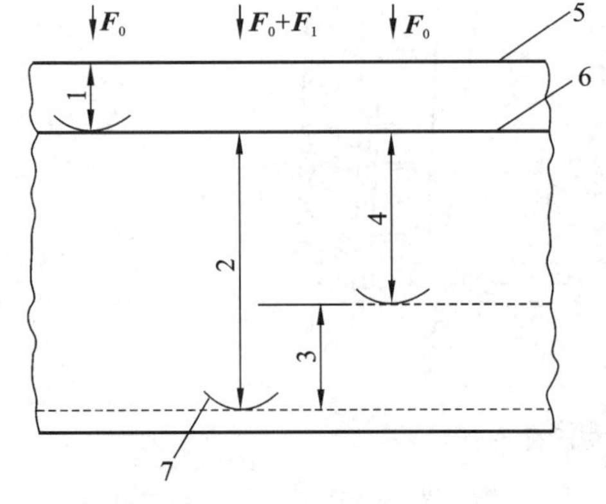


**图2.11　洛氏硬度试验原理图**

1—在初试验力$F_0$下的压入深度；
2—由主试验力$F_1$引起的压入深度；
3—卸除主试验力$F_1$后的弹性回复深度；
4—残余压入深度$h$；5—试样表面；
6—测量基准面；7—压头位置

**2. 洛氏硬度**

将压头（金刚石圆锥、硬质合金球）按图2.11所示分两个步骤压入试样表面，经规定保持时间后，卸除主试验力，测量在初试验力下的残余压痕深度$h$。

根据$h$值及常数$N$、$S$（见表2.3），用式(2-6)计算洛氏硬度(HR)，有

$$HR=N-h/S \tag{2-6}$$

洛氏硬度试验时，可用不同压头和不同的主载荷组成不同的洛氏硬度标尺。最常用的是HRA、HRB、HRC三种标度。其中HRC适用于测量较硬金属；HRB适用于测量较软金属；HRA适用于测量硬脆的金属材料或浅层表面硬化的金属。

表 2.3 符号及名称

| 符号 | 说明 | 单位 |
|---|---|---|
| $F_0$ | 初试验力 | N |
| $F_1$ | 主试验力 | N |
| $F$ | 总试验力 | N |
| $S$ | 给定标尺的单位 | mm |
| $N$ | 给定标尺的硬度数 | |
| $h$ | 卸除主试验力,在初试验力下压痕残留的深度(残余压痕深度) | mm |
| HRA<br>HRC<br>HRD | 洛氏硬度$=100-\frac{h}{0.002}$ | |
| HRB<br>HRE<br>HRF<br>HRG<br>HRH<br>HRK | 洛氏硬度$=130-\frac{h}{0.002}$ | |
| HRN<br>HRT | 表面洛氏硬度$=100-\frac{h}{0.001}$ | |

我国生产的洛氏硬度试验计有 H-100、HR-1501DT、HR4-150AT 等多种型号。图 2.12 所示为 H-100 型洛氏硬度计,试验时将试样 6 放在工作台 5 上,按顺时针方向转动手轮 3,使工作台上升至试样与压头 7 接触,继续转动手轮,通过压头和压轴 8 顶起杠杆 10,并带动指示器表盘 9 的指针转动。待指示器表盘中小针对准黑点,大针置于垂直向上位置时(左右偏移不超过 5 格),试样即施加了 10 kgf(1 kgf=9.8 N)的初载荷。随后转动指示器表盘,使大针对准"0"(测 HRB 时对准"30"),再按下按钮 1 释放转盘 4,在砝码 11 重力的作用下,顶杆 12 便在缓冲器 15 的控制下匀缓下降,使主载荷通过杠杆压轴和压头作用于试样上。停留数秒后再扳动手柄 2,使转盘顺时针方向转动至原来被锁住的位置。由于转盘上齿轮使扇形齿轮 13 和齿条 14 同时运转而将顶杆顶起,卸除了主载荷。这时,指示器指针所指的读数即为所求的洛氏硬度值(HRC 和 HRA 读外圈黑色的 C 标尺,HRB 读内圈红色的 B 标尺)。在实际试验时,都是由硬度计的指示器表盘上直接读出所测的硬度值。洛氏硬度 HRC 与其他硬度及强度换算可参考本书附录 C。

洛氏硬度试验操作迅速简便,且压痕较小,可以测定成品或较薄金属的硬度,故目前生产上应用广泛。退火状态碳钢的硬度一般是随着含碳量的增加而逐渐增加的。

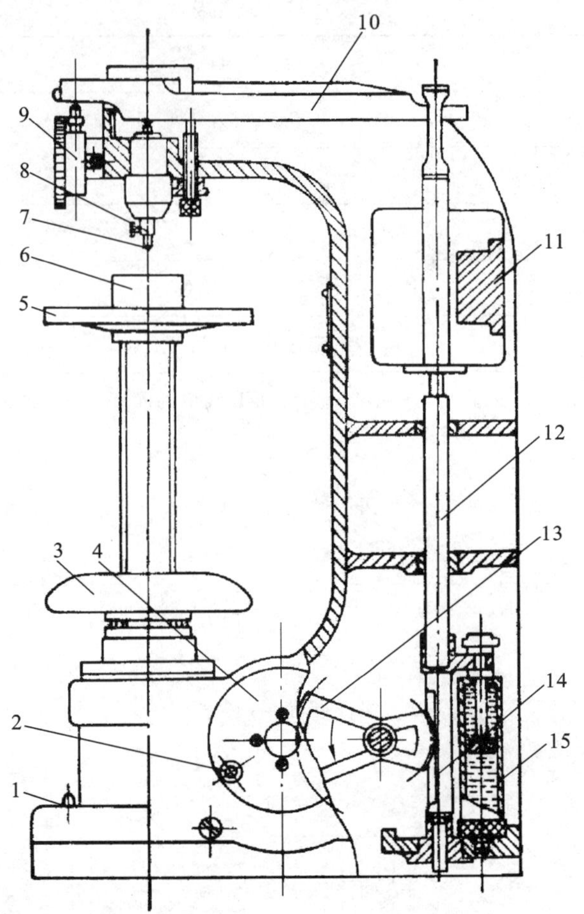


图 2.12　H-100 型洛氏硬度计

1—按钮；2—手柄；3—手轮；4—转盘；5—工作台；6—试样；7—压头；8—压轴；
9—指示器表盘；10—杠杆；11—砝码；12—顶杆；13—扇形齿轮；14—齿条；15—缓冲器

**3. 维氏硬度**

用 49～981 N 的载荷，将顶角为 136°的金刚石四方角锥体压头压入金属表面，以其压痕面积除以载荷所得之商称为维氏硬度，用符号 HV 表示。维氏硬度试验原理如图 2.13 所示。它适用于测定厚度为 0.3～0.5 mm 的薄层材料，或厚度为 0.03～0.05 mm 的表面硬化层的硬度。

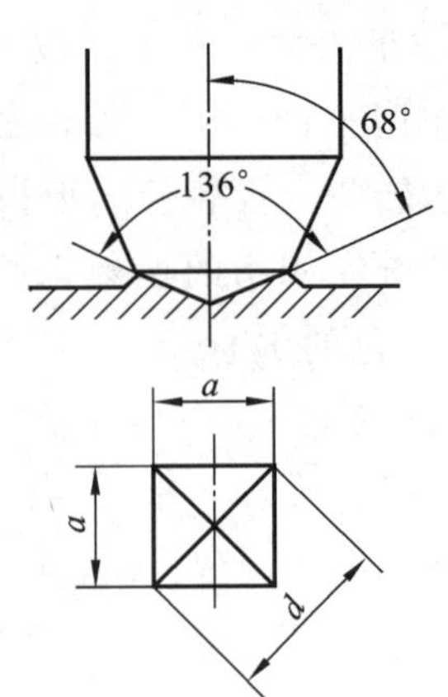


**图 2.13　维氏硬度试验原理图**

## 【任务实施】

在实训指导教师的指导下或在工厂技术人员的指导下对汽车钢板、汽车齿轮和汽车传动轴等汽车零件进行硬度测量。

表 2.4 所示为要求热处理和显微组织观察并测量硬度的样品表。要求热处理后的零件用砂纸磨去两端面氧化皮，然后测定硬度(HRC 或 HRB)。每个试样测三点，取平均值，并将数据记录上报。

表 2.4 要求热处理和显微组织观察并测量硬度的样品表

| 序号 | 样品名称 | 状态 | 显微组织 | 浸蚀剂 |
|---|---|---|---|---|
| 1 | 工业纯铁 | 退火 | F | 4%[①]硝酸酒精 |
| 2 | 0.45%[②]碳钢 | 退火 | F+P | 同上 |
| 3 | 0.8%碳钢 | 退火 | P | 同上 |
| 4 | 1.2%碳钢 | 退火 | $P+Fe_3C_{II}$ | 同上 |
| 5 | 亚共晶白口铸铁 | 铸铁 | $P+Fe_3C_{II}+Ld$ | 同上 |
| 6 | 共晶白口铸铁 | 铸铁 | Ld | 同上 |
| 7 | 过共晶白口铸铁 | 铸铁 | $Ld+Fe_3C_{II}$ | 同上 |
| 8 | 未知铁碳合金 | 退火 | — | 同上 |

注:① 表示体积百分数;② 表示含碳量。

# 【知识拓展】

## 一、冲击韧度

冲击韧度是金属材料抵抗冲击载荷作用而不被破坏的能力,通常用一次摆锤冲击试验来测定。

摆锤冲击试验原理如图 2.14 所示。将标准试样安放在摆锤试验机的支座上,试样缺口背向摆锤,将具有一定重力 $G$ 的摆锤举至一定高度 $H_1$,使其获得一定势能 $E_1$,然后由此高度落下将试样冲断,并回弹至高度 $H_2$,摆锤剩余势能为 $E_2$。冲击吸收功 $A_K$ 除以试样缺口处的截面积 $S_0$,即可得到材料的冲击韧度 $\alpha_K$,计算公式如下:

$$\alpha_K = A_K/S_0 = G(H_1 - H_2)/S_0 \qquad (2\text{-}7)$$

式中:$A_K$——冲击吸收功(J);

$G$——摆锤的重力(N);

$H_1$——摆锤举起的高度(cm);

$H_2$——冲断试样后,摆锤的高度(cm);

$\alpha_K$——冲击韧度($J/cm^2$);

$S_0$——试样缺口处截面积($cm^2$)。

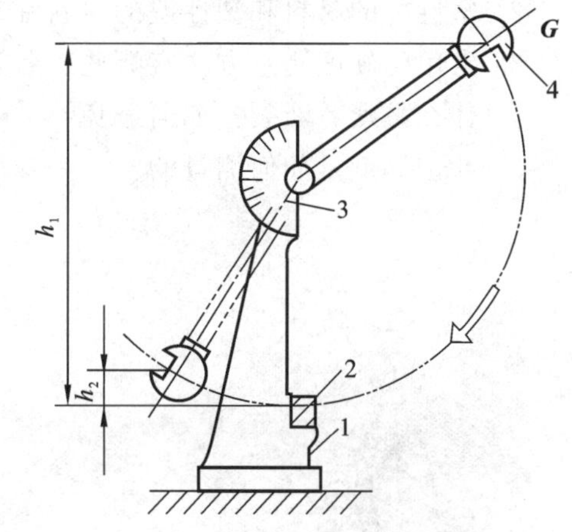


图 2.14 冲击试验原理图

1—支座;2—试样;3—指针;4—摆锤

使用不同类型的标准试样(U 形缺口或 V 形缺口)进行试验时,冲击韧度分别以 $\alpha_{KU}$ 或 $\alpha_{KV}$ 表示。冲击韧度 $\alpha_K$ 值越大,表明材料的韧度越高,受到冲击时越不易断裂。

## 二、疲劳强度

许多机械零件,如轴、齿轮、轴承、弹簧等,在工作中承受的是交变载荷。在这种载荷作用下，虽然零件所受应力远低于材料的屈服点，但在长期使用中往往会突然发生断裂，这种破坏过程称为疲劳断裂。

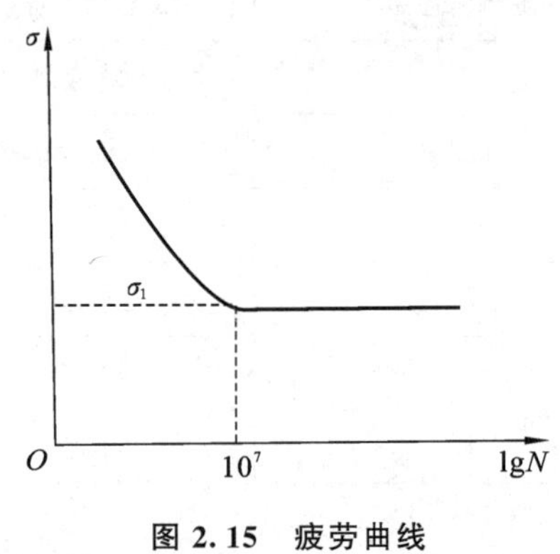


图 2.15　疲劳曲线

工程上规定，材料经无数次重复交变载荷作用而不发生断裂的最大应力称为疲劳强度。图 2.15 所示是通过试验测定的材料交变应力 $\sigma$ 和断裂前应力循环次数 $N$ 之间的关系曲线(疲劳曲线)。曲线表明，材料受的交变应力越大，则断裂时应力循环次数 $N$ 越少，反之，则 $N$ 越大。当应力低于一定值时，试样经无限周次循环也不破坏，此应力值称为材料的疲劳强度，用 $\sigma_r$ 表示；对称循环的应力比(循环特性)$r=-1$，疲劳极限用 $\sigma_{-1}$ 表示。工程上实际规定，钢在经受 $10^7$ 次、有色金属经受 $10^8$ 次交变应力作用下，不发生破坏时的应力作为材料的疲劳强度。

材料的疲劳强度与其合金化学成分、内部组织及缺陷、表面划痕及零件截面突然改变等有关。设计零件时，为了提高零件的疲劳强度，应改善结构设计避免应力集中；为了提高加工工艺性和减少内部组织缺陷，还可以通过降低零件表面粗糙度和表面强化方法(如表面淬火、喷丸处理等)来提高表面加工质量进而提高疲劳强度。

## 【复习与思考】

1. 什么是金属材料的力学性能？常用的力学性能指标有哪些？
2. 塑性好的材料和塑性差的材料在超负荷承载造成断裂破坏时，有什么不同特点？
3. 常用的硬度测量方法有哪些？各适宜于何种场合？
4. 什么是疲劳断裂？如何避免？
5. 冲击韧度是如何测量的？

# 项目 3
## 汽车零件焊接与胶接

### 知识目标

（1）焊接的特点、性能与方法。

（2）焊接的结构工艺性。

（3）焊接的缺陷、质量检验与焊接新工艺。

（4）汽车零件胶粘剂与胶接工艺。

### 能力目标

（1）了解不同焊接材料的冷裂敏感性。

（2）掌握汽车零件焊接和胶接结构设计。

（3）初步掌握焊接质量检验和试验方法。

（4）了解汽车零件的胶接技术。

# 任务1　汽车零件的焊接方法与特点

## 【任务导入】

受神龙汽车零部件制造有限公司委托,对一批汽车零件进行焊接,请选择焊接主要仪器设备,确定其金属焊接性的评定的方法。

## 【任务分析】

金属焊接性是金属的一种加工性能,它取决于金属材料的本身性质和加工条件。就目前的焊接技术水平,工业上应用的绝大多数金属材料都是可以焊接的,只是焊接的难易程度不同而已。

学生或员工进行一批汽车零件焊接操作培训是有很强的实战性的。在焊接之前要有规范的评分标准。

## 【相关知识】

### 一、焊接的特点与性能

**1. 焊接成形的类型**

焊接是通过加热或加压,或两者并用,使焊件达到原子间结合的加工方法。焊接方法的种类很多,按焊接过程特点可分为三大类。

(1) 熔焊　焊接过程中,将焊件接头加热至熔化状态,不加压力完成焊接的方法,称为熔焊。这类方法的共同特点是把焊件局部连接处加热至熔化状态形成熔池,待其冷却凝固后形成焊缝,将两部分材料焊接成一体。因两部分材料均被熔化,故称熔焊。

(2) 压焊　焊接过程中必须对焊件施加压力(加热或不加热),以完成焊接的方法,称为压焊。

(3) 钎焊　采用比母材熔点低的金属材料作钎料,将焊件和钎料加热到高于钎料熔点低于母材熔点的温度,利用液态钎料润湿母材,填充接头间隙,并与母材互相扩散,实现连接焊件的方法,称为钎焊。

**2. 焊接成形的主要特点**

(1) 成形方便、适应性强。焊接方法灵活多样、工艺简单,能够很快生产出焊接结构。在实际生产中,焊件通常可选择板材、型材和管材,也可用铸件、锻件、冲压件,以充分发挥不同工艺的优点。采用化大为小、化复杂为简单的办法准备焊件,然后逐次装配焊接,拼小成大,从而扩大了企业的生产能力,解决了大型结构、复杂结构的成形问题。应用不同的焊接方法,还能实现异种金属材料的连接。现代的船体、各种桁架、锅炉、容器等,都广泛使用焊接结构。世界上主要工业国家每年生产的焊接结构约占钢产量的45%。

(2) 焊接连接性能好、省工省料、成本低。

(3) 焊接接头组织性能不均匀。焊接是一个不均匀加热和冷却的过程,焊接接头组织性能不均匀程度远远超过了铸件和锻件。焊接产生的应力和变形也超过了铸造和锻造,从而影响了焊接结构的精度和承载能力。

目前,焊接技术正向高温、高压、高容量、高寿命、高生产率方向发展,并正在解决具有特殊性能材料的焊接问题。如超高强度钢、不锈钢等特种钢及有色金属、异种金属和复合材料的焊接。另外,焊接的自动化程度也有了较大的进展,如焊接机器人和遥控全方位焊接机的焊接技术在不断发展。

**3. 金属的焊接性能**

1)金属焊接性的概念

金属焊接性是金属材料对焊接加工的适应性,是指金属在一定的焊接方法、焊接材料、工艺参数及结构条件下,获得优质焊接接头的难易程度。它包括两个方面的内容:一是工艺性能,即在一定工艺条件下,焊接接头产生工艺缺陷的倾向,尤其是出现裂纹的可能性;二是使用性能,即焊接接头在使用中的可靠性,包括力学性能及耐热、耐蚀等特殊性能。

随着焊接技术的发展,金属焊接性也在改变。例如,铝在气焊和手工电弧焊条件下,难以达到较高的焊接质量;而氩弧焊出现以后,焊铝能达到较高的技术要求。化学活泼性极强的钛的焊接也是如此。由于等离子弧、真空电子束、激光等在焊接中的应用,钨、钼、铌、钽、锆等高熔点金属及其合金的焊接都已成为可能。

2)金属焊接性的评定

金属焊接性可以通过估算或试验的方法来评定。

(1)用碳当量法评估钢材焊接性　钢中的碳和合金元素对钢焊接性的影响程度是不同的,碳的影响最大,其他合金元素可以折合成碳的影响来估算被焊材料的焊接性。换算后的总和称为碳当量,它作为评定钢材焊接性的参数指标,这种方法称为碳当量法。

碳当量有不同的计算公式。国际焊接学会(IIW)推荐的碳素结构钢和低合金结构钢碳当量$C_E$的计算公式为

$$C_E = C + Mn/6 + (Ni + Cu)/15 + (Cr + Mo + V)/5 \tag{3-1}$$

式中:化学元素符号都表示该元素在钢材中的质量分数,各元素含量取其成分范围的上限。

经验证明,碳当量越大,焊接性越差。当$C_E < 0.4\%$时,焊接性能良好;$C_E = 0.4\% \sim 0.6\%$时,焊接性较差,冷裂倾向明显,焊接时需要预热并采取其他工艺措施防止裂纹;$C_E > 0.6\%$时,焊接性差,冷裂倾向严重,焊接时需要较高的预热温度和采取严格的工艺措施。

(2)焊接性能试验　焊接性能试验是评价金属焊接性最为准确的方法。例如,焊接裂纹试验、接头力学性能试验、接头腐蚀性试验等。

3)铸铁的焊接性

铸铁的焊接性很差,它不能以较大的塑性变形减缓焊接应力,容易产生焊接裂纹,并且在焊接过程中由于碳、硅等元素的烧损,在焊接快速冷却之下容易产生白口组织,影响切削加工。铸铁焊接只用于修补铸件缺陷和修复局部损坏的铸铁件。焊接时,常将焊件预热到400～700 ℃。焊接过程中温度不低于400 ℃,焊后要缓冷,以防止白口组织和裂纹产生,这种方法称为热焊法。焊前不预热或预热温度较低,采用铸铁或非铸铁(铜基、镍基等)焊条的焊接方法,称为冷焊法。冷焊法容易产生白口组织,只用于焊接非加工表面。

4)铝及铝合金的焊接性

采用一般的焊接方法时,铝及铝合金的焊接性不好。铝极易被氧化,形成难熔的氧化铝薄膜,其熔点为2 050 ℃。氧化铝膜包覆着熔化的铝滴,阻碍熔化的铝滴相互之间的熔合及铝滴

与母材的熔合,并且氧化铝的密度大,容易残存在焊缝中形成夹渣。

铝焊缝中的气孔倾向大。主要是因为熔融态铝能溶解大量的氢,而固态铝中氢的溶解度又很小,凝固时来不及逸出的氢残存在焊缝中,形成气孔。氢的来源主要是焊件、焊丝表面的氧化铝膜吸附住的空气中水分。因此,必须仔细清理焊件、焊丝表面的氧化铝膜,并使之干燥。

铝及铝合金焊接接头形成裂纹的倾向性大,主要是因为铝焊缝的铸态组织晶粒粗大,另外,焊缝中若含有少量的硅,还会导致在晶界处形成易熔共晶体。因此,常需要通过调整焊丝成分,以达到细化焊缝晶粒及抵消硅的有害影响的目的。

5) 铜及铜合金的焊接性

采用一般的焊接方法时,铜及铜合金的焊接性不好。铜焊缝中的气孔倾向大,也是因为熔融状态铜能溶解大量的氢,而固态铜中氢的溶解度又很小,凝固时来不及逸出的氢残存在焊缝中而形成气孔。

铜及铜合金焊接接头形成热裂纹的倾向也较大,主要是因为氧在铜中以氧化亚铜($Cu_2O$)形式存在,氧化亚铜能与铜形成易熔共晶体,沿晶界分布易导致热裂纹。另外,残存在固态铜中的氢与氧化亚铜发生反应生成水蒸气。水蒸气不溶于铜,以很高的压力分布在显微空隙中,引起所谓的氢脆。冷却过程中的氢脆现象也是产生裂纹的原因。

铜具有很高的导热性,焊件厚度超过 4 mm 时,就必须预热到 300 ℃才能达到焊接温度。

焊接黄铜的主要困难是锌的蒸发。锌的蒸发使黄铜焊缝的强度、耐蚀性下降。另外,锌蒸气有毒,必须对施焊场所进行通风。

## 二、焊接成形方法

目前,在生产上常用的焊接方法有焊条电弧焊、埋弧自动焊、气体保护焊,电渣焊、电阻焊和钎焊等。

**1. 焊条电弧焊**

利用电弧作为热源的熔焊方法称为电弧焊。焊条电弧焊是用手工操纵焊条进行焊接的电弧焊方法。

1) 焊接电弧

焊接电弧是指由焊接电源供给的,具有一定电压的两电极间或电极与焊件间,在气体介质中产生的强烈而持久的放电现象。焊接电弧的阳极区产生的热量多,温度也高;阴极区产生的热量较少,温度也低。例如,使用碳钢焊条焊接钢材时,阳极区的温度约为 2 600 K,阴极区的温度约为 2 400 K。因此,采用直流弧焊机焊接时有正接和反接之分。当焊件接电源正极而焊条接电源负极时称为正接。正接时焊件获得的热量多、熔池深、易焊透,适于焊接厚件。当焊件接电源负极而焊条接电源正极时称为反接。反接时不易烧穿,适于焊接薄件。

2) 焊条电弧焊电源

(1) 焊条电弧焊对电源的要求　焊条电弧焊电源应具有适当的空载电压和较高的引弧电压,以利于引弧,保证安全。当电弧稳定燃烧时,焊接电流增大,电弧电压应急剧下降;还应保证焊条与焊件短路时,短路电流不应太大;同时焊接电流应能灵活调节,以适应不同的焊件及焊条的要求。

(2) 焊条电弧焊电源的种类　常用焊条电弧焊的电源有直流弧焊机、交流弧焊机和逆变弧焊机。

① 直流弧焊机　直流弧焊机有弧焊发电机(由一台三相感应电动机和一台直流弧焊发电

机组成)和焊接整流器(整流式直流弧焊机)两种类型。

弧焊发电机具有电弧稳定、容易引弧、焊接质量较好等优点,但结构复杂、噪声大、成本高、维修困难,且在无焊接负载时也要消耗能量,现已被淘汰。

焊接整流器比弧焊发电机结构简单、质量小、噪声小,制造维修方便,是近年来发展起来的一种弧焊机。如型号为 ZX5-300 的弧焊机为下降特性、硅整流,额定焊接电流为 300 A。

② 交流弧焊机　它是一种特殊的降压变压器,具有结构简单、噪声小、成本低等优点,但电弧稳定性较差。如型号为 BXJ-330 的交流弧焊变压器,额定焊接电流为 330 A。该弧焊机既适于酸性焊条焊接,又适于碱性焊条焊接。

③ 逆变弧焊机　逆变电源是近几年发展起来的新一代焊接电源,它从电网吸取三相 380 V 交流电,经整流滤波成直流,然后经逆变器变成频率为 2 000～30 000 Hz 的交流电,再经单相全波整流和滤波输出。逆变弧焊机具有体积小、质量小、节约材料、高效节能、适应性强等优点,是更新一代的电源,现已逐渐取代焊接整流器。

3) 焊条

(1) 焊条的组成和作用　焊条是涂有药皮的供焊条电弧焊用的熔化电极,由焊芯和药皮两部分组成。

① 焊芯　焊芯在焊接过程中既是导电的电极,同时本身又熔化作为填充金属,与熔化的母材共同形成焊缝金属。焊芯的质量直接影响焊缝的质量。焊丝中硫、磷等杂质的质量分数很低。焊芯必须由专门冶炼的金属丝制成。

② 药皮　药皮是压涂在焊芯表面的涂料层,主要作用是在焊接过程中造气造渣,起保护作用,防止空气进入焊缝,避免焊缝高温金属被空气氧化,防止脱氧、脱硫、脱磷和渗合金等,并具有稳弧、脱渣等作用,以保证焊条具有良好的工艺性能,形成美观的焊缝。

(2) 焊条的分类　根据药皮种类的不同,焊条可分为酸性焊条和碱性焊条。

① 酸性焊条　酸性焊条的熔渣呈酸性,药皮中含有大量 $SiO_2$、MnO 等氧化物,保护气体主要是 CO 和 $H_2$。

酸性焊条的优点是熔渣呈玻璃状,容易脱渣。焊接时由于保护气体 CO 和 $H_2$ 的燃烧使熔池沸腾,能继续除去金属熔池中的气体,所以,对焊件上的油、锈、污不敏感。表现为工艺性能较好,电弧稳定,交、直流弧焊机均可使用。

酸性焊条的缺点是由于保护气体中 $H_2$ 质量分数大,约占 50%,焊缝金属中氧、氮的质量分数也比较高,脱硫能力小,所以焊缝的力学性能差,尤其是塑性和抗裂性差,韧度低。另外,由于药皮的强氧化性,C、Si、Mn 等元素的烧损较大。故酸性焊条常应用于一般的焊接结构,典型的酸性焊条型号有 E4303 等。

② 碱性焊条　碱性焊条的熔渣呈碱性,药皮的主要成分为 $CaCO_3$ 和 $CaF_2$。

碱性焊条的优点是在焊接过程中 $CaCO_3$ 分解为 CaO 和 $CO_2$,其中的 CaO 与 S 反应生成 CaS 和 $O_2$,CaS 为熔渣被除去,除硫作用强于酸性焊条,保护气体主要为 $CO_2$ 和 CO,$H_2$ 的质量分数很低(<5%),故又称低氢型焊条。由于这种焊条少硫低氢,所以焊缝金属的塑性好,韧度高,抗裂性强。又由于这种焊条药皮中含强氧化物少,故合金元素烧损小。

碱性焊条的缺点是药皮中的 $CaF_2$ 化学性质极活泼,对油、锈、污敏感,电弧不稳定,熔渣为结晶状,不易脱渣。HF 是一种有毒气体,对人体危害较酸性焊条大,应注意焊接场地的通风除尘。正因为碱性焊条的抗裂性强,焊缝力学性能好,故应用于重要结构的压力容器焊接。为了更好地发挥碱性焊条的抗裂作用,要求采用直流弧焊机、反接,且尽量采用短弧焊,以提高电弧气氛的保护效果。

(3) 焊条的选用　在选择焊条时,应根据其性能特点,并考虑焊件的结构特点、工作条件、生产批量、施工条件及经济性等因素合理选用。

焊接低碳钢或低合金钢时,一般应使焊缝金属与母材等强度,焊接耐热钢、不锈钢时,应使焊缝金属的化学成分与焊件的化学成分相近。焊接形状复杂和刚度大的结构及焊接承受冲击载荷、交变载荷的结构时,应选用抗裂性好的碱性焊条。焊接难以在焊前清理的焊接结构时,应选用抗气孔性能好的酸性焊条。使用酸性焊条比使用碱性焊条经济,在满足使用性能要求的前提下应优先选用酸性焊条。

4) 焊条电弧焊的基本工艺

焊条电弧焊的基本工艺是指接头类型、坡口形式、焊缝空间位置及焊接工艺参数的确定等。

(1) 接头类型　焊接接头的基本形式有对接、角接、T形接和搭接等,如图3.1所示。

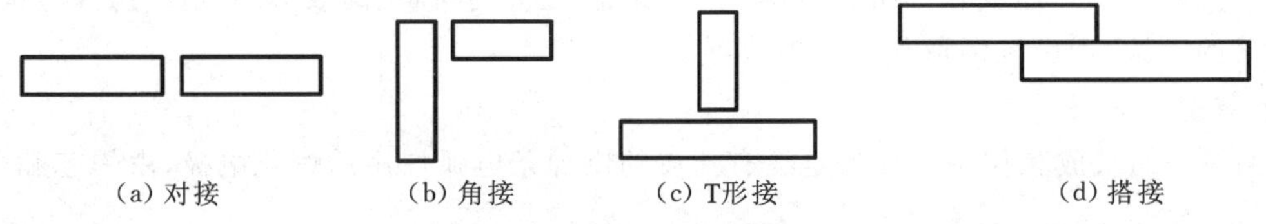


**图3.1　接头的基本形式**

对接接头是指两焊件端面相对平行的接头。对接接头省材料,受载时应力分布均匀,焊接质量也容易保证,但焊前准备和装配要求高。对于重要的焊接结构如锅炉、压力容器等的受力焊缝,宜采用对接接头。

角接接头是指两焊件端面间构成大于30°、小于135°夹角的接头。T形接头是指一焊件端面与另一焊件端面构成直角或近似直角的接头。当焊接结构要求构成一定角度的连接时,则采用角接接头或T形接头。

搭接接头是指两焊件部分重叠构成的接头。搭接接头受载时应力分布复杂,往往产生弯曲附加应力,降低了接头的连接强度。但是,搭接接头的焊前准备与装配简单。常见的桁架结构多采用搭接接头。

(2) 坡口形式　坡口是根据设计或工艺要求,在焊件待焊部位加工的具有一定几何形状的沟槽。坡口的基本形式有I、Y、U形等,如图3.2所示。坡口用机械、火焰、电弧等加工方法制成,其各部分的尺寸在国家标准中有规定。

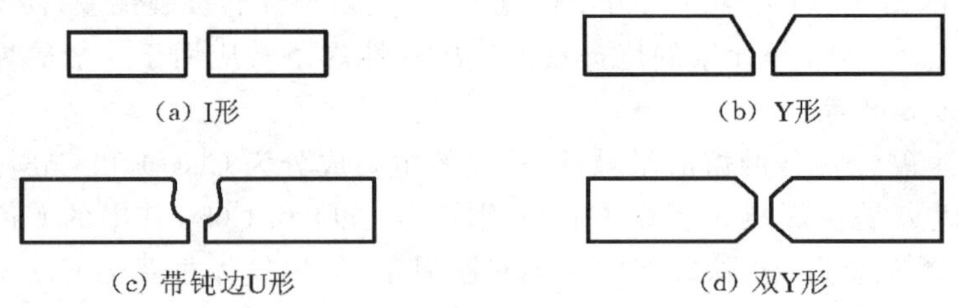


**图3.2　坡口的基本形式**

I形坡口主要用于厚度为1～6 mm钢板的焊接。焊件较厚又必须焊透时,待焊部位必须开坡口。

Y形坡口主要用于厚度为3～26 mm钢板的焊接。当焊件要求全焊透而焊缝背面又无法施焊时,可以采用Y形坡口。

双Y形坡口主要用于厚度为12～60 mm钢板的焊接。双Y形坡口比Y形坡口所需要的填充金属少，省焊条、省工时，但必须双面进行施焊。

U形坡口主要用于厚度为20～60 mm钢板的焊接。U形坡口也比Y形坡口所需要的填充金属少，省焊条、省工时，但坡口的加工比较困难，常需铣削加工。而Y形坡口、双Y形坡口采用氧气切割方法即可制出。

(3) 焊接位置的确定　按焊缝所处的空间位置，焊接分为平焊、立焊、横焊、仰焊四种。在平焊位置焊接，熔滴能够依靠重力垂直下落至熔池，液态金属不易向四周散失。因此，焊缝成形良好，操作方便，焊接技术要求低。

在立焊位置焊接，熔池的液态金属随时往下滴。因此，普遍采用从下向上的焊接方向。

在横焊位置焊接，熔池的液态金属容易流出，因此焊件接缝应留适当间隙。

在仰焊位置焊接，熔池的液态金属随时可能往下滴落，因此，应尽量缩小熔池的面积。显然，仰焊位置焊接最困难，平焊位置焊接最方便。在可能的条件下，应将立焊、横焊、仰焊位置转变为平焊位置进行焊接。例如，借助翻转架等变位机构改变焊缝的焊接位置。

(4) 焊接工艺参数的确定　焊条电弧焊的焊接工艺参数是指电源种类和极性、焊条直径、焊接电流和焊接层数。

① 电源种类和极性　酸性焊条一般选用交流弧焊机，碱性焊条一般选用直流弧焊机。只有选用了直流弧焊机后才考虑极性问题，具体可参照焊接电弧里的内容。

② 焊条直径的选择　焊条直径主要取决于焊件厚度、接头形式、焊缝位置、焊接层(道)数等因素。根据焊件厚度，平焊时焊条直径的选用见表3.1。

**表3.1　平焊时焊条直径的选择**

| 焊件厚度/mm | <2 | 2～4 | 4～10 | 12～14 | >14 |
|---|---|---|---|---|---|
| 焊条直径/mm | 1.5～2.0 | 2.5～3.2 | 3.2～4 | 4～5 | >5 |

③ 焊接电流的选择　焊接电流主要根据焊条直径来选择，对平焊低碳钢和低合金钢焊件，焊条直径3～6 mm时，其电流大小可根据经验公式选择，即

$$I=(30\sim50)d \tag{3-2}$$

式中：$I$——焊接电流(A)；

$d$——焊条直径(mm)。

实际工作时，电流大小的选择还应考虑焊件的厚度、接头形式、焊接位置和焊条种类等因素。焊件较薄时，横焊、立焊、仰焊以及不锈钢焊条等条件下，焊接电流均应比平焊时电流小10%～15%，也可通过试焊来调节电流的大小。

④ 焊接层数　厚件和易过热的材料焊接时，常采用开坡口、多层多道焊的方法，每层焊缝的厚度以3～4 mm为宜。也可按下式安排层数，即

$$n=\delta/d \tag{3-3}$$

式中：$n$——焊接层数(取整数)；

$\delta$——焊件厚度(mm)；

$d$——焊条直径(mm)。

**2. 埋弧自动焊**

埋弧自动焊是将焊条电弧焊的引弧、焊条送进、电弧移动几个动作改由机械自动完成，电弧在焊剂层下燃烧，故称为埋弧自动焊。如果部分动作由机械完成，其他动作仍由焊工辅助完成，则称为半自动焊。

1）埋弧自动焊的过程

焊接时,自动焊机头将焊丝自动送入电弧区自动引弧,通过焊机弧长自动调节装置,保证一定的弧长,电弧在颗粒状焊剂下燃烧,母材金属与焊丝被熔化成较大体积(可达 20 $cm^3$)的熔池。焊车带着焊丝自动匀速向前移动,或焊机头不动而工件匀速移动,熔池金属被电弧气体排挤向后堆积,凝固后形成焊缝。电弧周围的颗粒状焊剂被熔化成熔渣,部分焊剂蒸发,生成的气体将电弧周围的气体排开,形成一个封闭的熔渣泡。它有一定的黏度,能承受一定的压力,因此使熔化金属与空气隔离,并防止熔化金属飞溅,既可减少热能损失,又能防止弧光四射。未熔化的焊剂可以回收重新使用。埋弧自动焊机如图 3.3 所示。

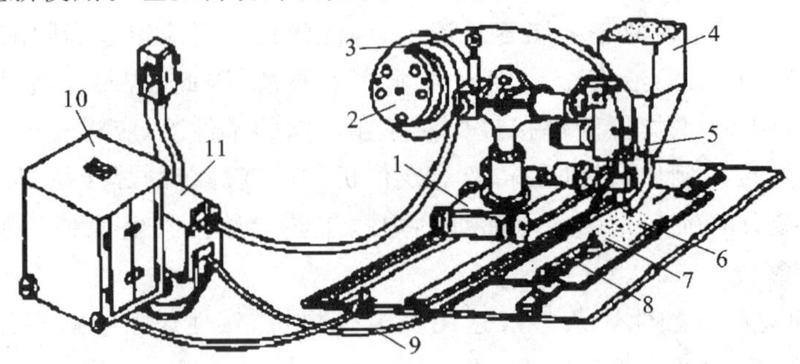


图 3.3　埋弧自动焊机

1—焊接小车;2—控制盘;3—焊丝盘;4—焊剂漏斗;5—焊接机头;6—焊剂;7—渣壳;8—焊缝;9—焊接电缆;10—焊接电源;11—控制箱

2）埋弧自动焊的特点和应用

埋弧自动焊与焊条电弧焊相比,有以下特点。

(1) 埋弧自动焊的电流比焊条电弧焊的高 6～8 倍,无须更换焊条,没有飞溅,生产率提高 5～10 倍。同时,由于埋弧焊熔池大,可以不开或少开坡口,节省坡口加工工时,节省焊接材料,焊丝利用率高,降低了焊接成本。

(2) 埋弧焊焊剂供给充足,保护效果好,冶金过程完善,焊接工艺参数稳定,焊接质量好,而且稳定,对操作者技术要求低,焊缝成形美观。

(3) 改善了劳动条件,没有弧光,没有飞溅,烟雾也很少,劳动强度较轻。

(4) 设备结构较复杂,投资大,装配要求高,调整等准备工作量较大。

(5) 适应性差,只能用于焊平焊位置,通常用于焊接直缝和环缝,不能用于焊空间位置焊缝和不规则焊缝。

**3. 气体保护焊**

1）$CO_2$气体保护焊

(1) $CO_2$气体保护焊的原理。

$CO_2$气体保护焊是以 $CO_2$ 作为保护气体,以焊丝作电极,以自动或半自动方式进行焊接的一种焊接方法。目前常用的是半自动焊,即焊丝送进是靠机械自动进行并保持弧长,由操作人员手持焊枪进行焊接。

$CO_2$气体在电弧高温下能分解,有氧化性,会烧损合金元素。因此,不能用来焊接有色金属和合金钢。焊接低碳钢、普通低合金钢时,通过含有合金元素的焊丝来进行脱氧和渗合金等冶金处理。现在常用的 $CO_2$ 气体保护焊焊丝是 H08Mn2SiA,适用于焊接低碳钢和抗拉强度在 600 MPa以下的普通低合金钢。$CO_2$气体保护焊的焊接装置如图 3.4 所示。

一般情况下，无须接干燥器，甚至不需要预热器。但用于 300 A 以上的焊枪时需要水冷。为了使电弧稳定，飞溅少，$CO_2$ 气体保护焊采用直流反接。

（2）$CO_2$ 气体保护焊的特点与应用。

① 成本低　$CO_2$ 气体价格比较便宜，焊接成本比埋弧自动焊和焊条电弧焊的低。

② 操作性能好　$CO_2$ 气体保护焊电弧是明弧，可清楚看到焊接过程。它如同焊条电弧焊一样灵活，适用于全位置焊接。

③ 生产率高　焊丝送进自动化，电流密度大，电弧热量集中，所以焊接速度快，焊后没有熔渣，不需清渣，比焊条电弧焊的生产率高 1～3 倍。

④ 焊接质量比较好　$CO_2$ 气体保护焊焊缝含氢量低，采用合金钢焊丝易于保证焊缝性能。电弧在气流压缩下燃烧，热量集中，热影响区较小，变形和开裂倾向也小。

**图 3.4　$CO_2$ 气体保护焊的焊接装置**

1—焊接电源；2—导电嘴；3—焊炬喷嘴；4—送丝软管；5—送丝机构；6—焊丝盘；7—气瓶；8—减压器；9—流量计

⑤ 设备使用和维修不便　送丝机构容易出故障，需要经常维修。

⑥ 焊缝成形差　飞溅大，烟雾较大，控制不当易产生气孔。

$CO_2$ 气体保护焊适于低碳钢和强度级别不高的普通低合金钢焊接，主要用于焊接薄板。单件小批生产和不规则焊缝采用半自动 $CO_2$ 气体保护焊，大批生产和长直焊缝可用 $CO_2+O_2$ 等混合气体保护焊。

2）氩弧焊

（1）氩弧焊的原理。

氩弧焊是使用氩气作为保护气体的气体保护焊。氩气是惰性气体，在高温下不与金属起化学反应，也不熔于金属，可以保护电弧区的熔池、焊缝和电极不受空气的有害作用，是一种较理想的保护气体。氩气电离势高，引弧较困难，但一旦引燃就很稳定。氩气纯度要求达到 99.9%，我国生产的氩气纯度能够达到这个要求。

按所用电极不同，氩弧焊分为钨极（非熔化极）氩弧焊（见图 3.5(a)）和熔化极（金属极）氩弧焊（见图 3.5(b)）两种。

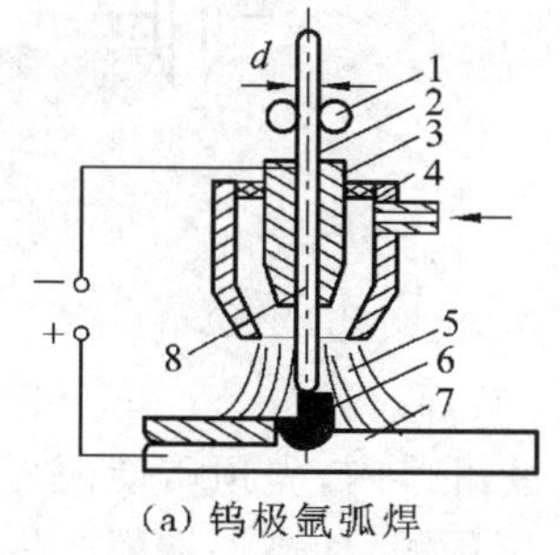

(a) 钨极氩弧焊

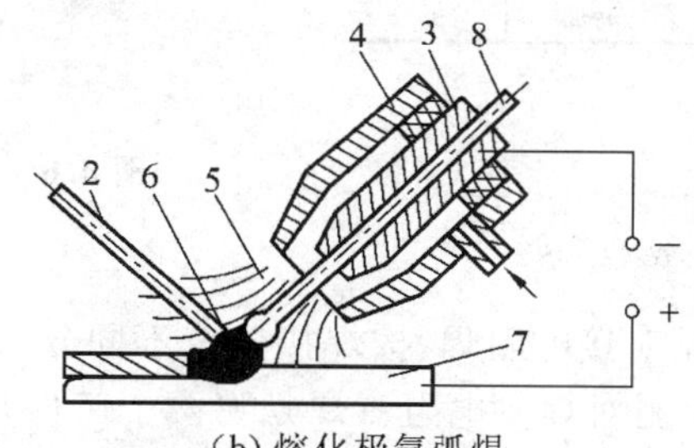

(b) 熔化极氩弧焊

**图 3.5　氩弧焊示意图**

1—送丝机构；2—焊丝；3—导电嘴；4—喷嘴；5—保护气体；6—电弧；7—母材

钨极氩弧焊电极常用钍钨极和铈钨极两种。焊接时，电极不熔化，只起导电和引弧作用。钨极为阴极时，发热量小，钨极为阳极时，发热量大，钨极烧损严重，电弧不稳定，焊缝易产生夹钨。

因此,一般钨极氩弧焊不采用直流反接。但在焊接铝工件时,由于母材表面有氧化膜,影响熔合,这时采用直流反接,有"阴极破碎"作用,能消除氧化膜,使焊缝成形美观,而采用正接时却没有这种"阴极破碎"现象。因此,综合上述因素,钨极氩弧焊焊铝工件时一般采用交流电源。但交流电源产生的电弧不稳定,且有直流成分。因此,交流钨极氩弧焊设备还要有引弧、稳弧和直流装置,比较复杂。

手工钨极氩弧焊的操作与气焊相似,需加以填充金属,也可以在接头中附加金属条或采用卷边接头。填充金属有的可采用与母材相同的金属,有的需要加一些合金元素,进行冶金处理,以防止气孔等缺陷。

熔化极氩弧焊以连续送进的焊丝作为电极,与埋弧自动焊相似,可用来焊接厚度 25 mm 以下的工件。熔化极氩弧焊可分为自动熔化极氩弧焊和半自动熔化极氩弧焊两种。

(2) 氩弧焊的特点与应用。

① 电弧稳定,特别是小电流时也很稳定。因此,熔池温度容易控制,做到单面焊双面成形。尤其现在普遍采用的脉冲氩弧焊,更容易保证焊透和焊缝成形。

② 采用气体保护,电弧可见(称为明弧),易于实现全位置自动焊接。

③ 电弧在气流压缩下燃烧,热量集中,熔池小,焊速快,热影响区小,焊接变形小。

④ 机械保护效果特别好,焊缝金属纯净,成形美观,质量优良。

⑤ 氩气价格较高,因此成本较高。

氩弧焊适用于焊接易氧化的有色金属和合金钢,如铝、钛和不锈钢等,适用于单面焊双面成形,如打底焊和管子焊接。钨极氩弧焊,尤其是脉冲钨极氩弧焊,还适用于薄板焊接。

**4. 电阻焊**

电阻焊是焊件组合后通过电极施加压力,利用电流通过接触处及焊件附近产生的电阻热,将焊件加热到塑性或局部熔化状态,再施加压力形成焊接接头的焊接方法。

电阻焊通常分为对焊、点焊、缝焊三种,如图 3.6 所示。

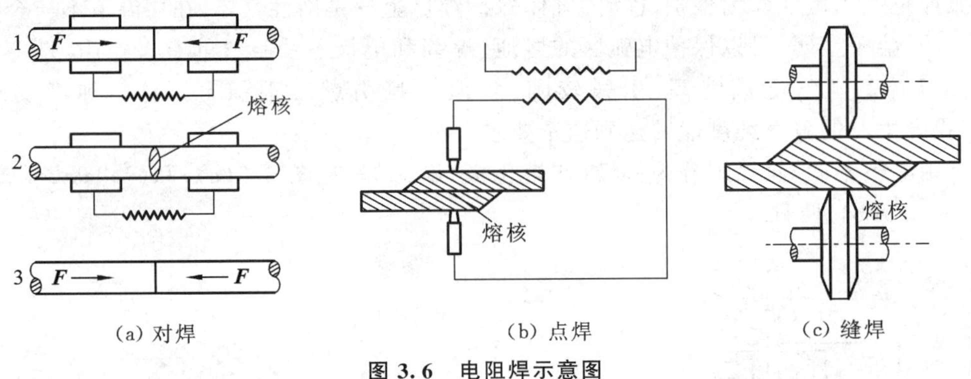


**图 3.6 电阻焊示意图**

1) 对焊

对焊是对接电阻焊,按焊接工艺不同分为电阻对焊和闪光对焊。

(1) 电阻对焊　电阻对焊是将两个工件装夹在对焊机电极钳口内,先预压使两焊件端面压紧,再通电加热,使被焊处达到塑性温度状态后断电并迅速加压预锻,使高温端面产生一定塑性变形而完成焊接。

电阻对焊操作简单,接头比较光滑,但对焊件端面加工和清理要求较高,否则端面加热不均匀,容易产生氧化物夹杂,质量不易保证。因此,电阻对焊一般仅用于焊接断面简单、直径(或边长)小于 20 mm 和强度要求不高的工件。

(2) 闪光对焊　闪光对焊是两焊件先不接触,接通电源,再移动焊件使之接触。由于工件表面不平,接触点少,其电流密度大,接触点金属迅速熔化、蒸发、爆破,形成火花,从接触处飞出来,形成“闪光”。经多次闪光加热后,端面达到均匀熔化状态,同时多次闪光将端面氧化物清理干净,此时断电并迅速对焊件加压预锻,形成焊接接头。

闪光对焊对焊接断面加工要求较低,而且经闪光对焊之后端面被清理。因此,接头夹渣少,质量较高,常用于焊接重要零件。可以焊接相同的金属材料,也可以焊接异种金属材料。被焊工件可以是直径 0.01 mm 的金属丝,也可以是截面积为 2 000 $mm^2$ 的金属型材或钢坯。

对焊用于杆状零件对接,如刀具、管子、钢筋、钢轨、车圈、链条等。不论哪种对焊,焊接断面要求尽量相同,圆棒直径、方钢边长、管子壁厚之差不应超过 15%。

2) 点焊

点焊是利用柱状电极加压通电,在搭接的两焊件间产生电阻热,使焊件局部熔化形成一个熔核(周围为塑性状态),将接触面焊成一个焊点的一种焊接方法。

焊接第二个焊点时,有一部分电流会流经已焊好的焊点,称为点焊分流现象。分流将使焊接处电流减小,影响焊接质量,因此两焊点之间应有一定距离以减小分流。工件厚度越大,材料导电性能越好,分流现象越严重,点间距应加大。

影响点焊质量的因素除了焊接电流、通电时间、电极压力等主参数外,还包括焊件表面状态。因此,点焊前必须清理焊件表面的氧化物和油污等。

点焊主要用于厚度在 4 mm 以上的薄板冲压壳体结构及钢筋焊接,尤其是汽车和飞机制造。目前,点焊厚度可从 10 μm(精密电子器件)至 30 mm(钢梁框架),可每次焊一个点或一次焊多个点。

3) 缝焊

缝焊与点焊相似,都属于搭接电阻焊。缝焊采用滚盘作为电极,边焊边滚,相邻两个焊点部分重叠,形成一条具有密封性的焊缝。因此,缝焊分流现象严重,一般只适合焊接厚度在3 mm 以下的薄板结构,如易拉罐、油箱、烟道焊接等。

## 【任务实施】

学员实训应分组进行,实训室要带有能操作使用的电焊机、20 钢焊接试板 1 副、45 钢焊接试板 2 副及有关的精度测量工具和量具等,如表 3.2 所示。

**表 3.2　一般焊接学员使用工具**

| 主要仪器设备名称 | 型　号 | 数　量 |
|---|---|---|
| 交流弧焊机 | BX3-300 | 3 台 |
| 逆变弧焊机 | 300SD/300DX | 5 台 |
| 烘箱 | RXH-27A-C | 2 台 |
| 电焊条 | E4303ϕ4.0 mm | 若干 |

检查学员在实训中的每个环节,详细记录下列资料并汇报主管部门:

① 实训技能掌握情况;

② 完成焊接加工产品质量情况;

③ 设备操作、现场管理、安全性及清洁卫生情况;

④ 现场焊接实训的心得体会,按照成绩评定标准给予评价(成绩评定标准由教师事先制订),填写反馈表。

## 【知识拓展】

### 一、电渣焊

1) 电渣焊的原理

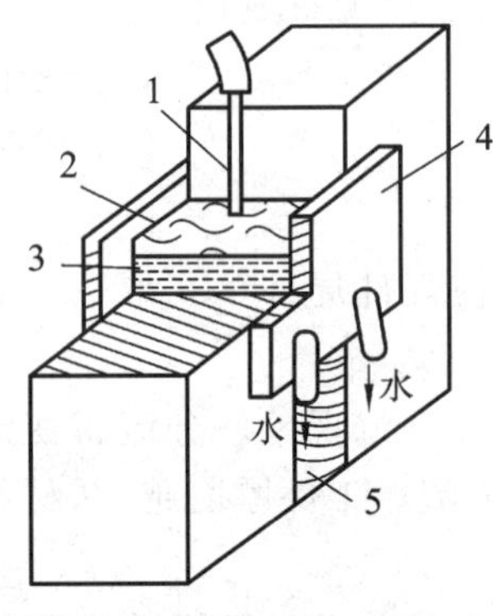


图 3.7 电渣焊示意图

1—焊丝;2—渣池;3—熔池;4—滑块;5—焊缝

电渣焊是利用电流通过液态熔渣所产生的电阻热加热熔化母材与电极的焊接方法,如图 3.7 所示。按电极形状,电渣焊分为丝极电渣焊、板极电渣焊、熔嘴电渣焊和管极电渣焊。

电渣焊一般都是在垂直立焊位置焊接,两工件相距 25～35 mm。引燃电弧熔化焊剂和工件,形成渣池和熔池,待渣池有一定深度时增加送丝速度,使焊丝插入渣池,电弧便熄灭,转入电渣过程。这时,电流通过熔渣产生电阻热,将工件和电极熔化,形成金属熔池沉在渣池下面。渣池既作为焊接热源,又起机械保护作用。随着熔池和渣池上升,远离渣池的熔池金属便冷却形成焊缝。

2) 电渣焊的特点与应用

(1) 适于焊接厚件,生产率高,成本低。用铸-焊、锻-焊结构拼成大件,以替代巨大的铸造或锻造整体结构,改变了重型机器制造工艺过程,节省了大量的金属材料和设备投资。同时,40 mm 以上厚度的工件可不开坡口,节省了加工工时和焊接材料。

(2) 焊缝金属比较纯净,电渣焊机械保护好,空气不易进入溶池。熔池存在时间长,低熔点夹杂物和气体容易排出。

(3) 电渣焊可以一次焊成很厚的焊件,焊接速度慢,过热区大,接头组织粗大。因此,焊后要进行正火处理。

电渣焊适用于板厚在 40 mm 以上工件的焊接。单丝摆动焊件厚度为 60～150 mm,三丝摆动可焊接厚度可达 450 mm。电渣焊一般用于直缝焊接,也可用于环缝焊接。

### 二、钎焊

钎焊是采用熔点比母材低的金属材料作钎料,将焊件与钎料加热到高于钎料熔点而低于母材熔点的温度,利用液态钎料润湿母材,填充接头间隙,并与母材相互扩散实现连接的焊接方法。

钎焊接头的质量在很大程度上取决于钎料,钎料应具有合适的熔点和良好的润湿性。母材接触面要求很干净,焊接时使用钎焊钎剂(软钎焊可参照 GB/T 15829—2008 选用)。钎剂能去除氧化膜和油污等杂质,保护接触面,并改善钎料的润湿性和毛细流动性。钎焊按钎料熔点分为软钎焊和硬钎焊两大类。

(1) 软钎焊　钎料熔点在 450 ℃以下的钎焊称为软钎焊,常用钎剂是松香、氯化锌溶液等。

软钎焊强度低,工作温度低,主要用于电子线路的焊接。由于钎料常用锡铅合金,故通称锡焊。

(2) 硬钎焊　钎料熔点在 450 ℃以上,接头强度较高,在 200 MPa 以上。常用钎料有铜基、银基和镍基钎料等。常用钎剂有硼砂、硼酸、氯化物、氟化物等。硬钎焊主要用于受力较大的钢铁和铜合金构件的焊接,如自行车车架、刀具等。钎焊构件的接头形式均采用搭接或套件镶接。

## 三、气焊

气焊是指利用气体火焰作为热源的焊接方法。最常用的是利用氧乙炔焰作为热源的氧乙炔焊。焊接时,氧气和乙炔的混合气体在焊嘴中形成。点燃后,加热焊丝和焊件的接边形成熔池,移动焊丝和焊嘴形成焊缝。气焊焊丝一般选用与母材相近的金属丝。焊接不锈钢、铸铁、铜及其合金、铝及其合金时,常使用焊剂去除焊接过程中的氧化物,焊剂还具有保护熔池、改善熔池金属流动性的作用。焊剂应配合气焊焊丝选用。

气焊时焊接温度低,焊接薄板时不易烧穿,对焊缝的空间位置没有特殊要求,但这种焊接方式热影响区大。气焊用于薄钢板、易熔的有色金属、合金、要求缓慢冷却的金属(如工具钢、铸铁、黄铜等)、钎焊刀具的焊接及铸铁的焊补等。气焊对无电源的野外施工具有特殊的意义。

## 【复习与思考】

1. 焊接成形的主要特点是什么?
2. 什么是金属焊接性?如何评价金属焊接性?
3. 铜及铜合金的焊接性如何?
4. 什么是焊条电弧焊?焊条电弧焊的电源有哪些种类?
5. 埋弧自动焊的特点和应用如何?
6. $CO_2$气体保护焊的特点与应用如何?
7. 氩弧焊的特点与应用如何?
8. 电阻焊通常分为哪三种?各有什么特点?
9. 电渣焊的特点与应用如何?
10. 简述焊缝布置的一般工艺设计原则。
11. 简述产生焊接缺陷的原因及预防措施。
12. 如何进行焊接质量检验?

# 任务2 汽车零件的焊接结构设计

## 【任务导入】

受神龙汽车零部件制造有限公司委托,焊接一批零件,如图3.8所示。发现加工工件的焊缝位置不合理,要求进行修改(可在原图上进行修改),说明理由,并完成焊接加工。

图3.8 焊接工件错误接头

## 【任务分析】

焊接结构的设计，除考虑结构的使用性能、环境要求和国家标准与规范外，还应考虑结构的工艺性和现场的实际情况，以力求生产率高、成本低，满足经济性的要求。焊接结构工艺性，一般包括焊接结构材料选择、焊接方法选择、焊缝布置和焊接接头设计等方面的内容。

## 【相关知识】

### 一、焊接结构工艺性

**1. 焊接材料与焊接方法的选择**

随着焊接技术的发展，工业上常用的金属材料一般均可焊接。但材料的焊接性不同，焊后接头质量差别就很大。因此，应尽可能选择焊接性良好的焊接材料来制造焊接构件。可优先选用低碳钢和普通低合金钢等材料，其价格低廉，工艺简单，易于保证焊接质量。

焊接方法选择的主要依据是材料的焊接性、工件的结构形式、工件的厚度和各种焊接方法的适用范围、生产率等。目前常用焊接方法的特点及应用范围见表3.3。

**表3.3 常用焊接方法的特点及应用范围**

| 焊接方法 | 焊接热源 | 主要接头形式 | 焊接位置 | 钢板厚度/mm | 可焊材料 | 生产率 | 应用范围 |
|---|---|---|---|---|---|---|---|
| 手工焊条电弧焊 | 电弧热 | 对接、搭接、T形接、卷边接 | 全位置焊 | 3～20 | 碳素钢、低合金钢、铸铁、铜及铜合金 | 中等偏高 | 在静止、冲击或振动载荷下工作的构件，补焊铸铁件和损坏的构件 |
| 埋弧自动焊 | 电弧热 | 对接、搭接、T形接 | 平焊 | 6～60 | 碳素钢、低合金钢、铜及铜合金 | 高 | 在各种载荷下工作的构件，成批生产、中厚板长直焊缝和较大直径环缝 |
| $CO_2$气体保护焊 | 电弧热 | 对接、搭接、T形接 | 全位置焊 | 0.8～25 | 碳素钢、低合金钢 | 很高 | 要求致密、耐蚀、耐热的构件 |
| 氩弧焊 | 电弧热 | 对接、搭接、T形接 | 全位置焊 | 0.5～25 | 铝、铜、镁、钛及钛合金、耐热钢、不锈钢 | 中等偏高 | 要求致密、耐蚀、耐热的构件 |
| 对焊 | 电阻热 | 对接 | 平焊 | ≤20 | 碳素钢、低合金钢、不锈钢、铝及其合金 | 很高 | 焊接杆状构件 |
| 点焊 | 电阻热 | 搭接 | 全位置焊 | 0.5～3 | 碳素钢、低合金钢、不锈钢、铝及其合金 | 很高 | 焊接薄壳板构件 |
| 缝焊 | 电阻热 | 搭接 | 平焊 | <3 | 碳素钢、低合金钢、不锈钢、铝及其合金 | 很高 | 焊接薄壁容器和管道 |

续表

| 焊接方法 | 焊接热源 | 主要接头形式 | 焊接位置 | 钢板厚度/mm | 可焊材料 | 生产率 | 应用范围 |
|---|---|---|---|---|---|---|---|
| 电渣焊 | 电阻热 | 对接 | 立焊 | 40～450 | 碳素钢、低合金钢、不锈钢、铸铁 | 很高 | 一般用来焊接大厚度铸、锻件 |
| 等离子弧焊 | 压缩电弧热 | 对接 | 全位置焊 | 0.025～12 | 耐热钢、不锈钢、铜、镍、钛及钛合金 | 中等偏高 | 用一般焊接方法难以焊接的金属及其合金 |
| 钎焊 | 各种热源 | 搭接、套接 | 平焊 | — | 碳素钢、合金钢、铸铁、铜及其合金 | 高 | 用其他焊接方法难以焊接的金属及其合金 |
| 气焊 | 火焰热 | 对接、卷边接 | 全位置焊 | 0.5～3 | 碳素钢、合金钢、铸铁、铜、铝及其合金 | 低 | 耐热性、致密性、静载荷、受力不大的薄板结构，补焊铸铁件及损坏的机件 |

**2. 焊接接头设计**

焊接接头设计包括接头形式、坡口形式和焊缝布置设计，接头形式、坡口形式在前面已经做了介绍，下面仅就焊缝布置设计做必要的说明。

焊缝布置的一般工艺设计原则如下。

(1) 焊缝布置应便于焊接操作　焊条电弧焊时，要考虑焊条能否到达待焊部位。点焊和缝焊时，应考虑电极能否方便进入待焊位置，如图 3.9、图 3.10 所示。

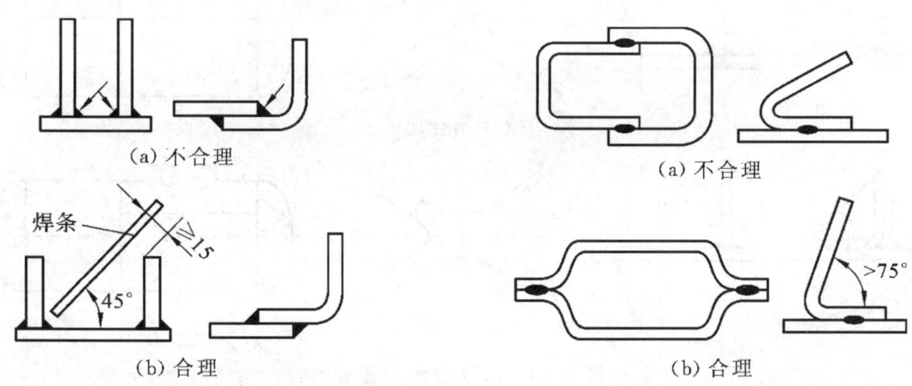


图 3.9　手工焊条电弧焊焊缝布置

图 3.10　点焊或缝焊焊缝布置

(2) 焊缝应避开应力集中部位　焊接接头往往是焊接结构的薄弱环节，存在残余应力和焊接缺陷。因此，焊缝应避开应力较大部位，尤其是应力集中部位，如焊接钢梁焊缝不应在梁的中间而应该按如图 3.11(d)所示均分。压力容器一般不用平板封头(见图 3.11(a))、无折边封头(见图 3.11(b))，而应采用碟形封头(见图 3.11(c))和球性封头等。

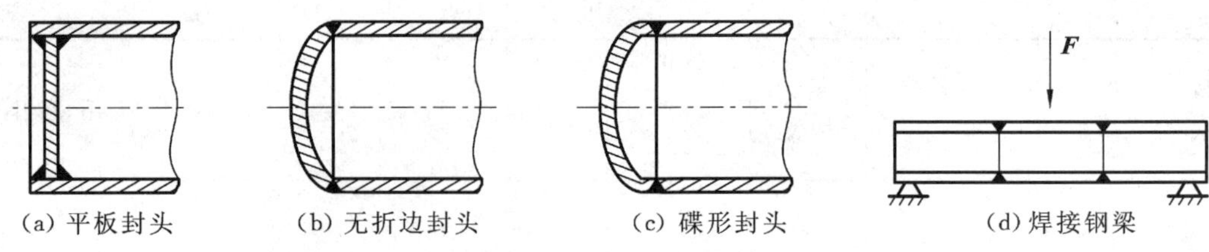


图 3.11　焊缝应避开应力集中部位

(3) 焊缝布置应尽可能对称　焊缝对称布置可使焊接变形相互抵消。如图 3.12(a)、(b)所示焊缝偏于截面重心一侧，焊后会产生较大的弯曲变形，图 3.12(c)、(d)、(e)所示焊缝对称布置，焊后不会产生明显变形。

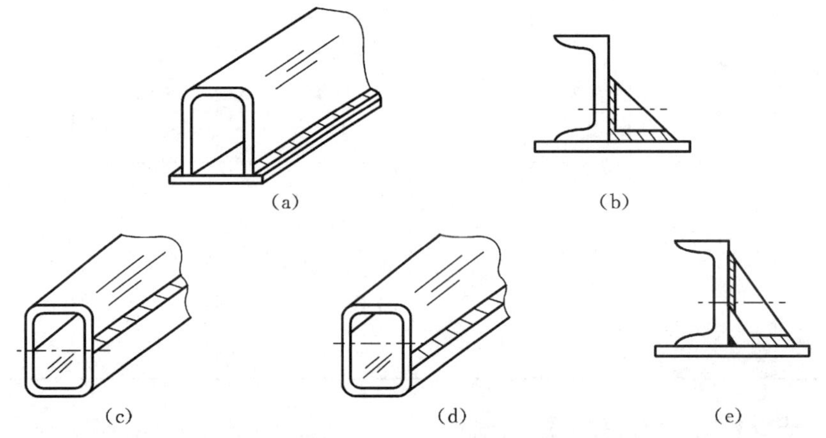


图 3.12　焊缝对称布置的设计

(4) 焊缝布置应尽可能分散和避免过分集中和交叉　焊缝密集或交叉会加大热影响区，使组织恶化，性能下降。两焊缝间距一般要求大于 3 倍板厚且不小于 100 mm，如图 3.13 所示。

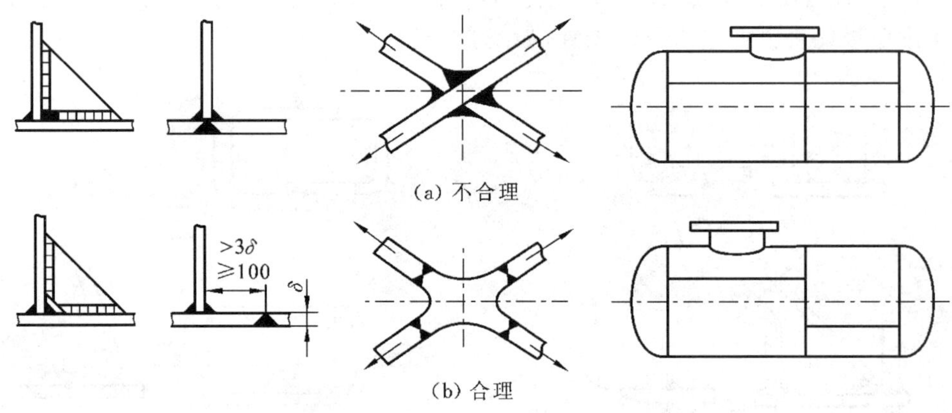


图 3.13　焊缝分散布置的设计

(5) 尽量减小焊缝长度和数量　减小焊缝长度和数量可减少焊接热量，减小焊接应力和变形，同时减少焊接材料消耗，降低成本，提高生产率。图 3.14(b)、(c)所示是采用型材和冲压件减少焊缝的设计，明显比图 3.14(a)合理。

(6) 焊缝应尽量避开机械加工表面　有些焊接结构需要进行机械加工，为保证加工表面精度不受影响，焊缝应避开这些加工表面，如图 3.15 所示。

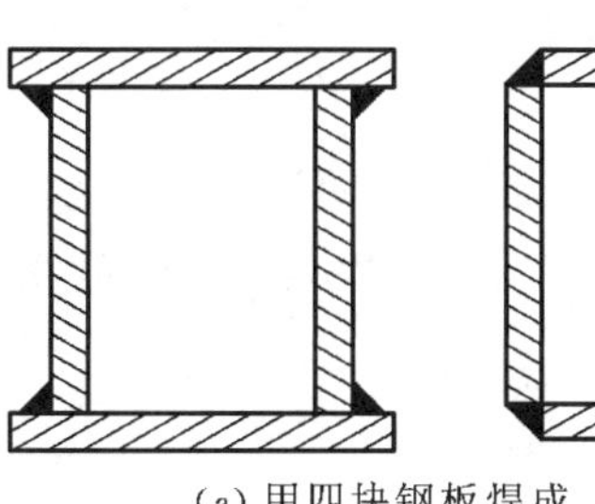
(a) 用四块钢板焊成

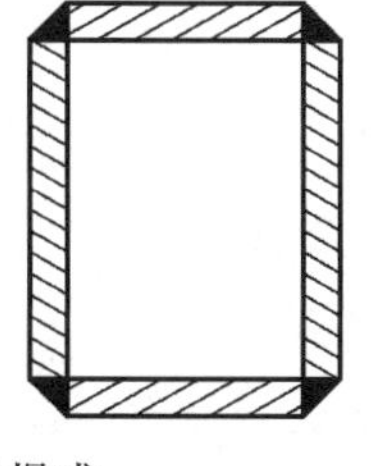

(b) 用两根槽钢焊成

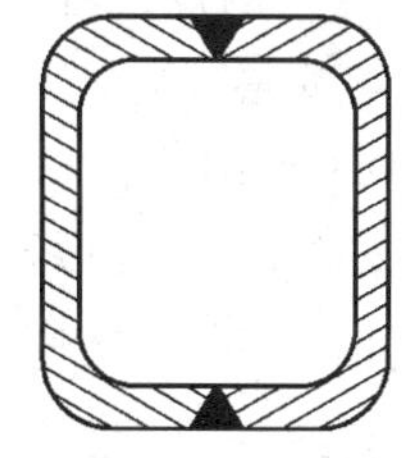
(c) 用两块钢板弯曲后焊成

图 3.14 合理选材,减少焊缝数量

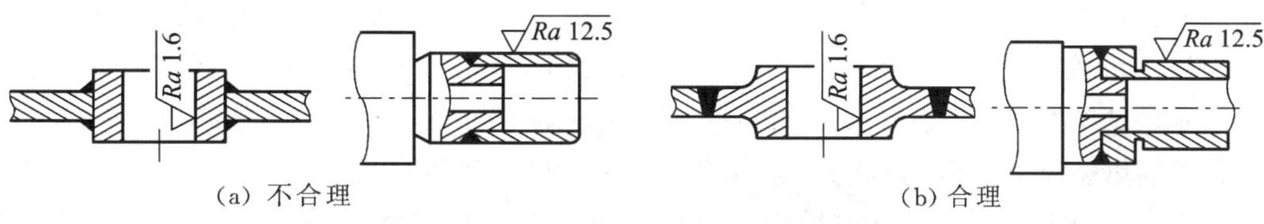

(a) 不合理 (b) 合理

图 3.15 焊缝远离机械加工表面的设计

## 二、焊接缺陷与质量检验

在焊接生产过程中,由于焊接结构设计、焊接工艺参数、焊前准备和操作方法等原因,往往会产生焊接缺陷。焊接缺陷会影响焊接结构使用的可靠性,在焊接生产中要采取措施尽量避免焊接缺陷的产生。

**1. 常见焊接缺陷**

(1) 焊缝形状缺陷　指焊缝尺寸不符合要求及出现咬边、烧穿、焊瘤及弧坑等。

(2) 气孔　指焊缝熔池中的气体在凝固时未能析出而残留下来形成的窄穴。

(3) 夹渣和夹杂　指焊后残留在焊缝中的熔渣和经冶金反应产生的、焊后残留在焊缝中的非金属夹杂。

(4) 未焊透、未熔合　指焊缝金属和母材之间或焊接金属之间未完全熔化结合以及焊缝的根部未完全熔透的现象。

(5) 裂纹　包括热裂纹、冷裂纹、再热裂纹和层状撕裂等。

(6) 其他缺陷　电弧擦伤、飞溅、磨痕、凿痕等。

**2. 焊接未焊透**

(1) 产生原因　产生未焊透的根本原因是输入焊缝焊接区的相对热量过小,熔池尺寸小,熔深不够。生产中的具体原因有:坡口设计或加工不当(角度、间隙过小)、钝边过大、焊接电流太小、运条操作不当或焊速过快等。

(2) 预防措施　正确选用和加工坡口尺寸,保证良好的装配间隙。采用合适的焊接参数,保证合适的焊条摆动角度,仔细清理层间的熔渣。

**3. 焊接气孔**

(1) 产生原因　生产中产生气孔的具体原因有:工件和焊接材料有油、锈等,焊条药皮或焊剂潮湿,焊条或焊剂变质失效;操作不当引起保护效果不好、线能量过小,使得熔池存在时间过短等。

(2) 预防措施　清除焊件焊接区附近及焊丝上的铁锈、油污、油漆等污物,焊条、焊剂在使用前应严格按规定烘干,适当提高线能量,以提高熔池的高温停留时间,不采用过大的焊接电流,以防止焊条药皮发红失效,不使用偏心焊条,尽量采用短弧焊。

**4. 焊接夹渣**

(1) 产生原因　产生夹渣的原因是各类残渣的量多且没有足够的时间浮出熔池表面。生产中的具体原因有:多层焊时,前一层焊渣没有清除干净、运条操作不当、焊条熔渣黏度太大、脱渣性差、线能量小,导致熔池存在时间短、坡口角度太小等。

(2) 预防措施　选用合适的焊条型号,焊条摆动方式要正确,适当增大线能量,注意层间的清理,特别是低氢碱性焊条,一定要彻底清除层间焊渣。

**5. 焊接裂纹**

裂纹分为两类:①在焊缝冷却结晶以后生成的冷裂纹;②在焊缝冷却凝固过程中形成的热裂纹。裂纹的产生与焊缝、母材成分、组织状态及其相变特性、焊接结构条件及焊接时所采用装夹方法决定的应力、应变状态有关。如不锈钢易出现热裂纹,低合金高强钢易出现冷裂纹。

(1) 产生热裂纹的原因与预防　热裂纹的产生跟硫、磷等杂质太多有关。硫、磷在钢中生成的低熔点脆性共晶物,会集聚在最后凝固的树枝状晶界间和焊缝中心区。在焊接应力作用下,焊缝中心线、弧坑、焊缝终点都容易形成热裂纹。为防止热裂纹应注意:严格控制焊缝中硫、磷杂质的含量,填满弧坑,减慢焊接速度,以减小最后冷却结晶区域的应力和变形,改善焊缝形状,避免熔深过大的梨形焊缝。

(2) 冷裂纹产生的原因与预防　产生冷裂纹的原因较为复杂,一般认为有三方面的因素:①含氢量;②拘束度;③淬硬组织。其中最主要的因素是含氢量,故常称其为氢致裂纹。为防止冷裂纹,应从控制产生冷裂纹的三个因素着手:选用低氢焊条并烘干,清除焊缝附近的油污、锈、油漆等污物,用短弧焊,以增强保护效果;尽可能设计成刚性小的结构,采用焊前预热、焊后缓冷或焊后热处理措施,以减少淬硬倾向和焊后残余应力。

不同的焊接方法产生焊接缺陷的原因是不同的,在生产过程中要具体分析产生原因后再制订预防或消除措施。这几种焊接缺陷中,焊接裂纹是危害最大的焊接缺陷。它不仅会造成应力集中,降低焊接接头的静载强度,更严重的是它是导致疲劳和脆性破坏的重要诱因。

**6. 焊接质量检验**

1) 焊接检验过程

焊接检验过程包括焊前、焊接生产过程中和焊后成品检验。焊前检验主要内容有原材料检验、技术文件编制、焊工资格考核等。焊接过程中的检验主要是检查各生产工序的焊接工艺执行情况,以便发现问题并及时补救,通常以自检为主。焊后成品检验是检验的关键,是焊接质量最后的评定。通常包括三方面:①无损检验,如X射线检验、超声波检验等;②成品强度试验,如水压试验、气压试验等;③致密性检验,如煤油试验、吹气试验等。

2) 焊接检验方法

焊接检验的主要目的是检查焊接缺陷。针对不同类型的缺陷通常采用破坏性检验和非破坏性检验(无损检验)。非破坏性检验是检验重点,主要方法有如下几种。

(1) 外观检验。用肉眼或放大镜(小于20倍)检查外部缺陷。

(2) 无损检验。

① 磁粉检验　磁粉检验是检查铁磁性材料表面或近表面的裂纹、气孔、夹渣等焊接缺陷的一种方法。

② 着色检验　着色检验是借助渗透性强的渗透剂和毛细管的作用检查焊缝表面缺陷。

③ 超声波检验　超声波检验利用频率在 20 000 Hz 以上超声波的反射，探测焊缝内部缺陷的位置、种类和大小。

④ 射线检验　射线检验是借助射线（X 射线、$\gamma$ 射线或其他高能射线等）的穿透作用检查焊缝内部缺陷，通常用照相法。

(3) 焊后成品强度检验。主要是水压试验和气压试验。用于检查锅炉、压力容器、压力管道等焊缝接头的强度。具体检验方法依照有关行业标准执行。

(4) 致密性检验。

① 煤油检验　在被检焊缝的一侧刷上石灰水溶液，待干后再在另一侧涂煤油，借助煤油的穿透能力，当焊缝有裂缝等穿透性缺陷时，石灰粉上呈现出煤油润湿的痕迹，据此发现焊接缺陷。

② 吹气检验　在焊缝一侧吹压缩空气，另一侧刷肥皂水，若有穿透性缺陷，该部位会出现气泡，即可发现焊接缺陷。

## 三、焊接新工艺简介

### 1. 激光焊接与切割

1) 激光焊接与切割的原理

激光焊接是利用原子受激光辐射的原理，使工作物质（激光材料）受激发而产生的一种单色性好、方向性强、强度很高的激光束。聚焦后的激光束最高能量密度可达 $10^{13}$ W/cm$^2$，在千分之几秒甚至更短时间内将光能转换成热能，温度可达 10 000 ℃以上，可以用来焊接和切割，如图 3.16 所示。目前焊接中应用的激光器有固体和气体介质两种。固体激光器常用的激光材料有红宝石、钕玻璃和掺钕钇铝石榴石。气体激光器所用激光材料是 $CO_2$。

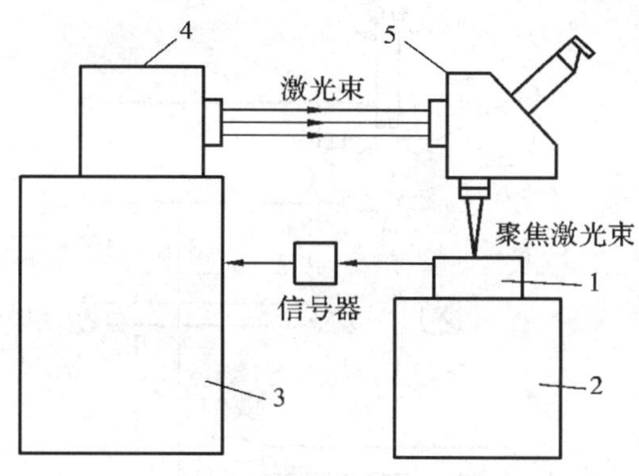


**图 3.16　激光焊接示意图**

1—工件；2—工作台；3—电源及控制设备；4—激光器；5—观察器及聚焦系统

2) 激光焊接的分类

(1) 脉冲激光焊接　适用于电子工业和仪表工业微型件的焊接，可实现薄片（0.1 mm 左右）、薄膜（几微米到几十微米）、丝与丝（直径为 0.02～0.2 mm）、密封缝焊。

(2) 连续激光焊接　主要使用大功率 $CO_2$ 气体激光器，连续输出功率可达 100 kW，可以进行从薄板精密焊到 50 mm 厚板深穿入焊的各种焊接。

3）激光焊接的特点

(1) 能量密度大且放出极其迅速，适合于高速加工，能避免热损伤和焊接变形，故可进行精密零件、热敏感性材料的加工。被焊材料不易氧化，可以在大气中焊接，不需要气体保护或真空环境。

(2) 可对绝缘材料直接焊接，对异种金属材料焊接比较容易，甚至能把金属与非金属焊接在一起。

(3) 激光焊接装置不需要与被焊接工件接触。激光束可用反射镜或偏转棱镜将其在任何方向上弯曲或聚焦，因此可以焊接一般方法难以接近的接头或无法安置的接焊点，如真空管中电极的焊接。

4）激光切割

激光切割机理有激光蒸发切割、激光熔化吹气切割和激光反应气体切割三种。

激光切割具有切割质量好、效率高、速度快、成本低等优点。一般来说，金属材料对激光吸收效率低，反射损失大，同时导热性强，所以要尽可能采用大功率激光器。非金属材料对 $CO_2$ 激光束的吸收率相当高，传热系数都较低，所用激光器功率不需要很大，切割、打孔等加工较容易。因此，较小功率的激光器就能进行非金属材料的切割。目前大功率 $CO_2$ 激光器作为隧道等挖掘工程的辅助工具，已用于岩石的切割。

**2. 真空电子束焊接**

1）真空电子束焊接的原理

真空电子束焊接是把工件放在真空(真空度必须保持在 $666\times10^{-4}$ Pa 以上)内，由真空室内的电子枪产生的电子束经聚焦和加速，撞击工件后动能转化为热能的一种熔化焊，如图 3.17 所示。

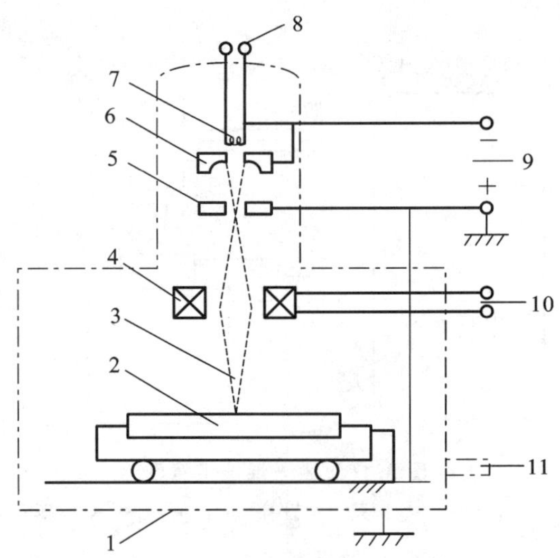


**图 3.17 真空电子束焊接示意图**

1—真空室；2—焊件；3—电子束；4—聚焦透镜；5—阴极；6—阳极；7—灯丝；8—交流电源；9—直流高压电源；10—直流电源；11—排气装置

真空电子束焊接一般不加填充焊丝，若要求焊缝的正面和背面有一定堆高时，可在接缝处预加垫片。焊接前必须严格除锈和清洗，不允许残留有机物。对接焊缝间隙不得超过 0.2 mm。

随着原子能和航空航天技术的发展，大量应用了锆、钛、钽、铌、钼、铍、镍及其合金。这些稀有的难熔、活性金属，用一般的焊接技术难以得到满意的效果。真空电子束焊接技术研制成功，才为这些难熔、活性金属的焊接开辟了一条有效途径。

2）真空电子束焊接的特点与应用

（1）在真空环境中施焊，保护效果极佳，焊接质量好。焊缝金属不会氧化、氮化，且无金属电极玷污。没有弧坑或其他表面缺陷，内部熔合好，无气孔、夹渣。特别适合焊接化学活泼性强、纯度高和极易被大气污染的金属，如铝、钛、锆、钼、高强钢、不锈钢等。

（2）焊接变形小，可以焊接一些已经机械加工好的组合零件，如多联齿轮组合零件等。

（3）焊接工艺参数调节范围广，焊接过程控制灵活，适应性强。可以焊接 0.1 mm 薄板，也可以焊接 200～300 mm 厚板，可以焊接普通的合金钢，也可以焊接难熔金属、活性金属以及复合材料、异种金属、如铜-镍、钼-钨等，还能焊接一般焊接方法难以施焊的复杂形状的工件。

（4）焊接设备复杂、造价高、使用与维护要求技术高。焊件尺寸受真空室限制。

目前，真空电子束焊接在原子能、航空航天等尖端技术部门应用日益广泛，从微型电子线路组件、真空膜盒、钼箔蜂窝结构、原子能燃料元件、导弹外壳，到核电站锅炉气泡等都已采用真空电子束焊接。此外，熔点、导热性、溶解度相差很大的异种金属构件、真空中使用的器件和内部要求真空的密封器件等，用真空电子束焊接也能得到良好的焊接接头。

但是，由于真空电子束焊接是在压强低于 $10^{-2}$ Pa 的真空中进行，因此，易蒸发的金属和含气量比较多的材料，在真空电子束焊接时易于发弧，妨碍焊接过程的连续进行。所以，含锌较高的铝合金（如铝-锌-镁）和铜合金（黄铜）及未脱氧处理的低碳钢，不能用真空电子束焊接。

**3. 等离子弧焊接和切割**

1）等离子弧焊接和切割的原理

等离子弧焊接是将自由电弧经过机械压缩效应、热压缩效应和电磁压缩效应作用后，获得一种电离度很高、能量高度集中的等离子弧的一种焊接。等离子弧焊接示意图如图 3.18 所示。

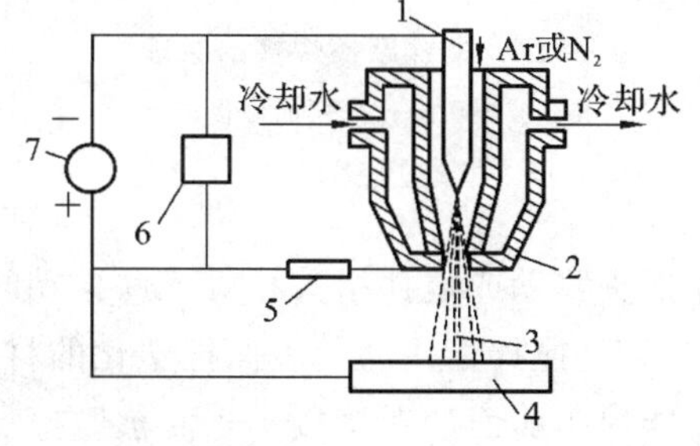


**图 3.18 等离子弧焊接示意图**

1—钨极；2—喷嘴；3—等离子弧；4—工件；5—电阻；6—高频振荡器；7—直流电源

在钨极与工件之间加一高压，经高频振荡器使气体电离形成电弧，这一电弧受到三种压缩效应：①“机械压缩效应”，电弧通过经水冷的细孔喷嘴时被强迫缩小，不能自由扩展；②“热压缩效应”，当通入有一定压力和流量的氩气或氮气流时，由于喷嘴水冷作用，使靠近喷嘴通道壁的气体被强烈冷却，使弧柱进一步压缩，电离度大为提高，从而使弧柱温度和能量密度增大；③“电磁压缩效应”，带电粒子流在弧柱中运动好像电流在一束平行的“导线”中移动一样，其自身磁场所产生的电磁力，使这些“导线”相互吸引靠近，弧柱又进一步被压缩。在上述三种效应作用下形成等离子弧，弧柱能量高度集中，能量密度可达 $10～10^6$ W/cm$^2$，温度高达 20 000～50 000 K（一般自由状态的钨极氩弧最高温度为 10 000～20 000 K，能量密度在$10^4$ W/cm$^2$以下）。因此，它能迅速熔化金属材料，用来焊接和切割。

2）等离子弧焊接的分类

（1）大电流等离子弧焊件厚度大于 2.5 mm 有两种工艺。第一种是穿透型等离子弧焊接。在等离子弧能量足够大和等离子流量较大的条件下焊接时，焊件上产生穿透小孔，小孔随等离子弧移动,这种现象称为小孔效应。稳定的小孔是完全焊透的重要标志。由于等离子弧能量密度难以提高到较高程度,致使穿透型等离子弧焊接只能用于一定板厚平面焊接。第二种是熔透型等离子弧焊接。当等离子气流量减小时,小孔效应消失,此时等离子弧焊接与一般钨极氩弧焊接相似,适用于薄板焊接、多层焊接和角焊缝。

(2) 微束等离子弧焊接时电流在 30 A 以下。由于电流小到 0.1 A 等离子弧仍十分稳定,所以电弧能保持良好的挺度和方向性,适用于焊接 0.025～1 mm 的金属箔材和薄板。

3) 等离子弧焊接的特点与应用

等离子弧焊接除了具有氩弧焊接的优点外,还有以下两方面特点。

(1) 有小孔效应且等离子弧穿透能力强,所以 10～12 mm 厚度的焊件可不开坡口,能实现单面焊接双面自由成形。

(2) 微束等离子弧焊接可以焊很薄的箔材。

等离子弧焊接日益广泛地应用于航空航天等尖端技术所用的铜合金、钛合金、合金钢、钼、钴等金属的焊接,如钛合金导弹壳体、波纹管及膜盒、微型继电器、飞机上的薄壁容器等。

**4. 摩擦焊接**

1) 摩擦焊接的原理

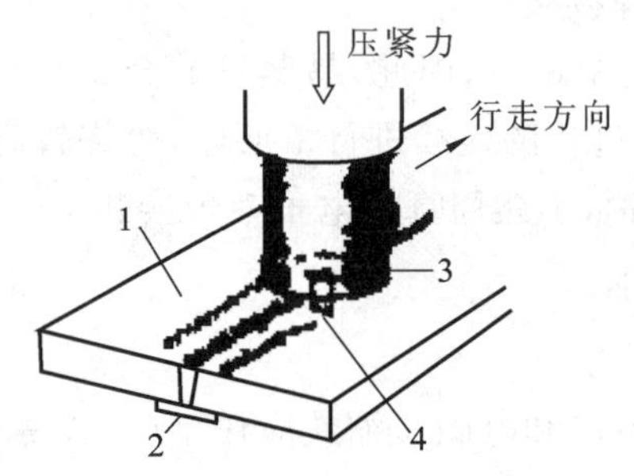


**图 3.19 搅拌摩擦焊接的原理**

1—被焊工件;2—背面垫板;3—轴肩;4—搅拌指头

摩擦焊接是利用工件相互摩擦产生的热量同时加压而进行焊接的。搅拌摩擦焊接的原理如图 3.19 所示,置于垫板上的对接工件通过夹具夹紧,以防止对接接头在焊接过程中松开。一个带有特型搅拌指头的搅拌头旋转并缓慢地将搅拌指头插入两块对接板材之间的焊缝处。一般来讲,搅拌指头的长度接近焊缝的深度。当旋转的搅拌指头接触工件表面时,与工件表面的快速摩擦产生的摩擦热使接触点材料的温度升高,强度降低。搅拌指头在外力作用下不断顶锻和挤压接缝两边的材料,直至轴肩紧密接触工件表面为止。这时,由旋转轴肩和搅拌指头产生的摩擦热在轴肩下面和搅拌指头周围形成大量的塑化层。当工件相对搅拌指头移动或搅拌指头相对工件移动时,在搅拌指头侧面和旋转方向上产生的机械搅拌和顶锻作用下,搅拌指头的前表面把塑化的材料移送到搅拌指头后表面。搅拌指头沿着接缝前进时,搅拌焊头前面的对接接头表面被摩擦加热至超塑性状态。搅拌指头和轴肩摩擦接缝,破碎氧化膜,搅拌和重组搅拌指头后方的磨碎材料。

搅拌指头后方的材料冷却后就形成焊缝,可见此焊缝是在热-机联合作用下形成的固态焊缝。这种方法可以看成是一种自锁孔连接技术,在焊接过程中,搅拌指头所在处形成小孔,小孔在随后的焊接过程中又被填满,应该指出的是,搅拌摩擦焊缝结束时在终端留下个匙孔。通常这个匙孔可以切除掉,也可以用其他焊接方法封焊住。

2) 摩擦焊接的特点与应用

(1) 接头质量好而且稳定,因为在摩擦过程中接触面氧化膜及杂质被清除,所以焊后组织致密,不易产生气孔、夹渣等缺陷。

(2) 焊接生产率高,如我国蛇形管接头摩擦焊为 120 件/小时,而闪光焊只有 20 件/小时。另外,它不需焊接材料,容易实现自动控制。

(3) 可焊接的金属范围广，适于焊接异种金属，如碳钢、不锈钢、高速工具钢、镍基合金之间的焊接，铜与不锈钢焊接，铝与钢焊接等。

(4) 设备简单(可用车床改装)，电能消耗少(只有闪光对焊的 1/10～1/15)。但刹车和加压装置要求灵敏。

摩擦焊接主要用于等截面的杆状工件焊接，也可用于不等截面焊接，但要有一个焊件为圆形或管状。目前摩擦焊接主要用于锅炉、石油化工机械、刀具、汽车、飞机、轴瓦等重要零部件的焊接。

## 【任务实施】

受神龙汽车零部件制造有限公司委托，焊接一批零件如图 3.8 所示。发现加工工件的焊缝位置不合理，进行修改如图 3.20 所示。

焊缝应尽量避开最大应力的位置，增加一条焊缝，改善了焊缝的受力情况，如图 3.20(a)所示。

焊缝应避开机械加工表面，避免加工精度受到影响，如图 3.20(b)所示。

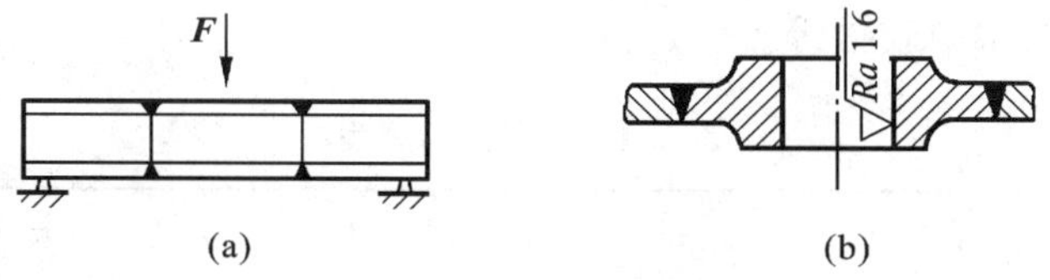


图 3.20 焊接工件正确接头

## 【知识拓展】

### 汽车零件胶接

#### 1. 汽车零件胶接的特点与应用

1) 胶接的特点

胶接(也称粘接)是利用化学反应或物理凝固等作用，使一层非金属的胶体材料具有一定的内聚力，并对与其界面接触的材料产生黏附力，从而由这些胶体材料将两个物体紧密连接在一起的工艺方法。胶接有以下主要特点。

(1) 能连接材质、形状、厚度、大小等相同或不同的材料，特别适用于连接异型、异质、薄壁、复杂、微小、硬脆或热敏制件。

(2) 接头应力分布均匀，避免了因焊接热影响区相变、焊接残余应力和变形等对接头的不良影响。

(3) 可以获得刚度好、质量小的结构，且表面光滑，外表美观。

(4) 具有连接、密封、绝缘、防腐、防潮、减振、隔热、衰减噪声等多重功能，连接不同金属时，不产生电化学腐蚀。

(5) 工艺性好，成本低，节约能源。

(6) 胶接接头的强度不够高，大多数胶粘剂耐热性不高、易老化，且对胶接接头的质量尚无可靠的检测方法。

2) 胶接的应用

胶接是航空航天工业中非常重要的连接方法，主要用于铝合金钣金及蜂窝结构的连接。除此以外，在机械制造、汽车制造、建筑装潢、电子工业、轻纺、新材料、医疗、日常生活中，胶接正在扮演越来越重要的角色。

**2. 汽车零件胶粘剂**

胶粘剂根据其来源不同，有天然胶粘剂和合成胶粘剂两大类。其中天然胶粘剂组成较简单，多为单一组分。合成胶粘剂则较为复杂，是由多种组分配制而成的。目前应用较多的是合成胶粘剂，其主要组分有：①粘料，是起胶合作用的主要组分，主要是一些高分子化合物、有机化合物或无机化合物；②固化剂，其作用是参与化学反应使胶粘剂固化；③增塑剂，用于降低胶粘剂的脆性；④填料，用于改善胶粘剂的使用性能(如强度、耐热性、耐腐蚀性、导电性等)，一般不与其他成分起化学反应。

胶粘剂的分类方式还有以下几种：按胶粘剂成分性质分(见表3.4)；按固化过程中的物理化学变化分为反应型、溶剂型、热熔型、压敏型等胶粘剂；按胶粘剂的基本用途分为结构胶粘剂、非结构胶粘剂和特种胶粘剂三大类。结构胶粘剂强度高、耐久性好，可用于承受较大应力的场合，非结构胶粘剂用于非受力或次要受力部位，特种胶粘剂主要是满足特殊需要，如耐高温、超低温、导热、导电、导磁、水中胶接等。

**表3.4 胶粘剂的分类**

<table>
<tr><th colspan="4">胶粘剂分类</th><th>典型代表</th></tr>
<tr><td rowspan="11">有机胶粘剂</td><td rowspan="7">合成胶粘剂</td><td rowspan="2">树脂</td><td>热固性胶粘剂</td><td>酚醛树脂、不饱和聚酯</td></tr>
<tr><td>热塑性胶粘剂</td><td>$\alpha$-氰基丙烯酸酯</td></tr>
<tr><td rowspan="2">橡胶</td><td>单一橡胶</td><td>氯丁胶浆</td></tr>
<tr><td>树脂改性</td><td>氯丁-酚醛</td></tr>
<tr><td rowspan="3">混合型</td><td>橡胶与橡胶</td><td>氯丁-丁腈</td></tr>
<tr><td>树脂与橡胶</td><td>酚醛-丁腈、环氧-聚硫</td></tr>
<tr><td>热固性树脂与热塑性树脂</td><td>酚醛-缩醛、环氧-尼龙</td></tr>
<tr><td rowspan="4">天然胶粘剂</td><td colspan="2">动物胶粘剂</td><td>骨胶、虫胶</td></tr>
<tr><td colspan="2">植物胶粘剂</td><td>淀粉、松香、桃胶</td></tr>
<tr><td colspan="2">矿物胶粘剂</td><td>沥青</td></tr>
<tr><td colspan="2">天然橡胶胶粘剂</td><td>橡胶水</td></tr>
<tr><td rowspan="4">无机胶粘剂</td><td colspan="3">磷酸盐</td><td>磷酸-氧化铝</td></tr>
<tr><td colspan="3">硅酸盐</td><td>水玻璃</td></tr>
<tr><td colspan="3">硫酸盐</td><td>石膏</td></tr>
<tr><td colspan="3">硼酸盐</td><td>—</td></tr>
</table>

**3. 汽车零件胶接工艺**

1) 胶接工艺过程

胶接是一种新的化学连接技术。在正式胶接之前，先要对被粘物表面进行表面处理，以保证胶接质量。然后将准备好的胶粘剂均匀涂敷在被粘表面上，胶粘剂扩散、流变、渗透。合拢后，在一定的条件下固化，当胶粘剂的大分子与被粘物表面距离小于 $5\times10^{-10}$ m 时，形成化学键。同时，渗入孔隙中的胶粘剂固化后，生成无数的“胶勾子”，从而完成胶接过程。胶接的一般工艺过程有：确定部位、表面处理、配胶、涂胶、固化、检验等。

（1）确定部位　胶接大致可分为两类，一类用于产品制造，另一类用于各种修理，无论是何种情况，都需要对胶接的部位有比较清楚的了解，如表面状态、清洁程度、破坏情况、胶接位置等，才能为实施具体的胶接工艺做好准备。

（2）表面处理　为了获得最佳的表面状态，有助于形成足够的黏附力，提高胶接强度和使用寿命。主要解决下列问题：去除被粘表面的氧化物、油污等异物污物层吸附的水膜和气体，清洁表面使表面获得适当的粗糙度，活化被粘表面使低能表面变为高能表面，惰性表面变为活性表面等。表面处理的具体方法有表面清理、脱脂去油、除锈粗化、清洁干燥、化学处理、保护处理等，依据被粘表面的状态、胶粘剂的品种、强度要求、使用环境等进行选用。

（3）配胶　单组分胶粘剂一般可以直接使用，但如果有沉淀或分层，则在使用之前必须搅拌混合均匀。多组分胶粘剂必须在使用前按规定比例调配混合均匀，根据胶粘剂的适用期、环境温度、实际用量来决定每次配制量的大小，应当随配随用。

（4）涂胶　以适当的方法和工具将胶粘剂涂布在被粘表面，操作正确与否，对胶接质量有很大影响。涂胶方法与胶粘剂的形态有关，液态、糊状或膏状的胶粘剂可采用刷涂、喷涂、浸涂、注入、滚涂、刮涂等方法，要求涂胶均匀一致，避免空气混入，达到无漏涂、不缺胶、无气泡、不堆积，胶层厚度控制在 0.08～0.15 mm。

（5）固化　固化是胶粘剂通过溶剂挥发、乳液凝聚的物理作用或缩聚、加聚的化学作用，变为固体并具有一定强度的过程，是获得良好胶粘性能的关键过程。胶层固化应控制温度、时间、压力三个参数。固化温度是固化条件中最为重要的因素，适当提高固化温度可以加速固化过程，并能提高胶接强度和其他性能。加热固化时要求加热均匀，严格控制温度，缓慢冷却。适当的固化压力可以提高胶粘剂的流动性、润湿性、渗透和扩散能力，防止气孔、空洞和分离，使胶层厚度更为均匀。固化时间与温度、压力密切相关，升高温度可以缩短固化时间，降低温度则要适当延长固化时间。

（6）检验　对胶接接头的检验方法主要有目测、敲击、溶剂检查、试压、测量、超声波检查、X射线检查等方法，目前尚无较理想的非破坏性检验方法。

2）胶接接头

胶接接头的受力情况比较复杂，其中最主要的是机械力的作用。作用在胶接接头上的机械力主要有剪切、拉伸、剥离和不均匀扯离四种类型，如图 3.21 所示，其中以剥离和不均匀扯离的破坏作用较大。

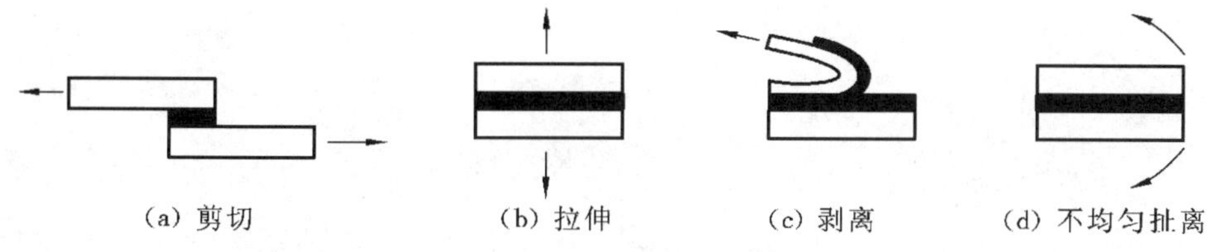


**图 3.21　胶接接头受力方式**

选择胶接接头的形式时，应考虑以下原则。

(1) 尽量使胶层承受剪切力和拉伸力,避免剥离和不均匀扯离。

(2) 在可能和允许的条件下适当增加胶接面积。

(3) 采用混合连接方式,如胶接加点焊、铆接、螺栓连接、穿销等,可以取长补短,增加胶接接头的牢固耐久性。

(4) 注意不同材料的合理配置,如材料线膨胀系数相差很大的圆管套接时,应将线膨胀系数小的套在外面,而线膨胀系数大的套在里面,以防止加热引起的热应力造成接头开裂。

(5) 接头结构应便于加工、装配、胶接操作和以后的维修。

## 【复习与思考】

1. 焊接是通过原子的________和________来实现金属连接的。根据焊接过程特点,焊接方法可分为________、________和________三大类。

2. 焊条电弧焊焊条由________和________两部分组成。前者作用是________和________;后者作用是________、________和________________等。

3. 焊条E4315中,熔化金属的最小抗拉强度为________,焊条适用于________位置焊接,焊药皮为________型,采用________电流。

4. 在选用焊条时,低碳钢或低碳合金可选用与母材________大致相同等焊条,若要求抗裂性好则可选用________性焊条。对不锈钢、耐热钢等可选用与母材________相同的焊条。

5. 在低碳钢焊接接头组织中,900~1 100 ℃之间的热影响区称为________,850~900 ℃之间的热影响区称为________区,温度 $Ac_1 \sim A_1$ 之间称为________区,性能最差为________区。

# 项目 4
# 汽车常用机构

## 知识目标

（1）了解机构的结构组成。

（2）掌握机构的自由度计算。

（3）掌握汽车常用机构的特性知识。

（4）掌握汽车内燃机凸轮机构分析。

## 能力目标

（1）掌握汽车常用机构的结构。

（2）掌握机构具有确定相对运动的条件。

（3）能正确分析常用汽车机构的类型。

（4）基本掌握其他常用机构。

## 任务1　汽车常用机构的认知

### 【任务导入】

工程中有很多机构,我们要归纳分析并找出它们的组成规律,绘制它们的运动简图和计算其自由度。现要求绘制汽车单缸四冲程内燃机主体机构的运动简图并计算其自由度数。

### 【任务分析】

机构是具有确定的相对运动的构件系统,其组成要素有构件和运动副。所有构件的运动平面都相互平行的机构称为平面机构,否则称为空间机构。本书主要讨论平面机构的情况,因为在生活和生产中,特别是汽车工业中平面机构应用非常多。要分析它们是否有确定的相对运动,就要先掌握机构的组成。

### 【相关知识】

#### 一、掌握机构的组成要素

**1. 构件及其类型**

构件是机构彼此相对运动的运动单元体。一个构件可以是一个单独制造的零件,如图4.1(a)所示的简单连杆,也可以是由若干零件连接构成的组合体,如图4.1(b)所示的结构复杂的连杆。

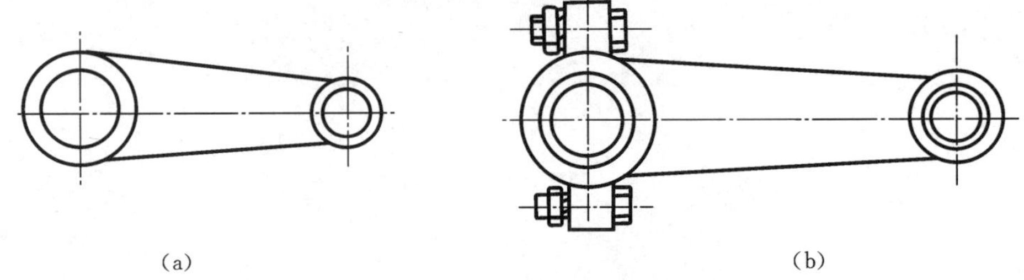

(a)　　　　(b)

图4.1　连杆结构

构件按其在机构中的地位和功能分为机架、主动件和从动件等。机架是机构中相对静止用来支承各运动构件运动的构件,如图4.2所示内燃机主体机构的气缸体6;主动件又称为原动件或输入件,是输入运动和动力的构件,如活塞7;从动件又称为被动件或输出件,是直接完成机构运动要求、跟随主动件运动的构件,如齿轮1。

**2. 运动副**

机构中各个构件之间必须有确定的相对运动。因此,构件的连接既要使两个构件直接接触,又能产生一定的相对运动,这种直接接触的活动连接称为运动副。在图4.3中,轴承中的滚动体与内、外圈的滚道(见图4.3(a))、啮合中的一对齿廓(见图4.3(b))、滑块与导轨(见图4.3(c))均保持直接接触,并能产生一定的相对运动,因而都构成了运动副。两构件上直接参与接

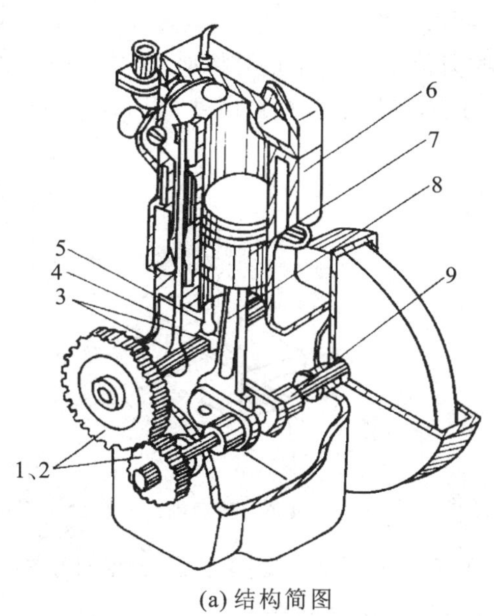


(a) 结构简图

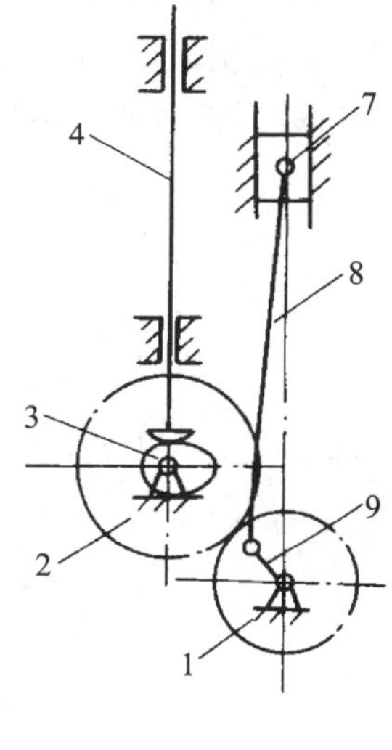


(b) 机构运动简图

图 4.2 汽车单缸四冲程内燃机

1、2—齿轮；3—凸轮；4—排气阀；5—进气阀；6—气缸体；7—活塞；8—连杆；9—曲轴

触而构成运动副的点、线或面称为运动副元素。

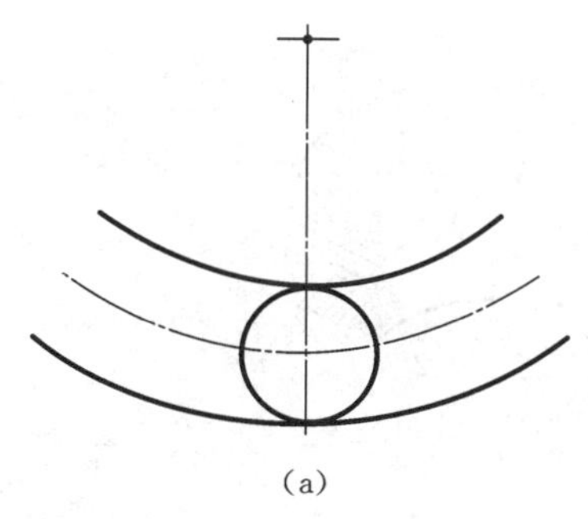

(a)　　(b)　　(c)

图 4.3 运动副

### 3. 自由度和运动副约束

任何一个构件在空间自由运动时皆有 6 个自由度。它可表示为在直角坐标系内沿着三个坐标轴的移动和绕三个坐标轴的转动。而对于一个作平面运动的构件，则只有 3 个自由度，如图 4.4 所示，即沿 $x$ 轴和 $y$ 轴的移动，以及在 $xOy$ 平面内的转动。把构件相对于参考系具有的独立运动参数的数目称为自由度。

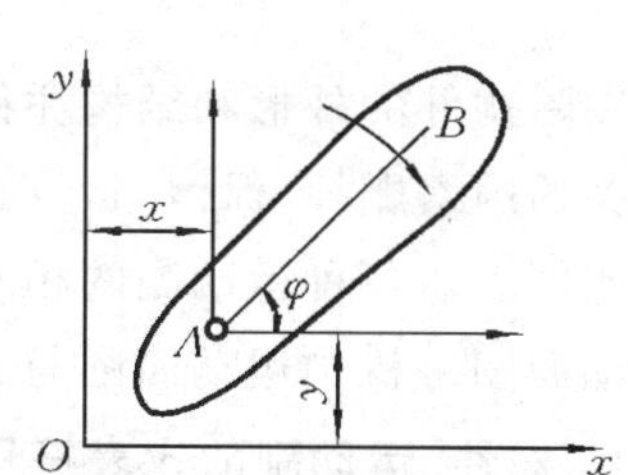


图 4.4 平面运动构件的自由度

两个构件通过运动副连接以后，相对运动受到限制。运动副对组成该副的两个构件间的相对运动所加的限制称为约束。引入 1 个约束条件将减少 1 个自由度，而约束的多少及约束的特点取决于运动副的形式。

(1) 平面低副　运动副是面接触的称为平面低副，简称低副，它包括转动副和移动副。

① 转动副。如图 4.5 所示的运动副限制了轴颈沿 $x$ 轴和 $y$ 轴的移动，只允许轴颈绕轴承相

对转动,这种运动副称为转动副,也称为回转副。转动副引入了2个约束,保留了1个自由度。

② 移动副。如图4.6所示的运动副,构件间只能沿 $x$ 轴作相对移动,这种沿一个方向相对移动的运动副称为移动副。移动副也具有2个约束,保留了1个自由度。

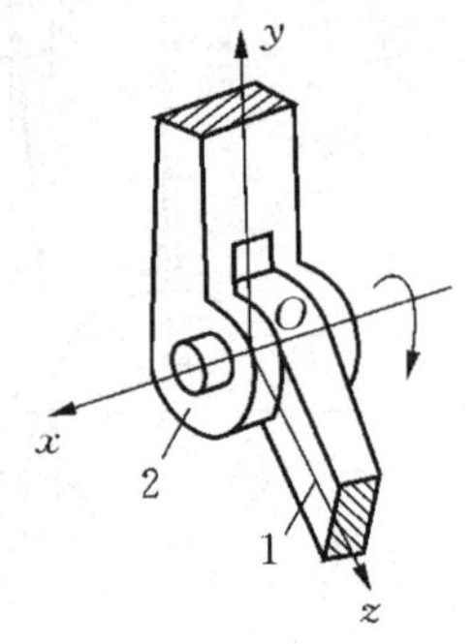

图4.5 转动副

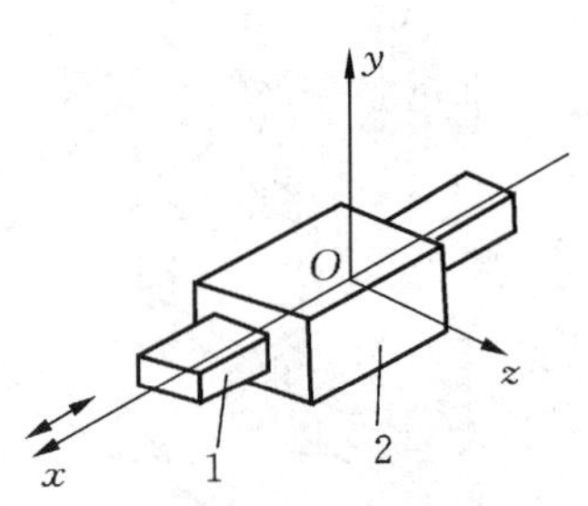

图4.6 移动副

(2) 平面高副 如图4.7所示,在曲线(或曲面)构成的运动副中构件2相对于构件1既可沿接触点处切线 $t-t$ 方向移动,又可绕接触点 $A$ 转动,运动副保留了2个自由度,带进了1个约束。这种点接触或线接触的运动副称为平面高副,简称高副。

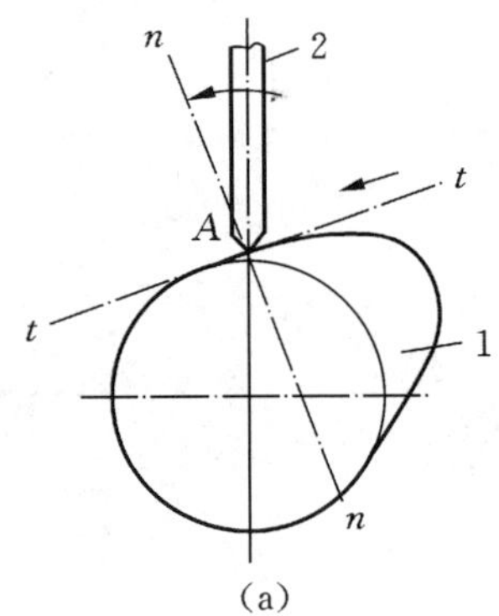


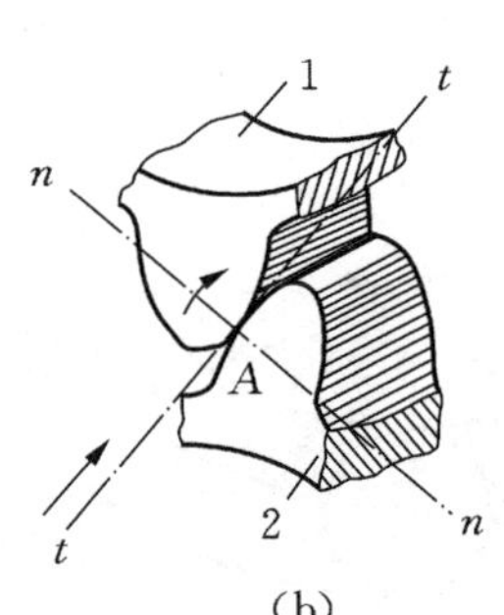

图4.7 平面高副

## 二、平面机构的运动简图的绘制

实际构件的外形和结构往往很复杂,在研究机构运动时,为了突出与运动有关的因素,将那些无关的因素删掉,保留与运动有关的外形,用规定的符号和线条来代表构件和运动副,并按一定的比例表达各种运动副的相对位置。这种表示机构各构件之间相对运动的简化图形,称为机构运动简图。机构运动简图与原机构具有完全相同的运动特性。

**1. 构件、运动副的代表符号**

(1) 构件均用直线或小方块等来表示,画有斜线的构件表示机架。两构件组成转动副时,其表达方如图4.8所示。表示回转副的圆圈,其圆心必须与回转轴线重合。

(2) 两构件组成移动副的表达方法如图4.9所示,其导路必须与相对移动方向一致。

(3) 两构件组成平面高副时,其运动简图中应画出两构件接触处的曲线轮廓。对于齿轮常用点画线画出其节圆,对于凸轮、滚子,习惯上画出其全部轮廓,如图4.10所示。

机构运动简图常用符号见表4.1。

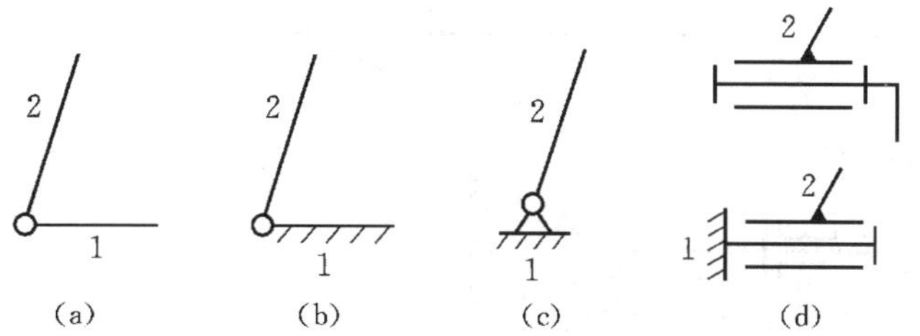


图 4.8 转动副的表达方法

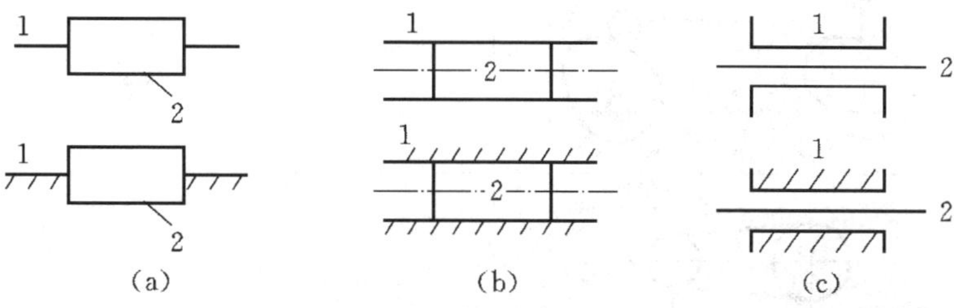


图 4.9 移动副的表达方法

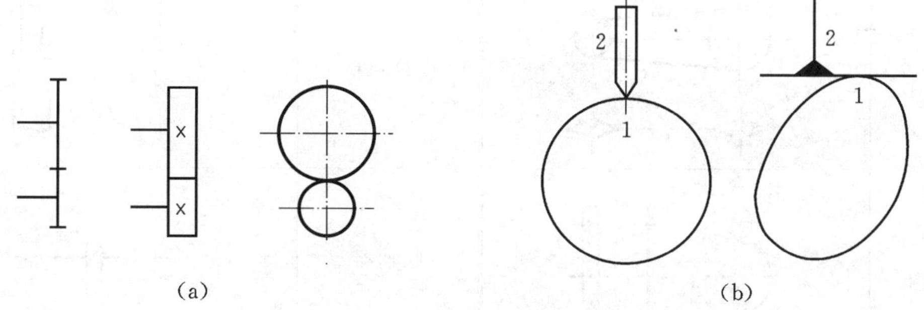


图 4.10 平面高副的表达方法

表 4.1 机构运动简图常用符号

| 名 称 | 符 号 | 名 称 | 符 号 |
|---|---|---|---|
| 杆的固定连接 | | 转动副 | |
| 二副元素构件 | | 移动副 | |
| 三副元素构件 | | 电动机 | |
| | | 向心普通轴承 | |

续表

| 名　称 | 符　号 | 名　称 | 符　号 |
|---|---|---|---|
| 单向向心推力普通轴承 | 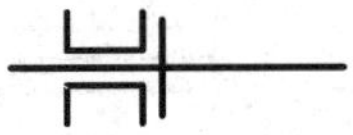 | 齿轮齿条机构 | 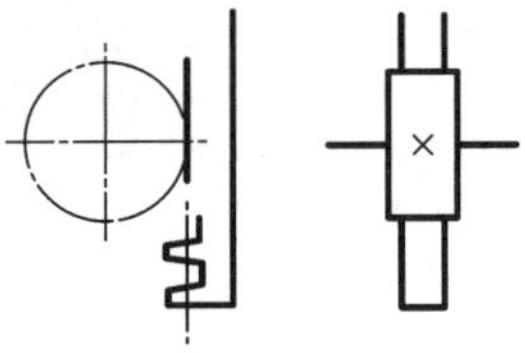 |
| 凸轮机构 | 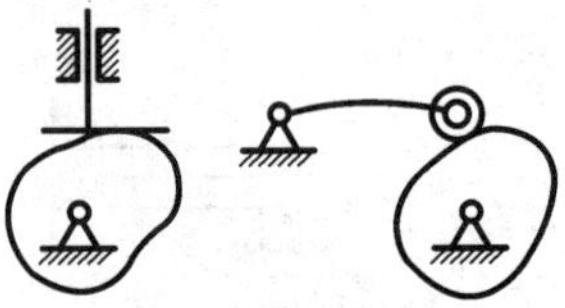 | 圆锥齿轮传动 | 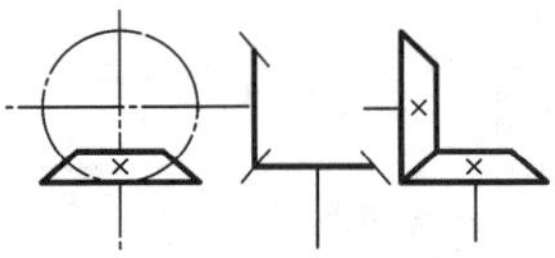 |
| 带传动 | 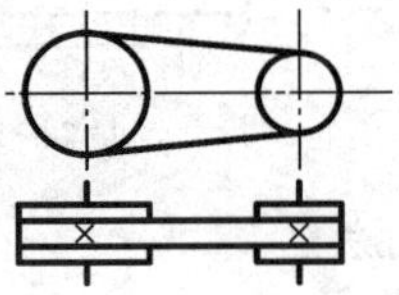 | 蜗杆传动 | 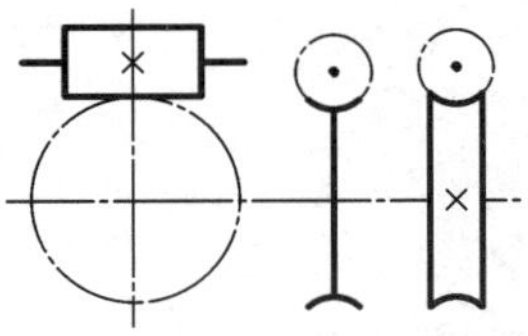 |
| 链传动 | 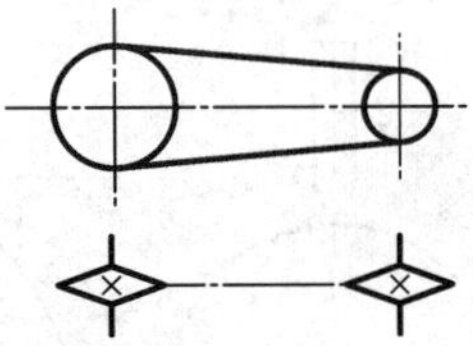 | 棘轮机构 | 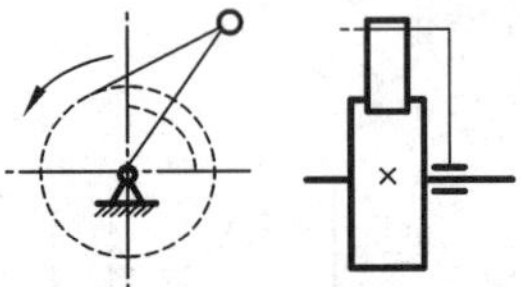 |
| 外啮合圆柱齿轮机构 | 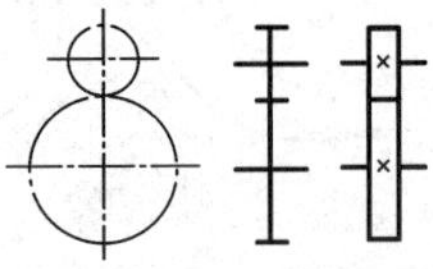 | 联轴器 | 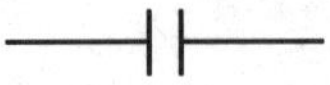 |
| 内啮合圆柱齿轮机构 | 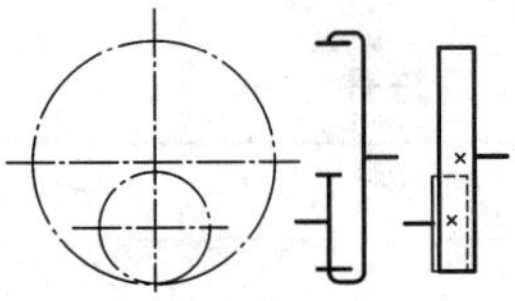 | 制动器 | 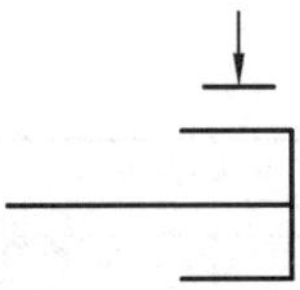 |

**2. 机构运动简图的绘制步骤**

机构运动简图的绘制步骤如下。

(1) 分析机构的运动原理和结构情况,确定其原动件、机架、执行部分和传动部分。

(2) 沿着运动传递路线,逐一分析每个构件间相对运动的性质,以确定运动副的类型和数目。

(3) 选择视图平面,通常可选择机械中多数构件的运动平面为视图平面,必要时也可选择两个或两个以上的视图平面,然后将其画到同一图面上。

(4) 选择适当的比例尺,定出各运动副的相对位置,并用各运动副的代表符号、常用机构的运动简图符号和简单的线条来绘制机构运动简图。

(5) 从原动件开始,按传动顺序标出各构件的编号和运动副的代号。在原动件上标出箭头以表示其运动方向。

## 三、计算平面机构的自由度

### 1. 机构具有确定相对运动的条件

运动链和机构都是由构件和运动副组成的系统，机构要实现预期的运动传递和变换，必须使其运动具有可能性和确定性。如图 4.11 所示，由 3 个构件通过 3 个转动副连接而成的系统就没有运动的可能性。如图 4.12 所示的五杆机构，若取构件 1 作为主动件，当给定角度时，构件 2、3、4 既可以处在实线位置，也可以处在虚线或其他位置，因此，其从动件的位置是不确定的。但如果给定构件 1、4 的位置参数，则其余构件的位置就都被确定下来。如图 4.13 所示的四杆机构，当给定构件 1 的位置时，其他构件的位置也被相应确定。

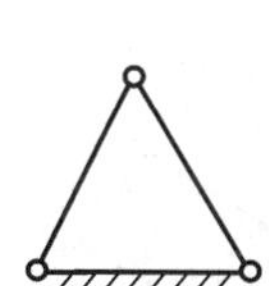

图 4.11 桁架

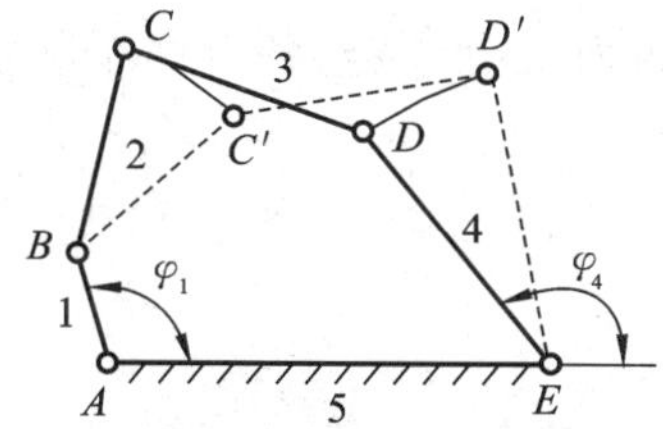


图 4.12 五杆铰链机构

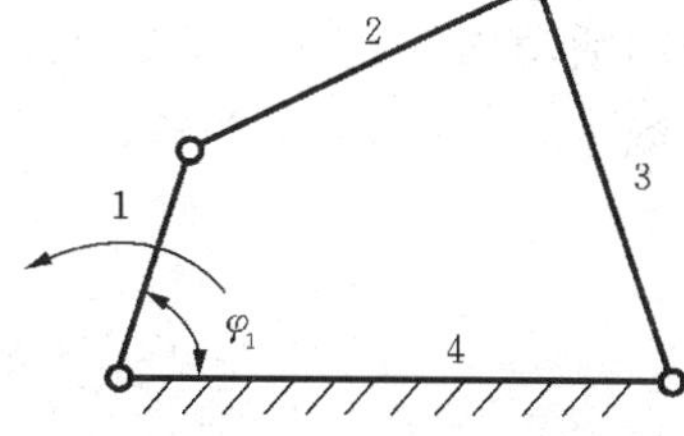


图 4.13 平面四杆机构

由此可见，无相对运动的构件组合或无规则乱动的运动链都不能实现预期的运动变换。将运动链的一个构件固定为机架，当运动链中一个或几个主动件位置确定时，其余从动件的位置也随之确定，则称机构具有确定的相对运动。究竟取一个还是几个构件作主动件，则取决于机构的自由度。机构的自由度就是机构具有的独立运动的数目，因此，当机构的主动件等于自由度数时，机构就具有确定的相对运动。

### 2. 平面机构自由度的计算

在平面机构中，各构件相对于某一构件所需独立运动的参变量数目，称为机构的自由度。它取决于机构中活动构件的数目以及连接各构件的运动副类型和数目。

设一个平面机构中除去机架后其余活动构件的数目为 $n$ 个。而一个不受任何约束的构件在平面中有 3 个自由度，故一个机构中全部活动构件在平面内共具有 $3n$ 个自由度。当两构件连接成运动副后，其运动受到约束，自由度将减少。自由度减少的数目，应等于运动副引入的约束数目。由于平面机构中的运动副只可能是高副或低副，其中每个低副引入的约束数为 2，每个高副引入的约束数为 1。因此，对于平面机构，若各构件之间共构成了 $P_L$ 个低副和 $P_H$ 个高副，则它们共引入 $2P_L+P_H$ 个约束。平面机构自由度 $F$ 计算公式为

$$F=3n-2P_L-P_H \tag{4-1}$$

式中：$F$——机构的自由度；

$n$——活动构件的数目；

$P_L$——低副的数目；

$P_H$——高副的数目。

由公式可知，机构自由度 $F$ 取决于活动构件的数目以及运动副的性质和数目。此式也称为平面机构结构公式。

例如：图 4.11 所示桁架的自由度为 $F=3n-2P_L-P_H=3\times2-2\times3-0=0$，它的各杆件之间不可能产生相对运动；图 4.12 所示五杆铰链机构其自由度为 $F=3n-2P_L-P_H=3\times4-2\times5-0=2$，若取构件 1 作为原动件，原动件数小于机构自由度数，机构运动不确定，表

现为任意乱动;图4.13所示平面四杆机构其自由度为 $F=3n-2P_L-P_H=3\times3-2\times4-0=1$,原动件数等于机构自由度,机构有确定的运动。

综上所述,机构具有确定运动的条件是:机构自由度必须大于零,且原动件数与其自由度必须相等。

**3. 计算机构自由度的注意事项**

应用式(4-1)计算机构的自由度时,必须注意以下问题。

1) 复合铰链

由两个以上构件组成两个或更多个共轴线的转动副,即为复合铰链,如图 4.14(a)所示为三个构件在 $A$ 处构成复合铰链。由其侧视图 4.14(b)可知,此三构件共组成两个共轴线转动副。当由 $m$ 个构件组成复合铰链时,则应当组成 $m-1$ 个共轴线转动副。如图 4.15 所示直线机构的活动构件数 $n=7$,$A$、$B$、$D$、$E$ 点均为复合铰链,各有两个转动副,所以,低副数 $P_L=10$,高副数 $P_H=0$,则该机构的自由度为 $F=3n-2P_L-P_H=3\times7-2\times10-0=1$。

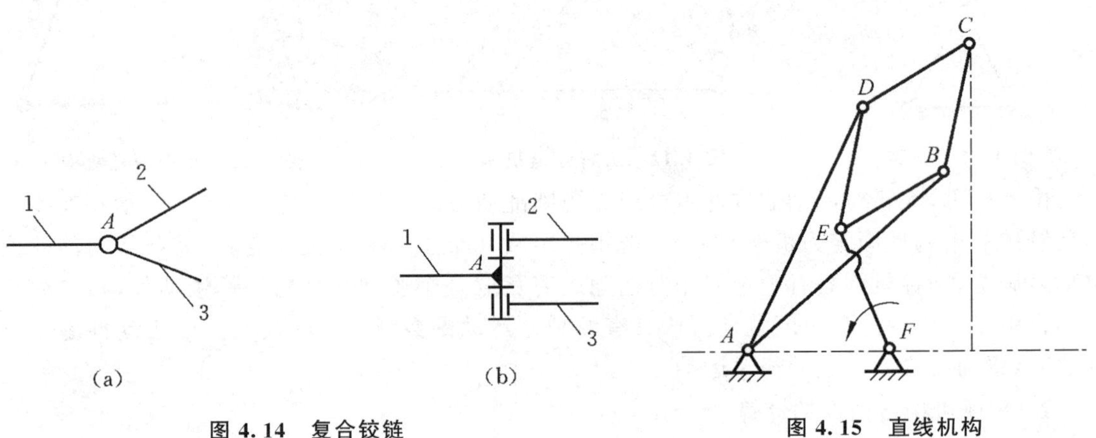


图 4.14 复合铰链

图 4.15 直线机构

2) 局部自由度

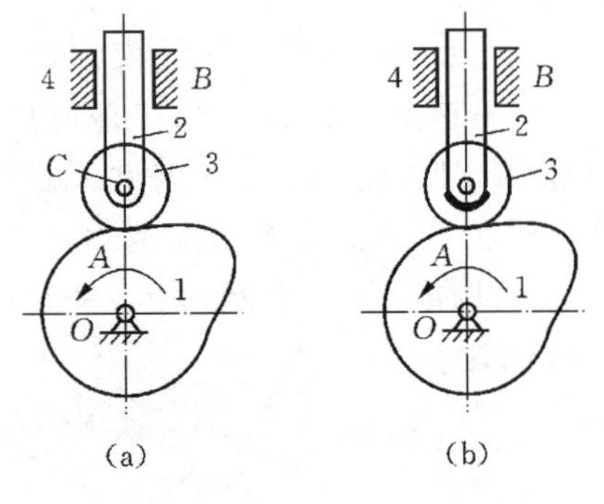


图 4.16 局部自由度

机构中常出现一种与输出构件运动无关的自由度,称为局部自由度或冗余自由度。在计算机构自由度时,可预先排除。如图 4.16(a)所示的平面凸轮机构中,为了减少高副接触处的磨损,在从动件上安装一个滚子 3,使其与凸轮轮廓线滚动接触。显然,滚子绕其自身轴线转动与否并不影响凸轮与从动件间的相对运动,因此,滚子绕其自身轴线的转动为机构的局部自由度,在计算机构的自由度时,应预先将转动副 $C$ 除去不计,或如图 4.16(b)所示,设想将滚子 3 与从动件 2 固连在一起作为一个构件来考虑。这样在机构中,$n=2$,$P_L=2$,$P_H=1$,其自由度为 $F=3n-2P_L-P_H=3\times2-2\times2-1=1$,即此凸轮机构中只有 1 个自由度。

3) 虚约束

在运动副引入的约束中,有些约束对机构自由度的影响是重复的。这些对机构运动不起限制作用的重复约束,称为虚约束或消极约束,在计算机构自由度时,应当除去不计。

图 4.17(a)所示的平行四边形机构中,如果以 $n=4$,$P_L=6$,$P_H=0$ 来计算,则 $F=3n-2P_L$

$-P_H=3\times4-2\times6-0=0$。显然计算结果不符合实际，其原因是该机构中的连杆作平移运动，因此，去掉一个构件的图 4.17(b)与图 4.17(a)的运动完全相同。这种起重复限制作用的约束称为虚约束。计算自由度时应先将产生虚约束的构件去掉再进行计算，可得到正确的结果为 $F=3n-2P_L-P_H=3\times3-2\times4-0=1$。

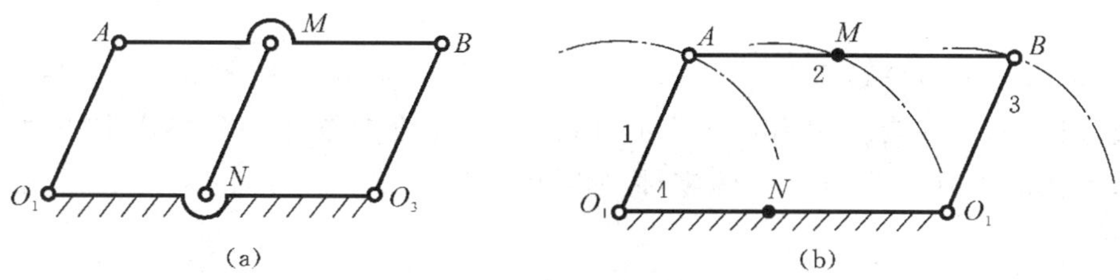


**图 4.17　运动轨迹重合引入虚约束**

平面机构的虚约束常出现于下列情况。

(1) 两个构件之间组成多个导路平行的移动副时，只有一个移动副起作用，其余都是虚约束。

(2) 两个构件之间组成多个轴线重合的转动副时，只有一个转动副起作用，其余都是虚约束。如图 4.18 所示，两个轴承支承一根轴，只能看成一个转动副。

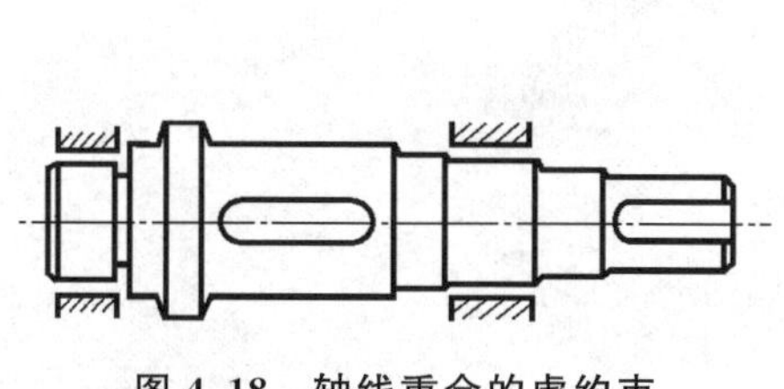

**图 4.18　轴线重合的虚约束**

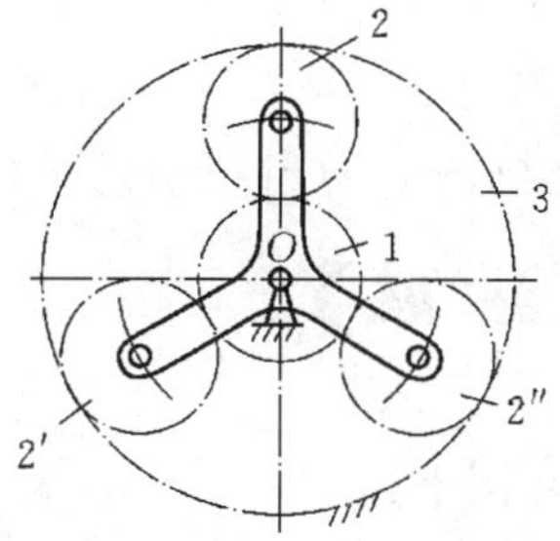

**图 4.19　对称结构的虚约束**

(3) 机构中对传递运动不起独立作用的对称部分，也为虚约束。如图 4.19 所示的轮系中，中心轮经过三个对称布置的小齿轮 2、2′和 2″驱动内齿轮 3，其中只有一个小齿轮对传递运动起独立作用。但由于其余两个小齿轮的加入，使机构增加了两个虚约束。

应当注意，对于虚约束，从机构的运动观点来看是多余的，但它能增加机构的刚度，改善其受力状况，因而被广泛采用。但是虚约束对机构的几何条件要求较高，因此对机构的加工和装配提出了较高的要求。

## 【任务实施】

各种机器虽然有着不同的形式、构造和用途，但是都具有下列三个共同特征：①机器是人为的多种实体的组合；②各部分之间具有确定的相对运动；③能完成有效的机械功或变换机械能。

**1. 分析汽车单缸四冲程内燃机的运动**

如图 4.2 所示为汽车单缸四冲程内燃机，它由齿轮 1 和 2、凸轮 3、排气阀 4、进气阀 5、气缸体 6、活塞 7、连杆 8 和曲轴 9 组成。当燃气推动活塞 7 作直线往复运动时，经连杆 8 使曲轴 9 作连续转动。凸轮 3 和顶杆是用来开启和关闭进气阀和排气阀的。在曲轴和凸轮轴之间两个齿轮的齿数比为 1∶2，曲轴转两周时，进、排气阀各启、闭一次。这样就把活塞的运动转变为曲轴的转动,将燃气的热能转换为曲轴转动的机械能。这里包含了气缸、活塞、连杆、曲轴组成的曲柄滑块机构,凸轮、顶杆、机架组成凸轮机构,齿轮和机架组成的齿轮机构。

机器是由一个或几个机构组成的,机构仅具有机器的前两个特征,它被用来传递运动或变换运动形式。若单纯从结构和运动的观点看,机器和机构并无区别,因此,通常把机器和机构统称为机械。

组成机构的各个相对运动部分称为构件。构件可以是单一的整体(如活塞),也可以是多个零件组成的刚性结构。如图 4.2 所示,曲轴 9 和齿轮 1 作为一个整体作转动,它们构成一个构件,但在加工时是两个不同的零件。由此可知,构件是运动的基本单元,而零件是制造的基本单元。

**2. 选择视图平面、比例尺,绘制机构运动简图**

对于平面机构,选构件运动平面为视图平面可将平面机构表达清楚,故不需再选辅助视图平面。选择如图 4.2(b)所示平面为视图平面。

根据图纸的大小、实际机构的大小和能清楚表达机构的结构为依据,选择长度比例尺。

$$\mu_l=\frac{\text{实际尺寸(m)}}{\text{图上尺寸(mm)}}$$

在图 4.2(b)中,用齿轮 1、2 的转动中心点作为曲轴 9 和凸轮 3 的转动副中心,各转动副间距离按比例计算。连杆 8 与活塞 7 的夹角可自行决定。

用简单线条和符号连成构件 1、2、3、4 等,在机架(虽然有五处,均表示一个固定件)上画出斜线,便得到图 4.2(b)所示的机构运动简图。

## 【知识拓展】

### 棘轮机构

当主动件作连续运动时,从动件作周期性的运动和停顿,这类机构称为间歇机构,也称为步进机构。它们在各种自动化机械中得到广泛的应用,用来满足送进、制动、转位、分度、超越等工作要求。常用的间歇机构可以分为两类:

(1) 主动件往复摆动,从动件间歇运动,如棘轮机构;

(2) 主动件连续运动,从动件间歇运动,如槽轮机构、不完全齿轮机构等。

**1. 棘轮机构的工作原理和类型**

人们骑自行车时,通过链条带动后轮上的链轮,实现自行车的前进。但后轮的链轮是只有外面的链轮带动里面的转轴,当不再登动脚踏板时,自行车后轮可以继续转动。这个机构究竟是怎么工作的呢?实际上,这就是一个棘轮机构。

典型的棘轮机构如图 4.20 所示。该机构为轮齿式外啮合棘轮机构,由棘轮 3、棘爪 2、摇杆 1 和止动爪 4、弹簧 5 和机架所组成。棘轮 3 固装在传动轴上,棘轮的齿可以制作在棘轮的外缘、内缘或端面上,而实际应用中以制作在外缘上居多。摇杆 1 空套在传动轴上。

当摇杆沿逆时针方向摆动时,棘爪 2 嵌入棘轮 3 上的齿间,推动棘轮转动。当摇杆沿顺时针方向转动时,止动爪 4 阻止棘轮顺时针转动,同时棘爪 2 在棘轮齿背上滑过,此时棘轮静止。这样,当摇杆往复摆动时,棘轮便可以得到单向的间歇运动。

图 4.21 所示为一内接式棘轮机构。如果工作需要，要求棘轮能作不同转向的间歇运动，则可把棘轮的齿做成矩形，而将棘爪作成图 4.22 所示的可翻转的棘爪。当棘爪处在图示 $B$ 的位置时，棘轮可得到逆时针方向的单向间歇运动；而当棘爪绕其销轴 $A$ 翻转到虚线位置 $B'$ 时，棘轮可以得到顺时针方向的单向间歇运动。

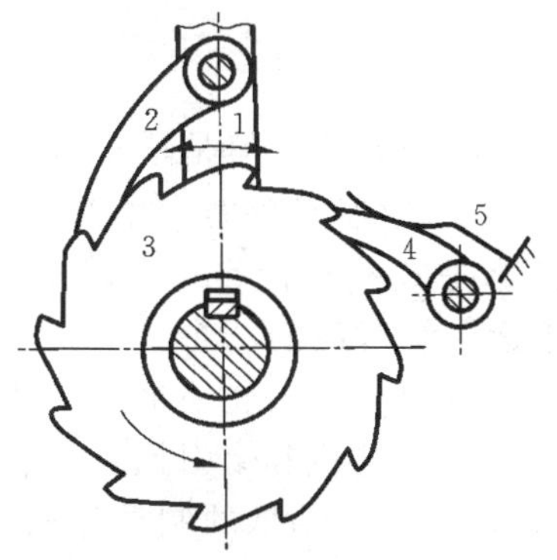


**图 4.20 齿轮式外啮合棘轮机构**

1—摇杆；2—棘爪；3—棘轮；
4—止动爪；5—弹簧

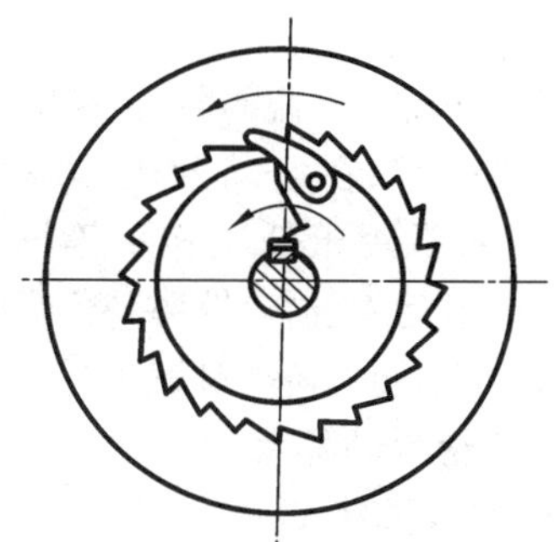

**图 4.21 内接式棘轮机构**

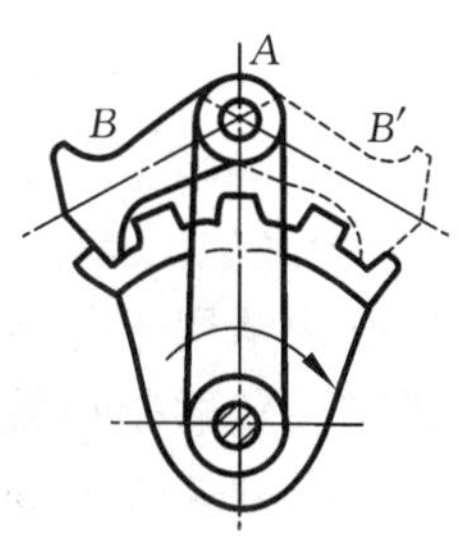


**图 4.22 棘爪可翻转棘轮机构**

图 4.23 所示为一种棘爪可以绕自身轴线转动的棘轮机构。当棘爪按图示位置安放时，棘轮可以得到逆时针方向的单向间歇运动；而当棘爪提起，并绕本身轴线旋转 180°后再放下时，就可以使棘轮获得顺时针方向的单向间歇运动。

如果希望使摇杆来回摆动时，使棘轮都能够棘轮向同一方向转动，则可以采用所谓双动式棘轮机构，如图 4.24 所示。此种机构的棘爪可以制成直的或钩头的。

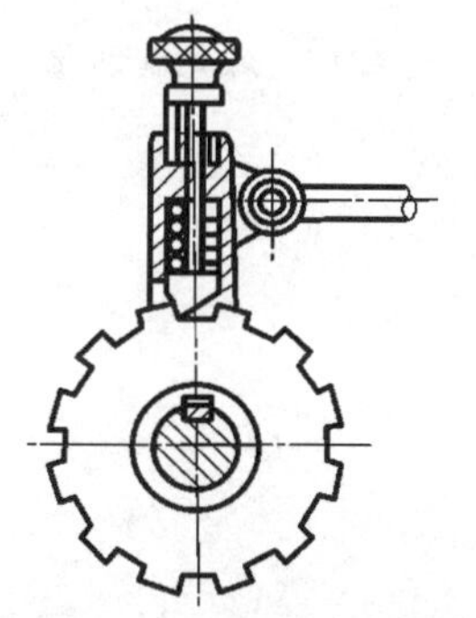

**图 4.23 可换向棘轮机构**

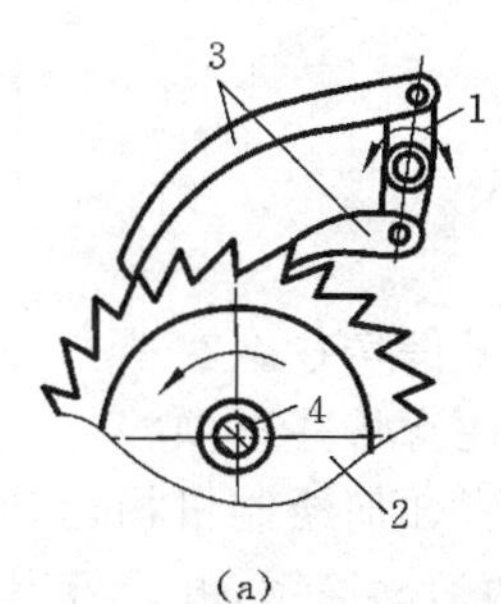


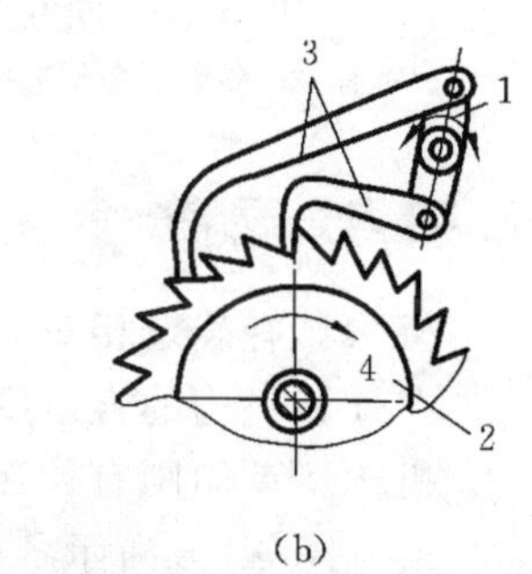


**图 4.24 双动式棘轮机构**

1—摇杆；2—棘轮；3—棘爪；4—传动轴

上述的轮齿式棘轮机构，棘轮是靠摇杆上的棘爪推动其棘齿而运动的，所以棘轮每次转动角都是棘轮齿距角的倍数。在摇杆一定的情况下，棘轮每次的转动角是不能改变的。若工作时需要改变棘轮转动角，除采用改变摇杆的转动角外，还可以采用如图 4.25 所示的结构，在棘轮上加一个遮板，用于遮盖摇杆摆角范围内棘轮上的一部分齿。这样，当摇杆逆时针方向摆动时，棘爪先在遮板上滑动，然后才插入棘轮的齿槽推动棘轮转动。被遮住的齿越多，棘轮每次转动的角度就越小。

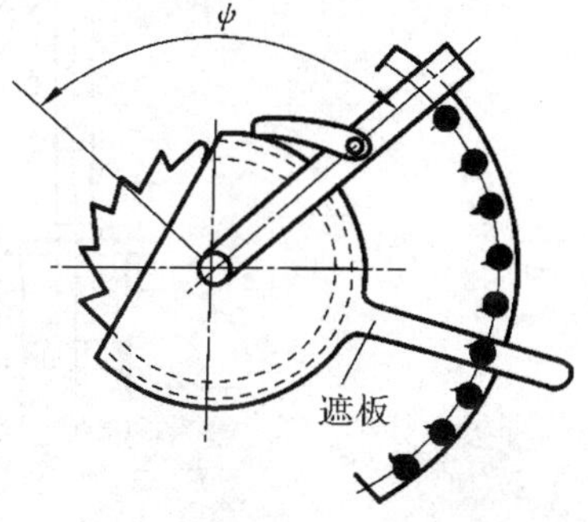


**图 4.25 带遮板棘轮机构**

如图4.26所示为摩擦式棘轮机构。这种棘轮机构是通过棘轮2与棘爪3之间的摩擦而使棘爪实现间歇传动的。摩擦式棘轮机构可无级变更棘轮转角，且噪声小，但与棘轮之间容易产生滑动。为增大摩擦力，可将棘轮做成槽轮形。

在棘轮机构中，棘轮多为从动件，由棘爪推动其运动。而棘爪的运动则可用连杆机构、凸轮机构或电磁装置等来实现。

**2. 棘轮机构的特点和应用**

轮齿式棘轮机构结构简单、运动可靠，棘轮的转角容易实现有级的调节。但是这种机构在回程时，棘爪在棘轮齿背上滑过产生噪声；在运动开始和终了时，由于速度突变而产生冲击，运动平稳性差，且棘轮轮齿容易磨损，故常用于低速轻载等场合。摩擦式棘轮传递运动较平稳、无噪声，棘轮角可以实现无级调节，但运动准确性差，不易用于运动精度高的场合。

棘轮机构常用于各种机床、自动机、自行车、螺旋千斤顶等各种机械中。棘轮还被广泛地用于防止机械逆转的制动器中，这类棘轮制动器常用在卷扬机、提升机、运输机和牵引设备中。图4.27所示为一提升机中的棘轮制动器，重物$Q$被提升后，由于棘轮受到止动爪的制动作用，卷筒不会在重力作用下反转下降。

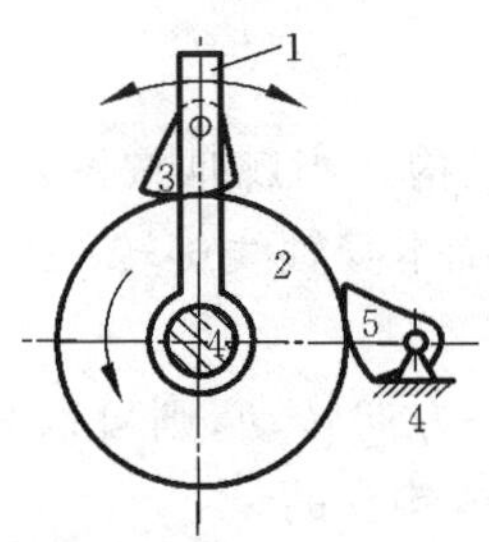


**图4.26 摩擦式棘轮机构**

1—摇杆；2—棘轮；3—棘爪；4—传动轴；5—制动爪

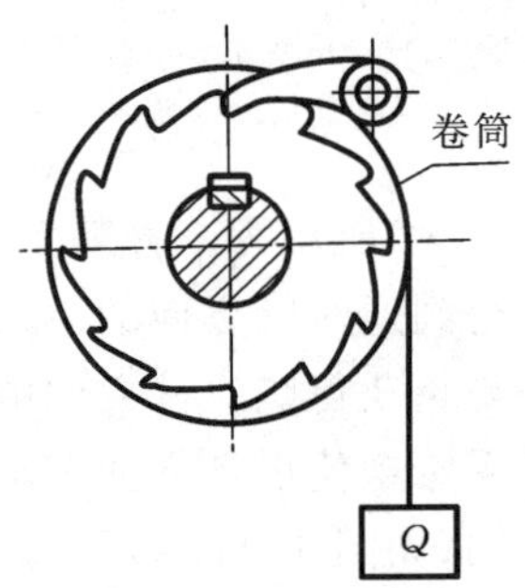


**图4.27 棘轮制动器**

## 【复习与思考】

1. 机构具有确定相对运动的条件是什么？
2. 在计算机构的自由度时要注意哪些事项？
3. 机构运动简图有什么作用？如何绘制机构运动简图？
4. 绘制图4.28所示各机构的运动简图，并计算其自由度。

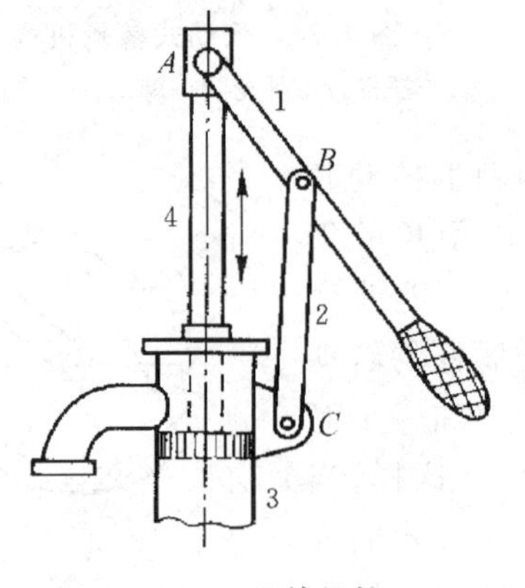


(a) 唧筒机构

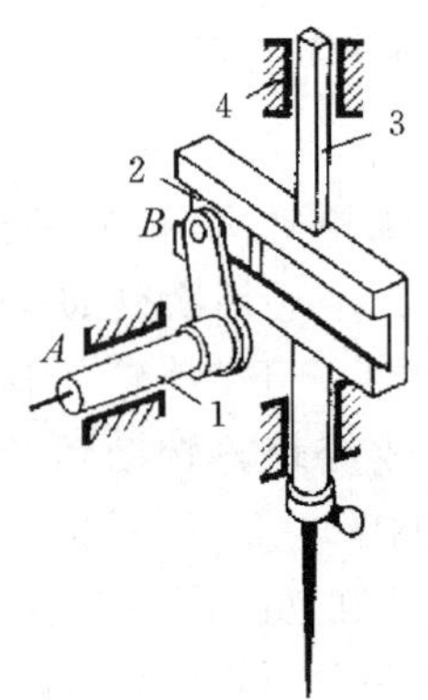


(b) 缝纫机刺布机构

**图4.28 机构**

5. 计算图 4.29 所示大筛机构的自由度并指出简图中的复合铰链、局部自由度和虚约束，说明欲使其具有确定的相对运动需要几个原动件？

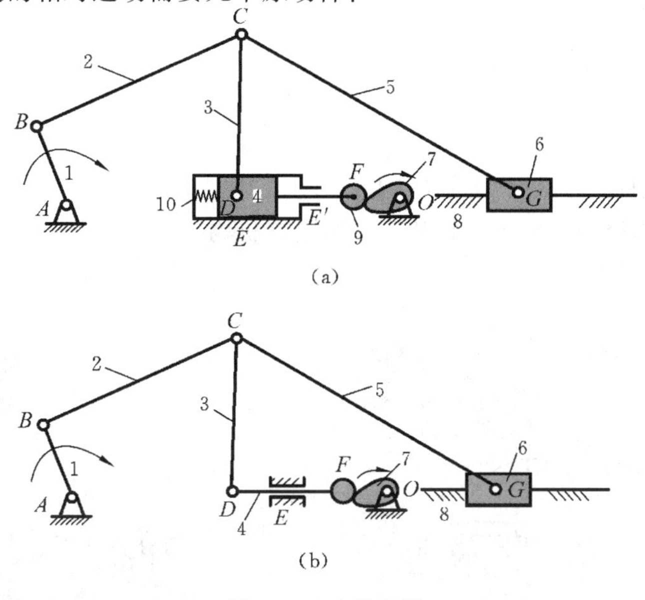


图 4.29 大筛机构

## 任务 2 汽车平面连杆机构的类型判别

### 【任务导入】

平面连杆机构是将各构件用转动副或移动副连接而成的平面机构。最简单的平面连杆机构是由四个构件组成的，简称平面四杆机构。它的应用非常广泛，而且是组成多杆机构的基础。例如，汽车雨刮器、汽车车门、汽车前轮转向机构、摄影车升降机构、自卸卡车翻斗机构等，它们具体是什么类型的机构呢？

### 【任务分析】

全部用转动副组成的平面四杆机构也常称为铰链四杆机构，如图 4.30 所示。机构的固定件 4 称为机架，与机架用转动副相连接的杆 1 和杆 3 称为连架杆，不与机架直接连接的杆 2 称为连杆。能作整周转动的连架杆，称为曲柄。仅能在某一角度摆动的连架杆，称为摇杆。对于铰链四杆机构来说，机架和连杆总是存在的，因此可按照连架杆是曲柄还是摇杆，将铰链四杆机构分为三种基本形式：曲柄摇杆机构、双曲柄机构和双摇杆机构。

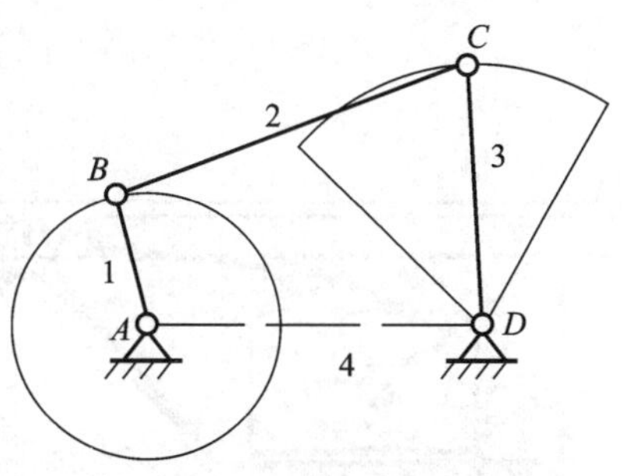


图 4.30 铰链四杆机构

铰链四杆机构是平面四杆机构的最基本的形式，其他形式的平面四杆机构都可看成是在它的基础上通过演化而成的。

## 【相关知识】

### 一、四杆机构的基本形式

**1. 曲柄摇杆机构**

两连架杆一个为曲柄、另一个为摇杆的四杆机构,称为曲柄摇杆机构。如图 4.31 所示的搅拌机及图 4.32 所示的缝纫机脚踏机构均为曲柄摇杆机构。

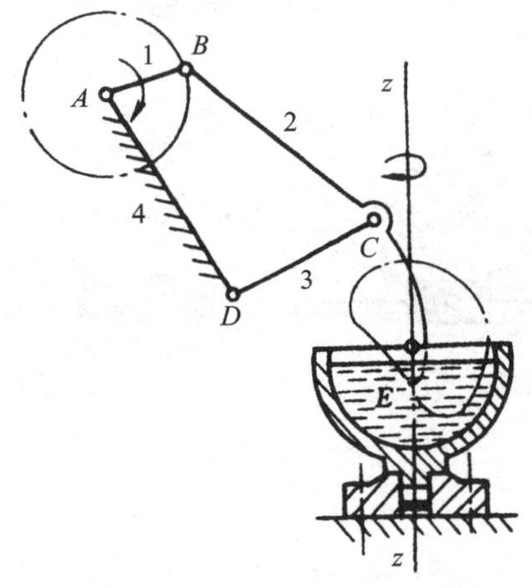


图 4.31 搅拌机

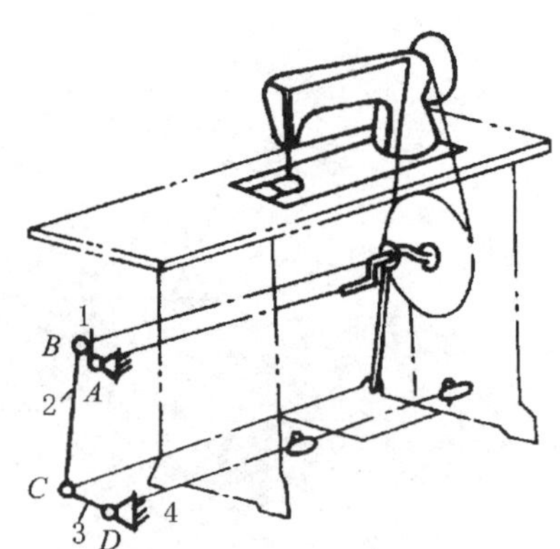


图 4.32 缝纫机

曲柄摇杆机构的特点是它能将曲柄的整周回转运动变换成摇杆的往复摆动,相反它也能将摇杆的往复摆动变换成曲柄的连续回转运动。

**2. 双曲柄机构**

两连架杆均为曲柄的四杆机构称为双曲柄机构,如图 4.33 所示的惯性筛及图 4.34 所示的机车车辆机构,均为双曲柄机构。惯性筛机构中,主动曲柄 $AB$ 等速回转一周时,曲柄 $CD$ 变速回转一周,使筛子 $EF$ 获得加速度,从而将被筛选的材料分离。机车车辆机构是平行四边形机构,它使各车轮与主动轮具有相同的速度,其内含有一个虚约束,以防止曲柄与机架共线时运动不确定。双曲柄机构的特点之一就是能将等角速度转动变为周期性变角速度转动。

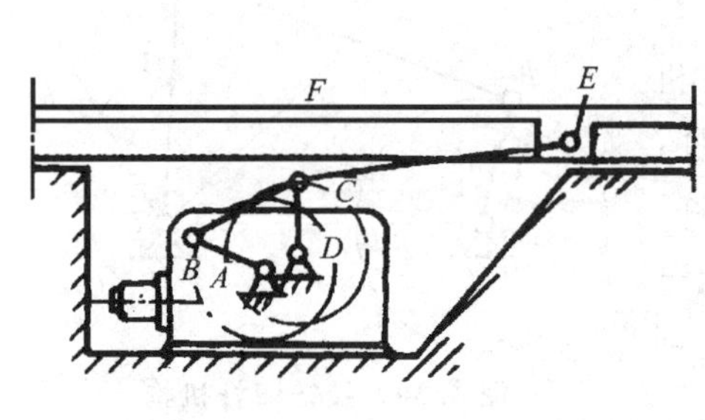


图 4.33 惯性筛

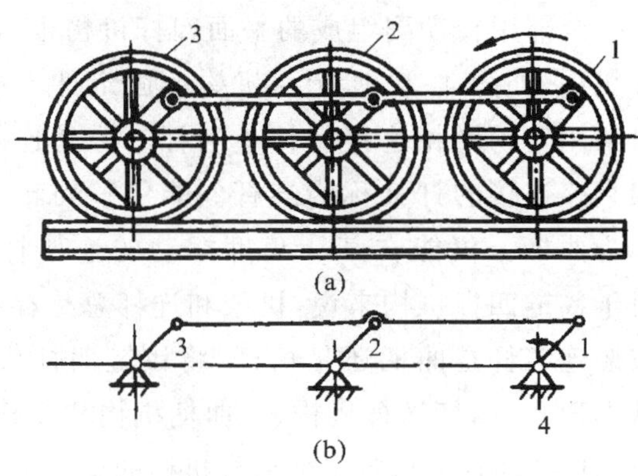


图 4.34 机车车辆机构

**3. 双摇杆机构**

若四杆机构的两连架杆均为摇杆，则此四杆机构称为双摇杆机构。在实际中的应用中，主要是通过适当的设计，将主动摇杆的摆角放大或缩小，使从动摇杆得到所需的摆角；或者利用连杆上某点的运动轨迹实现所需的运动。如图4.35所示的起重机及图4.36所示的电风扇的摇头机构，均为双摇杆机构。图4.35起重机中，杆$CD$摆动时，连杆$CB$上悬挂重物的点$E$在近似水平直线上移动。图4.36所示的机构中，电动机安装在摇杆4上，铰链$A$处装有一个与连杆1固接在一起的蜗轮。电动机转动时，电动机轴上的蜗杆带动蜗轮迫使连杆1绕点$A$作整周转动，从而使连架杆2和4作往复摆动，达到风扇摇头的目的。

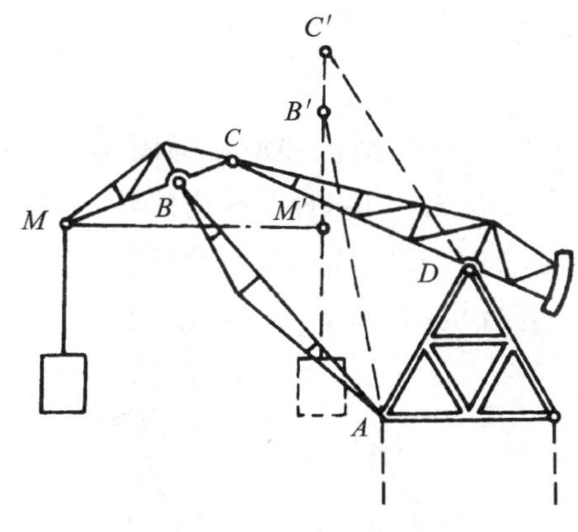


图4.35 鹤式起重机

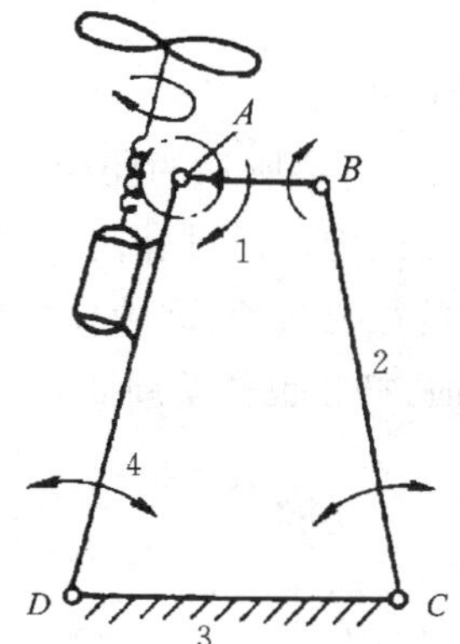


图4.36 电风扇的摇头机构

## 二、平面四杆机构的演化

除了前面介绍的三种基本形式的铰链四杆机构以外，实际中还广泛使用着其他形式的四杆机构，都可看成是从铰链四杆机构演化面来的。

**1. 转动副转化成移动副**

如图4.37(a)所示的曲柄摇杆机构中，当摇杆$DC$长度无限增加时，点$C$的运动轨迹便由弧线变成了直线，摇杆$DC$便成了滑块，原来的转动副变成了移动副，曲柄摇杆机构便变成了曲柄滑块机构。如果铰链$C$的运动轨迹$m—m$通过曲柄的旋转中心$A$，则称为对心曲柄滑块机构，如图4.37(c)所示。如果$m—m$不通过曲柄的旋转中心，有偏心距$e$，则称偏置曲柄滑块机构，如图4.37(d)所示。

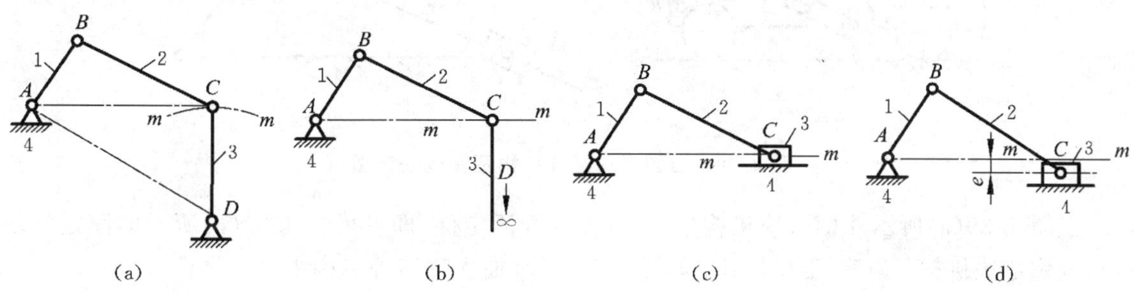


图4.37 转动副转化成移动副

### 2. 扩大转动副

在曲柄摇杆机构中,当曲柄较短时,往往由于工艺、结构和强度等方面的需要,将转动副 $B$ 的销轴半径扩大到超过曲柄长度,使曲柄成为绕点 $A$ 转动的偏心轮机构,如图 4.38 所示。

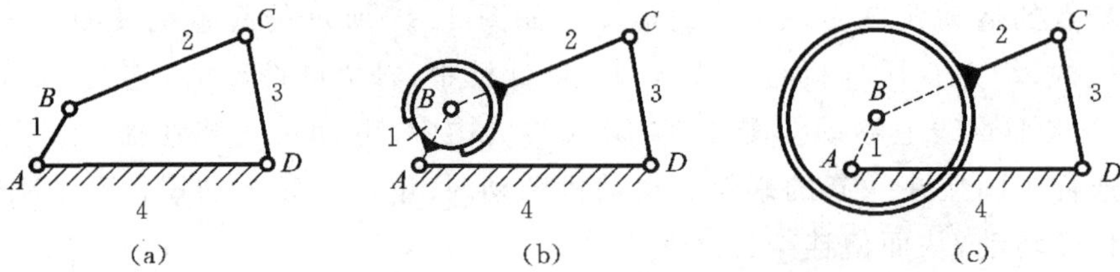


图 4.38 偏心轮机构

### 3. 变换机架

在图 4.39(a)所示的曲柄滑块机构中,若取构件 $AB$ 为机架,则机构演化为图 4.39(b)、(c)所示的导杆机构。通过套筒 3 的构件 $AC$ 称为导杆。若杆长 $L_1>L_2$,杆 2 整周回转时,杆 4 只能作绕点 $A$ 的往复摆动,这种导杆机构称为摆动导杆机构,如图 4.39(b)所示;若杆长$L_1<L_2$,杆 2 整周回转时,杆 4 也作整周回转,这种导杆机构称为转动导杆机构,如图 4.39(c)所示。

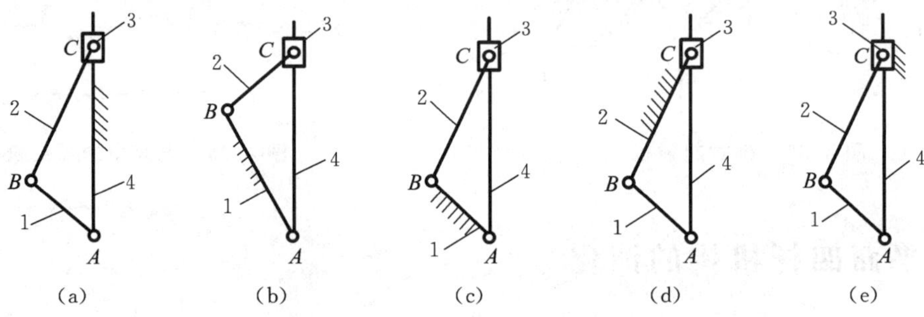


图 4.39 导杆机构

在图 4.39(a)所示的曲柄滑块机构中,若取构件 $BC$ 为机架,则变成如图 4.39(d)所示的摇块机构,或称为摆动滑块机构。这种机构广泛应用于摆动式内燃机和液压驱动装置内。如图 4.40 所示自卸卡车翻斗机构及其运动简图。在该机构中,因为液压油缸 3 绕铰链 $C$ 摆动,故称为摇块。

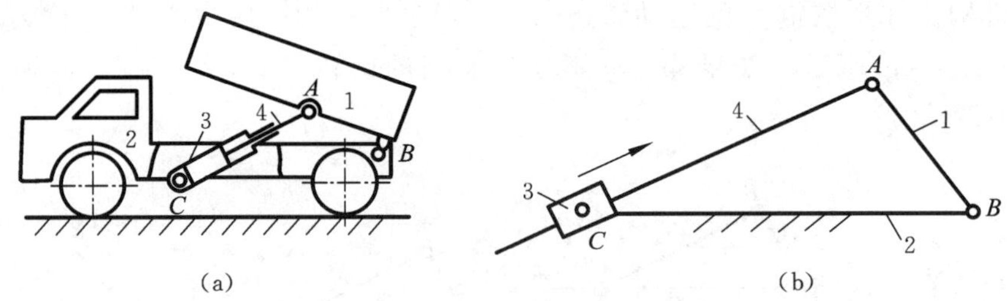


图 4.40 自卸卡车翻斗机构及其运动简图

在图 4.39(a)所示曲柄滑块机构中,若取杆 3 为固定件,即可得图 4.39(e)所示的固定滑块机构或称定块机构。这种机构常用于如图 4.41 所示抽水唧筒等机构中。

导杆机构在工程上常用作回转式油泵、牛头刨床和插床等工作机构。如图 4.42 所示为牛头刨床的摆动导杆机构。

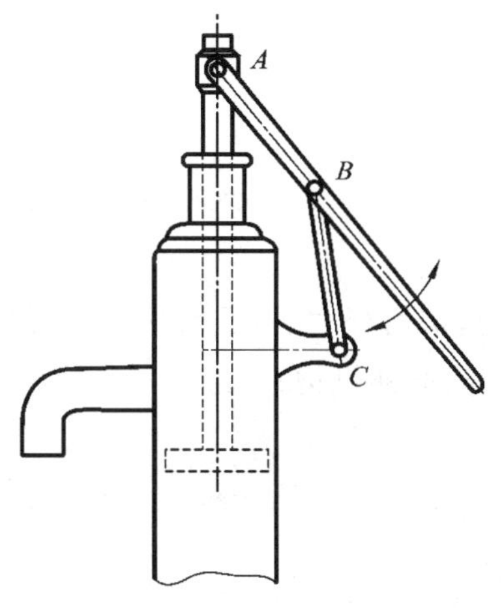


图 4.41 抽水唧筒机构

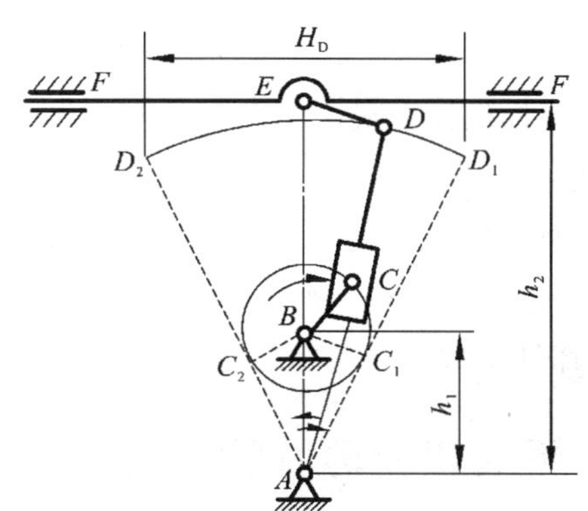


图 4.42 牛头刨床的摆动导杆机构

## 三、铰链四杆机构存在曲柄的条件

在实际中，大多数机器是由电动机及其他连续转动的动力装置来驱动，这便要求机器的原动件能作整周回转运动。但是在四杆机构中有的连架杆能作整周回转运动而成为曲柄，有的则不能。那么铰链四杆机构在什么条件下有曲柄存在呢？下面讨论连架杆成为曲柄的条件。

如图 4.43 所示为铰链四杆机构，图中 $a$、$b$、$c$、$d$ 分别代表各杆长度。若连架杆 $AB$ 既能转到 $AB_1$，又能转到 $AB_2$ 的位置，则它就能绕点 $A$ 整周转动而为曲柄。此时各杆的长度应满足：

在$\triangle B_1C_1D$ 中 $$a+b\leqslant b+c \tag{4-2}$$

在$\triangle B_2C_2D$ 中 $$(d-a)+b>c$$

即 $$a+c\leqslant b+d \tag{4-3}$$

$$(d-a)+c>b$$

即 $$a+b\leqslant c+d \tag{4-4}$$

以上三式中考虑了机构极限情况用了“$\leqslant$”号，然后将每两式相加化简后即得

$$a\leqslant b;\quad a\leqslant c;\quad a\leqslant d \tag{4-5}$$

由上可知，铰链四杆机构中存在一个曲柄的条件是：

① 曲柄是最短杆；

② 最短杆与最长杆之和小于或等于(极限情况下)其余两杆长度之和，此条件称为“杆长之和条件”。

进一步分析图 4.43 还可得知，当 $AB$ 为曲柄时，组成转动副 $A$ 及 $B$ 的杆件均作相对整周回转。因此，在满足“杆长之和条件”下，若以最短杆为机架，它们之间的相对运动关系仍应保持不变，但此时两连架杆($AB$ 和 $CD$)均为曲柄，而得双曲柄机构。

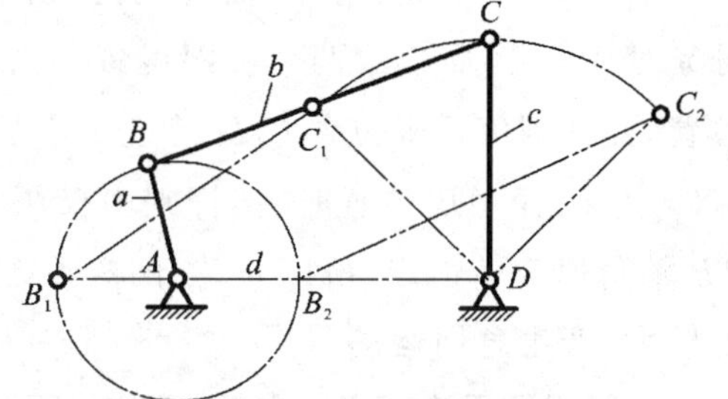


图 4.43 铰链四杆机构

综上所述，铰链四杆机构具有曲柄的条件是：

① 最短杆与最长杆长度之和小于或等于其余

两杆长度之和；

② 连架杆或机架中必有一杆是最短杆。

根据曲柄存在条件还可得到如下推论：

① 当四杆机构中最短杆与最长杆长度之和大于其余两杆长度之和时，则不论取何杆为机架，都只能得到双摇杆机构。

② 若四杆机构中最短杆与最长杆之和小于或等于其余两杆之和，当最短杆的邻边是机架时，机构成为曲柄摇杆机构；当最短杆本身为机架时成为双曲柄机构；当最短杆的对面杆为机架时成为双摇杆机构。

## 四、平面机构的特性分析

### 1. 压力角和传动角

实际使用的连杆机构，不仅要保证实现预期的运动，而且要求传动时，具有轻便省力、效率高等良好的传力性能。因此，要对机构的传力情况进行分析。

在图4.44所示的曲柄摇杆机构中，若不考虑构件的重力、惯性力以及转动副中的摩擦力等的影响，则当曲柄 $AB$ 为原动件时，通过连杆 $BC$ 作用于从动件 $CD$ 上的力 $\boldsymbol{F}$ 沿 $BC$ 方向，此力的方向与力作用点 $C$ 的速度 $\boldsymbol{v}_C$ 方向之间的夹角用 $\alpha$ 表示。将 $\boldsymbol{F}$ 分解为沿 $\boldsymbol{v}_C$ 方向的切向力 $\boldsymbol{F}_T$ 和垂直于 $\boldsymbol{v}_C$ 的法向力 $\boldsymbol{F}_N$，其中 $F_T=F\cos\alpha$ 为驱使从动件运动并做功的有效分力，而 $F_N=F\sin\alpha$ 不做功，仅增加转动副 $D$ 中的径向压力。因此在 $\boldsymbol{F}$ 大小一定情况下，分力 $\boldsymbol{F}_T$ 越大也即 $\alpha$ 越小对机构工作越有利，故称 $\alpha$ 为压力角，它可反映力的有效利用程度。

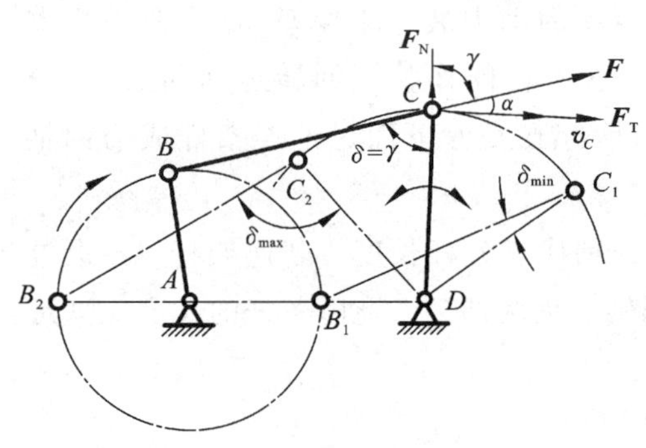


图4.44　压力角和传动角

机构在运转过程中，$\alpha$ 角是不断变化的。压力角的余角 $\gamma$ 称为传动角。如图4.44所示，其中连杆 $BC$ 与从动件 $CD$ 之间所夹的锐角 $\delta$ 也等于传动角 $\gamma$。$\gamma$ 越大对机构工作越有利。由于传动角易于观察和测量，因此工程上常以传动角 $\gamma$ 来衡量机构的传动性能。为了使传动角不致过小，常要求其最小值 $\gamma_{min}$ 大于许用传动角$[\gamma]$。$[\gamma]$一般取为40°～50°。

### 2. 急回运动

如图4.45所示的曲柄摇杆机构，当主动件曲柄 $AB$ 与连杆 $BC$ 两次共线时，从动件摇杆分别处于 $C_1D$ 及 $C_2D$ 两个极限位置。当曲柄按等角速度 $\omega$ 由 $AB_1$ 转过 $\varphi_1$ 角至极限位置 $AB_2$ 位置，摇杆则由极限位置 $C_1D$ 转过 $\psi$ 角至极限位置 $C_2D$；当曲柄再由 $AB_2$ 按等角速度 $\omega$ 转过 $\varphi_2$（$\varphi_2<\varphi_1$）至 $AB_1$ 位置时，摇杆则由极限位置 $C_2D$ 摆过 $\psi$ 角回到极限位置 $C_1D$。因为曲柄 $AB$ 的角速度 $\omega$ 恒定，所以 $\varphi_1$ 大于 $\varphi_2$ 就意味着摇杆来回摆动的平均速度不相等，回摆时的速度较大，产生急回运动。

一般用行程速度变化系数（简称行程速比系数）$K$ 来衡量机构的急回运动。$K$ 的定义为从动件回程平均角速度和工作行程平均角速度之比。机构具有急回特性，必有 $K>1$，则极位夹

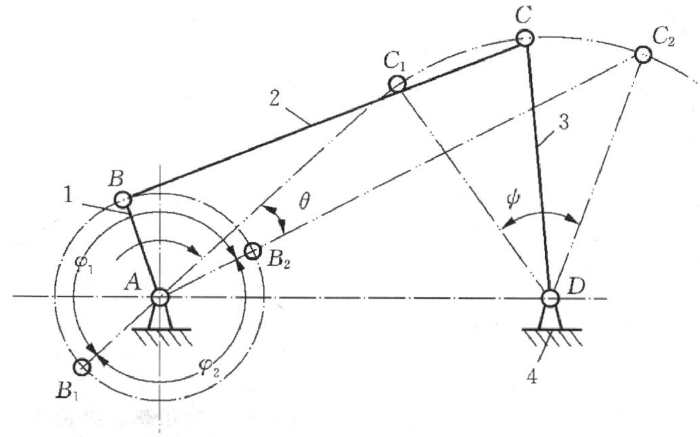


图 4.45 曲柄摇杆机构的急回特性

角 $\theta\neq 0$。极位夹角的定义是指当机构的从动件分别位于两个极限位置时，主动件曲柄的两个相应位置之间所夹的锐角。$\theta$ 和 $K$ 之间的关系为

$$K=\frac{\varphi_1}{\varphi_2}=\frac{180^\circ+\theta}{180^\circ-\theta} \tag{4-6}$$

$$\theta=180^\circ\frac{K-1}{K+1} \tag{4-7}$$

在各种形式四杆机构中，只要极位夹角 $\theta\neq 0$，则该机构具有急回特性，且 $\theta$ 角越大，急回程度就越大。生产中使用的牛头刨床及往复式运输机等机械，就是利用急回特性缩短了非生产时间，提高了生产效率。

**3. 死点**

在铰链四杆机构中，当连杆与从动件处于共线位置时，主动件通过连杆传给从动件的驱动力必通过从动件铰链的中心，即驱动力对从动件的回转力矩等于零。此时，无论施加多大的驱动力，均不能使从动件转动。把机构中的这种位置称为死点位置。如图 4.46 所示曲柄摇杆机构中，若摇杆 3 为主动件，而曲柄 1 为从动件，则当摇杆摆动到极限位置 $C_1D$ 或 $C_2D$ 时，连杆 2 与从动件 1 共线，从动件的传动角 $\gamma=0^\circ$，通过连杆加于从动件上的力将经过铰链中心 $A$，从而驱使从动件曲柄运动的有效分力为零。四杆机构是否存在死点位置，取决于连杆能否运动至与转动从动件(摇杆或曲柄)共线或与移动从动件移动导路垂直。

对于传动机构来说，机构有死点位置是不利的，为了使机构能顺利地通过死点位置，通常在曲柄轴上安装飞轮，利用飞轮的惯性来渡过死点位置，例如，家用缝纫机中的曲柄摇杆机构(将踏板往复摆动变换为带轮单向转动)，就是借助于带轮的惯性来通过死点位置并使带轮转向不变的。

但在工程实践中，有时也常常利用机构的死点位置来实现一定的工作要求，如图 4.47 所示的工件夹紧装置，当工件 5 需要被夹紧时，就是利用连杆 $BC$ 与摇杆 $CD$ 形成的死点位置，这时工件经杆 1、杆 2 传给杆 3 的力，通过杆 3 的传动中心 $D$。此力不能驱使杆 3 转动。故当撤去主动外力 $\boldsymbol{F}$ 后，在工作反力 $\boldsymbol{F}_Q$ 的作用下，机构不会反转，工件依然被可靠地夹紧。

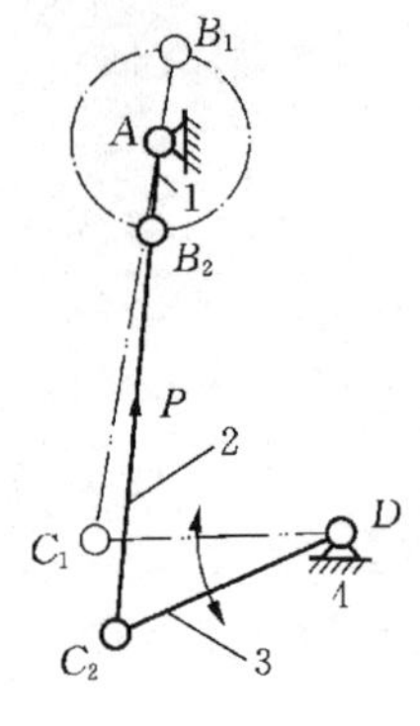


图 4.46　死点的位置

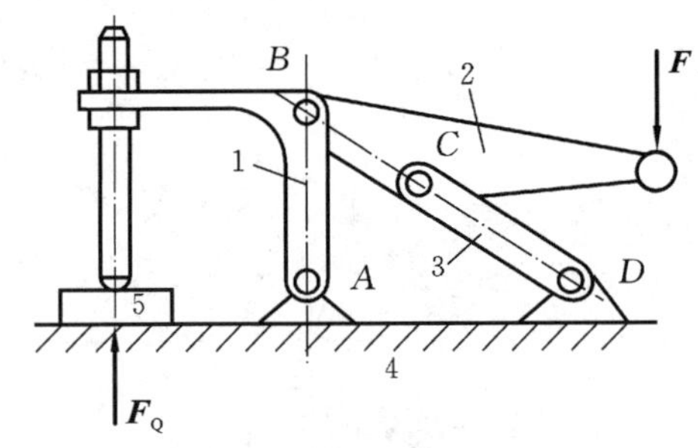


图 4.47　利用死点夹紧工件的夹具

## 【任务实施】

切忌不顾具体条件死记“曲柄是最短杆”这个特殊结论(此结论只适用于曲柄摇杆机构)。铰链四杆机构的曲柄存在条件是通过对曲柄摇杆机构的分析,推广得出适用于各种铰链四杆机构的普遍结论。判断机构类型时,第一步看是否满足“最短杆与最长杆长度之和小于或等于其余两杆长度之和”;如果满足,第二步再考察何杆为固定件。其判断思路如图 4.48 所示。当然,如果“最短杆与最长杆长度之和大于其余两杆长度之和”就一定没有曲柄,当然是双摇杆机构。另外,对边对应相等的四杆机构是双曲柄机构。汽车雨刮器、汽车车门、汽车前轮转向机构、摄影车升降机构、自卸卡车翻斗机构等分别是曲柄摇杆机构、双曲柄机构、双摇杆机构、平行四边形机构和曲柄摇块机构。

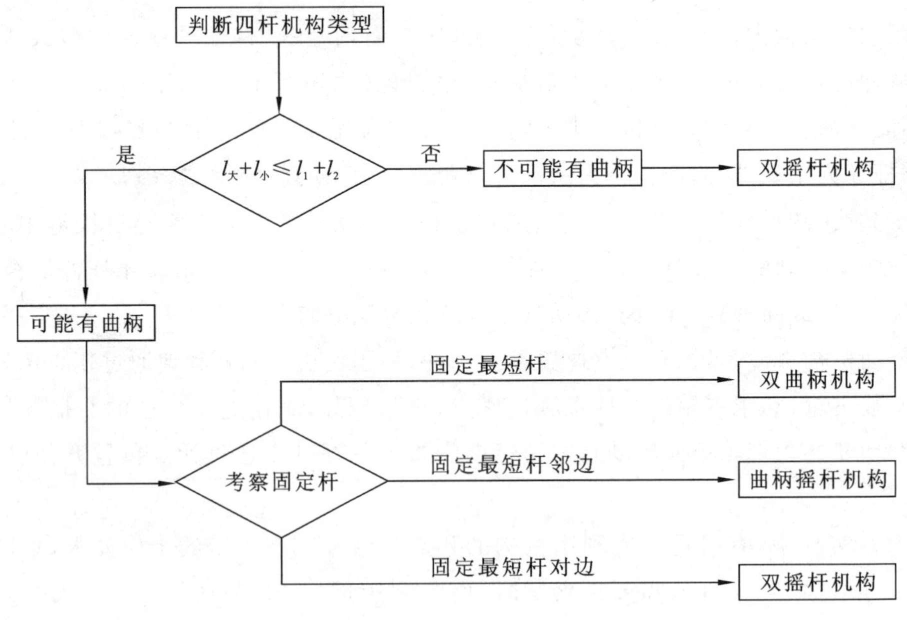


图 4.48　四杆机构类型判断

# 【知识拓展】

## 槽轮机构

### 1. 槽轮机构的工作原理和类型

图 4.49 所示为一外槽轮机构，它由带有圆销的主动拨盘 1、具有径向槽从动槽轮 2 和机架所组成。

当拨盘以等角速度连续转动，拨盘上的圆销 $A$ 没有进入槽轮的径向槽时，槽轮上的内凹锁止弧 $nn$ 被拨盘上的外凸弧 $mm$ 卡住，槽轮静止不动。当拨盘上的圆销刚开始进入槽轮径向槽时，锁止弧 $nn$ 也刚好被松开槽轮在圆销 $A$ 的推动下开始转动。当圆销在另一边离开槽轮的径向槽时，锁止弧 $nn$ 又被卡住，槽轮又静止不动，直至圆销 $A$ 再一次进入槽轮的另一径向槽时，槽轮重复上面的过程。该机构是一种典型的单向间歇传动机构。

槽轮机构具有结构紧凑、制造简单、传动效率高，并能较平稳地进行间歇转位的优点，故在工程上得到了广泛应用。

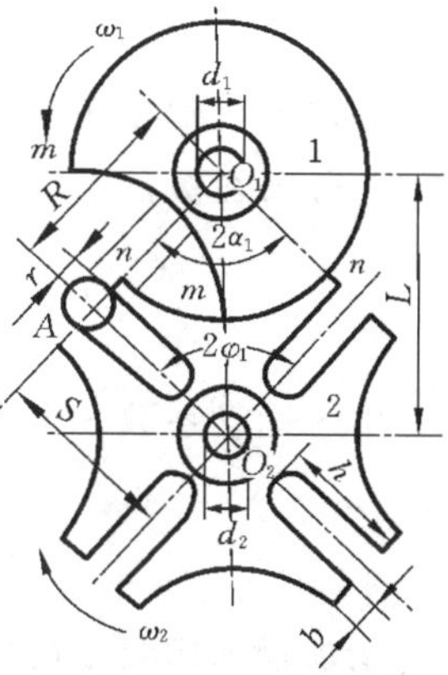

图 4.49 外槽轮机构

如图 4.50 所示为槽轮机构在电影放映机中的间歇抓片机构。

内啮合槽轮机构（见图 4.51）的工作原理与外啮合槽轮机构的一样。相比之下，内啮合槽轮机构运动平稳、结构紧凑。但是槽轮机构的转角不能调节，且运动过程中加速度变化比较大，所以一般只用于转速不高的定角度分度机构中。

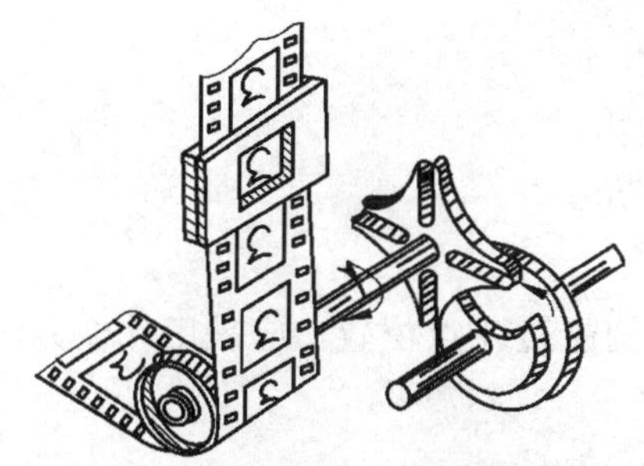

图 4.50 放映机中的间歇抓片机构

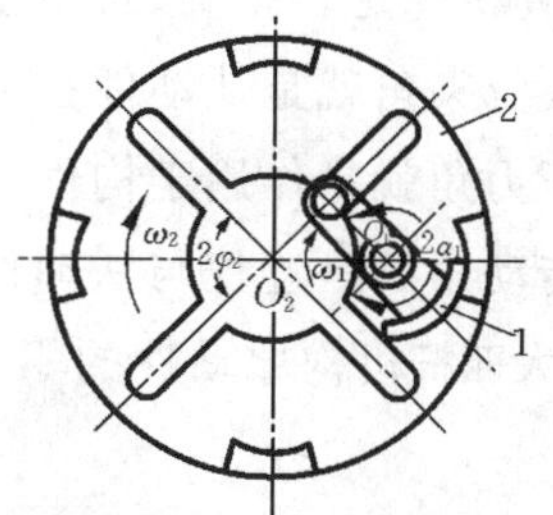

图 4.51 内啮合槽轮机构

### 2. 槽轮机构的运动系数

在一个运动循环中，槽轮运动时间 $t_2$ 与拨盘运动时间 $t_1$ 之比称为运动系数，用 $\tau$ 来表示。由于拨盘通常作等速运动，故运动系数 $\tau$ 也可以用拨盘转角表示，如图 4.49 所示的单圆销槽轮机构，时间 $t_2$ 和 $t_1$ 分别对应的拨盘转角为 $2\varphi_1$ 和 $2\pi$，所以有

$$\tau=\frac{\varphi_1}{\pi} \tag{4-8}$$

为了避免刚性冲击，在圆销进入或退出槽轮径向槽时，圆销的速度方向应与槽轮槽的中心线重合，即径向槽的中心线应切于圆销中心的运动圆周。因此，若设 $z$ 为均匀分布的径向槽数目，则可得

$$2\varphi_1=\pi-2\varphi_2=\pi-\frac{2}{z}=\frac{\pi(z-2)}{z} \tag{4-9}$$

所以得到

$$\tau=\frac{z-2}{2z} \tag{4-10}$$

由于运动系数 $\tau$ 必须大于零,故由上式可知径向槽数最少等于 3,而 $\tau$ 总小于 0.5,即槽轮的转动时间总小于停歇时间。

如果要求槽轮转动时间大于停歇时间,即要求 $\tau>0.5$,则可以在拨盘上装数个圆销。设 $K$ 为均匀分布在拨盘上的圆销数目,则运动系数 $\tau$ 应为

$$\tau=\frac{t_2}{t_1/K}=\frac{K(z-2)}{2z} \tag{4-11}$$

由于运动系数 $\tau$ 应小于 1,即 $\frac{K(z-2)}{2z}<1$,所以有

$$K<\frac{2z}{z-2} \tag{4-12}$$

增加径向槽数 $z$ 可以增加机构运动的平稳性,但是机构尺寸随之增大,导致惯性力增大,所以一般取 $z=4\sim8$。

槽轮机构中拨盘上的圆销数、槽轮上的径向槽数以及径向槽的几何尺寸等均视运动要求的不同而定。每一个圆销在对应的径向槽中相当于曲柄摆动导杆机构。

## 【复习与思考】

1. 铰链四杆机构有哪几种类型?如何判别?它们各有什么运动特点?

2. 下列概念是否正确,若不正确,请改正。

(1) 极位夹角就是从动件在两个极限位置的夹角。

(2) 压力角就是作用于构件上的力与速度的夹角。

(3) 传动角就是连杆与从动件的夹角。

3. 加大四杆机构原动件的驱动力,能否使该机构越过死点位置?应采用什么方法越过死点位置?

4. 根据图 4.52 中注明的尺寸,判别各四杆机构的类型。

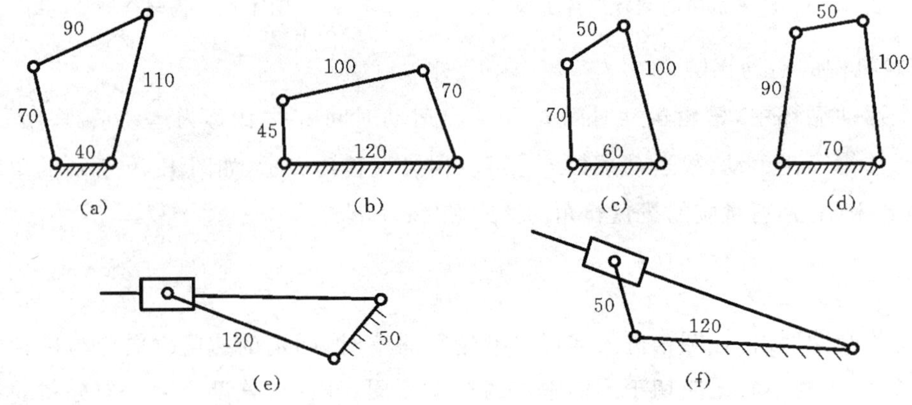


图 4.52 四杆机构

# 任务3 汽车凸轮机构

## 【任务导入】

凸轮机构是由凸轮、从动件、机架以及附属装置组成的一种高副机构。其中凸轮是一个具有曲线轮廓的构件，通常作连续的等速转动、摆动或移动。从动件在凸轮轮廓的控制下，按预定的运动规律作往复移动或摆动。受神龙汽车零部件制造有限公司委托，带领学员分析汽车内燃机凸轮机构的工作过程。

## 【任务分析】

在各种机器中，为了实现各种复杂的运动要求，广泛地使用着凸轮机构，汽车机构也不例外，如图 4.53 所示是汽车内燃机凸轮机构的工作简图。

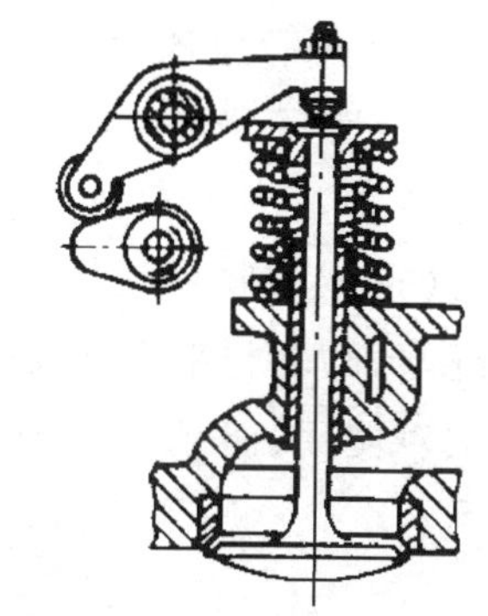

图 4.53 内燃机凸轮机构

## 【相关知识】

### 一、凸轮机构的分类及应用

根据凸轮及从动件的形状和运动形式的不同，凸轮机构的分类方法有以下四种。

**1. 按凸轮的形状分类**

(1) 盘形凸轮　如图 4.53 所示，这种凸轮是一个具有变化向径的盘形构件，当它绕固定轴转动时，可推动从动件在垂直于凸轮轴的平面内运动。

(2) 移动凸轮　如图 4.54 所示，当盘状凸轮的径向尺寸为无穷大时，则凸轮相当于作直线移动，称为移动凸轮。当移动凸轮作直线往复运动时，将推动推杆在同一平面内作上下的往复运动。有时，也可以将凸轮固定，而使推杆相对于凸轮移动(如仿型车削)。

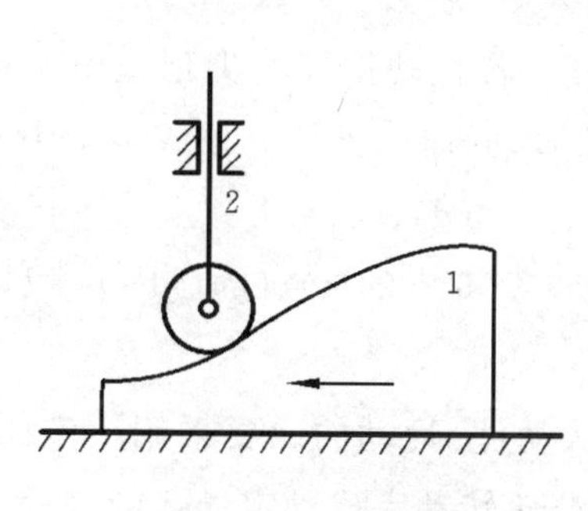


图 4.54 移动凸轮

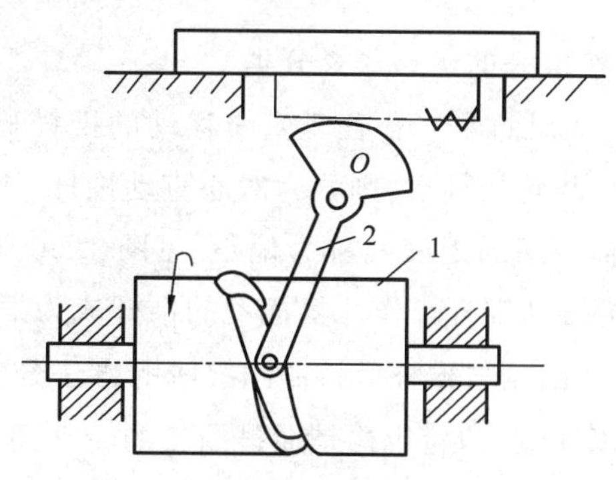


图 4.55 圆柱凸轮

(3) 圆柱凸轮　如图4.55所示,这种凸轮是在圆柱端面上作出曲线轮廓或在圆柱面上开出曲线凹槽。当其转动时,可使从动件在与圆柱凸轮轴线平行的平面内运动。这种凸轮可以看成是将移动凸轮卷绕在圆柱上形成的。

由于前两类凸轮运动平面与从动件运动平面平行,故称为平面凸轮,后一种称为空间凸轮。

**2. 按从动件的形式分类**

根据从动件与凸轮接触处结构形式的不同,从动件可分为三类。

(1) 尖顶从动件　这种从动件结构简单,但尖顶易磨损(接触应力高),故只适用于传力不大的低速凸轮机构中。

(2) 滚子推杆从动件　由于滚子与凸轮间为滚动摩擦,所以不易磨损,可以实现较大动力的传递,应用最为广泛。

(3) 平底推杆从动件　这种从动件与凸轮间的作用力方向不变,受力平稳。而且在高速情况下,凸轮与平底间易形成油膜而减小摩擦与磨损。其缺点是:不能与具有内凹轮廓的凸轮配对使用;而且也不能与移动凸轮和圆柱凸轮配对使用。从动件常见形式如图4.56所示。

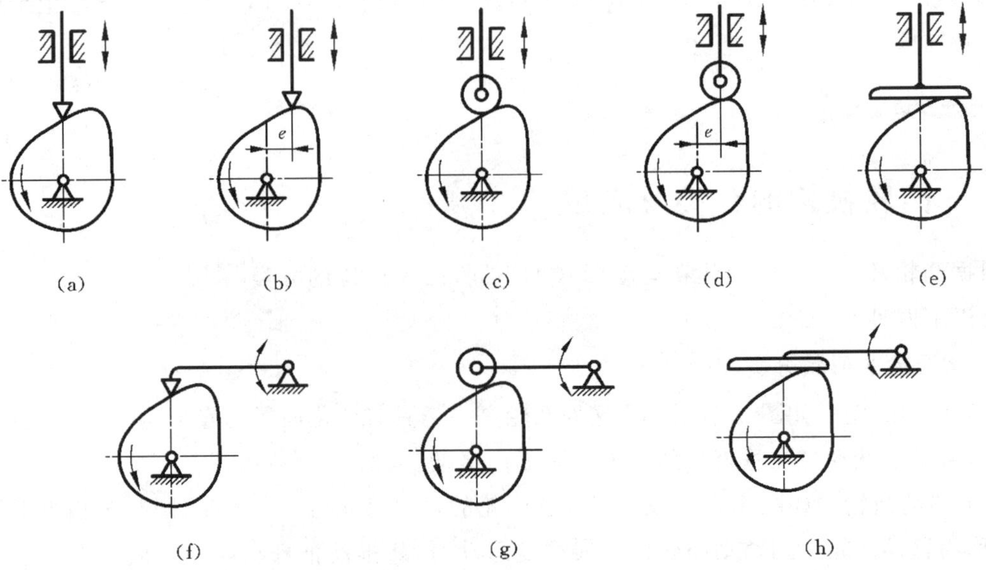


**图4.56　从动件常见形式**

**3. 按推杆的运动形式分类**

(1) 直动推杆　作往复直线移动的推杆称为直动推杆。若直动推杆的尖顶或滚子中心的轨迹通过凸轮的轴心,则称为对心直动推杆,否则称为偏置直动推杆;推杆尖顶或滚子中心轨迹与凸轮轴心间的距离 $e$,称为偏距(见图4.56中的(a)、(b)、(c)、(d)、(e))。

(2) 摆动推杆　作往复摆动的推杆成为摆动推杆(见图4.56中的(f)、(g)、(h))。

**4. 按凸轮与推杆保持高副接触的方法分类**

可以知道,凸轮机构是通过凸轮的转动而带动推杆(从动件)运动的。要采用一定的方式、手段使从动件和凸轮保持始终接触(锁合),从动件才能随凸轮转动完成预定的运动规律。常用的方法有两类。

(1) 力锁合　这类凸轮机构主要利用重力、弹簧力或其他外力使推杆与凸轮始终保持接触，如前述气门凸轮机构。

(2) 形锁合　也称为几何锁合，这类凸轮机构是依靠凸轮和从动件推杆的特殊几何形状来保持两者的接触，如图 4.57 所示。

将不同类型的凸轮和推杆组合起来，可以得到各种不同的凸轮机构。

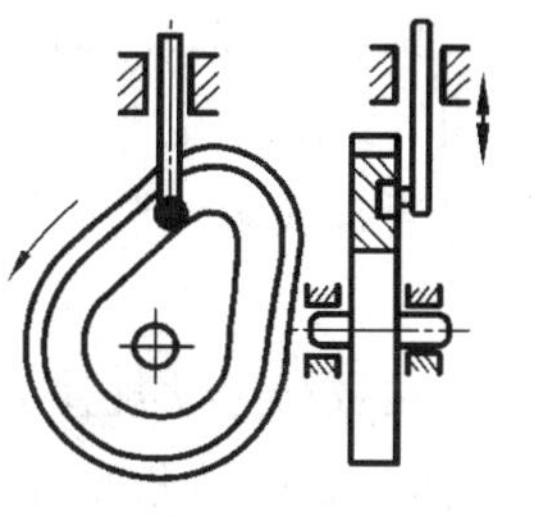

图 4.57　形锁合

## 二、凸轮机构的工作原理和从动件的运动规律

通过前面的介绍已经知道，凸轮机构是由凸轮旋转或平移带动从动件进行工作的。所以设计凸轮机构时，首先就是要根据实际工作要求确定从动件的运动规律，然后依据这一运动规律设计出凸轮轮廓曲线。由于工作要求的多样性和复杂性，要求推杆满足的运动规律也是各种各样的。

**1. 凸轮机构的工作原理及有关名词术语**

如图 4.58 所示为一对心直动尖顶推杆盘形凸轮机构，其中以凸轮最小向径 $r_b$ 为半径、以凸轮的轴心 $O$ 为圆心所作的圆称为凸轮的基圆。下面就根据机构的运动情况定义一些有关的名词和术语。

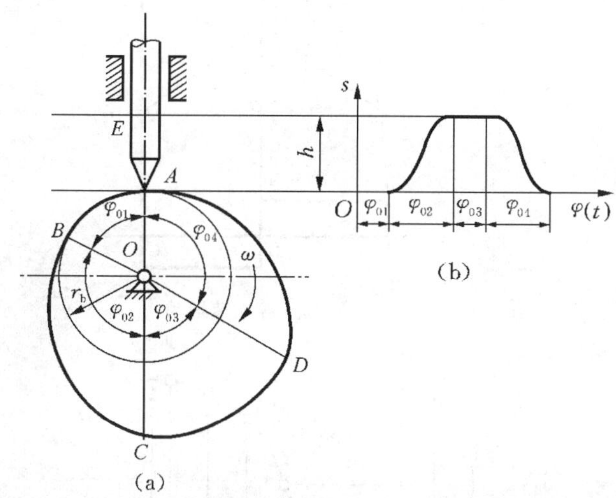


图 4.58　对心直动尖顶推杆盘形凸轮机构

图 4.58 所示凸轮的轮廓由 $AB$、$BC$、$CD$ 及 $DA$ 四段曲线所组成，而且 $BA$ 和 $CD$ 两段为圆弧，点 $A$ 为基圆与凸轮轮廓的切点。如图 4.58(a)所示，当推杆与凸轮轮廓在点 $A$ 接触时，推杆尖端处于最低位置(或者说：推杆尖端处于与凸轮轴心 $O$ 最近的位置)。当凸轮以等角速度 $\omega$ 沿顺时针方向转动时，推杆首先与凸轮廓线的 $AB$ 段圆弧接触，此时推杆在最低位置静止不动，凸轮相应的转角 $\varphi_{01}$ 称为近休止角(也称为近休运动角)；当凸轮继续转动时，推杆与凸轮廓线的 $BC$ 段接触，推杆将由最低位置 $A$ 被推到最高位置 $E$，推杆的这一行程为推程，凸轮相应的转角 $\varphi_{02}$ 称为推程运动角。凸轮再继续转动，当推杆与凸轮廓线的 $CD$ 段接触时，由于 $CD$ 段为以凸轮轴心为圆心的圆弧，所以推杆处于最高位置静止不动，在此过程中凸轮相应的转角 $\varphi_{03}$ 称为远休止角(或称为远休运动角)。而后，在推杆与凸轮廓线 $DA$ 段接触时，它又由最高位置 $E$ 回到最低位置 $A$，推杆的这一行程称为回程；凸轮相应的转角 $\varphi_{04}$ 称为回程运动角。推杆在推程或回程中移动的距离 $h$ 称为推杆的行程(行程＝推程＝回程)。

由此可以知道，当凸轮沿顺时针转动一周时，推杆的运动经历了四个阶段：静止、上升、静止、下降，其位移曲线如图 4.58(b)所示。这是最常见、最典型的运动形式。

注意：其运动过程的组合是依据工作实际的需要，而不是必须经历四个阶段，可以没有静止阶段，也可以只有一个静止阶段。

从动件(推杆)的运动规律是指推杆在推程或回程中,从动件的位移 $s$、速度 $v$ 和加速度 $a$ 随时间 $t$ 变化的规律。又因为凸轮一般作等速运动,其转角 $\varphi$ 与时间 $t$ 成正比,所以从动件的运动规律通常表示成凸轮转角 $\varphi$ 的函数,即

$$s=f(\varphi),\quad v=f'(\varphi),\quad a=f''(\varphi) \tag{4-12}$$

在进行运动规律分析时,不论推程还是回程,一律由推程的最低位置作为度量位移 $s$ 的基准,而凸轮的转角则分别以各段行程开始时凸轮的向径作为度量的基准。

**2. 从动件的运动规律分析**

从动件的运动规律有很多种,常用的运动规律有等速运动规律、等加速等减速运动规律、余弦运动规律、正弦运动规律等。它们的运动线图如图 4.59 所示,运动规律的运动方程及其性质见表 4.2。

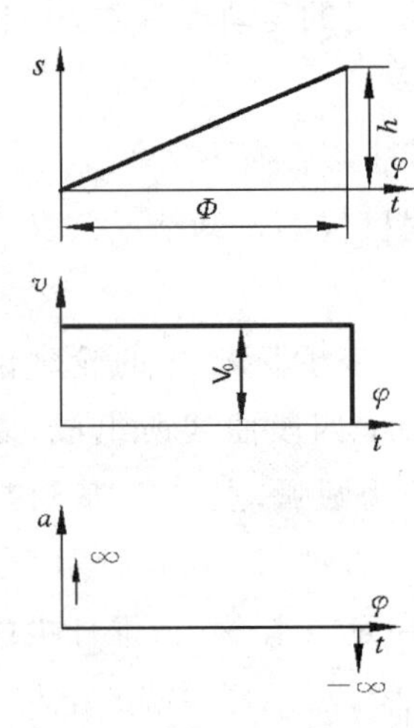


(a) 等速运动

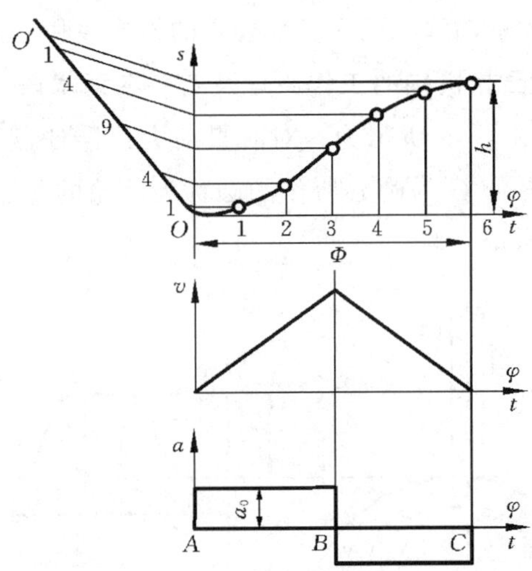


(b) 等加速、等减速运动

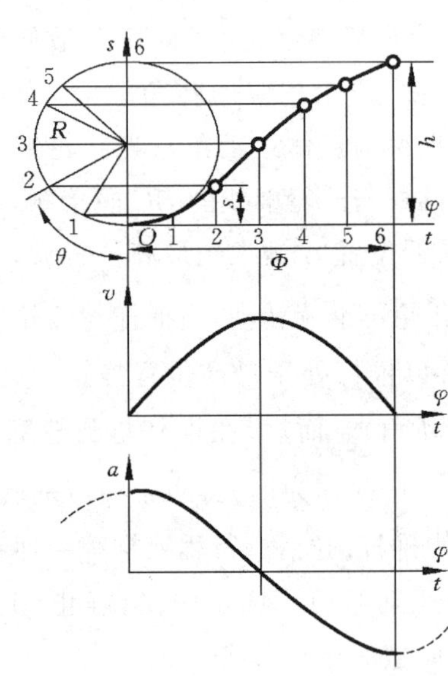


(c) 余弦加速度运动

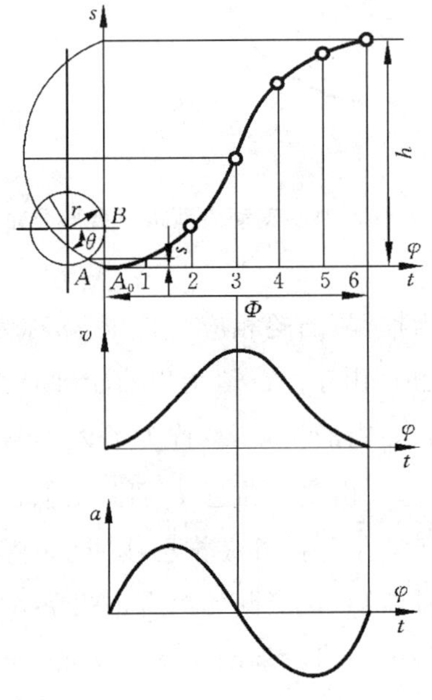


(d) 正弦加速度运动

图 4.59　常用从动件的运动规律线图

**表 4.2 常用的从动件运动规律及运动特性**

| 运动规律 | 运动方程 | | 冲击性质 | 适用范围 |
|---|---|---|---|---|
| | 推程 $0°\leqslant\varphi\leqslant\Phi$ | 回程 $0°\leqslant\varphi'\leqslant\Phi'$ | | |
| 等速运动 | $s=\frac{h}{\Phi}\varphi$<br>$v=\frac{h}{\Phi}\omega$<br>$a=0$ | $s=h-\frac{h}{\Phi'}\varphi'$<br>$v=-\frac{h}{\Phi'}\omega$<br>$a=0$ | 刚性冲击 | 低速轻载 |
| 等加速、等减速运动 | $0°\leqslant\varphi\leqslant\frac{\Phi}{2}$<br>$s=\frac{2h}{\Phi^2}\varphi^2$<br>$v=\frac{4h\omega}{\Phi^2}\varphi$<br>$a=\frac{4h\omega^2}{\Phi^2}$ | $0°\leqslant\varphi'\leqslant\frac{\Phi'}{2}$<br>$s=h-\frac{2h}{\Phi'^2}\varphi'^2$<br>$v=-\frac{4h\omega}{\Phi'^2}\varphi'$<br>$a=-\frac{4h\omega^2}{\Phi'^2}$ | 柔性冲击 | 中速轻载 |
| | $\frac{\Phi}{2}<\varphi\leqslant\Phi$<br>$s=h-\frac{2h(\Phi-\varphi)^2}{\Phi^2}$<br>$v=\frac{4h\omega}{\Phi^2}(\Phi-\varphi)$<br>$a=-\frac{4h\omega^2}{\Phi^2}$ | $\frac{\Phi'}{2}<\varphi'\leqslant\Phi'$<br>$s=\frac{2h(\Phi'-\varphi')^2}{\Phi'^2}$<br>$v=-\frac{4h\omega}{\Phi'^2}(\Phi'-\varphi')$<br>$a=\frac{4h\omega^2}{\Phi'^2}$ | | |
| 余弦加速度运动(简谐运动) | $s=\frac{h}{2}\left(1-\cos\frac{\varphi}{\Phi}\pi\right)$<br>$v=\frac{\pi h\omega}{2\Phi}\sin\frac{\varphi}{\Phi}\pi$<br>$a=\frac{\pi^2h\omega^2}{2\Phi^2}\cos\frac{\varphi}{\Phi}\pi$ | $s=\frac{h}{2}\left(1+\cos\frac{\varphi'}{\Phi'}\pi\right)$<br>$v=-\frac{\pi h\omega}{2\Phi'}\sin\frac{\varphi'}{\Phi'}\pi$<br>$a=-\frac{\pi^2h\omega^2}{2\Phi'^2}\cos\frac{\varphi'}{\Phi'}\pi$ | 柔性冲击 | 中低速中载或重载 |
| 正弦加速度运动(摆线运动) | $s=h\left(\frac{\varphi}{\Phi}-\frac{1}{2\pi}\sin\frac{2\varphi}{\Phi}\pi\right)$<br>$v=\frac{h\omega}{\Phi}\left(1-\cos\frac{2\varphi}{\Phi}\pi\right)$<br>$a=\frac{2\pi h\omega^2}{\Phi^2}\sin\frac{2\varphi}{\Phi}\pi$ | $s=h\left(1-\frac{\varphi'}{\Phi'}+\frac{1}{2\pi}\sin\frac{2\varphi'}{\Phi'}\pi\right)$<br>$v=-\frac{h\omega}{\Phi'}\left(1-\cos\frac{2\varphi'}{\Phi'}\pi\right)$<br>$a=-\frac{2\pi h\omega^2}{\Phi'^2}\sin\frac{2\varphi'}{\Phi'}\pi$ | 无冲击 | 中高速重载 |

由图 4.59 可知，从动件作等速运动时，在行程开始和终止的两个位置，速度发生突变，因此在理论上有无穷大的惯性力，使机构产生强烈的“刚性冲击”，故等速运动规律只能用于低速轻载的场合；从动件作等加速等减速运动时，在加速度线图上的 $A$、$B$、$C$ 三点发生加速度突变，使机构产生有限的“柔性冲击”，因此这种运动规律可用于中速轻载场合；从动件按余弦加速度规律运动时，在行程开始和终止的两个位置，加速度也发生有限突变，导致机构产生“柔性冲击”，故这种运动规律可用于中速场合；从动件按正弦加速度规律运动时，在整个行程中无速度和加速度的突变，不会使机构产生冲击，所以适用于高速场合。

应该指出，除了以上几种常用的从动件运动规律外，有时还要求从动件实现特定的运动规律，其动力性能的好坏及适用场合，仍可参考上述方法进行分析。

在选择从动件的运动规律时，应根据机器工作时的运动要求来确定。例如，机床中控制刀架进刀的凸轮机构，要求刀架进刀时作等速运动，所以应选择从动件作等速运动的运动规律，至于行程始末端，可以通过拼接其他运动规律曲线来消除冲击。对无一定运动要求、只需要从动件有一定位移的凸轮机构，如夹紧、送料等凸轮机构，可只考虑加工方便，采用圆弧、直线等组成的凸轮轮廓。对于高速凸轮机构，应减小惯性力所造成的冲击，多选择从动件作正弦加速度运动规律或其他改进型的运动规律。

## 【任务实施】

汽车内燃机凸轮机构的工作过程如下。图 4.53 所示为内燃机的配气凸轮机构，凸轮作等速回转，其轮廓将迫使推杆作往复摆动，从而使气门开启和关闭(关闭时借助于弹簧的作用来实现的)，以控制可燃物质进入气缸或废气的排出。

又例如图 4.55 所示为自动机床中用来控制刀具进给运动的凸轮机构。刀具的一个进给运动循环包括：①刀具以较快的速度接近工件；②刀具等速前进来切削工件；③完成切削动作后，刀具快速退回；④刀具复位后停留一段时间等待更换工件等动作。然后重复上述运动循环。这样一个复杂的运动规律是由一个作等速回转运动的圆柱凸轮通过摆动从动件来控制实现的。其运动规律完全取决于凸轮凹槽的曲线形状。

由上述例子可以看出，从动件的运动规律取决于凸轮的轮廓曲线，只要凸轮轮廓设计得当，就可以使从动件实现任意给定的运动规律。

同时，凸轮机构的从动件是在凸轮控制下，按预定的运动规律运动的。这种机构具有结构简单、运动可靠等优点。但是，由于凸轮机构是高副机构，接触应力较大，易于磨损，因此，多用于小载荷的控制或调节机构中。

## 【知识拓展】

### 不完全齿轮机构

不完全齿轮机构是由普通渐开线齿轮机构演变而成的间歇运动机构。它与普通渐开线齿轮机构的主要区别在于该机构中的主动轮仅有一个或几个齿，如图 4.60 所示。

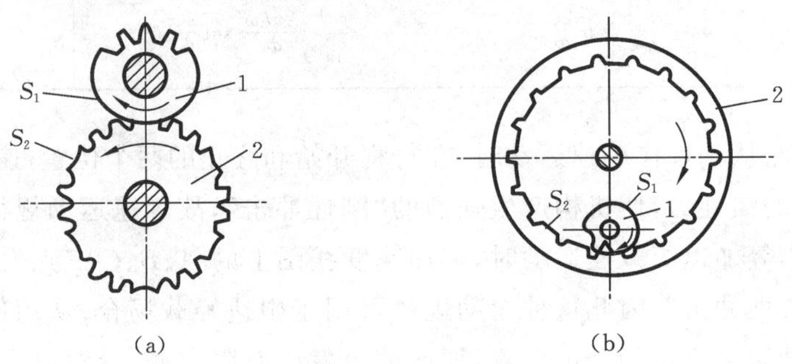


**图 4.60 不完全齿轮机构**

1—主动轮；2—从动轮

当主动轮 1 的有齿部分与从动轮轮齿结合时，推动从动轮 2 转动；当主动轮 1 的有齿部分与从动轮脱离啮合时，从动轮停歇不动。因此，当主动轮连续转动时，从动轮获得时动时停的间歇运动。

图 4.60(a)所示为外啮合不完全齿轮机构，其主动轮 1 转动一周时，从动轮 2 转动 1/6 周，从动轮每转一周停歇 6 次。当从动轮停歇时，主动轮上的锁止弧与从动轮上的锁止弧互相配合锁住，以保证从动轮停歇在预定位置。图 4.60(b)所示为内啮合不完全齿轮机构。

图 4.61 所示为不完全齿轮齿条机构，当主动轮连续转动时，从动轮作时动时停地往复移动。与普通渐开线齿轮机构一样，当主动轮匀速转动时，其从动轮在运动期间也保持匀速转动，但在从动轮运动开始和结束时，即进入啮合和脱离啮合的瞬时，速度是变化的，故存在冲击。

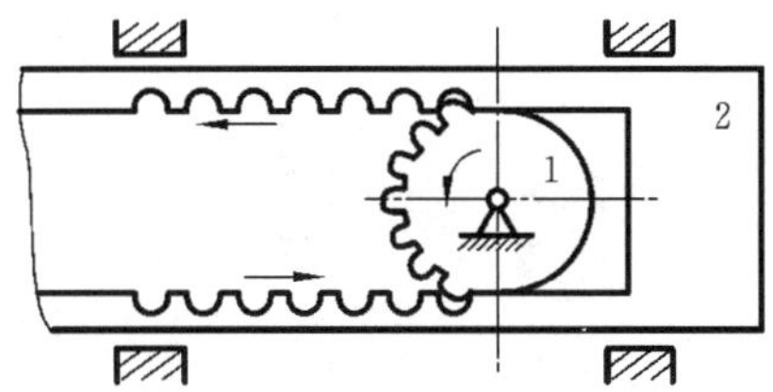


**图 4.61 不完全齿轮齿条机构**

1—主动轮；2—从动齿条

不完全齿轮机构从动轮每转一周，停歇时间、运动时间及每次转动的加速度变化范围比较大，设计灵活。但由于其存在冲击，故不完全齿轮机构一般只用于低速、轻载的场合，如用于计数器、电影放映机和某些进给机构中。

## 【复习与思考】

1. 试比较尖顶、滚子、平底从动件的优缺点，并说明他们各自适用什么样的场合。
2. 何谓凸轮机构的压力角？设计凸轮机构时，为什么要控制最大压力角？
3. 棘轮机构是如何实现间歇运动的？棘轮机构有哪些类型？
4. 槽轮机构如何实现间歇运动？
5. 比较不完全齿轮机构与普通渐开线齿轮机构在啮合过程中的异同点。

# 项目 5
## 汽车常用机械传动

**知识目标**

(1) 带传动的特点、性能与方法。
(2) 链传动结构工艺性和维护保养知识。
(3) 汽车齿轮机构及齿轮传动知识。
(4) 汽车轮系计算。
(5) 了解螺纹连接及其传动知识。

**能力目标**

(1) 能分析汽车带传动、链传动的故障并排除。
(2) 掌握齿轮的参数测量、计算和用途。
(3) 正确地选用键连接和螺纹连接。

# 任务1 汽车带传动与链传动

## 【任务导入】

带传动是机械设备中应用较多的传动装置之一，主要是由主动带轮 1、从动带轮 2 和传动带 3 组成，如图 5.1 所示。工作时，靠带与带轮间的摩擦或啮合实现主、从动轮之间的运动和动力传递。带传动在经过一段时间工作后就会产生塑性变形，初拉力 $F_0$ 减小，使得传动能力下降。为了保证带传动的正常工作，应定期检查初拉力。正确地安装、使用和维护，是保证带传动正常工作和延长寿命的有效措施。

## 【任务分析】

**1. 带传动的主要类型**

1）按传动原理分类

（1）摩擦带传动　靠传动带与带轮之间的摩擦力实现传动，如 V 带传动、平带传动等。

（2）啮合带传动　靠带内侧凸齿与带轮外缘上的齿槽相啮合实现传动，如同步带传动。图 5.2 所示同步带传动则属于啮合带传动，工作时，靠带的凸齿与带轮外缘上的齿槽啮合传动。

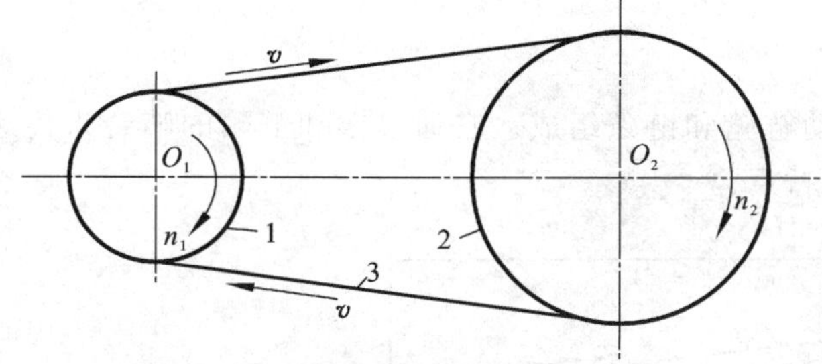


**图 5.1　摩擦带传动**

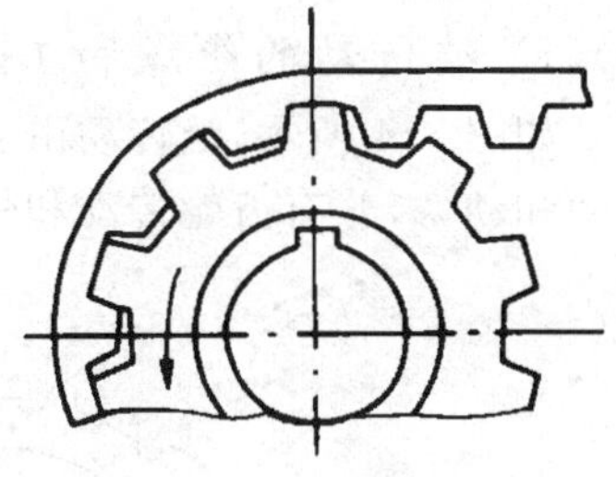

**图 5.2　啮合带传动**

2）按用途分类

（1）传动带　传递动力用。

（2）输送带　输送物品用。

3）按传动带的截面形状分类

（1）平带　截面形状为矩形，内表面为工作面。常用的平带有胶带、编织带和强力锦纶带等，如图 5.3(a)所示。

（2）V 带　截面形状为梯形，两侧面为工作表面，如图 5.3(b)所示。

（3）多楔带　在平带基体上由多根 V 带组成的传动带。多楔带结构紧凑，可传递很大的功率，如图 5.3(c)所示。

（4）圆形带　横截面为圆形，只用于小功率传动，如图 5.3(d)所示。

（5）同步带　纵截面为齿形，如图 5.3(e)所示。

**2. 带传动的特点和应用**

带传动具有结构简单、传动平稳、价格低廉、缓冲吸震及过载打滑以保护其他零件等优点。缺点是传动比不稳定，传动装置外形尺寸较大，效率较低，带的寿命较短以及不适合高温易燃场合等。

带传动一般不宜用于大功率传动（通常不超过 50 kW），且多用于高速级传动。带的工作速

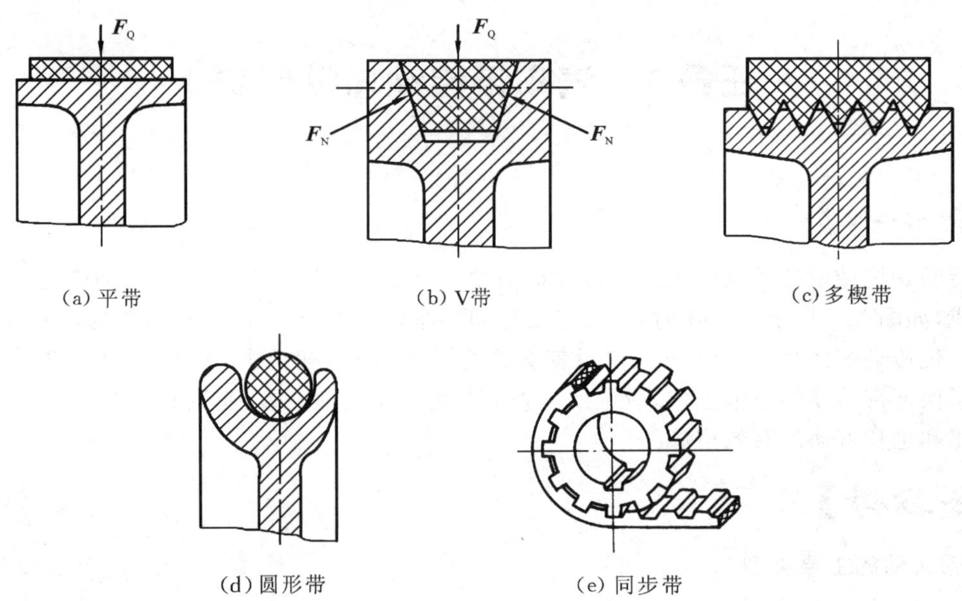


图 5.3 按传动带的截面形状分类

度一般为 5～25 m/s，高速带可达 60 m/s。平带传动的传动比通常约为 3，最大可达到 6，有张紧轮时传动比可达到 10。V 带传动的传动比一般不超过 7，最大达到 10。

**3. 链传动的特点和应用**

1) 链传动的组成和工作原理

如图 5.4 所示，链传动由主动链轮、从动链轮和链条组成。它通过链和链轮的啮合来传递运动和动力，兼有齿轮传动和带传动的一些特点。

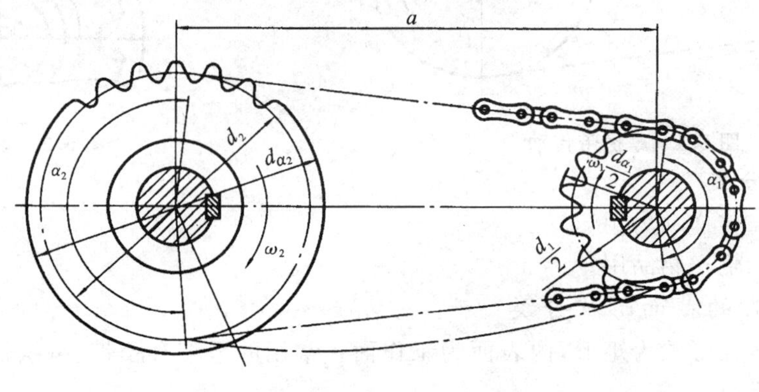


图 5.4 链传动

按用途的不同，链传动可分为传动链传动、起重链传动和牵引链传动。起重链传动和牵引链传动用于起重机械和运输机械，传动链传动主要用于一般机械，其中传动链传动最常用。

传动链的种类很多，主要有滚子链和齿形链两种。因为滚子链结构简单、质量小、价格低、供应方便，故应用广泛。齿形链比滚子链传动平稳、噪声小，又称为无声链，可用于较高速度或运动精度要求较高的场合，但结构复杂，质量大，价格高。

2) 链传动的特点和应用

与带传动相比：链传动是啮合传动，故没有弹性滑动和打滑现象，其平均传动比准确，效率较高；无须较大的初拉力，对轴的作用力较小；传递相同载荷时，结构更紧凑，装拆方便；能在高温、油污、粉尘和泥沙等恶劣的环境下工作。

与齿轮传动相比：链传动制造和安装精度要求低；由于链传动工作时啮合齿数较多，所以链轮轮齿受力较小，强度较高，磨损也较轻；适用于较大中心距传动。

链传动的主要缺点是仅能用于平行轴间的传动，且瞬时链速和瞬时传动比是变化的，故高速运转时不如带传动平稳，振动冲击和噪声较大，不适用于载荷变化很大和急速反转的传动。

由于链传动具有以上特点，所以它广泛用于矿山机械、冶金机械、起重运输机械及机床、汽车、摩托车、自行车等机械传动中。

链传动适用的一般参数范围为：传动功率 $P \leqslant 100$ kW，链速 $v \leqslant 15$ m/s；传动比 $i \leqslant 8$；中心距5 m$\leqslant a \leqslant$6 m，传动效率为 0.95～0.98。

## 【相关知识】

## 一、普通 V 带和 V 带轮

### 1. 普通 V 带的结构和尺寸标准

普通 V 带的截面呈等腰梯形，V 带的横剖面结构如图 5.5 所示，其中图 5.5(a)是帘布结构，图 5.5(b)是线绳结构，均由下面几部分组成。

(1) 包布层　由胶帆布制成，起保护作用。

(2) 伸张层　由橡胶制成，当带弯曲时承受拉伸。

(3) 压缩层　由橡胶制成，当带弯曲时承受压缩。

(4) 强力层　由几层帘布或浸胶的棉线(或尼龙)绳构成，承受基本拉伸载荷。

V 带已标准化，按其截面大小分为 7 种型号，其截面尺寸见表 5.1。

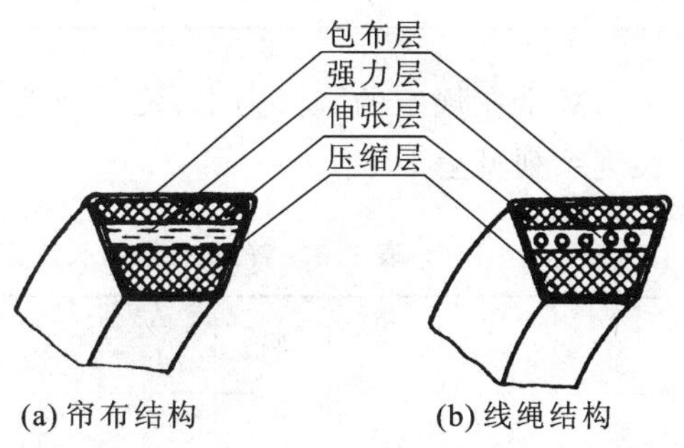


图 5.5　V 带结构

表 5.1　普通 V 带截面尺寸　　单位：mm

| 型　号 | Y | Z | A | B | C | D | E |
|---|---|---|---|---|---|---|---|
| 顶宽 $b$ | 6.0 | 10.0 | 13.0 | 17.0 | 22.0 | 32.0 | 38.0 |
| 节宽 $b_p$ | 5.3 | 8.5 | 11.0 | 14.0 | 19.0 | 27.0 | 32.0 |
| 高度 $h$ | 4.0 | 6.0 | 8.0 | 11.0 | 14.0 | 19.0 | 23.0 |
| 楔角 $\theta$ | 40° | | | | | | |
| 每米质量 $q$/(kg/m) | 0.03 | 0.06 | 0.11 | 0.19 | 0.33 | 0.66 | 1.02 |

当带受纵向弯曲时，在带中保持原长度不变的任一条周线称为节线，由全部节线构成的面称为节面，带的节面宽度称为节宽($b_p$)，当带受纵向弯曲时，该宽度保持不变。在 V 带轮上，与节宽 $b_p$ 相对应的带轮直径称为节径 $d_p$，通常它又是基准直径 $d_d$。普通 V 带轮轮缘的截面图及轮槽尺寸见表 5.2。普通 V 带两侧面的夹角均为 40°，由于 V 带绕在带轮上弯曲时，其截面变

形使两侧面的夹角减小，为使V带能紧贴轮槽两侧，轮槽的楔角规定为32°、34°、36°和38°。

**表5.2　普通V带轮的轮槽尺寸**　　单位：mm

| 槽型 | | 型号 | Y | Z | A | B | C |
|---|---|---|---|---|---|---|---|
| | | 基准宽度 $b_d$ | 5.3 | 8.5 | 11 | 14 | 19 |
| | | 基准线上槽深 $h_{amin}$ | 1.6 | 2.0 | 2.75 | 3.5 | 4.8 |
| | | 基准线下槽深 $h_{fmin}$ | 4.7 | 7.0 | 8.7 | 10.8 | 14.3 |
| | | 槽间距 $e$ | 8±0.3 | 12±0.3 | 15±0.3 | 19±0.4 | 25.5±0.5 |
| | | 槽边距 $f_{min}$ | 6 | 7 | 9 | 11.5 | 16 |
| | | 轮缘厚 $\delta_{min}$ | 5 | 5.5 | 6 | 7.5 | 10 |
| | | 外径 $d_a$ | $d_a=d_d+2h_a$ | | | | |
| $\varphi$ | 32° | 基准直径 $d_d$ | ≤60 | | | | |
| | 34° | | | ≤80 | ≤118 | ≤190 | ≤315 |
| | 36° | | >60 | | | | |
| | 38° | | | >80 | >118 | >190 | >315 |

V带在规定的张紧力下，位于带轮基准直径上的周线长度称为基准长度 $L_d$。普通V带的长度系列见表5.3。

**表5.3　普通V带的长度系列和带长修正系数 $K_L$(GB/T 13575.1—2008)**

| Y $L_d$ | $K_L$ | Z $L_d$ | $K_L$ | A $L_d$ | $K_L$ | B $L_d$ | $K_L$ | C $L_d$ | $K_L$ | D $L_d$ | $K_L$ | E $L_d$ | $K_L$ |
|---|---|---|---|---|---|---|---|---|---|---|---|---|---|
| 200 | 0.81 | 405 | 0.87 | 630 | 0.81 | 930 | 0.83 | 1 565 | 0.82 | 2 740 | 0.82 | 4 660 | 0.91 |
| 224 | 0.82 | 475 | 0.90 | 700 | 0.83 | 1 000 | 0.84 | 1 760 | 0.85 | 3 100 | 0.86 | 5 040 | 0.92 |
| 250 | 0.84 | 530 | 0.93 | 790 | 0.85 | 1 100 | 0.86 | 1 950 | 0.87 | 3 330 | 0.87 | 5 420 | 0.94 |
| 280 | 0.87 | 625 | 0.96 | 890 | 0.87 | 1 210 | 0.87 | 2 195 | 0.90 | 3 730 | 0.90 | 6 100 | 0.96 |
| 315 | 0.89 | 700 | 0.99 | 990 | 0.89 | 1 370 | 0.90 | 2 420 | 0.92 | 4 080 | 0.91 | 6 850 | 0.99 |
| 355 | 0.92 | 780 | 1.00 | 1 100 | 0.91 | 1 560 | 0.92 | 2 715 | 0.94 | 4 620 | 0.94 | 7 650 | 1.01 |
| 400 | 0.96 | 920 | 1.04 | 1 250 | 0.93 | 1 760 | 0.94 | 2 880 | 0.95 | 5 400 | 0.97 | 9 150 | 1.05 |
| 450 | 1.00 | 1 080 | 1.07 | 1 430 | 0.96 | 1 950 | 0.97 | 3 080 | 0.97 | 6 100 | 0.99 | 12 230 | 1.11 |
| 500 | 1.02 | 1 330 | 1.13 | 1 550 | 0.98 | 2 180 | 0.99 | 3 520 | 0.99 | 6 840 | 1.02 | 13 750 | 1.15 |
| | | 1 420 | 1.14 | 1 640 | 0.99 | 2 300 | 1.01 | 4 060 | 1.02 | 7 620 | 1.05 | 15 280 | 1.17 |
| | | 1 540 | 1.54 | 1 750 | 1.00 | 2 500 | 1.03 | 4 600 | 1.05 | 9 140 | 1.08 | 16 800 | 1.19 |
| | | | | 1 940 | 1.02 | 2 700 | 1.04 | 5 380 | 1.08 | 10 700 | 1.13 | | |
| | | | | 2 050 | 1.04 | 2 870 | 1.05 | 6 100 | 1.11 | 12 200 | 1.16 | | |
| | | | | 2 200 | 1.06 | 3 200 | 1.07 | 6 815 | 1.14 | 13 700 | 1.19 | | |
| | | | | 2 300 | 1.07 | 3 600 | 1.09 | 7 600 | 1.17 | 15 200 | 1.21 | | |
| | | | | 2 480 | 1.09 | 4 060 | 1.13 | 9 100 | 1.21 | | | | |
| | | | | 2 700 | 1.10 | 4 430 | 1.15 | 10 700 | 1.24 | | | | |
| | | | | | | 4 820 | 1.17 | | | | | | |
| | | | | | | 5 370 | 1.20 | | | | | | |
| | | | | | | 6 070 | 1.24 | | | | | | |

**2. 普通V带轮的结构**

V带轮是普通V带传动的重要零件,它必须具有足够的强度,但又要质量小,质量分布均匀;轮槽的工作面对带必须有足够的摩擦,又要减少对带的磨损。

带轮常用材料为灰铸铁H150($v \leqslant 30$ m/s)或HT200($v > 30$ m/s)。转速较高时可用铸钢或钢板焊接结构,小功率时可用铸铝或塑料。

带轮轮槽的尺寸见表5.2。表5.2中$b_d$表示带轮轮槽宽度的一个无公差规定值,称为轮槽的基准宽度。通常,V带节面宽度与轮槽基准宽度重合,即$b_p = b_d$。轮槽基准宽度所在圆称为基准圆(节圆),其直径$d_d$称为带轮的基准直径。

铸造带轮的结构如图5.6所示。带轮基准直径$d_d < (2.5 \sim 3)d$($d$为带轮轴的直径)时,可采用实心式;$d_d < 300$ mm时,可采用腹板式;$d_d - d_1 > 100$ mm($d_1$为带轮轮毂的直径)时,可采用孔板式;$d_d > 300$ mm时,可采用轮辐式。V带轮的结构形式及腹板(轮辐)厚度的确定可参阅《机械设计手册》。

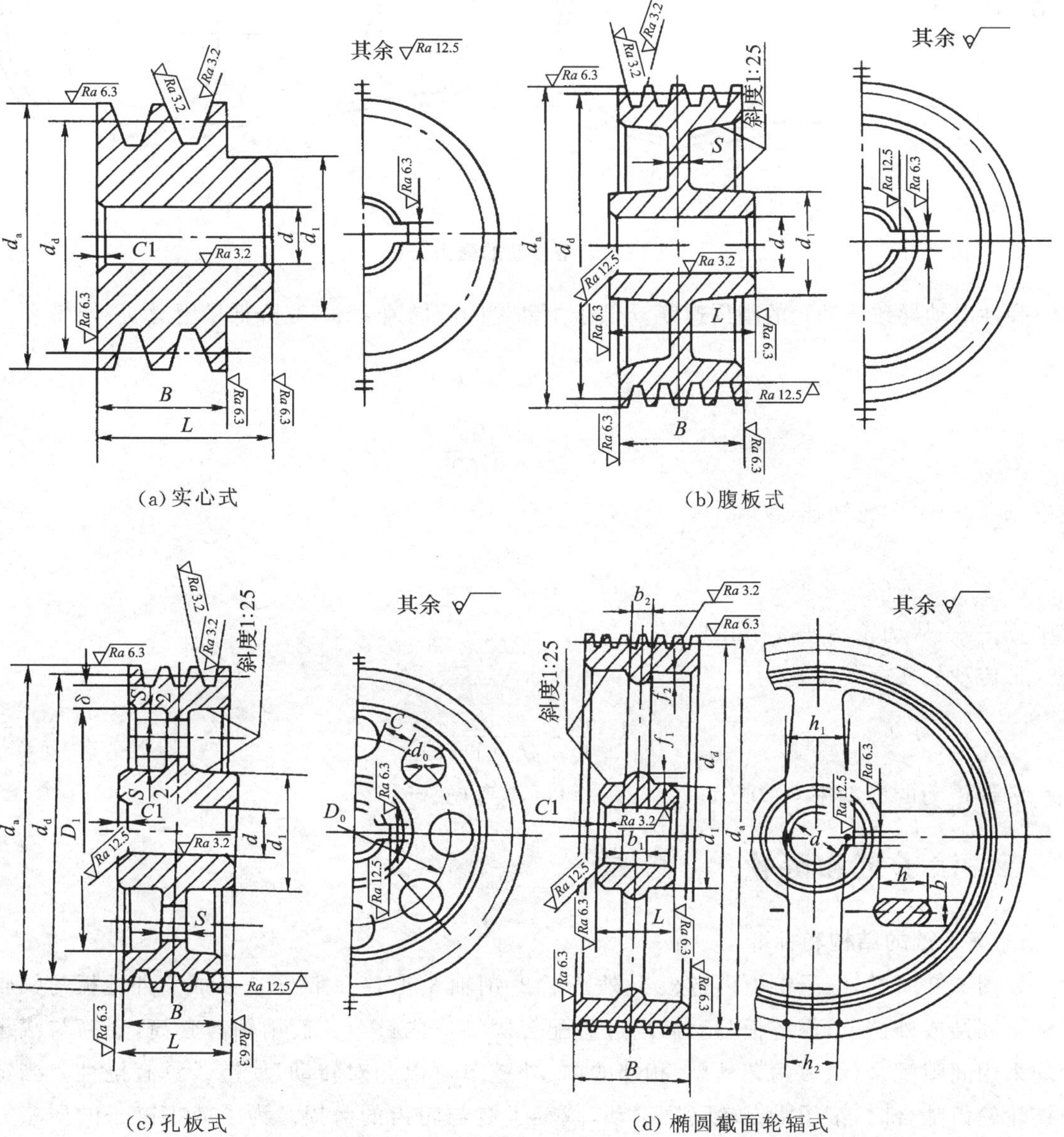


图5.6 铸造带轮结构

**3. 带的弹性滑动与传动比**

带传动在工作时,由于带是弹性体,受到拉力后会产生弹性变形。因为紧边与松边的拉力不同,所以带的变形量也会不同。如图5.7所示,当带在点$A$绕上主动轮时,带的速度$v$和带轮的速度$v_1$相同。带由点$A$转到点$B$的过程中,带的拉力由$F_1$逐渐减小到$F_2$,带的弹性伸长量也随之减小,带沿带轮的运动是一面绕进,一面向后收缩,带速$v$也逐渐低于主动轮的圆周速度$v_1$,此时带与带轮间必然发生相对滑动。这种现象也发生在从动轮上,不过情况恰好相反。这种由于带的弹性变形而引起的带与带轮间的滑动称为弹性滑动。它是带传动正常工作时固有的特性,是不可避免的。它造成功率损失,增加带的磨损,也是带传动不能保证准确传动比的根本原因。

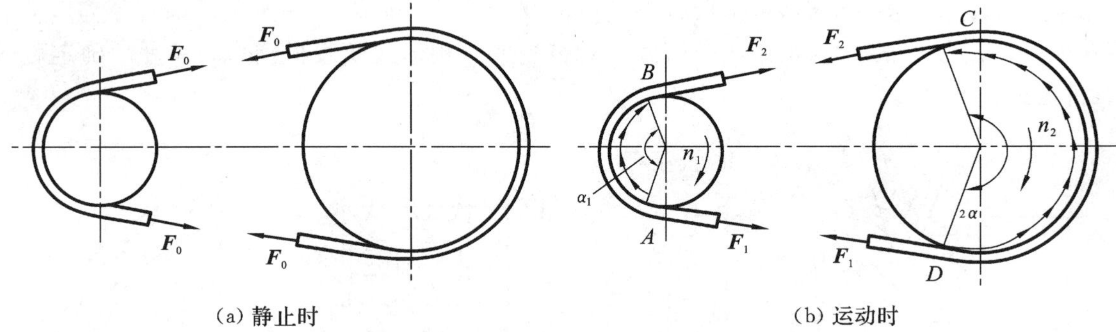


**图5.7 带传动的受力分析**

弹性滑动导致从动轮的圆周速度$v_2$低于主动轮的圆周速度$v_1$,其降低量用滑动率$\varepsilon$表示,即

$$\varepsilon=\frac{v_1-v_2}{v_1}\times100\% \tag{5-1}$$

$$v_1=\frac{\pi d_{d1}n_1}{60\times1\ 000} \tag{5-2}$$

式中:$n_1$——主动轮转速(r/min)。

$$v_2=\frac{\pi d_{d2}n_2}{60\times1\ 000} \tag{5-3}$$

式中:$n_2$——从动轮转速(r/min)。

带传动的实际传动比为

$$i=\frac{n_1}{n_2}=\frac{d_{d2}}{d_{d1}(1-\varepsilon)} \tag{5-4}$$

V带传动的滑动率$\varepsilon=0.01\sim0.02$,一般可不考虑。

## 二、滚子链和链轮

**1. 滚子链的结构和标准**

如图5.8所示,滚子链由内链板1、外链板2、销轴3、套筒4、滚子5组成。外链板与销轴过盈配合固结成外链节,内链板与套筒用过盈配合固结成内链节。而销轴与套筒,套筒与滚子之间均采用间隙配合,组成两转动副,相邻的内、外链节可以相对转动,使链条具有挠性。当链节与链轮轮齿啮合时,滚子沿链轮齿廓滚动,减轻了链与轮齿的磨损。为了减小链条的质量并使链板各横截面强度相近(即近似符合等强度原则),内、外链板均制成“∞”字形。

链条的零件均采用碳素钢或合金钢制成，并经热处理(硬度≥40 HRC)，以提高其强度和耐磨性。

滚子链相邻两链节铰链副理论中心间的距离称为节距，用 $p$ 表示，它是链传动的主要参数。节距大，则链的各部分尺寸大，传递的功率大，但质量也大，冲击和振动也随之增加。为了控制链传动的尺寸及减小传动时的动载荷，当传动的功率较大及转速较高时，可采用小节距的双排链或多排链，双排滚子链如图5.9所示。由于多排链的制造和安装精度的影响，多排链承受载荷不均匀，故排数不宜过多，一般应不超过四排。相邻两排链条中心线间的距离称为排距，用 $P_t$ 表示。

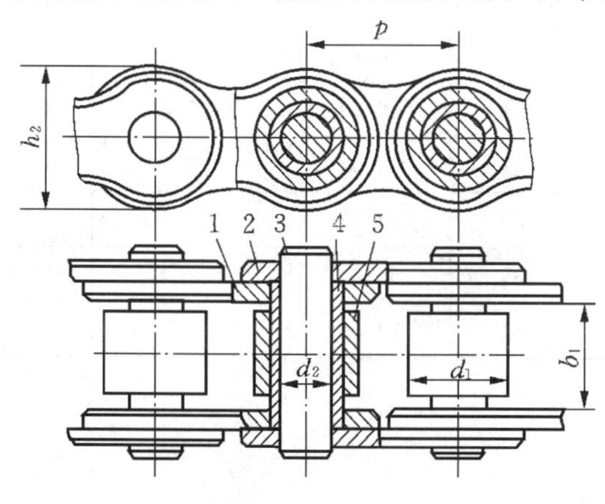


**图5.8 滚子链结构**

1—内链板；2—外链板；3—销轴；4—套筒；5—滚子

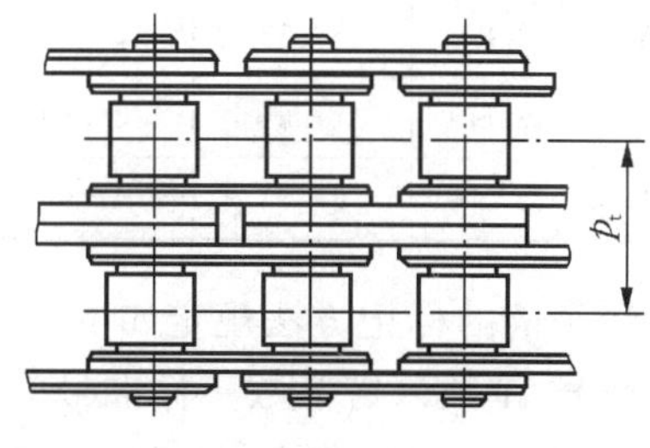


**图5.9 双排链结构**

滚子链的长度以链节数来表示，接头方式如图5.10所示。当链节数为偶数时，接头处可用开口销、大节距链或弹簧锁片来固定。当链节数为奇数时，需采用过渡链节。由于过渡链节在链条受拉时，除受拉力外，还要承受附加弯矩的作用，所以应尽量避免采用奇数链节。

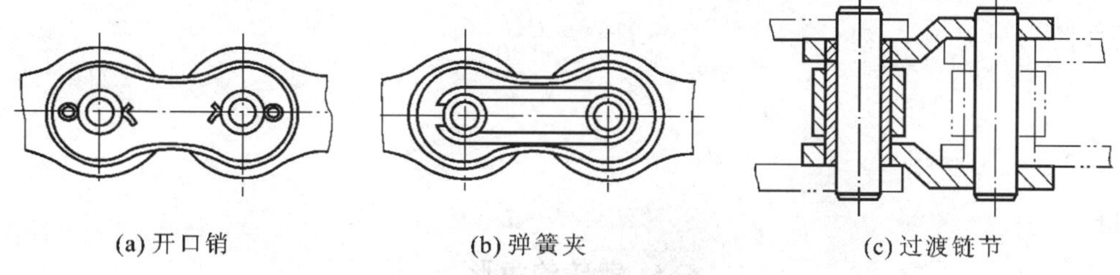

(a)开口销　(b)弹簧夹　(c)过渡链节

**图5.10 滚子链的接头形式**

目前，传动用短节距精密滚子链已标准化(GB/T 1243—2006)，根据使用场合和极限拉伸载荷的不同，滚子链分为A、B两种系列，其中A系列为常用系列。表5.4列出了国标规定的滚子链的主要参数。

**表5.4 滚子链规格和主要参数**

| 链号 | 链节距 $p$/mm | 排距 $P_t$/mm | 滚子外径 $d_1$/mm | 内链节内宽 $b_1$/mm | 销轴直径 $d_2$/mm | 内链板高度 $h_2$/mm | 极限拉伸载荷(单排) $Q$/kN | 每米质量 $q$/(kg/m) |
|---|---|---|---|---|---|---|---|---|
| 05B | 8.00 | 5.64 | 5.00 | 3.00 | 2.31 | 7.11 | 4.4 | 0.18 |
| 06B | 9.525 | 10.24 | 6.35 | 5.72 | 3.28 | 8.26 | 8.9 | 0.40 |
| 08B | 12.7 | 13.92 | 8.51 | 7.75 | 4.45 | 11.81 | 17.8 | 0.70 |

续表

| 链号 | 链节距 $p$/ mm | 排距 $P_t$/ mm | 滚子外径 $d_1$/ mm | 内链节内宽 $b_1$/ mm | 销轴直径 $d_2$/ mm | 内链板高度 $h_2$/ mm | 极限拉伸载荷(单排)$Q$/kN | 每米质量 $q$/(kg/m) |
|---|---|---|---|---|---|---|---|---|
| 08A | 12.7 | 14.38 | 7.95 | 7.85 | 3.98 | 12.07 | 13.9 | 0.60 |
| 10A | 15.875 | 18.11 | 10.16 | 9.4 | 5.09 | 15.09 | 21.8 | 1.00 |
| 12A | 19.05 | 22.78 | 11.91 | 12.57 | 5.96 | 18.10 | 31.3 | 1.50 |
| 16A | 25.40 | 29.29 | 15.88 | 15.75 | 7.94 | 24.13 | 55.6 | 2.60 |
| 20A | 31.75 | 35.76 | 19.05 | 18.90 | 9.54 | 30.17 | 87.0 | 3.80 |
| 24A | 38.10 | 45.44 | 22.23 | 25.22 | 11.11 | 36.20 | 125.0 | 5.60 |
| 28A | 44.45 | 48.87 | 25.40 | 25.22 | 12.71 | 42.23 | 170.0 | 7.50 |
| 32A | 50.80 | 58.55 | 28.58 | 31.55 | 14.29 | 48.26 | 223.0 | 10.10 |
| 40A | 63.50 | 71.55 | 39.68 | 37.85 | 19.85 | 60.33 | 347.0 | 16.10 |
| 48A | 76.20 | 87.83 | 47.63 | 47.35 | 23.81 | 72.39 | 500.0 | 22.60 |

滚子链的标记方法规定如下：

链号-排数×链节数　标准号

例如，A 系列，节距 31.75 mm，双排，60 节的滚子链标记为：

20A-2×60　GB/T 1243—2006

链轮齿形已标准化，设计时主要是确定其结构尺寸，合理地选择材料及热处理方法。

**2. 链轮的基本参数和主要尺寸**

链轮的基本参数是配用链条的节距 $p$、滚子外径 $d_1$、排距 $P_t$ 及齿数 $z$。链轮的主要尺寸计算公式如下。

分度圆直径
$$d=\frac{p}{\sin\frac{180^\circ}{z}} \tag{5-5}$$

齿顶圆直径
$$d_a=p\left(0.54+\cot\frac{180^\circ}{z}\right) \tag{5-6}$$

齿根圆直径

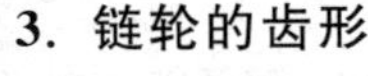
$$d_f=d-d_1 \tag{5-7}$$

**3. 链轮的齿形**

目前应用较广的滚子链链轮端面齿形如图 5.11 所示，由三段圆弧 $aa$、$ab$、$cd$ 和一段直线 $bc$ 组成。这种齿廓形状具有较好的啮合性能和加工性能，而且国标规定有标准齿形刀具，只需在零件工作图上注明“齿形按 GB/T 1243—2006 规定制造”即可，不必画出端面齿形。

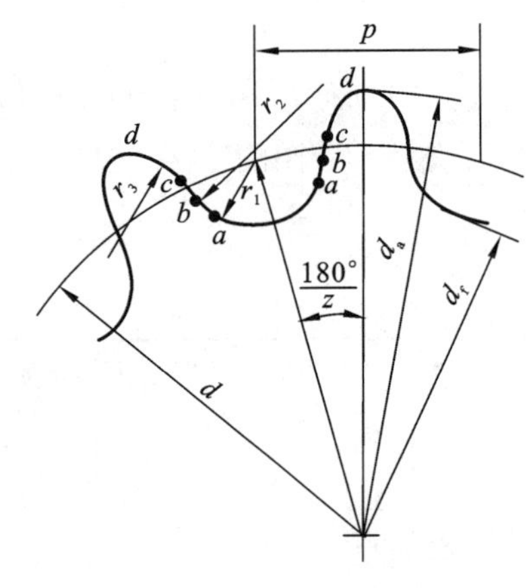


图 5.11　滚子链链轮端面齿形

链轮平面齿形则需在工作图中画出，且齿形和尺寸也应符合 GB/T 1243—2006 的规定。

**4. 链轮的结构**

小直径链轮采用整体式(见图 5.12(a))，中等尺寸链轮采用孔板式(见图 5.12(b))，大直径链轮($d_a>200$ mm)常采用装配式结构，以便更换齿圈，装配方式可为焊接(见

图 5.12(c)),也可为螺栓连接(见图 5.12(d))。滚子链链轮轴向齿廓尺寸计算见表 5.5。

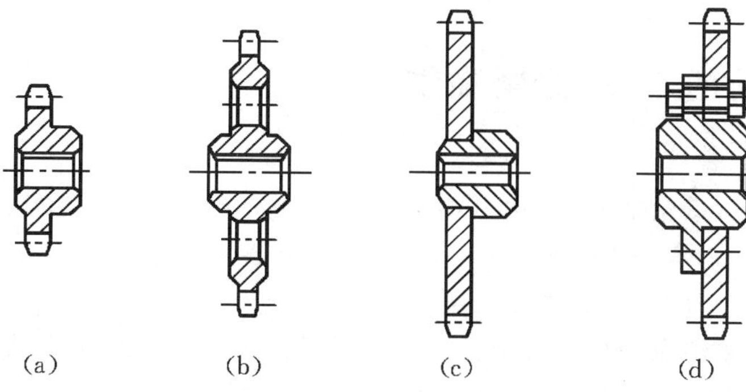

(a) (b) (c) (d)

图 5.12 链轮结构

表 5.5 滚子链链轮轴向齿廓尺寸

| 名称 | | 代号 | 计算公式 | | 备注 |
|---|---|---|---|---|---|
| | | | $p\leqslant 12.7$ mm | $p>12.7$ mm | |
| 齿宽 | 单排 | $b_{f1}$ | 0.93 $b_1$ | 0.95 $b_1$ | $p>12.7$ mm 时,经制造厂同意亦可使用 $p\leqslant 12.7$ mm 时的齿宽 $b_1$,见表 5.4 |
| | 双排、三排 | | 0.91 $b_1$ | 0.93 $b_1$ | |
| | 四排以上 | | 0.88 $b_1$ | 0.93 $b_1$ | |
| 倒角宽 | | $b_a$ | $b_a=(0.1\sim 0.15)\ b_1$ | — | — |
| 倒角半径 | | $r_x$ | $r_x\geqslant p$ | — | — |
| 倒角深 | | $h$ | $h=0.5p$ | 仅适用于 B 系列 | — |
| 齿侧凸缘(或排间槽)圆角半径 | | $r_a$ | $r_a\approx 0.04p$ | — | — |
| 链轮齿总宽 | | $b_{fn}$ | $b_{fn}=(n-1)p_t+b_n$ | — | — |

**5. 链轮的材料**

在低速、轻载和平稳的传动中,链轮材料可采用中碳钢;中速、中载传动,也可用中碳钢,但需齿面淬火使其硬度大于 40 HRC;在高速重载且连续工作的传动中,最好采用合金钢齿面渗碳淬火(如采用 15Cr、20Cr 淬硬至 50~60 HRC)。

由于小链轮齿数少,啮合次数多,磨损、冲击比大链轮严重。所以,小链轮材料及热处理要比大链轮的要求高。选择链轮的材料,以保证轮齿具有足够的强度和耐磨性为原则。链轮常用材料及应用范围见表 5.6。

表 5.6 链轮常用材料及应用范围

| 材料 | 热处理 | 热处理后硬度 | 应用范围 |
|---|---|---|---|
| 15 钢、20 钢 | 渗碳、淬火、回火 | 50~60 HRC | $z\leqslant 25$,有冲击的链轮 |
| 35 钢 | 正火 | 160~200 HBS | $z>25$ 的链轮 |
| 40 钢、50 钢、ZG310~570 | 淬火、回火 | 40~50 HRC | 无剧烈振动及冲击载荷的链轮 |
| 15Cr、20Cr | 渗碳、淬火、回火 | 56~60 HRC | $z<25$,传递大功率的重要链轮 |
| 35SiMn、40Cr、35CrMo | 淬火、回火 | 40~50 HRC | 使用优质链条的重要链轮 |
| Q235、Q275 | — | ≈140 HBS | 中低速、中等功率的较大链轮 |

## 【任务实施】

### 一、带传动的安装、张紧和维护

**1. 带传动的安装**

安装V带轮时,带轮轴的中心线必须保持规定的平行度,V带轮端面与轴中心线垂直,主、从动轮的轮槽必须在同一平面内。安装时,应先将中心距减小、松开张紧轮,V带装好后再调整到合适的张紧程度。不能将V带强行撬入。

选用V带时,要注意型号和基准长度,不要搞错,否则会出现V带高出轮槽或底面接触,造成传动能力降低或失去V带传动侧面工作的优点。

**2. 常见的张紧装置**

(1) 定期张紧装置　可采用改变中心距的方法来调节带的初拉力 $\boldsymbol{F}_0$,使带重新张紧。

(2) 自动张紧装置　将装有带轮的电动机安装在浮动的摆架上,利用电动机的自重,使带轮随同电动机绕固定轴摆动,以自动保持张紧力。

(3) 采用张紧轮的装置　当中心距不能调节时,可采用张紧轮将带张紧。张紧轮一般放在靠近大带轮松边的内侧。

(4) 改变带长　对有接头的带,常采用定期截去带长的方法使带张紧。

**3. 带传动的维护**

(1) 带传动装置外面应加防护罩。V带应保持清洁,不宜在有酸、碱等对橡胶有腐蚀或促使其老化的场合工作。

(2) 对V带传动应进行定期检查,发现不能继续使用时应及时更换,但必须使一组V带中各根带的实际长度尽量相近。

(3) 带传动不需要润滑,禁止往带上加润滑油或润滑脂,应及时清理带轮槽内及传动带上的油污。

### 二、链传动的安装和维护

**1. 链传动的合理布置**

链传动的布置是否合理,对链传动的工作能力及使用寿命有较大影响。合理布置的原则如下。

(1) 链轮轴线应平行,两链轮的转动平面应在同一垂直平面内。

(2) 链轮中心线最好为水平或接近水平,倾角不大于60°。

(3) 应使链条的紧边在上(与带传动不同),松边在下,以免松边垂度过大时干扰链与轮齿的正常啮合。链传动的布置见表5.7。

**表5.7　链传动的布置**

| 传动条件 | 正确布置 | 不正确布置 | 说　明 |
|---|---|---|---|
| $i$ 与 $a$ 较佳场合<br>$i=2\sim3$<br>$a=(20\sim50)p$ | 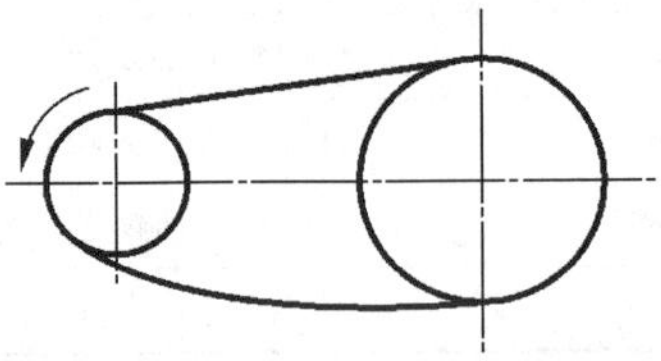  | 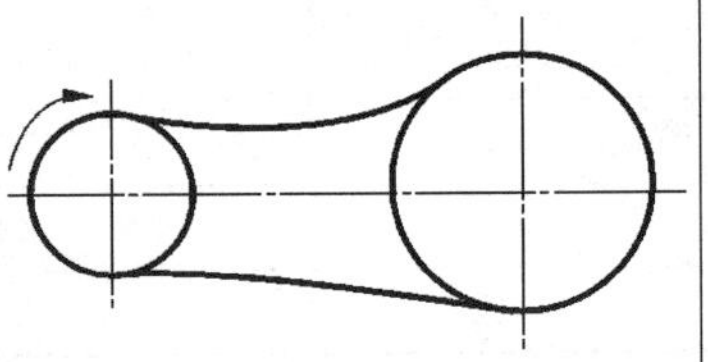  | 两链轮中心线最好为水平,或与水平面成60°以下的倾角,紧边在上、下均可,但在上好些 |

续表

| 传动条件 | 正确布置 | 不正确布置 | 说明 |
|---|---|---|---|
| $i$ 大 $a$ 小的场合<br>$i>3$<br>$a<30p$ | 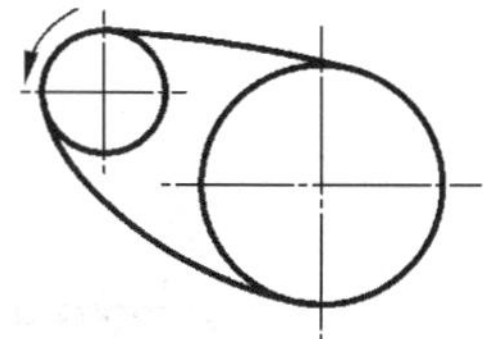 | 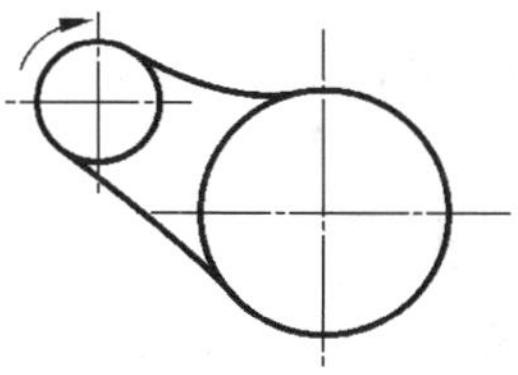 | 两链轮轴线不在同一水平面内，松边应在下面，否则松边下垂量增大后，松边链条易与小链轮发生干涉 |
| $i$ 小 $a$ 大的场合<br>$i<1.5$<br>$a>60p$ | 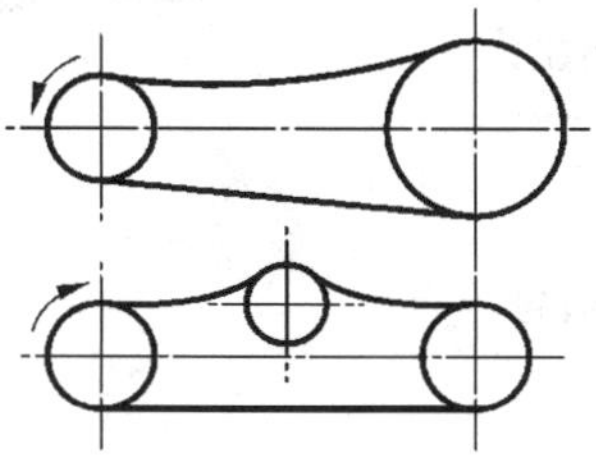 | 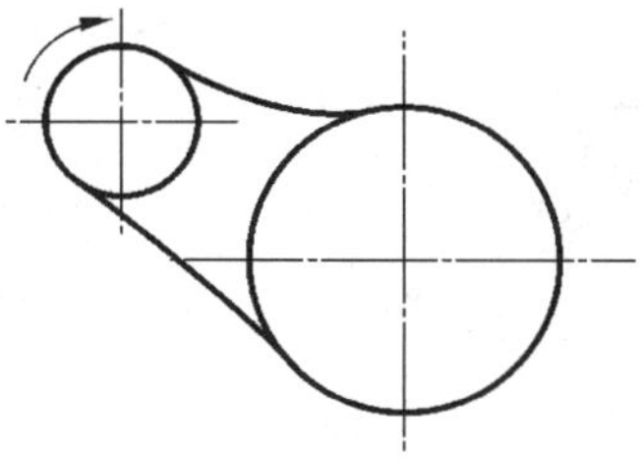 | 两链轮轴线在同一水平面内，松边应在下面，否则松边下垂量增大后，松边链条易与紧边相碰撞，需要经常调整中心距 |
| 垂直传动场合<br>$i$、$a$ 为任意值 | 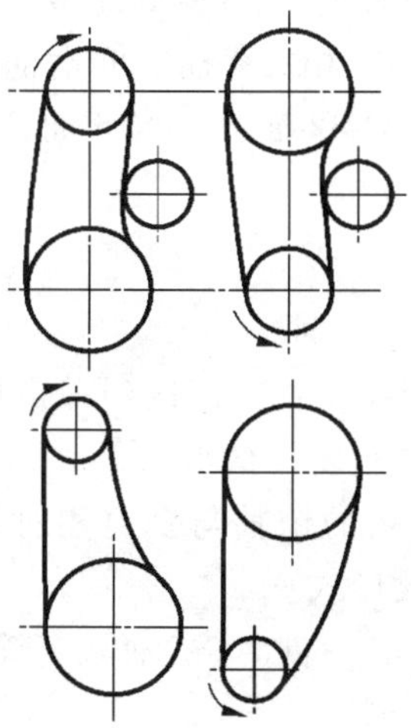 | 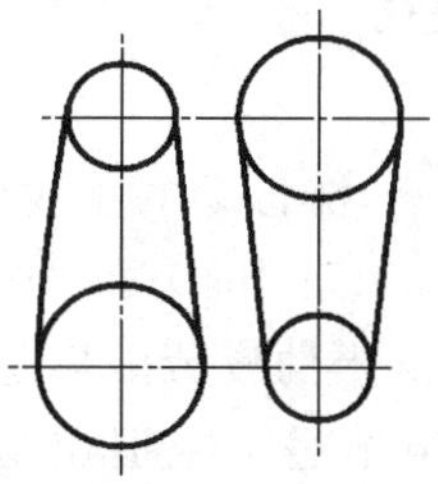 | 两链轮轴线在同一铅垂面内，下垂量集中在下端，要尽量避免这种布置，否则会减少下面链轮的有效啮合齿数，降低传动能力，应采用：<br>(a)中心距可调；<br>(b) 设置张紧装置；<br>(c) 上、下两轮偏置，使两轮的轴线不在同一铅垂面内 |

**2. 链传动的张紧**

链传动靠链条和链轮的啮合传递运动和转矩，不需要很大的张紧力。为了防止啮合不良和链条的抖动，链传动必须控制链条松边的垂度，因此链传动要张紧，但它与带张紧的目的是不同的。张紧的方法如下。

(1) 通过调整链轮中心距来张紧链轮。

(2) 拆除 1～2 个链节，缩短链长，使链张紧。

(3) 使用张紧轮张紧。当两链轮中心连线倾角大于 60°时，应当设置张紧装置。张紧轮常设置在链条松边外侧或内侧。

张紧最常用的方法是通过移动链轮的位置以增大两轮的中心距。当中心距不可调时，可设张紧装置张紧，常用的张紧装置如下。

(1) 张紧轮张紧　如图 5.13(a)、(b)所示，它是利用弹簧或自重自动调整张紧轮的位置来张紧链条；图 5.13(c)所示则是利用螺栓定期调整张紧轮的位置来张紧链条。一般张紧轮应装在靠近主动链轮一端的松边上，张紧轮的直径与小链轮的直径相近为好。张紧轮可以是有齿的链轮，也可以是无齿的滚轮。

(2) 托板张紧　如图 5.13(d)所示,它是通过调整托板的位置来张紧链条。托板上最好衬以橡胶、塑料或胶木,以减少链条的磨损。这种方式一般用于中心距较大的链传动。

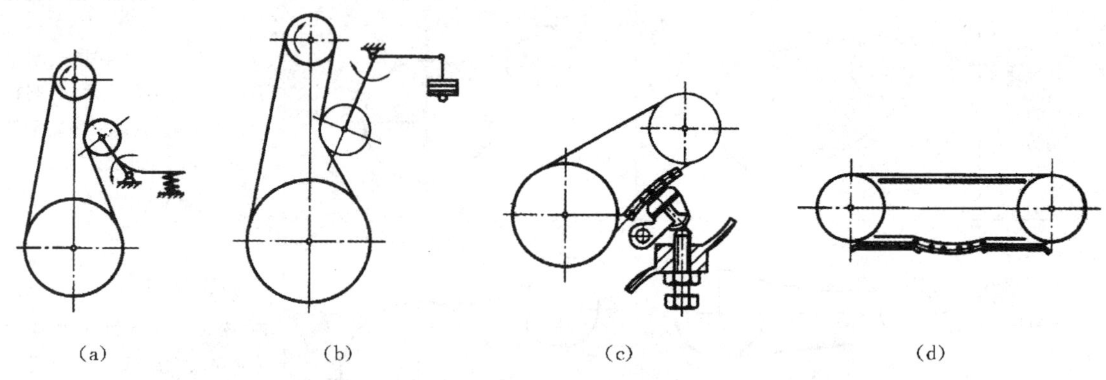


**图 5.13　链传动的张紧装置**

**3. 链传动的润滑**

链传动的润滑是影响传动工作能力和寿命的重要因素之一,润滑良好能缓和冲击、减少铰链磨损、延长使用寿命。润滑方式可根据链速和链节距的大小查相关手册。润滑油应加在松边上,以便润滑油渗入各运动接触面。常用的链传动润滑剂有 L-AN32 油、L-AN46 油、L-AN68 油。

**4. 链传动的故障分析与维修**

1) 链传动的失效形式

在正常的安装和润滑情况下,链传动的主要失效有以下几种。

(1) 链板的疲劳破坏　链条在工作中受到应力的作用,应力变化达到一定的循环次数后,链条各零件将发生疲劳破坏。链板的疲劳破坏是链传动的主要失效形式。

(2) 链条铰链的磨损　当链节进入或退出啮合时,链条的销轴与套筒相对转动产生磨损,使链条的节距增大而脱链。磨损是开式链传动的主要失效形式。

(3) 销轴与套筒的胶合　当链速过高、载荷很大或润滑不良时,销轴与套筒的工作面上将发生胶合,导致链传动失效。

(4) 链条的拉断　重载或突然过载时,链条受到的拉力超过链条的静强度,将被拉断。

2) 链传动的故障分析与维修

链传动常见故障分析与维修示例见表 5.8。

**表 5.8　链传动常见故障分析与维修示例**

| 故　障 | 原　因 | 维修措施 |
| --- | --- | --- |
| 链板或链轮齿严重侧磨 | ① 各链轮不共面<br>② 链轮端面跳动严重<br>③ 链轮支承刚度差<br>④ 链条扭曲严重 | ① 提高加工与安装精度<br>② 提高支承件刚度<br>③ 更换合格链条 |
| 链板疲劳开裂 | 润滑条件良好的中低速链传动,链板的疲劳是主要矛盾,但若过早失效则有问题:<br>① 链条规格选择不当<br>② 链条品质差<br>③ 动力源或负载动载荷大 | ① 重新选用合适规格的链条<br>② 更换质量合格的链条<br>③ 控制或减弱负载和动力源的冲击振动 |

续表

| 故　障 | 原　因 | 维修措施 |
|---|---|---|
| 滚子碎裂 | ① 链轮转速较高而链条规格选择不当<br>② 链轮齿沟有杂物或链条磨损严重发生爬齿和滚子被挤顶现象<br>③ 链条质量差 | ① 重新选用稍大规格链条<br>② 清除齿沟杂物或换新链条<br>③ 更换质量合格的链条 |
| 销轴磨损或销轴与套筒胶合 | 链条铰链元件的磨损是最常见的现象之一。正常磨损是一个缓慢发展的过程。如果发展过快则是因为：<br>① 润滑不良<br>② 链条质量差或选用不当 | ① 清除润滑油内杂质、改善润滑条件、更换润滑油<br>② 更换质量合格或稍大规格链条 |
| 外链节外侧擦伤 | ① 链条未张紧，发生跳动，从而与邻近物体碰撞<br>② 链箱变形或内有杂物 | ① 使链条适当张紧<br>② 消除箱体变形、清除杂物 |
| 链条跳齿或抖动 | ① 链条磨损伸长，使垂度过大<br>② 冲击或脉动载荷较重<br>③ 链轮齿磨损严重 | ① 更换链条或链轮<br>② 适当张紧<br>③ 采取措施使载荷较稳定 |
| 链轮齿磨损严重 | ① 润滑不良<br>② 链轮材质较差，齿面硬度不足 | ① 改善润滑条件<br>② 提高链轮材质和齿面硬度<br>③ 把链轮拆下，翻转 180°再装上，则可利用齿廓的另一侧而延长使用寿命 |
| 卡簧、开口销等链条锁止元件松脱 | ① 链条抖动过烈<br>② 有障碍物磕碰<br>③ 锁止元件安装不当 | ① 适当张紧或考虑增设导板托板<br>② 消除障碍物<br>③ 改善锁止件安装质量 |
| 振动剧烈、噪声过大 | ① 链轮不共面<br>② 松边垂度不合适<br>③ 润滑不良<br>④ 链箱或支承松动<br>⑤ 链条或链轮磨损严重 | ① 改善链轮安装质量<br>② 适当张紧<br>③ 改善润滑条件<br>④ 消除链箱或支承松动<br>⑤ 更换链条或链轮<br>⑥ 加装张紧装置或防振导板 |

## 【复习与思考】

1. 带传动中，打滑和弹性滑动有何不同？
2. 带传动和链传动的主要类型有哪些？各有何特点？试分析它们的工作原理。
3. 试比较链传动和带传动在适用范围、传动比、失效形式等方面有何不同？
4. 简述带传动中，为何限制带速在 5～25 m/s 范围内？
5. 内张紧轮应靠近大带轮还是小带轮？外张紧轮又该怎样？并分析说明两种张紧方式的利弊。

# 任务2　汽车齿轮传动与轮系

## 【任务导入】

齿轮传动是现代机械设备中应用最广泛的一种机械传动，它可以传递空间任意两轴间的运动和动力。汽车传动中轮系非常重要。汽车发动机速度不变,汽车转弯就靠轮系来调节。

与其他传动形式相比,齿轮传动具有下列优点:能保证传动比恒定不变;适用的功率和速度范围广;结构紧凑;效率高,$\eta=0.94\sim0.99$;工作可靠且寿命长。其主要缺点是:齿轮制造需要专用的设备和刀具,成本较高;精度低时,传动的噪声和振动较大;不宜用于轴间距离大的传动。

## 【任务分析】

齿轮传动的类型很多,按照齿轮传动轴线相对位置和轮齿方向,齿轮传动的分类如图5.14所示。

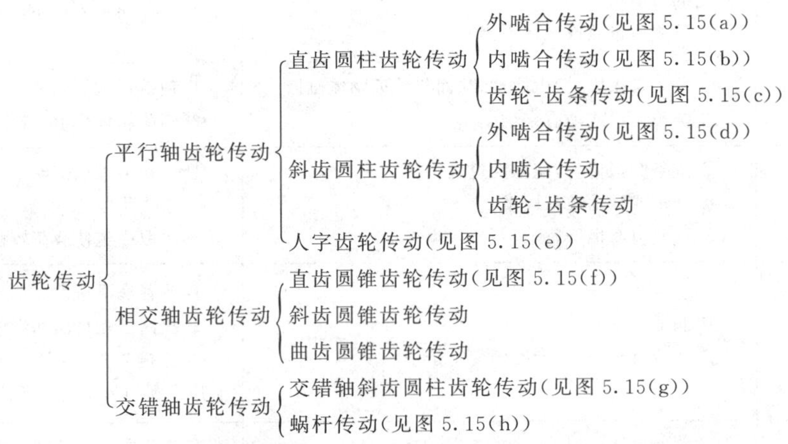


**图5.14　齿轮传动的分类**

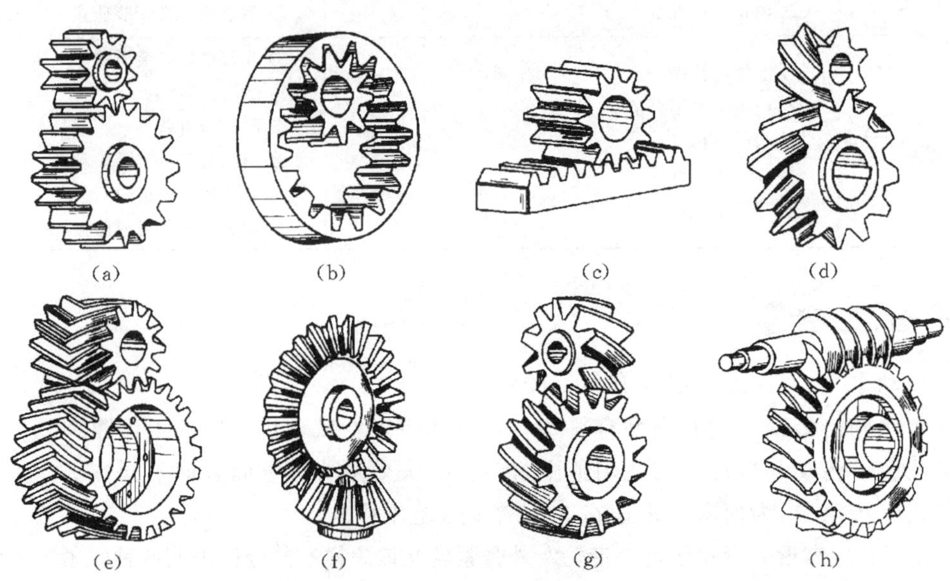


**图5.15　齿轮传动的类型**

(a) 直齿圆柱齿轮传动(外啮合);(b) 直齿圆柱齿轮传动(内啮合);(c) 直齿圆柱齿轮传动(齿轮-齿条);(d) 斜齿圆柱齿轮传动(外啮合);(e) 人字齿轮传动;(f) 直齿圆锥齿轮传动;(g) 交错轴斜齿圆柱齿轮传动;(h) 蜗杆传动

按照齿轮传动的工作条件,齿轮传动可分为:闭式齿轮传动和开式齿轮传动。闭式齿轮传动中的齿轮封闭在具有足够刚度和良好润滑条件的箱体内,一般用于速度较高或重要的齿轮传动中；开式齿轮传动中的齿轮暴露在外面，不能保持良好的润滑，齿面容易磨损，因此，一般用于低速或不重要的齿轮传动中。

按照齿轮圆周速度，齿轮传动可分为：极低速齿轮传动，圆周速度 $v<0.5$ m/s；低速齿轮传动，圆周速度 $v=0.5\sim3$ m/s；中速齿轮传动，圆周速度 $v=3\sim15$ m/s；高速齿轮传动，圆周速度 $v>15$ m/s。

按照齿轮的齿廓形状，齿轮传动可分为渐开线齿轮传动、摆线齿轮传动、圆弧齿轮传动等，其中应用最广泛的是渐开线齿轮传动。

## 【相关知识】

### 一、渐开线标准直齿圆柱齿轮传动

#### 1. 齿轮各部分名称

图 5.16 所示为渐开线直齿圆柱齿轮的一部分，其中图 5.16(a)为外齿轮，图 5.16(b)为内齿轮，图 5.16(c)为齿条。轮齿两侧具有互相对称的齿廓。

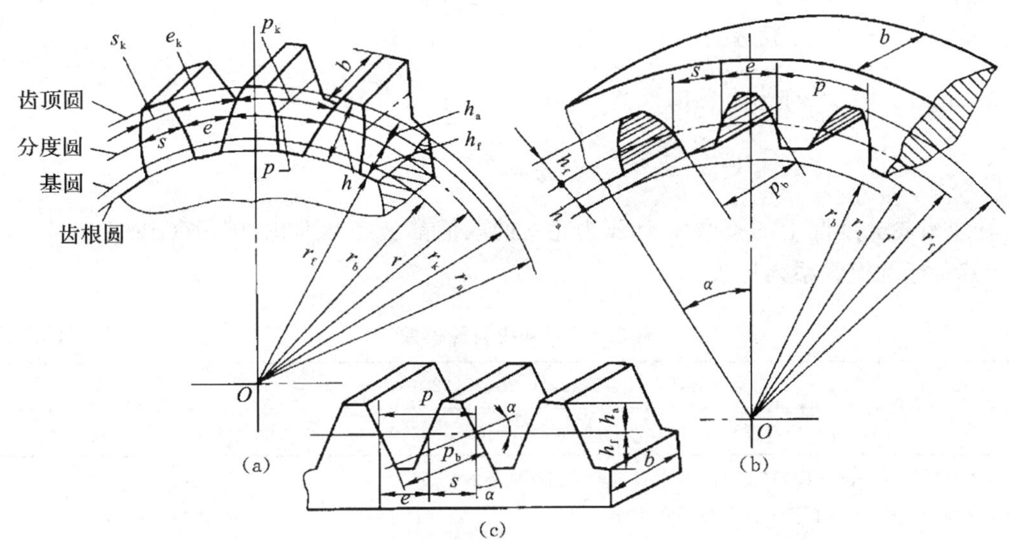


**图 5.16 渐开线齿轮各部分名称**

在齿轮整个圆周上均匀分布的轮齿总数称为齿数，以 $z$ 表示。对于圆柱齿轮，过所有轮齿顶部的圆称为齿顶圆，其直径和半径以 $d_a$ 和 $r_a$ 表示；过所有轮齿底部的圆称为齿根圆，其直径和半径以 $d_f$ 和 $r_f$ 表示。同一轮齿两侧齿廓间在任意圆（直径和半径以 $d_k$ 和 $r_k$ 表示）周上的弧长称为该圆上的齿厚，以 $s_k$ 表示；相邻两轮齿间的空间称为齿槽，在任意圆周上的齿槽弧长称为齿槽宽，以 $e_k$ 表示；相邻两轮齿同侧齿廓间在任意圆周上的弧长称为齿距，以 $p_k$ 表示，依定义，有

$$p_k=s_k+e_k \tag{5-8}$$

根据齿距定义，可得任意圆的周长为

$$zp_k=\pi d_k \tag{5-9}$$

即

$$d_k=\frac{p_k}{\pi}z \tag{5-10}$$

显然,在不同圆周上,比值 $p_k/\pi$ 不同。由于式(5-10)包含无理数"π",这给齿轮尺寸计算、齿轮制造和测量都带来不便。因此,人为地在齿轮上规定一个作为测量和计算基准的圆,并使该圆上的比值 $p_k/\pi$ 和压力角都为标准值,这个圆称为分度圆,其直径用 $d$ 表示。为了表达上的方便,分度圆上各参数均不带下标,如 $s$、$e$、$p$、$\alpha$ 分别表示分度圆上的齿厚、齿槽宽、齿距、压力角。

齿顶圆与齿根圆之间的径向距离称为齿高,用 $h$ 表示;分度圆与齿顶圆之间的径向距离称为齿顶高,用 $h_a$ 表示;分度圆与齿根圆之间的径向距离称为齿根高,用 $h_f$ 表示。根据定义有

$$h=h_a+h_f \tag{5-11}$$

由图5.16(a)、(b)可知,外齿轮的齿顶圆大于齿根圆,而内齿轮则相反。当基圆半径为无穷大时,齿轮就变为如图5.16(c)所示的齿条,齿条各部分的名称相应称为齿顶线、齿根线、中线等。

**2. 齿轮的基本参数**

1)模数 $m$ 和压力角 $\alpha$

分度圆上的比值 $\frac{p}{\pi}$ 称为齿轮的模数,用 $m$ 表示,单位为mm,即

$$m=\frac{p}{\pi} \tag{5-12}$$

渐开线齿轮分度圆上的模数 $m$ 和压力角 $\alpha$ 的取值都已经标准化,国标(GB/T 1357—2008)规定 $\alpha=20°$,标准模数系列见表5.9。

**表5.9 渐开线齿轮模数 $m$** 单位:mm

| | |
|---|---|
| 第一系列 | 1,1.25,1.5,2,2.5,3,4,5,6,8,10,12,16,20,25,32,40,50 |
| 第二系列 | 1.125,1.375,1.75,2.25,2.75,3.5,4.5,5.5,(6.5),7,9,(11),14,18,22,28,36,45 |

注:① 本标准适用于渐开线圆柱齿轮,对于斜齿轮是指法向模数 $m_n$;

② 优先采用第一系列,括号内的模数尽可能不用。

在齿轮各参数中,模数是一个重要参数。模数越大,轮齿的尺寸越大,承载能力也越强。

根据以上分析,齿轮分度圆可定义为:在齿轮上具有标准模数和标准压力角的圆。由以上定义,可得分度圆的直径和齿距分别为

$$d=mz \tag{5-13}$$

$$p=\pi m=s+e \tag{5-14}$$

2)齿顶高系数 $h_a^*$ 和顶隙系数 $c^*$

齿顶高和齿根高都与模数成正比。所以,齿顶高 $h_a$ 和齿根高 $h_f$ 可分别表示为

$$\left.\begin{aligned}h_a&=h_a^* m\\h_f&=(h_a^*+c^*)m\end{aligned}\right\} \tag{5-15}$$

式中:$h_a^*$ 和 $c^*$——齿顶高系数和顶隙系数。对于圆柱齿轮,国标规定

$$h_a^*=1,\quad c^*=0.25 \tag{5-16}$$

$c^* m$ 称为顶隙,顶隙是一齿轮齿顶圆与另一齿轮齿根圆之间的径向距离。顶隙可避免传

动时一齿轮的齿顶与另一齿轮的齿根相碰撞，而且能储存润滑油，有利于齿轮的啮合传动。

当齿轮具有标准模数、标准压力角、标准齿顶高系数和标准顶隙系数，而且分度圆上齿厚等于齿槽宽时，称为标准齿轮。对标准齿轮，显然有

$$s=e=\frac{p}{2}=\frac{\pi m}{2} \tag{5-17}$$

### 3）标准直齿圆柱齿轮的几何尺寸计算

一对齿轮在安装时，为避免齿轮反转时出现空程并发生冲击，所以在理论上要求齿轮传动时齿廓间没有齿侧间隙。若是一对模数相等的标准齿轮传动，则一个齿轮的分度圆齿厚与另一个齿轮的分度圆齿槽宽必相等。这样的两个齿轮在安装传动时，其分度圆相切，节圆与分度圆重合，啮合角 $\alpha'$ 等于分度圆压力角 $\alpha$，即 $\alpha'=\alpha=20°$，齿侧的理论间隙为零。这样安装的中心距称为正确安装的标准中心距，以 $a$ 表示，于是有

$$a=\frac{1}{2}(d_1'\pm d_2')=\frac{1}{2}(d_1\pm d_2)=\frac{m}{2}(z_1\pm z_2) \tag{5-18}$$

式中："＋"用于外啮合齿轮传动，"－"用于内啮合齿轮传动。

标准直齿圆柱齿轮的几何尺寸计算公式列于表 5.10 中。

**表 5.10 渐开线标准直齿圆柱齿轮传动的几何尺寸** 单位：mm

| 序号 | 名称 | 符号 | 计算公式 |
|---|---|---|---|
| 1 | 齿顶高 | $h_a$ | $h_a=h_a^* m=m$ |
| 2 | 齿根高 | $h_f$ | $h_f=(h_a^*+c^*)m=1.25m$ |
| 3 | 齿全高 | $h$ | $h=h_a+h_f=(2h_a^*+c^*)m=2.25m$ |
| 4 | 顶隙 | $c$ | $c=c^* m=0.25m$ |
| 5 | 分度圆直径 | $d$ | $d=mz$ |
| 6 | 基圆直径 | $d_b$ | $d_b=d\cos\alpha$ |
| 7 | 齿顶圆直径 | $d_a$ | $d_a=d\pm 2h_a=m(z\pm 2h_a^*)$ |
| 8 | 齿根圆直径 | $d_f$ | $d_f=d\mp 2h_f=m(z\mp 2h_a^*\mp 2c^*)$ |
| 9 | 齿距 | $p$ | $p=\pi m$ |
| 10 | 齿厚 | $s$ | $s=\frac{p}{2}=\frac{\pi m}{2}$ |
| 11 | 齿槽宽 | $e$ | $e=\frac{p}{2}=\frac{\pi m}{2}$ |
| 12 | 标准中心距 | $a$ | $a=\frac{1}{2}(d_2\pm d_1)=\frac{1}{2}m(z_2\pm z_1)$ |

注：表中 $d_a$、$d_f$ 中"±"分别用于外齿轮和内齿轮的计算。

## 3. 渐开线直齿圆柱齿轮的啮合

### 1）渐开线直齿圆柱齿轮正确的啮合条件

如图 5.17 所示为一对渐开线直齿圆柱齿轮啮合传动。由于两轮齿廓的啮合点是沿啮合线 $N_1N_2$ 移动的，因此前一对轮齿的齿廓接触点 $K$ 和后一对轮齿的齿廓接触点 $B_2$ 必定同在啮合线 $N_1N_2$ 上，$B_2K$ 称为两齿轮的法向齿距。

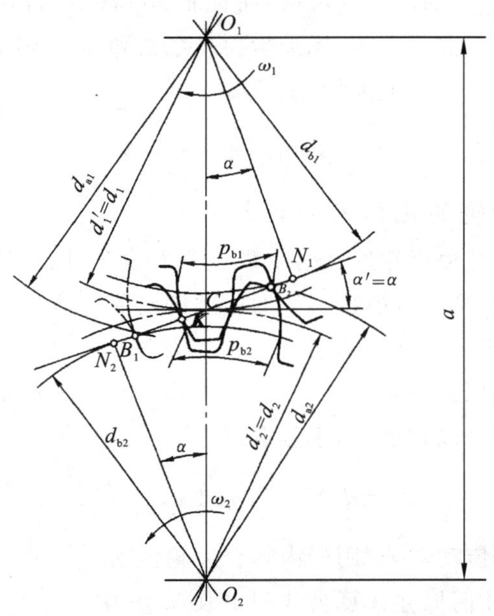


图 5.17　渐开线齿廓的啮合传动

由于模数和压力角都已标准化,所以渐开线直齿圆柱齿轮正确啮合条件是

$$\left.\begin{aligned} m_1 = m_2 = m \\ \alpha_1 = \alpha_2 = \alpha \end{aligned}\right\} \tag{5-19}$$

即一对渐开线直齿圆柱齿轮正确啮合的条件是:两齿轮的模数和压力角应分别相等。

根据正确啮合条件,一对渐开线齿轮的传动比公式可表示为

$$i=\frac{\omega_1}{\omega_2}=\frac{r_2'}{r_1'}=\frac{r_{b2}}{r_{b1}}=\frac{d_{b2}}{d_{b1}}=\frac{d_2\cos\alpha}{d_1\cos\alpha}=\frac{d_2}{d_1}=\frac{mz_2}{mz_1}=\frac{z_2}{z_1} \tag{5-20}$$

2) 渐开线直齿圆柱齿轮连续传动的条件

由上述一对齿廓的啮合过程图 5.17 可看出,要保证齿轮能连续啮合传动,应要求在前一对轮齿的啮合点 $K$ 到达啮合终止点 $B_1$ 时,后一对轮齿已提前或至少同时到达啮合起始点 $B_2$,进入啮合状态。否则主动齿轮 1 继续转过一定角度后,后一对轮齿才进入啮合,这样,齿轮传动的啮合过程就出现中断,并产生冲击。因此,保证一对齿轮能连续啮合传动的条件是:实际啮合线段的长度 $B_1B_2$ 应大于或等于齿轮的法向齿距 $B_2K$。因齿轮的法向齿距等于基圆齿距,所以有

$$B_1B_2 \geqslant B_2K \quad \text{或} \quad B_1B_2 \geqslant p_b \tag{5-21}$$

令 $\varepsilon=\dfrac{B_1B_2}{p_b}$,$\varepsilon$ 称为齿轮传动的重合度。根据齿轮连续啮合条件,有

$$\varepsilon=\frac{B_1B_2}{p_b}\geqslant 1 \tag{5-22}$$

$\varepsilon$ 越大,意味着多对轮齿同时参与啮合的时间越长,每对轮齿承受的载荷就越小,齿轮传动也越平稳。对于标准齿轮,$\varepsilon$ 的大小主要与齿轮的齿数有关,齿数越多 $\varepsilon$ 越大。理论上只要 $\varepsilon=1$ 就能保证连续传动,但因齿轮有制造和安装等误差,实际应使 $\varepsilon>1$。一般机械中常取 $1.1\leqslant\varepsilon\leqslant 1.4$。

## 二、斜齿圆柱齿轮传动

### 1. 齿廓曲面的形成及其啮合特点

前面对直齿轮的齿廓形成和啮合特点的分析都是在齿轮端面进行的。由于齿轮有一定宽度，所以，其齿廓应该是渐开线曲面而不是渐开线，而且渐开线曲面是由发生面在基圆柱上作纯滚动时，发生面上任一与基圆柱母线平行的直线 $BB$ 在空间的轨迹形成的，如图5.18(a)所示。

在齿廓曲面形成过程中，发生面上与基圆柱母线成一夹角 $\beta_b$ 的直线 $BB$ 在空间的轨迹将形成一渐开螺旋面。若以渐开螺旋面作为齿轮的齿廓，则所得到的齿轮称为斜齿轮，如图5.18(b)所示。

由齿廓曲面的形成过程可看出，直齿轮啮合传动时，齿面接触线皆为与齿轮轴线平行的等宽直线(见图5.18(c))，啮合开始和终止都是沿齿宽突然发生的，易引起冲击、振动和噪声，尤其在高速传动中更为严重。而斜齿轮啮合传动时，齿面接触线与齿轮轴线相倾斜(见图5.18(d))，其长度由点到线逐渐增长，到某一位置后又逐渐缩短，直至退出啮合。因此斜齿轮啮合是逐渐进入和逐渐退出的，且斜齿轮啮合的时间比直齿轮长，故斜齿轮传动平稳、噪声小、重合度大、承载能力强，适用于高速和大功率场合。

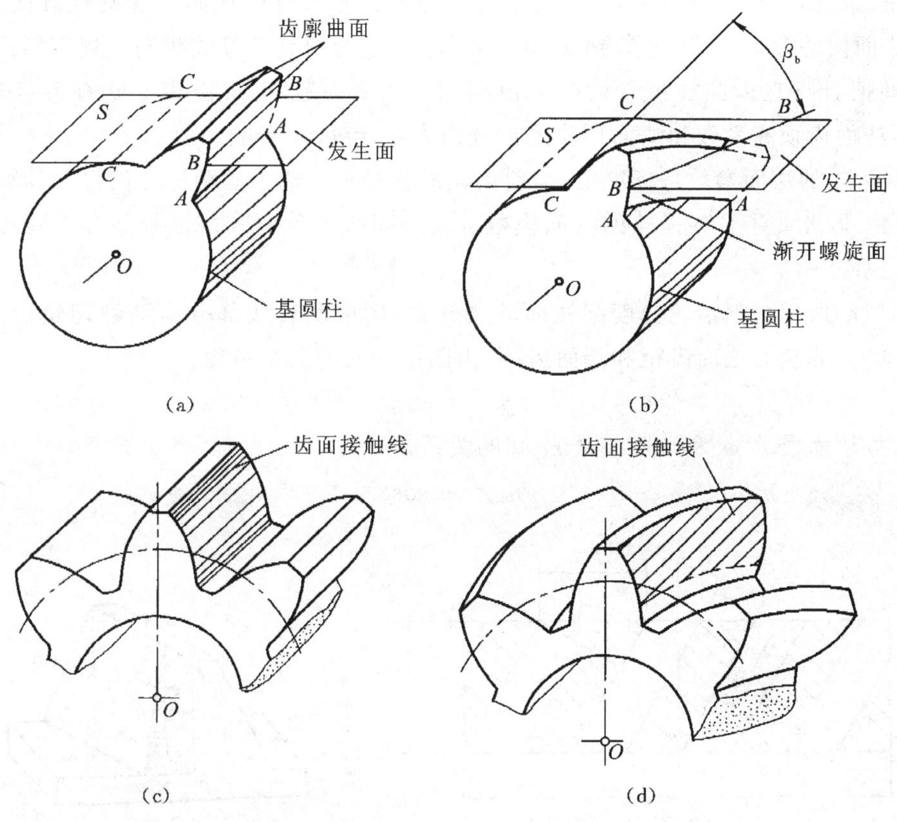


**图5.18 圆柱齿轮齿廓曲面的形成及接触线**

斜齿轮传动的缺点是啮合时要产生轴向力 $\boldsymbol{F}_a$(见图5.19(a))，$\boldsymbol{F}_a$ 使轴承支承结构变得复杂。为此可采用人字齿轮，使轴向力相互平衡，但人字齿轮制造困难，主要用于重型机械。

### 2. 斜齿轮的主要参数和几何尺寸计算

1) 螺旋角 $\beta$

斜齿轮的齿廓曲面与分度圆柱面相交为一螺旋线,该螺旋线上的切线与齿轮轴线的夹角 $\beta$ 称为斜齿轮的螺旋角,一般 $\beta=8^\circ\sim20^\circ$,人字齿轮的螺旋角可达 $25^\circ\sim40^\circ$。根据螺旋线的方向,斜齿轮有左旋和右旋之分(见图 5.19(b))。

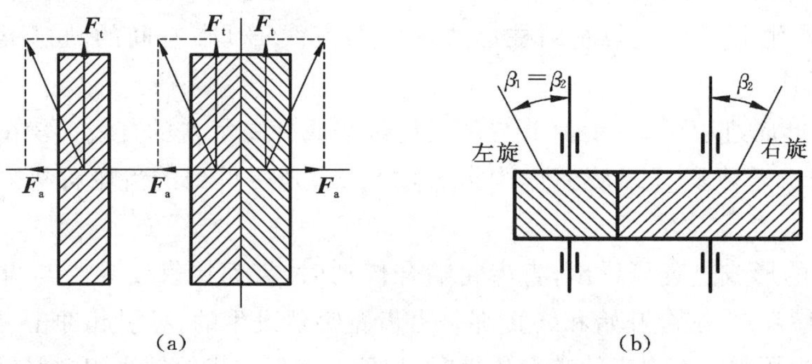


**图 5.19　斜齿轮轴向力及轮齿旋向**

2) 端面参数和法向参数

垂直于斜齿轮轴线的平面称为斜齿轮的端面,垂直于分度圆柱面上螺旋线切线方向的平面称为斜齿轮的法面。在切制斜齿轮时,由于刀具是沿齿轮分度圆柱面上螺旋线方向进刀,因此斜齿轮在法面内的参数(称法面参数,如 $m_n$、$\alpha_n$、$h_{an}^*$、$c_n^*$)与刀具的参数相同。规定斜齿轮的法面参数为标准值且与直齿圆柱齿轮的标准值相同。法面模数 $m_n$ 可由表 5.9 查得,法面压力角 $\alpha_n=20^\circ$,而法面齿顶高系数和法面顶隙系数分别为 $h_{an}^*=1$,$c_n^*=0.25$。

尽管斜齿轮的法面参数是标准值,但斜齿轮的直径和传动中心距等几何尺寸计算却是在端面内进行的。因此要了解斜齿轮的法面模数 $m_n$、法面压力角 $\alpha_n$ 与端面模数 $m_t$、端面压力角 $\alpha_t$ 间的换算关系。

图 5.20(a)所示为斜齿轮分度圆柱面的展开图,图中阴影线部分为被剖切轮齿,空白部分为齿槽,$p_n$ 和 $p_t$ 分别为法面齿距和端面齿距,由图中的几何关系可得

$$p_n=p_t\cos\beta \tag{5-23}$$

因 $p=\pi m$,故法面模数 $m_n$ 和端面模数 $m_t$ 间的关系是

$$m_n=m_t\cos\beta \tag{5-24}$$

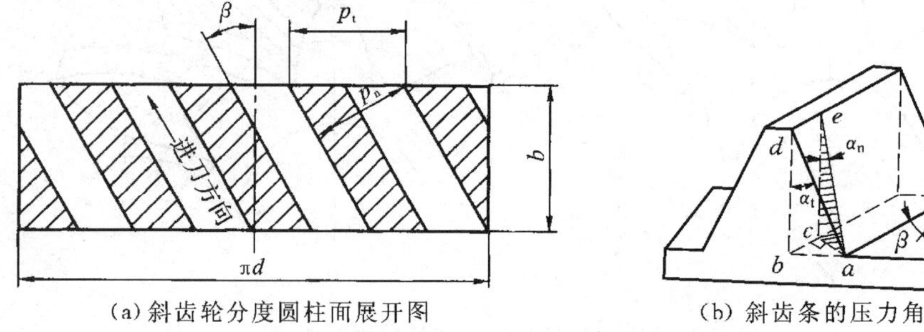


**图 5.20　端面参数和法面参数**

图 5.20(b)所示为斜齿条的一个齿,由图中的几何关系经推导可得 $\alpha_n$ 与 $\alpha_t$ 的关系为

$$\tan\alpha_n = \tan\alpha_t \cos\beta \tag{5-25}$$

斜齿轮的法面齿顶高系数、法面顶隙系数与端面齿顶高系数、顶隙系数的换算公式为

$$\left.\begin{aligned} h_{at}^* &= h_{an}^* \cos\beta \\ c_t^* &= c_n^* \cos\beta \end{aligned}\right\} \tag{5-26}$$

3）几何尺寸计算

由于一对斜齿轮的啮合在端面上与一对直齿轮的啮合完全相同，故可直接用端面参数按直齿轮几何尺寸计算公式来计算斜齿轮端面的几何尺寸，具体公式列于表 5.11 中。

**表 5.11 外啮合标准斜齿轮的几何尺寸计算公式**

| 名　称 | 符　号 | 计算公式 | 名　称 | 符　号 | 计算公式 |
|---|---|---|---|---|---|
| 齿根高 | $h_f$ | $h_f = 1.25m_n$ | 齿顶圆直径 | $d_a$ | $d_a = d + 2h_a$ |
| 齿顶高 | $h_a$ | $h_a = m_n$ | 齿根圆直径 | $d_f$ | $d_f = d - 2h_f$ |
| 全齿高 | $h$ | $h = h_a + h_f = 2.25m_n$ | 标准中心距 | $a$ | $a = \frac{d_1 + d_2}{2} = \frac{m_t(z_1 + z_2)}{2} = \frac{m_n(z_1 + z_2)}{2\cos\beta}$ |
| 分度圆直径 | $d$ | $d = m_t z = \frac{m_n z}{\cos\beta}$ | | | |

斜齿轮传动的中心距与螺旋角有关。当一对斜齿轮的模数和齿数一定时，可以通过改变螺旋角的大小来调整实际安装中心距。

**3. 斜齿圆柱齿轮的正确啮合条件**

在端面内，斜齿圆柱齿轮与直齿圆柱齿轮一样，都是渐开线齿廓。因此一对斜齿圆柱齿轮传动时必须满足 $m_{t1} = m_{t2}$、$\alpha_{t1} = \alpha_{t2}$。另外，斜齿轮要正确啮合，还必须要求两齿轮的螺旋角相等。斜齿圆柱齿轮的正确啮合条件为

$$\left.\begin{aligned} m_{n1} &= m_{n2} = m_n \\ \alpha_{n1} &= \alpha_{n2} = \alpha_n \\ \beta_1 &= \pm\beta_2 \end{aligned}\right\} \tag{5-27}$$

式中："－"用于外啮合，表示两齿轮旋向相反；"＋"用于内啮合，表示两齿轮旋向相同。

## 三、直齿圆锥齿轮传动

**1. 直齿圆锥齿轮传动概述**

圆锥齿轮传动主要用于传递相交两轴间的运动和动力。其传动可以看成是两个锥顶共点的圆锥体相互作纯滚动，如图 5.21 所示。圆锥齿轮的轮齿均匀分布在一个截圆锥体上，从大端到小端逐渐收缩，其轮齿有直齿和曲齿两种类型。直齿圆锥齿轮易于制造，适用于低速、轻载传动。曲齿圆锥齿轮传动平稳、承载能力强，常用于高速重载传动，但其设计和制造较复杂。下面只介绍应用广泛且易于制造的两轴相互垂直的标准直齿圆锥齿轮传动。

直齿圆锥齿轮与直齿圆柱齿轮相似，它分为基圆锥、分度圆锥、齿顶圆锥和齿根圆锥等。一对相互啮合传动的直齿圆锥齿轮还有节圆锥。对于正确安装的标准圆锥齿轮传动，节圆锥与分度圆锥重合。

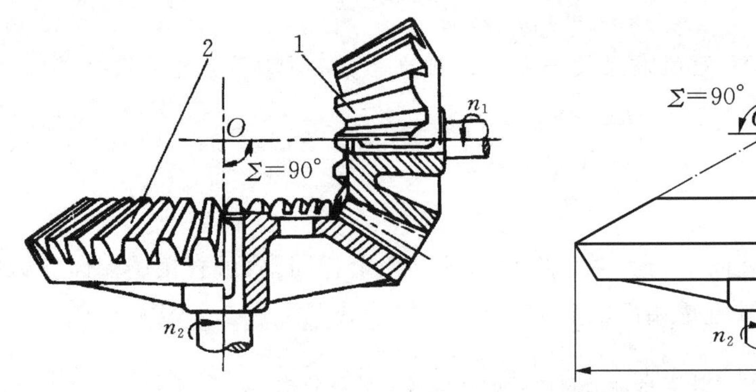


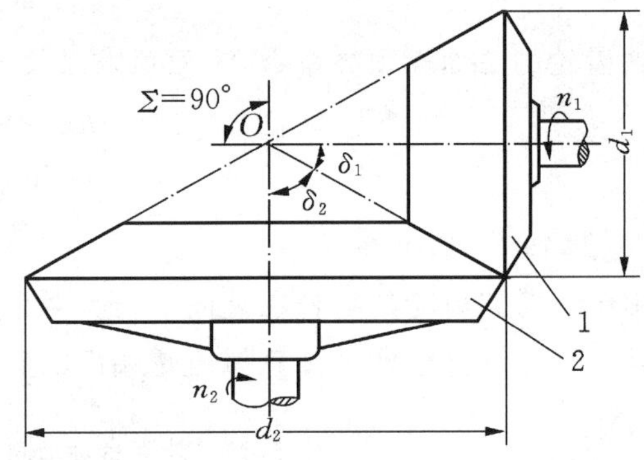


图 5.21　直齿圆锥齿轮传动

**2. 直齿圆锥齿轮传动的正确啮合条件及几何尺寸计算**

1）直齿圆锥齿轮的基本参数

直齿圆锥齿轮传动的基本参数及几何尺寸以轮齿大端为准。大端模数按表 5.12 选取标准值。圆锥齿轮大端压力角为标准值 $\alpha=20°$。当模数 $m\leqslant1$ mm 时，齿顶高系数 $h_a^*=1$，顶隙系数 $c^*=0.25$；当 $m>1$ mm 时，$h_a^*=1$，$c^*=0.2$。

表 5.12　圆锥齿轮模数系列　　单位：mm

| | | | | | | | | |
|---|---|---|---|---|---|---|---|---|
| 0.1 | 0.35 | 0.9 | 1.75 | 3.25 | 5.5 | 10 | 20 | 36 |
| 0.12 | 0.4 | 1 | 2 | 3.5 | 6 | 11 | 22 | 40 |
| 0.15 | 0.5 | 1.125 | 2.25 | 3.75 | 6.5 | 12 | 25 | 45 |
| 0.2 | 0.6 | 1.25 | 2.5 | 4 | 7 | 14 | 28 | 50 |
| 0.25 | 0.7 | 1.375 | 2.75 | 4.5 | 8 | 16 | 30 | — |
| 0.3 | 0.8 | 1.5 | 3 | 5 | 9 | 18 | 32 | — |

2）直齿圆锥齿轮的正确啮合条件

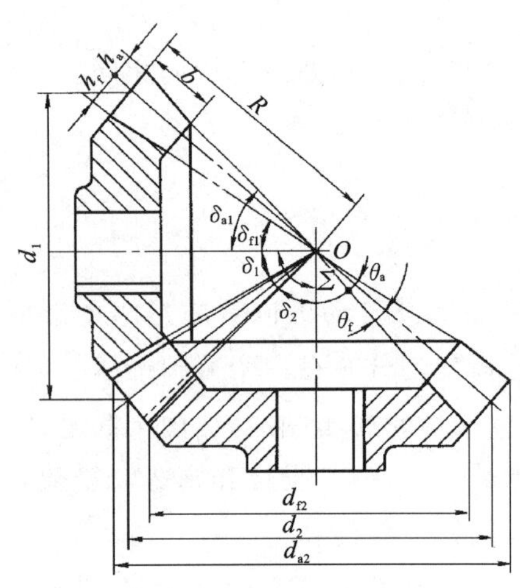


图 5.22　标准直齿圆锥齿轮几何尺寸

直齿圆锥齿轮的正确啮合条件为：两直齿圆锥齿轮的大端模数 $m$ 和压力角 $\alpha$ 分别相等，即

$$\left.\begin{aligned}m_1=m_2=m\\ \alpha_1=\alpha_2=\alpha\end{aligned}\right\}\tag{5-28}$$

图 5.22 所示为一对标准直齿圆锥齿轮传动，其节圆锥和分度圆锥相重合且两轴交角 $\Sigma=90°$，两轮各部分名称及主要几何尺寸的计算公式见表 5.13。

直齿圆锥齿轮传动的传动比为

$$i=\frac{\omega_1}{\omega_2}=\frac{n_1}{n_2}=\frac{z_2}{z_1}=\frac{d_2}{d_1}=\frac{\sin\delta_2}{\sin\delta_1}\tag{5-29}$$

当两轴线的夹角 $\Sigma=\delta_1+\delta_2=90°$时，有

$$i=\tan\delta_2=\cot\delta_1\tag{5-30}$$

表 5.13 标准直齿圆锥齿轮传动($\Sigma=90°$)的主要几何尺寸计算公式

| 名称代号 | 计算公式 |
|---|---|
| 模数 $m$ | 取大端模数为标准模数 |
| 分度圆直径 $d$ | $d_1=mz_1, d_2=mz_2$ |
| 齿宽中点分度圆直径(平均分度圆直径)$d_m$ | $d_{m1}=\left(1-\frac{0.5b}{R}\right)d_1, d_{m2}=\left(1-\frac{0.5b}{R}\right)d_2$ |
| 锥距 $R$ | $R=\frac{d_1}{2\sin\delta_1}=\frac{d_2}{2\sin\delta_2}=\frac{m}{2}\sqrt{z_1^2+z_2^2}$ |
| 齿宽 $b$ | 要求齿宽同时满足以下两式：<br>$b=\psi_R R\leqslant\frac{R}{3}$ 和 $b\leqslant 10m$，$\psi_R$——齿宽系数，一般取 $\psi_R=0.25\sim0.3$ |
| 齿顶高 $h_a$ | $h_a=m$ |
| 齿根高 $h_f$ | $h_f=1.2m(m>1)$ |
| 齿全高 $h$ | $h=2.2m(m>1)$ |
| 齿顶圆直径 $d_a$ | $d_{a1}=d_1+2m\cos\delta_1=m(z_1+2\cos\delta_1)$<br>$d_{a2}=d_2+2m\cos\delta_2=m(z_2+2\cos\delta_2)$ |
| 齿根圆直径 $d_f$ | $d_{f1}=d_1-2.4m\cos\delta_1=m(z_1-2.4\cos\delta_1)(m>1)$<br>$d_{f2}=d_2-2.4m\cos\delta_2=m(z_2-2.4\cos\delta_2)(m>1)$ |
| 齿顶角 | $\tan\theta_a=\frac{h_a}{R}$ |
| 齿根角 | $\tan\theta_f=\frac{h_f}{R}$ |
| 齿顶圆锥角 | $\delta_a=\delta+\theta_a$ |
| 齿根圆锥角 | $\delta_f=\delta-\theta_f$ |

## 四、蜗杆传动

### 1. 蜗杆传动的类型和特点

蜗杆传动用来传递空间两交错轴之间的运动和动力，一般两轴交角为 90°，如图 5.23 所示。

蜗杆传动由蜗杆与蜗轮组成。一般为蜗杆主动、蜗轮从动，具有自锁性，作减速运动。蜗杆传动广泛应用于各种机械和仪器设备之中。

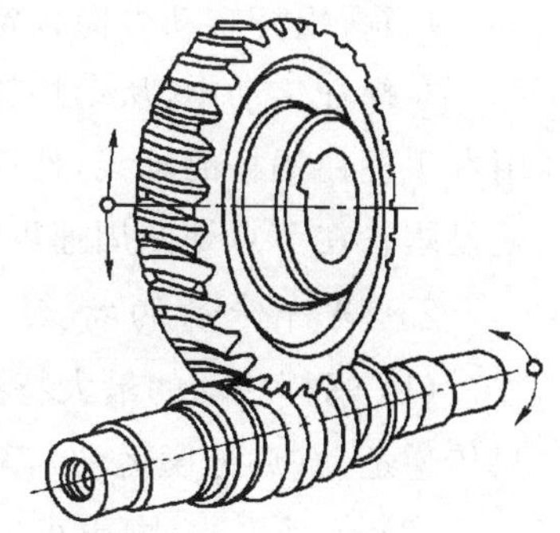

图 5.23 蜗杆传动

1）蜗杆传动的类型及转动方向

(1) 按蜗杆形状的不同，蜗杆传动可分为圆柱蜗杆传动(见图 5.24(a))、圆弧面蜗杆传动(见图 5.24(b))和锥面蜗杆传动(见图 5.24(c))。其中圆柱蜗杆传动应用最广。

(2) 圆柱蜗杆传动又有普通圆柱蜗杆传动和圆弧圆柱蜗杆传动两类。

(3) 普通圆柱蜗杆传动的蜗杆按刀具加工位置的不同，又可分为阿基米德蜗杆(ZA 型)、渐开线蜗杆(ZI 型)、法向直齿廓蜗杆(ZN 型，也称为延伸渐开线蜗杆)和锥面包络蜗杆(ZK 型)等，其中阿基米德蜗杆由于加工方便，应用最为广泛。

图 5.25 所示为阿基米德蜗杆，其端面齿廓为阿基米德螺旋线，轴向齿廓为直线，加工方法与普通梯形螺纹相似，应使刀刃顶平面通过蜗杆轴线。阿基米德蜗杆较容易车削，但难以磨削，

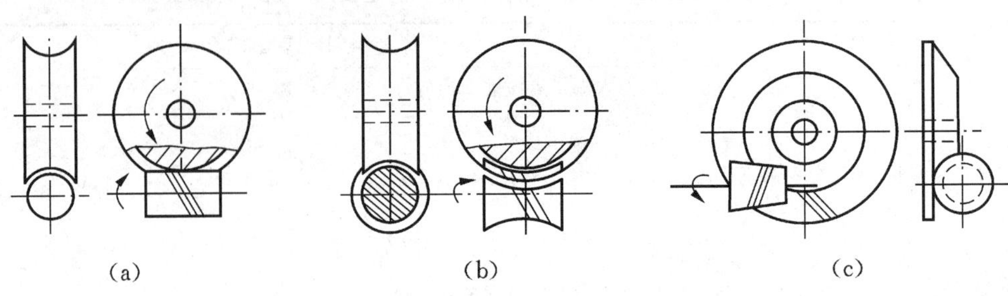


图 5.24 蜗杆传动的类型

不易得到较高精度。

图 5.26 所示为渐开线蜗杆，其端面齿廓为渐开线，加工时刀具的切削刃与基圆相切，两把刀具分别切出左、右侧螺旋面。渐开线蜗杆也可以用滚刀加工，并可在专用机床上磨削，制造精度较高，利于成批生产。

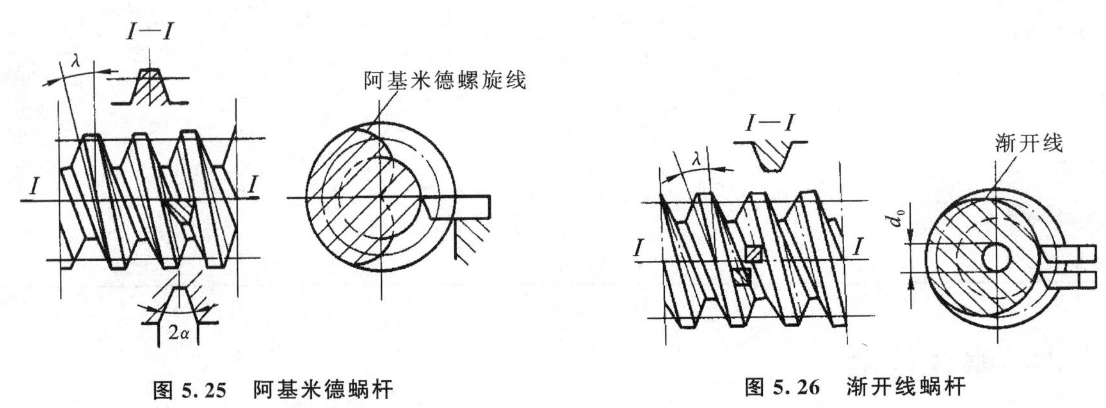


图 5.25 阿基米德蜗杆

图 5.26 渐开线蜗杆

蜗轮、蜗杆转动方向判定方法如下。

在蜗杆传动中，从动蜗轮转向判定方法用蜗杆“左、右手法则”：对右旋蜗杆，用右手法则，即用右手握住蜗杆的轴线，使四指弯曲方向与蜗杆转动方向一致，则与大拇指的指向相反的方向就是蜗轮在节点处圆周速度的方向；对左旋蜗杆，用左手法则，方法同上。

2）蜗杆传动的特点

(1) 蜗杆传动的最大特点是结构紧凑、传动比大。一般传动比 $i=10\sim40$，最大可达 80。若只传递运动(如分度运动)，其传动比可达 1 000。

(2) 传动平稳、噪声小。由于蜗杆上的齿是连续不断的螺旋齿，蜗轮轮齿和蜗杆是逐渐进入啮合并逐渐退出啮合的，同时啮合的齿数较多，所以传动平稳、噪声小。

(3) 可制成具有自锁性的蜗杆。由于蜗杆的螺旋线升角小于啮合面的当量摩擦角，蜗杆传动具有自锁性，也就是只有蜗杆能带动蜗轮。

(4) 蜗杆传动的主要缺点是效率较低。由于蜗轮和蜗杆在啮合处有较大的相对滑动，因而发热量大，效率较低。传动效率一般为 0.7～0.8。

(5) 蜗轮的造价较高。为减轻齿面的磨损及防止胶合，蜗轮一般多用青铜制造，因此造价较高。

## 2. 蜗杆传动的主要参数和几何尺寸计算

如图 5.27 所示为阿基米德蜗杆传动，通过蜗杆轴线并垂直于蜗轮轴线的平面称为中间平面。在中间平面上，蜗轮与蜗杆的啮合相当于渐开线齿轮与齿条的啮合。因此，设计蜗杆传动时，其参数和尺寸均在中间平面内确定，并沿用渐开线圆柱齿轮传动的计算公式。

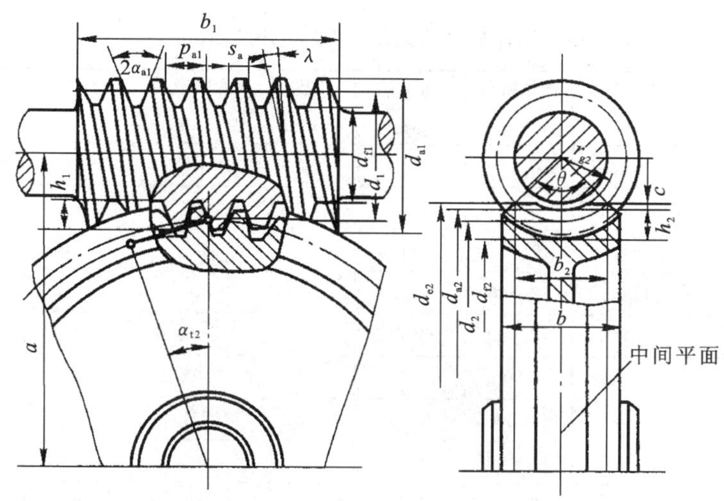


图 5.27　蜗杆传动的主要参数和几何尺寸

### 1) 蜗杆传动的主要参数及其选择

(1) 蜗杆头数 $z_1$、蜗轮齿数 $z_2$ 和传动比 $i$。

蜗杆头数(线数) $z_1$ 即为蜗杆螺旋线的数目，$z_1$ 一般取 1、2、4。当传动比大于 40 或要求蜗杆自锁时，取 $z_1=1$；当传递功率较大时，为提高传动效率、减少能量损失，常取 $z_1$ 为 2、4。蜗杆头数越多，加工精度越难保证。

通常情况下，取蜗轮齿数 $z_2=28\sim80$。若 $z_2<28$，会使传动的平稳性降低，且易产生根切；若 $z_2$ 过大，蜗轮直径增大，蜗杆的长度相应增加，刚度减小，从而影响啮合的精度。

通常蜗杆为主动件，蜗杆传动的传动比 $i$ 等于蜗杆与蜗轮的转速之比。当蜗杆转一周时，蜗轮转过 $z_1$ 齿，即转过 $z_1/z_2$ 周，所以可得出下式

$$i=\frac{n_1}{n_2}=\frac{1}{z_1/z_2}=\frac{z_2}{z_1} \tag{5-31}$$

式中：$n_1$、$n_2$——蜗杆、蜗轮的转速，单位为 r/min。

$z_1$、$z_2$ 可根据传动比 $i$ 按表 5.14 选取。

表 5.14　蜗杆头数 $z_1$ 和蜗轮齿数 $z_2$ 推荐值

| 传动比 $i=\frac{z_2}{z_1}$ | 7～13 | 14～27 | 28～40 | >40 |
|---|---|---|---|---|
| 蜗杆头数 $z_1$ | 4 | 2 | 2、1 | 1 |
| 蜗轮齿数 $z_2$ | 28～52 | 28～54 | 28～80 | >40 |

请注意：蜗杆传动的传动比 $i$ 仅与 $z_1$ 和 $z_2$ 有关，而不等于蜗轮与蜗杆分度圆直径之比。

(2) 模数 $m$ 和压力角 $\alpha$。

如前所述，在中间平面上蜗杆与蜗轮的啮合可看成齿条与齿轮的啮合(见图5.27)，蜗杆的轴向齿距 $p_{a1}$，应等于蜗轮的端面齿距 $p_{t2}$，即蜗杆的轴向模数 $m_{a1}$ 应等于蜗轮的端面模数 $m_{t2}$，蜗杆的轴向压力角 $\alpha_{a1}$ 应等于蜗轮的端面压力角 $\alpha_{t2}$。规定中间平面上的模数和压力角为标准值，则蜗杆基本参数见表5.15。

**表5.15　蜗杆基本参数($\Sigma=90°$)(GB/T 10085—1988)**

| 模数 $m$/mm | 分度圆直径 $d_1$/mm | 蜗杆头数 $z_1$ | 直径系数 $q$ | $m^2d_1$ /$mm^3$ |
|---|---|---|---|---|
| 1 | 18 | 1 | 18.000 | 18 |
| 1.25 | 20 | 1 | 16.000 | 31.25 |
| | 22.4 | 1 | 17.920 | 35 |
| 1.6 | 20 | 1,2,4 | 12.500 | 51.2 |
| | 28 | 1 | 17.500 | 71.68 |
| 2 | (18) | 1,2,4 | 9.000 | 72 |
| | 22.4 | 1,2,4,6 | 11.200 | 89.6 |
| | (28) | 1,2,4 | 14.000 | 112 |
| | 35.5 | 1 | 17.750 | 142 |
| 2.5 | (22.4) | 1,2,4 | 8.960 | 140 |
| | 28 | 1,2,4,6 | 11.200 | 175 |
| | (35.5) | 1,2,4 | 14.200 | 221.875 |
| | 45 | 1 | 18.000 | 281.25 |
| 3.15 | (28) | 1,2,4 | 8.889 | 277.83 |
| | 35.5 | 1,2,4,6 | 11.270 | 352.249 |
| | 45 | 1,2,4 | 14.286 | 446.513 |
| | 56 | 1 | 17.778 | 555.66 |
| 4 | (31.5) | 1,2,4 | 7.875 | 504 |
| | 40 | 1,2,4,6 | 10.000 | 640 |
| | (50) | 1,2,4 | 12.500 | 800 |
| | 71 | 1 | 17.750 | 1 136 |
| 5 | (40) | 1,2,4 | 8.000 | 1 000 |
| | 50 | 1,2,4,6 | 10.000 | 1 250 |
| | (63) | 1,2,4 | 12.600 | 1 575 |
| | 90 | 1 | 18.000 | 2 250 |
| 6.3 | (50) | 1,2,4 | 7.936 | 1 984.5 |
| | 63 | 1,2,4,6 | 10.000 | 2 500.47 |
| 6.3 | (80) | 1,2,4 | 12.698 | 3 175.2 |
| | 112 | 1 | 17.778 | 4 445.28 |
| 8 | (63) | 1,2,4 | 7.875 | 4 032 |
| | 80 | 1,2,4,6 | 10.000 | 5 120 |
| | (100) | 1,2,4 | 12.500 | 6 400 |
| | 140 | 1 | 17.500 | 8 960 |
| 10 | (71) | 1,2,4 | 7.100 | 7 100 |
| | 90 | 1,2,4,6 | 9.000 | 9 000 |
| | (112) | 1,2,4 | 11.200 | 11 200 |
| | 160 | 1 | 16.000 | 16 000 |
| 12.5 | (90) | 1,2,4 | 7.200 | 14 062.5 |
| | 112 | 1,2,4 | 8.960 | 17 500 |
| | (140) | 1,2,4 | 11.200 | 21 875 |
| | 200 | 1 | 16.000 | 31 250 |
| 16 | (112) | 1,2,4 | 7.000 | 28 672 |
| | 140 | 1,2,4 | 8.750 | 35 840 |
| | (180) | 1,2,4 | 11.250 | 46 080 |
| | 250 | 1 | 15.625 | 64 000 |
| 20 | (140) | 1,2,4 | 7.000 | 56 000 |
| | 160 | 1,2,4 | 8.000 | 64 000 |
| | (224) | 1,2,4 | 11.200 | 89 600 |
| | 315 | 1 | 15.750 | 126 000 |
| 25 | (180) | 1,2,4 | 7.200 | 112 500 |
| | 200 | 1,2,4 | 8.000 | 125 000 |
| | (280) | 1,2,4 | 11.200 | 175 000 |
| | 400 | 1 | 16.000 | 250 000 |

注：①表中模数均系第一系列，$m<1$ mm的未列入，$m>25$ mm的还有31.5 mm、40 mm两种。属于第二系列的模数有：1.5 mm、3 mm、3.5 mm、4.5 mm、5.5 mm、6 mm、7 mm、12 mm、14 mm。

②表中蜗杆分度圆直径 $d_1$ 均属第一系列，$d_1<18$ mm的未列入，此外还有355 mm。属于第二系列的有：30 mm、38 mm、48 mm、53 mm、60 mm、67 mm、75 mm、85 mm、95 mm、106 mm、118 mm、132 mm、144 mm、170 mm、190 mm、300 mm。

③模数和分度圆直径均应优先选用第一系列。括号中的数字尽可能不用。

(3) 蜗杆螺旋升角 $\lambda$。

蜗杆螺旋面与分度圆柱面的交线为螺旋线。如图 5.28 所示，将蜗杆分度圆柱展开，其螺旋线与端面的夹角即蜗杆分度圆柱上的螺旋线升角 $\lambda$，或称蜗杆的导程角。由图 5.28 可得蜗杆螺旋线的导程 $L$ 为

$$L = z_1 p_{a1} = z_1 \pi m \tag{5-32}$$

蜗杆分度圆柱上螺旋线升角 $\lambda$ 与导程的关系为

$$\tan\lambda = \frac{L}{\pi d_1} = \frac{z_1 \pi m}{\pi d_1} = \frac{z_1 m}{d_1} \tag{5-33}$$

与螺纹相似，蜗杆螺旋线也有左旋、右旋之分，一般情况下多为右旋。

通常蜗杆螺旋线的升角 $\lambda = 3.5° \sim 27°$，升角小时传动效率低，但可实现自锁($\lambda = 3.5° \sim 4.5°$)；升角大时传动效率高，但蜗杆的车削加工较困难。

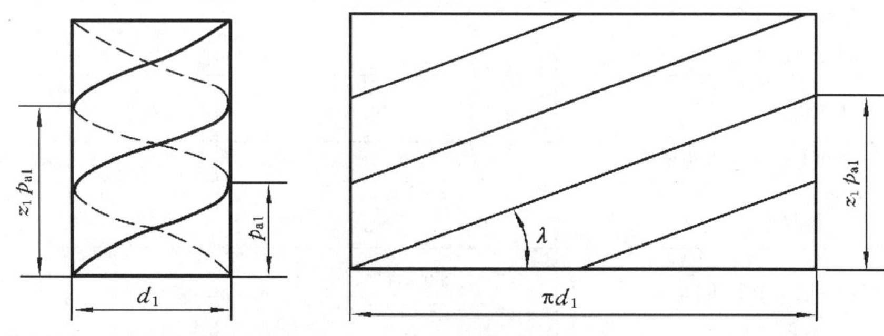


图 5.28 蜗杆分度圆柱展开图

(4) 蜗杆分度圆直径 $d_1$ 和蜗杆直径系数 $q$。

加工蜗杆时，蜗杆滚刀的参数应与相啮合的蜗杆完全相同，几何尺寸基本相同。根据式(5-33)，蜗杆的分度圆直径可写为

$$d_1 = m \frac{z_1}{\tan\lambda} \tag{5-34}$$

蜗杆的分度圆直径 $d_1$ 不仅与模数 $m$ 有关，而且与 $z_1$ 和 $\lambda$ 有关。即同一模数的蜗杆，由于 $z_1$、$\lambda$ 的不同，$d_1$ 随之变化，致使滚刀数目较多，很不经济。为了减少滚刀的数量，有利于标准化，对应于每一个模数 $m$，国标规定了一至四种蜗杆分度圆直径 $d_1$，并把 $d_1$ 与 $m$ 的比值称为蜗杆直径系数 $q$，即

$$q = \frac{d_1}{m} \tag{5-35}$$

式中：$d_1$、$m$ 已标准化。

$q$ 不一定是整数。

将此式与式(5-33)联立，得

$$\tan\lambda = \frac{z_1}{q} \tag{5-36}$$

当 $m$ 一定时，$q$ 越小，$d_1$ 越小，升角 $\lambda$ 越大，传动效率越高，但蜗杆的刚度和强度降低。

(5) 中心距。

蜗杆传动的中心距为

$$a = \frac{d_1 + d_2}{2} = \frac{d_1 + m z_2}{2} \tag{5-37}$$

2）蜗杆传动的几何尺寸计算

标准圆柱蜗杆传动的几何尺寸计算公式见表5.16。

**表5.16 标准圆柱蜗杆传动的几何尺寸计算**

| 名　　称 | 计算公式 | |
|---|---|---|
| | 蜗杆 | 蜗轮 |
| 齿顶高 | $h_{a1}=m$ | $h_{a2}=m$ |
| 齿根高 | $h_{f1}=1.2m$ | $h_{f2}=1.2m$ |
| 分度圆直径 | $d_1=mq$ | $d_2=mz_2$ |
| 齿顶圆直径 | $d_{a1}=m(q+2)$ | $d_{a2}=m(z_2+2)$ |
| 齿根圆直径 | $d_{f1}=m(q-2.4)$ | $d_{f2}=m(z_2-2.4)$ |
| 顶隙 | $c=0.2m$ | |
| 蜗杆轴向齿距<br>蜗轮端面齿距 | $p_{a1}=p_{t2}=\pi m$ | |
| 蜗杆分度圆柱的导程角 | $\lambda=\arctan\frac{z_1}{q}$ | — |
| 蜗轮分度圆上轮齿的螺旋角 | — | $\beta=\lambda$ |
| 中心距 | $a=\frac{m}{2}(q+z_2)$ | |
| 蜗杆螺纹部分长度 | $z_1=1、2,b_1\geqslant(11+0.06z_2)m$<br>$z_1=4,b_1\geqslant(12.5+0.09z_2)m$ | — |
| 蜗轮咽喉母圆半径 | — | $r_{g2}=a-\frac{1}{2}d_{a2}$ |
| 蜗轮最大外圆直径 | — | $z_1=1,d_{e2}\leqslant d_{a2}+2m$<br>$z_1=2,d_{e2}\leqslant d_{a2}+1.5m$<br>$z_1=4,d_{e2}\leqslant d_{a2}+m$ |
| 蜗轮轮缘宽度 | — | $z_1=1、2,b\leqslant 0.75d_{a1}$<br>$z_1=4,b\leqslant 0.67d_{a1}$ |
| 蜗轮轮齿包角 | — | $\theta=2\arcsin\frac{b_2}{d_1}$<br>一般动力传动 $\theta=70°\sim90°$<br>高速动力传动 $\theta=90°\sim130°$<br>分度传动 $\theta=45°\sim60°$ |

3）蜗杆传动的正确啮合条件

在图5.27所示的蜗杆传动的中间平面内，蜗轮、蜗杆的齿距相等。即蜗杆传动的正确啮合条件是蜗轮的端面模数等于蜗杆的轴向模数，蜗轮的端面压力角等于蜗杆的轴向压力角，其表达式为

$$\left.\begin{array}{l}\alpha_{a1}=\alpha_{t2}=20°\\ m_{a1}=m_{t2}=m\end{array}\right\} \tag{5-38}$$

**3. 蜗杆、蜗轮的材料和结构**

1）蜗杆、蜗轮的材料

考虑到蜗杆传动的特点，蜗杆、蜗轮的材料不仅要求具有足够的强度，更重要的是要有良好的跑合性、耐磨性和抗胶合能力。

蜗杆一般用碳钢或合金钢制成，常用材料为40钢、45钢或40Cr并经淬火。高速重载蜗杆

常用15Cr或20Cr，并经渗碳淬火(硬度为40～55 HRC)和磨削。对于速度不高、载荷不大的蜗杆可采用40钢、45钢调质处理，硬度为220～250 HBS。

蜗轮常用材料为青铜和铸铁。锡青铜耐磨性能及抗胶合性能较好，但价格较贵，常用的有ZCuSn10P1(铸锡磷青铜)、ZCuSn5Pb5Zn5(铸锡锌铅青铜)等，用于滑动速度较高的场合。铝铁青铜的力学性能较好，但抗胶合性略差，常用的有ZCuAl9Fe4Ni4Mn2(铸铝铁镍青铜)等，用于滑动速度较低的场合。灰铸铁只用于滑动速度 $v \leqslant 2$ m/s的传动中。

常用蜗杆、蜗轮的配对材料见表5.17。

**表5.17 蜗杆、蜗轮配对材料**

| 相对滑动速度 $v_s$/(m/s) | 蜗轮材料 | 蜗杆材料 |
|---|---|---|
| ≤25 | ZCuSn10P1 | 20CrMnTi 渗碳淬火，56～62 HRC 20Cr |
| ≤12 | ZCuSn5Pb5Zn5 | 45钢 高频淬火，40～50 HRC 40Cr 50～55 HRC |
| ≤10 | ZCuAl9Fe4Ni4Mn2<br>ZCuAl9Mn2 | 45钢 高频淬火，45～50 HRC 40Cr 50～55 HRC |
| ≤2 | HT150 HT200 | 45钢调质 220～250 HBS |

2) 蜗杆、蜗轮的结构

蜗杆的直径较小时，常和轴制成一个整体(见图5.29)。螺旋部分常用车削加工，也可用铣削加工。车削加工时需有退刀槽，因此刚度较差。

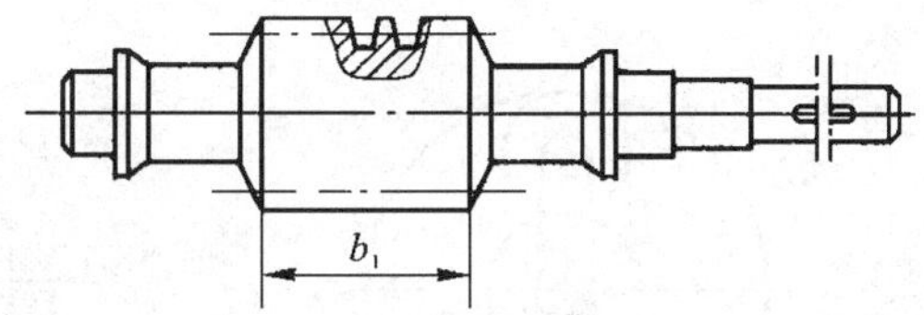


**图5.29 蜗杆轴**

按材料和尺寸的不同，蜗轮的结构有多种形式，如图5.30所示。

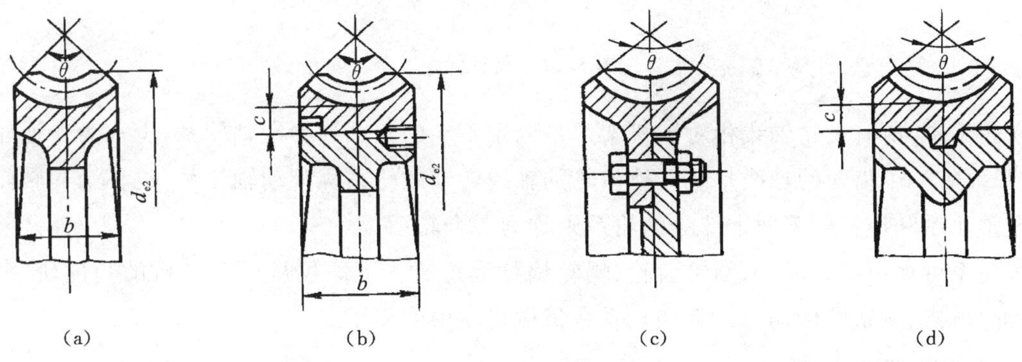


**图5.30 蜗轮结构**

(1) 整体式蜗轮(见图5.30(a)) 如直径较小的青铜蜗轮和铸铁蜗轮。

(2) 齿圈式蜗轮(见图5.30(b)) 为了节约贵重金属，直径较大的蜗轮常采用组合结构，齿圈用青铜材料，轮心用铸铁或铸钢制造。两者采用H7/r6配合，并用4～6个直径为1.2m～1.5m的螺钉加固，m为蜗轮模数。为便于钻孔，应将螺孔中心线向材料较硬的轮心部分偏移2～3 mm。这种结构用于尺寸不太大而且工作温度变化较小的场合。

(3) 螺栓连接式蜗轮(见图5.30(c)) 这种结构的齿圈与轮心用普通螺栓或铰制孔用螺栓连接,由于装拆方便,常用于尺寸较大或磨损后需更换蜗轮齿圈的场合。

(4) 镶铸式蜗轮(见图5.30(d)) 将青铜轮缘铸在铸铁轮心上,轮心上制出榫槽,以防轴向滑动。

## 五、轮系及其计算

前面讨论了一对齿轮啮合传动、蜗杆传动等相关问题。但是,在实际的机械工程中,为了满足各种不同的工作需要,仅仅使用一对齿轮是不够的。例如,在各种机床中,要将电动机的一种转速变为主轴的多级转速;在机械式钟表中,要使时针、分针、秒针之间的转速具有确定的比例关系;在汽车的传动系统中,都是依靠一系列的彼此相互啮合的齿轮所组成的齿轮机构来实现的。这种由一系列的齿轮所组成的传动系统称为齿轮系,简称轮系。

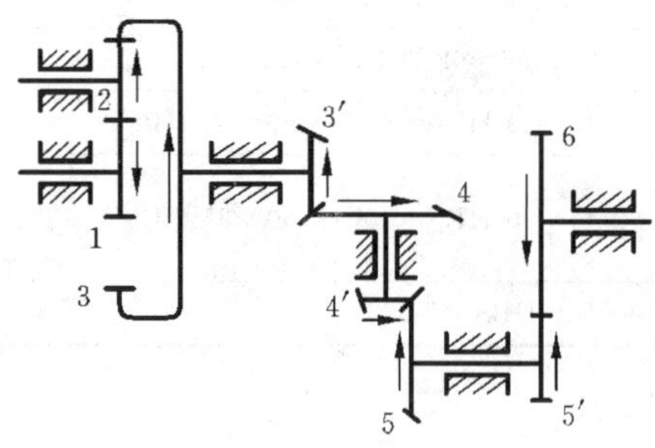

图 5.31 定轴轮系

在工程上,根据轮系中各齿轮轴线在空间的位置是否固定,将轮系分为定轴轮系和周转轮系,如图5.31和图5.32所示。

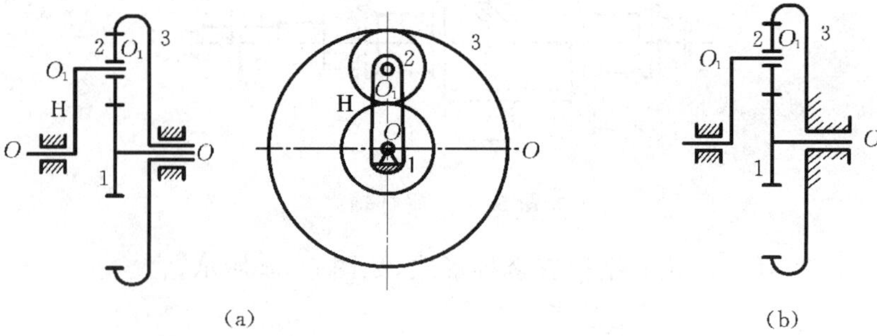

图 5.32 周转轮系

在轮系中,所有齿轮轴线相对于机架都是固定不动的轮系称为定轴轮系,也称为普通轮系;反之,只要有一个齿轮的轴线是绕其他齿轮的轴线转动的轮系称为动轴轮系,也称为周转轮系;兼有定轴轮系和周转轮系两个部分的轮系则称为混合轮系。

齿轮系可以由圆柱齿轮、圆锥齿轮、蜗轮蜗杆等组成。下面仅从运动分析的角度研究轮系设计,即只讨论轮系的传动比计算和轮系在机械传动中的作用。

### 1. 轮系的传动比计算

#### 1) 定轴轮系

一对齿轮的传动比是指这对齿轮的角速度之比,而轮系的传动比是指所研究轮系中的首末两构件的角速度(或转速)之比,用$i_{ab}$表示。为了完整地描述a、b两构件的运动关系,计算传动比时不仅要确定两构件的角速度比的大小,而且要确定它们的转向关系。也就是说轮系传动比的计算内容包括大小和方向两个方面。

下面以图5.31所示的定轴轮系为例介绍定轴轮系传动比的计算。

齿轮1、2、3、5′、6为圆柱齿轮，3′、4、4′、5为圆锥齿轮。设齿轮1为主动轮(首轮)，齿轮6为从动轮(末轮)，其轮系的传动比为$i_{16}=\omega_1/\omega_6$。

从图5.31中可以看出，齿轮1、2为外啮合，2、3为内啮合。根据前面所介绍的内容，可以求得图5.31中各对啮合齿轮的传动比大小如下。

1、2齿轮：$i_{12}=\dfrac{\omega_1}{\omega_2}=\dfrac{z_2}{z_1}$，　　2、3齿轮：$i_{23}=\dfrac{\omega_2}{\omega_3}=\dfrac{z_3}{z_2}$

3′、4齿轮：$i_{3'4}=\dfrac{\omega_{3'}}{\omega_4}=\dfrac{z_4}{z_{3'}}$，　　4′、5齿轮：$i_{4'5}=\dfrac{\omega_{4'}}{\omega_5}=\dfrac{z_5}{z_{4'}}$

5′、6齿轮：$i_{5'6}=\dfrac{\omega_{5'}}{\omega_6}=\dfrac{z_6}{z_{5'}}$

因为$\omega_3=\omega_{3'}$、$\omega_4=\omega_{4'}$，观察并分析以上式子可以看出，$\omega_2$、$\omega_3$、$\omega_4$三个参数在这些式子的分子和分母中各出现了一次。

为了求$i_{16}$，将上面的式子连乘起来，于是可以得到

$$i_{12}i_{23}i_{3'4}i_{4'5}i_{5'6}=\frac{\omega_1}{\omega_2}\frac{\omega_2}{\omega_3}\frac{\omega_3}{\omega_4}\frac{\omega_4}{\omega_5}\frac{\omega_5}{\omega_6}=\frac{\omega_1}{\omega_6}=\frac{z_2}{z_1}\frac{z_3}{z_2}\frac{z_4}{z_{3'}}\frac{z_5}{z_{4'}}\frac{z_6}{z_{5'}}$$

所以

$$i_{16}=\frac{\omega_1}{\omega_6}=\frac{z_3z_4z_5z_6}{z_1z_{3'}z_{4'}z_{5'}}$$

上式说明，定轴轮系的传动比等于组成该轮系的各对啮合齿轮传动比的连乘积，等于各对啮合齿轮所有从动轮齿数的连乘积与所有主动轮齿数连乘积之比，通式为

$$\text{定轴轮系传动比大小}=\frac{\text{所有从动轮齿数连乘积}}{\text{所有主动轮齿数连乘积}} \tag{5-39}$$

轮系传动的转向关系有用画箭头表示和用正、负号表示两种方法。

(1) 箭头法　首轮(主动轮)的转向已知，并用箭头方向代表齿轮可见一侧的圆周速度方向，则首末轮及其他轮的转向关系可用箭头表示，如图5.33所示。因为任何一对啮合齿轮，其节点处圆周速度相同，则表示两轮转向的箭头应同时指向或背离节点。由图5.31可见，轮1、6的转向相同。

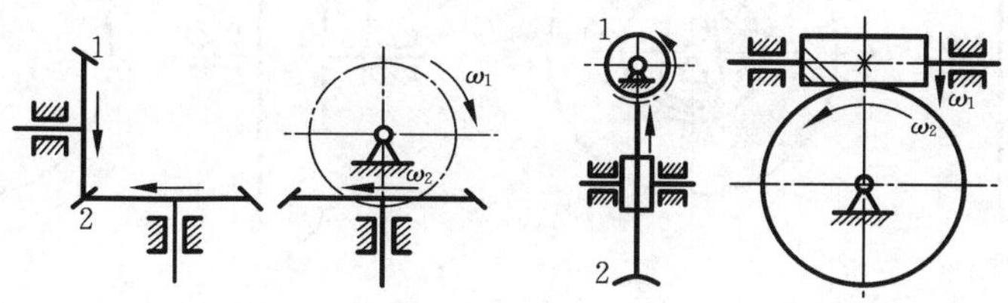


**图5.33　箭头法**

(2) 正、负号法　对于所有齿轮轴线平行的轮系，由于两轮的转向或相同或相反，因此规定：两轮转向相同，其传动比取“+”；转向相反，其传动比取“−”。其“+”“−”可以用箭头法判断出的两轮转向关系来确定，也可以通过直接计算而得到。在一个所有齿轮轴线平行的轮系中，每出现一对外啮合齿轮，齿轮的转向改变一次。如果有$m$对外啮合齿轮，可以用$(-1)^m$表示传动比的正、负号。

注意：在轮系中，轴线不平行的两个齿轮的转向没有相同或相反的意义，所以只能用箭头

法,如图 5.33 所示。故箭头法对任何一种轮系都是适用的。

2) 周转轮系

与定轴轮系相比,周转轮系相对要复杂一些,所以首先需要了解周转轮系的组成。

(1) 周转轮系的组成　如图 5.32 所示轮系为一基本周转轮系。齿轮 1、齿轮 3 都是绕固定轴线 $OO$ 回转的,在周转轮系中称为太阳轮或中心轮。齿轮 2 安装在构件 H 上,绕 $O_1O_1$ 进行自转,同时由于 H 本身绕 $OO$ 有回转,齿轮 2 会随着 H 绕 $OO$ 转动,就像天上的行星一样,兼有自转和公转,故此称为行星轮。而安装行星轮的构件 H 称为行星架(或称为系杆、转臂)。

在周转轮系中,一般都以太阳轮或行星架作为运动的输入和输出构件,所以它们就是周转轮系的基本构件。$OO$ 轴线称为主轴线。

由前面所述可以看出,一个基本周转轮系必须具有一个行星架、具有一个或若干个行星轮以及与行星轮啮合的太阳轮。

根据基本的周转轮系的自由度数目,可以将其划分为两大类:① 如果轮系中两个太阳轮都可以转动,则其自由度为 2,称为差动轮系(见图 5.32(a))。该轮系需要两个输入,才有确定的输出;② 如果有一个中心轮是固定的,则其自由度为 1,称为行星轮系(见图 5.32(b))。

(2) 周转轮系的传动比计算　通过对周转轮系和定轴轮系的观察分析发现,它们之间的根本区别就在于周转轮系中有着转动的系杆,使得行星轮既有自转又有公转,那么各轮之间的传动比就不再是与齿数成反比的简单关系了。由于这个差别,周转轮系的传动比就不能直接利用定轴轮系的方法计算。

根据相对运动原理,假如给整个周转轮系加上一个公共的角速度 $-\omega_H$,如图 5.34(a)所示,则各个齿轮、构件之间的相对运动关系仍将不变,但这时系杆的绝对运动角速度为 $\omega_H-\omega_H=0$,即系杆相对变为"静止不动",于是周转轮系便转化为定轴轮系了,称这种经过一定条件转化得到的假想定轴轮系为原周转轮系的转化机构或转化轮系,如图 5.34(b)所示。利用这种方法求解轮系的方法称为转化轮系法。

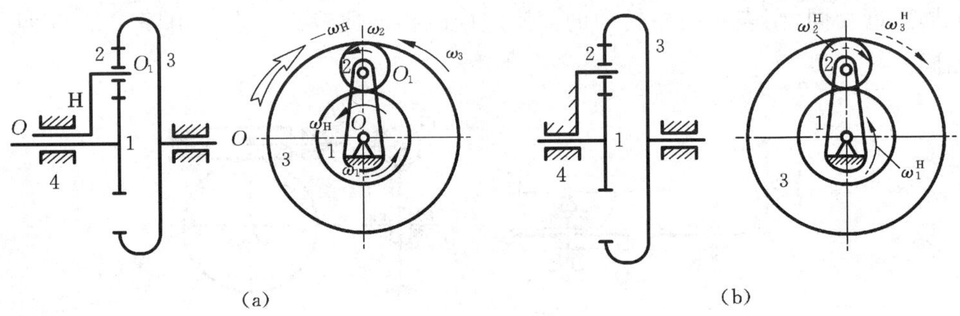


图 5.34　转化轮系

如图 5.34(a)所示的一基本周转轮系,按照上述方法转化后得到定轴轮系如图 5.34(b)所示,在转化轮系中,各构件的角速度变化情况见表 5.18。故可以求出此转化轮系的传动比为

$$i_{13}^H=\frac{\omega_1^H}{\omega_3^H}=\frac{\omega_1-\omega_H}{\omega_3-\omega_H}=-\frac{z_2z_3}{z_1z_2}=-\frac{z_3}{z_1} \tag{5-40}$$

式中:"$-$"表示在转化轮系中 $\omega_1^H$ 和 $\omega_3^H$ 转向相反。

表 5.18　转化轮系速度变化情况

| 构　件 | 原有角速度 | 转化后角速度 |
| --- | --- | --- |
| 行星架 H | $\omega_H$ | $\omega_H-\omega_H=0$ |
| 齿轮 1 | $\omega_1$ | $\omega_1^H=\omega_1-\omega_H$ |
| 齿轮 2 | $\omega_2$ | $\omega_2^H=\omega_2-\omega_H$ |
| 齿轮 3 | $\omega_3$ | $\omega_3^H=\omega_3-\omega_H$ |
| 机架 4 | $\omega_4=0$ | $\omega_4=-\omega_H$ |

作为差动轮系，任意给定两个基本构件的角速度（包括大小和方向），则另一个构件的基本角速度（包括大小和方向）便可以求出，从而就可以求出该轮系中三个基本构件中任意两个构件间的传动比。

由前面所述可以看出，转化轮系中构件之间传动比的求解通式为

$$i_{mn}^{H}=\frac{\omega_m-\omega_H}{\omega_n-\omega_H} \tag{5-41}$$

若上述差动轮系中的太阳轮1和3之中的一个固定，如令 $\omega_3=0$，则轮系就转化为行星轮系，此时行星轮系的转化轮系传动比为

$$i_{13}^{H}=\frac{\omega_1^H}{\omega_3^H}=\frac{\omega_1-\omega_H}{0-\omega_H}=-\frac{z_3}{z_1}$$

即

$$i_{1H}=\frac{\omega_1}{\omega_H}=1-i_{13}^{H} \tag{5-42}$$

设周转轮系中太阳轮为任意两轮1、$k$ 的转速分别为 $n_1$、$n_k$，则在该周转轮系的转化轮系中，两轮的传动比通用表达式 $i_{1k}^{H}$ 为

$$i_{1k}^{H}=\frac{n_1^H}{n_k^H}=\frac{n_1-n_H}{n_k-n_H}=(-1)^m\frac{\text{各对啮合齿轮的从动齿轮齿数的连乘积}}{\text{各对啮合齿轮的主动齿轮齿数的连乘积}} \tag{5-43}$$

式中：$m$——行星轮系中齿轮1与齿轮 $k$ 之间外啮合齿轮的对数。

在应用式(5-43)时，应特别注意以下几点。

(1) 齿轮1、齿轮 $k$ 与行星架H三个构件的轴线必须互相平行；否则，不能应用该式。

(2) 齿轮1、齿轮 $k$ 与行星架H三个构件的转速本身含有正、负号。对差动行星轮系，若已知两个构件的转向相反，则应将其中的一个转速以正值代入，另一转速以负值代入，这样求得的第三个构件的转速，其转向就可根据其正、负号来确定；对简单行星轮系，固定的太阳轮的转速为零。

(3) $i_{1k}\neq i_{1k}^{H}$。$i_{1k}$ 是周转轮系中齿轮1与齿轮 $k$ 的传动比，而 $i_{1k}^{H}$ 则是该周转轮系的转化轮系的传动比。

(4) 周转轮系与定轴轮系的差别就在于有无系杆（行星轮）存在。

**2. 轮系的功用**

由于轮系具有传动准确、传动比大等其他机构无法替代的特点，轮系在工程中应用的十分广泛，特别是汽车行业，现在介绍如下。

1）实现变速传动（多传动比传动）

例如，在汽车等类似的机械中，在主轴转速不变的条件下，利用轮系可以使从动轴获得若干个不同的转速（见图5.35）。

2）实现分路传动

利用轮系可以使一个主动轴带动若干从动轴同时旋转，实现多路输出，带动多个附件同时工作。

如图5.36所示为机械钟表轮系结构：在同一主轴带动下，利用轮系可以实现几个从动轴的

分路输出运动。

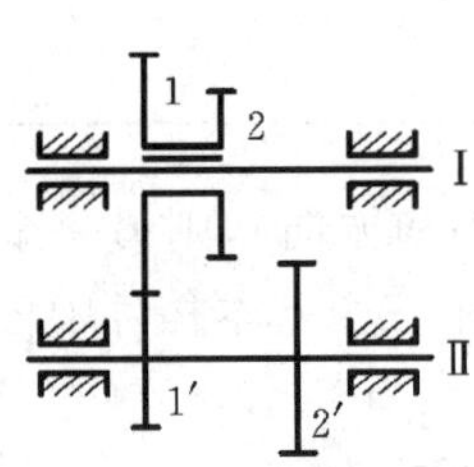


图 5.35　多传动比变速

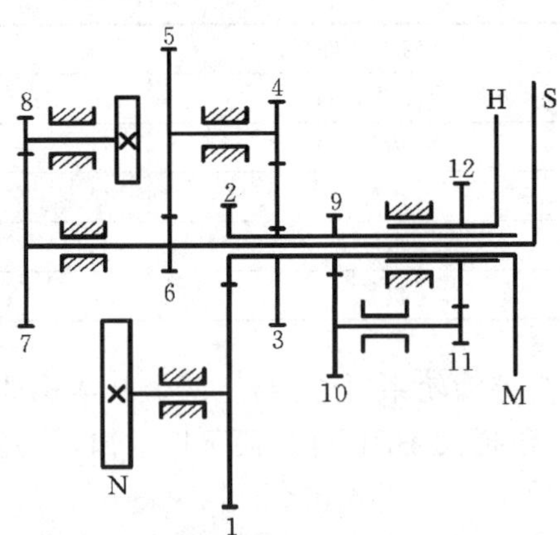


图 5.36　分路传动

3）传递相距较远的两轴间的运动和动力

当两轴间的中心距较大时，如果仅用一对齿轮传动，两个齿轮的尺寸必然很大，将占用较大的结构空间，使机器过于庞大，浪费材料。改用轮系便可以克服这个缺点，如图 5.37 所示。

4）获得大的传动比

当两轴之间需要较大的传动比时，仅用一对齿轮传动，必然会使两轮的尺寸相差过大，这时小齿轮就易于损坏。这时利用轮系就可以避免这个缺陷。周转轮系可以由很少几个齿轮获得较大的传动比，而且机构十分紧凑。

那么是否可以将该机构用作增速装置，也就是让齿轮 1 转 1 周，而让系杆转 10 000 周呢？这是不行的。由于这种大传动比的行星轮系，在增速时一般都具有自锁性。减速比越大，传动的机械效率越低，故只适用于辅助装置的传动机构，不宜作大功率的传动。

5）改变从动轴转向

在单对外啮合齿轮传动中，输入和输出转向是相反的。图 5.38 所示的就是实现从动轴转向改变的轮系。

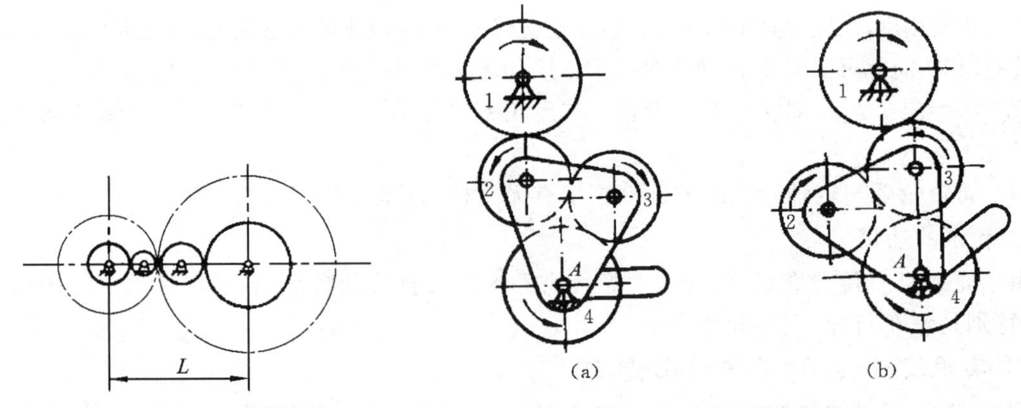


图 5.37　相距较远的两轴

图 5.38　改变从动轴转向

6）在尺寸及质量较小的情况下，实现大功率传动

利用周转轮系，可以实现小尺寸、大功率的传动。在行星减速器中，由于有多个行星轮同时啮合，而且常采用内啮合，利用了内齿轮中间的空间部分，故与普通定轴轮系减速器相比，在同

样的体积和质量条件下，可以传递较大的功率，工作也更为可靠。因而在大功率的传动中，为了减小传动机构的尺寸和质量，广泛采用行星轮系。同时，由于行星轮系减速器的输入/输出轴在同一轴线上，行星轮在其周围均匀对称布置，尺寸十分紧凑，这一点对飞行器十分重要，因而在航空用的主减速器中这种轮系得到普遍采用。

如图5.39所示为某发动机主减速器传动简图。这个轮系的右部是一个由中心轮1、3，行星轮2和系杆H组成的差动轮系，左部是一定轴轮系。定轴轮系将差动轮系的内齿轮3与系杆H的运动联系起来，整个轮系的自由度为1。动力自小齿轮1输入后，分两路从系杆H和内齿轮3输往左边，最后在内齿轮3′处汇合。由于采用多个行星轮，加上功率分开传递，所以在较小尺寸(约430 mm)下，传递的功率达2 850 kW。整个轮系的传动比为$i_{1H}=11.45$。

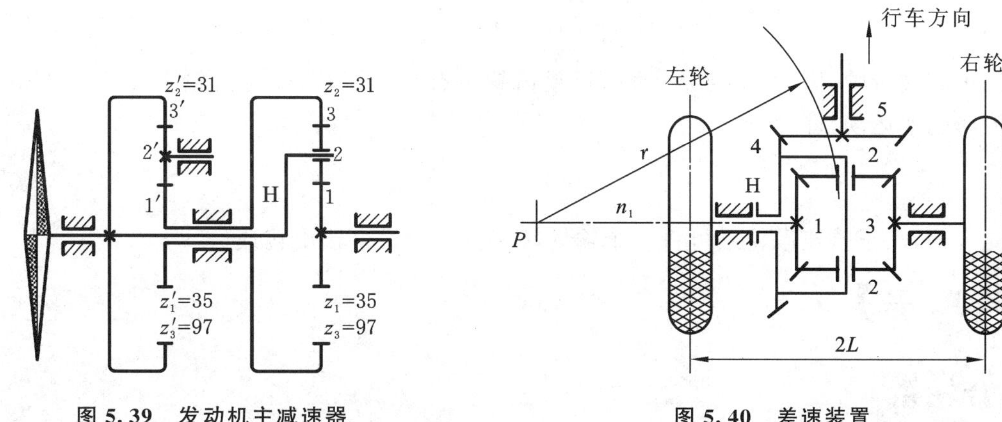


图5.39 发动机主减速器　　　　图5.40 差速装置

7）用于运动的合成及分解

对于差动轮系来说，它的三个基本构件都是运动的，必须给定其中任意两个基本构件的运动，第三个构件才有确定的运动。这就是说，第三个构件的运动是另两个构件运动的合成。

差动轮系不但可以将两个独立的运动合成一个运动，而且还可以将一个主动的基本构件的转动按所需的比例分解为另两个基本构件的转动，例如，汽车、拖拉机等车辆上常用的差速装置，如图5.40所示。

8）实现特殊的工艺动作和轨迹

在行星轮系中，行星轮作平面运动，其上某些点的运动轨迹很特殊。利用这个特点，可以实现所要求的工艺动作及特殊的运动轨迹。在周转轮系中，行星轮上任意一点的运动轨迹称为旋轮线，在工程上也有极大的用处。

## 【任务实施】

### 汽车后桥轮系的计算

图5.40所示的汽车后桥差速器即为分解运动的齿轮系。当汽车转弯时，它可将发动机传到齿轮5的运动以不同的速度分别传递给左右两个车轮，以维持车轮与地面间的纯滚动，避免车轮与地面间的滑动，导致车轮的过度磨损。

若输入转速为$n_5$，两车轮外径相等，轮距为$2L$，两轮转速分别为以$n_1$和$n_3$，汽车行驶半径为$r$，当汽车绕图示点$P$向左转弯时，两轮行驶的距离不相等，其转速比为

$$\frac{n_1}{n_3}=\frac{r-L}{r+L} \tag{5-44}$$

差速器中齿轮4、5组成定轴轮系,行星架H与齿轮4固联在一起,1、2、3、H组成差动轮系。对于差动轮系1-2-3-H,因为 $z_1=z_2=z_3$,有

$$i_{13}^{H}=\frac{n_1-n_H}{n_3-n_H}=-\frac{z_3}{z_1}=-1$$

$$n_H=\frac{n_1+n_3}{2}$$

即

$$n_4=n_H=\frac{n_1+n_3}{2} \tag{5-45}$$

式中,$n_4$——齿轮4的转速。

联立求解式(5-44)和式(5-45)两式,得

$$n_1=\frac{r-L}{r}n_4,\quad n_3=\frac{r+L}{r}n_4 \tag{5-46}$$

若汽车直线行驶,因为 $n_1=n_3$,所以行星齿轮没有自转运动,此时齿轮1、2、3和4相当于一个刚体作同速运动,即

$$n_1=n_3=n_4=\frac{n_5}{i_{54}}=\frac{z_5}{z_4}n_5 \tag{5-47}$$

由此可知,汽车差速齿轮系可将一个输入转速分解为两个输出转速。

## 【知识拓展】

### 混合轮系

一个轮系中同时包含有定轴轮系和周转轮系时,称为混合轮系(或复合轮系)。一个混合轮系可能同时包含一个定轴轮系和若干个基本周转轮系。

对于这种复杂的混合轮系,求解其传动比时,既不能单纯地采用定轴轮系传动比的计算方法,也不能单纯地按照基本周转轮系传动比的计算方法来计算。其求解的方法是:

① 将该混合轮系所包含的各个定轴轮系和各个基本周转轮系一一划分出来;

② 找出各基本轮系之间的连接关系;

③ 分别找出各定轴轮系和周转轮系传动比的计算关系式;

④ 联立求解这些关系式,从而求出该混合轮系的传动比。

其中关键是第一步划分工作。

划分定轴轮系的基本方法:若一系列互相啮合的齿轮的几何轴线都是固定不动的,则这些齿轮和机架便组成一个定轴轮系。

划分周转轮系的方法:首先需要找出既有自转又有公转的行星轮(有时行星轮有多个);然后找出支持行星轮作公转的构件——行星架;最后找出与行星轮相啮合的两个太阳轮(有时只有一个太阳轮),这些构件便构成一个基本周转轮系,而且每一个基本周转轮系只含有一个行星架。

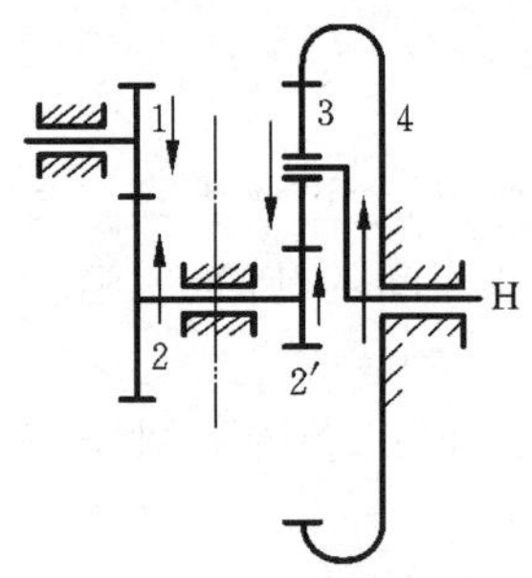

图5.41　混合轮系

从理论上说,混合轮系传动比的求解并不困难,但是实际工作中还是需要动点脑筋的。下面举例说明具体的方法和步骤。

在图5.41所示的轮系中,若各齿轮的齿数已知,根据前面介绍的划分轮系的方法进行分析,此轮系是由齿轮1、2构成的定轴轮系及齿轮2′、3、4和行星架H构成的周转轮系复合而成的复合轮系。

定轴轮系部分的传动比为

$$i_{12}=\frac{\omega_1}{\omega_2}=-\frac{z_2}{z_1} \quad 或 \quad \omega_1=-\omega_2\frac{z_2}{z_1} \tag{5-48}$$

周转轮系部分是一个行星轮系，其传动比为

$$i_{2'H}=1-i_{2'4}^{H}=1+\frac{z_4}{z_{2'}} \quad 或 \quad \omega_2=\omega_H\left(1+\frac{z_4}{z_{2'}}\right) \tag{5-49}$$

将式(5-49)代入式(5-48)，得

$$\omega_1=-\omega_H\left(1+\frac{z_4}{z_{2'}}\right)\left(\frac{z_2}{z_1}\right) \tag{5-50}$$

于是，可最后求得此混合轮系的传动比为

$$i_{1H}=-\left(1+\frac{z_4}{z_{2'}}\right)\left(\frac{z_2}{z_1}\right) \tag{5-51}$$

## 【复习与思考】

1. 分度圆与节圆有何不同？齿轮在何种情况下啮合传动时分度圆与节圆重合、啮合角等于齿轮分度圆压力角？

2. 欲使一对渐开线直齿圆柱齿轮能进行啮合传动，则必须满足什么条件？

3. 在图5.42所示的行星轮系中，已知 $z_1=z_{2'}=100$，$z_2=99$，$z_3=101$，行星架H为原动件，试求传动比 $i_{H1}$。

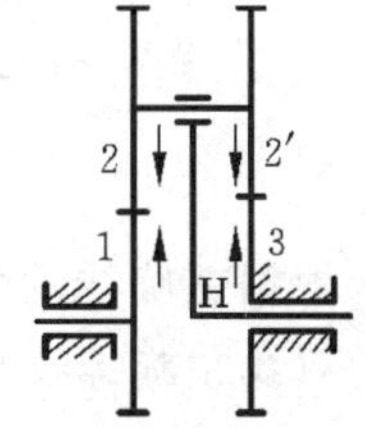

图5.42　行星轮系

4. 圆锥齿轮的背锥是如何作出的？

5. 已知一对外啮合标准直齿圆柱齿轮传动，标准中心距 $a=120$ mm，传动比 $i=3$，模数 $m=3$ mm，试计算大齿轮的几何尺寸 $d$、$d_a$、$d_f$、$d_b$、$p$、$s$、$h_a$ 和 $h_f$。

6. 已知一圆柱蜗杆传动的模数 $m=5$ mm，蜗杆分度圆直径 $d_1=50$ mm，蜗杆头数 $z_1=2$，传动比 $i=25$，试计算该蜗杆传动的主要几何尺寸。

# 任务3　汽车螺纹传动与连接

## 【任务导入】

在汽车的设计、制造和装配中，为了减少制造、安装、维修和运输费用，以及尽可能减轻机器质量、节约贵重金属、降低生产成本和提高劳动生产率，在一部汽车中经常可以看到使用不同的材料来制造不同的零件，然后通过一定的方式和连接手段把这些零件连接成一个整体，来实现预期的性能要求。因此，作为一个工程技术人员，无论从事哪一个行业的工作，都必须了解机械中常用的各种连接方法、特点和应用情况，掌握一定的常用连接的设计准则和方法，熟悉各种常用连接零件的类型、结构与使用条件。

## 【任务分析】

常用的机械连接方法有机械动连接和机械静连接。机械静连接又分为：不可拆卸连接，包括铆接、焊接、胶接等（这种连接拆卸时会损坏其中一个零件）；可拆卸连接，包括销连接、键连接、螺纹连接等。

除了以上的连接方式外，常用的还有过盈配合连接、无键连接等。螺纹连接是采用螺纹和螺纹连接件来实现的连接。这类连接具有结构简单、拆装方便、工作可靠等特点，在各个行业及日常生活中都得到了广泛的使用。本任务是掌握螺纹连接的正确选择和螺纹连接的正确防松。

## 【相关知识】

### 一、螺纹连接

#### 1. 螺纹的分类

根据平面图形的形状，螺纹可分为三角形螺纹、矩形螺纹、梯形螺纹和锯齿形螺纹，如图5.43所示。根据螺旋线的绕行方向，可分为左旋螺纹和右旋螺纹，规定将螺纹直立时螺旋线向右上升为右旋螺纹(见图5.44(a))，向左上升为左旋螺纹(见图5.44(b))。机械制造中一般采用右旋螺纹，有特殊要求时，才采用左旋螺纹。

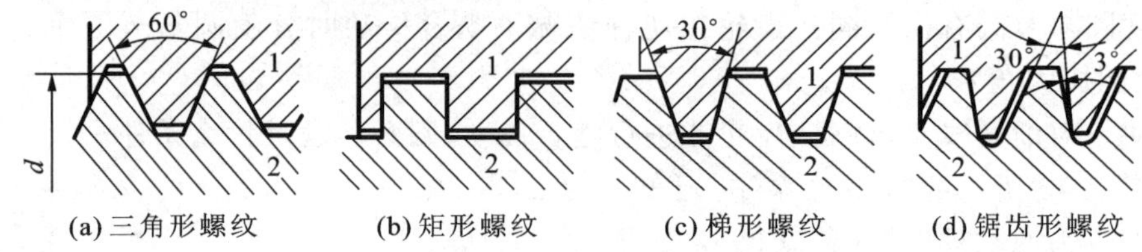


图5.43 螺纹按牙形分类

根据螺旋线的数目，可分为单线螺纹(见图5.44(a))和等距排列的多线螺纹(图5.44(b)所示的为双线左旋螺纹)。为了制造方便，螺纹一般不超过4线。

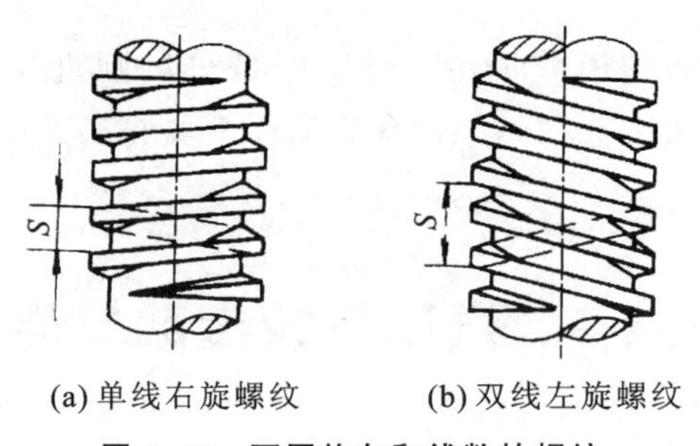


图5.44 不同旋向和线数的螺纹

三角形螺纹主要用于连接，矩形、梯形和锯齿形螺纹主要用于传动。除矩形螺纹外，其他三种螺纹均已标准化。

#### 2. 螺纹的参数

以圆柱螺纹(见图5.45)为例。在普通螺纹基本牙形中，外螺纹直径用小写字母表示，内螺纹直径用大写字母表示。

(1) 大径 $d$　与外螺纹牙顶(或内螺纹牙底)相重合的假想圆柱体的直径。

(2) 小径 $d_1$　与外螺纹牙底(或内螺纹牙顶)相重合的假想圆柱体的直径。

(3) 中径 $d_2$　螺纹轴向剖面内，牙厚等于牙间宽处的假想圆柱体的直径。

(4) 螺距 $P$　相邻两牙在中径上对应两点间的轴向距离。

(5) 导程 $S$　同一条螺旋线上相邻两牙在中径线上对应两点间的轴向距离。设螺纹线数为 $n$，则有 $S = nP$。

(6) 升角　中径 $d_2$ 圆柱上，螺旋线的切线与垂直于螺纹轴线的平面间的夹角。

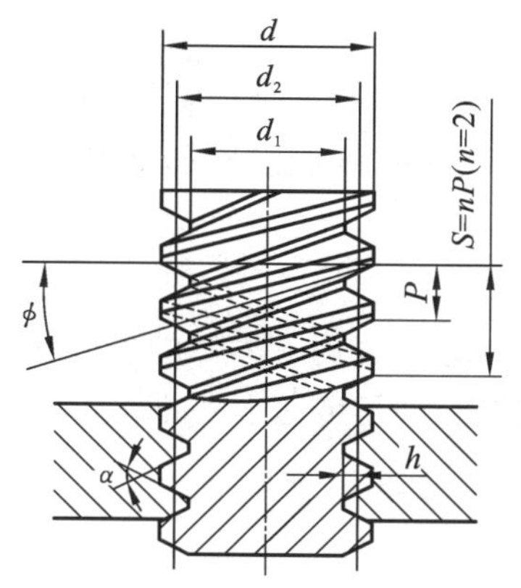


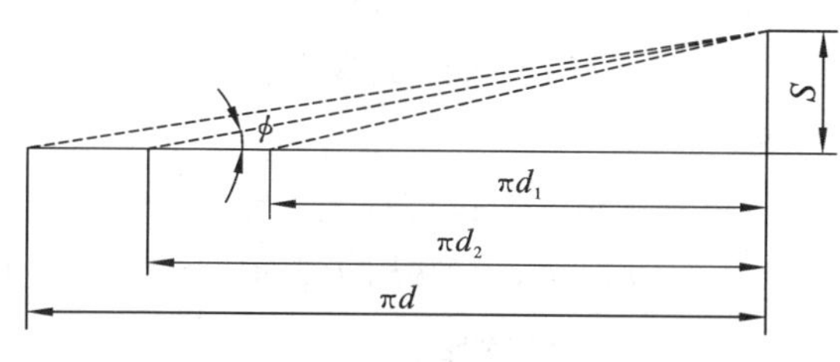


图 5.45 圆柱螺纹的主要几何参数

$$\tan\phi=\frac{S}{\pi d_2}=\frac{nP}{\pi d_2} \tag{5-52}$$

(7) 牙形角 $\alpha$ 螺纹轴向剖面内螺纹牙两侧边的夹角。

(8) 牙形斜角 $b$ 牙形侧边与螺纹轴线垂线间的夹角。对于对称牙形，$b=\alpha/2$。

(9) 螺纹牙的工作高度 $h$ 内外螺纹旋合后，螺纹接触面在垂直于螺纹轴线方向上的距离。

## 二、螺纹连接件及螺纹连接的基本类型

### 1. 螺纹连接的基本类型

根据结构特点，螺纹连接有下列四种基本类型。

1) 螺栓连接

螺栓连接中被连接件的孔中不切制螺纹，装拆方便。图 5.46(a)所示为普通螺栓连接，螺栓与孔之间有间隙，由于加工简便，成本低，所以应用最广。图 5.46(b)所示为铰制孔用螺栓连接，被连接件上孔用高精度铰刀加工而成，螺栓杆与孔之间一般采用过渡配合，主要用于需要螺栓承受横向载荷或需靠螺杆精确固定被连接件相对位置的场合。

2) 双头螺柱连接

双头螺柱连接中使用两端均有螺纹的螺柱，一端旋入并紧定在较厚被连接件的螺纹孔中，另一端穿过较薄被连接件的通孔(见图 5.47)。它适用于被连接件较厚、要求结构紧凑和经常拆装的场合。

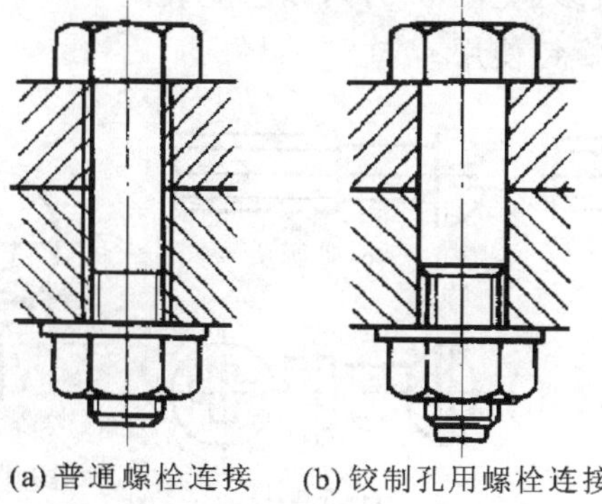

(a) 普通螺栓连接 (b) 铰制孔用螺栓连接

图 5.46 螺栓连接

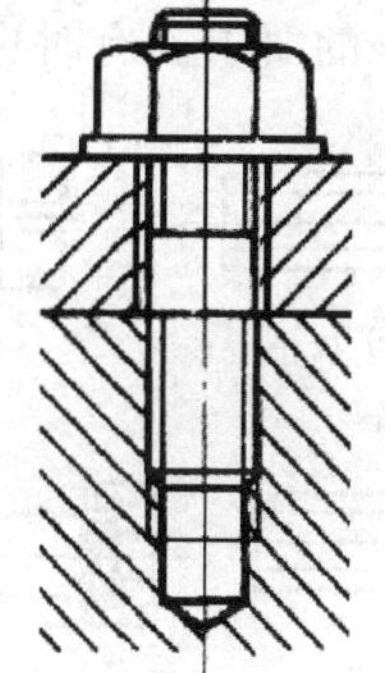

图 5.47 双头螺柱连接

3）螺钉连接

螺钉连接中螺钉直接旋入被连接件的螺纹孔中，如图 5.48 所示，它结构较简单，适用于被连接件之一较厚，或另一端不能装螺母的场合。但经常拆装会使螺纹孔磨损，导致被连接件过早失效，所以不适用于经常拆装的场合。

4）紧定螺钉连接

紧定螺钉连接中将紧定螺钉拧入一零件的螺纹孔中，其末端顶住另一零件的表面或顶入相应的凹坑中，如图 5.49 所示。它常用于固定两个零件的相对位置，并可传递不大的力或转矩。

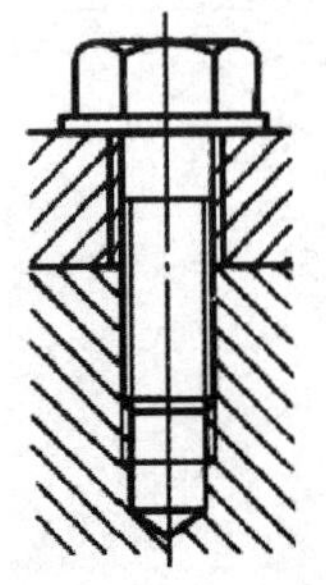

图 5.48　螺钉连接

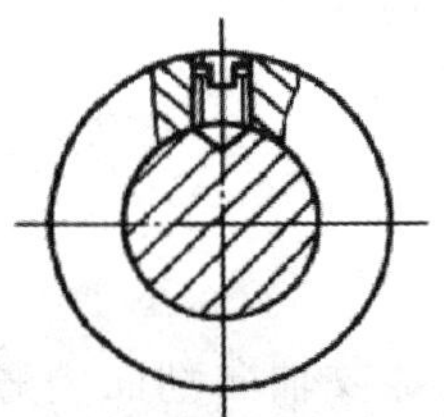

图 5.49　紧定螺钉连接

**2. 常用螺纹连接件**

螺纹连接件品种很多，大都已标准化。常用的标准螺纹连接件有螺栓、螺钉、双头螺柱、紧定螺钉、螺母和垫圈。

1）螺栓

螺栓头部形状很多，最常用的有六角头（见图 5.50(a)）和小六角头两种（见图 5.50(b)）。

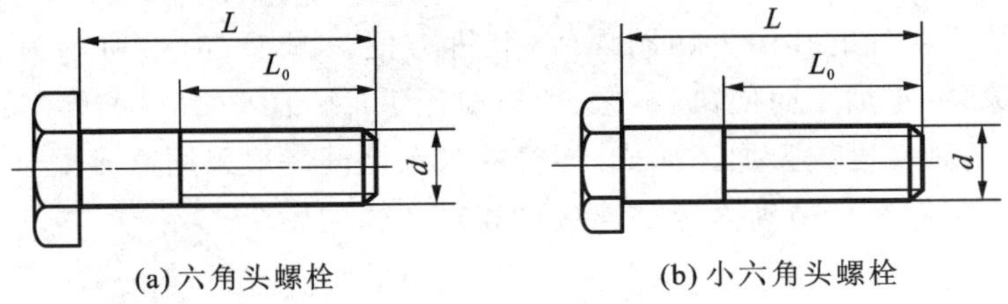


(a) 六角头螺栓　(b) 小六角头螺栓

图 5.50　六角头螺栓

2）螺钉

螺钉的结构形式与螺栓相同，但头部形式较多（见图 5.51），以适应装配空间、拧紧程度、连接外观和拧紧工具的要求。有时也把螺栓作为螺钉使用。

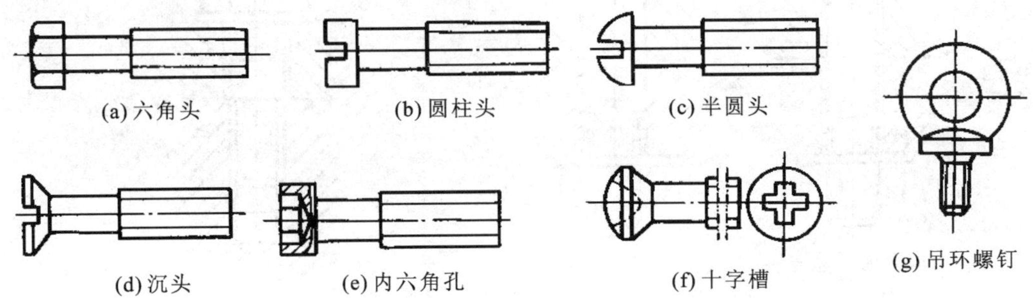

(a) 六角头　(b) 圆柱头　(c) 半圆头　(d) 沉头　(e) 内六角孔　(f) 十字槽　(g) 吊环螺钉

图 5.51　螺钉

3）双头螺柱

双头螺柱没有钉头，两端制有螺纹。结构有 A 型（有退刀槽，见图 5.52(a)）与 B 型（无退刀槽，见图 5.52(b)）之分。

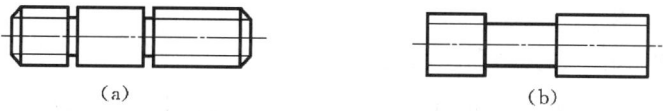


图 5.52 双头螺柱

4）紧定螺钉

紧定螺钉的头部和尾部制有各种形状。常见的头部形状有一字槽（见图 5.53(a)）等。螺钉的末端主要起紧定作用，常见的尾部形状有平端、圆柱端和锥端（见图 5.53(b)、(c)、(d)）等。

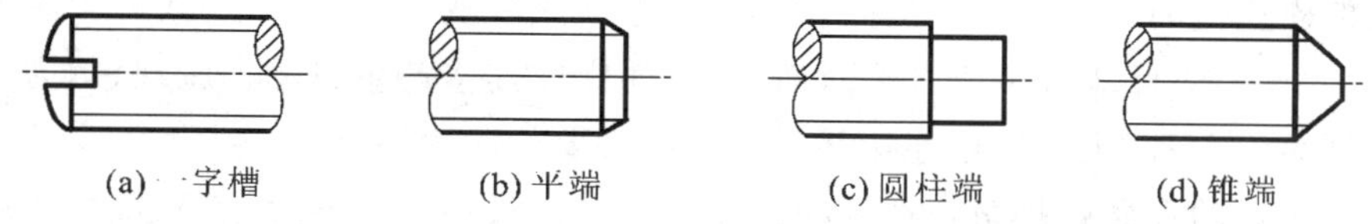


图 5.53 紧定螺钉

5）螺母

螺母的结构形式很多，最常用的是六角螺母。按厚度不同，螺母可分为标准螺母（见图 5.54(a)）、扁螺母（见图 5.54(b)）和厚螺母（见图 5.54(c)）三种。螺母的制造精度与螺栓相同，也分为粗制和精制两种，以便与同精度的螺栓配用。图 5.54(d)所示的圆螺母常用作轴上零件的轴向固定，并配有止退垫圈。

6）垫圈

垫圈的主要作用是增加被连接件的支承面积或避免拧紧螺母时擦伤被连接件的表面。常用的有平垫圈和斜垫圈，如图 5.55 所示。当被连接件表面有斜度时，应使用斜垫圈。

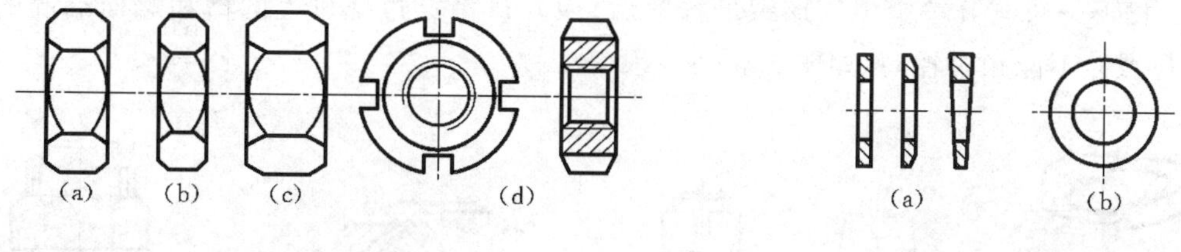


图 5.54 螺母　　图 5.55 垫圈

## 【任务实施】

### 螺纹连接件的选择及防松问题

螺纹连接件的选择一般包括三方面的内容，即螺纹连接件类型选择、螺栓的数目及配置的确定、螺纹连接件的规格尺寸选择。

通常可根据连接的结构需要并参照同类机械使用情况确定螺纹连接件类型、螺栓的数目及其配置。实际应用中，螺栓往往成组使用（称为螺栓组连接）。因此，在确定采用螺栓连接后，还应确定螺栓的数目及其分布。

螺纹连接件的规格尺寸一般是根据连接的工作情况、结构需要并参照同类机械使用经验来选择的。然后通常还要对螺纹连接件的强度进行计算。对于螺栓连接,计算的目的主要是确定(或校核)螺栓危险剖面的尺寸(主要是螺纹小径 $d_1$)。螺栓的其他尺寸以及螺母、垫圈尺寸,则根据螺栓直径并结合连接的结构需要按标准选定。

**1. 螺纹连接的预紧**

螺纹连接的预紧是指装配时把螺纹连接拧紧,使其受到预紧力的作用,目的是使螺纹连接可靠地承受载荷,获得所要求的紧密性、刚性和防松能力。除个别情况外,螺纹连接都必须预紧。由于预紧力的大小对螺纹连接的可靠性、强度和密封性都有很大的影响,所以对重要的螺纹连接,还应控制预紧力的大小。

**2. 螺纹连接的防松**

松动是螺纹连接最常见的失效形式之一。在静载荷条件下,普通螺栓由于螺纹的自锁性一般可以保证螺栓连接的正常工作。但是,在冲击、振动或者变载荷作用下,或者当温度变化很大时,螺纹副间的摩擦力可能减少或者瞬时消失,致使螺纹连接产生自动松脱现象,为了保证螺纹连接的安全可靠,许多情况下螺栓连接都采取一些必要的防松措施。

螺纹连接防松的本质就是防止螺纹副的相对运动。按照工作原理来分,螺纹防松有摩擦防松、机械防松、破坏性防松以及粘合防松等多种方法。

1) 摩擦防松

(1) 弹簧垫圈　弹簧垫圈(见图 5.56)用弹簧钢制成,装配后垫圈被压平,其反弹力能使螺纹间产生压紧力和摩擦力,能防止连接松脱。

(2) 弹性圈螺母　图 5.57 所示为弹性圈螺母,螺纹旋入处嵌入纤维或者尼龙来增加摩擦力。该弹性圈还可以防止液体泄漏。

(3) 双螺母　利用两螺母(见图 5.58)的对顶作用使螺栓始终受到附加拉力,致使两螺母与螺栓的螺纹间保持压紧和摩擦力。

2) 机械防松

(1) 槽形螺母与开口销　槽形螺母拧紧后,用开口销穿过螺母上的槽和螺栓端部的销孔,使螺母与螺栓不能相对转动,如图 5.59 所示。

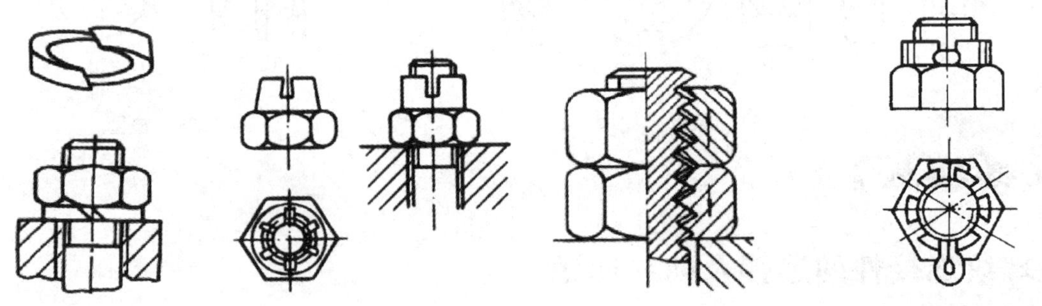

图 5.56　弹簧垫圈　　图 5.57　弹性圈螺母　　图 5.58　双螺母　　图5.59　槽形螺母与开口销

(2) 止退垫圈与圆螺母　将垫片的内翅嵌入螺栓(轴)的槽内,拧紧螺母后再将垫圈的一个外翅折嵌入螺母的一个槽内,螺母即被锁住,如图 5.60 所示。

(3) 止动垫片　如图 5.61 所示,将垫片折边,以固定螺母和被连接件的相对位置。

(4) 串联钢丝　用低碳钢丝穿入各螺钉头部的孔内,将各螺钉串联起来,使其相互制动。使用时必须注意钢丝的穿入方向(图 5.62(a)正确,图 5.62(b)错误)。

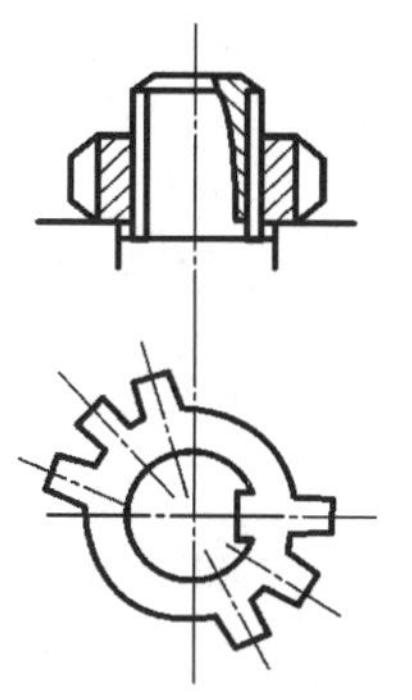

图 5.60 止退垫圈与圆螺母

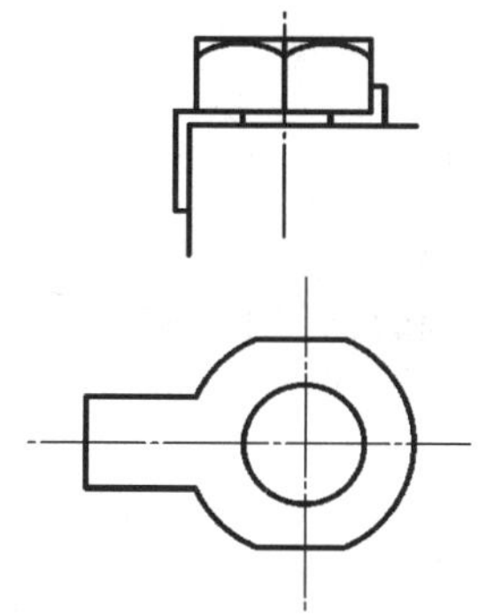

图 5.61 止动垫片

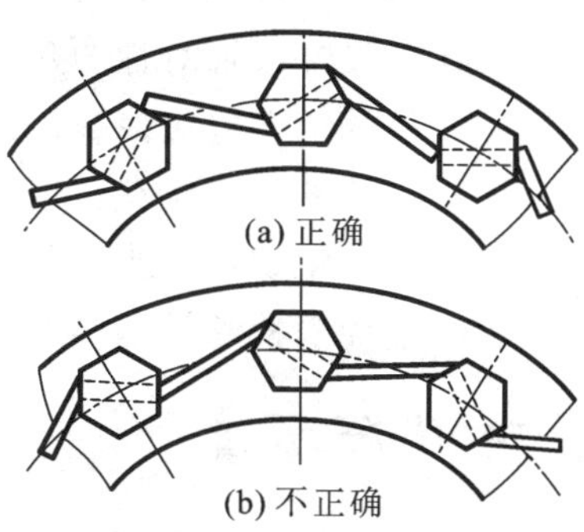


图 5.62 串联钢丝

3）破坏性防松

（1）冲点 如图 5.63 所示，螺母拧紧后，用冲头在螺栓末端与螺母的旋合缝处打 2～3 个冲点。该方法防松可靠，适用于不需要拆卸的特殊连接。

（2）焊接 如图 5.64 所示，螺母拧紧后，将螺栓末端与螺母焊牢，该方法连接可靠，但拆卸后连接件将被破坏。

4）粘合防松

如图 5.65 所示，在旋合的螺纹表面涂以粘合剂，防松效果良好。

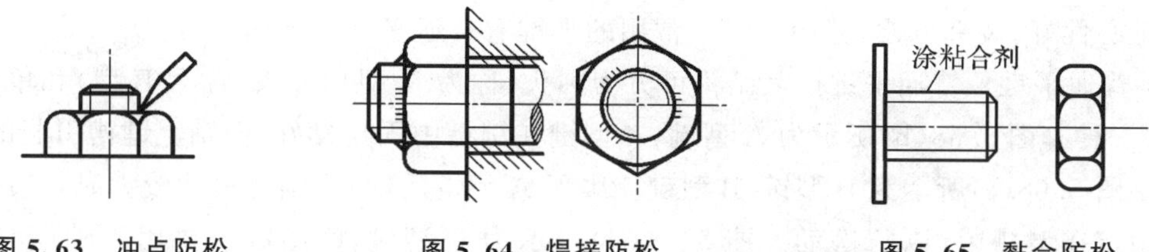


图 5.63 冲点防松　　图 5.64 焊接防松　　图 5.65 黏合防松

**3. 支承面的平整**

若被连接件支承表面不平或倾斜，螺栓将受到偏心载荷作用，产生附加弯曲应力，从而使螺栓剖面上的最大拉应力可能比没有偏心载荷时的拉应力大得多，所以必须注意支承表面的平整问题。如图 5.66 所示的凸台和凹坑都是经过切削加工而成的支承平面。对于型钢等倾斜支承面，则应采用如图 5.67 所示的斜垫圈。

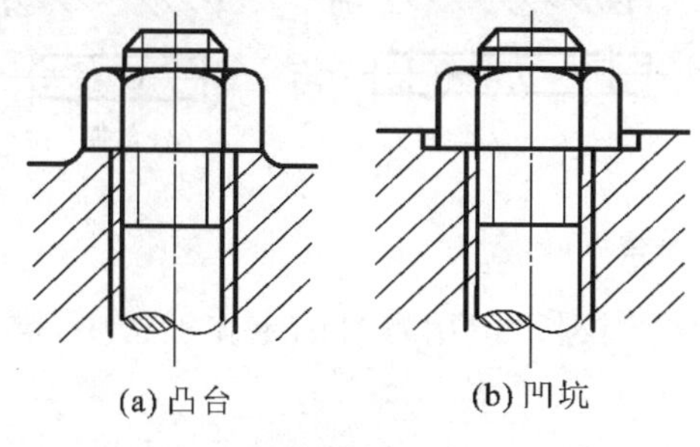


图 5.66 凸台和凹坑的应用

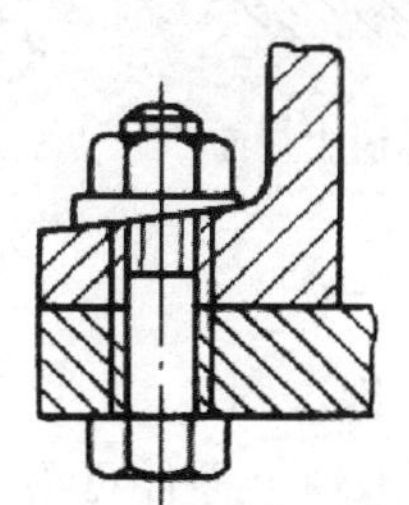

图 5.67 斜垫圈的应用

**4. 扳手空间**

设计螺纹连接时，要注意留有扳手扳动的必要空间，否则就无法装拆。各种结构情况下的扳手空间尺寸可参考《机械设计手册》。

5. 螺栓组连接的结构设计

(1) 要设计成轴对称的几何形状。

(2) 螺栓的布置应使螺栓的受力合理。

(3) 螺栓的布置应有合理的间距、边距。

(4) 同一组螺栓连接中各螺栓的直径和材料均应相同。

(5) 避免螺栓承受偏心载荷。

## 【知识拓展】

### 轴毂连接

为了传递运动和转矩,安装在轴上的齿轮、带轮等必须和轴连接在一起。轴毂连接常用的方法有键、花键、销和过盈连接等。

1. 键连接

键连接结构简单、工作可靠、装拆方便,因此应用很广。键有平键、导向平键、半圆键、楔键和切向键连接等多种。

1) 平键连接

如图5.68(a)所示,平键的两侧面是工作面,平键的上表面与轮毂槽底之间留有间隙。这种键的定心性好,装拆方便,应用广泛。常用的平键有普通平键和导向平键。

(1) 普通平键　普通平键按其结构可分为圆头(称为A型)、方头(称为B型)和单圆头(称为C型)三种。图5.68(b)所示为A型键,A型键在键槽中固定良好,但轴上键槽引起的应力集中较大。图5.68(c)所示为B型键,B型键克服了A型键的缺点,当键尺寸较大时,宜用紧定螺钉将键固定在键槽中,以防松动。图5.68(d)所示为C型键,C型键主要用于轴端与轮毂的连接。

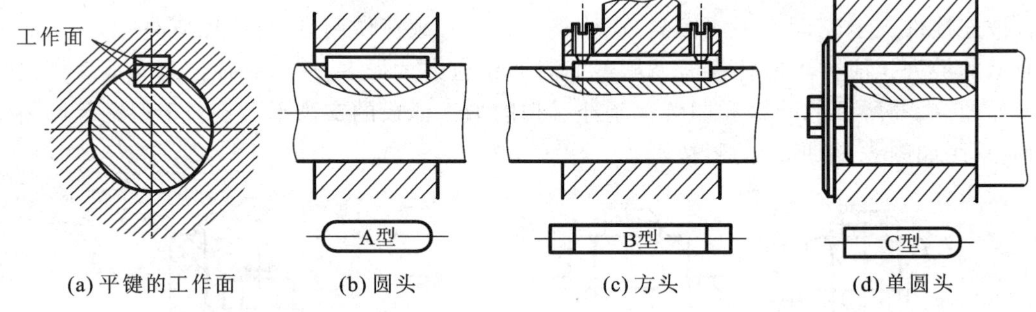


图5.68　平键连接

(2) 导向平键　图5.69所示为导向平键,该键较长,键用螺钉固定在键槽中,键与轮毂之间采用间隙配合,轴上零件可沿键作轴向滑移。

2) 半圆键连接

半圆键连接如图5.70所示,键与轴上键槽均呈半圆形。与平键一样,半圆键也是侧面为工作面。半圆键连接的优点是装拆较方便;缺点是键槽较深,对轴的强度削弱较大,所以只适用轻载连接。

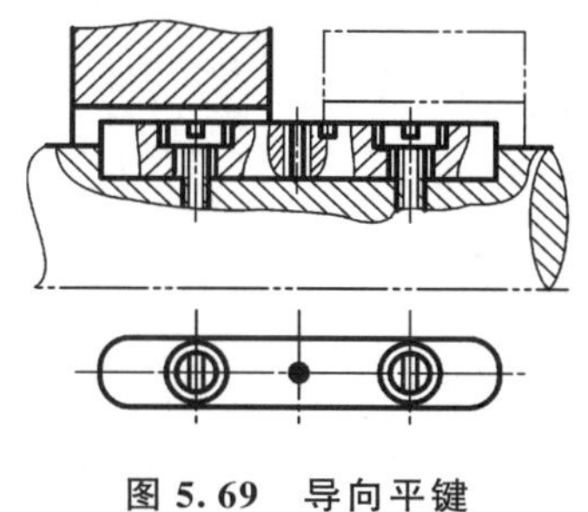

图 5.69 导向平键

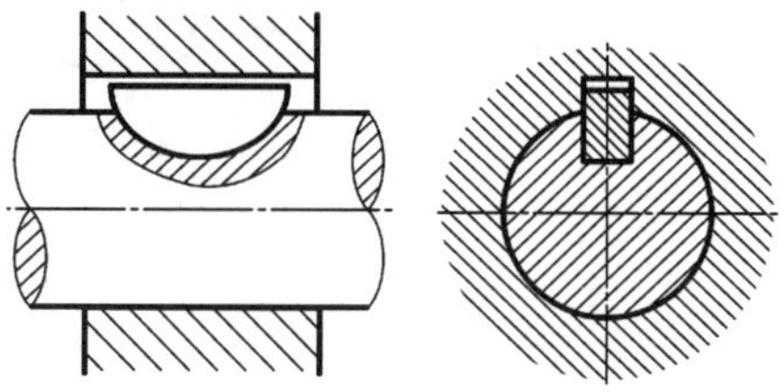

图 5.70 半圆键连接

3）楔键连接和切向键连接

（1）楔键连接 图 5.71 所示为楔键连接，楔键的上、下两面为工作面。楔键的上表面和与它相配合的轮毂键槽底面均有 1∶100 的斜度。装配时将楔键打入，使楔键楔紧在轴和轮毂的键槽中，楔键的上、下表面受挤压，工作时靠这个挤压产生的摩擦力传递转矩。如图 5.71 所示，楔键分为普通楔键和钩头楔键两种，钩头楔键的钩头是为了便于拆卸。

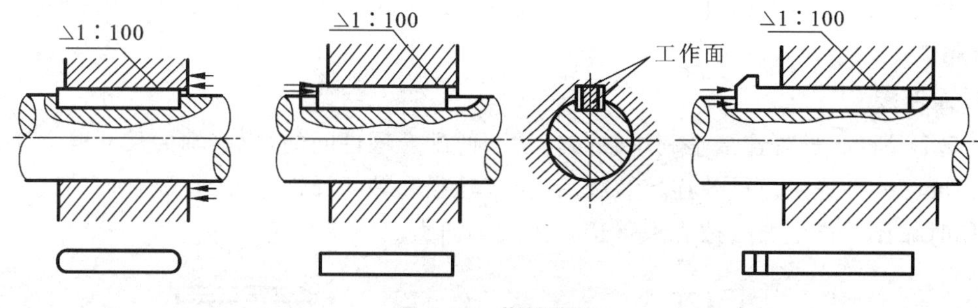


图 5.71 楔键连接

楔键连接的主要缺点是键楔紧后，轴和轮毂的配合产生偏心和偏斜，因此楔键连接一般用于定心精度要求不高和低转速的场合。

（2）切向键连接 图 5.72 所示为切向键连接。切向键是由一对楔键组成的，装配时将切向键沿轴的切线方向楔紧在轴与轮毂之间。切向键的上、下面为工作面，工作面上的压力沿轴的切线方向作用，能传递很大的转矩。用一对切向键时，只能单向传递转矩，如图 5.72(a)所示；当要双向传递转矩时，须采用两对互成 120°分布的切向键，如图 5.72(b)所示。由于切向键对轴的强度削弱较大，因此常用于直径大于 100 mm 的轴上。

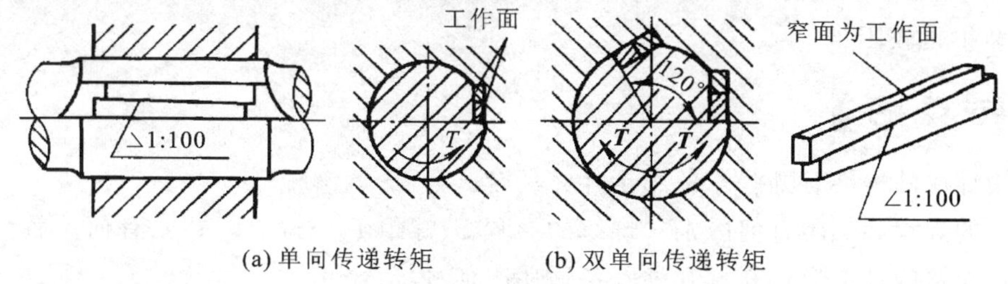


(a) 单向传递转矩　　(b) 双单向传递转矩

图 5.72 切向键连接

**2. 花键连接**

如图 5.73 所示为花键轴(外花键)和花键孔(内花键)。花键轴与花键孔相配即构成花键连接。花键齿的侧面是工作面。

花键连接由于多个齿传递载荷，不但传递载荷的能力强，而且轴、毂之间对中性好、导向性

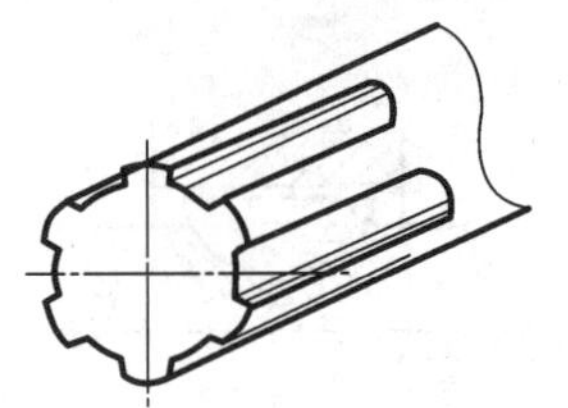
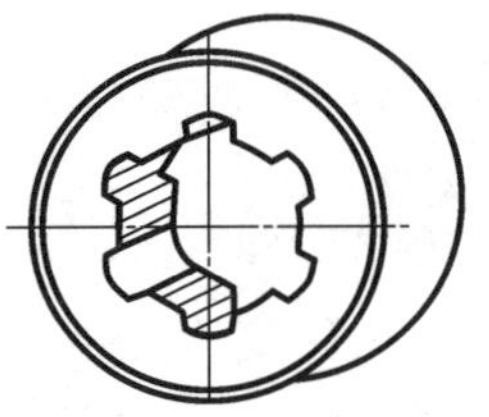

图 5.73　花键连接

好。同时,轴上齿槽较普通键连接要浅,对轴的强度削弱较小。其缺点是制造比较复杂。

花键连接按其齿形不同,有矩形花键、渐开线花键和三角形花键等三种。前两种应用较多。

**3. 销连接**

销的主要用途是固定零件之间的相对位置,也用于轴和轮毂的连接或其他零件的连接,通常只传递不大的载荷。销还可以用于安全装置中作为过载剪断元件,称为安全销,当过载时,销即断裂,以保证安全。

销的形式较多,有圆柱销、圆锥销及其他特殊形式的销等。图 5.74 所示为圆栓销在轴毂连接中的应用。

**4. 过盈连接**

如图 5.75 所示,过盈连接是利用轴与轮毂孔两配合零件间的过盈(轴的尺寸略大于毂孔的尺寸)而构成的一种连接。过盈连接装配后,由于轮毂和轴的弹性变形,在配合面间产生很大的压力,工作时靠压力产生的摩擦力来传递转矩或轴向力。

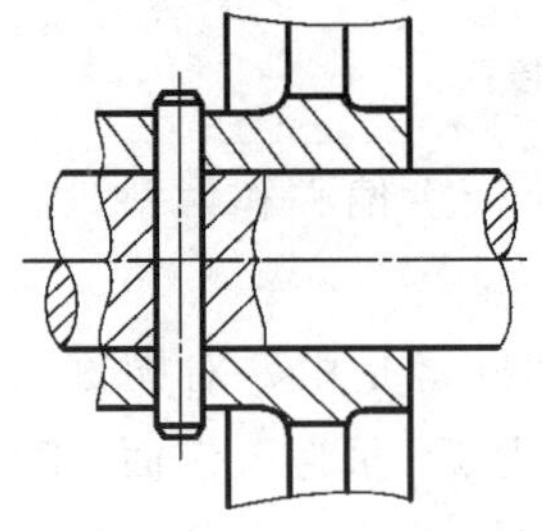

图 5.74　销连接

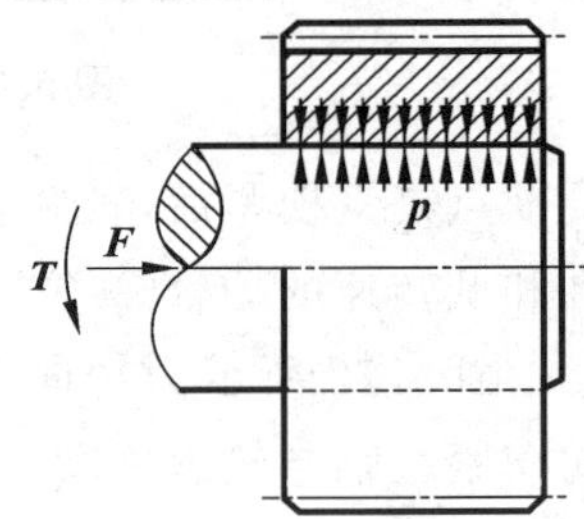


图 5.75　过盈连接

过盈连接结构简单、定向性好,承载能力较大并能承受振动和冲击,又可以避免键槽对被连接件的削弱。但由于连接的承受能力直接取决于过盈量的大小,故对配合面加工精度要求较高。另外,装拆也较困难。

## 【复习与思考】

1. 常用螺纹的种类有哪些?各用于什么场合?
2. 螺纹的导程和螺距有何区别?螺纹的导程 $S$、螺距 $P$ 与螺纹线数 $n$ 有何关系?
3. 螺纹连接的基本形式有哪几种?各适用于何种场合?
4. 为什么螺纹连接通常要采用防松措施?常用的防松方法和装置有哪些?
5. 键连接有哪些类型?各有什么特点?适用什么场合?
6. 简述销连接的类型、特点和应用。

# 项目 6
## 汽车轴系零部件

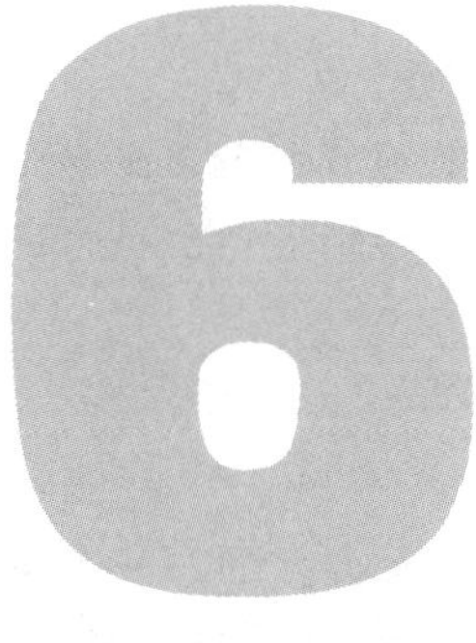

### 知识目标

(1) 了解滚动轴承的结构、特点、性能与选择方法。

(2) 了解滑动轴承的结构与类型。

(3) 掌握汽车传动轴的类型、结构。

(4) 掌握汽车弹簧、联轴器与离合器。

### 能力目标

(1) 能正确选择和使用各种轴承。

(2) 掌握汽车传动轴的的分类、结构和基本计算。

(3) 正确选用汽车弹簧、联轴器与离合器。

# 任务1 汽车轴承的认知

## 【任务导入】

轴承是用来支承轴及轴上零件的部件,并传递载荷,是汽车的主要组成部分之一(只要机器中有旋转运动,必然要用到轴承)。它能使轴具有确定的工作位置和旋转精度,以保证轴系部件的工作要求,减少轴与支承面间的摩擦和磨损。

## 【任务分析】

根据轴承工作时的摩擦性质,轴承可分为滑动轴承和滚动轴承两大类。而每一类轴承,按其所能承受载荷的方向,又可分为承受径向载荷的向心轴承、承受轴向载荷的推力轴承以及同时承受径向载荷和轴向载荷的向心推力轴承。

1) 滚动轴承

滚动轴承是由专门工厂制造的标准组件。它具有摩擦阻力小、启动灵敏、效率高、润滑简便和易于互换等优点;其主要缺点是加工工艺复杂。

2) 滑动轴承

滑动轴承具有承载能力大,抗冲击,工作平稳,回转精度高,运行可靠,吸振性好,噪声低,结构简单,制造、拆装方便等优点;其主要缺点是启动摩擦阻力大,轴瓦磨损较快。

两类轴承依其各自结构和承载特点,可适用不同的工作条件。选用滑动轴承还是滚动轴承,主要取决于对轴承的工作性能要求和机器设计制造、使用维护中的综合技术经济要求。如何正确选择和使用轴承是本任务的重点。

在一般机器中,如无特殊使用要求,优先推荐使用滚动轴承。但是在高速、高精度、重载、结构上要求剖分等使用场合中,滑动轴承就显示出它的优良性能。因而,在汽轮机、离心式压缩机、内燃机、大型电动机中多采用滑动轴承。此外,在低速而带有冲击的机器中,如水泥搅拌机、滚筒清砂机等也常采用滑动轴承。

## 【相关知识】

### 一、滚动轴承的结构、类型和代号

滚动轴承是机器上一种重要的通用部件。它依靠主要元件间的滚动接触来支承转动零件,具有摩擦阻力小、容易启动、效率高、轴向尺寸小等优点,而且由于大量标准化生产,因此具有制造成本低的优点,在各种机械中得到了广泛的使用。

在机械设计中,我们的主要工作就是根据具体的工作条件正确地选用轴承的类型和尺寸,并进行轴承安装、调整、润滑、密封等轴承组合的结构设计。

**1. 滚动轴承的结构**

如图6.1所示,常见的滚动轴承一般由两个套圈(即内圈、外圈)、滚动体和保持架等基本元件组成。通常内圈与轴颈相配合且随轴一起转动,外圈装在机架的轴承座孔内固定不动。当内、外圈相对旋转时,滚动体在内、外圈的滚道上滚动,保持架使滚动体均匀分布并避免相邻滚动体之间的接触摩擦和磨损。

滚动轴承的内、外圈和滚动体一般采用专用的滚动轴承钢制造，如 GCr9、GCr15、GCr15SiMn 等，保持架则常用较软的材料如低碳钢板经冲压而成，或用铜合金、塑料等制成。

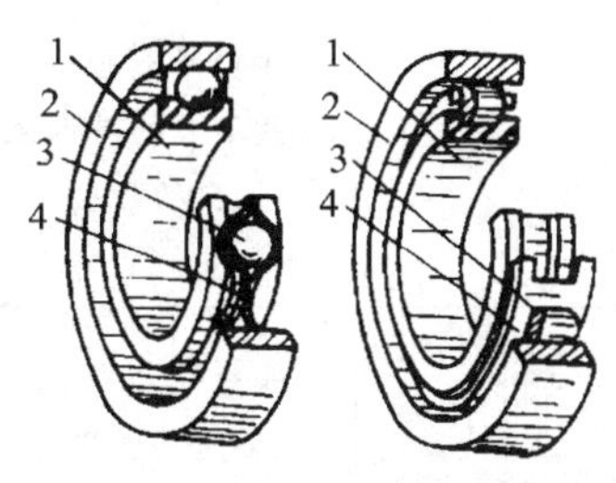


图 6.1　滚动轴承的结构

1—内圈；2—外圈；3—滚动体；4—保持架

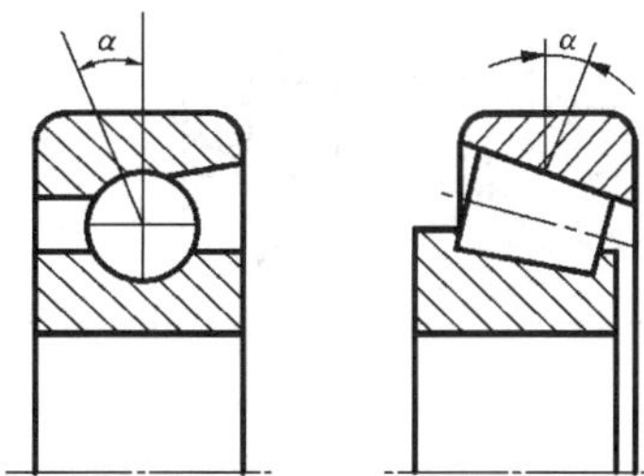


图 6.2　滚动轴承的接触角

**2. 滚动轴承的特性和类型**

1）滚动轴承的四个基本特性

（1）接触角　如图 6.2 所示，滚动轴承中滚动体与外圈接触处的法线和垂直于轴承轴心线的平面的夹角 $\alpha$ 称为接触角。$\alpha$ 越大，轴承承受轴向载荷的能力越大。

（2）游隙　滚动体与内、外圈滚道之间的最大间隙称为轴承的游隙。如图 6.3 所示，将一套圈固定，另一套圈沿径向的最大移动量称为径向游隙，沿轴向的最大移动量称为轴向游隙。游隙的大小对轴承的运转精度、寿命、噪声、温升等有很大影响，应按使用要求进行游隙的选择或调整。

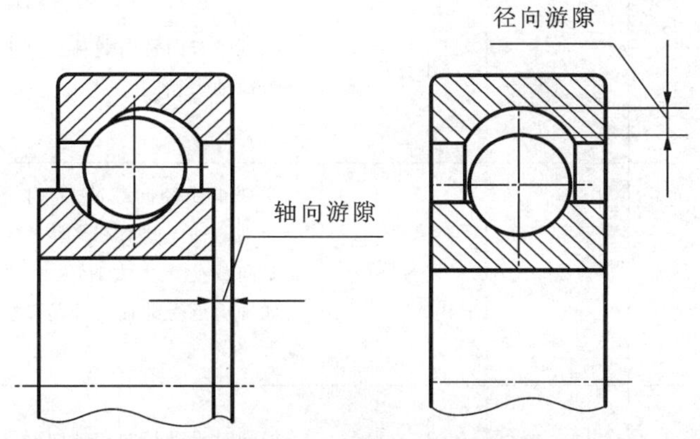


图 6.3　滚动轴承的游隙

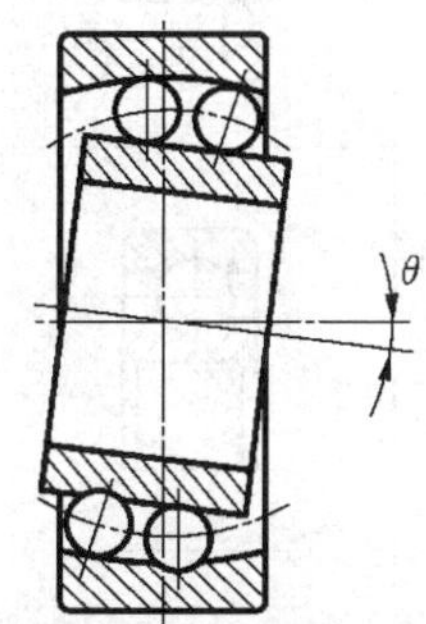


图 6.4　滚动轴承的偏位角

（3）偏位角　如图 6.4 所示，轴承内、外圈轴线相对倾斜时所夹锐角称为偏位角。能自动适应偏位角的轴承称为调心轴承。各类轴承的许用偏位角见表 6.1。

表 6.1　滚动轴承的主要类型和特性

| 轴承名称<br>类型及代号 | 结构简图 | 基本额定<br>动载荷比[1] | 极限转速<br>比[2] | 允许偏位角 | 主要特性及应用 |
|---|---|---|---|---|---|
| 调心球轴承<br>10000 |  | 0.6～0.9 | 中 | 2°～3° | 主要承受径向载荷，也能承受少量的轴向载荷。因为外圈滚道表面是以轴线中点为球心的球面，故能自动调心 |

续表

| 轴承名称<br>类型及代号 | 结构简图 | 基本额定<br>动载荷比[①] | 极限转速<br>比[②] | 允许偏位角 | 主要特性及应用 |
|---|---|---|---|---|---|
| 调心滚子轴承<br>20000 | 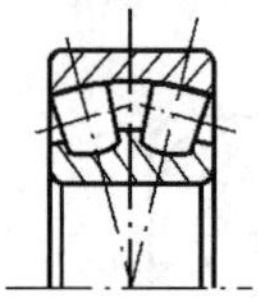 | 1.8～4 | 低 | 1°～2.5° | 主要承受径向载荷,也可承受一些不大的轴向载荷,承载能力大,能自动调心 |
| 圆锥滚子轴承<br>30000 | 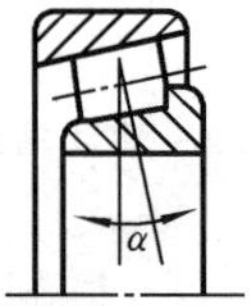 | 1.1～2.5 | 中 | 2′ | 能承受以径向载荷为主的径向、轴向联合载荷,当接触角 $\alpha$ 大时,亦可承受纯单向轴向载荷。因是线接触,承载能力大于 7 类轴承。内、外圈可以分离,装拆方便,一般成对使用 |
| 推力球轴承<br>51000 | 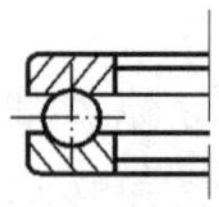 | 1 | 低 | 不允许 | 接触角 $\alpha=0°$,只能承受单向轴向载荷,而且载荷作用线必须与轴线相重合,高速时钢球离心力大,磨损、发热严重,极限转速低。所以只用于轴向载荷大,转速不高的场合 |
| 双向推力球轴承<br>52000 | 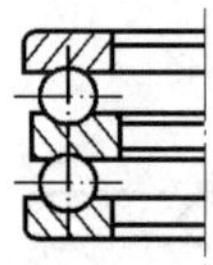 | 1 | 低 | 不允许 | 能承受双向轴向载荷。其余与推力球轴承相同 |
| 深沟球轴承<br>60000 | 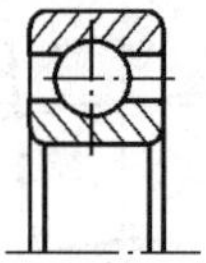 | 1 | 高 | 8′～16′ | 主要承受径向载荷,同时也能承受小的轴向载荷。当转速很高而轴向载荷不太大时,可代替推力球轴承承受纯轴向载荷。生产量大,价格低 |
| 角接触球轴承<br>70000 | 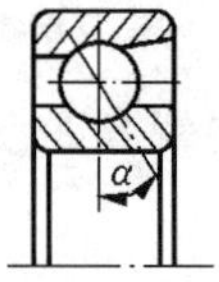 | 1.0～1.4 | 较高 | 2′～10′ | 能同时承受径向和轴向联合载荷。接触角 $\alpha$ 越大,承受轴向载荷的能力也越大。接触角 $\alpha$ 有 15°、25°和 40°三种。一般成对使用,可以分装于两个支点或同装于一个支点上 |
| 圆柱滚子轴承<br>N0000 | 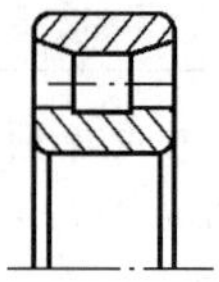 | 1.5～3 | 较高 | 2′～4′ | 外圈(或内圈)可以分离,故不能承受轴向载荷。由于是线接触,所以能承受较大的径向载荷 |

续表

| 轴承名称类型及代号 | 结构简图 | 基本额定动载荷比① | 极限转速比② | 允许偏位角 | 主要特性及应用 |
|---|---|---|---|---|---|
| 滚针轴承 NA0000 |  | — | 低 | 不允许 | 在同样内径条件下，与其他类型轴承相比，其外径最小，外圈（或内圈）可以分离，径向承载能力较大，一般无保持架，摩擦系数大 |

注：① 基本额定动载荷比，是指同一尺寸系列（直径及宽度）各种类型和结构形式的轴承的基本额定动载荷与6类深沟球轴承的（推力轴承则与单向推力球轴承）基本额定动载荷之比。

② 极限转速比，是指同一尺寸系列0级公差的各类轴承脂润滑时的极限转速与6类深沟球轴承脂润滑时的极限转速之比。高、中、低的含义为：高为6类深沟球轴承极限转速的90%～100%；中为6类深沟球轴承极限转速的60%～90%；低为6类深沟球轴承极限转速的60%以下。

(4) 极限转速　滚动轴承在一定的载荷和润滑的条件下，允许的最高转速称为极限转速，其具体数值可查阅有关手册。

2) 滚动轴承的类型

滚动轴承的类型很多，下面介绍几种常见的分类方法。

(1) 按滚动体的形状，滚动轴承可分为球轴承和滚子轴承两大类。

如图6.5所示，球轴承的滚动体是球形，承载能力和承受冲击能力小；滚子轴承的滚动体形状有圆柱形、圆锥形、鼓形和滚针形等，承载能力和承受冲击能力大，但极限转速低。

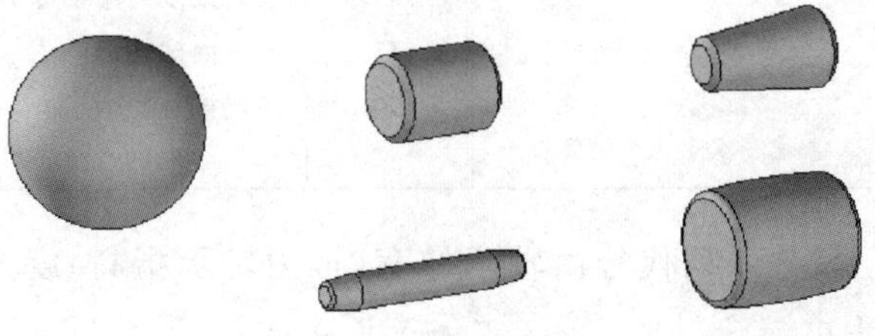

**图6.5　滚动体的形状**

(2) 按滚动体的列数，滚动轴承可分为单列、双列及多列滚动轴承。

(3) 按工作时能否调心，滚动轴承可分为调心轴承和非调心轴承。调心轴承允许的偏位角大。

(4) 按承受载荷方向不同，滚动轴承可分为向心轴承和推力轴承两类。

向心轴承主要承受径向载荷，其公称接触角 $\alpha=0°$ 的轴承称为径向接触轴承；$0°<\alpha\leqslant45°$ 的轴承称为角接触向心轴承。接触角越大，承受轴向载荷的能力也越大。

推力轴承主要承受轴向载荷，其公称接触角 $45°<\alpha<90°$ 的轴承称为角接触推力轴承，其中 $\alpha=90°$ 的轴承称为轴向接触轴承，也称为推力轴承。接触角越大，承受径向载荷的能力越小，承受轴向载荷的能力也越大，轴向推力轴承只能承受轴向载荷。

常用的各类滚动轴承的性能及特点见表6.1。

**3. 滚动轴承的代号**

滚动轴承的种类和尺寸规格繁多，为了便于组织生产和选用，常用的滚动轴承大多数已经标准化。国标GB/T 272—1993规定了滚动轴承的代号方法，轴承的代号用字母和数字来表示。一般印或刻在轴承套圈的端面上。

滚动轴承的代号由基本代号、前置代号和后置代号组成。轴承代号的构成见表6.2。

**表6.2 滚动轴承代号的构成**

| 前置代号 | 基本代号 | | | | 后置代号 |
|---|---|---|---|---|---|
| 字母 | 类型代号 | 尺寸系列代号 | | 内径代号 | 字母(或加数字) |
| | 数字或字母 | 宽度系列代号 | 直径系列代号 | 两位数字 | |
| | | 一位数字 | 一位数字 | | |

例如,滚动轴承代号N2210/P5:N——类型代号,22——尺寸系列代号,10——内径代号,以上为基本代号;/P5——精度等级代号,为后置代号。

1) 基本代号

基本代号(滚针轴承除外)表示轴承的类型、结构和尺寸,是轴承代号的基础。基本代号由轴承类型代号、尺寸系列代号和内径代号三部分构成。

(1) 类型代号　用数字或字母表示,其表示方法见表6.3。

**表6.3 一般滚动轴承类型代号**

| 代号 | 轴承类型 | 代号 | 轴承类型 |
|---|---|---|---|
| 0 | 双列角接触球轴承 | 7 | 角接触球轴承 |
| 1 | 调心球轴承 | 8 | 推力圆柱滚子轴承 |
| 2 | 调心滚子轴承和推力调心滚子轴承 | N | 圆柱滚子轴承 |
| 3 | 圆锥滚子轴承 | | 双列或多列用字母NN表示 |
| 4 | 双列深沟球轴承 | U | 外球面球轴承 |
| 5 | 推力球轴承 | QJ | 四点接触球轴承 |
| 6 | 深沟球轴承 | | |

(2) 尺寸系列代号　尺寸系列代号由轴承的宽(推力轴承指高)度系列代号和直径系列代号组成。各用一位数字表示。

轴承的宽度系列代号指内径相同的轴承,对向心轴承,配有不同的宽度尺寸系列。轴承宽度系列代号有8、0、1、2、3、4、5、6,宽度尺寸依次递增。对推力轴承,配有不同的高度尺寸系列,代号有7、9、1、2,高度尺寸依次递增。在GB/T 272—1993规定的有些型号中,宽度系列代号被省略。

轴承的直径系列代号指内径相同的轴承配有不同的外径尺寸系列。其代号有7、8、9、0、1、2、3、4、5,外径尺寸依次递增。图6.6所示为深沟球轴承的不同直径系列代号的对比。

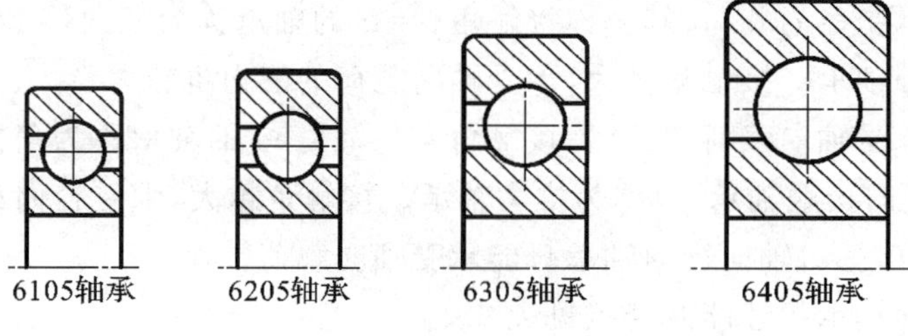


图6.6 直径系列对比

(3) 内径代号　轴承内孔直径用两位数字表示,见表6.4。

表 6.4 轴承内径代号

| 内 径 代 号 | 00 | 01 | 02 | 03 | 04～99 |
|---|---|---|---|---|---|
| 轴承内径 $d$/mm | 10 | 12 | 15 | 17 | 数字×5 |

2）前置代号

轴承的前置代号用字母表示。如用 L 表示可分离轴承的可分离内圈或外圈，代号示例如 LN207。

3）后置代号

轴承的后置代号是用字母(或加数字)等表示。后置代号的内容很多，下面介绍几种常用的后置代号。

(1) 内部结构代号用字母表示，紧跟在基本代号后面。如接触角 $\alpha=15°$、$25°$和 $40°$的角接触球轴承分别用 C、AC 和 B 表示内部结构的不同。代号示例如 7210C、7210AC 和 7210B。

(2) 密封、防尘与外部形状变化代号。如"—Z"表示轴承一面带防尘盖，"N"表示轴承外圈上有止动槽。代号示例如 6210—Z、6210N。

(3) 轴承的公差等级分为 2、4、5、6、$6_X$和 0 级，共 6 个级别，精度依次降低。其代号分别为/P2、/P4、/P5、/P6、/$P6_X$和/P0。公差等级中，$6_X$级仅适用于圆锥滚子轴承，0 级为普通级，在轴承代号中省略不表示。代号示例如 6203、6203/P6、30210/$P6_X$。

(4) 轴承的游隙分为 1、2、0、3、4 和 5 组，共 6 个游隙组别，游隙依次由小到大。常用的游隙组别是 0 游隙组，在轴承代号中省略不表示，其余的游隙组别在轴承代号中分别用符号/C1、/C2、/C3、/C4、/C5 表示。代号示例如 6210、6210/C4。

实际应用的滚动轴承类型很多，相应的轴承代号也比较复杂。以上介绍的代号是轴承代号中最基本、最常用的部分，熟悉了这部分代号，就可以识别和查选常用的轴承。关于滚动轴承详细的代号方法可查阅 GB/T 272—1993。

## 二、滑动轴承

工作时轴承和轴颈的支承面间形成直接或间接滑动摩擦的轴承，称为滑动轴承。润滑良好的滑动轴承在高速、重载、高精度以及结构要求对开的场合优点更突出。因而在汽轮机、内燃机、大型电动机、仪表、机床、航空发动机及铁路机车等机械上被广泛应用。按受载方向，滑动轴承可分为受径向载荷的径向轴承和受轴向载荷的推力轴承。

### 1. 滑动轴承的结构

常用滑动轴承的结构形式及其尺寸已经标准化，应尽量选用标准形式。必要时也可以专门设计，以满足特殊需要。

1）径向滑动轴承的结构形式

图 6.7 所示为整体式滑动轴承，由轴承体 1、轴套 2、润滑装但装拆时轴或轴承需轴向移动，而且轴套磨损后轴承间隙无法调整。整体式轴承多用于间歇工作和低速轻载的机械。

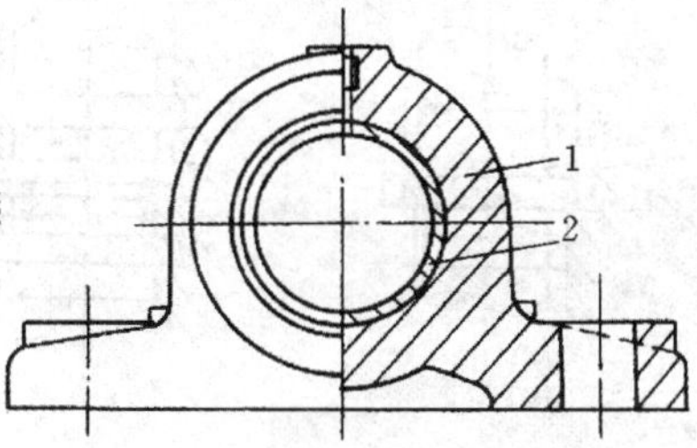

图 6.7 整体式径向滑动轴承

1—轴承体；2—轴套

图 6.8(a)所示为剖分式滑动轴承。轴瓦直接与轴相接触。轴瓦不能在轴承孔中转动，为此轴承盖应适度压紧。轴承盖上制有螺纹孔，便于安装油杯或油管。为了提高安装的

对心精度,在中分面上制出台阶形榫口。当载荷方向倾斜时,可将中分面相应斜置(见图 6.8(b)),但使用时应保证径向载荷的实际作用线与中分面对称线摆幅不超过 35°。

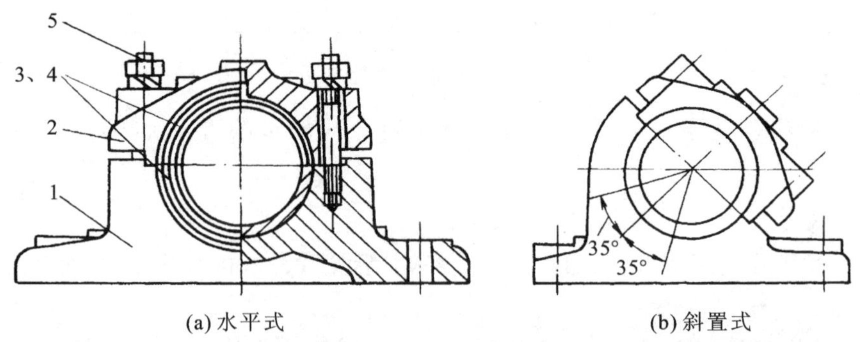


(a) 水平式　　(b) 斜置式

图 6.8　剖分式径向滑动轴承

1—轴承座;2—轴承盖;3、4—轴瓦;5—双头螺柱

剖分式轴承装拆方便,轴承孔与轴颈之间的间隙可适当调整,当轴瓦磨损严重时,可方便地更换轴瓦,因此应用比较广泛。

径向滑动轴承还有许多其他类型。如轴瓦外表面和轴承座孔均为球面,从而成为能适应轴线偏转的调心轴承、轴承间隙可调的滑动轴承等。

2) 推力滑动轴承的结构形式

推力滑动轴承用来承受轴向载荷,如图 6.9(e)所示。常见的止推面结构有:轴的端面(见图 6.9(a)、(b))、轴段中制出的单环或多环形轴肩(见图 6.9(c)、(d))等。

实心端面(见图 6.9(a))为止推面的轴颈,工作时接触端外缘的滑动速度较大,因此端面外缘的磨损大于中心处,结果使应力集中于中心处。实际结构中多数采用空心轴颈(见图 6.9(b)),它不但能改善受力状况,而且有利于润滑油由中心凹孔导入润滑并储存。图 6.9(e)所示为空心型立式平面推力滑动轴承结构示意图,轴承座 1 由铸铁或铸钢制成,止推轴瓦 2 由青铜或其他减摩材料制成,限位销钉 4 限制轴瓦转动。止推轴瓦下表面制成球形,以防偏载。

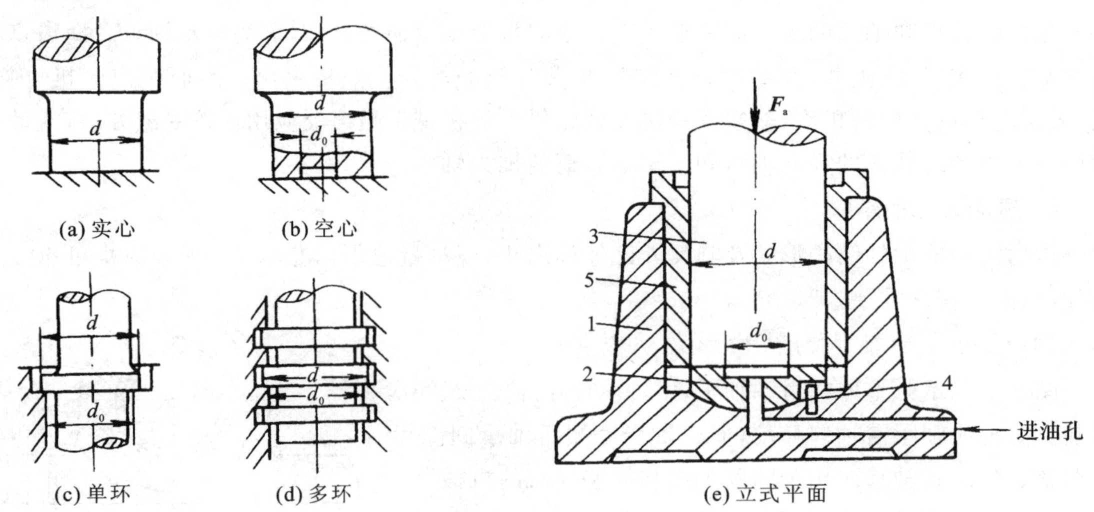


(a) 实心　　(b) 空心　　(c) 单环　　(d) 多环　　(e) 立式平面

图 6.9　推力滑动轴承

1—轴承座;2—止推轴瓦;3—轴颈;4—限位销钉;5—轴套

### 2. 轴瓦和轴承衬

1）结构

轴瓦和轴套是滑动轴承中的重要零件。轴套用于整体式滑动轴承，轴瓦用于剖分式滑动轴承。轴瓦有厚壁（壁厚 $\delta$ 与直径 $D$ 之比大于 0.5）和薄壁两种，如图 6.10 所示。

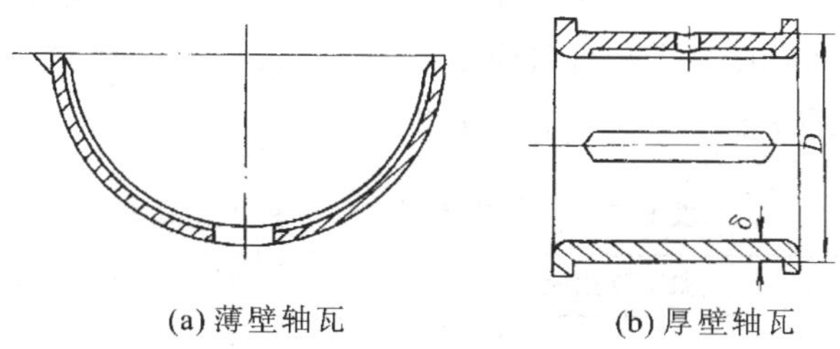


(a) 薄壁轴瓦　　(b) 厚壁轴瓦

图 6.10　轴瓦

薄壁轴瓦是将轴承合金黏附在低碳钢带上经冲裁、弯曲变形及精加工而成的，这种轴瓦适合于大量生产，质量稳定，成本低。但刚性差，装配后不再修刮内孔，轴瓦受力变形后形状取决于轴承座的形状，所以轴承座也应精加工。

厚壁轴瓦常由铸造制得。为改善摩擦性能，可在底瓦内表面浇注一层轴承合金（称为轴承衬），厚度为零点几毫米至几毫米。为使轴承衬牢固黏附在底瓦上，可在底瓦内表面预制出燕尾槽（见图 6.11）。为更好发挥材料的性能，还可在这种双金属轴瓦的轴承衬表面镀一层铟、银等更软的金属。多金属轴瓦能满足轴瓦的各项性能要求。

为使润滑油均布于轴瓦工作表面，轴瓦上制有油孔和油槽。当载荷向下时，承载区为轴瓦下部，上部为非承载区。润滑油进口应设在上部（见图 6.12），使油能顺利导入。油槽应以进油口为中心沿纵横或斜向开设，但不得与轴瓦端面开通，以减少端部泄油。图 6.13 所示为常用的油槽形式。

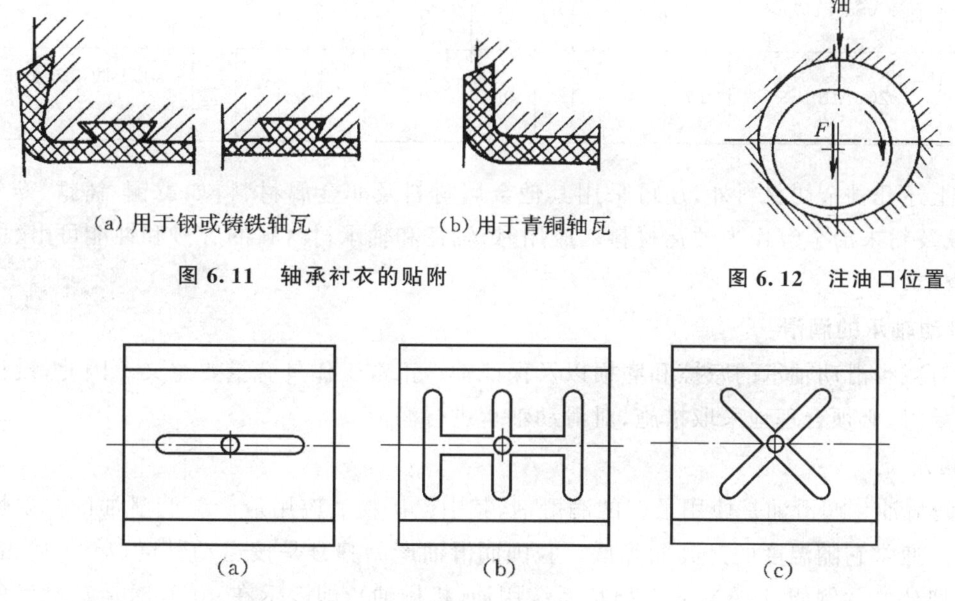


(a) 用于钢或铸铁轴瓦　　(b) 用于青铜轴瓦

图 6.11　轴承衬衣的贴附

图 6.12　注油口位置

(a)　(b)　(c)

图 6.13　油槽形式

轴瓦的主要参数是宽径比 $B/d$，$B$ 是轴瓦的宽度，$d$ 是轴颈直径。对流体摩擦滑动轴承，常取 $B/d=0.5\sim1$；对边界和混合摩擦滑动轴承，常取 $B/d=0.8\sim1.5$。

2）材料

轴瓦和轴承衬的材料应具备下述性能：①摩擦系数小；②导热性好，热胀系数小；③耐磨、耐蚀、抗胶合能力强；④足够的力学强度和一定的可塑性；⑤对润滑油的亲和性。

轴瓦（包括轴承衬）材料直接影响到轴承的性能，应根据使用要求、生产批量和经济性要求合理选选择。常用的轴瓦或轴承衬的材料及其性能见表 6.5。

**表 6.5　常用的金属轴瓦材料及性能**

<table>
<tr><th colspan="2" rowspan="2">轴承材料</th><th colspan="3">最大许用值</th><th rowspan="2">最高工作温度/℃</th><th rowspan="2">最小轴颈硬度HBS</th><th colspan="4">性能比较</th><th rowspan="2">备注</th></tr>
<tr><th>[p]/MPa</th><th>[v]/(m/s)</th><th>[pv]/(MPa·m/s)</th><th>抗咬黏性</th><th>顺嵌应藏性</th><th>耐蚀性</th><th>疲劳强度</th></tr>
<tr><td rowspan="4">锡基轴承合金</td><td rowspan="4">ZSnSb11Cu6<br>ZSnSb8Cu4</td><td colspan="3">平稳载荷</td><td rowspan="4">150</td><td rowspan="4">150</td><td rowspan="4">1</td><td rowspan="4">1</td><td rowspan="4">1</td><td rowspan="4">5</td><td rowspan="4">用于高速、重载下工作的重要轴承，变载荷下易疲劳，价贵</td></tr>
<tr><td>25</td><td>80</td><td>20</td></tr>
<tr><td colspan="3">冲击载荷</td></tr>
<tr><td>20</td><td>60</td><td>15</td></tr>
<tr><td rowspan="2">铅基轴承合金</td><td>ZPbSb16Sn16Cu2</td><td>15</td><td>12</td><td>10</td><td rowspan="2">150</td><td rowspan="2">150</td><td rowspan="2">1</td><td rowspan="2">1</td><td rowspan="2">3</td><td rowspan="2">5</td><td rowspan="2">用于中速、中等载荷的轴承，不宜受显著的冲击载荷。可作为锡锑轴承合金的代用品</td></tr>
<tr><td>ZPbSb15Sn5Cu3</td><td>5</td><td>8</td><td>5</td></tr>
<tr><td rowspan="2">锡青铜</td><td>ZCuSn10P1</td><td>15</td><td>10</td><td>15</td><td rowspan="2">280</td><td rowspan="2">200</td><td rowspan="2">3</td><td rowspan="2">5</td><td rowspan="2">1</td><td rowspan="2">1</td><td>用于中速、重载及受变载荷的轴承</td></tr>
<tr><td>ZCuSn5Pb5Zn5</td><td>8</td><td>3</td><td>15</td><td>用于中速、中等载荷的轴承</td></tr>
<tr><td>铝青铜</td><td>ZCuAl10Fe3</td><td>15</td><td>4</td><td>12</td><td>280</td><td>200</td><td>5</td><td>5</td><td>5</td><td>2</td><td>用于润滑充分的低速、重载轴承</td></tr>
</table>

除了上述几种金属材料外，还可采用其他金属材料及非金属材料，如黄铜、铸铁、塑料、碳-石墨、橡胶及粉末冶金等作为轴瓦材料。应用时，轴瓦和轴承衬材料的牌号和性能可由《机械设计手册》查取。

**3. 滑动轴承的润滑**

润滑对减少滑动轴承的摩擦和磨损以及保证轴承正常工作具有重要意义。因此，设计和使用滑动轴承时，必须合理地采取措施，对滑动轴承进行润滑。

1）润滑剂

（1）润滑油　润滑油是使用最广的润滑剂，其中以矿物油应用最广。润滑油的主要性能指标是黏度。通常它随温度的升高而降低。我国润滑油产品牌号是按运动黏度（单位为 $mm^2/s$）的中间值划分的。例如，L-AN46 全损耗系统用油（机械油），即表示在 40 ℃时运动黏度的中间值为 46（$mm^2/s$），（40 ℃时的运动黏度记为 $\nu_{40}$）。除黏度之外，润滑油的性能指标还有凝点、闪点等。滑动轴承常用的润滑油牌号及选用可参考表6.6。

**表6.6 滑动轴承常用润滑油牌号选择**

| 轴颈圆周速度 $v$/(m/s) | 轻载 $p<3$ MPa 工作温度10～60 ℃ | | 中载 $p=3\sim7.5$ MPa 工作温度10～60 ℃ | | 重载 $p>7.5\sim30$ MPa 工作温度20～80 ℃ | |
|---|---|---|---|---|---|---|
| | 运动黏度 $\nu_{40}$/(mm²/s) | 适用油牌号 | 运动黏度 $\nu_{40}$/(mm²/s) | 适用油牌号 | 运动黏度 $\nu_{40}$/(mm²/s) | 适用油牌号 |
| 0.3～1.0 | 45～75 | L-AN46,L-AN68 | 100～125 | L-AN100 | 90～350 | L-AN100,L-AN150 L-AN200,L-AN320 |
| 1.0～2.5 | 40～75 | L-AN32,L-AN46,L-AN68 | 65～90 | L-AN68 L-AN100 | — | — |
| 2.5～5.0 | 40～55 | L-AN32,L-AN46 | — | — | — | — |
| 5.0～9.0 | 15～45 | L-AN15,L-AN22,L-AN32,L-AN46 | — | — | — | — |
| >9 | 5～23 | L-AN7,L-AN10,L-AN15,L-AN22 | — | — | — | — |

(2) 润滑脂 润滑脂是由润滑油添加各种稠化剂和稳定剂稠化而成的膏状润滑剂。润滑脂主要应用在速度较低(轴颈圆周速度小于1～2 m/s)、载荷较大、不经常加油、使用要求不高的场合。具体选用见表6.7。

**表6.7 滑动轴承润滑脂选择**

| 轴承压强 $p$/MPa | 轴颈圆周速度 $v$/(m/s) | 最高工作温度 $t$/℃ | 润滑脂牌号 |
|---|---|---|---|
| <1.0 | ≤1.0 | 75 | 3号钙基脂 |
| 1.0～6.5 | 0.5～5.0 | 55 | 2号钙基脂 |
| 1.0～6.5 | ≤1.0 | −50～100 | 2号锂基脂 |
| ≤6.5 | 0.5～5.0 | 120 | 2号钠基脂 |
| >6.5 | ≤0.5 | 75 | 3号钙基脂 |
| >6.5 | ≤0.5 | 110 | 1号钙钠基脂 |

除了润滑油和润滑脂之外,在某些特殊场合,还可使用固体润滑剂,如石墨、二硫化钼、水或气体等作润滑剂。

2) 润滑方法

在选用润滑剂之后,还要选用恰当的润滑方式。滑动轴承的润滑方法可按下式求得的 $k$ 值选用,即

$$k=\sqrt{pv^3} \tag{6-1}$$

式中:$p$——轴颈的平均压强(MPa);

$v$——轴颈的圆周速度(m/s)。

当 $k\leqslant2$ 时:若采用润滑脂润滑,可用图6.14(a)所示的旋盖式油杯或用图6.14(b)所示的压配式压注油杯定期加润滑脂润滑;若采用润滑油润滑,则可用图6.14(b)所示的压配式压注油杯或图6.14(c)所示的旋套式油杯定期加油润滑。当 $k>2\sim16$ 时,用图6.14(e)所示的针阀

式注油杯或图 6.14(d)所示的油芯式油杯进行连续的滴油润滑。

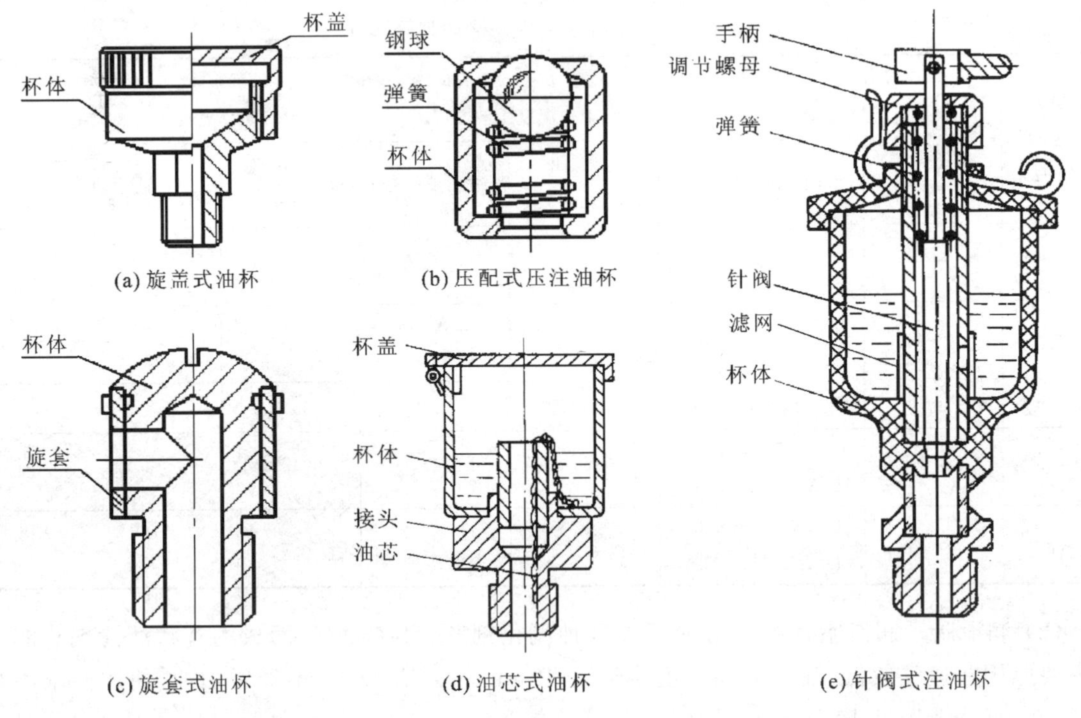


图 6.14 几种供油装置

当 $k>16\sim32$ 时,用图 6.15 所式的油环带油方式,或采用飞溅、压力循环等连续供油方式进行润滑;当 $k>32$ 时,则必须采用压力循环的供油方式进行润滑。

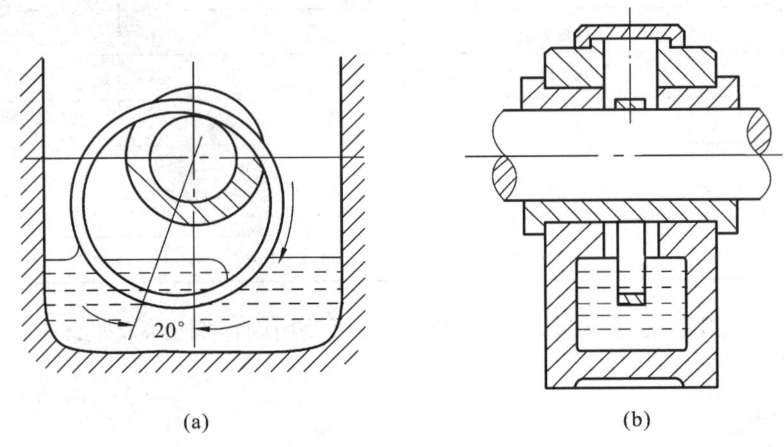


图 6.15 油环润滑

## 【任务实施】

### 滚动轴承类型的选择

#### 1. 滚动轴承的选择原则

选择轴承类型应考虑的因素很多,如轴承所受载荷的大小、方向及性质,转速与工作环境,调心性能要求,经济性及其他特殊要求等。

1）载荷条件

轴承承受载荷的大小、方向和性质是选择轴承类型的主要依据。如载荷小而又平稳时,可选球轴承;载荷大又有冲击时,宜选滚子轴承;如轴承仅受径向载荷时,选径向接触球轴承或圆柱滚子轴承;只受轴向载荷时,宜选推力轴承。轴承同时受径向和轴向载荷时,选用角接触轴承,轴向载荷越大,应选择接触角越大的轴承,必要时也可选用径向轴承和推力轴承的组合结构。应该注意推力轴承不能承受径向载荷,圆柱滚子轴承不能承受轴向载荷。

2）轴承的转速

若轴承的尺寸和精度相同,则球轴承的极限转速比滚子轴承高,所以当转速较高且旋转精度要求较高时,应选用球轴承。推力轴承的极限转速低。当工作转速较高,而轴向载荷不大时,可采用角接触球轴承或深沟球轴承。对于高速回转的轴承,为减小滚动体施加于外圈滚道的离心力,宜选用外径和滚动体直径较小的轴承。若工作转速超过轴承的极限转速,可通过提高轴承的公差等级、适当加大其径向游隙等措施来满足要求。

3）调心性能

轴承内、外圈轴线间的偏位角应控制在极限值之内(见表 6.1),否则会增加轴承的附加载荷而降低其寿命。当刚度较差或安装精度较差时,轴承内、外圈轴线间的偏位角较大,宜选用调心类轴承,如调心球轴承(1 类)、调心滚子轴承(2 类)等。

4）允许的空间

当轴向尺寸受到限制时,宜选用窄或特窄的轴承。当径向尺寸受到限制时,宜选用滚动体较小的轴承。如要求径向尺寸小而径向载荷又很大,可选用滚针轴承。

5）装调性能

圆锥滚子轴承(3 类)和圆柱滚子轴承(N 类)的内、外圈可分离,装拆比较方便。

6）经济性

在满足使用要求的情况下应尽量选用价格低廉的轴承。一般情况下球轴承的价格低于滚子轴承。轴承的精度等级越高,其价格也越高。在同尺寸和同精度的轴承中深沟球轴承的价格最低。同型号、尺寸,不同公差等级的深沟球轴承的价格比约为 P0∶P6∶P5∶P4∶P2≈1∶1.5∶2∶7∶10。如无特殊要求,应尽量选用普通级精度轴承,只有对旋转精度有较高要求时,才选用精度较高的轴承。

除此之外,还可能有其他各种各样的要求,如轴承装置整体设计的要求等,因此设计时要全面分析比较,选出最合适的轴承。

例如,选择轴承 30210—表示圆锥滚子轴承,宽度系列代号为 0,直径系列代号为 2,内径为 50 mm,公差等级为 0 级,游隙为 0 组。

又如,选择轴承 LN207/P63—表示圆柱滚子轴承,外圈可分离,宽度系列代号为 0(0 在代号中省略),直径系列代号为 2,内径为 35 mm,公差等级为 6 级,游隙为 3 组。

**2. 滚动轴承的工作能力计算**

1）滚动轴承的失效形式和计算准则

(1) 滚动轴承的载荷分析　以深沟球轴承为例进行分析。如图 6.16 所示,轴承受径向载荷 $F_r$ 作用时,各滚动体承受的载荷是不同的,处于最低位置的滚动体受载荷最大。由理论分析

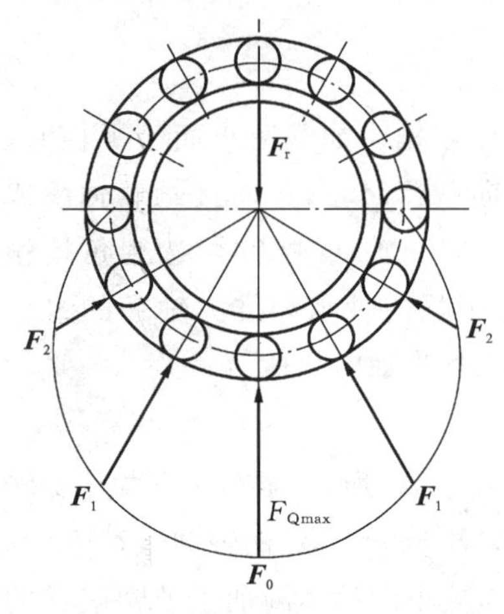


图 6.16 滚动轴承的载荷分析

知,受载荷最大的滚动体所受的载荷为 $F_0 \approx (5/z)F_r$,$z$ 为滚动体的数目。

当外圈不动内圈转动时,滚动体既自转又绕轴承的轴线公转,于是内、外圈与滚动体的接触点位置不断发生变化,滚道与滚动体接触表面上某点的接触应力也随着作周期性的变化,滚动体与旋转套圈(设为内圈)受周期性变化的脉动循环接触应力作用,固定套圈上点 $A$ 受最大的稳定脉动循环接触应力作用。

(2) 失效形式　滚动轴承的失效形式主要有以下三种。

① 疲劳点蚀　滚动体和套圈滚道在脉动循环的接触应力作用下,当应力值或应力循环次数超过一定数值后,接触表面会出现接触疲劳点蚀。点蚀使轴承在运转中产生振动和噪声,回转精度降低且工作温度升高,使轴承失去正常的工作能力。接触疲劳点蚀是滚动轴承最主要的失效形式。

② 塑性变形　在过大的静载荷或冲击载荷的作用下,套圈滚道或滚动体可能会发生塑性变形,滚道出现凹坑或滚动体被压扁,使运转精度降低,产生振动和噪音,导致轴承不能正常工作。

③ 磨损　在润滑不良、密封不可靠及多尘的情况下,滚动体或套圈滚道易产生磨粒磨损,高速时会出现胶合磨损,轴承过热还将导致滚动体回火。

另外,滚动轴承由于配合、安装、拆卸及使用维护不当,还会引起轴承元件破裂等其他形式的失效,也应采取相应的措施加以防止。

(3) 计算准则　针对上述的主要失效形式,滚动轴承的计算准则如下。

① 对于一般转速($n>10$ r/min)的轴承,疲劳点蚀为其主要的失效形式,应进行寿命计算。

② 对于低速($n \leqslant 10$ r/min)重载或大冲击条件下工作的轴承,其主要失效形式为塑性变形,应进行静强度计算。

③ 对于高转速的轴承,除了疲劳点蚀外,胶合磨损也是重要的失效形式,因此除了应进行寿命计算外,还要校验其极限转速。

2) 基本额定寿命和基本额定动载荷

(1) 轴承寿命　在一定载荷作用下,滚动轴承运转到任一滚动体或套圈滚道上出现疲劳点蚀前,两套圈相对运转的总转数(圈数)或工作的小时数,称为轴承寿命。这也意味着一个新轴承运转至出现疲劳点蚀就不能再使用了。如同预言一个人的寿命一样,对于一个具体的轴承,无法预知其确切的寿命。但借助于人口调查等相关资料,却可以预知某一批人的寿命。同理,引入下面关于基本额定寿命的说法。

(2) 基本额定寿命　一批相同的轴承,在同样的受力、转数等常规条件下运转,其中有10%的轴承发生疲劳点蚀破坏(90%的轴承未出现点蚀破坏)时,一个轴承所转过的总转(圈)数或工作的小时数称为轴承的基本额定寿命。用符号 $L(10^6 \text{r})$ 或 $L_h(\text{h})$ 表示。需要说明的是:①轴承运转的条件不同,如受力大小不一样,则其基本额定寿命值不一样;②某一轴承能够达到或超过此寿命值的可能性即可靠度为90%,达不到此寿命值的可能性即破坏率为10%。

(3) 基本额定动载荷　基本额定动载荷是指基本额定寿命为 $L=10^6$ r 时,轴承所能承受的最大载荷，用字母 $C$ 表示。基本额定动载荷越大，其承载能力也越大。不同型号轴承的基本额定动载荷 $C$ 值可查轴承样本或《机械设计手册》等资料。

3）滚动轴承的寿命计算公式

滚动轴承的基本额定寿命（以下简称为寿命）与承受的载荷有关，通过大量试验获得轴承的基本额定寿命为

$$L_h=\frac{10^6}{60n}\left(\frac{f_T C}{P}\right)^{\varepsilon}\geqslant[L_h] \tag{6-2}$$

或

$$C\geqslant C'=\frac{P}{f_T}\left(\frac{60n[L_h]}{10^6}\right)^{\frac{1}{\varepsilon}} \tag{6-3}$$

式中：$L_h$——轴承的基本额定寿命；

$n$——轴承转数；

$\varepsilon$——轴承寿命指数；

$C$——基本额定动载荷；

$C'$——所需轴承的基本额定动载荷；

$P$——当量动载荷；

$f_T$——温度系数（见表6.8），是考虑轴承工作温度对 $C$ 的影响而引入的修正系数；

$[L_h]$——轴承的预期使用寿命，设计时如果不知道轴承的预期寿命值，表6.9的荐用值可供参考。

**表6.8 温度系数 $f_T$**

| 轴承工作温度/℃ | ≤100 | 125 | 150 | 200 | 250 | 300 |
|---|---|---|---|---|---|---|
| 温度系数 $f_T$ | 1 | 0.95 | 0.90 | 0.80 | 0.70 | 0.60 |

**表6.9 滚动轴承预期使用寿命的荐用值**

| 机器类型 | 预期寿命/h |
|---|---|
| 不经常使用的仪器或设备，如闸门开闭装置等 | 300～3 000 |
| 短期或间断使用的机械，中断使用不致引起严重后果，如手动机械等 | 3 000～8 000 |
| 间断使用的机械，中断使用后果严重，如发动机辅助设备，流水作业线自动传动装置、升降机、车间吊车、不经常使用的机床等 | 8 000～12 000 |
| 每日8 h工作的机械（利用率不高），如一般的齿轮传动、某些固定电动机等 | 12 000～20 000 |
| 每日8 h工作的机械（利用率较高）如金属切削机床、连续使用的起重机、木材加工机械等 | 20 000～30 000 |
| 24 h连续工作的机械，如矿山升降机、泵、电动机等 | 40 000～60 000 |
| 24 h连续工作的机械，中断使用后果严重，如纤维生产或造纸设备、发电站主发电机、矿井水泵、船舶螺旋桨等 | 100 000～200 000 |

## 【知识拓展】

### 滚动轴承的组合设计

滚动轴承安装在机器设备上，它与支承它的轴和轴承座（机体）等周围零件之间的整体关系称为轴承部件的组合。为了保证滚动轴承正常工作，除了合理地选择轴承类型、尺寸外，还必须正确地进行轴承组合的结构设计。在设计轴承的组合结构时，要考虑轴承的安装、调整、配合、

拆卸、紧固、润滑和密封等多方面的内容。

**1. 滚动轴承的固定**

1) 两端单向固定

如图 6.17(a)所示，在轴的两个支点上，用轴肩顶住轴承内圈，轴承盖顶住轴承的外圈，使每个支点都能限制轴的单方向轴向移动，两个支点合起来就限制了轴的双向移动，这种固定方式称为两端单向固定或双固式。图 6.17(a)所示上半部为采用深沟球轴承支承的结构，它结构简单、便于安装，适于工作温度变化不大的短轴。考虑轴因受热而伸长，安装轴承时，如图 6.17(b)所示，在深沟球轴承的外圈和端盖之间，应留有 $c=0.25\sim0.4$ mm 的热补偿轴向间隙。图 6.17(a)所示下半部为采用角接触球轴承支承的结构。

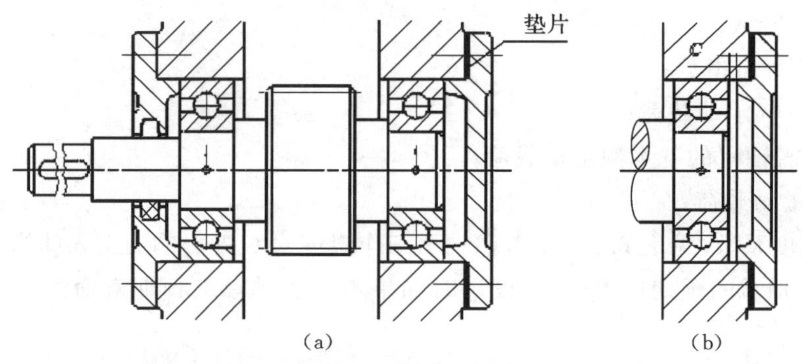


**图 6.17　两端单向固定的轴系**

2) 一端双向固定、一端游动

如图 6.18(a)所示，左端轴承内、外圈都为双向固定，以承受双向轴向载荷，称为固定端。右端为游动端，选用深沟球轴承时内圈作双向固定，外圈的两侧自由，且在轴承外圈与端盖之间留有适当的间隙，轴承可随轴颈沿轴向游动，适应轴的伸长和缩短的需要。如图 6.18(b)所示，游动端选用圆柱滚子轴承时，该轴承的内、外圈均应双向固定。这种固游式结构适于工作温度变化较大的长轴。

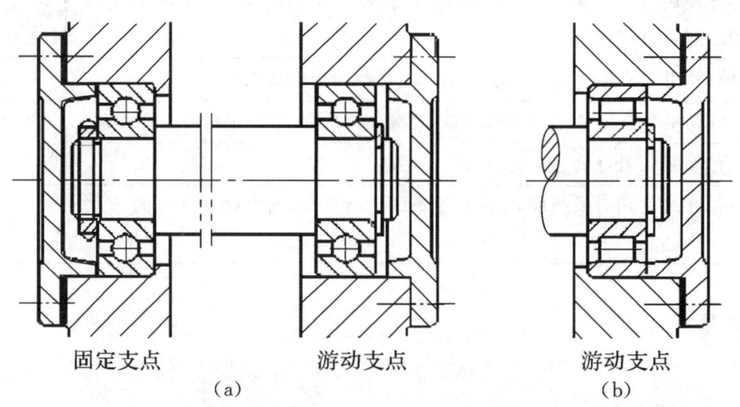


**图 6.18　一端双向固定、一端游动的轴系**

3) 两端游动式

图 6.19 所示为人字齿轮传动中的主动轴，考虑到轮齿两侧螺旋角的制造误差，为了使轮齿

啮合时受力均匀，两端都采用圆柱滚子轴承支承，轴与轴承内圈可沿轴向少量移动，即为两端游动式结构。与其相啮合的从动轮轴系则必须用双固式或固游式结构。若主动轴的轴向位置也固定，可能会发生干涉以至卡死现象。

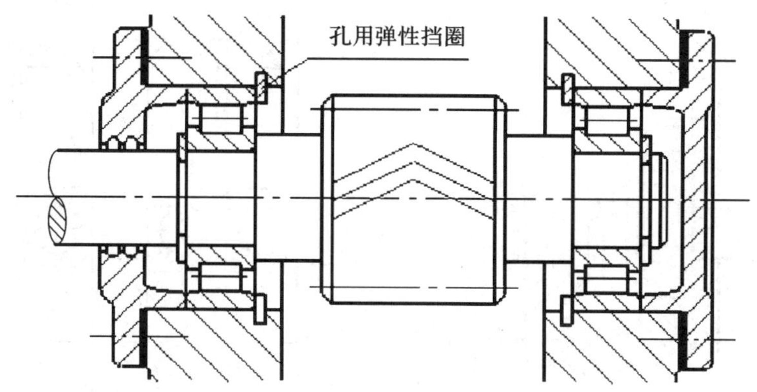


图 6.19 两端游动的轴系

轴承在轴上一般用轴肩或套筒定位，轴承内圈的轴向固定应根据轴向载荷的大小选用图 6.20(a)所示的轴端挡圈、圆螺母、轴用弹性挡圈等结构。外圈则采用图 6.20(b)所示的轴承座孔的端面(止口)、孔用弹性挡圈、压板、端盖等形式固定。

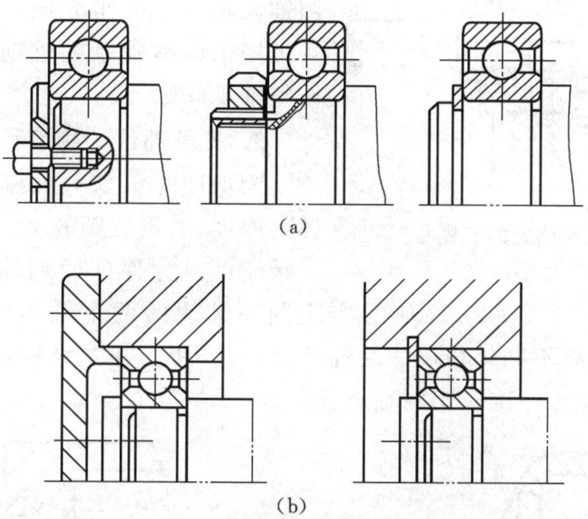


图 6.20 单个轴承的轴向定位与固定

**2. 轴承组合的调整**

1) 轴承间隙的调整

常用的调整轴承间隙的方法如下。

(1) 如图 6.17 所示，利用增减端盖与箱体结合面间垫片的厚度进行调整。

(2) 如图 6.21 所示，利用端盖上的调节螺钉改变可调压盖及轴承外圈的轴向位置来实现轴承间隙的调整，调整后用螺母锁紧防松。

2) 滚动轴承的预紧

在轴承安装以后，使滚动体和套圈滚道间处于适合的预压紧状态，称为滚动轴承的预紧。预紧的目的在于提高其工作的刚度和旋转精度。成对并列使用的圆锥滚子轴承、角接触球轴承及对旋转精度和刚度有较高要求的轴系通常都采用预紧方法。如图 6.22 所示,常用的预紧方法有在套圈间加垫片并加预紧力、磨窄套圈并加预紧力。

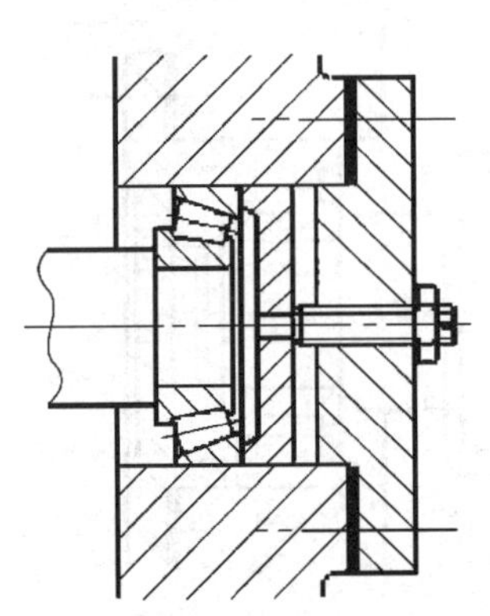

**图 6.21 利用压盖调整轴承的间隙**

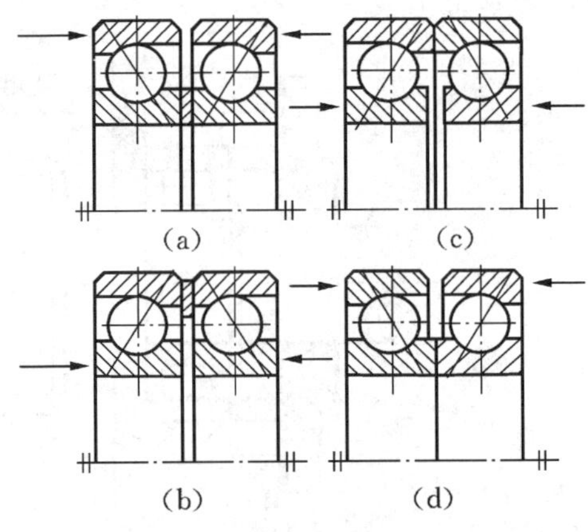


**图 6.22 轴承的预紧**

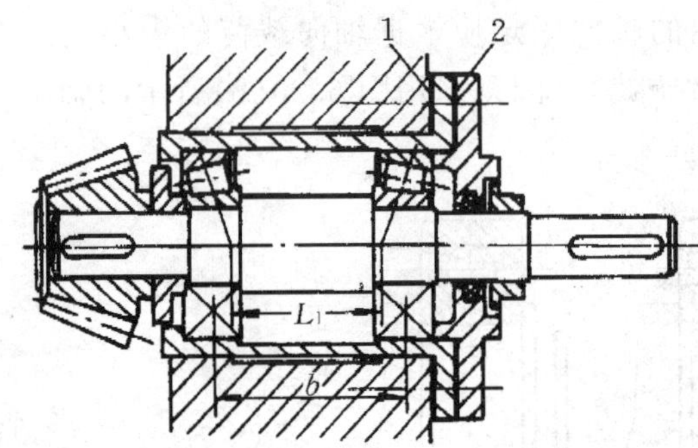


**图 6.23 轴承组合位置的调整**

1—垫片 1;2—垫片 2

3) 轴承组合位置的调整

轴承组合位置调整的目的,是使轴上的零件如齿轮等具有准确的轴向工作位置。图 6.23 为圆锥齿轮轴承的组合结构,套杯与机座之间的垫片 1 用来调整轴系的轴向位置,而垫片 2 则用来调整轴承间隙。

**3. 支承部位的刚度和同轴度**

为保证支承部分的刚度,轴承座孔壁应有足够的厚度,并设置图 6.24(a)所示的加强肋以增强支承刚度。为保证两端轴承座孔的同轴度,箱体上同一轴线的两个轴承座孔应一次镗出。如图 6.24(b)所示,若轴上装有不同外径尺寸的轴承时,可采用套杯式结构,使两端轴承座孔的直径尺寸尽量相同,以便加工时一次镗出两轴承座孔。

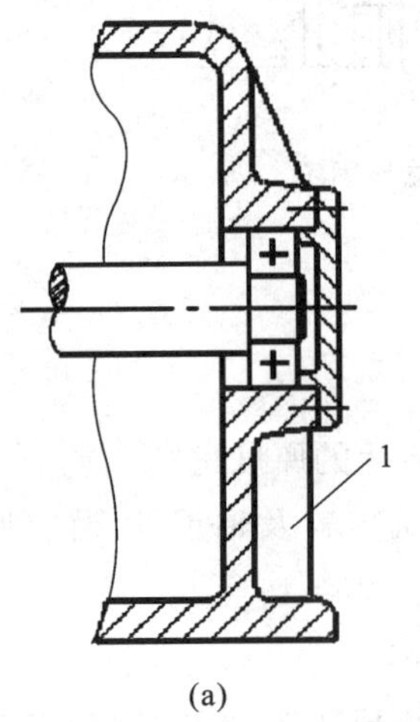


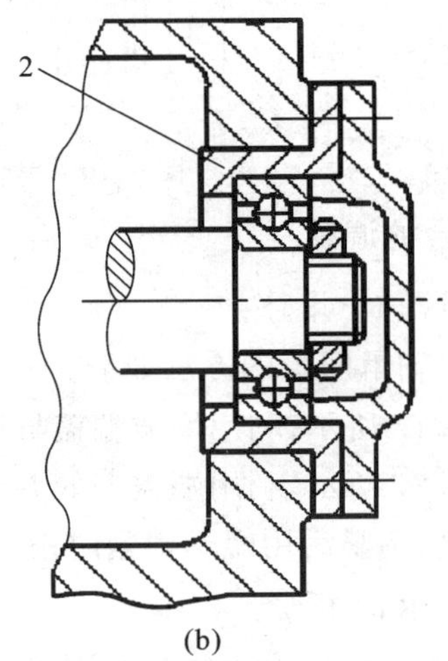


(a) (b)

**图 6.24 支承部位的刚度和同轴度**

1—加强肋;2—套杯

**4. 滚动轴承的配合**

滚动轴承的配合是指轴承内圈与轴颈、外圈与轴承座孔的配合。因为滚动轴承已经标准化，轴承内孔与轴颈的配合采用基孔制，轴承外圈与轴承座孔的配合采用基轴制。一般来说，转动圈(通常是内圈与轴一起转动)的转速越高，载荷越大，工作温度越高，则内圈与轴颈应采用越紧的配合；而外圈与座孔间(特别是需要作轴向游动或经常装拆的场合)常采用较松的配合。轴颈公差带常取 n6、m6、k6、js6 等；座孔的公差带常用为 J7、J6、H7 和 G7 等，具体选择可参考有关的《机械设计手册》。

**5. 滚动轴承的安装与拆卸**

设计轴承的组合结构时，应考虑有利于轴承的装拆，以便在装拆时不损坏轴承和其他零部件。装拆时，要求滚动体不受力，装拆力要对称或均匀地作用在套圈的端面上。

1) 轴承的安装

(1) 冷压法　用专用压套压装轴承，如图 6.25(a)所示，装配时，先加专用压套，再用压力机压入或用手锤轻轻打入。

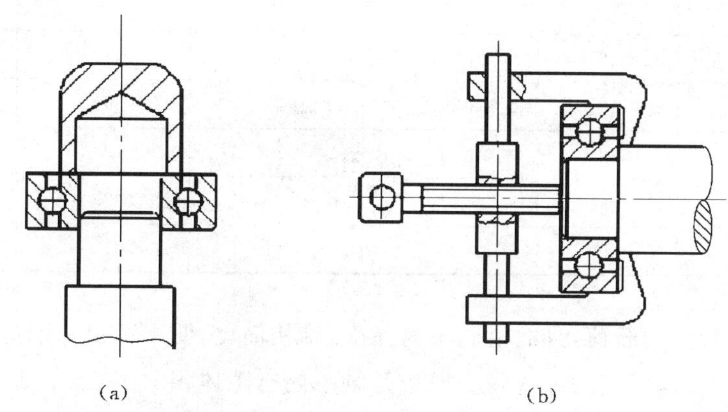


**图 6.25　轴承的安装与拆卸**

(2) 热装法　将轴承放入油池或加热炉中加热至 80～100 ℃，然后套装在轴上。

2) 轴承的拆卸

应使用专门的拆卸工具拆卸轴承，如图 6.25(b)所示。为了便于用专用工具拆卸轴承，设计时轴上定位轴肩的高度应低于轴承内圈的高度。同理，轴承外圈在套筒内应留出足够的高度和必要的拆卸空间，或采取其他便于拆卸的结构。如图 6.26 所示为结构设计错误的示例，图 6.26(a)表示轴肩 $h$ 过高，无法用拆卸工具拆卸轴承；图 6.26(b)表示衬套孔直径 $d_0$ 过小，无法拆卸轴承外圈。

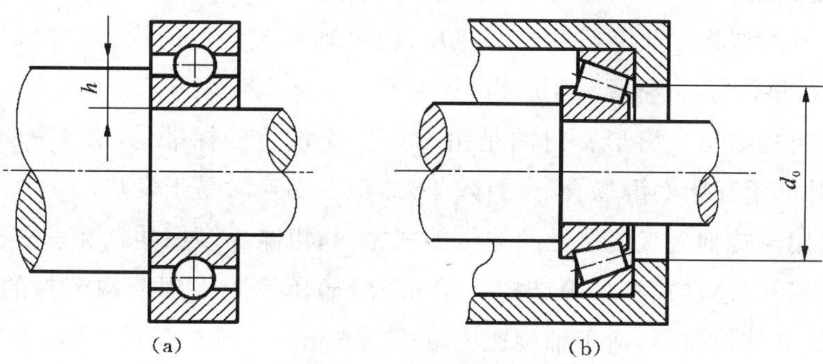


**图 6.26　结构错误示例**

### 6. 滚动轴承的润滑和密封

1) 滚动轴承的润滑

滚动轴承润滑的主要目的是减小摩擦与磨损,同时也有吸振、冷却、防锈和密封等作用。滚动轴承的润滑与滑动轴承的类似,常用的润滑剂有润滑油和润滑脂两种,一般高速时采用润滑油,低速时用润滑脂,某些特殊情况下用固体润滑剂。润滑方式可根据轴承的 $dn$ 值来确定。这里 $d$ 为轴承内径,$n$ 是轴承的转速,$dn$ 值间接表示了轴颈的圆周速度。适用于脂润滑和油润滑的 $dn$ 值界限列于表 6.10 中,可作为选择润滑方式时的参考。

**表 6.10　适用于脂润滑和油润滑的 $dn$ 值界限**　　单位:$10^4\times$mm·r/min

| 轴承类型 | 脂润滑 | 油润滑 | | | |
|---|---|---|---|---|---|
| | | 油浴 | 滴油 | 循环油(喷油) | 油雾 |
| 深沟球轴承 | 16 | 25 | 40 | 60 | >60 |
| 调心球轴承 | 16 | 25 | 40 | — | — |
| 角接触球轴承 | 16 | 25 | 40 | 60 | >60 |
| 圆柱滚子轴承 | 12 | 25 | 40 | 60 | >60 |
| 圆锥滚子轴承 | 10 | 16 | 23 | 30 | — |
| 调心滚子轴承 | 8 | 12 | — | 25 | — |
| 推力球轴承 | 4 | 6 | 12 | 15 | — |

脂润滑能承受较大的载荷,且润滑脂不易流失,结构简单,便于密封和维护。润滑脂常常采用人工方式定期更换,润滑脂的加入量一般应是轴承内空隙体积的 1/2～1/3。

速度较高或工作温度较高的轴承都采用油润滑,润滑和散热效果均较好,但润滑油易流失,因此要保证在工作时有充足的供油。减速器常用的润滑方式有油浴润滑及飞溅润滑等。油浴润滑时油面不应高于最下方滚动体的中心,否则搅油能量损失较大易使轴承过热。喷油润滑或油雾润滑兼有冷却作用,常用于高速情况。

2) 滚动轴承的密封

滚动轴承密封的作用是防止外界灰尘、水分等进入轴承,并阻止轴承内润滑剂流失。密封方法可分为接触式密封和非接触式密封两大类。

常用的接触式密封有毛毡圈密封、唇形密封圈密封等。图 6.27(a)所示为采用毛毡圈密封的结构。毛毡圈密封是将工业毛毡制成的环片,嵌入轴承端盖上的梯形槽内,与转轴间摩擦接触,其结构简单、价格低廉,但毡圈易于磨损,常用于工作温度不高的脂润滑场合。图 6.27(b)为采用唇形密封圈密封的结构。唇形密封圈是由专业厂家供货的标准件,有多种不同的结构和尺寸;其广泛用于油润滑和脂润滑场合,密封效果好,但在高速时易于发热。

高速时多采用与转轴无直接接触的非接触式密封,以减少摩擦功耗和发热。非接触式密封常用的有油沟式密封、迷宫式密封等结构。图 6.28(a)所示为采用油沟密封的结构,在油沟内填充润滑脂密封,其结构简单,适于轴颈速度 $v\leqslant 5\sim 6$ m/s。图 6.28(b)所示为采用曲路迷宫式密封的结构,适于高速场合。

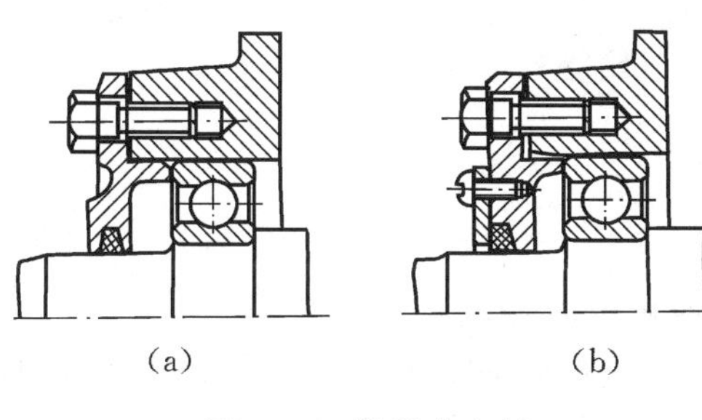


图 6.27 接触式密封

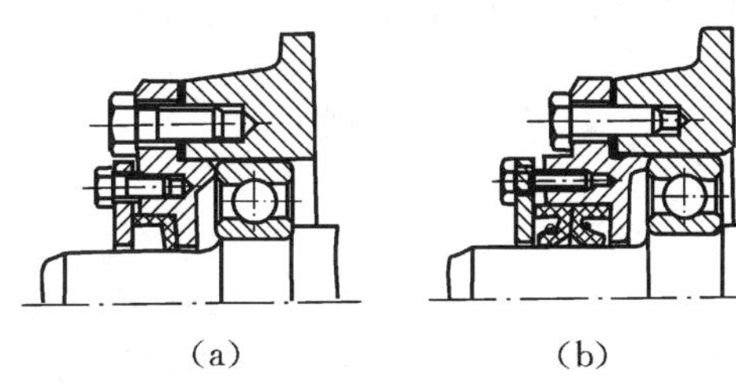


图 6.28 非接触式密封

## 【复习与思考】

1. 球轴承和滚子轴承各有何特点？
2. 按承受载荷方向的不同，滚动轴承可分为哪几类？各有何特点？
3. 说明下列滚动轴承代号的含义：

   60210/P6 612/32 N2312 70216AC 71311C

4. 选择滚动轴承类型时要考虑哪些因素？
5. 轴承间隙常用的调整方法有哪些？轴承的预紧有何意义？
6. 轴承常用的密封装置有哪些？各适用于什么场合？
7. 轴瓦和轴承衬有何区别？轴瓦有哪两种形式？
8. 轴瓦上的油槽应设在什么位置？油槽可否与轴瓦端面连通？
9. 止推滑动轴承的止推面为什么不能制成实心端面？

# 任务2 汽车轴系零件设计

## 【任务导入】

轴是组成汽车的重要零件之一，用途极广，类型很多，其主要功用是支承汽车的回转运动并传递运动和动力。特别是汽车传动轴是实现汽车的驱动能力的关键零件。汽车传动中各种作回转运动的零件，如齿轮、带轮、链轮、车轮等都必须装在轴上才能实现其功能。

## 【任务分析】

汽车轴的设计程序是：先根据扭转强度（或扭转刚度）条件，初步确定轴的最小直径；然后根据轴上零件的相互关系和定位要求，以及轴的加工、装配工艺性等，合理地拟订轴的结构形状和尺寸；在此基础上，再对较为重要的轴进行强度校核。只有在需要时，才进行轴的刚度或振动稳定性校核。

因而，汽车传动轴的设计区别于其他零件设计过程的显著特点是：必须先进行结构设计，然后才能进行工作能力的核算。

# 【相关知识】

## 一、认识常用轴

### 1. 按承载情况分类

按轴在工作时的承载情况，轴可分为心轴、传动轴和转轴三类。

(1) 心轴　用来支承转动的零件，只承受弯矩而不承受转矩的轴。心轴可以随转动零件一起转动，如铁路车辆的轴(见图6.29)，也可以是不转动的，如自行车的前轮轴(见图6.30)。

(2) 传动轴　主要承受转矩而不承受弯矩或所受弯矩很小的轴，如汽车变速箱与驱动桥(后桥)之间的传动轴(见图6.31)。

(3) 转轴　工作时既承受弯矩又承受转矩的轴，如图6.32所示。转轴是机械中最常见的轴，如汽车变速箱中的轴、齿轮减速器中的轴。

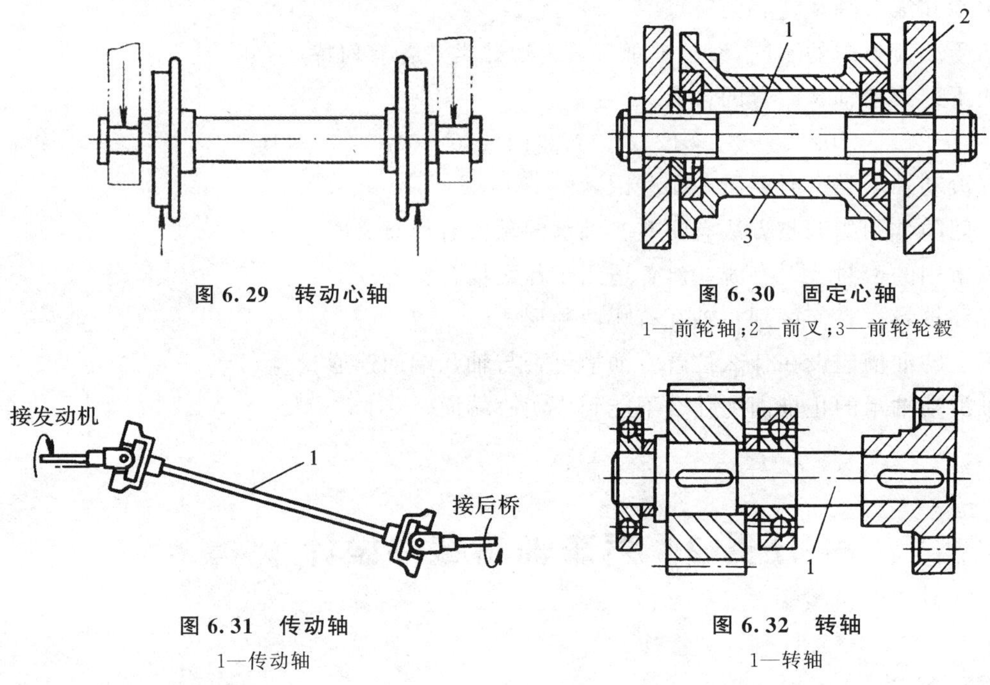


**图6.29　转动心轴**

**图6.30　固定心轴**

1—前轮轴；2—前叉；3—前轮轮毂

**图6.31　传动轴**

1—传动轴

**图6.32　转轴**

1—转轴

### 2. 按轴线形状分类

按轴线形状不同，轴还可以分为直轴(见图6.33)、曲轴(见图6.34)和挠性轴(见图6.35)三类。

(1) 直轴　直轴包括光轴及阶梯轴。光轴指各处直径相同的轴。阶梯轴指各段直径不同的轴。阶梯轴便于轴上零件的定位、紧固、装拆，在机械中最常见。有时为了减轻重量或满足某种使用要求，将轴制造成空心的，称为空心轴，如汽车的传动轴和一些机床的主轴。

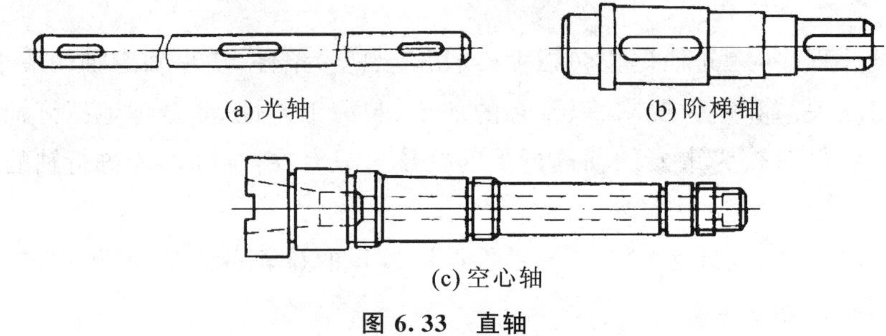

(a) 光轴　(b) 阶梯轴

(c) 空心轴

**图6.33　直轴**

（2）曲轴　曲轴用于活塞式动力机械、曲轴压力机、空气压缩机等机械中，是一种专用零件。

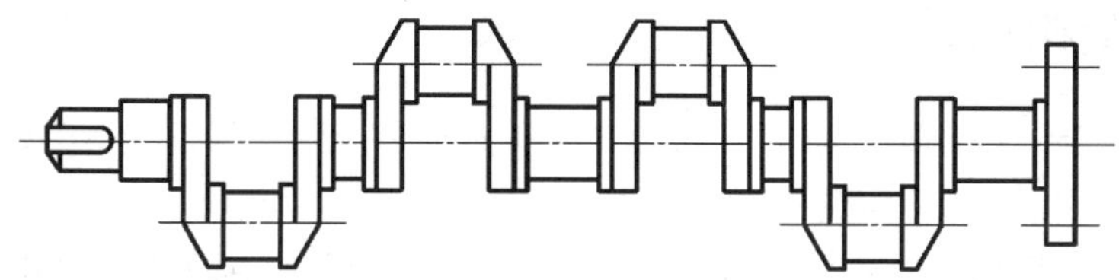

图 6.34　曲轴

（3）挠性轴　挠性轴通常是由几层紧贴在一起的钢丝层构成的，可以把动力和运动灵活地传到任何位置。挠性轴常用于振捣器和医疗设备中。

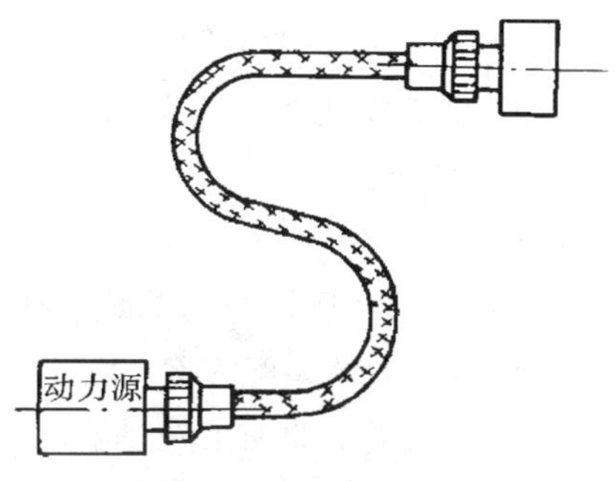


图 6.35　挠性轴

**3. 轴的材料**

轴的材料主要是碳素钢和合金钢。常用的碳素钢为 45 钢，一般应进行正火或调质处理以改善其力学性能。不重要的或受载较小的轴，可采用 Q235 等普通碳钢。

对于承受较大载荷、要求强度高、结构紧凑或耐磨性较好的轴，可采用合金钢。常用的合金钢有 40Cr、20Gr、20CrMnTi 等。应当指出：当尺寸相同时，采用合金钢并不能提高轴的刚度，因为在一般情况下各种钢的弹性模量相差不多；合金钢对应力集中的敏感性较高，因此轴的结构设计更要注意减少应力集中的影响；采用合金钢时必须进行相应的热处理，以便更好地发挥材料的性能。

表 6.11 列出了轴的常用材料及其力学性能。

表 6.11　轴的常用材料及其力学性能

| 材料及热处理 | 毛坯直径/mm | 硬度/HBS | 强度极限 $\sigma_b$ | 屈服强度 $\sigma_s$ | 弯曲疲劳极限 $\sigma_{-1}$ | 应用说明 |
|---|---|---|---|---|---|---|
| | | | MPa | | | |
| Q235 | — | — | 440 | 240 | 200 | 用于不重要或载荷不大的轴 |
| 35 钢正火 | ≤100 | 149～187 | 520 | 270 | 250 | 塑性好和强度适中，可做一般曲轴、转轴等 |
| 45 钢正火 | ≤100 | 170～217 | 600 | 300 | 275 | 用于较重要的轴，应用最为广泛 |
| 45 钢调质 | ≤200 | 217～255 | 650 | 360 | 300 | |
| 40Cr 调质 | 25 | — | 1 000 | 800 | 500 | 用于载荷较大而无很大冲击的重要的轴 |
| | ≤100 | 241～286 | 750 | 550 | 350 | |
| | ＞100～300 | 241～266 | 700 | 550 | 340 | |
| 40MnB 调质 | 25 | — | 1 000 | 800 | 485 | 性能接近于 40Cr，用于重要的轴 |
| | ≤200 | 241～286 | 750 | 500 | 335 | |
| 35CrMo 调质 | ≤100 | 207～269 | 750 | 550 | 390 | 用于受重载荷的轴 |
| 20Cr 渗碳淬火回火 | 15 | 表面 56～62HRC | 850 | 550 | 375 | 用于要求强度、韧度及耐磨性均较高的轴 |
| | — | | 650 | 400 | 280 | |
| QT400-100 | — | 156～197 | 400 | 300 | 145 | 结构复杂的轴 |
| QT600-2 | — | 197～269 | 600 | 200 | 215 | 结构复杂的轴 |

## 二、轴的结构设计

轴上与轴承配合的部分称为轴颈。与传动零件(带轮、齿轮、联轴器等)相配合的部分称为轴头,连接轴颈与轴头的非配合部分通常称为轴身。

轴的结构没有标准形式,在进行轴的结构设计时,必须针对不同的情况进行具体分析。要合理考虑机器的总体布局,轴上零件的类型及其定位方式,轴上载荷的大小、性质、方向和分布情况等,同时还要考虑轴的加工和装配工艺等,合理地确定轴的结构形状和尺寸。

**1. 拟订轴上零件的装配方案**

在进行结构设计时,首先应按传动简图上所给出的各主要零件的相互位置关系拟定轴上零件的装配方案。

如图 6.36 所示为一单级圆柱齿轮减速器简图。其输出轴上装有齿轮、联轴器和滚动轴承。可以采用如下的装配方案:将齿轮、左端轴承和联轴器从轴的左端装配,右端轴承从轴的右端装配。在考虑了轴的加工及轴和轴上零件的定位、装配与调整要求后,确定轴的结构形式如图 6.37 所示。

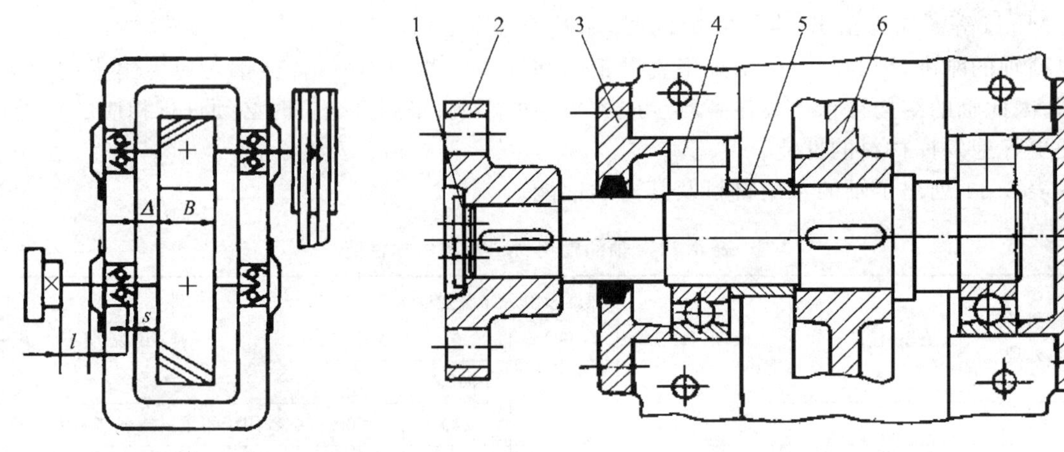


**图 6.36 单级圆柱齿轮减速器简图**

**图 6.37 轴的结构**

1—轴端挡圈;2—联轴器;3—轴承端盖;4—滚动轴承;5—套筒;6—齿轮

**2. 轴上零件的轴向定位**

轴上零件的定位和固定是两个不同的概念。定位是针对装配而言的,是为了保证准确的安装位置;固定是针对工作而言的,是为了使运转中保持原位不变。但二者之间又有联系,通常作为结构措施,既起固定作用又起定位作用。

为了传递运动和动力,保证机械的工作精度和使用可靠,零件必须可靠地安装在轴上,不允许零件沿轴向发生相对运动。因此,轴上零件都必须有可靠的轴向定位措施。

轴上零件的轴向定位方法取决于零件所承受的轴向载荷大小。常用的轴向定位方法有以下几种。

(1) 轴肩与轴环定位(见图 6.38) 方便可靠、不需要附加零件,承受的轴向力大。该方法会使轴径增大,阶梯处形成应力集中,阶梯过多将不利于加工,广泛用于各种轴上零件的定位。

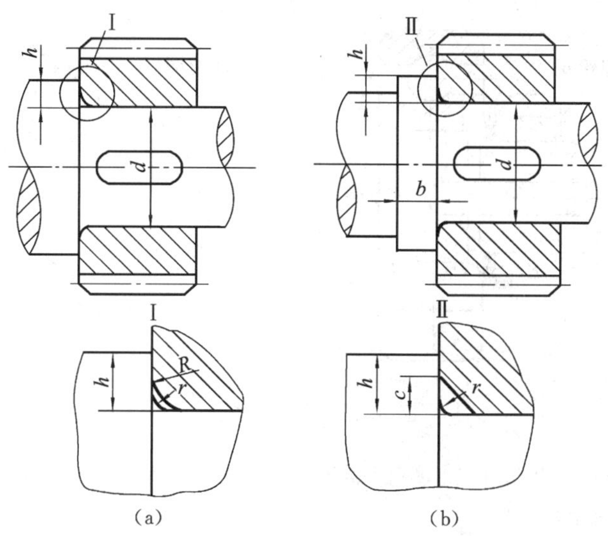


**图 6.38 轴肩与轴环定位**

设计要点：为了保证零件与定位面靠紧，轴上过渡圆角半径应小于零件圆角半径或倒角，一般定位高度 $h$ 取为$(0.07\sim0.1)d$，轴环宽度 $b=1.4h$ 。

（2）套筒定位（见图 6.39） 简化轴的结构，减小应力集中，结构简单、定位可靠。该方法多用于轴上零件间距离较小的场合。但由于套筒与轴之间存在间隙，所以在高速情况下不宜使用。

设计要点：套筒内径与轴的配合较松，套筒结构、尺寸可以根据需要灵活设计。

（3）轴端挡圈定位（见图 6.40） 工作可靠，能够承受较大的轴向力，应用广泛。

设计要点：只用于轴端零件轴向定位。需要采用止动垫片等防松措施。

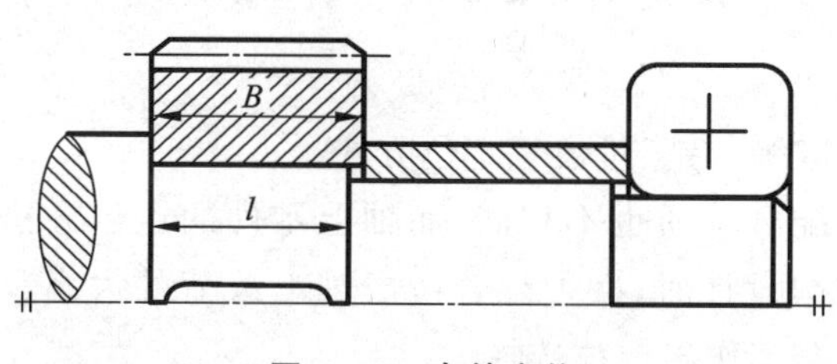


**图 6.39 套筒定位**

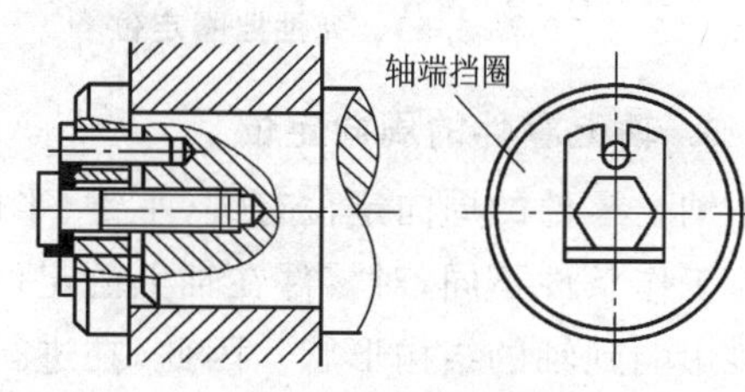


**图 6.40 轴端挡圈定位**

（4）圆锥面定位（见图 6.41） 装拆方便，兼作周向定位，适用于高速、冲击以及对中性要求较高的场合。

设计要点：只用于轴端零件轴向定位。常用于轴端挡圈联合使用，实现零件的双向定位。

（5）圆螺母定位（见图 6.42） 固定可靠，可以承受较大的轴向力，能实现轴上零件的间隙调整。但切制螺纹将会产生较大的应力集中，降低轴的疲劳强度，多用于固定装在轴端的零件。

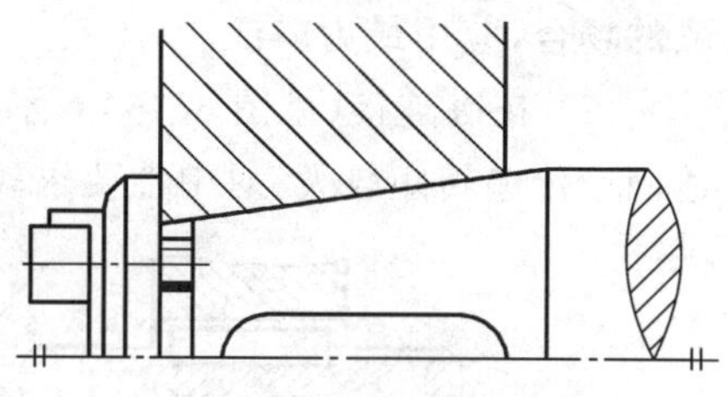

**图 6.41 圆锥面定位**

设计要点：为了减小对轴强度的削弱，常采用细牙螺纹。为了防松，需加止动垫片或者使用双螺母。

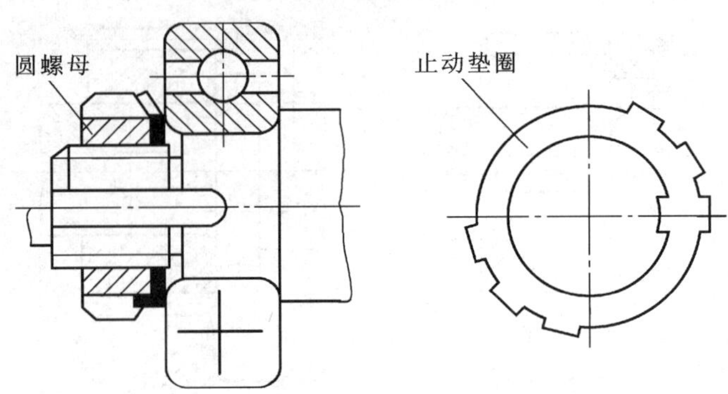


图 6.42　圆螺母定位

(6) 弹性挡圈定位(见图 6.43)　结构紧凑、简单、装拆方便,但受力较小,且轴上切槽会引起应力集中,常用于轴承的定位。

设计要点:轴上切槽尺寸见相关标准。

(7) 其他定位方式(见图 6.44)　紧定螺钉、弹簧挡圈、锁紧挡圈等定位,多用于轴向力不大而且速度不高的场合。

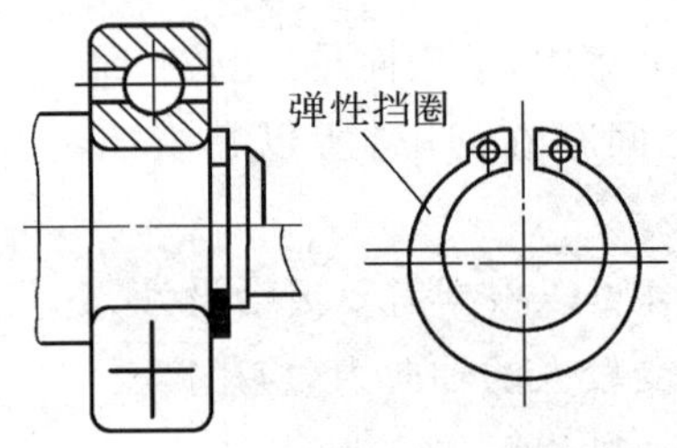


图 6.43　弹性挡圈定位

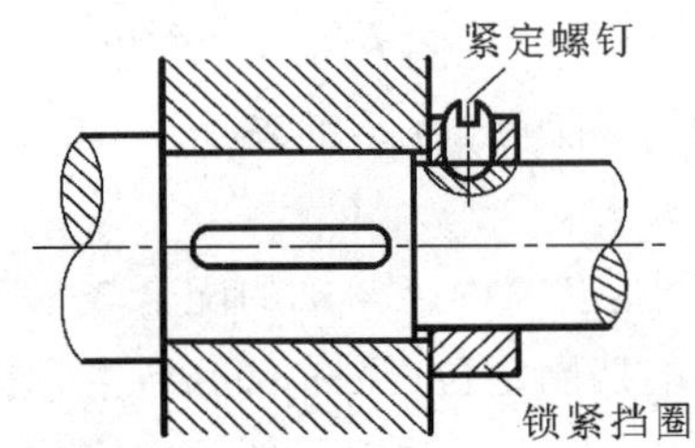


图 6.44　紧定螺钉和锁紧挡圈定位

### 3. 轴上零件的周向定位

轴上零件的周向定位有键(平键、半圆键、楔键等)、销、过盈等定位方式。

工作条件不同,对零件在轴上的定位方式和配合性质也不相同,而轴上零件的定位方法又直接影响到轴的结构形状。因此,在进行轴的结构设计时,必须综合考虑轴上载荷的大小及性质、轴的转速、轴上零件的类型及其使用要求等,合理作出定位选择。

(1) 平键连接(见图 6.45)　制造简单、装拆方便。它适用于传递转矩较大、对中性要求一般的场合,应用最为广泛。

(2) 花键连接(见图 6.46)　承载能力高,定心好,导向性好,但制造较困难,成本较高。它适用于传递转矩较大、对中性要求较高或零件在轴上移动时要求导向性良好的场合。

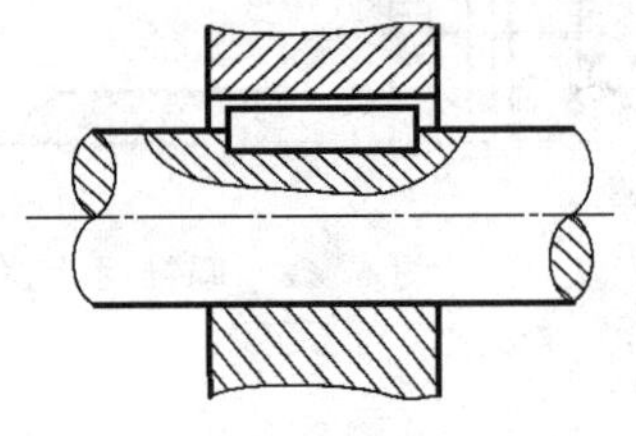

图 6.45　平键连接

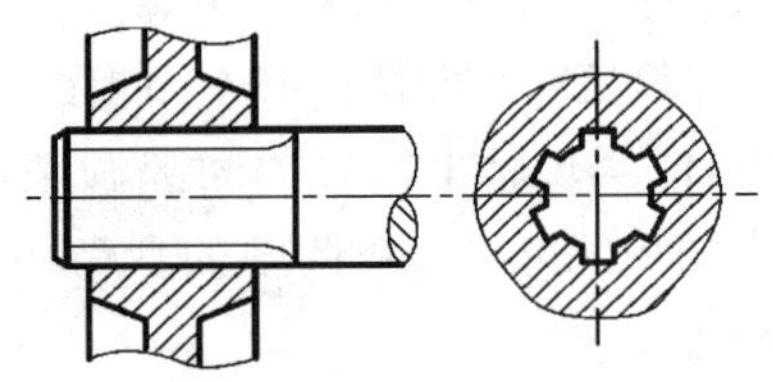

图 6.46　花键连接

(3) 过盈配合(见图 6.47) 结构简单,定心好,承载能力高,在振动下能可靠地工作。但它装配困难,且对配合尺寸的精度要求较高。

过盈配合常与平键联合使用,以承受大的交变、振动和冲击载荷。

(4) 销连接(见图 6.48) 用于固定不太重要、受力不大,但同时需要周向和轴向固定的零件。

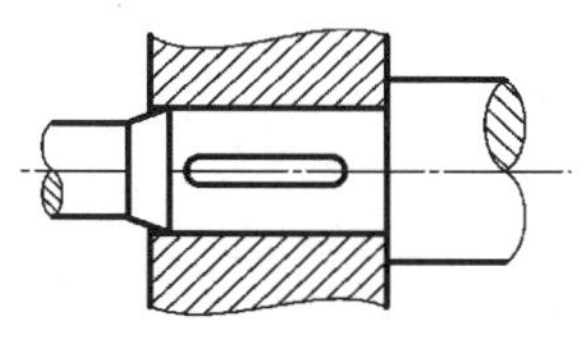

图 6.47 过盈配合

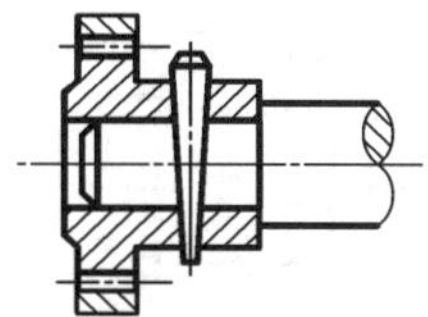

图 6.48 销连接

#### 4. 确定各轴段的直径和长度

轴上零件的装配方案和定位方法确定之后,轴的基本形状就确定下来了。轴的直径大小应该根据轴所承受的载荷来确定。但是初步确定轴的直径时,往往不知道支反力的作用点,不能决定弯矩的大小和分布情况。因而,在实际设计中,通常按扭矩强度条件来初步估算轴的直径,并将这一估算值作为轴受扭段的最小直径(也可以凭经验和参考同类机械用类比的方法确定)。

轴的最小直径初步确定后,可按轴上零件的装配方案和定位要求,逐步确定各轴段的直径,并根据轴上零件的轴向尺寸、各零件的相互位置关系以及零件装配所需的装配和调整空间,确定轴的各段长度。

具体设计时,需要注意以下几个问题。

(1) 轴与零件配合的直径应取成标准值,非配合轴段允许为非标准值,但最好取为整数。

(2) 与滚动轴承相配合的直径,必须符合滚动轴承的内径标准。

(3) 安装联轴器的轴径应与联轴器的孔径范围相适应。

(4) 轴上的螺纹直径应符合标准。

(5) 轴与零件相配合部分的轴段长度,应比轮毂长度略短 2～3 mm,以保证零件轴向定位可靠。

(6) 若在轴上装有滑移的零件,应该考虑零件的滑移距离。

(7) 轴上各零件之间应该留有适当的间隙,以防止运转时相碰。

(8) 轴的长度尺寸要考虑加工要求,考虑留有工艺尺寸。

#### 5. 轴的结构工艺性

1) 确定轴的工艺结构

从满足强度和节省材料考虑,轴的形状最好是等强度的抛物线回转体。但是这种形状的轴既不便于加工,也不便于轴上零件的固定。从加工考虑,最好是直径不变的光轴,但光轴不利于零件的拆装和定位。由于阶梯轴接近于等强度,而且便于加工和轴上零件的定位和拆装,所以实际上的轴多为阶梯形。为了能选用合适的圆钢和减少切削用量,阶梯轴各轴段的直径不宜相差过大,一般取为 5～10 mm。

为了便于切削加工:一根轴上的圆角应尽可能取相同的半径,退刀槽取相同的宽度,倒角尺寸相同;一根轴上各键槽应开在同一母线上,若键槽的轴段直径相差不大时,应尽可能采用相同宽度的键槽(见图 6.49),以减少换刀次数。

需要磨削的轴段应该留有砂轮越程槽,以便磨削时砂轮可以磨削到轴肩的端部;需要切制螺纹的轴段应留有退刀槽,如图 6.50 所示。

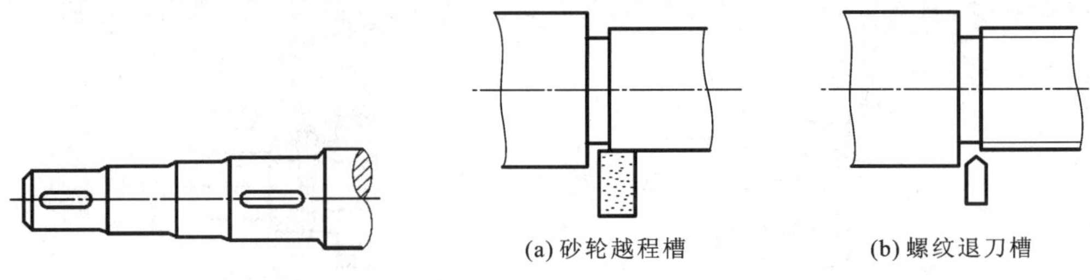

(a) 砂轮越程槽　(b) 螺纹退刀槽

图 6.49　键槽布置　　图 6.50　砂轮越程槽和退刀槽

为了便于装配:轴端应加工出倒角(一般为 45°),以免装配时把轴上零件的孔壁擦伤(见图 6.51(a));过盈配合零件的装入端应加工出导向锥面(见图 6.51(b)),以便零件能顺利地压入。

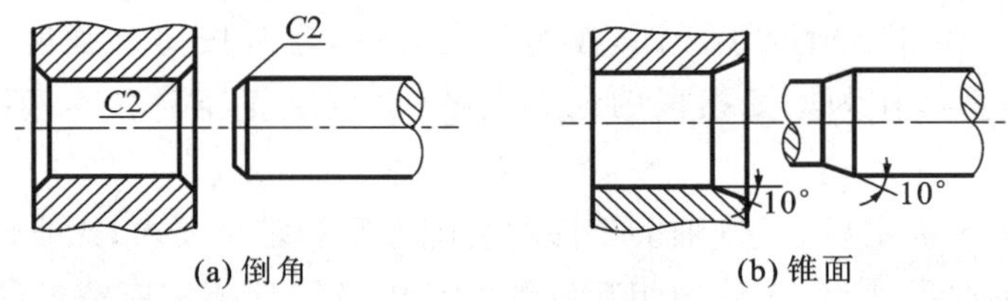


(a) 倒角　(b) 锥面

图 6.51　倒角和锥面

2) 确定轴的制造工艺

制造工艺性往往是评价设计优劣的一个重要方面。为了便于制造、降低成本,一根轴上的各具体结构都必须认真考虑。如图 6.52 所示的轴结构,要综合考虑下列制造工艺。

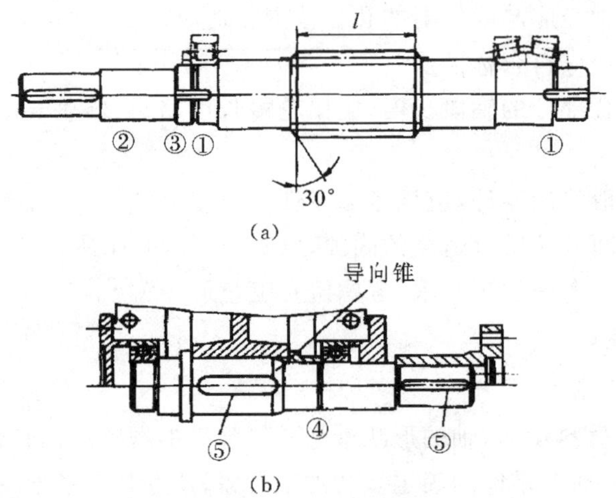


图 6.52　轴的结构工艺性示例

(1) 螺纹段留有退刀槽(见图 6.52(a)中的①)。

(2) 磨削段要留越程槽(见图 6.52(b)中的④)。

(3) 同一轴上的圆角、倒角应尽可能相同。

(4) 同一轴上的几个键槽应开在同一母线上(见图 6.52(b)中的⑤)。

(5) 螺纹前导段(见图 6.52(a)中的②)直径应该小于螺纹小径。

(6) 轴上零件(如齿轮、带轮、联轴器)的轮毂宽度大于与其配合的轴段长度。

(7) 轴上各段的精度和表面粗糙度不同。

**6. 提高轴疲劳强度的措施**

轴的基本形状确定之后,还要按照工艺要求,对轴的结构细节进行合理设计,以便提高轴的加工和装配工艺性,改善轴的疲劳强度。

1) 减小应力集中

轴上的应力集中会严重削弱轴的疲劳强度,因此轴的结构应尽量避免和减小应力集中。为了减小应力集中,应该在轴剖面发生突变的地方制成适当的过渡圆角。由于轴肩定位面要与零件接触,加大圆角半径经常受到限制,这时可以采用凹切圆角或肩环结构等。

2) 改善轴的表面质量

表面粗糙度对轴的疲劳强度也有显著的影响。实践表明,疲劳裂纹常发生在表面粗糙的部位。设计时应十分注意轴的表面粗糙度的参数值,即使是不与其他零件相配合的自由表面也不应该忽视。采用碾压、喷丸、渗碳淬火、渗氮淬火、高频淬火等表面强化的方法可以显著提高轴的疲劳强度。

3) 改善轴的受力情况

改进轴上零件的结构,减小轴上载荷或改善其应力特征,也可以提高轴的强度和刚度。

## 【任务实施】

### 汽车传动轴最小直径的估算

如图 6.53 所示为一既受弯矩又受扭矩的转轴。已知:齿轮的模数 $m$,齿数 $z$,齿宽 $b$,轴的转速 $n$ 和传递的功率 $P$。轴的估算有两种方法:按扭转强度估算和按经验公式估算。

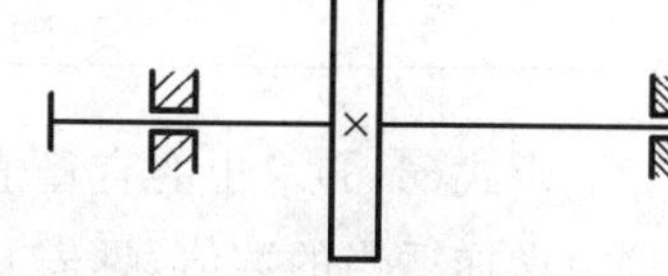

图 6.53 转轴

**1. 按扭转强度估算直径**

在开始的时候,轴的长度及结构形式往往是未知的,因此求不出支承反力,画不出弯矩图,应力集中情况也不清楚,无法对轴进行弯曲疲劳强度计算,所以常按抗扭强度计算公式来进行轴径的初步估算,并采用降低许用切应力的方法来考虑弯曲的影响,以求出等直径的光轴。然后以该光轴为基准,按轴上零件及工艺要求进行轴的结构设计,得出轴的结构草图,从而确定各轴段的直径、长度、载荷作用点和支承位置等,进而进行轴的强度校核计算。经过校核计算,判断轴的强度是否满足需要,结构、尺寸是否需要修改。

当主要考虑扭矩作用时,由前面所学的力学知识可知,其强度条件为

$$\tau=\frac{T}{W_{\mathrm{n}}}=\frac{9.55\times10^{6}\times\dfrac{P}{n}}{W_{\mathrm{n}}}\leqslant[\tau] \tag{6-4}$$

式中:$\tau$——扭转切应力(MPa);

$T$—— 轴所传递的扭矩(N · mm);

$W_n$——轴的抗扭截面模量($mm^3$);

$P$——轴所传递的功率(kW);

$n$——轴的转速(r/min);

$d$——轴的直径(m);

$[\tau]$——轴材料的许用切应力(MPa)。

对于实心轴,有

$$W_n=\frac{\pi d^3}{16}\approx 0.2d^3 \tag{6-5}$$

故轴的直径为

$$d\geqslant\sqrt[3]{\frac{9.55\times10^6 P}{0.2[\tau]n}}=A\sqrt[3]{\frac{P}{n}} \tag{6-6}$$

对于空心轴,有

$$W_n=\frac{\pi d^3(1-\gamma^4)}{16}\approx 0.2d^3(1-\gamma^4) \tag{6-7}$$

故轴的直径为

$$d\geqslant\sqrt[3]{\frac{9.55\times10^6 P}{0.2(1-\gamma^4)[\tau]n}}=A\sqrt[3]{\frac{P}{(1-\gamma^4)n}} \tag{6-8}$$

式中:$\gamma=\frac{d_0}{d}$,即空心轴内、外径之比。

常用材料的$[\tau]$值、$A$值可查表6.12。$[\tau]$值、$A$值的大小与轴的材料及受载情况有关。当作用在轴上的弯矩比转矩小或轴只受转矩时,$[\tau]$值取较大值,$A$值取较小值;否则相反。

**表6.12 常用材料的$[\tau]$值和$A$值**

| 轴的材料 | Q235A,20钢 | 35钢 | 45钢 | 40Cr,35SiMn |
|---|---|---|---|---|
| $[\tau]$ / MPa | ⩾12~20 | >20~30 | >30~40 | >40~52 |
| $A$ | 160~135 | 135~118 | 118~107 | 107~98 |

由式(6-6)求出的直径值,一般作为轴的最小直径。如果截面上有键槽,则应该按照求得的直径增加适当的数值,见表6.13。最后需要将轴径圆整为标准值。

**表6.13 轴计算修正值**

| 轴的直径 $d$/mm | <30 | 30~100 | >100 |
|---|---|---|---|
| 有一个键槽时的增大值/(%) | 7 | 5 | 3 |
| 有相隔180°两个键槽时的增大值/(%) | 15 | 10 | 7 |

**2. 按照经验公式估算**

对于一般减速器装置中的轴,一般也可以用经验公式来估算轴的最小直径。对于高速级输入轴的最小轴径可按与其相连接的电动机轴径$D$估算,即

$$d=(0.8\sim1.2)D \tag{6-9}$$

相应各级低速轴的最小直径可按同级齿轮中心距$a$估算,即

$$d=(0.3\sim0.4)a \tag{6-10}$$

# 【知识拓展】

## 轴的刚度校核

在载荷的作用下，轴将产生一定的弯曲变形。若变形量超过允许的限度，就会影响轴上零件的正常工作，甚至会丧失其应有的工作性能。例如，安装齿轮的轴，若弯曲刚度（或扭转刚度）不足而导致挠度（或扭转角）过大时，将影响齿轮的正常啮合，使齿轮沿齿宽和齿高方向接触不良，造成载荷在齿面上严重分布不均。又如采用滑动轴承的轴，若挠度过大而导致轴颈偏斜过大时，将使轴颈和滑动轴承产生边缘接触，造成不均匀磨损和过度发热。因此，在设计有刚度要求的轴时，必须进行刚度的校核计算。

**1. 轴的弯曲刚度校核**

常见的轴可以视为简支梁。若是光轴，可以直接利用材料力学中的公式计算其挠度或偏转角；若是阶梯轴，如果对计算精度要求不高，则可用当量直径法作近似计算，即把阶梯轴看成当量直径为 $d_v$的光轴，然后再按材料力学的公式进行计算。当量直径为

$$d_v=\sqrt[4]{\frac{L}{\sum_{i=1}^{z}\frac{l_i}{d_i^4}}} \tag{6-11}$$

式中：$l_i$——阶梯轴第 $i$ 段的长度(mm)；

$d_i$——阶梯轴第 $i$ 段的直径(mm)；

$L$——阶梯轴总长度(mm)；

$z$——阶梯轴计算长度内的轴段数。

当载荷作用于两支承之间时，$L$ 为支承跨距；当载荷作用于悬臂端时，$L$ 等于悬臂长度加上跨距。

**2. 轴的扭转刚度校核**

轴的扭转变形用每米长的转角即圆轴扭转角 $\varphi$ 来表示，其计算公式如下。

光轴：

$$\varphi=5.73\times10^4\frac{T}{GI_p} \tag{6-12}$$

阶梯轴：

$$\varphi=5.73\times10^4\frac{1}{LG}\sum_{i=1}^{z}\frac{T_il_i}{I_{pi}} \tag{6-13}$$

式中：$T$——转轴所受的扭矩(N·m)；

$G$——轴材料的剪切弹性模量(MPa)，钢材 $G=8.1\times10^4$ MPa；

$I_p$——轴截面的极惯性矩($mm^4$)，对于圆轴 $I_p=\pi d^4/32$；

$L$——阶梯轴受扭矩作用的长度(mm)；

$z$——阶梯轴受扭矩作用的轴段数。

轴的扭转刚度条件为

$$\varphi\leqslant[\varphi] \tag{6-14}$$

对于一般传动的场合，可取$[\varphi]=(0.5\sim1)(°)/m$；对于精密传动的轴 $[\varphi]=(0.25\sim0.5)(°)/m$；对于精度要求不高的轴$[\varphi]$可以大于$1(°)/m$。

## 【复习与思考】

1. 自行车的中轴和后轮轴是什么类型的轴？为什么？

2. 多级齿轮减速器高速轴的直径总比低速轴的直径小，为什么？

3. 轴上最常用的轴向定位结构是什么？轴肩与轴环有何异同？

4. 圆螺母也可以对轴上零件作轴向固定定位吗？

5. 轴按功用与所受载荷的不同分为哪三种？常见的轴大多属于哪一种？

6. 轴的结构设计应从哪几个方面考虑？

7. 制造轴的常用材料有几种？若轴的刚度不够，是否可采用高强度合金钢提高轴的刚度？为什么？

8. 轴上零件的周向固定有哪些方法？采用键固定时应注意什么？

9. 轴上零件的轴向固定有哪些方法？各有何特点？

# 任务3　汽车联轴器、离合器和弹簧

## 【任务导入】

联轴器和离合器都是用来连接两轴，使两轴一起转动并传递转矩的装置。用联轴器连接的两轴在工作时不能分开，只有停车后通过拆卸才能将它们分开；而用离合器连接的两轴，在机械运转时就可将两轴分开和接合。此外，它们有的还可起到过载安全保护作用。联轴器、离合器是汽车机械传动中的通用部件，而且大部分已标准化。本任务重点介绍几种常用联轴器、离合器和弹簧的结构、特点、应用范围及选择方法。

## 【任务分析】

离合器是汽车的重要零部件。摩擦式离合器是利用接触面间产生的摩擦力传递转矩的，它可分单片式和多片式等。联轴器的类型很多，根据是否包含弹性元件，可分为刚性联轴器和弹性联轴器。弹性联轴器因有弹性元件，故可起到缓冲减振的作用，也可在不同程度上补偿两轴之间的偏移。根据结构特点不同，刚性联轴器又可分为固定式和可移式两类。可移式刚性联轴器对两轴间的偏移量具有一定的补偿能力。汽车离合器和联轴器都是非常重要的零件，如何正确使用和维修是本任务的重要内容。

## 【相关知识】

### 一、联轴器

#### 1. 固定式联轴器

固定式联轴器是一种比较简单的联轴器，常用的有套筒式联轴器和凸缘式联轴器。

1）套筒式联轴器

如图6.54所示，套筒式联轴器是一个圆柱形套筒，它与轴用圆锥销或键连接以传递转矩。

当用圆锥销连接时,则传递的转矩较小;当用键连接时,则传递的转矩较大。套筒式联轴器结构简单,制造容易,径向尺寸小;但两轴线要求严格对中,装拆时需作轴向移动。它适用于工作平稳、无冲击载荷的低速、轻载的轴。

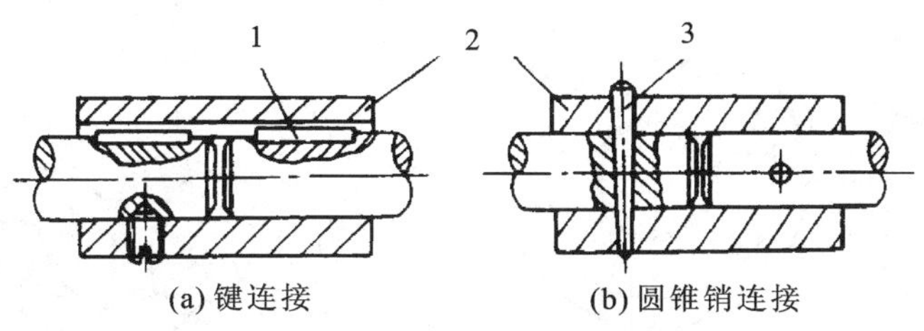


**图 6.54 套筒式联轴器**

1—键;2—套筒;3—销

2) 凸缘式联轴器

如图 6.55 所示,凸缘式联轴器是把两个带有凸缘的半联轴器用键分别与两轴连接,然后用螺栓把两个半联轴器连成一体,以传递运动和转矩。凸缘式联轴器有两种对中方法:一种是用一个半联轴器上的凸肩与另一个半联轴器上的凹槽相配合而对中;另一种则是用绞制孔螺栓对中。前者采用普通螺栓连接,螺栓与孔壁间存在间隙,转矩靠半联轴器结合面间的摩擦力矩来传递,装拆时,轴必须作轴向移动;后者采用绞制孔连接,螺栓与孔同为过渡配合,靠螺栓杆承受挤压与剪切来传递转矩,装拆时轴无须作轴向移动。凸缘式联轴器的结构简单,使用维修方便,对中精度高,传递转矩大;但对所联两轴间的偏移缺乏补偿能力,制造和安装精度要求较高,故凸缘式联轴器适用于速度较低、载荷平稳、两轴对中性较好的情况。

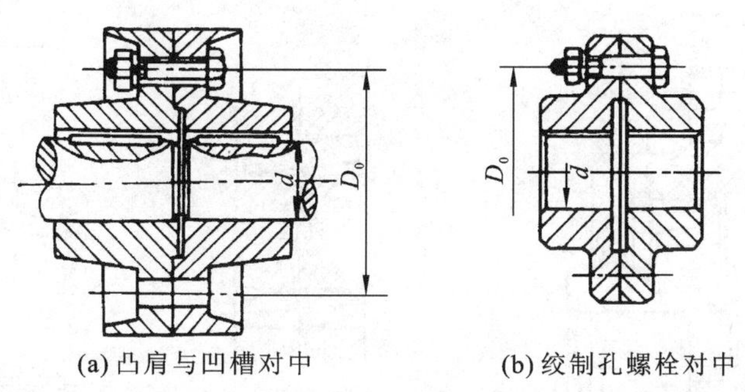


**图 6.55 凸缘式联轴器**

**2. 可移式联轴器**

可移式联轴器具有可移性,故可补偿两轴间的偏移。但因无弹性元件,故不能缓冲减振。常用的有以下几种。

1) 十字滑块联轴器

如图 6.56 所示,十字滑块联轴器是由两个在端面上开有凹槽的半联轴器 1、3 和一个两面带有凸牙的中间盘 2 组成。两个半联轴器 1、3 分别固定在主动轴和从动轴上,中间盘两面的凸牙位于相互垂直的两个直径方向上,并在安装时分别嵌入 1、3 的 凹槽中,将两轴连接为一体。因为凸牙可在凹槽中滑动,故可补偿安装及运转时两轴间的偏移。这种联轴器结构简单,径向尺寸小,适用与径向位移 $y \leqslant 0.04d$($d$ 为径)、角位移 $\alpha \leqslant 30°$、最高转速 $n \leqslant 250$ r/min、工作平稳的场合。为了减少滑动面的摩擦及磨损，凹槽及凸块的工作面要淬硬，并且在凹槽和凸块的工作面间要注入润滑油。

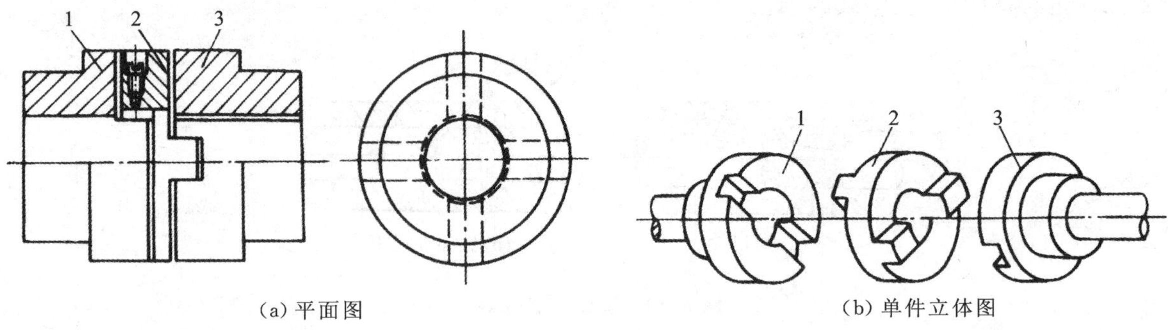


(a) 平面图　　(b) 单件立体图

**图 6.56　十字滑块联轴器**

1、3—半联轴器；2—中间盘

2）齿式联轴器

如图 6.57 所示，齿式联轴器是由两个带有内齿及凸缘的外套筒 2、3 和两个带有外齿的内套筒 1、4 所组成。两个内套筒 1、4 分别用键与两轴连接，两个外套筒 2、3 用螺栓连成一体，依靠内、外齿相啮合以传递转矩。由于外齿的齿顶制成椭球面，且保持与内齿啮合后具有适当的顶隙和侧隙，故在转动时，套筒 1 可有轴向、径向及角位移。工作时，轮齿沿轴向有相对滑动。为了减轻磨损，可由油孔注入润滑油，并在套筒 1 和 3 之间装有密封圈，以防止润滑油泄露。

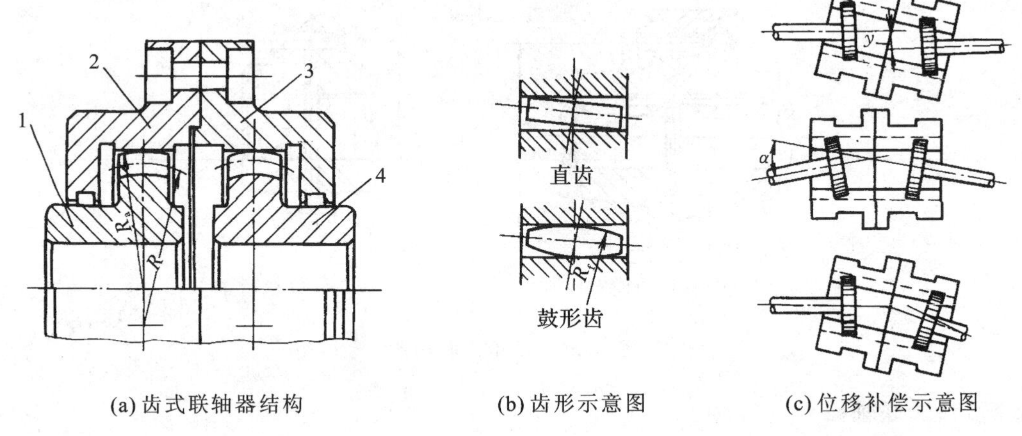


(a) 齿式联轴器结构　　(b) 齿形示意图　　(c) 位移补偿示意图

**图 6.57　齿式联轴器**

1、4—内套筒；2、3—外套筒

3）万向联轴器

如图 6.58 所示，万向联轴器是由两个叉形接头和一个十字销组成。十字销分别与固定在两根轴上的叉形接头用铰链连接，从而形成一个可动的连接。这种联轴器可允许两轴间有较大的夹角，而且在运转过程中，夹角发生变化仍可正常工作；但当夹角 $\alpha$ 过大时，转动效率明显降低，故夹角 $\alpha$ 最大可达 35°～45°。若用单个万向联轴器连接轴线相交的两轴时，当主动轴以等角速度 $\omega_1$ 回转时，从动轴的角速度 $\omega_2$ 并不是常数，而且在一定的范围内（$\omega_1\cos\alpha\leqslant$

$\omega_2 \leqslant \omega_1/\cos\alpha$)变化,因而在传动过程中将产生附加的动载荷。为了改善这种状况,常将万向联轴器成对使用,组成双万向联轴器,如图 6.59 所示;但安装时应保证主、从动轴与中间轴间的夹角相等,且中间轴两端叉形接头应在同一平面内。这样便可使主、从动轴的角速度相等。万向联轴器的结构紧凑,维修方便,能补偿较大的位移,因而在汽车、拖拉机和金属车削机床中获得广泛应用。

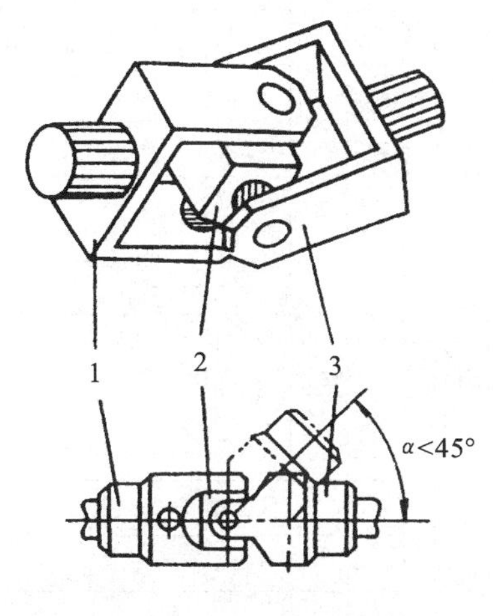


**图 6.58 万向联轴器**

1—万向节头;2—十字销;3—万向节头

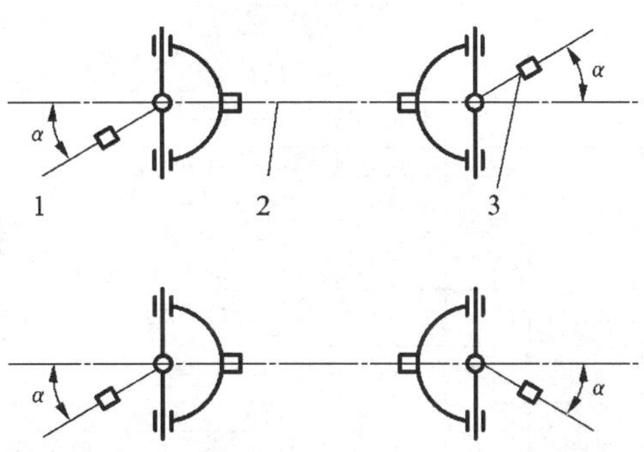


**图 6.59 双万向联轴器**

1—主动轴;2—中间轴;3—从动轴

### 3. 弹性联轴器

弹性联轴器是利用弹性连接件的弹性变形来补偿两轴相对位移,缓和冲击和吸收振动的。弹性联轴器有弹性套柱销联轴器、弹性柱销联轴器和轮胎式联轴器等。

#### 1) 弹性套柱销联轴器

弹性套柱销联轴器如图 6.60 所示,它利用一端具有弹性套的柱销作为中间连接件。为了补偿轴向偏移,在两轴间留有轴向间隙 $c$。为了更换易损元件弹性套,留出一定的空间距离 $A$。弹性套柱销联轴器参数如表 6.14 所示。

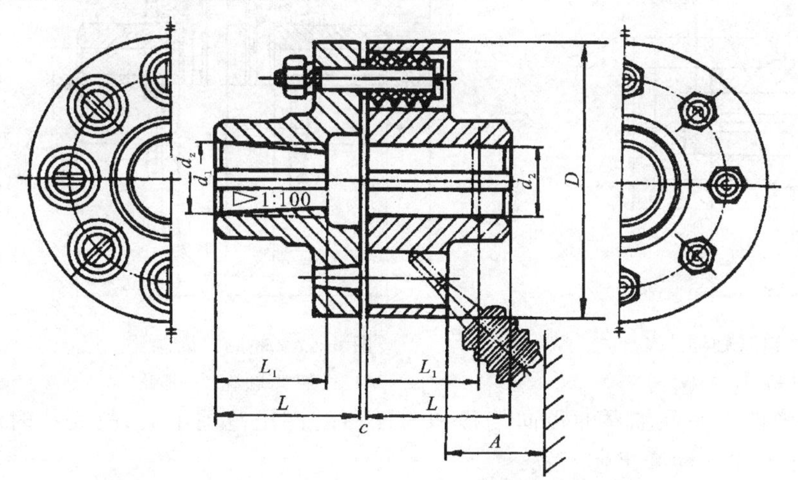


**图 6.60 弹性套柱销联轴器结构**

表 6.14　弹性套柱销联轴器(GB/T 4323—2002)　　单位:mm

| 型号 | 公称转矩 $T_n$ /(N·m) | 许用转速[$n$] /(r/min) | | 轴孔直径* $d_1$、$d_2$、$d_z$ | 轴孔长度 | | | $D$ | $A$ | 质量 $m$/kg | 转动惯量 $I$/(kg·m²) | 许用补偿量 | |
|---|---|---|---|---|---|---|---|---|---|---|---|---|---|
| | | 铁 | 钢 | | Y型 $L$ | J、J₁、Z型 $L_1$ | J、J₁、Z型 $L$ | | | | | 径向 $\Delta Y$ | 角向 $\Delta\alpha$ |
| TL1 | 6.3 | 6 600 | 8 800 | 9 | 20 | 14 | — | 71 | 18 | 1.16 | 0.000 4 | 0.2 | 1°30′ |
| | | | | 10,11 | 25 | 17 | | | | | | | |
| | | | | 12,(14) | 32 | 20 | | | | | | | |
| TL2 | 16 | 5 500 | 7 600 | 12,14 | | | 42 | 80 | | 1.64 | 0.001 | | |
| | | | | 16,(18),(19) | 42 | 30 | | | | | | | |
| TL3 | 31.5 | 4 700 | 6 300 | 16,18,19 | | | | 95 | 35 | 1.9 | 0.002 | | |
| | | | | 20,(22) | 52 | 38 | 52 | | | | | | |
| TL4 | 63 | 4200 | 5 700 | 20,22,24 | | | | 106 | | 2.3 | 0.004 | | |
| | | | | (25),(28) | 62 | 44 | 62 | | | | | | |
| TL5 | 125 | 3 600 | 4 600 | 25,28 | | | | 130 | 45 | 8.36 | 0.011 | 0.3 | |
| | | | | 30,32,(35) | 82 | 60 | 82 | | | | | | |
| TL6 | 250 | 3 300 | 3 800 | 32,35,38 | | | | 160 | | 10.36 | 0.026 | | 1° |
| | | | | 40,(42) | 112 | 84 | 112 | | | | | | |
| TL7 | 500 | 2 800 | 3 600 | 40,42,45,(48) | | | | 190 | | 15.6 | 0.06 | | |
| TL8 | 710 | 2 400 | 3 000 | 45,48,50,55,(56) | | | | 224 | 65 | 25.4 | 0.13 | 0.4 | |
| | | | | (60),(63) | 142 | 107 | 142 | | | | | | |
| TL9 | 1 000 | 2 100 | 2 850 | 50,55,56 | 112 | 84 | 112 | 250 | | 30.9 | 0.20 | | |
| | | | | 60,63,(65),(70),(71) | 142 | 107 | 142 | | | | | | |
| TL10 | 2 000 | 1 700 | 2 300 | 63,65,70,71,75 | | | | 315 | 80 | 65.9 | 0.64 | | |
| | | | | 80,85,(90),(95) | 172 | 132 | 172 | | | | | | |
| TL11 | 4 000 | 1 350 | 1 800 | 80,85,90,95 | | | | 400 | 100 | 122.6 | 2.06 | 0.5 | 0°30′ |
| | | | | 100,110 | 212 | 167 | 212 | | | | | | |
| TL12 | 8 000 | 1 100 | 1 450 | 100,110,120,125 | | | | 475 | 130 | 218.4 | 5.00 | | |
| | | | | (130) | 252 | 202 | 252 | | | | | | |
| TL13 | 16 000 | 800 | 1 150 | 120,125 | 212 | 167 | 212 | 600 | 180 | 425.8 | 16.00 | 0.6 | |
| | | | | 130,140,150 | 252 | 202 | 252 | | | | | | |
| | | | | 160,(170) | 302 | 242 | 302 | | | | | | |

注:$d_1$、$d_2$、$d_z$ 分别代表 J 型轴孔、Y 型轴孔和 Z 型轴孔。

2）弹性柱销联轴器

弹性柱销联轴器如图 6.61 所示,它直接利用具有弹性的非金属(如尼龙)柱销 2 作为中间连接件,将半联轴器 1 连接在一起。为了防止柱销由凸缘孔中滑出,在两端配置有挡板 3。这种联轴器的柱销结构简单,更换方便;安装时,要留有轴向间隙 $S$。

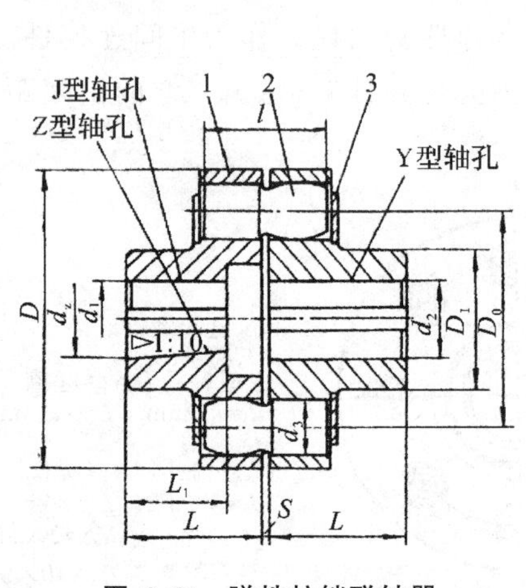


**图 6.61　弹性柱销联轴器**

1—半联轴器;2—柱销;3—挡板

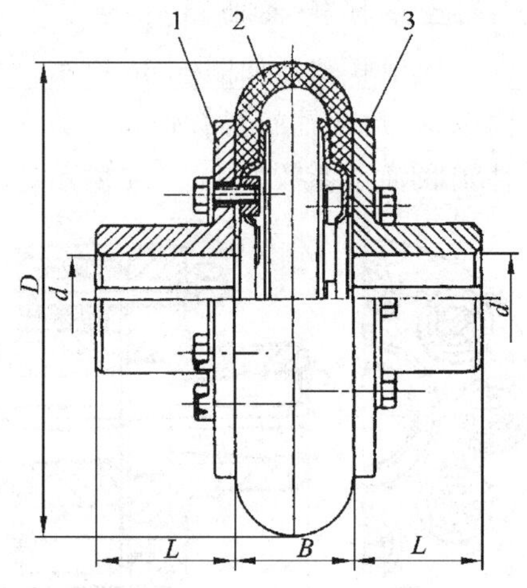


**图 6.62　轮胎式联轴器**

1、3—半联轴器;2—橡胶

弹性套柱销联轴器和弹性柱销联轴器的径向偏移和角偏移的许用范围不大,故安装时,需注意两轴对中,否则会使柱销或弹性套迅速磨损。

3）轮胎式联轴器

轮胎式联轴器如图 6.62 所示,它利用轮胎式橡胶制品 2 作为中间连接件,将半联轴 1 与 3

连接在一起。这种联轴器结构简单可靠，能补偿较大的综合偏移，可用于潮湿多尘的场合，它的径向尺寸大，而轴向尺寸比较紧凑。轮胎式联轴器的标准号为 GB/T 5844—2002。

## 二、常用离合器

离合器要求接合平稳，分离迅速彻底；操作省力，调节和维修方便；结构简单，尺寸小、质量小，转动惯性小；接合元件耐磨和易于散热等。离合器的操作方式除机械操作外，还有电磁、液压、气动操作，已成为汽车制造业和自动化机械中的重要组成部分。

### 1. 单片式摩擦离合器

单片式摩擦离合器如图 6.63 所示，是利用两个摩擦片 2、3 压紧或松开，使摩擦力产生或消失，以实现两轴的连接或分离。操作滑环 4 使从动摩擦片 3 左移，以压力 $F$ 将其压在主动摩擦片 2 上，从而使两圆盘结合；反向操作滑环 4 使从动盘右移，则两圆盘分离。单片式摩擦离合器结构简单，但径向尺寸大，而且只能传递不大的转矩，常用在轻型机械上。

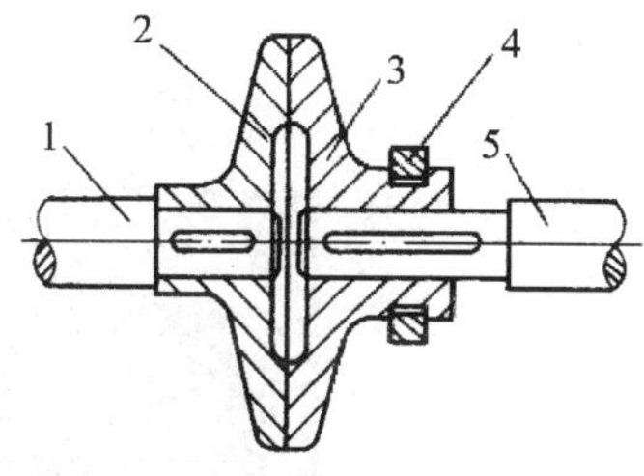


图 6.63 单片式摩擦离合器

1—主动轴；2—主动摩擦片；3—从动摩擦片；4—滑环；5—从动轴

### 2. 多片式摩擦离合器

多片式摩擦离合器如图 6.64(a)所示，主动轴 1、外套 2 与一组外摩擦片 4 组成主动部分，外摩擦片(见图 6.64(b))可沿外套 2 的槽移动。从动轴 10、套筒 9 与一组内摩擦片 5 组成从动部分，内摩擦片(见图 6.64(c))可沿套筒 9 上的槽滑动。滑环 7 向左移动，使曲臂压杆 8 绕支点顺时针转，通过压板 3 将两组摩擦片压紧(见图 6.64(d))，于是主动轴带动从动轴转动。滑环 7 向右移动，曲臂压杆 8 下面的弹簧的弹力将曲臂压杆 8 绕支点反转，两组摩擦片松开，于是主动轴与从动轴 10 脱开。双螺母 6 是调节摩擦片的间距用的，借以调整摩擦面间的压力。

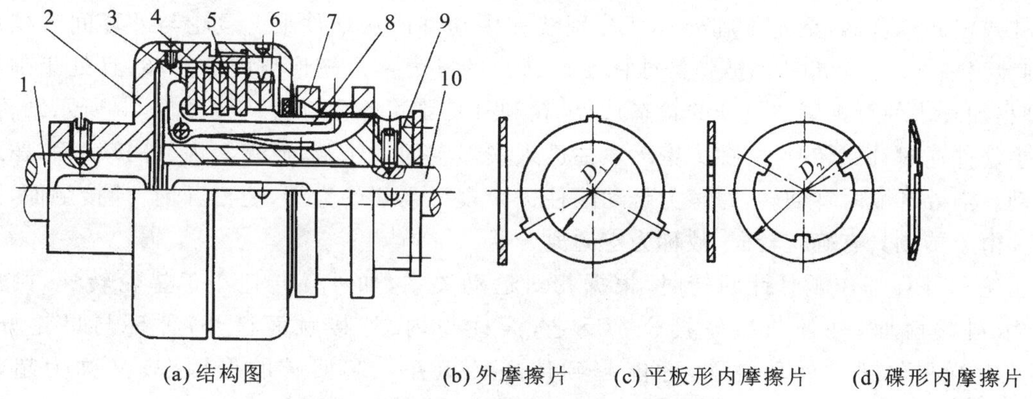


(a) 结构图　(b) 外摩擦片　(c) 平板形内摩擦片　(d) 碟形内摩擦片

图 6.64 多片式摩擦离合器

1—主动轴；2—外套；3—压板；4—外摩擦片；5—内摩擦片；6—双螺母；7—滑环；8—曲臂压杆；9—套筒；10—从动轴

多片式摩擦离合器由于摩擦面的增多，传递转矩的能力显著增大，径向尺寸相对减小，但是结构比较复杂。

### 3. 电磁摩擦离合器

利用电磁力操作的摩擦离合器称为电磁摩擦离合器，其中最常用的是多片式电磁摩擦离合器,如图 6.65 所示。摩擦片部分的工作原理与前述相同。电磁操作部分及原理如下:当直流电接通后,电流经接触环 1 导入励磁线圈 2,线圈产生的电磁力吸引衔铁 5,压紧两组摩擦片 3、4,使离合器处于接合状态。切断电流后,依靠复位弹簧 6 将衔铁 5 推开,两组摩擦片随着松开,使离合器处于分离状态。电磁摩擦离合器可以在电路上实现改善离合器功能的要求,例如,利用快速励磁电路可实现快速接合,利用缓冲励磁电路可实现缓慢接合,避免启动冲击。

摩擦式离合器的优点是:①在任何转速下都可接合;②过载时摩擦面打滑,能保护其他零件,不致损坏;③接合平稳、冲击和振动小。缺点是:接合过程中,相对滑动引起发热与磨损,损耗能量。

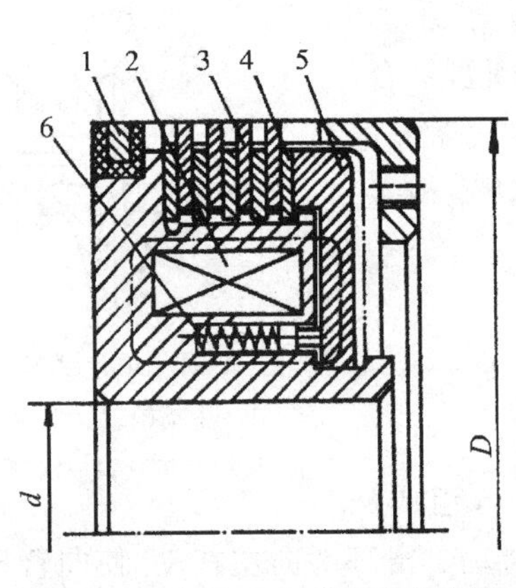


**图 6.65　多片式电磁摩擦离合器**

1—接触环;2—励磁线圈;3、4—摩擦片;5—衔铁;6—弹簧

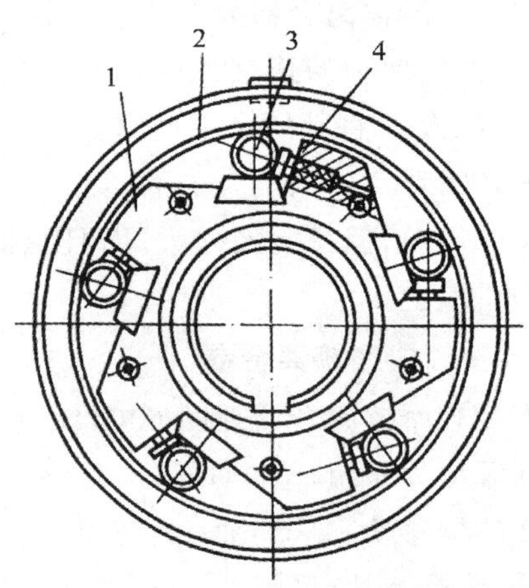


**图 6.66　滚柱式定向离合器**

1—星轮;2—外环;3—滚柱;4—弹簧推杆

**4. 定向离合器**

定向离合器是利用机器本身转速、转向的变化,来控制两轴离合的离合器。如图 6.66 所示为滚柱式定向离合器,星轮 1 和外环 2 分别装在主动件或从动件上。星轮与外环间有楔形空腔,内装滚柱 3。每个滚柱都被弹簧推杆 4 以适当的推力推入楔形空腔的小端,且处于临界状态(即稍加外力便可楔紧或松开的状态)。星轮和外环都可作主动件。按图 6.66 所示结构,外环为主动件逆时针回转时,摩擦力带动滚柱进入楔形空间的小端,便楔紧内、外接触面,驱动星轮转动。当外环顺时针回转,摩擦力带动滚柱进入楔形空间的大端,便松开内、外接触面,外环空转。由于传动具有确定转向,故称为定向离合器。

星轮和外环都作顺时针回转时,根据相对运动关系,如外环转速小于星轮转速,则滚柱楔紧内、外接触面,外环与星轮接合。反之,滚柱与内、外接触面松开,外环与星轮分离。可见只有当星轮超过外环转速,才能起到传递转矩并一起回转的作用,故又称为超越离合器。

## 三、弹簧的类型与功用

弹簧是一种弹性元件。由于它具有刚性小、弹性大、在载荷作用下容易产生弹性变形等特性,被广泛地应用于各种汽车、工业机器、仪表及日常用品中。

**1. 弹簧的类型**

弹簧的类型很多,表 6.15 列出了常用弹簧的类型、特点和应用。在一般机械中最常用的是圆柱形螺旋弹簧，这里主要讨论圆柱形螺旋压缩及拉伸弹簧的结构形式。

表 6.15 常用弹簧的类型及应用

| 名称 | 简图 | 说明 |
|---|---|---|
| 圆柱形螺旋弹簧 | 圆截面压缩弹簧 | 承受压力。结构简单，制造方便，应用最广 |
| | 矩形截面压缩弹簧 | 承受压力。当空间尺寸相同时，矩形截面弹簧比圆形截面弹簧吸收能量大，刚度更接近于常数 |
| | 圆截面拉伸弹簧 | 承受拉力 |
| | 圆截面扭转弹簧 | 承受转矩。主要用于压紧和蓄力以及传动系统中的弹性环节 |
| 圆锥形螺旋弹簧 | 圆截面压缩弹簧 | 承受压力。弹簧圈从大端开始接触后特性线为非线性的。可防止共振，稳定性好，结构紧凑。多用于承受较大载荷和减振 |
| 碟形弹簧 | 对置式 | 承受压力。缓冲、吸振能力强。采用不同的组合，可以得到不同的特性线，用于要求缓冲和减振能力强的重型机械。卸载时需先克服各接触面间的摩擦力，然后恢复到原形，故卸载线和加载线不重合 |
| 环形弹簧 | | 承受压力。圆锥面间具有较大的摩擦力，因而具有很高的减振能力，常用于重型设备的缓冲装置 |
| 盘簧 | 非接触型 | 承受转矩。圈数多，变形角大，储存能量大。多用作压紧弹簧和仪器、钟表中的储能弹簧 |
| 板弹簧 | 多板弹簧 | 承受弯矩。主要用于汽车、拖拉机和铁路车辆的车厢悬挂装置中，起缓冲和减振作用 |

**2. 弹簧的功用**

(1) 缓冲和吸振　如汽车的减振簧和各种缓冲器中的弹簧。

(2) 储存及输出能量　如钟表的发条等。

(3) 测量载荷　如弹簧秤、测力器中的弹簧。

(4) 控制运动　如内燃机中的阀门弹簧等。

### 3. 弹簧的材料

弹簧的材料及性能可以查阅相关手册、规范和标准(GB/T 1239.1—2009、GB/T 4357—2009)。常用的弹簧钢主要有以下几种。

(1) 碳素弹簧钢　这种弹簧钢(如65、70钢)的优点是价格便宜,原材料来源方便;缺点是弹性极限低,多次重复变形后易失去弹性,并且不能在130 ℃的温度下正常工作。

(2) 低锰弹簧钢　这种弹簧钢(如65Mn)与碳素弹簧钢相比,优点是淬透性较好,强度较高;缺点是淬火后容易产生裂纹及热脆性。但由于它价格便宜,所以一般机械上它常用于制造尺寸不大的弹簧,如离合器弹簧等。

(3) 硅锰弹簧钢　这种钢(如60Si2MnA)中因为加入了硅,所以可以显著提高弹性极限,并提高了回火稳定性,因而可以在更高的温度下回火,从而得到良好的力学性能。硅锰弹簧钢在工业上得到了广泛的应用,一般用于制造汽车、拖拉机的螺旋弹簧。

(4) 铬钒钢　这种钢(如50CrVA)中加入钒的目的是细化组织,提高钢的强度和韧度。这种材料的耐疲劳和抗冲击性能良好,并能在−40 ℃～210 ℃的温度下可靠的工作,但价格较贵。多用于要求较高的场合,如用于制造航空发动机调节系统中的弹簧。

选择弹簧的材料时,应考虑到弹簧的用途、重要程度、使用条件(包括载荷性质、大小、循环特性、工作持续时间、工作温度和周围介质情况等)、加工、热处理和经济性等因素。同时,也要参照现有设备中使用的弹簧,选择较为合用的材料。

## 【任务实施】

## 联轴器的选择

常用的汽车联轴器已标准化,一般先依据汽车的工作条件选择合适的类型,再依据计算转矩、轴的直径和转速,从标准中选择所需型号及尺寸,必要时对某些薄弱、重要的零件进行验算。

### 1. 联轴器类型的选择

选择汽车联轴器类型的原则是使用要求应与所选联轴器的特性一致。例如,两轴要精确对中,轴的刚性较好,可选刚性固定式的凸缘联轴器,否则选择具有补偿能力的刚性可移式联轴器;两轴轴线要求有一定夹角的,可选十字轴式万向联轴器;转速较高、要求消除冲击和吸收振动的,选弹性联轴器。

### 2. 联轴器型号、尺寸的选择

选择类型后,根据计算转矩、轴径、转速,由手册或标准中选择联轴器的型号、尺寸。选择时要满足以下标准。

(1) 计算转矩 $T_c$,不超过联轴器的公称转矩 $T_n$,即

$$T_c = KT = K \cdot 9550\,\frac{P}{n} \leqslant T_n \tag{6-15}$$

式中:$K$——工作情况系数,见表6.16;

$T$——理论转矩(N·m);

$P$——原动机功率(kW);

$n$——转速(r/min)。

表 6.16 工作情况系数 $K$

| 原动机为电动机 | 工 作 机 |
|---|---|
| 1.3 | 转矩变化很小的机械，如发电机、小型通风机、小型离心泵 |
| 1.5 | 转矩变化较小的机械，如汽轮压缩机、木工机械、运输机 |
| 1.7 | 转矩变化中等的机械，如搅拌机、增压机、有飞轮的压缩机 |
| 1.9 | 转矩变化和冲击载荷大的机械，如织布机、水泥搅拌机、汽车、拖拉机 |
| 2.3 | 转矩变化和冲击载荷大的机械，如挖掘机、起重机、碎石机、造纸机械 |

(2) 转速 $n$ 不超过联轴器许用转速$[n]$。

(3) 轴径与联轴器孔径一致。

在国标 GB/T 3852—2008 中，对联轴器轴孔及键槽的规定：①轴孔有长圆柱形（Y 型）、有沉孔的短圆柱形（J 型）、无沉孔的短圆柱形（$J_1$ 型）和有沉孔的圆锥形（Z 型）；②键槽有平键单键槽（A 型），120°、180°布置的平键双键槽（B 型、$B_1$ 型），圆锥形孔平键单键槽（C 型）。各种型号适应各种被连接轴的端部结构和强度要求。

## 【知识拓展】

### 圆柱形螺旋弹簧的基本几何参数

图 6.67 所示为螺旋压缩弹簧和拉伸弹簧。压缩弹簧在自由状态下各圈间留有间隙 $\delta$，经最大工作载荷的作用压缩后各圈间还应有一定的余留间隙 $\delta$（$\delta=0.1d>0.2$ mm）。为使载荷沿弹簧轴线传递，弹簧的两端各有 $\frac{3}{4}\sim\frac{5}{4}$ 圈与邻圈并紧，称为死圈。死圈端部须磨平，如图 6.68 所示。拉伸弹簧在自由状态下各圈应并紧，端部制有挂钩，利于安装及加载，常用的端部结构如图 6.69 所示。

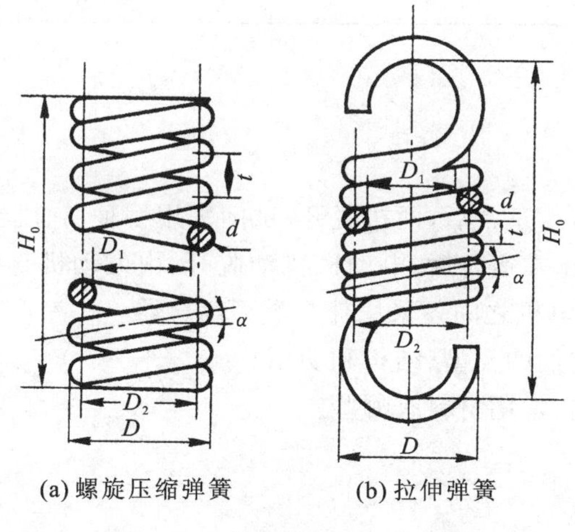


(a) 螺旋压缩弹簧　(b) 拉伸弹簧

图 6.67 弹簧的基本几何参数

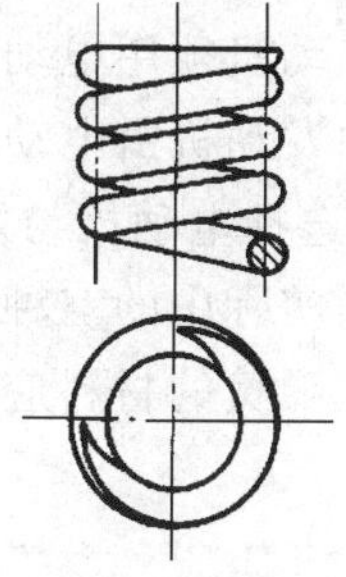

图 6.68 死圈

圆柱形螺旋弹簧的主要参数和几何尺寸有：弹簧丝直径、弹簧圈外径、内径和中径、节距、螺旋升角、弹簧工作圈数和弹簧自由高度等，如图 6.67 所示。螺旋弹簧各参数间的关系列于表 6.17 之中。

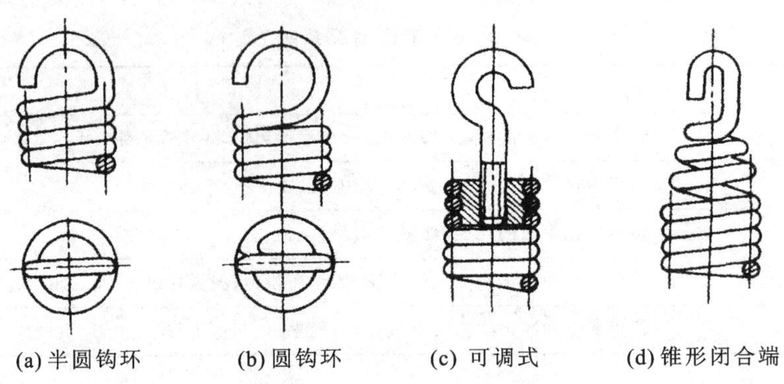

(a) 半圆钩环　(b) 圆钩环　(c) 可调式　(d) 锥形闭合端

**图 6.69　螺旋拉伸弹簧的端部结构**

**表 6.17　螺旋弹簧基本几何参数的关系式**

| 参数名称 | 压缩弹簧 | 拉伸弹簧 |
| --- | --- | --- |
| 外径 | $D=D_2+d$ | |
| 内径 | $D=D_2-d$ | |
| 螺旋角 | $\alpha=\arctan\frac{t}{\pi D_2}$ | |
| 节距 | $(0.28\sim0.5)D_2$ | $t=d$ |
| 有效工作圈数 | $n$ | |
| 死圈数 | $n_2$ | — |
| 弹簧总圈数 | $n_1=n+n_2$ | $n_1=n$ |
| 弹簧自由高度 | 两端并紧、磨平<br>$H_0=nt+(n_2-0.5)d$<br>两端并紧、不磨平<br>$H_0=nt+(n_2+1)d$ | $H_0=nd+$挂钩尺寸 |
| 簧丝展开长度 | $L=\frac{\pi D_2 n_1}{\cos\alpha}$ | $L=\pi D_2 n+$挂钩展开尺寸 |

## 【复习与思考】

1. 试述联轴器的类型和功用。

2. 某发动机须用电动机启动，当发动机运行正常后，两机脱开，试问采用哪种离合器为宜？

3. 汽油发动机由电动机启动。当发动机正常运转后，电动机自动脱开，由发动机直接带动发电机。请选择电动机与发动机、发动机与发电机之间各采用什么类型离合器。

4. 找出实际中的三种不同的弹簧，说明它们的类型、结构和功用。

5. 制造弹簧的材料应符合哪些主要要求？常用材料有哪些？

# 项目 7
# 汽车零件配合与技术测量

## 知识目标

（1）了解公差的基本概念。

（2）熟悉形状公差和位置公差。

（3）理解图形上形位公差符号的技术含义。

（4）掌握形位误差的常用检测方法。

## 能力目标

（1）掌握常用的长度计量单位。

（2）掌握常用测量器具的使用方法。

（3）掌握汽车零件互换性的意义和种类。

# 任务1　汽车零件配合与互换性

## 【任务导入】

受楚天模具制造有限公司委托,有培训班的学员对一批汽车零件进行技术测量,请指出下列三对配合孔和轴的基本尺寸、极限尺寸、公差、极限间隙或极限过盈、平均间隙或平均过盈及配合公差,指出各属何类配合,并画出尺寸公差带图与配合公差带图。

(1) 孔 $\phi30^{+0.021}_{0}$ mm 与轴 $\phi30^{-0.020}_{-0.033}$ mm 相配合。

(2) 孔 $\phi30^{+0.021}_{0}$ mm 与轴 $\phi30^{+0.021}_{+0.008}$ mm 相配合。

(3) 孔 $\phi30^{+0.021}_{0}$ mm 与轴 $\phi30^{+0.048}_{+0.035}$ mm 相配合。

## 【任务分析】

为使零件具有互换性,必须保证零件的尺寸、几何形状和相互位置,以及表面特征技术要求的一致性。就尺寸而言,互换性要求尺寸的一致性,但并不是要求零件都准确地制成一个指定的尺寸,而只要求尺寸在某一合理的范围内;对于相互结合的零件,这个范围既要保证相互结合的尺寸之间形成一定的关系,以满足不同的使用要求,又要保证在制造上经济合理,这样就形成了"极限与配合"的概念。由此可见,"极限"用于协调机器零件使用要求与制造经济性之间的矛盾,"配合"则是反映零件组合时相互之间的关系。

经标准化的极限与配合制,有利于机器的设计、制造、使用与维修,有利于保证产品精度、使用性能和寿命等,也有利于刀具、量具、夹具和机床等工艺装备的标准化。

## 【相关知识】

### 一、汽车零件尺寸基本术语及其定义

#### 1. 有关尺寸的术语定义

1) 尺寸

以特定单位表示线性尺寸值的数值称为尺寸。尺寸表示长度的大小,包括直径、长度、宽度、高度、厚度及中心距、圆角半径等。它由数字和长度单位(如 mm)组成,但不包括用角度单位表示的角度尺寸。

2) 基本尺寸($D$,$d$)

根据国家标准规定,大写字母表示孔的有关代号,小写字母表示轴的有关代号(下同)。通过它应用上、下偏差可算出极限尺寸(见图 7.1(a)),它是确定偏差位置的起始尺寸。公称尺寸是从零件的功能出发,通过强度、刚度等方面的计算或结构需要,并考虑工艺方面的其他要求后确定的,它一般应按标准尺寸(GB/T 2822—2005)选取并在图样上标注。

3) 实际尺寸($D_a$,$d_a$)

通过测量获得的尺寸称为实际尺寸。由于存在测量误差,所以实际尺寸并非尺寸的真值。又由于存在形状误差,工件上各处的实际尺寸往往是不同的。

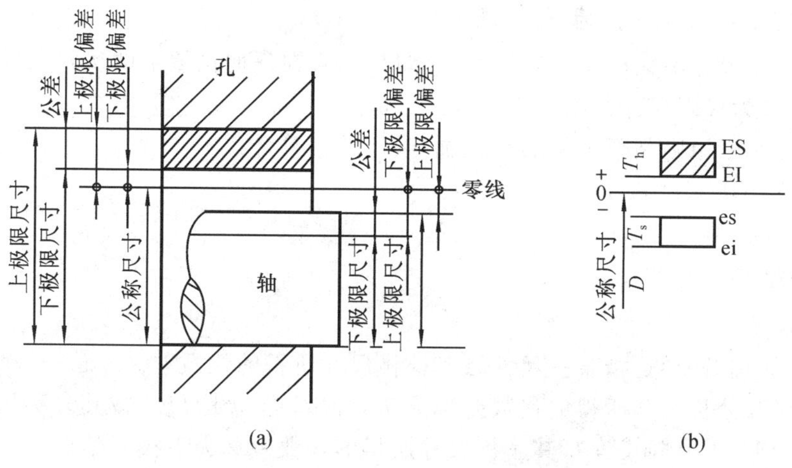


图 7.1 极限与配合示意图

任何两相对点之间测得的尺寸称为局部实际尺寸。

4）极限尺寸

一个孔或轴允许的尺寸的两个极端称为极限尺寸。孔或轴允许的最大尺寸称为上极限尺寸，分别以 $D_{max}$ 和 $d_{max}$ 表示。孔或轴允许的最小尺寸称为下极限尺寸，分别以 $D_{min}$ 和 $d_{min}$ 表示。

5）最大实体状态(MMC)与最大实体尺寸(MMS)

孔或轴具有允许的材料量为最多时的状态称为最大实体状态。在最大实体状态下的极限尺寸称为最大实体尺寸。它是孔的下极限尺寸和轴的上极限尺寸的统称。孔和轴的最大实体尺寸分别以 $D_M$ 和 $d_M$ 表示。

6）最小实体状态(LMC)与最小实体尺寸(LMS)

孔或轴具有允许的材料量为最少时的状态称为最小实体状态。在最小实体状态下的极限尺寸称为最小实体尺寸。它是孔的上极限尺寸和轴的下极限尺寸的统称。孔和轴的最小实体尺寸分别以 $D_L$ 和 $d_L$ 表示。

7）作用尺寸($D_f$,$d_f$)

在配合面的全长上，与实际孔内接的最大理想轴的尺寸称为孔的作用尺寸，与实际轴外接的最小理想孔的尺寸称为轴的作用尺寸，如图 7.2 所示。

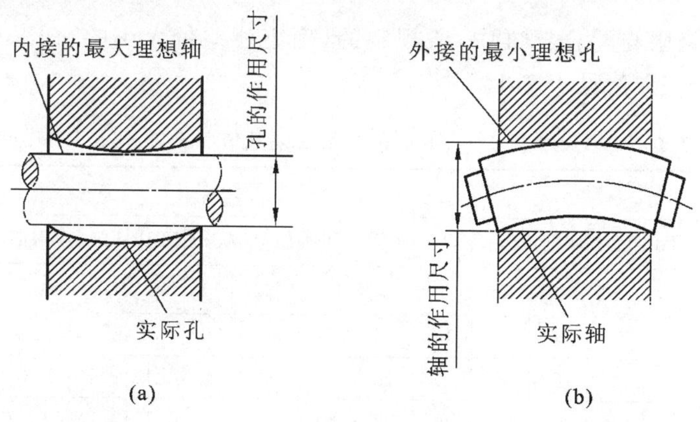


图 7.2 孔或轴的作用尺寸

8）极限尺寸判断原则(泰勒原则)

孔或轴的作用尺寸不允许超过其最大实体尺寸,且在任何位置上的实际尺寸不允许超过其最小实体尺寸,称为极限尺寸判断原则,也称泰勒原则。

用极限尺寸判断原则判断合格的孔或轴,其尺寸应符合:

对于孔　$D_f \geqslant D_L, D_a \leqslant D_M$

对于轴　$d_f \leqslant d_M, d_a \geqslant d_L$

**2. 有关公差与偏差的术语定义**

1）尺寸偏差

尺寸偏差(简称偏差)是指某一尺寸减其公称尺寸所得的代数差。

实际尺寸减其公称尺寸所得的代数差称为实际偏差;上极限尺寸减其公称尺寸所得的代数差称为上极限偏差;下极限尺寸减其公称尺寸所得的代数差称为下极限偏差。上极限偏差与下极限偏差统称为极限偏差。偏差可以为正、负或零值。

孔　上极限偏差 $ES=D_{max}-D$,下极限偏差 $EI=D_{min}-D$,实际偏差 $E_a=D_a-D$

轴　上极限偏差 $es=d_{max}-d$,下极限偏差 $ei=d_{min}-d$,实际偏差 $e_a=d_a-d$

2）尺寸公差

尺寸公差(简称公差)是指允许尺寸的变动量。公差等于上极限尺寸与下极限尺寸代数差的绝对值,也等于上、下极限偏差之代数差的绝对值。公差取绝对值,不存在负值,也不允许为零。

孔公差　$T_h=|D_{max}-D_{min}|=|ES-EI|$

轴公差　$T_s=|d_{max}-d_{min}|=|es-ei|$

3）公差带图

公差带图由零线和公差带组成。由于公差或偏差的数值比公称尺寸的数值小得多,在图中不便用同一比例表示,同时为了简化,在分析有关问题时,不画出孔、轴的结构,只画出放大的孔、轴公差区域和位置,采用这种表达方法的图形称为公差带图,如图7.1(b)所示。

(1) 零线　在公差带图中,确定偏差位置的一条基准直线。通常零线位置表示公称尺寸,正偏差位于零线上方,负偏差位于零线的下方。

(2) 公差带　在公差带图中,由代表上、下极限偏差的两平行直线所限定的区域。

在国家标准中,公差带图包括了“公差大小”与“公差带相对零线的位置”两个参数,前者由标准公差确定,后者由基本偏差确定。

4）标准公差

标准公差是指极限与配合标准中,所规定的(确定公差带大小的)任一公差。公称尺寸至2 000 mm的标准公差数值见表7.1。

**表7.1　公称尺寸至2 000 mm的标准公差数值**(GB/T 1800.1—2009)

| 公称尺寸/mm | | 标准公差等级 | | | | | | | | | | | | | | | | | |
|---|---|---|---|---|---|---|---|---|---|---|---|---|---|---|---|---|---|---|---|
| | | IT1 | IT2 | IT3 | IT4 | IT5 | IT6 | IT7 | IT8 | IT9 | IT10 | IT11 | IT12 | IT13 | IT14 | IT15 | IT16 | IT17 | IT18 |
| 大于 | 至 | μm | | | | | | | | | | | mm | | | | | | |
| — | 3 | 0.8 | 1.2 | 2 | 3 | 4 | 6 | 10 | 14 | 25 | 40 | 60 | 0.1 | 0.14 | 0.25 | 0.4 | 0.6 | 1 | 1.4 |
| 3 | 6 | 1 | 1.5 | 2.5 | 4 | 5 | 8 | 12 | 18 | 30 | 48 | 75 | 0.12 | 0.18 | 0.3 | 0.48 | 0.75 | 1.2 | 1.8 |
| 6 | 10 | 1 | 1.5 | 2.5 | 4 | 6 | 9 | 15 | 22 | 36 | 58 | 90 | 0.15 | 0.22 | 0.36 | 0.58 | 0.9 | 1.5 | 2.2 |
| 10 | 18 | 1.2 | 2 | 3 | 5 | 8 | 11 | 18 | 27 | 43 | 70 | 110 | 0.18 | 0.27 | 0.43 | 0.7 | 1.1 | 1.8 | 2.7 |

续表

| 公称尺寸/mm | | 标准公差等级 | | | | | | | | | | | | | | | | | |
|---|---|---|---|---|---|---|---|---|---|---|---|---|---|---|---|---|---|---|---|
| | | IT1 | IT2 | IT3 | IT4 | IT5 | IT6 | IT7 | IT8 | IT9 | IT10 | IT11 | IT12 | IT13 | IT14 | IT15 | IT16 | IT17 | IT18 |
| 大于 | 至 | μm | | | | | | | | | | | mm | | | | | | |
| 18 | 30 | 1.5 | 2.5 | 4 | 6 | 9 | 13 | 21 | 33 | 52 | 84 | 130 | 0.21 | 0.33 | 0.52 | 0.84 | 1.3 | 2.1 | 3.3 |
| 30 | 50 | 1.5 | 2.5 | 4 | 7 | 11 | 16 | 25 | 39 | 62 | 100 | 160 | 0.25 | 0.39 | 0.62 | 1 | 1.6 | 2.5 | 3.9 |
| 50 | 80 | 2 | 3 | 5 | 8 | 13 | 19 | 30 | 46 | 74 | 120 | 190 | 0.3 | 0.46 | 0.74 | 1.2 | 1.9 | 3 | 4.6 |
| 80 | 120 | 2.5 | 4 | 6 | 10 | 15 | 22 | 35 | 54 | 87 | 140 | 220 | 0.35 | 0.54 | 0.87 | 1.4 | 2.2 | 3.5 | 5.4 |
| 120 | 180 | 3.5 | 5 | 8 | 12 | 18 | 25 | 40 | 63 | 100 | 160 | 250 | 0.4 | 0.63 | 1 | 1.6 | 2.5 | 4 | 6.3 |
| 180 | 250 | 4.5 | 7 | 10 | 14 | 20 | 29 | 46 | 72 | 115 | 185 | 290 | 0.46 | 0.72 | 1.15 | 1.85 | 2.9 | 4.6 | 7.2 |
| 250 | 315 | 6 | 8 | 12 | 16 | 23 | 32 | 52 | 81 | 130 | 210 | 320 | 0.52 | 0.81 | 1.3 | 2.1 | 3.2 | 5.2 | 8.1 |
| 315 | 400 | 7 | 9 | 13 | 18 | 25 | 36 | 57 | 89 | 140 | 230 | 360 | 0.57 | 0.89 | 1.4 | 2.3 | 3.6 | 5.7 | 8.9 |
| 400 | 500 | 8 | 10 | 15 | 20 | 27 | 40 | 63 | 97 | 155 | 250 | 400 | 0.63 | 0.97 | 1.55 | 2.5 | 4 | 6.3 | 9.7 |
| 500 | 630 | 9 | 11 | 16 | 22 | 32 | 44 | 70 | 110 | 175 | 280 | 440 | 0.7 | 1.1 | 1.75 | 2.8 | 4.4 | 7 | 11 |
| 630 | 800 | 10 | 13 | 18 | 25 | 36 | 50 | 80 | 125 | 200 | 320 | 500 | 0.8 | 1.25 | 2 | 3.2 | 5 | 8 | 12.5 |
| 800 | 1 000 | 11 | 15 | 21 | 28 | 40 | 56 | 90 | 140 | 230 | 360 | 560 | 0.9 | 1.4 | 2.3 | 3.6 | 5.6 | 9 | 14 |
| 1 000 | 1 250 | 13 | 18 | 24 | 33 | 47 | 66 | 105 | 165 | 260 | 420 | 660 | 1.05 | 1.65 | 2.6 | 4.2 | 6.6 | 10.5 | 16.5 |
| 1 250 | 1 600 | 15 | 21 | 29 | 39 | 55 | 78 | 125 | 195 | 310 | 500 | 780 | 1.25 | 1.95 | 3.1 | 5 | 7.8 | 12.5 | 19.5 |
| 1 600 | 2 000 | 18 | 25 | 35 | 46 | 65 | 92 | 150 | 230 | 370 | 600 | 920 | 1.5 | 2.3 | 3.7 | 6 | 9.2 | 15 | 23 |

5）基本偏差

基本偏差是指极限与配合标准中，所规定的确定公差带相对于零线位置的那个极限偏差。它可以是上极限偏差或下极限偏差，一般为靠近零线的那个极限偏差为基本偏差。

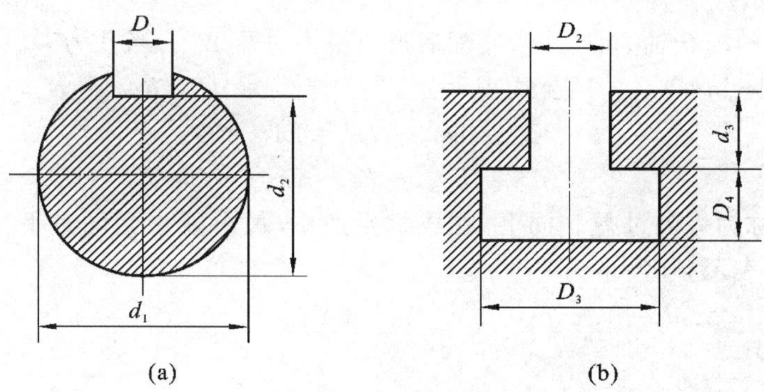


图7.3 孔和轴

### 3. 有关配合的术语定义

1）孔和轴

在极限与配合标准中，孔和轴这两个基本术语，有其特定的含义，它涉及极限与配合国家标准的应用范围。

(1) 孔　通常指工件的圆柱形内尺寸要素，也包括非圆柱形内尺寸要素(由两个平行平面或切面形成的包容面)。如图7.3所示零件的各内表面上，$D_1$、$D_2$、$D_3$、$D_4$都称为孔。

(2) 轴　通常指工件的圆柱形外尺寸要素，也包括非圆柱形外尺寸要素(由两个平行平面或切面形成的被包容面)。如图7.3所示零件的各外表面上，$d_1$、$d_2$、$d_3$都称为轴。

2) 配合

配合是指公称尺寸相同的、相互结合的孔和轴公差带之间的关系。根据孔和轴公差带之间的关系不同，配合分为间隙配合、过盈配合和过渡配合三大类。

3) 间隙或过盈

孔的尺寸减去相配合的轴的尺寸所得的代数差，此差值为正时称为间隙，用$X$表示；为负时称为过盈，用$Y$表示。

4) 间隙配合

间隙配合是指具有间隙(包括最小间隙为零)的配合。此时，孔的公差带在轴的公差带之上，如图7.4(a)所示。

由于孔、轴的实际尺寸允许在各自公差带内变动，所以孔、轴配合的间隙也是变动的。当孔为$D_{max}$而相配轴为$d_{min}$时，装配后形成最大间隙$X_{max}$；当孔为$D_{min}$而相配合轴为$d_{max}$时，装配后形成最小间隙$X_{min}$。用公式表示为

$$X_{max}=D_{max}-d_{min}=ES-ei \tag{7-1}$$

$$X_{min}=D_{min}-d_{max}=EI-es \tag{7-2}$$

$X_{max}$和$X_{min}$统称为极限间隙。实际生产中，成批生产的零件其实际尺寸大部分为极限尺寸的平均值，所以形成的间隙大多数在平均尺寸形成的平均间隙附近，平均间隙以$X_{av}$表示，其大小为

$$X_{av}=\frac{X_{max}+X_{min}}{2} \tag{7-3}$$

5) 过盈配合

过盈配合是指具有过盈(包括最小过盈为零)的配合。此时，孔的公差带在轴的公差带的下方，如图7.4(b)所示。

当孔为$D_{min}$而相配合轴为$d_{max}$时，装配后形成最大过盈$Y_{max}$；当孔为$D_{max}$而相配合轴为$d_{min}$时，装配后形成最小过盈$Y_{min}$。用公式表示为

$$Y_{max}=D_{min}-d_{max}=EI-es \tag{7-4}$$

$$Y_{min}=D_{max}-d_{min}=ES-ei \tag{7-5}$$

$Y_{max}$和$Y_{min}$统称为极限过盈。同上，在成批生产中，最可能得到的是平均过盈附近的过盈值，平均过盈用$Y_{av}$表示，其大小为

$$Y_{av}=\frac{Y_{max}+Y_{min}}{2} \tag{7-6}$$

6) 过渡配合

过渡配合是指可能具有间隙或过盈的配合。此时，孔的公差带与轴的公差带相互交叠，如图7.4(c)所示。

当孔为$D_{max}$而相配合的轴为$d_{min}$时，装配后形成最大间隙$X_{max}$；而孔为$D_{min}$相配合轴为$d_{max}$时，装配后形成最大过盈$Y_{max}$。用公式表示为

$$X_{max}=D_{max}-d_{min}=ES-ei \tag{7-7}$$

$$Y_{max}=D_{min}-d_{max}=EI-es \tag{7-8}$$

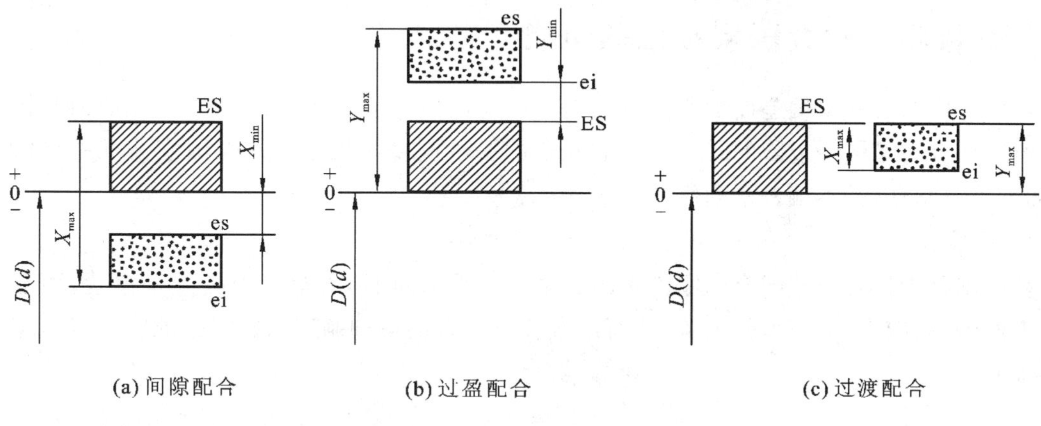


图 7.4 三类配合的公差带

与前两种配合一样，成批生产中的零件，最可能得到的是平均间隙或平均过盈附近的值，其大小为

$$X_{av}(Y_{av})=\frac{X_{max}+Y_{max}}{2} \tag{7-9}$$

按上式计算所得的值为正时是平均间隙，为负时是平均过盈。

7）配合公差（$T_f$）

配合公差是指组成配合的孔、轴公差之和。它是允许间隙或过盈的变动量。

$$\left.\begin{array}{ll}\text{对于间隙配合} & T_f=|X_{max}-X_{min}| \\ \text{对于过盈配合} & T_f=|Y_{min}-Y_{max}| \\ \text{对于过渡配合} & T_f=|X_{max}-Y_{max}|\end{array}\right\}=T_h+T_s \tag{7-10}$$

上式说明配合精度取决于相互配合的孔和轴的尺寸精度。若要提高配合精度，则必须减少相配合孔、轴的尺寸公差，这将会使制造难度增加，成本提高。所以设计时要综合考虑使用要求和制造难易这两个方面，合理选取，从而提高综合技术经济效益。

8）配合公差带图

配合公差带图是指用来直观地表达配合性质，即配合松紧及其变动情况的图。在配合公差带图中，横坐标为零线，表示间隙或过盈为零；零线上方的纵坐标为正值，代表间隙，零线下方的纵坐标为负值，代表过盈。配合公差带两端的坐标值代表极限间隙或极限过盈，它反映配合的松紧程度；上下两端间的距离为配合公差，它反映配合的松紧变化程度，如图 7.5 所示。

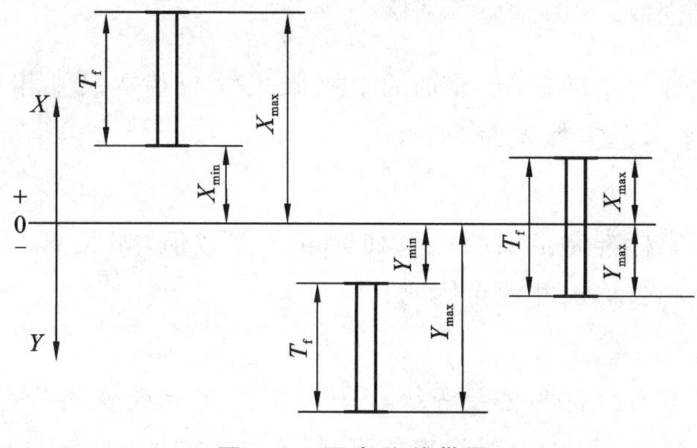


图 7.5 配合公差带图

## 二、极限与配合国家标准的组成

经标准化的公差与偏差制度称为极限制。它规定了一系列标准的孔、轴公差数值和极限偏差数值。配合制是同一极限的孔和轴组成配合的一种制度。极限与配合国家标准主要由基准制、标准公差系列、基本偏差系列组成。

**1. 基准制**

基准制是指以两个相配合的零件中的一个零件为基准件,并确定其公差带位置,而改变另一个零件(非基准件)的公差带位置,从而形成各种配合的一种制度。国家标准中规定有基孔制和基轴制。

1）基孔制

基本偏差为一定的孔的公差带,与不同基本偏差的轴公差带形成各种配合的一种制度称为基孔制,如图 7.6(a)所示。

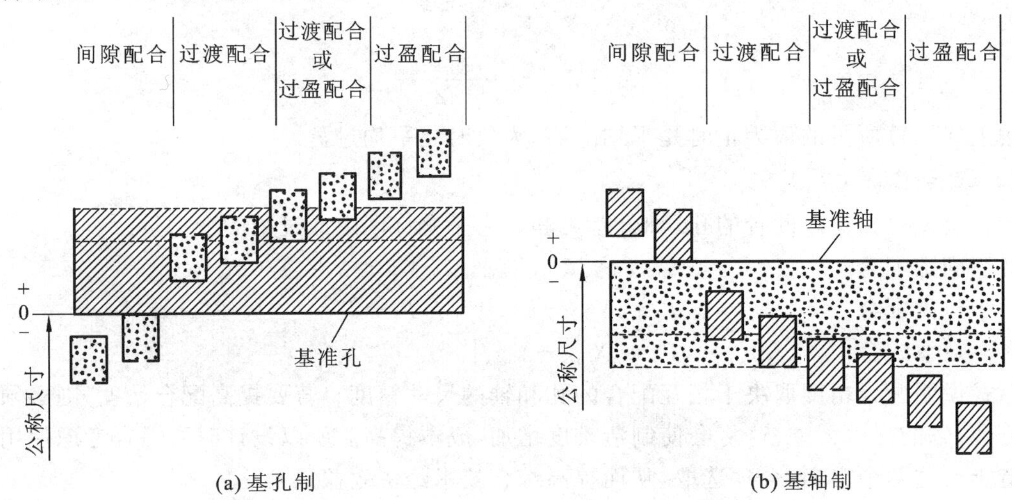


**图 7.6　基准制**

基孔制配合中的孔称为基准孔,基准孔的下极限尺寸与公称尺寸相等,即孔的下极限偏差为 0,其基本偏差代号为 H,基本偏差为 EI=0。

2）基轴制

基本偏差为一定的轴的公差带,与不同基本偏差的孔公差带形成各种配合的一种制度称为基轴制,如图 7.6(b)所示。

基轴制配合中的轴称为基准轴,基准轴的上极限尺寸与基本尺寸相等,即轴的上极限偏差为 0,其基本偏差代号为 h,基本偏差为 es=0。

**2. 标准公差系列**

标准公差系列是国家标准制定出的一系列标准公差数值,如表 7.1 所列。从表中可知,标准公差取决于公差等级和公称尺寸两个因素。

1）公差等级

确定尺寸精确程度的等级称为公差等级。国家标准将标准公差分为 20 级,各级标准公差用代号 IT 及数字 01,0,1,2,…,18 表示,IT 是国际公差(ISO tolerance)的缩写。例如,IT8 称为标准公差 8 级。从 IT01～IT18 等级依次降低。

2）公差单位（标准公差因子）

公差单位是标准公差随公称尺寸而变化，用来计算标准公差的一个基本单位。生产实践表明，在相同加工条件下，公称尺寸不同的孔或轴加工后产生的加工误差也不同，利用统计法可以发现加工误差与公称尺寸在尺寸较小时，呈立方抛物线的关系，在尺寸较大时，接近线性关系，如图7.7所示。由于公差是用来控制误差的，所以公差与公称尺寸之间也应符合这个规律。

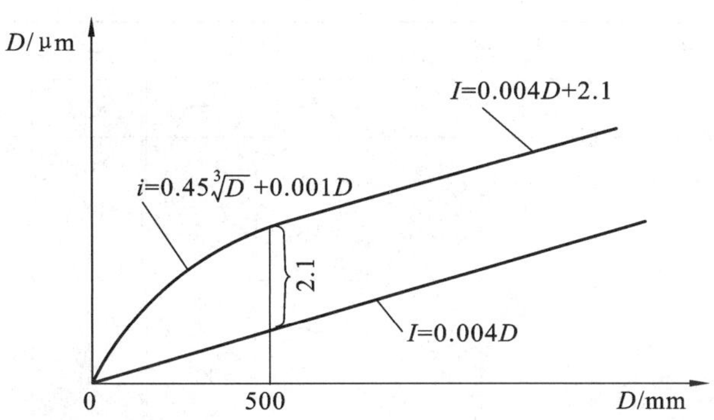


**图7.7 公差单位与公称尺寸的关系**

当公称尺寸不大于500 mm时，公差单位$i$(μm)按下式计算

$$i=0.45\sqrt[3]{D}+0.001D \tag{7-11}$$

式中：$D$——公称尺寸的计算值(mm)。第一项主要反映加工误差，第二项主要用于补偿测量时温度不稳定和偏离标准温度，以及量规的变形等引起的测量误差。

当公称尺寸大于500～3 150 mm时，公差单位$I$(μm)的计算式为

$$I=0.004D+2.1 \tag{7-12}$$

3）标准公差的计算及规律

GB/T 1800.1—2009中规定了各个公差等级的标准公差值，在公称尺寸不大于500 mm时的计算公式见表7.2。可见，对IT5～IT18标准公差IT=$ai$。其中$a$为公差等级系数，它采用R5优先数系，即公比$q=\sqrt[5]{10}\approx1.6$的等比数列。从IT6开始，每隔5级，公差数值增加10倍。

**表7.2 公称尺寸不大于500 mm的标准公差计算式**(GB/T 1800.1—2009)　　单位：μm

| 公差等级 | IT01 | IT0 | IT1 | IT2 | IT3 | IT4 |
|---|---|---|---|---|---|---|
| 公差值 | $0.3+0.008D$ | $0.5+0.012D$ | $0.8+0.02D$ | $IT1\left(\frac{IT5}{IT1}\right)^{\frac{1}{4}}$ | $IT1\left(\frac{IT5}{IT1}\right)^{\frac{1}{2}}$ | $IT1\left(\frac{IT5}{IT1}\right)^{\frac{3}{4}}$ |

| 公差等级 | IT5 | IT6 | IT7 | IT8 | IT9 | IT10 | IT11 | IT12 | IT13 | IT14 | IT15 | IT16 | IT17 | IT18 |
|---|---|---|---|---|---|---|---|---|---|---|---|---|---|---|
| 公差值 | $7i$ | $10i$ | $16i$ | $25i$ | $40i$ | $64i$ | $100i$ | $160i$ | $250i$ | $400i$ | $640i$ | $1\ 000i$ | $1\ 600i$ | $2\ 500i$ |

对高精度IT01、IT0、IT1级，主要考虑测量误差，所以标准公差与公称尺寸呈线性关系，且三个公差等级之间的常数和系数均采用优先数系的派生系列R10/2。

IT2～IT4是在IT1～IT5之间插入三级，使之成等比数列，公比$q=(IT5/IT1)^{1/4}$。

由此可见，标准公差数值计算的规律性很强，便于标准的发展和扩大使用。

公称尺寸大于500～3 150 mm时，可按IT=$aI$计算标准公差。

4）公称尺寸分段

按公式计算标准公差值，每个公称尺寸都应有一个相对应的公差值。在生产实践中，公称尺寸数目繁多，公差值的数值表将非常庞大，使用也不方便。其次，公差等级相同而公称尺寸相近的公差数值计算结果相差甚微，因此，国标将公称尺寸分成若干段(见表 7.3)，以简化公差表格。

**表 7.3　公称尺寸不大于 500 mm 的尺寸分段**(GB/T 1800.1—2009)

<table>
<tr><th colspan="2">主 段 落</th><th colspan="2">中 间 段 落</th><th colspan="2">主 段 落</th><th colspan="2">中 间 段 落</th><th colspan="2">主 段 落</th><th colspan="2">中 间 段 落</th></tr>
<tr><th>大于</th><th>至</th><th>大于</th><th>至</th><th>大于</th><th>至</th><th>大于</th><th>至</th><th>大于</th><th>至</th><th>大于</th><th>至</th></tr>
<tr><td rowspan="2">—</td><td rowspan="2">3</td><td colspan="2" rowspan="6">无细分段</td><td rowspan="3">30</td><td rowspan="3">50</td><td rowspan="3">30<br>40</td><td rowspan="3">40<br>50</td><td rowspan="3">180</td><td rowspan="3">250</td><td rowspan="3">180<br>200<br>225</td><td rowspan="3">200<br>225<br>250</td></tr>
<tr></tr>
<tr><td rowspan="2">3</td><td rowspan="2">6</td></tr>
<tr><td rowspan="3">50</td><td rowspan="3">80</td><td rowspan="3">50<br>65</td><td rowspan="3">65<br>80</td><td rowspan="3">250</td><td rowspan="3">315</td><td rowspan="3">250<br>280</td><td rowspan="3">280<br>315</td></tr>
<tr><td rowspan="2">6</td><td rowspan="2">10</td></tr>
<tr></tr>
<tr><td>10</td><td>18</td><td>10<br>14</td><td>14<br>18</td><td>80</td><td>120</td><td>80<br>100</td><td>100<br>120</td><td>315</td><td>400</td><td>315<br>355</td><td>355<br>400</td></tr>
<tr><td>18</td><td>30</td><td>18<br>24</td><td>24<br>30</td><td>120</td><td>180</td><td>120<br>140<br>160</td><td>140<br>160<br>180</td><td>400</td><td>500</td><td>400<br>450</td><td>450<br>500</td></tr>
</table>

尺寸分段后，标准公差计算式中的公称尺寸 $D$ 按每一尺寸分段首尾两尺寸的几何平均值代入计算。如 50～80 mm 尺寸段的计算直径 $D=\sqrt{50\times 80}$ mm=63.25 mm，只要属于这一尺寸分段内的公称尺寸，其标准公差的计算直径均按 63.25 mm 进行计算。表 7.1 中的标准公差值就是这样计算，并按规则圆整后得出的。

**3. 基本偏差系列**

基本偏差是用来确定公差带相对于零线的位置的，不同的公差带位置与基准件将形成不同的配合。基本偏差的数量将决定配合种类的数量。为了满足各种不同松紧程度的配合需要，国家标准对孔和轴分别规定了 28 种基本偏差。

1）基本偏差代号及其规律

基本偏差系列如图 7.8 所示，基本偏差的代号用拉丁字母表示，大写字母代表孔，小写字母代表轴，在 26 个字母中，除去易与其他含义混淆的 I(i)、L(l)、O(o)、Q(q)、W(w)5 个字母外，采用了 21 个单写字母和 7 个双字母 CD(cd)、EF(ef)、FG(fg)、JS(js)、ZA(za)、ZB(zb)、ZC(zc)组成。

由图 7.8 可见，轴 a～h 基本偏差是 es，孔 A～H 基本偏差是 EI，它们的绝对值依次减小，其中 h 和 H 的基本偏差为零。

轴 js 和孔 JS 的公差带相对于零线对称分布，故基本偏差可以是上偏差，也可以是下偏差，其值为标准公差的一半(即±IT/2)。

轴 j～zc 基本偏差为 ei，孔 J～ZC 基本偏差是 ES，其绝对值依次增大。

孔和轴的基本偏差原则上不随公差等级变化，只有极少数基本偏差(j、js、k)例外。

图 7.8 中各公差带只画出了由基本偏差决定的一端，另一端取决于基本偏差与标准公差值

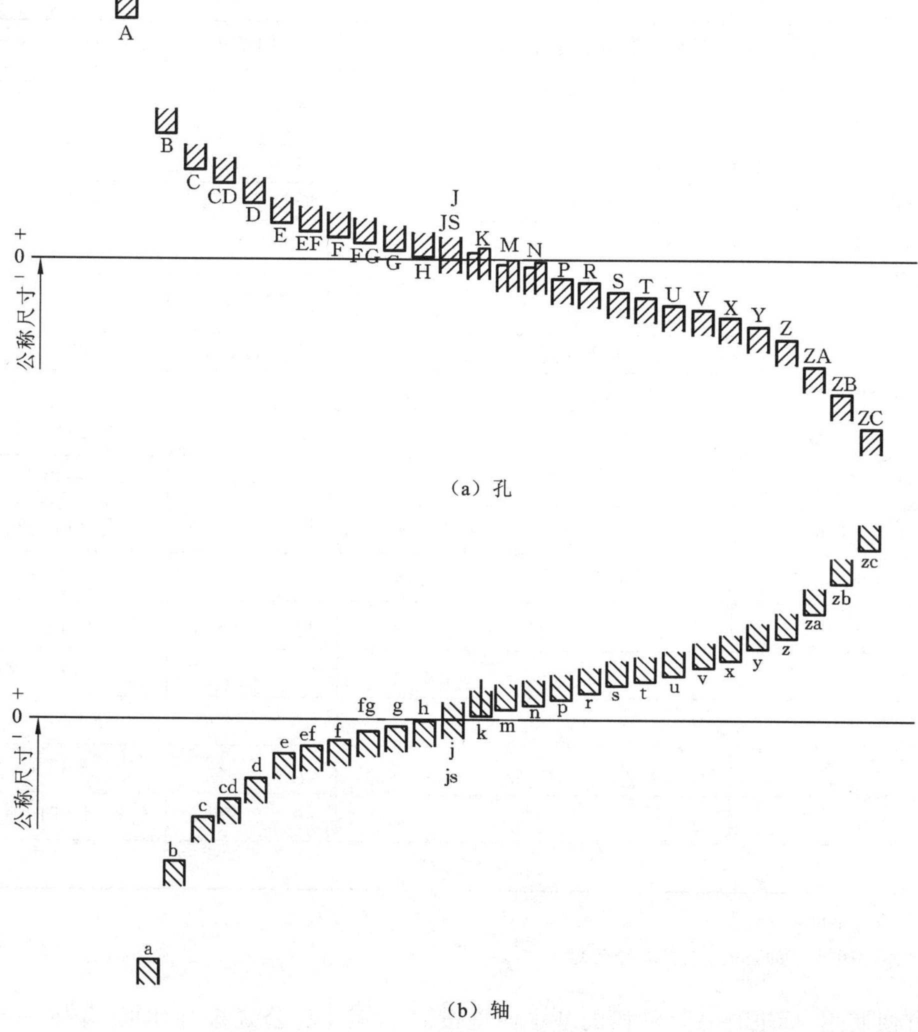


图 7.8 基本偏差系列

的组合。

2）公差带代号和配合代号

（1）公差带代号 由于公差带相对于零线的位置由基本偏差确定，公差带的大小由标准公差确定，因此，公差带的代号由基本偏差代号与公差等级数组成。如 $\phi$50H8、$\phi$30F7 为孔的公差带代号，$\phi$30h7、$\phi$25g6 为轴的公差带代号。在零件图上，一般标注基本尺寸与极限偏差值。如 $\phi50^{+0.039}_{0}$ 或 $\phi50H8(^{+0.039}_{0})$、$\phi30^{+0.041}_{+0.020}$ 或 $\phi30F7(^{+0.041}_{+0.020})$、$\phi30^{0}_{-0.021}$ 或 $\phi30h7(^{0}_{-0.021})$、$\phi25^{-0.007}_{-0.040}$ 或 $\phi25g8(^{-0.007}_{-0.040})$。

（2）配合代号 标准规定，用孔和轴的公差带代号以分数形式组成配合代号，其中，分子为孔的公差带代号，分母为轴的公差带代号。如 $\phi$30H8/f7 表示基孔制的间隙配合；$\phi$50K7/h6 表示基轴制的过渡配合。

3）轴的基本偏差数值

轴的基本偏差数值是以基孔制为基础，根据各种配合的要求，在生产实践和大量试验的基础上，依据统计分析的结果整理出一系列公式而计算出来的。公称尺寸不大于 500 mm 轴的基本偏差计算公式如表7.4所示。

表 7.4　公称尺寸不大于 500 mm 轴的基本偏差计算公式　　单位:μm

| 代号 | 适用范围 | 基本偏差为上偏差(es) | 代　号 | 适用范围 | 基本偏差为下偏差(ei) |
|---|---|---|---|---|---|
| a | 1 mm<$D$≤120 mm | $-(265+1.3D)$ | j | IT5～IT8 | 经验数据 |
|  | $D$>120 mm | $-3.5D$ | k | ≤IT3 及≤IT8 | 0 |
| b | 1 mm<$D$≤160 mm | $-(140+0.85D)$ |  | IT4～IT7 | $+0.6\sqrt[3]{D}$ |
|  | $D$>160 mm | $-1.8D$ | m |  | +IT7−IT6 |
| c | $D$≤40 mm | $-52D^{0.2}$ | n |  | $+5D^{0.34}$ |
|  | $D$>40 mm | $-(95+0.8D)$ | p |  | +IT7+(0～5) |
| cd | $D$≤10 mm | $-\sqrt{cd}$ | r |  | $+\sqrt{ps}$ |
| d |  | $-16D^{0.44}$ | s | $D$≤50 mm | +IT8+(1～4) |
| e |  | $-11D^{0.41}$ |  | $D$>50 mm | +IT7+0.4$D$ |
| ef | $D$≤10 mm | $-\sqrt{ef}$ | t | $D$≥24 mm | +IT7+0.63$D$ |
| f |  | $-5.5D^{0.41}$ | u |  | +IT7+$D$ |
| fg | $D$≤10 mm | $-\sqrt{fg}$ | v | $D$≥14 mm | +IT7+1.25$D$ |
| g |  | $-2.5D^{0.34}$ | x |  | +IT7+1.6$D$ |
| h |  | 0 | y | $D$≥18 mm | +IT7+2$D$ |
|  |  |  | z |  | +IT7+2.5$D$ |
|  |  |  | za |  | +IT8+3.15$D$ |
|  |  |  | zb |  | +IT9+4$D$ |
|  |  |  | zc |  | +IT10+5$D$ |
| js=±IT/2 |  |  |  |  |  |

注:① 表中 $D$ 的单位为 mm。

② 除 j 外,表中所列的公式与公差等级无关。

为了方便使用,标准将各尺寸段的基本偏差按表 7.4 计算公式进行计算,并按一定规则圆整尾数后,列成轴的基本偏差数值表,如表 7.5 所示。

4) 孔的基本偏差数值

公称尺寸不大于 500 mm 时,孔的基本偏差是由轴的基本偏差换算得到的。

换算的原则是:同名代号的孔、轴的基本偏差,在孔、轴同一公差等级或孔比轴低一级的配合条件下,按基孔制形成的配合(如 $\phi$40H7/g6)与按基轴制形成的配合(如 $\phi$40G7/h6)性质(极限间隙或极限过盈)相同。据此有两种换算规则。

(1) 通用规则:同一字母表示的孔、轴基本偏差的绝对值相等,而符号相反,即

对于 A～H　　$$\mathrm{EI}=-\mathrm{es} \tag{7-13}$$

对于 K～ZC　　$$\mathrm{ES}=-\mathrm{ei} \tag{7-14}$$

(2) 特殊规则:对于标准公差不大于 IT8 的 K、M、N 和不大于 IT7 的 P～ZC,孔的基本偏差 ES 与同字母的轴的基本偏差 ei 的符号相反,而绝对值相差一个 Δ 值。即

$$\mathrm{ES}=-\mathrm{ei}+\Delta \tag{7-15}$$

$$\Delta=\mathrm{IT}_n-\mathrm{IT}_{n-1} \tag{7-16}$$

式中:$\mathrm{IT}_n$ 为孔的标准公差,$\mathrm{IT}_{n-1}$ 为比孔高一级的轴的标准公差。

换算得到的孔的基本偏差值列于表 7.6。实际应用时可直接查表 7.5 或表 7.6 确定轴与孔的基本偏差值。

**表 7.5 轴的基本偏差数值**(GB/T 1800.1—2009) 单位:μm

| 公称尺寸/mm | | 基本偏差数值(上极限偏差 es) | | | | | | | | | | | |
|---|---|---|---|---|---|---|---|---|---|---|---|---|---|
| | | 所有标准公差等级 | | | | | | | | | | | |
| 大于 | 至 | a | b | c | cd | d | e | ef | f | fg | g | h | js |
| — | 3 | −270 | −140 | −60 | −34 | −20 | −14 | −10 | −6 | −4 | −2 | 0 | |
| 3 | 6 | −270 | −140 | −70 | −46 | −30 | −20 | −14 | −10 | −6 | −4 | 0 | |
| 6 | 10 | −280 | −150 | −80 | −56 | −40 | −25 | −18 | −13 | −8 | −5 | 0 | |
| 10 | 14 | −290 | −150 | −95 | | −50 | −32 | | −16 | | −6 | 0 | |
| 14 | 18 | | | | | | | | | | | | |
| 18 | 24 | −300 | −160 | −110 | | −65 | −40 | | −20 | | −7 | 0 | |
| 24 | 30 | | | | | | | | | | | | |
| 30 | 40 | −310 | −170 | −120 | | −80 | −50 | | −25 | | −9 | 0 | |
| 40 | 50 | −320 | −180 | −130 | | | | | | | | | |
| 50 | 65 | −340 | −190 | −140 | | −100 | −60 | | −30 | | −10 | 0 | |
| 65 | 80 | −360 | −200 | −150 | | | | | | | | | |
| 80 | 100 | −380 | −220 | −170 | | −120 | −72 | | −36 | | −12 | 0 | |
| 100 | 120 | −410 | −240 | −180 | | | | | | | | | |
| 120 | 140 | −460 | −260 | −200 | | −145 | −85 | | −43 | | −14 | 0 | |
| 140 | 160 | −520 | −280 | −210 | | | | | | | | | |
| 160 | 180 | −580 | −310 | −230 | | | | | | | | | |
| 180 | 200 | −660 | −340 | −240 | | −170 | −100 | | −50 | | −15 | 0 | |
| 200 | 225 | −740 | −380 | −260 | | | | | | | | | |
| 225 | 250 | −820 | −420 | −280 | | | | | | | | | 偏差=$\pm\frac{IT_n}{2}$,式中 $IT_n$ 是 IT 值数 |
| 250 | 280 | −920 | −480 | −300 | | −190 | −110 | | −56 | | −17 | 0 | |
| 280 | 315 | −1 050 | −540 | −330 | | | | | | | | | |
| 315 | 355 | −1 200 | −600 | −360 | | −210 | −125 | | −62 | | −18 | 0 | |
| 355 | 400 | −1 350 | −680 | −400 | | | | | | | | | |
| 400 | 450 | −1 500 | −760 | −440 | | −230 | −135 | | −68 | | −20 | 0 | |
| 450 | 500 | −1 650 | −840 | −480 | | | | | | | | | |
| 500 | 560 | | | | | −260 | −145 | | −76 | | −22 | 0 | |
| 560 | 630 | | | | | | | | | | | | |
| 630 | 710 | | | | | −290 | −160 | | −80 | | −24 | 0 | |
| 710 | 800 | | | | | | | | | | | | |
| 800 | 900 | | | | | −320 | −170 | | −86 | | −26 | 0 | |
| 900 | 1 000 | | | | | | | | | | | | |
| 1 000 | 1 120 | | | | | −350 | −195 | | −98 | | −28 | 0 | |
| 1 120 | 1 250 | | | | | | | | | | | | |
| 1 250 | 1 400 | | | | | −390 | −220 | | −110 | | −30 | 0 | |
| 1 400 | 1 600 | | | | | | | | | | | | |
| 1 600 | 1 800 | | | | | −430 | −240 | | −120 | | −32 | 0 | |
| 1 800 | 2 000 | | | | | | | | | | | | |
| 2 000 | 2 240 | | | | | −480 | −260 | | −130 | | −34 | 0 | |
| 2 240 | 2 500 | | | | | | | | | | | | |
| 2 500 | 2 800 | | | | | −520 | −290 | | −145 | | −38 | −0 | |
| 2 800 | 3 150 | | | | | | | | | | | | |

续表

| 公称尺寸/mm | | 基本偏差数值(下极限偏差 ei) | | | | | | | | | | | | | | | | | | |
|---|---|---|---|---|---|---|---|---|---|---|---|---|---|---|---|---|---|---|---|---|
| 大于 | 至 | IT5和IT6 | IT7 | IT8 | IT4~IT7 | ≤IT3 >IT7 | 所有标准公差等级 | | | | | | | | | | | | | |
| | | j | | | k | | m | n | p | r | s | t | u | v | x | y | z | za | zb | zc |
| — | 3 | −2 | −4 | −6 | 0 | 0 | +2 | +4 | +6 | +10 | +14 | | +18 | | +20 | | +26 | +32 | +40 | +60 |
| 3 | 6 | −2 | −4 | | +1 | 0 | +4 | +8 | +12 | +15 | +19 | | +23 | | +28 | | +35 | +42 | +50 | +80 |
| 6 | 10 | −2 | −5 | | +1 | 0 | +6 | +10 | +15 | +19 | +23 | | +28 | | +34 | | +42 | +52 | +67 | +97 |
| 10 | 14 | −3 | −6 | | +1 | 0 | +7 | +12 | +18 | +23 | +28 | | +33 | | +40 | | +50 | +64 | +90 | +130 |
| 14 | 18 | | | | | | | | | | | | | +39 | +45 | | +60 | +77 | +108 | +150 |
| 18 | 24 | −4 | −8 | | +2 | 0 | +8 | +15 | +22 | +28 | +30 | | +41 | +47 | +54 | +63 | +73 | +98 | +136 | +188 |
| 24 | 30 | | | | | | | | | | | +41 | +48 | +55 | +64 | +75 | +88 | +118 | +160 | +218 |
| 30 | 40 | −5 | −10 | | +2 | 0 | +9 | +17 | +26 | +34 | +43 | +48 | +60 | +68 | +80 | +94 | +112 | +148 | +200 | +274 |
| 40 | 50 | | | | | | | | | | | +54 | +70 | +81 | +97 | +114 | +136 | +180 | +242 | +325 |
| 50 | 65 | −7 | −12 | | +2 | 0 | +11 | +20 | +32 | +41 | +53 | +66 | +87 | +102 | +122 | +144 | +172 | +226 | +300 | +405 |
| 65 | 80 | | | | | | | | | +43 | +59 | +75 | +102 | +120 | +146 | +174 | +210 | +274 | +360 | +480 |
| 80 | 100 | −9 | −15 | | +3 | 0 | +13 | +23 | +37 | +51 | +71 | +91 | +124 | +146 | +178 | +214 | +258 | +335 | +445 | +585 |
| 100 | 120 | | | | | | | | | +54 | +79 | +104 | +144 | +172 | +210 | +254 | +310 | +400 | +525 | +690 |
| 120 | 140 | −11 | −18 | | +3 | 0 | +15 | +27 | +43 | +63 | +92 | +122 | +170 | +202 | +248 | +300 | +365 | +470 | +620 | +800 |
| 140 | 160 | | | | | | | | | +65 | +100 | +134 | +190 | +228 | +280 | +340 | +415 | +535 | +700 | +900 |
| 160 | 180 | | | | | | | | | +68 | +108 | +146 | +210 | +252 | +310 | +380 | +465 | +600 | +780 | +1 000 |
| 180 | 200 | −13 | −21 | | +4 | 0 | +17 | +31 | +50 | +77 | +122 | +166 | +236 | +284 | +350 | +425 | +520 | +670 | +880 | +1 150 |
| 200 | 225 | | | | | | | | | +80 | +130 | +180 | +258 | +310 | +385 | +470 | +575 | +740 | +960 | +1 250 |
| 225 | 250 | | | | | | | | | +84 | +140 | +196 | +284 | +340 | +425 | +520 | +640 | +820 | +1 050 | +1 350 |
| 250 | 280 | −16 | −26 | | +4 | 0 | +20 | +34 | +56 | +94 | +158 | +218 | +315 | +385 | +475 | +580 | +710 | +920 | +1 200 | +1 550 |
| 280 | 315 | | | | | | | | | +98 | +170 | +240 | +350 | +425 | +525 | +650 | +790 | +1 000 | +1 300 | +1 700 |
| 315 | 355 | −18 | −28 | | +4 | 0 | +21 | +37 | +62 | +108 | +190 | +268 | +390 | +475 | +590 | +730 | +900 | +1 150 | +1 500 | +1 900 |
| 355 | 400 | | | | | | | | | +114 | +208 | +294 | +435 | +530 | +660 | +820 | +1 000 | +1 300 | +1 650 | +2 100 |
| 400 | 450 | −20 | −32 | | +5 | 0 | +23 | +40 | +68 | +126 | +232 | +330 | +490 | +595 | +740 | +920 | +1 100 | +1 450 | +1 850 | +2 400 |
| 450 | 500 | | | | | | | | | +132 | +252 | +360 | +540 | +660 | +820 | +1 000 | +1 250 | +1 600 | +2 100 | +2 600 |
| 500 | 560 | | | | 0 | 0 | +26 | +44 | +78 | +150 | +280 | +400 | +600 | | | | | | | |
| 560 | 630 | | | | | | | | | +155 | +310 | +450 | +660 | | | | | | | |
| 630 | 710 | | | | 0 | 0 | +30 | +50 | +88 | +175 | +340 | +500 | +740 | | | | | | | |
| 710 | 800 | | | | | | | | | +185 | +380 | +560 | +840 | | | | | | | |
| 800 | 900 | | | | 0 | 0 | +34 | +56 | +100 | +210 | +430 | +620 | +940 | | | | | | | |
| 900 | 1 000 | | | | | | | | | +220 | +470 | +680 | +1 050 | | | | | | | |
| 1 000 | 1 120 | | | | 0 | 0 | +40 | +66 | +120 | +250 | +520 | +780 | +1 150 | | | | | | | |
| 1 120 | 1 250 | | | | | | | | | +260 | +580 | +840 | +1 300 | | | | | | | |
| 1 250 | 1 400 | | | | 0 | 0 | +48 | +78 | +140 | +300 | +640 | +960 | +1 450 | | | | | | | |
| 1 400 | 1 600 | | | | | | | | | +330 | +720 | +1 050 | +1 600 | | | | | | | |
| 1 600 | 1 800 | | | | 0 | 0 | +58 | +92 | +170 | +370 | +820 | +1 200 | +1 850 | | | | | | | |
| 1 800 | 2 000 | | | | | | | | | +400 | +920 | +1 350 | +2 000 | | | | | | | |
| 2 000 | 2 240 | | | | 0 | 0 | +68 | +110 | +195 | +440 | +1 000 | +1 500 | +2 300 | | | | | | | |
| 2 240 | 2 500 | | | | | | | | | +460 | +1 100 | +1 650 | +2 500 | | | | | | | |
| 2 500 | 2 800 | | | | 0 | 0 | +76 | +135 | +240 | +550 | +1 250 | +1 900 | +2 900 | | | | | | | |
| 2 800 | 3 150 | | | | | | | | | +580 | +1 400 | +2 100 | +3 200 | | | | | | | |

注：公称尺寸小于或等于 1 mm 时，基本偏差 a 和 b 均不采用，公差带 js7～js11，若 $IT_n$ 值数是奇数，则取偏差 $=\pm\frac{IT_n-1}{2}$。

表 7.6　孔的基本偏差数值(GB/T 1800.1—2009)　　单位:μm

| 公称尺寸/mm | | 基本偏差数值 | | | | | | | | | | | | | | | | | | | | | |
|---|---|---|---|---|---|---|---|---|---|---|---|---|---|---|---|---|---|---|---|---|---|---|---|
| | | 下极限偏差 EI | | | | | | | | | | | | 上极限偏差 ES | | | | | | | | | |
| 大于 | 至 | 所有标准公差等级 | | | | | | | | | | | | IT6 | IT7 | IT8 | ≤IT8 | >IT8 | ≤IT8 | >IT8 | ≤IT8 | >IT8 | ≤IT7 |
| | | A | B | C | CD | D | E | EF | F | FG | G | H | JS | J | | | K | | M | | N | | P至ZC |
| — | 3 | +270 | +140 | +60 | +34 | +20 | +14 | +10 | +6 | +4 | +2 | 0 | 偏差=$\pm\frac{IT_n}{2}$，式中$IT_n$是IT值数 | +2 | +4 | +6 | C | 0 | −2 | −2 | −4 | −4 | 在大于IT7的相应数值上增加一个Δ值 |
| 3 | 6 | +270 | +140 | +70 | +46 | +30 | +20 | +14 | +10 | +6 | +4 | 0 | | +5 | +6 | +10 | −1+Δ | | −4+Δ | −4 | −8+Δ | 0 | |
| 6 | 10 | +280 | +150 | +80 | +56 | +40 | +25 | +19 | +13 | +8 | +5 | 0 | | +5 | +8 | +12 | −1+Δ | | −6+Δ | −6 | −10+Δ | 0 | |
| 10 | 14 | +290 | +150 | +95 | | +50 | +32 | | +16 | | +6 | 0 | | +6 | +10 | +15 | −1+Δ | | −7+Δ | −7 | −12+Δ | 0 | |
| 14 | 18 | | | | | | | | | | | | | | | | | | | | | | |
| 18 | 24 | +300 | +160 | +110 | | +65 | +40 | | +20 | | +7 | 0 | | +8 | +12 | +20 | −2+Δ | | −8+Δ | −8 | −15+Δ | 0 | |
| 24 | 30 | | | | | | | | | | | | | | | | | | | | | | |
| 30 | 40 | +310 | +170 | +120 | | +80 | +50 | | +25 | | +9 | 0 | | +10 | +14 | +24 | −2+Δ | | −9+Δ | −9 | −17+Δ | 0 | |
| 40 | 50 | +320 | +180 | +130 | | | | | | | | | | | | | | | | | | | |
| 50 | 65 | +340 | +190 | +140 | | +100 | +60 | | +30 | | +10 | 0 | | +13 | +18 | +28 | −2+Δ | | −11+Δ | −11 | −20+Δ | 0 | |
| 65 | 80 | +360 | +200 | +150 | | | | | | | | | | | | | | | | | | | |
| 80 | 100 | +380 | +220 | +170 | | +120 | +72 | | +36 | | +12 | 0 | | +16 | +22 | +34 | −3+Δ | | −13+Δ | −13 | −23+Δ | 0 | |
| 100 | 120 | +410 | +240 | +180 | | | | | | | | | | | | | | | | | | | |
| 120 | 140 | +460 | +260 | +200 | | +145 | +85 | | +43 | | +14 | 0 | | +18 | +26 | +41 | −3+Δ | | −15+Δ | −15 | −27+Δ | 0 | |
| 140 | 160 | +520 | +280 | +210 | | | | | | | | | | | | | | | | | | | |
| 160 | 180 | +580 | +310 | +230 | | | | | | | | | | | | | | | | | | | |
| 180 | 200 | +660 | +340 | +240 | | +170 | +100 | | +50 | | +15 | 0 | | +22 | +30 | +47 | −4+Δ | | −17+Δ | −17 | −31+Δ | 0 | |
| 200 | 225 | +740 | +380 | +260 | | | | | | | | | | | | | | | | | | | |
| 225 | 250 | +820 | +420 | +280 | | | | | | | | | | | | | | | | | | | |
| 250 | 280 | +920 | +480 | +300 | | +190 | +110 | | +56 | | +17 | 0 | | +25 | +36 | +55 | −4+Δ | | −20+Δ | −20 | −34+Δ | 0 | |
| 280 | 315 | +1 050 | +540 | +330 | | | | | | | | | | | | | | | | | | | |
| 315 | 355 | +1 200 | +600 | +360 | | +210 | +125 | | +62 | | +18 | 0 | | +29 | +39 | +60 | −4+Δ | | −21+Δ | −21 | −37+Δ | 0 | |
| 355 | 400 | +1 350 | +680 | +400 | | | | | | | | | | | | | | | | | | | |
| 400 | 450 | +1 500 | +760 | +440 | | +230 | +135 | | +68 | | +20 | 0 | | +33 | +43 | +61 | −5+Δ | | −23+Δ | −23 | −40+Δ | 0 | |
| 450 | 500 | +1 650 | +840 | +480 | | | | | | | | | | | | | | | | | | | |
| 500 | 560 | | | | | +260 | +145 | | +76 | | +22 | 0 | | | | | 0 | | −26 | | −44 | | |
| 560 | 630 | | | | | | | | | | | | | | | | | | | | | | |
| 630 | 710 | | | | | +290 | +160 | | +80 | | +24 | 0 | | | | | 0 | | −30 | | −50 | | |
| 710 | 800 | | | | | | | | | | | | | | | | | | | | | | |
| 800 | 900 | | | | | +320 | +170 | | +86 | | +26 | 0 | | | | | 0 | | −34 | | −56 | | |
| 900 | 1 000 | | | | | | | | | | | | | | | | | | | | | | |
| 1 000 | 1 120 | | | | | +350 | +195 | | +98 | | +28 | 0 | | | | | 0 | | −40 | | −66 | | |
| 1 120 | 1 250 | | | | | | | | | | | | | | | | | | | | | | |
| 1 250 | 1 400 | | | | | +390 | +220 | | +110 | | +30 | 0 | | | | | 0 | | −48 | | −78 | | |
| 1 400 | 1 600 | | | | | | | | | | | | | | | | | | | | | | |
| 1 600 | 1 800 | | | | | +430 | +240 | | +120 | | +32 | 0 | | | | | 0 | | −58 | | −92 | | |
| 1 800 | 2 000 | | | | | | | | | | | | | | | | | | | | | | |
| 2 000 | 2 240 | | | | | +480 | +260 | | +130 | | +34 | 0 | | | | | 0 | | −68 | | −110 | | |
| 2 240 | 2 500 | | | | | | | | | | | | | | | | | | | | | | |
| 2 500 | 2 800 | | | | | +520 | +290 | | +145 | | +38 | 0 | | | | | 0 | | −76 | | −135 | | |
| 2 800 | 3 150 | | | | | | | | | | | | | | | | | | | | | | |

续表

| 公称尺寸/mm | | 基本偏差数值<br>上极限偏差 ES | | | | | | | | | | | | Δ值 | | | | | |
|---|---|---|---|---|---|---|---|---|---|---|---|---|---|---|---|---|---|---|---|
| | | 标准公差等级大于 IT | | | | | | | | | | | | 标准公差等级 | | | | | |
| 大于 | 至 | P | R | S | T | U | V | X | Y | Z | ZA | ZB | ZC | IT3 | IT4 | IT5 | IT6 | IT7 | IT8 |
| — | 3 | −6 | −10 | −14 | | −18 | | −20 | | −26 | −32 | −40 | −60 | 0 | 0 | 0 | 0 | 0 | 0 |
| 3 | 6 | −12 | −15 | −19 | | −23 | | −28 | | −35 | −42 | −50 | −80 | 1 | 1.5 | 1 | 3 | 4 | 6 |
| 6 | 10 | −16 | −19 | −23 | | −28 | | −34 | | −42 | −52 | −61 | −97 | 1 | 1.5 | 2 | 3 | 6 | 7 |
| 10 | 14 | −18 | −23 | −28 | | −33 | | −40 | | −50 | −64 | −90 | −130 | 1 | 2 | 3 | 3 | 7 | 9 |
| 14 | 18 | | | | | | −39 | −45 | | −60 | −77 | −108 | −150 | | | | | | |
| 18 | 24 | −22 | −28 | −35 | | −41 | −47 | −54 | −63 | −73 | −98 | −136 | −188 | 1.5 | 2 | 3 | 4 | 8 | 12 |
| 24 | 30 | | | | −41 | −48 | −55 | −64 | −75 | −88 | −118 | −160 | −218 | | | | | | |
| 30 | 40 | −26 | −34 | −43 | −48 | −60 | −68 | −80 | −94 | −112 | −148 | −200 | −274 | 1.5 | 3 | 4 | 5 | 9 | 14 |
| 40 | 50 | | | | −54 | −70 | −81 | −97 | −114 | −136 | −180 | −242 | −325 | | | | | | |
| 50 | 65 | −32 | −41 | −53 | −66 | −87 | −102 | −122 | −144 | −172 | −226 | −300 | −405 | 2 | 3 | 5 | 6 | 11 | 16 |
| 65 | 80 | | −43 | −59 | −75 | −102 | −120 | −146 | −174 | −210 | −274 | −360 | −480 | | | | | | |
| 80 | 100 | −37 | −51 | −71 | −91 | −124 | −146 | −178 | −214 | −258 | −335 | −445 | −585 | 2 | 4 | 6 | 7 | 13 | 19 |
| 100 | 120 | | −54 | −79 | −104 | −144 | −172 | −210 | −254 | −310 | −400 | −525 | −690 | | | | | | |
| 120 | 140 | −43 | −63 | −92 | −122 | −170 | −202 | −248 | −300 | −365 | −470 | −620 | −800 | 3 | 4 | 6 | 7 | 15 | 23 |
| 140 | 160 | | −65 | −100 | −134 | −190 | −228 | −280 | −340 | −415 | −535 | −700 | −900 | | | | | | |
| 160 | 180 | | −68 | −108 | −146 | −210 | −252 | −310 | −380 | −465 | −600 | −780 | −1 000 | | | | | | |
| 180 | 200 | −50 | −77 | −122 | −166 | −236 | −284 | −350 | −425 | −520 | −670 | −880 | −1 150 | 3 | 4 | 6 | 9 | 17 | 26 |
| 200 | 225 | | −80 | −130 | −180 | −258 | −310 | −385 | −470 | −575 | −740 | −960 | −1 250 | | | | | | |
| 225 | 250 | | −84 | −140 | −196 | −284 | −340 | −425 | −520 | −640 | −820 | −1 050 | −1 350 | | | | | | |
| 250 | 280 | −56 | −94 | −158 | −218 | −315 | −385 | −475 | −580 | −710 | −920 | −1 200 | −1 550 | 4 | 4 | 7 | 9 | 20 | 29 |
| 280 | 315 | | −98 | −170 | −240 | −350 | −425 | −525 | −650 | −790 | −1 000 | −1 300 | −1 700 | | | | | | |
| 315 | 355 | −62 | −108 | −190 | −268 | −390 | −475 | −590 | −730 | −900 | −1 150 | −1 500 | −1 900 | 4 | 5 | 7 | 11 | 21 | 32 |
| 355 | 400 | | −114 | −208 | −294 | −435 | −530 | −660 | −820 | −1 000 | −1 300 | −1 650 | −2 100 | | | | | | |
| 400 | 450 | −68 | −126 | −232 | −330 | −490 | −595 | −740 | −920 | −1 100 | −1 450 | −1 850 | −2 400 | 5 | 5 | 7 | 13 | 23 | 34 |
| 450 | 500 | | −132 | −252 | −360 | −540 | −660 | −820 | −1 000 | −1 250 | −1 600 | −2 100 | −2 600 | | | | | | |
| 500 | 560 | −78 | −150 | −280 | −400 | −600 | | | | | | | | | | | | | |
| 560 | 630 | | −155 | −310 | −450 | −660 | | | | | | | | | | | | | |
| 630 | 710 | −88 | −175 | −340 | −500 | −740 | | | | | | | | | | | | | |
| 710 | 800 | | −185 | −380 | −560 | −840 | | | | | | | | | | | | | |
| 800 | 900 | −100 | −210 | −430 | −620 | −940 | | | | | | | | | | | | | |
| 900 | 1 000 | | −220 | −470 | −680 | −1 050 | | | | | | | | | | | | | |
| 1 000 | 1 120 | −120 | −250 | −520 | −780 | −1 150 | | | | | | | | | | | | | |
| 1 120 | 1 250 | | −260 | −580 | −840 | −1 300 | | | | | | | | | | | | | |
| 1 250 | 1 400 | −140 | −300 | −640 | −960 | −1 450 | | | | | | | | | | | | | |
| 1 400 | 1 600 | | −330 | −720 | −1 050 | −1 600 | | | | | | | | | | | | | |
| 1 600 | 1 800 | −170 | −370 | −820 | −1 200 | −1 850 | | | | | | | | | | | | | |
| 1 800 | 2 000 | | −100 | −920 | −1 350 | −2 000 | | | | | | | | | | | | | |
| 2 000 | 2 240 | −195 | −140 | −1 000 | −1 500 | −2 300 | | | | | | | | | | | | | |
| 2 240 | 2 500 | | −460 | −1 100 | −1 650 | −2 500 | | | | | | | | | | | | | |
| 2 500 | 2 800 | −240 | −550 | −1 250 | −1 900 | −2 900 | | | | | | | | | | | | | |
| 2 800 | 3 150 | | −580 | −1 400 | −2 100 | −3 200 | | | | | | | | | | | | | |

注:① 公称尺寸小于或等于 1 mm 时,基本偏差 A 和 B 及大于 IT8 的 N 均不采用,公差带 JS7 至 JS11,若 $IT_n$ 值数是奇数,则取偏差=$\pm\frac{IT_n-1}{2}$。

② 对小于或等于 IT8 的 K、M、N 和小于或等于 IT7 的 P 至 ZC,所需 Δ 值从表内右侧选取,例如:18～30 mm 段的 K7,Δ=8 μm,所以 ES=(−2+8) μm=+6 μm;18～30 mm 段的 S6,Δ=4 μm,所以 ES=(−35+4) μm=−31 μm。特殊情况:250～315 mm 段的 M6,ES=−9 μm(代替−11 μm)。

## 【任务实施】

根据楚天模具制造有限公司要求，指导学员先求得各项参数如表 7.7 所列，尺寸公差带图与配合公差带图如图 7.9 和图 7.10 所示。

表 7.7 零件参数计算表　　单位：mm

| 所求项目 \ 相配合的孔、轴 | | ① | | ② | | ③ | |
|---|---|---|---|---|---|---|---|
| | | 孔 | 轴 | 孔 | 轴 | 孔 | 轴 |
| 基本尺寸 | | 30 | 30 | 30 | 30 | 30 | 30 |
| 极限尺寸 | $D_{max}(d_{max})$ | 30.021 | 29.980 | 30.021 | 30.021 | 30.021 | 30.048 |
| | $D_{min}(d_{min})$ | 30.000 | 29.967 | 30.000 | 30.008 | 30.000 | 30.035 |
| 极限偏差 | ES(es) | +0.021 | −0.020 | +0.021 | +0.021 | +0.021 | +0.048 |
| | EI(ei) | 0 | −0.033 | 0 | +0.008 | 0 | +0.035 |
| 公差 $T_h(T_s)$ | | 0.021 | 0.013 | 0.021 | 0.013 | 0.021 | 0.013 |
| 极限间隙或极限过盈 | $X_{max}$ | +0.054 | | +0.013 | | | |
| | $X_{min}$ | +0.020 | | | | | |
| | $Y_{max}$ | | | −0.021 | | −0.048 | |
| | $Y_{min}$ | | | | | −0.014 | |
| 平均间隙或平均过盈 | $X_{av}$ | +0.037 | | | | | |
| | $Y_{av}$ | | | −0.004 | | −0.031 | |
| 配合公差 $T_f$ | | 0.034 | | 0.034 | | 0.034 | |
| 配合类别 | | 间隙配合 | | 过渡配合 | | 过盈配合 | |

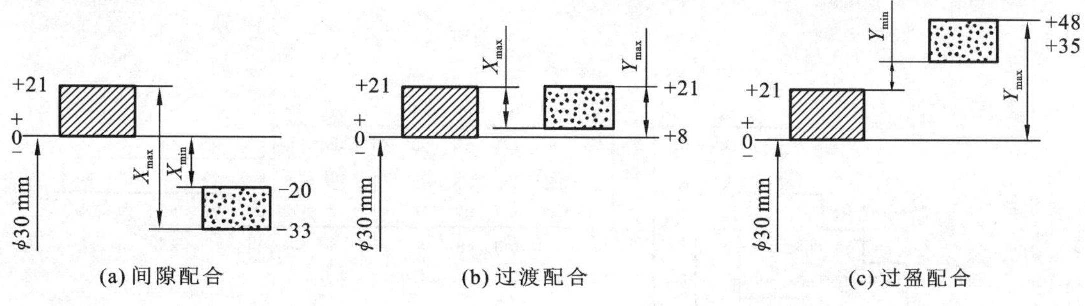


图 7.9 尺寸公差带

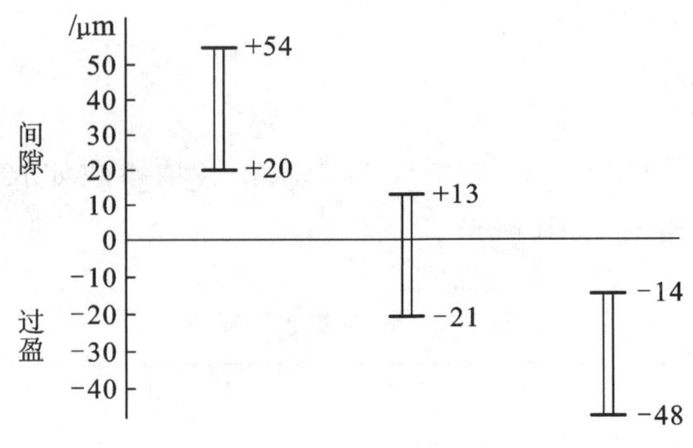


图 7.10 配合公差带图

## 【知识拓展】

### 公差带与配合的标准化

国家标准规定有 20 个公差等级和 28 个基本偏差代号,其中,基本偏差 j 限用于 4 个公差等级,J 限用于 3 个公差等级。由此可得到的公差带,孔有 20×27 个+3 个=543 个,轴有 20×27 个+4 个=544 个。数量如此之多,故可满足广泛的需要,不过,同时应用所有可能的公差带显然是不经济的,因为这会导致定值刀具、量具规格的繁杂。另外,还应避免那些与实际使用要求显然不符合的公差带,如 g12、a4 等。所以,对公差带的选用应加以限制。

在极限与配合制中,对基本尺寸不大于 500 mm 的常用尺寸段,标准推荐了孔、轴的一般、常用和优先公差带。如表 7.8 和表 7.9 所示。表中为一般用途公差带,轴有 116 个,孔有 105 个;线框内为常用的公差带,轴有 59 个,孔有 44 个;圆圈内为优先公差带,轴、孔均有 13 个。在选用时,应首先考虑优先公差带,其次是常用公差带,再次为一般用途公差带。这些公差带的上、下极限偏差均可从极限与配合制中直接查得。仅仅在特殊情况下,当一般公差带不能满足要求时,才允许按规定的标准公差与基本偏差组成所需公差带;甚至按公式用插入或延伸的方法,计算新的标准公差与基本偏差,然后组成所需公差带。

在上述推荐的轴、孔公差带的基础上,极限与配合制还推荐了孔、轴公差带的组合,如表 7.10、表 7.11 所示。对基孔制规定了常用配合 59 个,优先配合 13 个;对基轴制规定了常用配合 47 个,优先配合 13 个。并对这些配合,在标准中分别列出了它们的极限间隙或过盈,便于设计选用。

表 7.8 尺寸至 500 mm 的一般、常用和优先的轴公差带

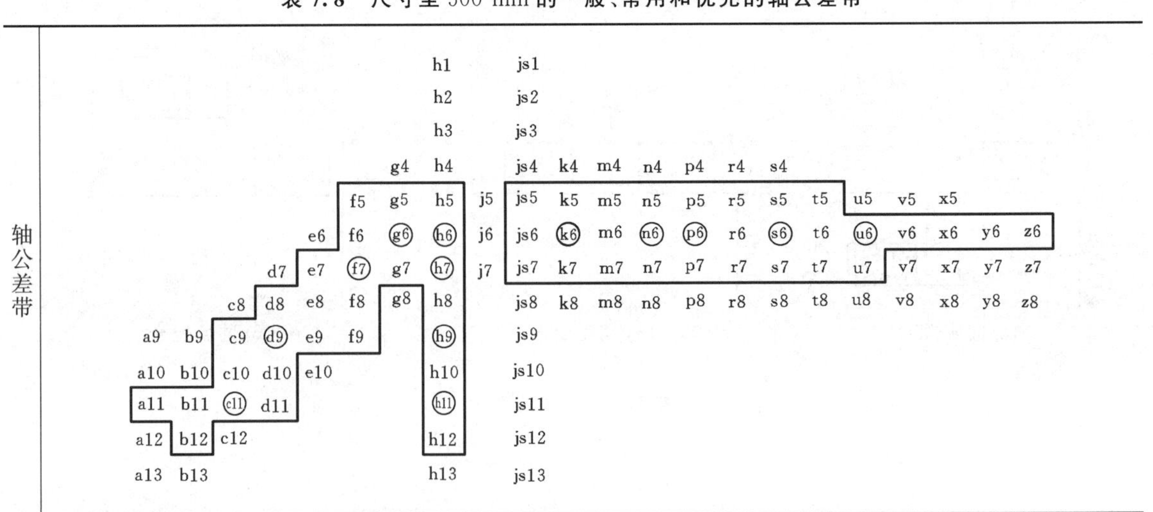

| 轴公差带 | a | b | c | d | e | f | g | h | j | js | k | m | n | p | r | s | t | u | v | x | y | z |
|---|---|---|---|---|---|---|---|---|---|---|---|---|---|---|---|---|---|---|---|---|---|---|
| | | | | | | | | h1 | | js1 | | | | | | | | | | | | |
| | | | | | | | | h2 | | js2 | | | | | | | | | | | | |
| | | | | | | | | h3 | | js3 | | | | | | | | | | | | |
| | | | | | | | g4 | h4 | | js4 | k4 | m4 | n4 | p4 | r4 | s4 | | | | | | |
| | | | | | | f5 | g5 | h5 | j5 | js5 | k5 | m5 | n5 | p5 | r5 | s5 | t5 | u5 | v5 | x5 | | |
| | | | | | e6 | f6 | (g6) | (h6) | j6 | js6 | (k6) | m6 | (n6) | (p6) | r6 | (s6) | t6 | (u6) | v6 | x6 | y6 | z6 |
| | | | | d7 | e7 | (f7) | g7 | (h7) | j7 | js7 | k7 | m7 | n7 | p7 | r7 | s7 | t7 | u7 | v7 | x7 | y7 | z7 |
| | | | c8 | d8 | e8 | f8 | g8 | h8 | | js8 | k8 | m8 | n8 | p8 | r8 | s8 | t8 | u8 | v8 | x8 | y8 | z8 |
| | a9 | b9 | c9 | (d9) | e9 | f9 | | (h9) | | js9 | | | | | | | | | | | | |
| | a10 | b10 | c10 | d10 | e10 | | | h10 | | js10 | | | | | | | | | | | | |
| | a11 | b11 | (c11) | d11 | | | | (h11) | | js11 | | | | | | | | | | | | |
| | a12 | b12 | c12 | | | | | h12 | | js12 | | | | | | | | | | | | |
| | a13 | b13 | | | | | | h13 | | js13 | | | | | | | | | | | | |

表 7.9 尺寸至 500 mm 的一般、常用和优先的孔公差带

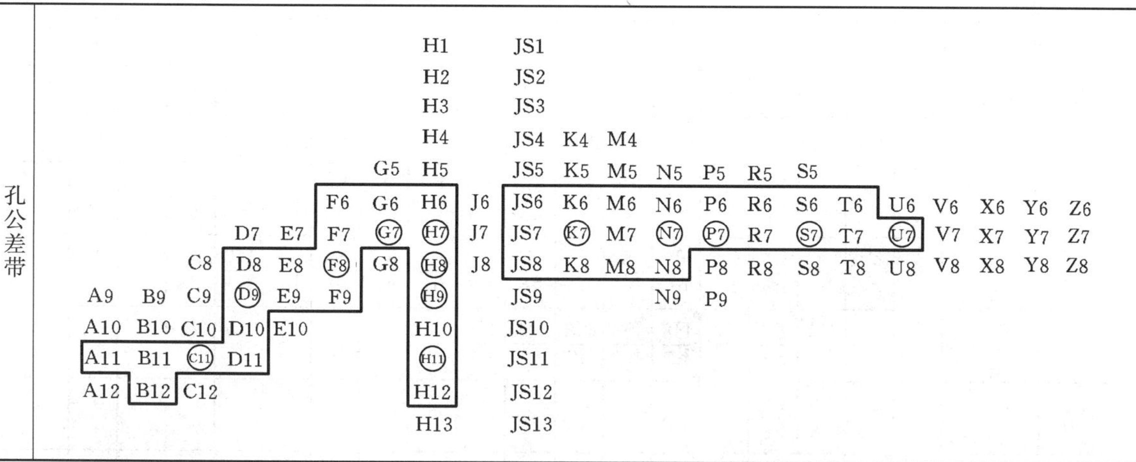


表 7.10 基孔制优先、常用配合

| 基准孔 | a | b | c | d | e | f | g | h | js | k | m | n | p | r | s | t | u | v | x | y | z |
|---|---|---|---|---|---|---|---|---|---|---|---|---|---|---|---|---|---|---|---|---|---|
| | 间隙配合 | | | | | | | | 过渡配合 | | | 过盈配合 | | | | | | | | | |
| H6 | | | | | | H6/f5 | H6/g5 | H6/h5 | H6/js5 | H6/k5 | H6/m5 | H6/n5 | H6/p5 | H6/r5 | H6/s5 | H6/t5 | | | | | |
| H7 | | | | | | H7/f6 | ◤H7/g6 | ◤H7/h6 | H7/js6 | ◤H7/k6 | H7/m6 | ◤H7/n6 | ◤H7/p6 | H7/r6 | ◤H7/s6 | H7/t6 | ◤H7/u6 | H7/v6 | H7/x6 | H7/y6 | H7/z6 |
| H8 | | | | | H8/e7 | ◤H8/f7 | H8/g7 | ◤H8/h7 | H8/js7 | H8/k7 | H8/m7 | H8/n7 | H8/p7 | H8/r7 | H8/s7 | H8/t7 | H8/u7 | | | | |
| | | | | H8/d8 | H8/e8 | H8/f8 | | H8/h8 | | | | | | | | | | | | | |
| H9 | | | H9/c9 | ◤H9/d9 | H9/e9 | H9/f9 | | ◤H9/h9 | | | | | | | | | | | | | |
| H10 | | | H10/c10 | H10/d10 | | | | H10/h10 | | | | | | | | | | | | | |
| H11 | H11/a11 | H11/b11 | ◤H11/c11 | H11/d11 | | | | ◤H11/h11 | | | | | | | | | | | | | |
| H12 | | H12/b12 | | | | | | H12/h12 | | | | | | | | | | | | | |

注：① $\frac{H6}{n5}$、$\frac{H7}{p6}$在公称尺寸不大于 3 mm 和$\frac{H8}{r7}$在公称尺寸不大于 100 mm 时，为过渡配合。

② 标注◤的配合为优先配合。

表 7.11　基轴制优先、常用配合

| 基准轴 | 孔 | | | | | | | | | | | | | | | | | | | | |
|---|---|---|---|---|---|---|---|---|---|---|---|---|---|---|---|---|---|---|---|---|---|
| | A | B | C | D | E | F | G | H | JS | K | M | N | P | R | S | T | U | V | X | Y | Z |
| | 间隙配合 | | | | | | | | 过渡配合 | | | 过盈配合 | | | | | | | | | |
| h5 | | | | | | $\frac{F6}{h5}$ | $\frac{G6}{h5}$ | $\frac{H6}{h5}$ | $\frac{JS6}{h5}$ | $\frac{K6}{h5}$ | $\frac{M6}{h5}$ | $\frac{N6}{h5}$ | $\frac{P6}{h5}$ | $\frac{R6}{h5}$ | $\frac{S6}{h5}$ | $\frac{T6}{h5}$ | | | | | |
| h6 | | | | | | $\frac{F7}{h6}$ | ◤$\frac{G7}{h6}$ | ◤$\frac{H7}{h6}$ | $\frac{JS7}{h6}$ | ◤$\frac{K7}{h6}$ | $\frac{M7}{h6}$ | ◤$\frac{N7}{h6}$ | ◤$\frac{P7}{h6}$ | $\frac{R7}{h6}$ | ◤$\frac{S7}{h6}$ | $\frac{T6}{h6}$ | ◤$\frac{U7}{h6}$ | | | | |
| h7 | | | | | $\frac{E8}{h7}$ | ◤$\frac{F8}{h7}$ | | ◤$\frac{H8}{h7}$ | $\frac{JS8}{h7}$ | $\frac{K8}{h7}$ | $\frac{M8}{h7}$ | $\frac{N8}{h7}$ | | | | | | | | | |
| h8 | | | | $\frac{D8}{h8}$ | $\frac{E8}{h8}$ | $\frac{F8}{h8}$ | | $\frac{H8}{h8}$ | | | | | | | | | | | | | |
| h9 | | | | ◤$\frac{D9}{h9}$ | $\frac{E9}{h9}$ | $\frac{F9}{h9}$ | | ◤$\frac{H9}{h9}$ | | | | | | | | | | | | | |
| h10 | | | | $\frac{D10}{h10}$ | | | | $\frac{H10}{h10}$ | | | | | | | | | | | | | |
| h11 | $\frac{A11}{h11}$ | $\frac{B11}{h11}$ | ◤$\frac{C11}{h11}$ | $\frac{D11}{h11}$ | | | | ◤$\frac{H11}{h11}$ | | | | | | | | | | | | | |
| h12 | | $\frac{B12}{h12}$ | | | | | | $\frac{H12}{h12}$ | | | | | | | | | | | | | |

注:标注◤的配合为优先配合。

## 【复习与思考】

1. 什么是标准偏差?什么是基本偏差?偏差带由哪些要素组成?

2. 什么是配合?配合分为几类?零件图上怎样标注偏差?

3. 下列说法哪些是正确的?

(1) 不经选择和修配就能互相替换、装配的零件,就是具有互换性的零件;

(2) 零件的互换性程度越高越好;

(3) 公称尺寸是设计给定的尺寸,因此零件的实际尺寸越接近公称尺寸,则其精度就越高;

(4) 公差是零件尺寸允许的最大偏差;

(5) 公差一般为正,在个别情况下也可以为负或零;

(6) 过渡配合可能有间隙,也可能有过盈,因此过渡配合可能是间隙配合,也可能是过盈配合;

(7) 一批零件的尺寸误差小于规定的公差值,则这批零件合格;

(8) 某孔的实际尺寸小于与之结合的轴的实际尺寸,则形成过盈配合;

(9) 尺寸的公差越大,则尺寸的精度越高;

(10) 孔的基本偏差即下极限偏差,轴的基本偏差即上极限偏差;

(11) 向心滚动轴承外圈外径采用基轴制,内圈内径采用基孔制。

# 任务2 汽车零件公差与测量技术

## 【任务导入】

受辽阳汽车零部件制造有限公司委托，对汽车铜套、汽车轴套和汽车传动轴进行测量。用游标卡尺测量图 7.11 和图 7.12 所示零件有公差要求的尺寸，并将测量结果分别填入测量报告单中。

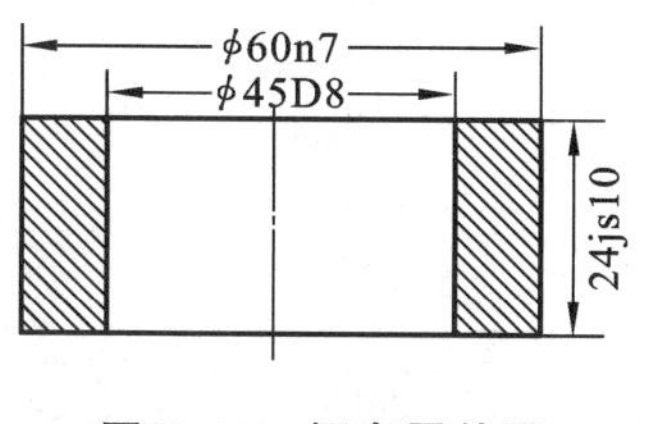


图 7.11 铜套零件图

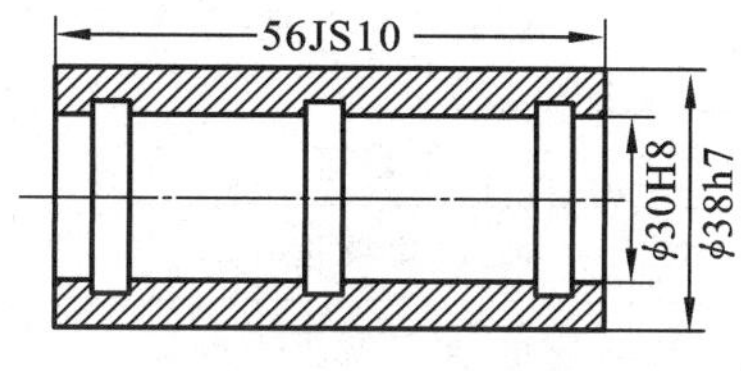


图 7.12 轴套零件图

## 【任务分析】

为了进行各种尺寸测量，必须建立统一可靠的长度单位基准。当前，国际上通常使用的长度单位有米制和英制两种。

目前，我国采用的长度单位制是国际单位制（见表 7.12），基本单位是 m，其他常用单位有 cm、mm 和 μm 等。工程上常用的单位是 mm，在图样上标注时，通常只标注数值而不标注单位。测量单位有 mm 和 μm。

表 7.12 我国长度法定计量单位

| 单位名称 | 代号 | 与基本单位的换算 | 单位名称 | 代号 | 与基本单位的换算 |
|---|---|---|---|---|---|
| 千米 | km | $10^3$ m(1 000 m) | 毫米 | mm | $10^{-3}$ m(0.001 m) |
| 米 | m | 基本单位 | 微米 | μm | $10^{-6}$ m(0.000 001 m) |
| 分米 | dm | $10^{-1}$ m(0.1 m) | 纳米 | nm | $10^{-9}$ m(0.000 000 001 m) |
| 厘米 | cm | $10^{-2}$ m(0.01 m) | 皮米 | pm | $10^{-12}$ m(0.000 000 000 001 m) |

## 【相关知识】

### 一、几何公差

点、线、面等零件几何要素的实际形状和位置与其理想形状和位置的差异称为几何误差，而几何误差的允许变动量称几何公差。

国家标准中规定的几何公差共有 14 种，特征项目及其符号如表 7.13 所示。在图样上几何公差的标注由几何公差项目符号、框格和指引线、基准代号的字母组成，对于特殊的几何公差，也可以在技术条件中给予文字说明。

表 7.13　几何公差的特征项目及其符号

| 公差类型 | 几何特征 | 符号 | 有无基准 |
|---|---|---|---|
| 形状公差 | 直线度 | — | 无 |
| | 平面度 | ⏥ | 无 |
| | 圆度 | ○ | 无 |
| | 圆柱度 | ⌭ | 无 |
| | 线轮廓度 | ⌒ | 无 |
| | 面轮廓度 | ⌓ | 无 |
| 方向公差 | 平行度 | // | 有 |
| | 垂直度 | ⊥ | 有 |
| | 倾斜度 | ∠ | 有 |
| | 线轮廓度 | ⌒ | 有 |
| | 面轮廓度 | ⌓ | 有 |
| 位置公差 | 位置度 | ⌖ | 有或无 |
| | 同心度(用于中心点) | ◎ | 有 |
| | 同轴度(用于轴线) | ◎ | 有 |
| | 对称度 | ⌯ | 有 |
| | 线轮廓度 | ⌒ | 有 |
| | 面轮廓度 | ⌓ | 有 |
| 跳动公差 | 圆跳动 | ↗ | 有 |
| | 全跳动 | ⌰ | 有 |

几何公差带的形状由被测要素的几何特征和设计要求决定，即由所选几何公差特征项目决定。常用几何公差带的形状主要有9种，如表7.14所示。

表 7.14　几何公差带的形状

| 序号 | 公差带区域 | 公差带形状 | 特征项目应用示例 |
|---|---|---|---|
| 1 | 圆内的区域 | φt | 平面内点的位置度 |
| 2 | 球内的区域 | Sφt | 空间内点的位置度 |
| 3 | 两平行直线之间的区域 | t | 给定平面上的直线度 |
| 4 | 两平行面之间的区域 | t | 平面度 |
| 5 | 圆柱面内的区域 | φt | 任意方向上的直线度 |
| 6 | 两等距曲线之间的区域 | t | 线轮廓度 |

续表

| 序号 | 公差带区域 | 公差带形状 | 特征项目应用示例 |
|---|---|---|---|
| 7 | 两等距曲面之间的区域 | | 面轮廓度 |
| 8 | 两同心圆之间的区域 | | 圆度 |
| 9 | 两同轴圆柱面之间的区域 | | 圆柱度 |

几何公差框格是由两格或多格组成的，应水平或垂直绘制。框格从左到右第一格填写几何公差的特征项目符号，第二格填写几何公差数值即附加符号，第三格和以后各格填写基准要素的字母及附加符号，如图 7.13 所示。框格大小根据所写字体高度、大小而改变。指引线指向被测要素的表面或其延长线上，箭头方向一般为公差带方向，$h$ 为字体高度，$b$ 为粗字线宽度，框格中的字符高度与尺寸数字的高度相同，基准中的字母永远水平书写。

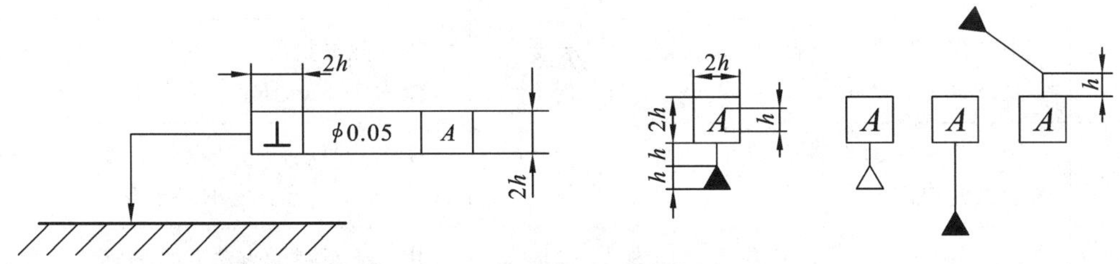


图 7.13 几何公差框格和基准代号

## 二、表面粗糙度

### 1. 表面粗糙度的概念

机械加工后的工件表面，总会留下刀刃或磨轮的加工痕迹。这些痕迹都是由许多较小、高低不平的峰谷组成的。国家标准规定，表面粗糙度就是指加工表面上具有的较小间距和峰谷所组成的微观几何形状特性，即表面微观的不平度。一般由所采用的加工方法或其他因素而形成。它与表面宏观形状误差及表面波纹误差有所区别。它们从量上可以按相邻两波的峰间(或谷间)距离大小加以区别。波距一般在 1 mm 以下者属于表面粗糙度(微观形状误差)；波距在 1～10 mm 之间者属于表面波纹度(或称中间形状误差)；波距在 10 mm 以上者属于形状误差(宏观形状误差)。

### 2. 表面粗糙度的符号、代号及注法

国标 GB/T 131—2006 已规定了零件表面粗糙度符号、代号及其在图样上的标注方法，现仅就国标中与表面粗糙度标注有关的基本规定作简要介绍。

(1) 表面粗糙度符号　表面粗糙度的符号及说明如表 7.15 所示。

表 7.15 表面粗糙度符号及说明

| 符　　号 | 说　　明 |
|---|---|
| | 基本图形符号，表示表面可以用任何方法获得。当不加注粗糙度参数或有关说明(如表面处理、局部热处理状况等)时，仅适应于简化代号标注 |

续表

| 符　　号 | 说　　明 |
|---|---|
|  | 基本图形符号加一短画，表示表面是用去除材料的方法获得。例如，铣、钻、磨、剪切、抛光、腐蚀、电火花加工及气割等 |
|  | 基本图形符号加一小圆，表示表面是用不去除材料的方法获得。例如，铸、锻、冲压、变形、热轧、冷轧等。或者是用于保持上道工序形成的表面 |
| 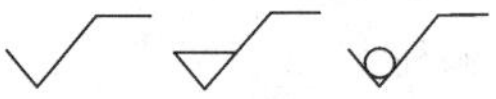 | 在上述三个符号的上边均可加一横线，用于标注有关参数和说明 |

（2）表面粗糙度代号、注法　在表面粗糙度符号的基础上，注出表面粗糙度数值及其有关的规定项目后就形成了表面粗糙度代号。表面粗糙度代号在加工图样中实际使用时，要根据零件的实际需要选择其中一项或几项进行标注，常见的标注及意义如表 7.16 所示。

**表 7.16　表面粗糙度的标注及意义**

| 代　　号 | 意　　义 | 代　　号 | 意　　义 |
|---|---|---|---|
| √Ra 3.2 | 用任何方法获得的表面 *Ra* 的最大允许值为 3.2 μm | ▽Ra 3.2 Ry 12.5 | 用去除材料的方法获得表面 *Ra* 的最大允许值为 3.2 μm，*Ry* 的最大允许值为 12.5 μm |
| ▽Ra 3.2 | 用去除材料的方法获得表面 *Ra* 的最大允许值为 3.2 μm | ▽Ra 3.2 Ry 1.6 | 用去除材料的方法获得表面 *Ra* 的最大允许值为 3.2 μm，*Ry* 的最小允许值为 1.6 μm |
| ○√Ra 3.2 | 用不去除材料的方法获得表面 *Ra* 的最大允许值为 3.2 μm | ▽Rz 3.2 | 用去除材料的方法获得表面 *Rz* 的最大允许值为 3.2 μm |
| ▽Ry 3.2 | 用去除材料的方法获得表面 *Ry* 的最大允许值为 3.2 μm | 铣 5▽⊥ Ra 12.5 | 用铣削加工（去除材料）的方法获得表面 *Ra* 的最大允许值为 12.5 μm，加工纹理方向垂直于标准代号，视图的投影面，加工余量为 5 mm |

**3. 表面粗糙度的选用**

表面粗糙度参数值的选择既要满足零件表面的功能要求，也要考虑零件制造的经济性。一般选择原则如下。

（1）在满足零件表面功能要求的情况下，尽量选用较大的表面粗糙度数值。

（2）同一零件上，工作面表面粗糙度参数值小于非工作面表面粗糙度数值。

（3）摩擦表面比非摩擦表面和滑动表面粗糙度的参数值要小；滚动摩擦表面比滑动摩擦表面粗糙度的参数值要小；运动速度高、单位压力大的摩擦表面应比运动速度低、单位压力小的摩擦表面的粗糙度参数值要小。

（4）受循环载荷的表面和容易引起应力集中的部分（如尖角、沟槽等）应取较小的表面粗糙度参数值。

（5）配合性质要求高的结合表面、配合间隙小的配合表面，以及要求连接可靠、受重载荷的过盈配合表面等，都应取较小的表面粗糙度数值。

（6）对有防腐或密封要求的零件的表面粗糙度数值要小。

通常，当尺寸公差和表面形状公差小时，表面粗糙度数值也小。但表面粗糙度数值与尺寸公差、表面形状公差之间并不存在固定的关系，如手柄、手轮等的尺寸公差较大，而表面粗糙度数值却小。

## 三、测量器具与测量方法

### 1. 测量器具的分类

测量器具包括量具与量仪两大类。

（1）量具　使用时，以固定形式复现一给定量的一个或多个已知值的一种测量器具。

（2）量仪　将被测的或有关的量转换成指示值或等效信息的一种测量器具。

量具的类型很多，有基准量具（量块、角度量块及基准米尺）、极限量规（塞规、环规及塞尺）、通用量具（如游标卡尺、高度游标卡尺、深度游标卡尺、外径千分尺及内径千分尺）等。

量仪的类型也很多，有基准量仪（激光比较仪）、通用量仪（杠杆齿轮比较仪、扭簧比较仪、光学比较仪、电感式量仪、电容式量仪、浮标式气动量仪及水柱式气动量仪等）。

### 2. 测量方法的分类

按不同的方式，测量方法有多种分类。按是否直接测量被测参数，可分为直接测量与间接测量；按量具与量仪的读数值是否直接表示被测尺寸的数值，可分为绝对测量与相对测量；按被测表面与量具、量仪的测量头是否接触，分为接触测量与非接触测量；按一次测量参数的多少，分为单项测量和综合测量。

### 3. 游标类量具的使用方法

游标类量具是利用游标读数原理制成的一种常用量具，具有结构简单、使用方便及测量范围大等特点。游标类量具有游标卡尺、深度游标卡尺、高度游标卡尺及齿厚游标卡尺等，其读数原理相同，所不同的主要是测量面的位置不同，如图7.14所示。

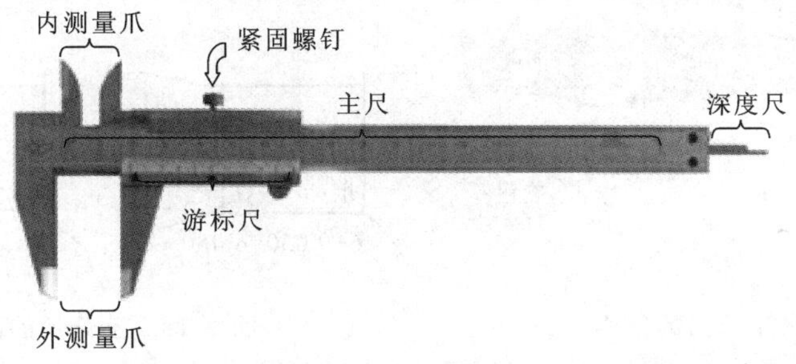


**图7.14　游标类量具**

游标类量具的读数值就是测量时的读数精度，常用的有0.1 mm、0.05 mm及0.02 mm三种。这三种游标类量具的尺身刻度是相同的，即每格1 mm，所不同的是游标格数与尺身相对的格数。现以0.1 mm游标类量具为例说明它们的原理。

尺身每小格为1 mm，当两测量爪合并时，尺身上9 mm正好等于游标上10格（见图7.15），故有游标每格＝9 mm÷10＝0.9 mm；尺身与游标每格相差＝(1－0.9) mm＝0.1 mm。这就是读数值的来源。

在游标尺上读数时，一般分为三个步骤。

第一步，在尺身上读出毫米数，即在尺身上与游标零线对齐刻度或零线偏左的刻线。

第二步，在游标上找出一条线与尺身上刻线对齐的刻线。以该刻线为终线从游标零线开始数格，共有多少格，将该格数乘以本尺的读数精度，即是游标的读数值。

第三步，把尺上读数值(mm)和游标上的读数值相加即为所需的读数。

如图7.16所示为0.1 mm游标类量具的读尺寸方法示例。

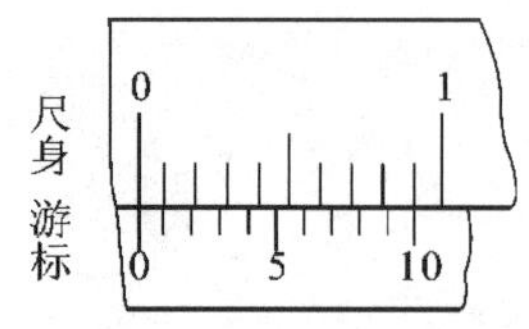


图 7.15　0.1 mm 游标类量具的刻线

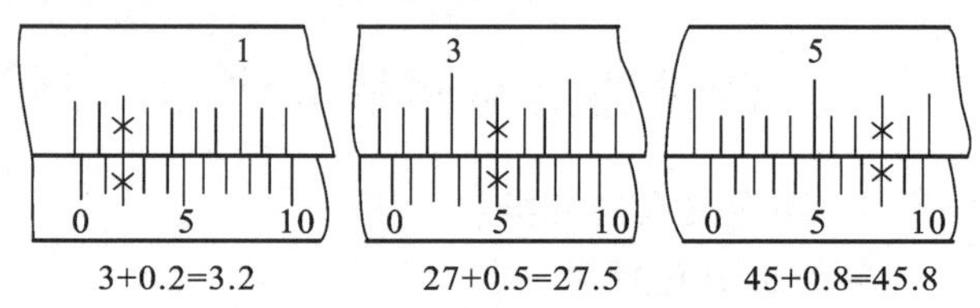


图 7.16　0.1 mm 游标类量具的读尺寸方法

**4. 螺旋测微类量具的使用方法**

螺纹测微类量具是利用螺旋运动原理进行测量和读数的一种测微量具。按用途分为外径千分尺、内径千分尺、深度千分尺、螺纹千分尺及公法线千分尺等。普通千分尺的测量精度(分度值)为 0.01 mm,因此常用来测量加工精度要求较高的零件。

现以外径千分尺为例说明其测量方法,其结构如图 7.17 所示。千分尺测微螺杆右端螺纹的螺距为 0.5 mm,当微分筒转一周时,测微螺杆就推进 0.5 mm。固定套筒上的刻度间隔也是 0.5 mm,微分筒圆周上共刻 50 格,因此,当微分筒转一格时,测微螺杆就推进 0.01 mm,即这种千分尺的分度值为 0.01 mm。

在千分尺上读尺寸,可分为三步。

第一步,读出微分筒边缘在固定套管多少毫米数值后面。

第二步,微分筒上哪一格与固定套筒上基准线对齐,将该格数乘以本尺的读数精度。

第三步,把以上两个读数相加。图 7.18 所示为千分尺的读尺寸方法。

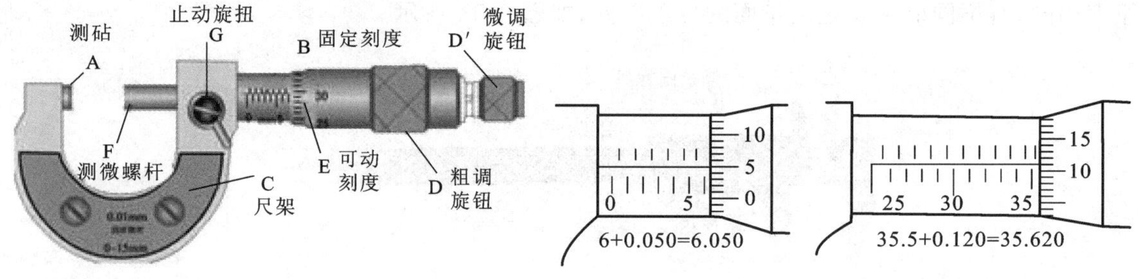


图 7.17　外径千分尺的结构

图 7.18　千分尺的读尺寸方法

**5. 指示类量具的使用方法**

指示类量具是利用机械结构将直线位移经传动、放大后,通过读数装置表示出来的一种测量器具,主要有百分表、内径百分表、杠杆百分表、扭簧比较仪和杠杆齿轮比较仪等。

(1) 百分表　百分表的结构如图 7.19 所示,百分表的分度值为 0.01 mm,表盘圆周刻有 100 条等分刻线。因此,百分表的齿轮传动系统应使测量杆移动 1 mm,指针回转一圈。百分表的示值范围有:0～3 mm、0～5 mm、0～10 mm 三种。

百分表的使用方法如下。

① 百分表在使用时,可装在专用的磁性表架上(见图 7.20),表架放在平板上,或放在某一平整位置上。百分表在表架上的上下、前后位置可以任意调节。

② 调整表架,使量杆垂直被测量面,并使量杆略有压缩(即大指针有转动)。

③ 转动表圈"对零"。

④ 使量表与被测表面缓慢地产生相对运动。

⑤ 读出相对运动的前后指针的变化值即为相对长度变化值。

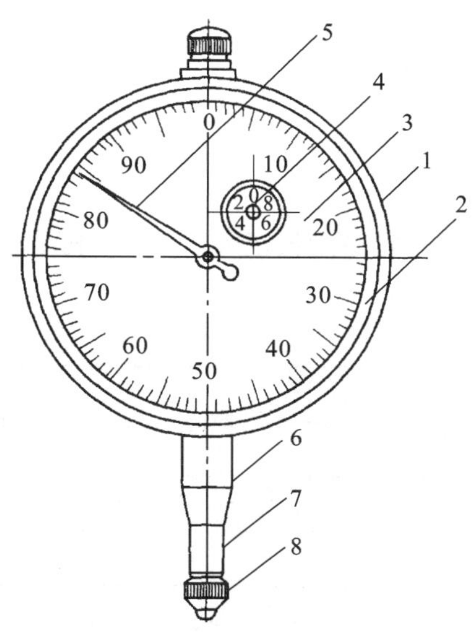


图 7.19 百分表的结构

1—表体；2—表圈；3—表盘；4—小指针；
5—主指针；6—装夹套；7—测杆；8—测头

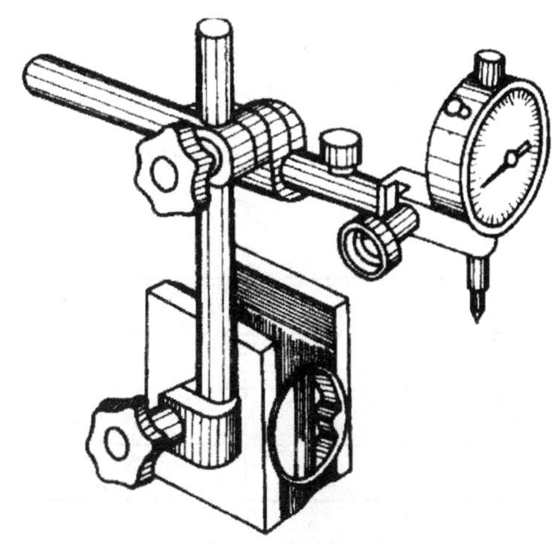

图 7.20 百分表的安装

百分表是比游标卡尺更为精密的量具，使用时更应小心。

(2) 内径百分表　内径百分表又称为量缸表，是用来测量孔径的，可测量 6～1 000 mm 的内径尺寸，特别是测量深孔，其结构如图 7.21 所示。

内径百分表活动测量头的位移量很小，它的测量范围是由更换或调整测量头的长度而达到的。内径百分表的使用方法如下。

第一步，确定要测量内孔的大小范围，正确选择合适的测量头。

第二步，将对零的外径千分尺调整到所需测量尺寸的名义值。

第三步，用内径百分表对外径千分尺进行测量，使百分表量杆略有压缩(即大指针有转动)。

第四步，转动表圈“对零”。

第五步，对所需测量内孔进行测量，测量时应放正。

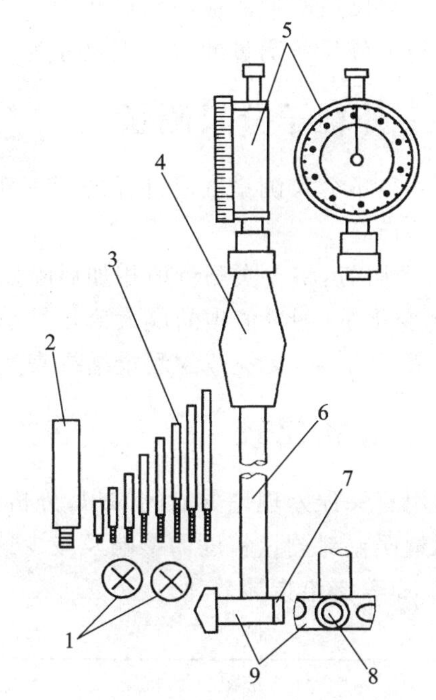


图 7.21 内径百分表的结构

1—固定螺母；2—长接杆；3—接杆；4—绝热套；
5—百分表表头；6—表杆；7—表杆座；8—活动测杆；9—支承架

## 【任务实施】

根据辽阳汽车零部件制造有限公司要求，指导学员正确使用测量仪器。游标卡尺等要求能熟练使用。测量报告单是描述被测件的技术要求、测量条件、测量方法、测量过程及测量结果的原始记录，因此填写时应注意以下几点：

① 字迹端正、清晰，测量简图清楚，被测量尺寸明确，技术要求准确；
② 每一个项目都应填写明确，不得空缺；
③ 不得用铅笔填写。

## 一、游标卡尺测量

用游标卡尺测量轴套外径的同一部位5次(等精度测量)，将测量值记入表7.17中，并完成后面的计算。

**表7.17 汽车零件测量数据**

| 测量器具 | 测量值/mm | | | | | 平均值/mm | 变化量/mm |
|---|---|---|---|---|---|---|---|
| | 1 | 2 | 3 | 4 | 5 | | |
| 游标卡尺 | | | | | | | |
| 外径千分尺 | | | | | | | |

① 平均值:将5次测量值相加后除以5，作为该测量点的实际值。
② 变化量:测量值中的最大值与最小值之差。
③ 测量结果:按规范的测量结果表达式写出测量结果。
游标卡尺所测量的被测点尺寸为________________。
外径千分尺所测量的被测点尺寸为________________。

## 二、外径千分尺测量

用外径千分尺测量轴套外径的同一部位5次(等精度测量)，将测量值记入表7.17中，并完成后面的计算。
① 平均值:将5次测量值相加后除以5，作为该测量点的实际值。
② 变化量:测量值中的最大值与最小值之差。
③ 测量结果:按规范的测量结果表达式写出测量结果。

## 三、分析比较

运用有关误差理论方面的知识，分析比较两种不同的测量器具对同一尺寸测量后的结果，论述测量误差对测量精度的影响及减少这一影响可以采取的措施。最后将测量报告单表7.18和表7.19等交给指导教师。

**表7.18 测量报告单1**

<table>
<tr><td colspan="3">被测件名称</td><td>铜　套</td></tr>
<tr><td colspan="3">送检单位</td><td>技术学院</td></tr>
<tr><td colspan="4">测量结果/mm</td></tr>
<tr><td>被测值</td><td colspan="2">精度要求</td><td>测量的实际偏差值</td></tr>
<tr><td rowspan="4">ϕ60n7</td><td rowspan="4">上极限偏差:</td><td rowspan="4">下极限偏差:</td><td></td></tr>
<tr><td></td></tr>
<tr><td></td></tr>
<tr><td></td></tr>
</table>

续表

<table>
<tr><td colspan="3">被测件名称</td><td colspan="2">铜　　套</td></tr>
<tr><td>ϕ45D8</td><td>上极限偏差：</td><td>下极限偏差：</td><td colspan="2"></td></tr>
<tr><td>24js10</td><td>上极限偏差：</td><td>下极限偏差：</td><td colspan="2"></td></tr>
<tr><td>测量器具</td><td colspan="2"></td><td>结论</td><td></td></tr>
<tr><td>测量日期</td><td colspan="2">201　年　　月　　日</td><td>测量者</td><td></td></tr>
</table>

**表 7.19　测量报告单 2**

<table>
<tr><td colspan="3">被测件名称</td><td>铜　　套</td></tr>
<tr><td colspan="3">送检单位</td><td>技术学院</td></tr>
<tr><td colspan="4">测量结果/mm</td></tr>
<tr><td>被测值</td><td colspan="2">精度要求</td><td>测量的实际偏差值</td></tr>
<tr><td>ϕ38h7</td><td>上极限偏差：</td><td>下极限偏差：</td><td></td></tr>
<tr><td>ϕ30H8</td><td>上极限偏差：</td><td>下极限偏差：</td><td></td></tr>
<tr><td>56JS10</td><td>上极限偏差：</td><td>下极限偏差：</td><td></td></tr>
<tr><td>测量器具</td><td colspan="2"></td><td>结论</td></tr>
<tr><td>测量日期</td><td colspan="2">201　年　　月　　日</td><td>测量者</td></tr>
</table>

## 【知识拓展】

### 一般公差

低精度（≥IT12）范围的公差称为一般公差。一般公差是在车间一般条件下即可保证的公差，因此不必标注出极限偏差，只标注公称尺寸，又称为自由尺寸。在图样上不标注公差，目的是为了突出标注公差的重要尺寸，使图样清晰易懂，还可降低检验成本。为了应用方便，国家标准《一般公差　未注公差的线性和角度尺寸的公差》（GB/T 1804—2000）对线性尺寸和角度尺寸的一般公差规定了四个等级，即精密级 f、中等级 m、粗糙级 c 和最粗级 v，如表 7.20 和表 7.21 所示。

采用一般公差时,应在技术要求中用国标号和公差等级代号注明。例如,选用中等级 m 时,表示为 GB/T 1804—m。

**表 7.20 一般公差的线性尺寸的极限偏差数值**

单位:mm

| 公差等级 | 尺寸分段 | | | | | | | |
|---|---|---|---|---|---|---|---|---|
| | 0.5～3 | >3～6 | >6～30 | >30～120 | >120～400 | >400～1 000 | >1 000～2 000 | >2 000～4 000 |
| f(精密级) | ±0.05 | ±0.05 | ±0.1 | ±0.15 | ±0.2 | ±0.3 | ±0.5 | — |
| m(中等级) | ±0.1 | ±0.1 | ±0.2 | ±0.3 | ±0.5 | ±0.8 | ±1.2 | ±2 |
| c(粗糙级) | ±0.2 | ±0.3 | ±0.5 | ±0.8 | ±1.2 | ±2 | ±3 | ±4 |
| v(最粗级) | — | ±0.5 | ±1 | ±1.5 | ±2.5 | ±4 | ±6 | ±8 |

**表 7.21 一般公差的角度尺寸的极限偏差数值**

单位:mm

| 公差等级 | 尺寸分段 | | | | |
|---|---|---|---|---|---|
| | ～10 | >10～50 | >50～120 | >120～400 | >400 |
| f(精密级)、m(中等级) | ±1° | ±30′ | ±20′ | ±10′ | ±5′ |
| c(粗糙级) | ±1°30′ | ±1° | 30′ | ±15′ | ±10′ |
| v(最粗级) | ±3° | ±2° | ±1° | ±30′ | ±20′ |

## 【复习与思考】

1. 什么是几何公差?几何公差有哪些项目?它们分别用什么符号表示?
2. 什么是表面粗糙度?它有哪些符号?分别代表什么意义?
3. 解释图 7.22 所示齿坯中所标注的几何公差的含义。
4. 解释图 7.23 所示小轴中所标注的表面粗糙度的含义。

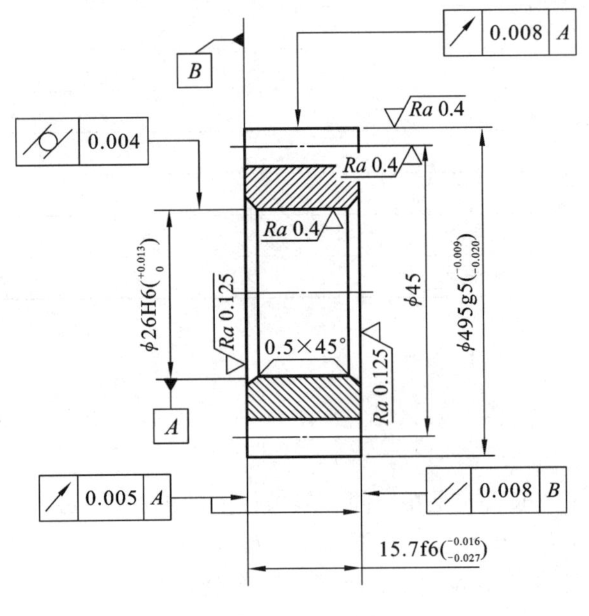


图 7.22 齿坯

其余 Ra 12.5

Ramax 6.3

Ra 3.2

Ramax 3.2

Ramax 1.6

图 7.23 小轴

# 项目 8
## 汽车液压与气压传动

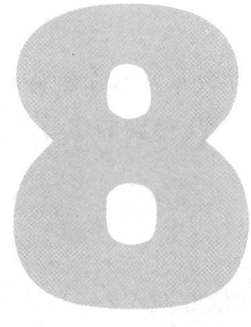

### 知识目标

（1）掌握液压传动系统的组成及工作原理。

（2）掌握液压元件的结构组成。

（3）掌握主要液压元件的工作原理及图形符号。

（4）了解常用液压基本回路的组成及工作原理。

（5）了解液压传动在汽车中的应用。

### 能力目标

（1）具有合理选择及正确使用液压元件的能力。

（2）具有识读液压基本回路和系统的能力。

（3）具有液压系统简单维护的能力。

# 任务1　汽车液压千斤顶的认知

## 【任务导入】

液压传动的发展已历经了200多年,目前,液压系统广泛地应用在汽车及汽车维修设备上。本任务通过对车辆修理用支撑工具——液压千斤顶的认识,使学生对液压传动的学习产生浓厚的兴趣,加深对液压传动原理的理解。

## 【任务分析】

液压千斤顶主要用于厂矿、交通运输等部门作为车辆修理及其他起重、支撑等工作。其结构轻巧坚固、灵活可靠,可方便携带和操作。为避免使用中发生事故,要正确操作液压千斤顶,这就需要了解它的结构组成和工作过程,掌握液压传动的基础知识,做到安全生产。

## 【相关知识】

### 一、液压传动系统的组成及图形符号

#### 1. 液压传动系统的组成

液压传动就是利用液体的压力能来传递能量。一般的液压传动系统,除液压油液外,大致可分为四个部分,各部分的名称、组成、作用如表8.1所示。

表8.1　液压传动系统的组成及各部分作用

| 序号 | 组　　成 | | 作　　用 |
|---|---|---|---|
| 1 | 动力元件 | 一般是液压泵 | 将机械能转换成流体的压力能,是能量转换装置 |
| 2 | 执行元件 | 一般是液压缸 | 将流体的压力能转换成机械能,是能量转换装置 |
| 3 | 控制元件 | 各类控制阀 | 控制和调节液体压力、流量、流动方向 |
| 4 | 辅助元件 | 除以上三种以外的其他装置 | 提供必要的条件,保证系统正常工作和便于监测 |

#### 2. 液压传动系统的图形符号

液压传动系统的职能符号图简单明了,便于绘制,因此,在工程实际中,一般都采用液压元件的图形符号来绘制液压系统原理图。如图8.1所示为汽车举升机液压传动系统原理图,它是按国家标准(GB/T 786.1—2009)规定的液压图形符号绘制的。液压图形符号只表示元件功能及连接系统的通路,不表示元件结构、参数和元件在机器中的实际安装位置,符号均以元件的静止位置或中间零位置表示,常用液压与气动元件图形符号见本书附录D。

### 二、液压传动的特点

与机械传动、电气传动相比较,液压传动有以下主要特点。

**1. 液压传动的优点**

(1) 在相同功率情况下，液压执行元件结构紧凑、体积较小、质量较小。

(2) 执行元件运动平稳，换向时冲击较小，可实现快速启动、制动和频繁换向。

(3) 液压系统易于实现过载保护。

(4) 采用油液为工作介质，相对运动表面可自行润滑，使用寿命长。

(5) 液压系统操作控制方便，易于采用电气、液压联合控制，以实现自动化。

(6) 液压传动调速范围大，可方便地实现无级调速，还可在运行的过程中进行调速。

(7) 可根据需要方便、灵活地来布置液压传动机构。

(8) 液压元件已实现了标准化、系列化和通用化，便于设计、制造和推广使用。

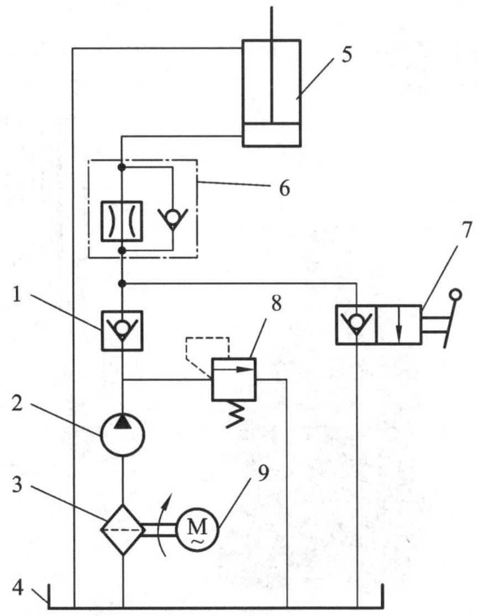


**图 8.1 汽车举升机液压传动系统原理图**

1—单向阀；2—液压泵；3—过滤器；4—油箱；5—单活塞液压缸；6—单向节流阀；7—换向阀；8—溢流阀；9—电动机

**2. 液压传动的缺点**

(1) 由于泄漏等因素，不能保证严格的传动比，影响运动的平稳性和准确性。

(2) 液压系统工作时，液体流动的阻力损失和泄漏均较大，因此传动效率低，不适合作为远距离传动。

(3) 液压系统的工作易受温度影响，故不宜在温度变化很大的环境条件下工作。

(4) 为减小泄漏损失，液压元件的制造精度要求较高，加工工艺较复杂，因此制造成本较高。

(5) 液压元件和工作介质在封闭的油路内工作，故液压系统发生故障时不易查找原因。

(6) 油液的污染对液压元件影响较大，污染的液压油能造成液压元件的磨损和堵塞，致使性能变坏，缩短使用寿命，甚至损坏。

## 【任务实施】

**1. 认识液压千斤顶的结构**

如图 8.2、图 8.3 所示为汽车维修用液压千斤顶的外形图及工作原理图。液压千斤顶的外形、结构因厂家生产稍有差异，但其工作原理都相同。

如图 8.3 所示，液压千斤顶主要由手动活塞液压泵、液压缸两大部分组成。其中，杠杆手柄 6、小缸体 5、小活塞 4、单向阀 2 和 7 组成动力部分，称为手动液压泵。它不断地将油液从油箱 1 中吸出，并将油液压入大油腔 10，向系统中提供一定量的压力油液。大活塞 11 和大缸体 12组成执行部分，称为举升液压缸，用于带动负载，使之获得所需的运动及输出动力。放油阀 8为方向控制阀，它控制执行元件是否向下运动。

**2. 观察液压千斤顶的工作过程**

工作时关闭放油阀 8，提起杠杆手柄 6 时，小活塞 4 被带动向上升起，如图 8.3(b)所示，小油腔 3 容积增大，形成局部真空，此时单向阀 7 受大油腔 10 中油液的作用而关闭，油箱 1 中的油

图 8.2　液压千斤顶外形图

图 8.3　液压千斤顶工作原理图

1—油箱；2、7—单向阀；3—小油腔；4—小活塞；5—小缸体；
6—杠杆手柄；8—放油阀；9—油管；10—大油腔；11—大活塞；12—大缸体

液在大气压力作用下，将单向阀 2 打开，通过吸油管将油从油箱 1 吸入小油腔 3，完成一次吸油过程；用力压下杠杆手柄 6，小活塞 4 下移，如图 8.3(c)所示，小油腔 3 密封容积减小，油腔内压力升高，此时在油压作用下，单向阀 2 关闭，单向阀 7 打开，小油腔 3 中的油液经油管 9 输入大油腔 10，致使它的容积变大，推动大活塞 11 向上移动，顶起重物 $G$。再次提起杠杆手柄 6 吸油时，单向阀 7 自动关闭，使油液不能倒流，从而保证了重物 $G$ 不会自行下落。如此反复地提压杠杆手柄 6，不断地把油液压入大油腔 10，就能使重物逐渐地升起。

如果将放油阀 8 旋转 90°，在重物 $G$ 的自重作用下，大油腔 10 中的油液经过油管、放油阀 8 流回油箱，大活塞 11 下降恢复到原位。这就是液压千斤顶的工作过程。

**3. 描述液压传动的工作原理**

液压千斤顶是汽车修理时使用的一个简单的液压传动装置，通过分析它的工作过程，可以总结出液压传动的工作原理为：以油液作为工作介质，利用密封容积的变化来传递运动，利用油液内部的压力来传递动力。液压传动装置实际上就是一种能量转换装置，动力元件将机械能转换为便于输送的压力能，然后执行元件又将压力能转换为机械能，达到驱动工作机构完成所要求的各种动作。

## 【知识拓展】

## 液压油的选择

**1. 液压油的物理性质**

1) 可压缩性

液体受压力作用而发生体积减小的特性称为液体的可压缩性。在常温下，一般认为，液压油是不可压缩的，可以不计，但当液压油中混入空气时，其可压缩将显著增加，造成液压系统噪声的增大，将对液压系统产生不良的影响。

2）黏性

液体在外力作用下流动时，液体分子间的内聚力要阻止分子之间的相对运动，从而产生一种内摩擦力，这种特性称为液体的黏性。

3）黏度

液体黏性的大小称为液体的黏度。黏度是影响流动液体的重要物理性质，是衡量流体黏性的主要指标，常用的黏度有动力黏度、运动黏度、相对黏度三种。

**2. 对液压油的基本要求**

（1）合适的黏度和良好的黏温特性。

（2）良好的润滑性能，较强的抗锈性，较小的腐蚀性。

（3）纯净度好，杂质少。

（4）对金属及密封件有良好的相容性。

（5）氧化稳定性良好，不变质，使用寿命长。

（6）抗泡沫性、抗乳化性良好。

（7）体积膨胀系数小，闪点和燃点高，流动点和凝固点低。

（8）对人体无害，对环境污染小，成本低，价格便宜。

**3. 液压油的选择**

正确合理地选择液压油，是保证液压传动系统正常工作的前提。

一般情况下，油液的黏度随着温度的升高而降低，这样会造成液压系统的泄露，执行元件的工作性能也变差，因此，选择液压油时，一般先确定适用的黏度范围，再选择合适的液压油品种。选择汽车用液压油时应考虑以下几个方面。

（1）工作压力　工作压力较高的液压系统，应选择黏度较大的液压油；反之，应选择黏度较小的液压油。

（2）运动速度　运动部件速度较高时，应选择黏度较小的液压油；反之，应选择黏度较大的液压油。

（3）环境温度　环境温度较高时，应选择黏度较大的液压油；反之，应选择黏度较小的液压油。

总之，选择汽车液压系统用液压油的黏度，应根据车辆使用地区和季节气温来决定，这样才能保证汽车液压系统高效率正常运转。

## 【复习与思考】

1. 液压传动系统若能正常工作，必须由哪几部分组成？各组成部分的作用是什么？
2. 液压传动的特点有哪些？
3. 结合实例说明液压传动的工作原理，并指出液压传动装置通常是由哪几个部分组成的。

# 任务2　汽车常用液压泵

## 【任务导入】

雄鹰汽车维修公司承接维修捷达王轿车的任务。车主自述，轿车机油压力低，而且工作噪声大,现在要查找故障原因,以确定维修方法或更换新液压元件。根据故障现象,初步判定是机油泵发生了故障。

## 【任务分析】

汽车发动机上采用的液压泵大多为齿轮泵、转子泵;底盘上大多采用内啮合齿轮泵、叶片泵、柱塞泵及摆线转子泵。若要正确分析出液压泵的故障原因,就要了解各类液压泵的用途、结构及工作原理,这样才能尽快查找出故障原因及部位,进行故障的排除。

## 【相关知识】

### 一、液压泵的用途及分类

**1. 液压泵的用途**

液压泵是液压系统的动力元件,其作用是将原动机输入的机械能转换为压力能,向系统提供一定压力和流量的工作液体。

**2. 液压泵的分类**

按结构形式不同,可分为齿轮泵、叶片泵、柱塞泵、螺杆泵等。

按输油方向能否改变,可分为单向泵、双向泵。

按排量能否改变,可分为定量泵、变量泵。

按使用压力不同,可分为低压泵、中压泵、中高压泵、高压泵、超高压泵。

### 二、液压泵的工作原理

如图8.4所示为单柱塞液压泵的工作原理示意图。柱塞5安装在缸体4中形成密封容积,弹簧3的弹力将柱塞5始终压在偏心轮6上,原动机驱动偏心轮6旋转时,柱塞5就在缸体4中做往复运动。当柱塞向右运动时,密封容积增大,形成局部真空,油箱中的油液在大气压的作用下,经吸油管顶开单向阀2流入油腔内,实现吸油,单向阀1关闭,防止系统油液回流;当柱塞向左运动时,密封容积减小,单向阀2关闭,防止油液流回油箱,这样,受到挤压的油液就将顶开单向阀1流入系统,从而实现压油。偏心轮6不停地旋转,泵就不停地吸油和压油。由此可见,液压泵是靠密封工作腔容积的周期性变化完成吸油和压油的。利用这种原理工作的泵称为容积式泵。液压泵正常工作必备的条件如下。

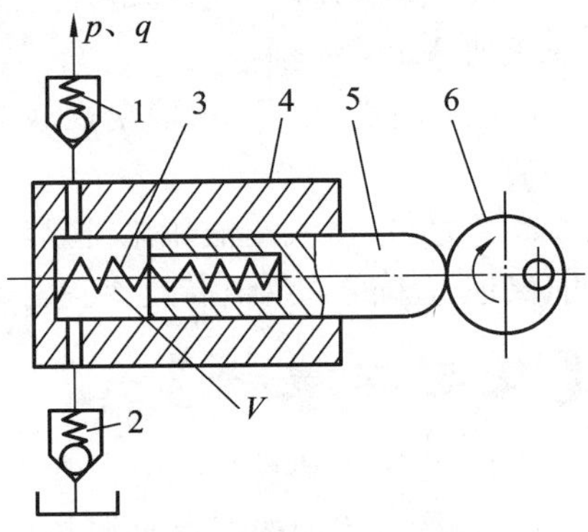


**图8.4 单柱塞液压泵工作原理图**

1、2—单向阀;3—弹簧;4—缸体;5—柱塞;6—偏心轮

(1) 有周期性的密封容积变化　密封容积由小变大时吸油,由大变小时压油。

(2) 有配流装置　它的作用是保证密封容积在吸油的过程中关闭供油通路而与油箱相通,压油时与油箱切断而与供油管路相通。图8.4所示的单向阀就是配流装置。

# 【任务实施】

## 一、认识汽车用齿轮泵

齿轮泵是液压系统中广泛采用的液压泵，分外啮合式和内啮合式两种形式。汽车发动机上多采用齿轮机油泵。

### 1. 认识齿轮泵的结构

如图 8.5、图 8.6 所示为汽车用外啮合齿轮机油泵和内啮合齿轮机油泵结构图。

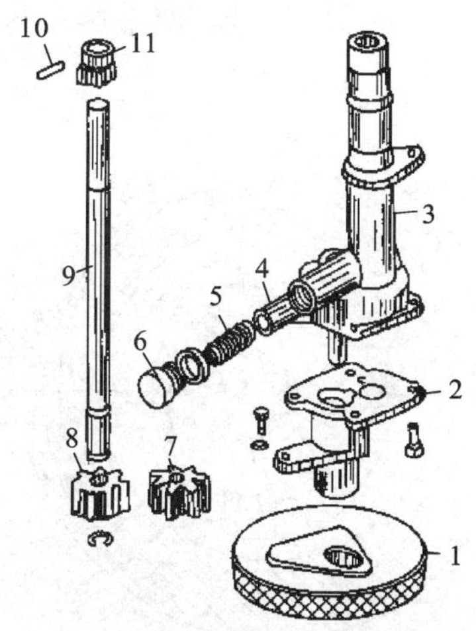


**图 8.5 汽车用外啮合齿轮机油泵**

1—机油集滤器；2—泵盖；3—泵体；
4—安全阀；5—弹簧；6—安全阀螺塞；
7—从动齿轮；8—主动齿轮；9—驱动齿轮轴；
10—销；11—驱动齿轮

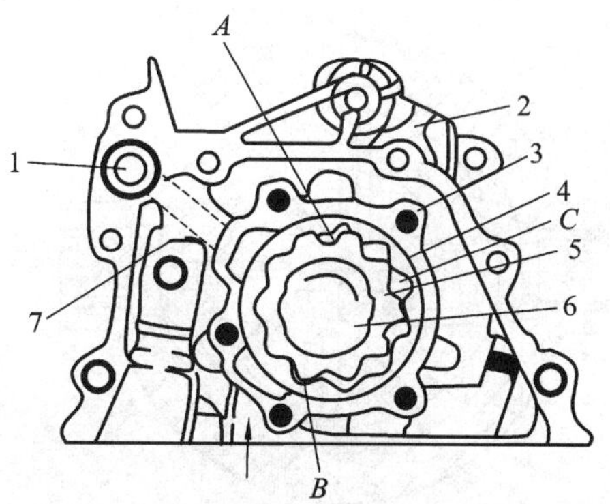


**图 8.6 汽车用内啮合齿轮机油泵**

1—出油口；2—发动机机体；3—机油泵体；
4—外转子；5—内转子；6—驱动轴；7—安全阀；
A—出油腔；B—进油腔；C—过渡油腔

### 2. 描述齿轮泵的工作原理

外啮合齿轮泵与内啮合齿轮泵的工作原理和主要特点基本相同。如图 8.7 所示为外啮合齿轮泵的工作原理图。当电动机驱动主动齿轮旋转时，两齿轮转动方向如图所示，这时吸油腔的齿轮逐渐分离，密封容积逐渐增大，出现了局部真空，油箱中的油在大气压力的作用下，经齿轮泵入口进入吸油腔。随着压油腔齿轮的逐渐啮合，密封容积逐渐减小，被旋转的齿轮带到压油腔的油液就被挤出，经出油口输送到压力管路中。在齿轮泵工作的过程中，相互啮合的轮齿和泵体将吸油区和压油区分隔开来，所以不需要单独的配流装置。由于齿轮泵的密封容积变化范围不能改变，故流量不可调节，是定量泵。

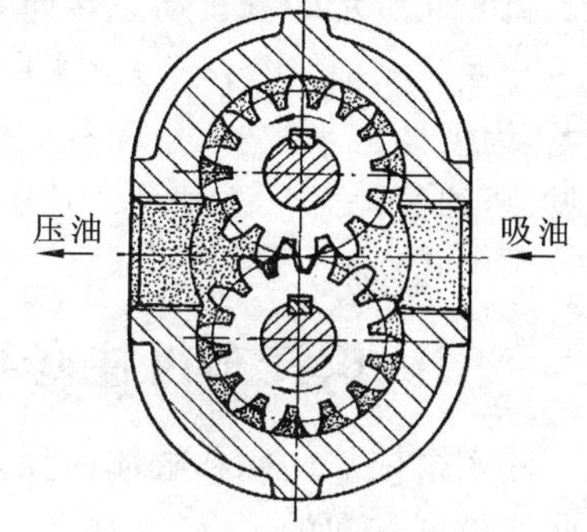


**图 8.7 外啮合齿轮泵的工作原理**

齿轮泵的主要优点为结构简单、制造方便、价格低廉、体积小、质量小、自吸性能好、对油污不敏感、工作可靠、便于维护；其缺点是流量脉动大、有困油现象、噪声大、排量不可调。

## 二、认识汽车用叶片泵

叶片泵按吸、压油次数分为单作用叶片泵和双作用叶片泵；按排量是否可变分为定量叶片泵和变量叶片泵。目前，汽车动力转向系统上大多采用双作用叶片泵，轮胎充气的空压机多用单作用叶片泵。

### 1. 认识叶片泵的结构

如图 8.8、图 8.9 所示为汽车用叶片泵的工作原理图。两种叶片泵都是由定子、转子、叶片及把它们夹在中间的配油盘等组成，叶片在转子的槽内可灵活滑动。单作用叶片泵的定子和转子偏心安装，偏心量 $e$ 通常做成可调节的，定子内表面为圆柱形，因此单作用叶片泵大多为变量泵。双作用叶片泵的定子和转子同心安装，定子内表面近似为椭圆的曲线，两个吸油区和两个压油区对称布置，双作用叶片泵大多是定量泵。图中虚线所示为配油盘窗口。

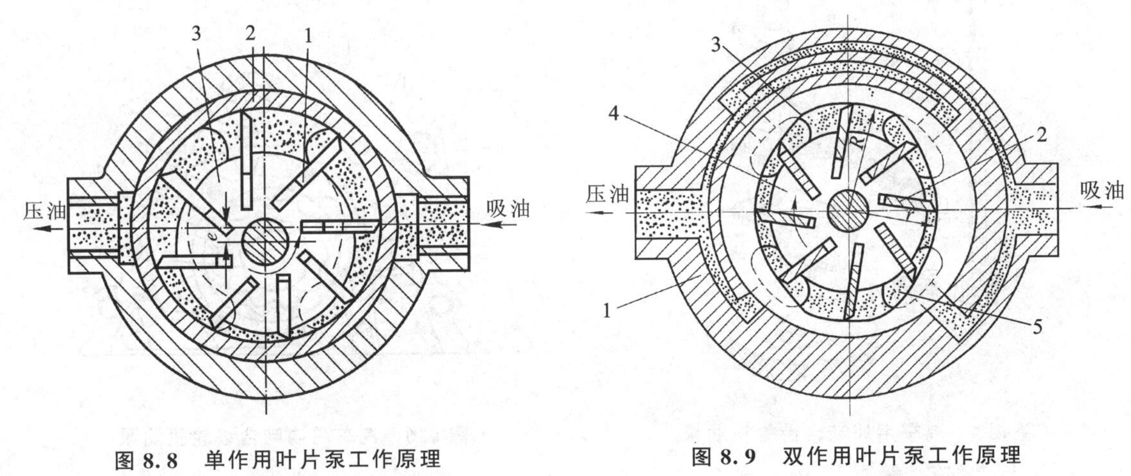


**图 8.8　单作用叶片泵工作原理**

1—叶片；2—定子；3—转子

**图 8.9　双作用叶片泵工作原理**

1—泵体；2—叶片；3—定子；4—转子；5—配油盘

### 2. 描述叶片泵的工作原理

如图 8.8 所示为汽车用单作用叶片泵工作原理图。在转子转动时的离心力以及叶片根部油压力作用下，叶片顶部贴紧在定子内表面上，于是两相邻叶片、配油盘、定子和转子便形成了一个密封的工作腔。泵在转子转一周的过程中，由于偏心距的存在，左右两侧的工作腔容积一侧增大，一侧减小，实现吸油、压油各一次，故称为单作用叶片泵。改变偏心距 $e$ 的大小或方向，可改变泵排量或输出方向，形成双向变量叶片泵。

图 8.9 所示为汽车动力转向系统用双作用叶片泵工作原理图。双作用叶片泵的原理和单作用叶片泵相似，当转子按如图所示方向旋转时，密封工作腔的容积在左上角和右下角处逐渐增大，为吸油区，在左下角和右上角处逐渐减小，为压油区；吸油区和压油区之间有一段封油区将吸、压油区隔开。这种泵的转子每转一周，每个密封工作腔完成吸、压油动作各两次，所以称为双作用叶片泵。

## 三、认识汽车用柱塞泵

柱塞泵依靠柱塞在缸体内往复运动，使密闭工作容积腔容积发生变化来实现吸油和压油。按柱塞排列方向的不同，柱塞泵可分为径向柱塞泵和轴向柱塞泵两种。

### 1. 认识柱塞泵的结构

如图 8.10 所示为汽车用径向柱塞泵工作原理图，径向柱塞泵主要由配油轴 1、配油铜套 2、柱塞3、定子4、转子5等组成。柱塞沿着径向均匀分布地安装在转子上，转子与定子偏心安装，在配油轴1上，相对于柱塞孔的位置上有相互隔开的上、下两个缺口，这两个缺口与泵的吸、压油口相通，形成吸、压油腔。

如图8.11所示为汽车起重机用轴向柱塞泵工作原理图。轴向柱塞泵主要由配油盘1、传动轴2、缸体4、柱塞6、斜盘10等组成。斜盘、配油盘均与泵体(图中未画出)相固定，柱塞装在缸体沿圆周均布的轴向孔内，配油盘上开有两个分别与泵吸、压油口相通的沟槽，形成吸、压油腔。

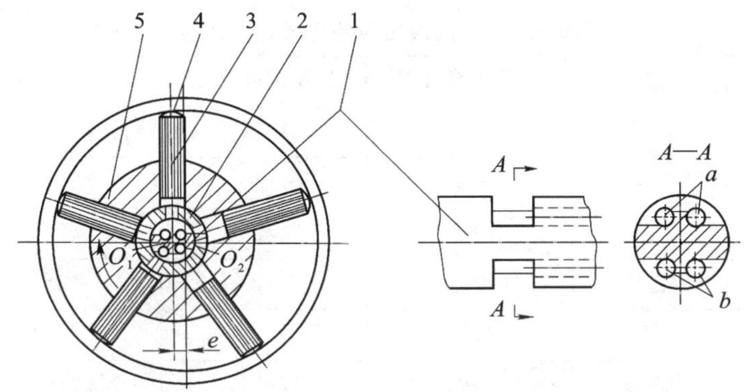


**图8.10　汽车用径向柱塞泵工作原理图**

1—配油轴；2—配油铜套；3—柱塞；4—定子；5—转子

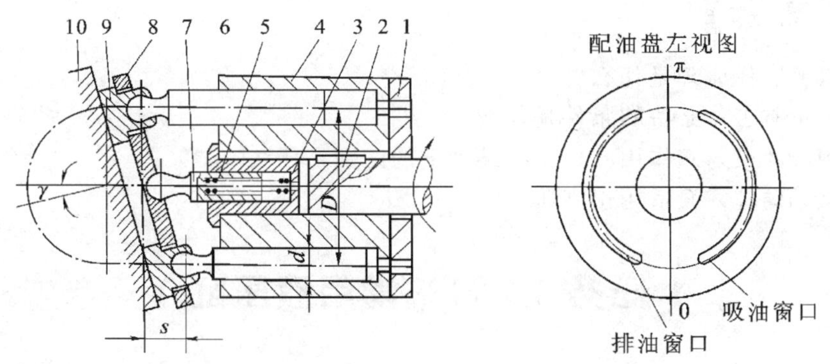


**图8.11　汽车起重机用轴向柱塞泵工作原理**

1—配油盘；2—传动轴；3—外套筒；4—缸体；5—弹簧；
6—柱塞；7—内套筒；8—压板；9—滑履；10—斜盘

### 2. 描述柱塞泵的工作原理

如图8.10所示为汽车用径向柱塞泵工作原理图，当电动机带动转子旋转时，每个柱塞分别在缸体内做径向往复滑动，由于离心力的作用，柱塞的头部与定子内表面始终紧密接触。柱塞在上半周时，从配油轴的吸油口吸油；柱塞在下半周时，向配油轴的压油口压油。转子每转一周，各柱塞各吸、压油一次。改变转子与定子的偏心距$e$时，可改变泵的输油量，因此，径向柱塞泵是一种变量泵。若改变偏心方向，就可改变吸、排油方向成为双向变量泵。

如图8.11所示为汽车起重机用轴向柱塞泵工作原理图。电动机通过传动轴带动缸体旋转，柱塞在弹簧或液压力的作用下头部紧贴在斜盘上，柱塞孔的另一端与配油盘贴紧。当缸体按如图方向旋转时，斜盘迫使柱塞在缸体轴向孔中做往复运动，形成密封容积的变化。改变斜盘的倾角，可改变柱塞的行程，即可改变泵的输油量，因此，轴向柱塞泵为变量泵。若改变倾斜方向，能使吸、压油方向改变，使其成为双向变量泵。

## 【知识拓展】

### 液压泵的选用

各类液压泵有各自突出的特点,其结构、功用及运转方式也各有不同,因此应根据不同的使用场合选择合适的液压泵。液压泵的主要性能比较如表8.2所示。

表8.2 常用液压泵的主要性能比较

| 性能 | 齿轮泵 | 双作用叶片泵 | 单作用叶片泵 | 径向柱塞泵 | 轴向柱塞泵 |
|---|---|---|---|---|---|
| 输出压力 | 低压 | 中压 | 中压 | 高压 | 高压 |
| 流量调节 | 不能 | 不能 | 能 | 能 | 能 |
| 效率 | 低 | 较高 | 较高 | 高 | 高 |
| 输出流量脉动 | 很大 | 很小 | 一般 | 一般 | 一般 |
| 自吸特性 | 好 | 较差 | 较差 | 差 | 差 |
| 对油的污染敏感性 | 不敏感 | 较敏感 | 较敏感 | 很敏感 | 很敏感 |
| 噪声 | 大 | 小 | 较大 | 大 | 大 |

## 【复习与思考】

1. 液压泵的工作原理是什么?
2. 液压泵正常工作必备的条件是什么?
3. 单作用叶片泵与双作用叶片泵在结构上的区别是什么?
4. 为什么轴向柱塞泵适用于高压?

# 任务3 汽车常用液压缸

## 【任务导入】

顺风汽车运输服务公司咨询,有一辆自卸载重汽车在工作时出现爬行、推力不足、工作速度下降的故障现象,希望帮助分析故障的原因,找出解决问题的方法。经分析初步确定是液压缸发生了故障。

## 【任务分析】

如要解决上述问题,应从液压缸本身的组成结构、密封条件及装配工艺性进行分析,从而找出液压缸的故障原因,这就需要了解各类液压缸的类型、结构及工作原理。

## 【相关知识】

### 一、液压缸的类型及运动形式

液压缸是液压系统常用的一种执行元件,是将液压能转换为机械能的装置,用于实现机构的直线往复运动。

**1. 液压缸的类型**

液压缸的类型很多，可以满足不同的运动要求。

(1) 按结构形式可分为活塞式、柱塞式、摆动式、组合式等。

(2) 按作用方式可分为单作用式和双作用式。

**2. 液压缸的运动形式**

活塞缸和柱塞缸实现往复直线运动，输出速度和推力；摆动缸实现往复摆动，输出转速和转矩；组合缸实现往复直线运动、旋转运动及直线和旋转运动的复合运动。在单作用式液压缸中，压力油只能使缸单方向运动；在双作用式液压缸中，压力油能使缸实现正、反两个方向运动。

## 二、液压缸的密封

液压缸的密封装置用于防止油液的泄漏，汽车上常用的密封方法有间隙密封和用橡胶密封圈密封两种。

**1. 间隙密封**

如图 8.12 所示为间隙密封，它是依靠相对运动零件之间很小的配合间隙来保证密封的。一般情况下，活塞与缸体之间的配合间隙取 0.02～0.05 mm。

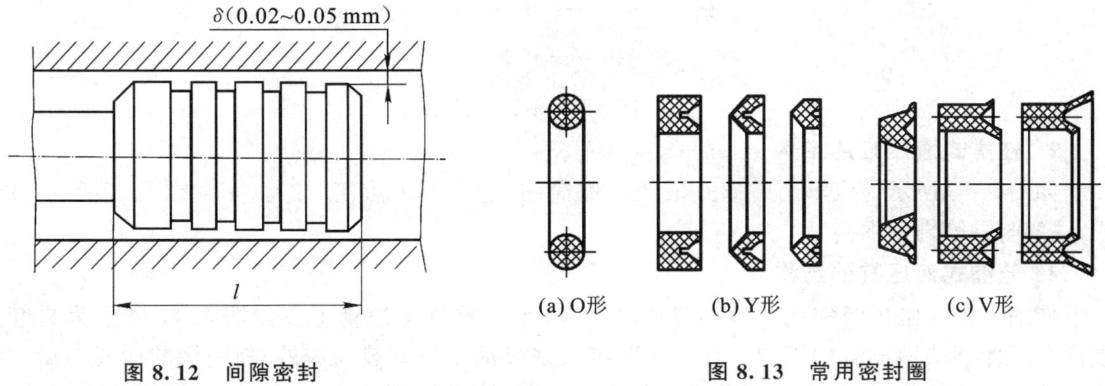


图 8.12 间隙密封

图 8.13 常用密封圈

**2. 密封圈密封**

橡胶密封圈密封是液压系统中应用最广泛的密封方法，如图 8.13 所示为几种常用密封圈。

# 【任务实施】

## 一、认识汽车常用液压缸

**1. 活塞式液压缸的结构**

活塞式液压缸在汽车上得到广泛应用。它可分为单杆活塞式和双杆活塞式两种，如图 8.14、图 8.15 所示。活塞式液压缸主要由缸体、活塞、活塞杆等组成。单杆活塞式液压缸活塞的一侧有伸出杆，两腔的有效工作面积不相等；双杆活塞式液压缸活塞的两侧都有伸出杆，两腔的有效工作面积相等。

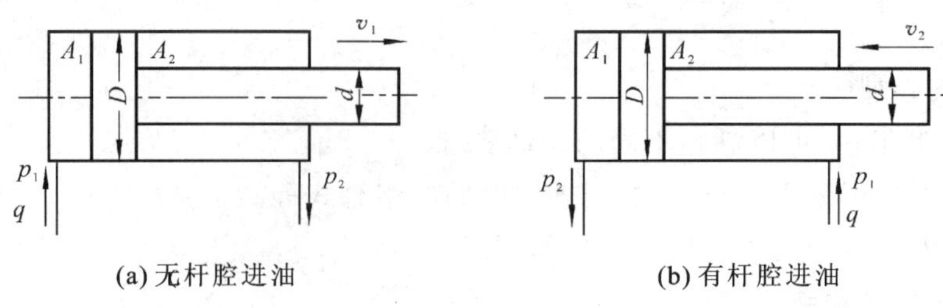


(a) 无杆腔进油　　(b) 有杆腔进油

**图 8.14　单杆活塞式液压缸**

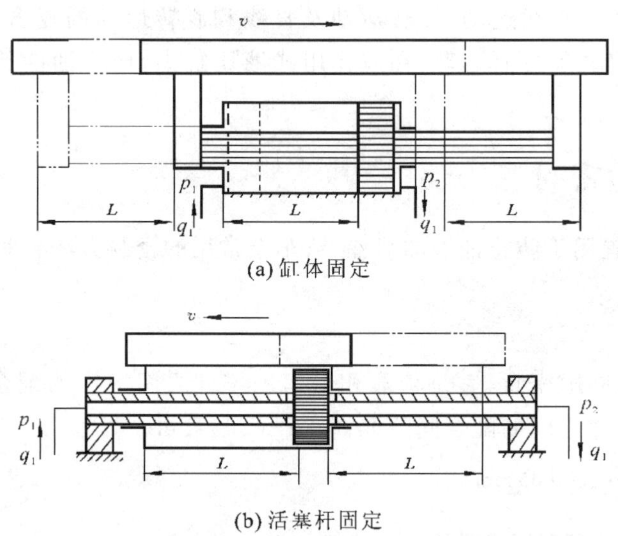


(a) 缸体固定

(b) 活塞杆固定

**图 8.15　双杆活塞式液压缸**

**2. 柱塞式液压缸的结构**

如图 8.16 所示为汽车用柱塞式液压缸的简图,它主要由缸筒、柱塞、密封圈、压盖等零件组成,柱塞与缸筒内壁不接触。

**3. 伸缩式液压缸的结构**

伸缩式液压缸广泛应用在自卸载重汽车、汽车起重机伸缩臂上。如图 8.17 所示为自卸载重汽车用伸缩式液压缸的简图。它是由两级或多级活塞缸套装而成的,前一级的活塞与后一级的缸筒连接成一体,它的活塞杆伸出时行程大,而收缩后结构尺寸小。

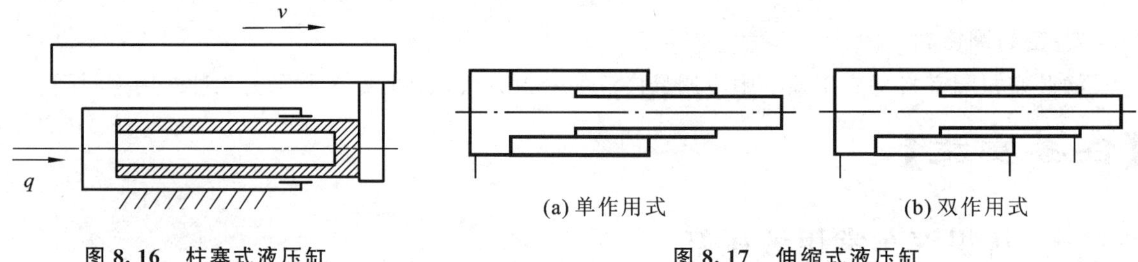


(a) 单作用式　　(b) 双作用式

**图 8.16　柱塞式液压缸**　　**图 8.17　伸缩式液压缸**

## 二、描述液压缸的工作原理

各种液压缸的结构虽有不同,但其工作原理基本是相同的,即压力油推动活塞运动。如图 8.14 所示单杆活塞式液压缸,当左、右两腔相继进入压力油时,由于活塞有效工作面积不相等,所以活塞两侧所受的推力不相等,从而活塞的往返速度不相等。当有杆腔进油时,因活塞的有效面积小，所以速度大，推力小；当无杆腔进油时，因活塞的有效面积大，所以速度小，推力大。单杆液压缸两腔互通并同时进入压力油时，活塞可作差动快速运动，这种油路接法称为差动连接。

如图 8.16 所示柱塞式液压缸，柱塞式液压缸是单作用的，在压力油的作用下只能产生单向运动，它的回程需要借助自重或弹簧等其他外力来完成，如果要获得双向运动，可将两柱塞液压缸成对使用。

如图 8.17 所示伸缩式液压缸，活塞的伸出顺序是先大后小，速度由慢到快，活塞缩回的顺序是先小后大，速度由快到慢。

## 【知识拓展】

### 液压缸常见故障及排除方法

液压缸常见故障及排除方法如表 8.3 所示。

表 8.3 液压缸常见故障及排除方法

| 故障现象 | 原因分析 | 排除方法 |
|---|---|---|
| 爬行 | 混入空气，运动密封件装配过紧，活塞与活塞杆不同轴，活塞杆弯曲，液压缸安装不良，液压缸运动件之间间隙过大，活塞杆两端螺母拧得过紧，缸筒内孔锈蚀、拉伤，缸筒内径圆柱度超差，导轨润滑不良 | 排除空气，调整密封圈，校直或更换活塞杆，重新安装液压缸，减小配合间隙；略松螺母，除去锈蚀、毛刺，修复或重配活塞，保持良好润滑 |
| 冲击 | 减缓间隙过大，缓冲装置中单向阀失灵 | 减小缓冲间隙，修理单向阀 |
| 推力不足或工作速度下降 | 缸体与活塞配合间隙过大或过小，密封件损坏，部件装配不良，活塞杆弯曲，液压油中杂质过多，油温过高，密封过紧，运动阻力大，内泄漏 | 修理或更换部件，改进密封结构，调整间隙，校直活塞杆，清洗液压系统，调整密封件的压紧程度 |
| 外泄漏 | 密封件咬边、拉伤或损坏，密封件方向装反，缸盖螺钉没拧紧，运动零件之间有纵向拉伤和沟痕 | 更换密封件，更改密封件方向，拧紧螺钉，修理或更换零件 |

## 【复习与思考】

1. 液压缸的运动形式有哪些？
2. 单杆活塞式、双杆活塞式液压缸分别是用在什么运动场合？
3. 何为差动连接？它适用于什么场合？
4. 液压缸的工作原理是什么？
5. 液压缸常见故障及排除方法有哪些？

# 任务 4 汽车液压控制阀

## 【任务导入】

一辆上海大众帕萨特 B5 轿车行驶了 80 000 km，一次外出返回后，发现液压系统工作时有较强又刺耳的怪声，用手摸油管，油流波动较大，振动和噪声也较大，同时系统有泄漏现象，现要对液压系统进行检测和维修。

## 【任务分析】

随着液压技术的不断发展,液压传动在汽车上得到了广泛的应用。由于液压元件受周围环境影响较大,因此液压系统容易发生故障。经检测发现帕萨特B5液压系统的液压动力元件和执行元件无故障,初步断定是控制元件发生了故障。汽车液压系统使用的液压控制元件较多,若要对控制元件进行检测,必须了解控制元件的种类、基本结构和工作原理,由此才能正确判断出发生故障的元件,从而进行维修或更换。

## 【相关知识】

**1. 液压控制阀的分类**

液压控制阀的功用是控制和调节液压系统中液体流动的方向、压力和流量,以满足执行元件的工作要求。它的类型很多,通常按照阀的功用可分为方向控制阀、压力控制阀和流量控制阀三大类。液压控制阀在汽车上已得到广泛的应用。

**2. 对液压控制阀的基本要求**

(1) 动作灵敏,使用可靠,工作时冲击和振动小。

(2) 油液流经阀时的阻力损失要小。

(3) 密封性能好,泄露量小。

(4) 结构简单紧凑,安装、调整、使用和维护方便,通用性强,使用寿命长。

## 【任务实施】

## 一、认识汽车用方向控制阀

方向控制阀的功用是控制液压系统中油液的流动方向,接通或断开油路,来实现执行机构的启动、停止或改变运动方向。常用的方向控制阀有单向阀和换向阀两种。

**1. 认识常用单向阀**

单向阀的功用是控制油液的单向流动,它分为普通单向阀和液控单向阀两种。

1) 普通单向阀

(1) 普通单向阀的结构及图形符号　普通单向阀控制油液只能按一个方向流动而反向截止,它主要由阀体、阀芯、弹簧等组成,如图8.18所示。

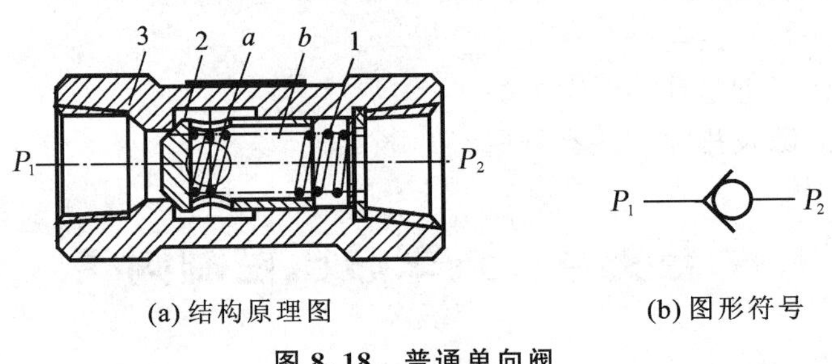


(a) 结构原理图　　(b) 图形符号

**图 8.18　普通单向阀**

1—弹簧;2—阀芯;3—阀体;$a$—径向油孔;$b$—轴向油孔

(2) 普通单向阀的工作原理　如图8.18(a)所示为管式连接单向阀的结构原理,当压力油从进油口$P_1$流入时,压力油会克服弹簧1的弹力顶开阀芯2,经过径向油孔$a$和轴向油孔$b$,从

出油口 $P_2$ 流出。当油液反方向流动时，在弹簧 1 的弹力和油液压力的作用下，阀芯锥面紧压在阀体 3 的阀座上，则油液不能通过。

2）液控单向阀

（1）液控单向阀的结构及图形符号　如图 8.19 所示，与普通单向阀相比，液控单向阀增加了一个控制油口 $K$，单向阀的阀芯由顶杆打开。

（2）液控单向阀的工作原理　如图 8.19 所示，当控制油口 $K$ 处无压力油流入时，其作用与普通单向阀相同，当控制油口 $K$ 处有压力油流入时，活塞的左侧受压力油的作用，右侧腔 $a$ 与泄油口相通，于是控制活塞 3 向右移动，右端顶杆 2 将阀芯 1 顶开，使进、出油口接通，油液可以反向流动，不起单向阀的作用。控制油口 $K$ 处的油液与进、出油口并不相通。

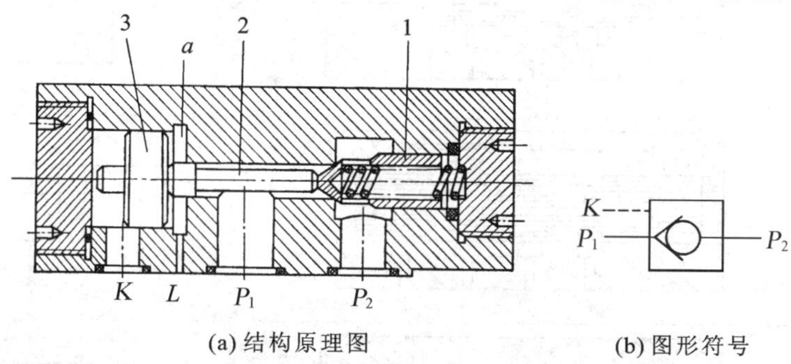


(a) 结构原理图　　(b) 图形符号

**图 8.19　液控单向阀**

1—阀芯；2—顶杆；3—控制活塞；$a$—右侧腔

**2. 常用换向阀**

换向阀在液压系统中的功用是改换油液的流动方向，进而改变执行元件的运动方向。在汽车液压传动系统中广泛采用的是滑阀式换向阀。

1）换向阀的结构及职能符号

换向阀的结构主要由阀体、阀芯、弹簧所组成，阀体上有多级沉割槽的圆柱孔，阀芯上有多段环形槽的圆柱体。

换向阀按阀芯在阀体内的工作位置数和换向阀所控制的油口通路数不同，可分为如下类型，如表 8.4 所示为常见换向阀的结构原理和图形符号。

**表 8.4　常见换向阀的结构原理和图形符号**

| 名　称 | 结构原理图 | 图 形 符 号 |
|---|---|---|
| 二位二通换向阀 | A　P | A　P |
| 二位三通换向阀 | A　P　B | A　B　P |

续表

| 名　　称 | 结构原理图 | 图形符号 |
| --- | --- | --- |
| 二位四通换向阀 | 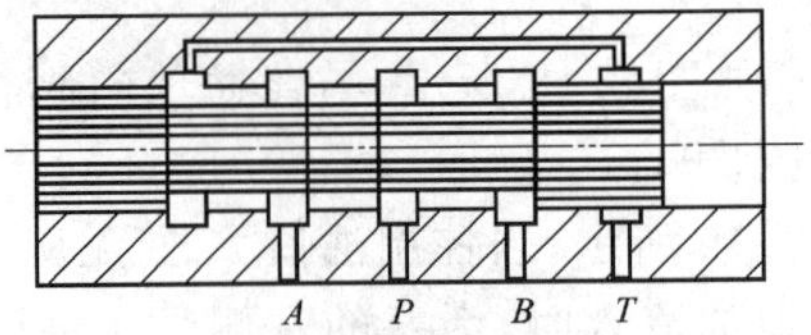 A　P　B　T | 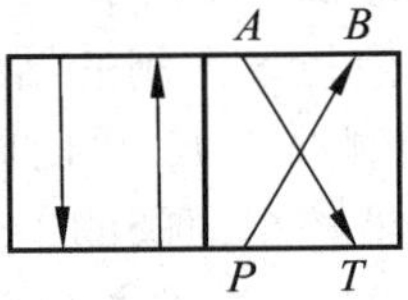 A　B<br>P　T |
| 二位五通换向阀 | 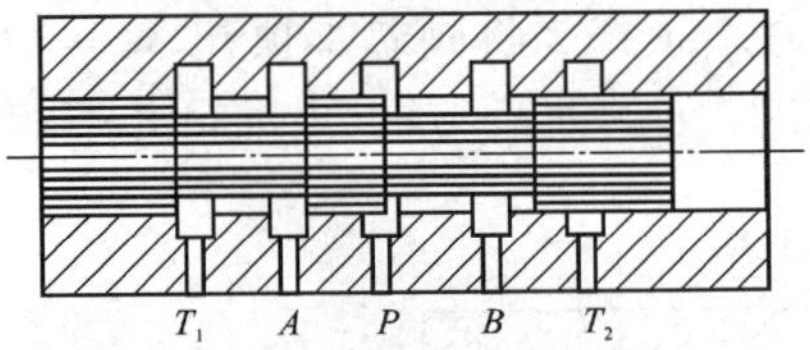 $T_1$　A　P　B　$T_2$ | 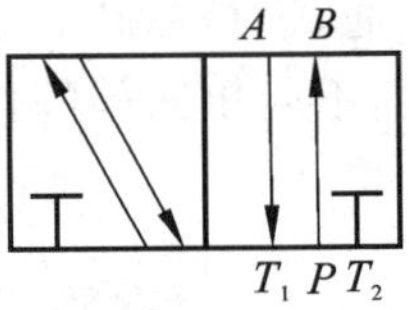 A　B<br>$T_1$ P $T_2$ |
| 三位四通换向阀 | 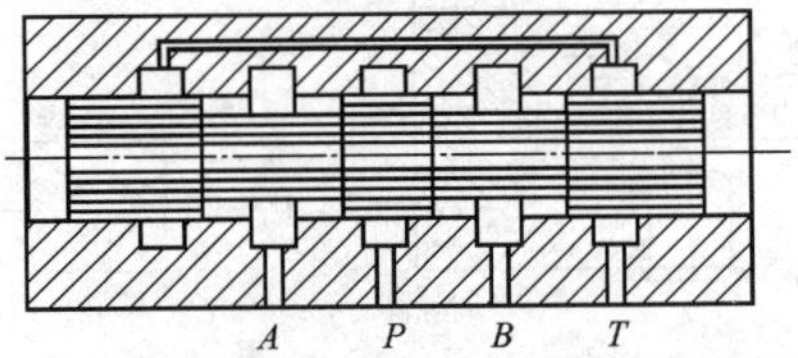 A　P　B　T | 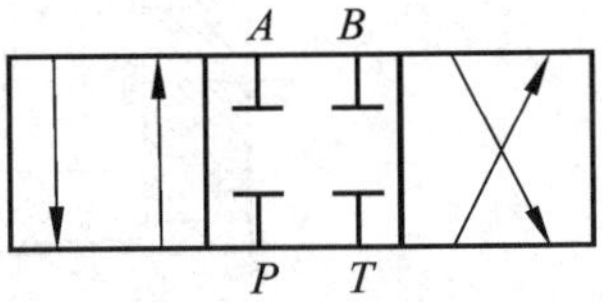 A　B<br>P　T |
| 三位五通换向阀 | 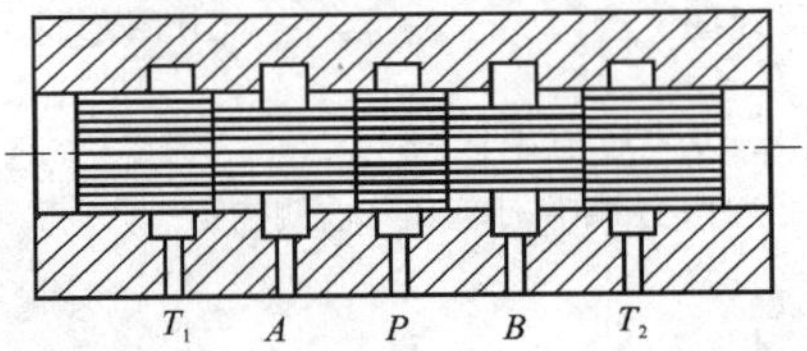 $T_1$　A　P　B　$T_2$ | 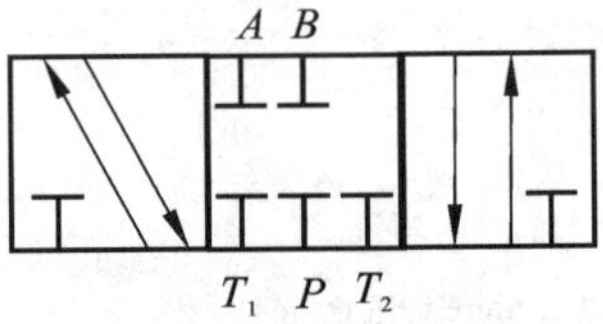 A　B<br>$T_1$ P $T_2$ |

换向阀按阀芯换位的控制方式不同,分为手动换向阀、机动换向阀、电动换向阀、液动换向阀、电液动换向阀等类型。汽车上常用各类阀的结构原理图和图形符号如图 8.20～图 8.23 所示。

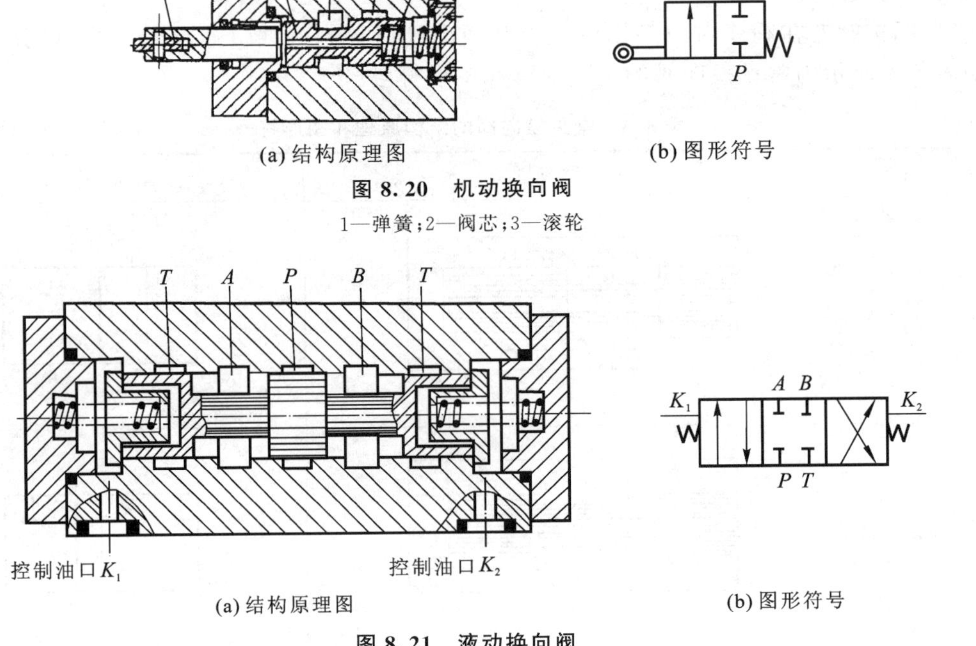


(a) 结构原理图　　(b) 图形符号

**图 8.20　机动换向阀**

1—弹簧;2—阀芯;3—滚轮

(a) 结构原理图　　(b) 图形符号

**图 8.21　液动换向阀**

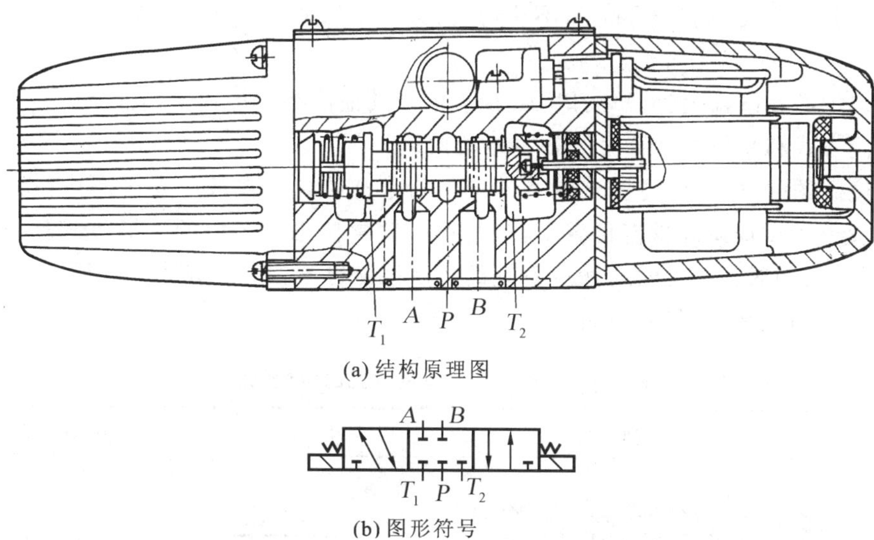


图 8.22 电磁换向阀

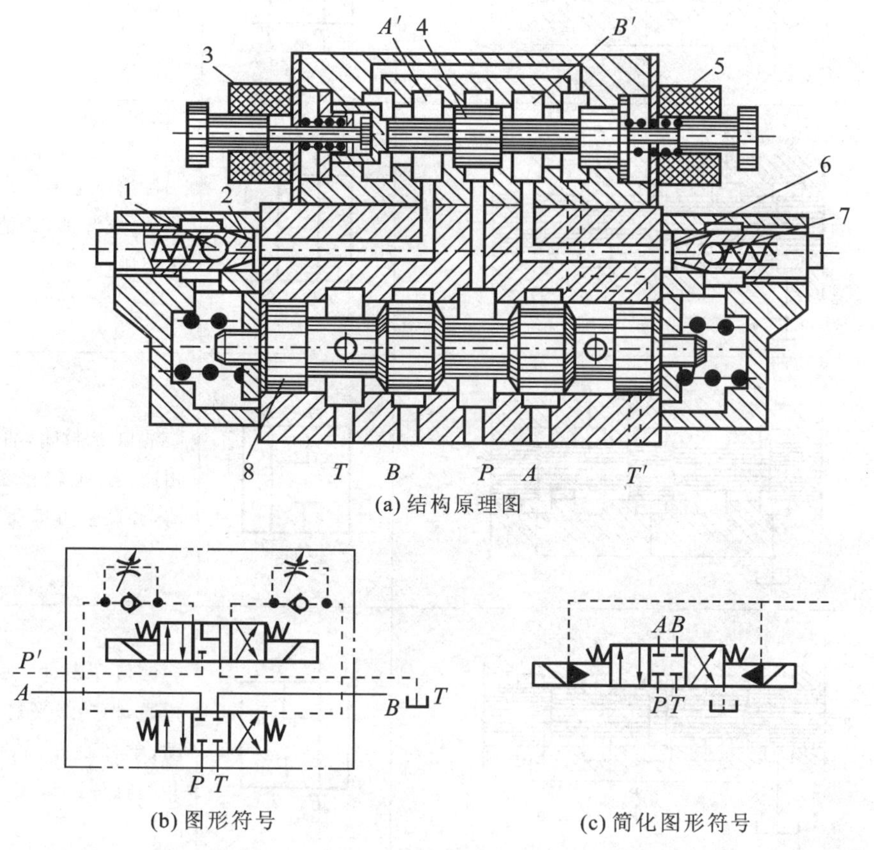


图 8.23 电液换向阀

2）换向阀的图形符号表示

换向阀图形符号表示如下。

（1）位　阀芯相对于阀体的工作位置数。用方格表示，几个方格即几位。

（2）通　阀体对外连接的主要油口数(不包括控制油口和泄漏油口)。箭头“↑”表示油口相通,堵截符号"⊥"或"⊤"表示油口不相通,箭头首尾和堵截符号与一个方格的交点数即为油路通口数。

(3) $P$ 表示进油口,$T$ 表示回油口,$A$、$B$ 表示与其他油路连接的工作油口。

(4) 控制方式和复位弹簧符号画在方格的两侧。

(5) 三位阀的中格、二位阀靠有弹簧的那位为常态位置。在液压系统图中,换向阀的符号与油路的连接一般都应画在常态位置上,三位换向阀常位态各油口的连通方式称为中位机能。中位机能不同,换向阀在中位时对液压系统的控制性能也不相同。如表8.5所示为三位四通换向阀常见的中位机能形式、符号及特点。

**表8.5 三位四通换向阀常见的中位机能**

| 型号 | 结构简图 | 中位符号 | 中位油口状态和特点 |
|---|---|---|---|
| O | 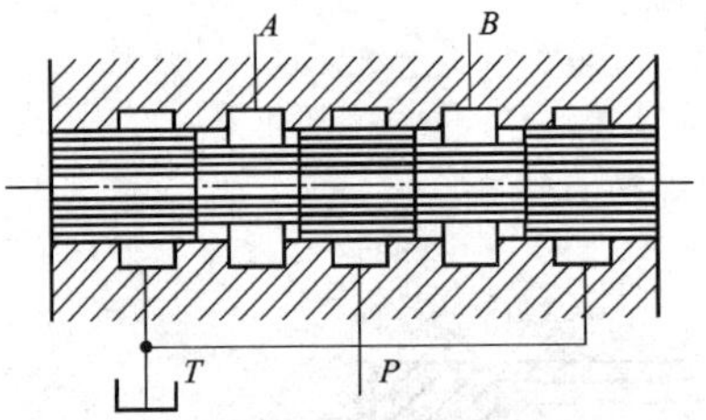 A B T P | 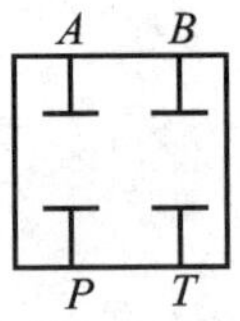 A B P T | 各油口全封闭,换向精度高,但有冲击,缸被锁紧,泵不卸荷,并联泵可运动 |
| H | 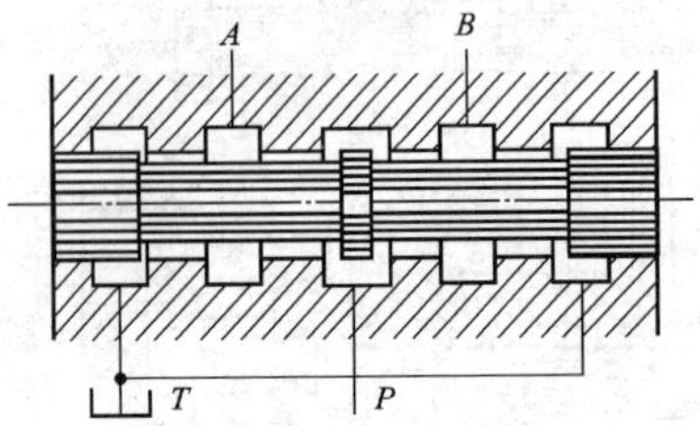 A B T P |  A B P T | 各油口全通,换向平稳,缸浮动,泵卸荷,其他缸不能并联使用 |
| Y | 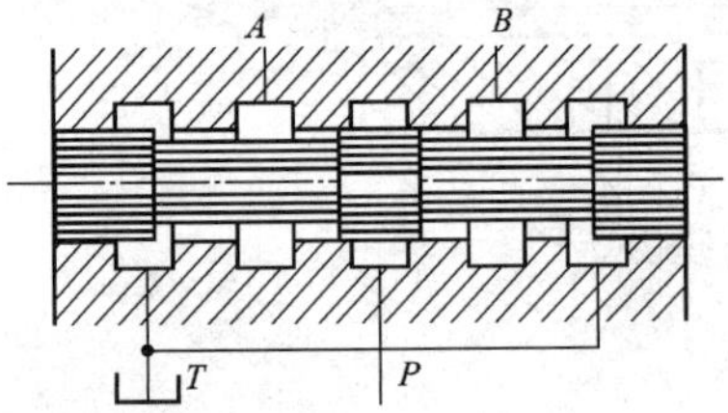 A B T P | 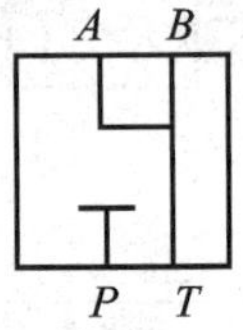 A B P T | 油口 $P$ 封闭,油口 $A$、$B$、$T$ 相通,换向较平稳,泵不卸荷,并联缸可运动 |
| P | 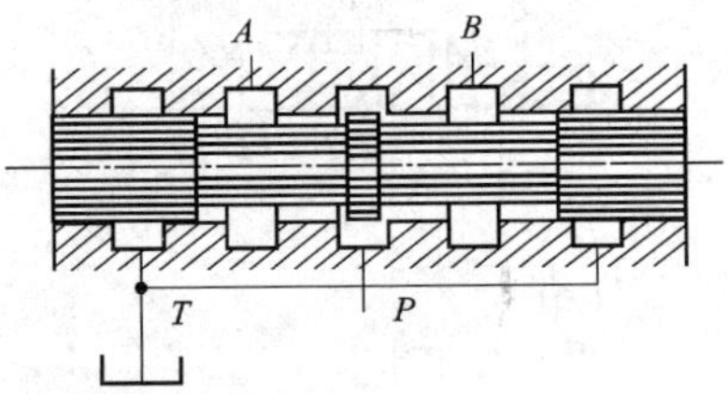 A B T P | 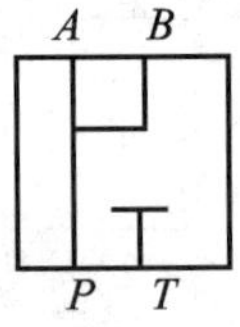 A B P T | 油口 $T$ 封闭,油口 $P$、$A$、$B$ 相通,换向最平稳,双杆缸浮动,单杆缸差动,泵不卸荷,并联缸可运动 |
| M | 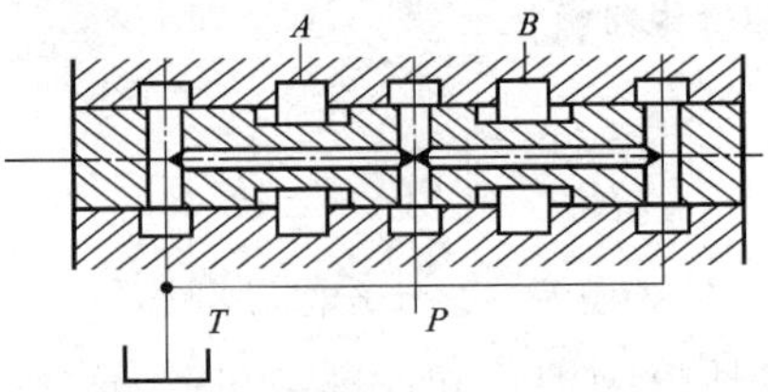 A B T P | 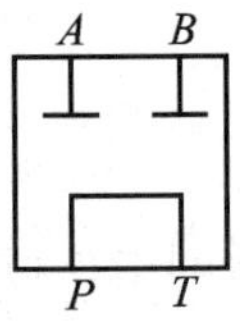 A B P T | 油口 $P$、$T$ 相通,油口 $A$、$B$ 封闭,换向精度高,但有冲击,缸被锁紧,泵卸荷,其他缸不能并联使用 |

3）换向阀的工作原理

无论是何种形式的换向阀，它们的工作原理基本相同，只是操作方式不相同，都是利用阀芯相对于阀体之间的运动，使油路接通、关闭或改变油流的方向，从而控制液压元件的换向、启动或停止，如图 8.24 所示。图中表示阀芯处于中位时的情况，此时从油口 $P$ 进来的压力油没有通路，$A$、$B$ 两个油口也不与油口 $T$ 相通；搬动控制手柄使阀芯左移，即阀芯处于左位时，此时油口 $P$ 与油口 $A$ 相通，使压力油经 $P$、$A$ 到其他元件，从其他元件回来的油经油口 $B$、阀芯中心孔、油口 $T$ 回油箱；搬动控制手柄使阀芯右移，即阀芯处于右位时，此时从油口 $P$ 进来的压力油经油口 $P$、油口 $B$ 到其他元件，从其他元件回来的油经油口 $A$、油口 $T$ 回油箱。

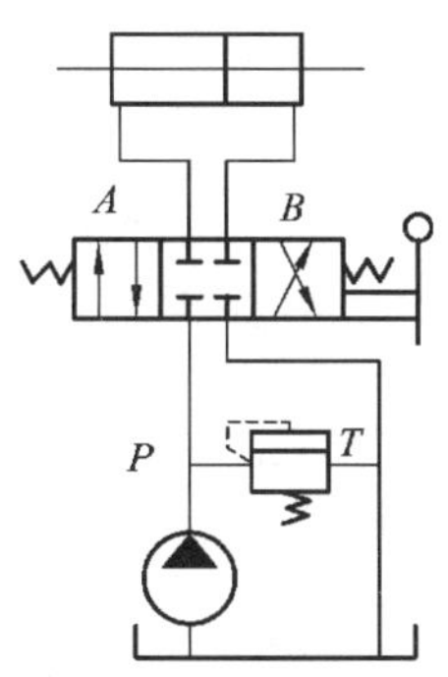

图 8.24 换向阀的工作原理

## 二、认识汽车用压力控制阀

压力控制阀的功能是控制液压系统的压力，或利用压力作为信号来控制其他液压元件的动作。汽车上常用的压力控制阀有溢流阀、减压阀、顺序阀等。

**1. 常用溢流阀**

溢流阀的主要功能是通过阀口的溢流，来控制和调节液压系统的压力，使系统在一定的压力或安全压力下工作，防止系统工作过载。汽车上常在机油泵出口处并联溢流阀来控制机油泵的输出油压。

常用的溢流阀有直动型和先导型两种。

1）溢流阀的结构及图形符号

直动型溢流阀主要由阀体、阀芯、弹簧、调节螺钉等组成。先导型溢流阀由先导阀和主阀所组成，先导阀就是一个小规格的直动型溢流阀，主阀芯是一个圆柱体，它的前端为锥形，中间开有阻尼小孔。如图 8.25、图 8.26 所示为溢流阀的结构原理图和图形符号。

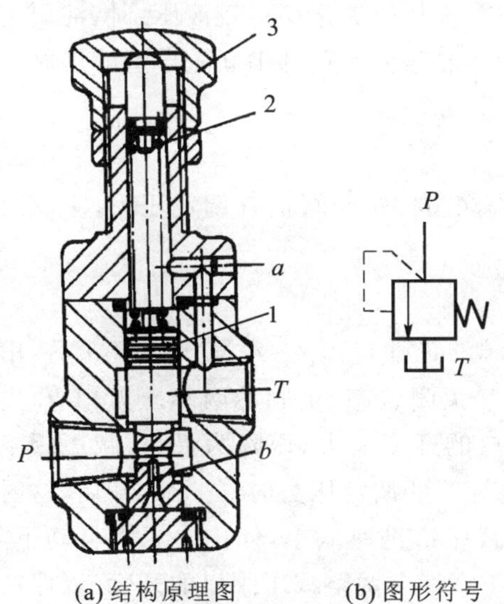

(a) 结构原理图　(b) 图形符号

**图 8.25 直动型溢流阀**

1—阀芯；2—弹簧；3—调节螺母；a—油腔；b—阻尼孔

2）溢流阀的工作原理

如图 8.25(a) 所示，油液从进油口 $P$ 流入，经阀芯 1 上的径向油孔和阻尼孔 $b$ 到达阀芯 1 的底部腔内，这时阀芯 1 的下端就受到油液向上的推力，当油压较低时，阀芯 1 在弹簧 2 弹力的作用下，处于最下端的位置，阀口关闭，即不溢流。当进油压力升高，阀芯 1 所受到的油压推力大于弹簧的弹力时，阀芯 1 被顶起，进油口 $P$ 和回油口 $T$ 就接通，多余的油液就排回油箱中，实现溢流，阀的进油口处油压不再增大，为某一恒定值。调节螺母 3 可以改变弹簧 2 的预紧力，从而调定溢流阀的溢流压力。

如图 8.26(a)所示,它的工作原理与直动型溢流阀的相似,油液经进油口 $P$ 流入,当进油压力较低时,先导阀口和主阀口都关闭,阀不溢流;当油压升高到先导阀弹簧的预调压力时,先导阀口打开,主阀弹簧腔的油液流过先导阀口并经阀体内的油孔道 $c$ 和回油口 $T$ 流回油箱。主阀芯下腔的油液经阻尼孔 $b$ 流出,小孔的阻尼较大,这就使主阀芯两端产生压力差,主阀芯便在压差的作用下,克服弹簧力向上移动,使主阀进、回油口相通,达到稳压的目的。

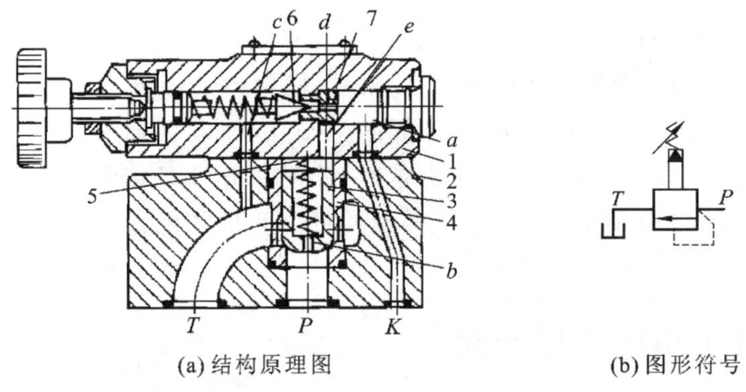


(a) 结构原理图　　(b) 图形符号

**图 8.26　先导型溢流阀**

1—先导阀体;2—主阀体;3—主阀芯;4—主阀套;5—主阀弹簧;6—锥阀芯;7—锥阀座;

a、c、d、e—油孔道;b—阻尼孔

溢流阀一般与负载相并联,溢流口接回油箱,起到调压、稳压及限压的作用。

(1) 调压和稳压　作溢流阀用,用在由定量泵构成的液压系统中,在工作过程中溢流口常开,用于调节泵的出口压力,保持该压力恒定。

(2) 限压　作安全阀用,当系统正常工作时,溢流阀处于关闭状态,仅在系统压力大于其调定压力时才开启溢流,对系统起过载保护作用。

**2. 常用减压阀**

减压阀的功能是减压、稳压,油液流经减压阀后,使系统某一支路获得较液压泵供油压力低的稳定压力。减压阀有直动型和先导型两种,汽车的润滑油路上一般都串联先导型减压阀来减压和稳压。

1) 减压阀的结构及图形符号

如图 8.27 所示,先导型减压阀主要由主阀和先导阀组成,先导阀负责调定压力,主阀负责减压作用,调节螺母可以调节弹簧的预压缩量。

2) 减压阀的工作原理

如图 8.27(a)所示,油液压力为 $p_1$ 的压力油,从主阀的进油口流入,经减压阀口 $h$ 后,由出油口流出,其压力为 $p_2$。当出油口压力较低时,先导阀呈关闭状态,主阀芯两端压力相等,主阀芯在平衡弹簧的作用下被压在最下端,这时,减压阀阀口的开度最大,压降为最小,减压阀不起减压作用,其进、出口的油压相等;当出油口压力达到先导阀的调定压力时,先导阀开启,这时主阀两端产生压力差,主阀芯在压力差作用下立刻上移,减压口迅速减小,使出口压力自动下降,降至调定压力。如负载变化,使出油口压力变化时,减压阀将会调整减压阀口的开度,以保持出油口压力稳定。

一般情况下,减压阀与负载相串联,调压弹簧腔有外接泄油口,采用出口压力负反馈,不工作时阀口常闭。

先导型减压阀和先导型溢流阀的自动调节的作用是相似的,所不同的是,溢流阀是保持进

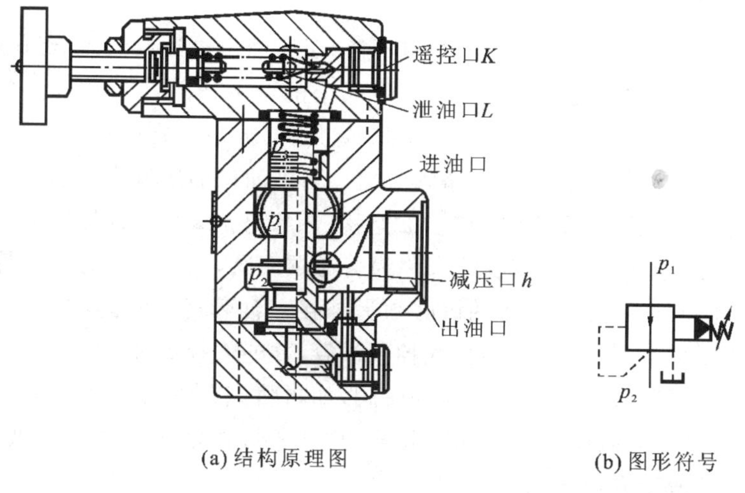


(a) 结构原理图　　(b) 图形符号

**图 8.27　先导型减压阀**

口压力基本不变，而减压阀是保持出口压力基本不变，在不工作时，溢流阀进、出油口不通，而减压阀进、出口互通。

**3. 常用顺序阀**

顺序阀的功能是把不同或相同的压力作为信号，自动控制油路接通或切断，从而实现多个液压元件按一定的顺序动作。

1）顺序阀的结构及图形符号

按照结构不同，顺序阀可分为直动型和先导型两种；根据所控制油路的不同，又分为内控式和外控式两种。目前，汽车上常用直动型顺序阀，如图 8.28 所示。它主要由阀体、阀芯、控制活塞、螺塞等组成。顺序阀与溢流阀不同，它是在出口处直接连接执行元件，另外设有专门的泄油口。

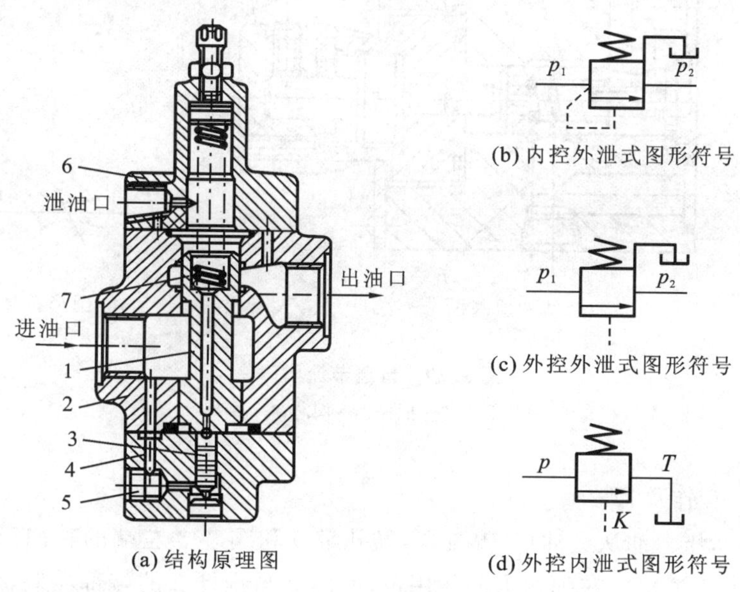


(a) 结构原理图　　(b) 内控外泄式图形符号　　(c) 外控外泄式图形符号　　(d) 外控内泄式图形符号

**图 8.28　直动型顺序阀**

1—阀芯；2—阀体；3—控制活塞；4、6—阀盖；5—螺塞；7—弹簧

2）顺序阀的工作原理

如图 8.28 所示，常态下，进油口和出油口不通，压力油由进油口流入，经阀体 2 和阀盖 4 的小孔流到控制活塞 3 的下方，使阀芯 1 受到一个向上的推力作用。当其进油口的油压较低时，控制活塞 3 下方油液向上的推力小于弹簧 7 的调定压力，阀芯 1 在弹簧 7 的作用下处于最低位置，这时，进、出口不通，油液不能通过顺序阀流出。当进油口油压升高，使控制活塞 3 下方油液向上的推力大于弹簧 7 的调定压力时，阀芯 1 上移，阀口开启，压力油就从出口流出，使阀后面的油路工作，这种利用进油口压力控制的阀称为普通顺序阀，也称为内控式顺序阀，由于阀的出口接压力油路，因此，其上端弹簧处泄油口必须另外接一油管通油箱，这种连接方式称为外泄。如将阀盖 4 旋转 180°安装，拆下螺塞 5 接入控制油管，并通入控制油，则阀的启闭由外部压力控制，便构成外控外泄式顺序阀，即成为液控顺序阀；如再将阀盖 6 旋转 180°安装，并将出油口堵塞，则出油口处的小孔 $b$ 与阀体上的小孔 $a$ 相通，构成外控内泄式顺序阀。调节顺序阀调压螺钉，改变弹簧力，即可改变开启压力。

## 三、认识汽车用流量控制阀

流量控制阀的功能是通过改变阀口通流面积来调节输出流量，从而控制执行元件的运动速度。汽车上常用的流量控制阀为节流阀和调速阀等。

### 1. 常用节流阀

1）节流阀的结构及图形符号

节流阀主要由调节手轮、阀体、阀芯、弹簧等组成，节流口为轴向三角槽式，如图 8.29 所示。

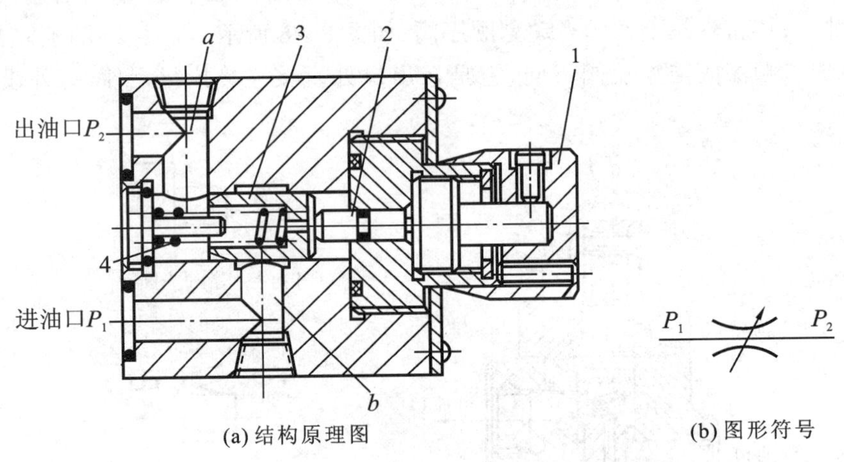


(a) 结构原理图　　(b) 图形符号

**图 8.29　普通节流阀**

1—调节手轮；2—推杆；3—阀芯；4—弹簧

2）节流阀的工作原理

如图 8.29 所示，压力油从进油口 $P_1$ 流入，经孔道 $b$ 和阀芯 3 左端的轴向三角槽后进入孔道 $a$，然后由出油口 $P_2$ 流出。在弹簧力的作用下，阀芯 3 与推杆 2 的端部始终保持接触。旋转调节手轮 1，推杆就可以做轴向移动，改变节流口的面积，从而达到调节流量的目的。节流阀适用于负载和温度变化不大或速度稳定性要求较低的液压系统。

**2. 常用调速阀**

1）调速阀的结构及图形符号

调速阀主要由定差减压阀与节流阀串联而成，节流阀用来调节流量，定差减压阀可使节流阀前后压差保持恒定，所以调速阀具有调速和稳压的功能，如图 8.30 所示。

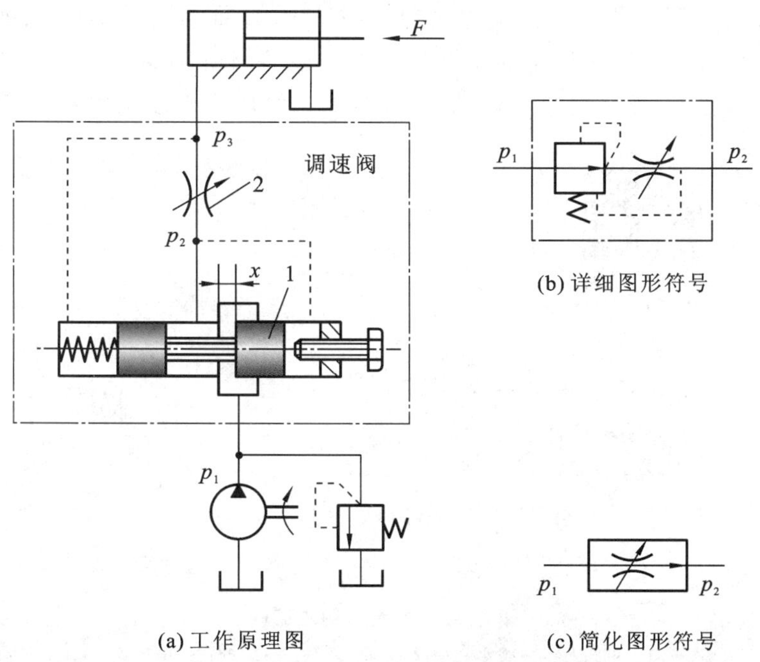


(a) 工作原理图

(b) 详细图形符号

(c) 简化图形符号

**图 8.30 调速阀工作原理图**

1—定差减压阀；2—节流阀

2）调速阀的工作原理

如图 8.30 所示，定差减压阀 2 与节流阀 3 串联连接，左、右两腔分别于节流阀前后端相接通。调速阀的进油口压力 $p_1$ 由溢流阀调定，工作时基本保证恒定。$p_3$ 的大小由液压缸的负载 $F$ 决定，当负载增加使 $p_3$ 增大的瞬间，减压阀芯因为其右腔推力的增大而左移，阀口开大，阀口的液阻减小，$p_2$ 增大，使得 $p_2$ 与 $p_3$ 的差值不变；当负载减小使 $p_3$ 减小时，减压阀芯右移，$p_2$ 也减小，其差值也保持不变。总之，无论调速阀的进口压力 $p_1$ 和出口压力 $p_3$ 发生怎样的变化，在定差减压阀的自动调节的作用下，节流阀前后压差总能保持恒定，从而使系统获得稳定的流量。调速阀适用于负载变化较大、速度平稳性要求较高的液压系统。

## 【知识拓展】

## 认识比例阀、插装阀和叠加阀

随着自动化程度的提高，近几年出现了比例阀、插装阀和叠加阀。它们与普通液压阀相比，有着许多显著的优点，因此，随着液压系统的广泛应用和液压技术的进步，这些新型液压元件必将获得迅速的发展。

**1. 比例阀**

现在有相当一部分液压系统希望采用较简单的电气装置，在对精度和响应速度没有很高要求的情况下实现连续控制和遥控,比例阀正是根据此要求,介于通断式控制元件和伺服控制元件之间发展起来的新型电-液控制元件。目前,常用的比例阀多是电气控制,称电液比例阀。通常电气控制采用电磁式。比例阀分为方向阀、压力阀、流量阀三种。

如图8.31所示为电液比例溢流阀,它由直流比例电磁铁和先导式溢流阀组成。电磁铁6获得电信号(电流)后,产生与信号成比例的电磁推力,此推力通过推杆5、弹簧4作用在阀芯3上,将阀芯顶开,该系统所调定的压力就是顶开该导阀所需要的压力。如输入的信号按比例或按一定程序变化,那么,比例溢流阀所控制的系统压力也按比例或一定程序变化。

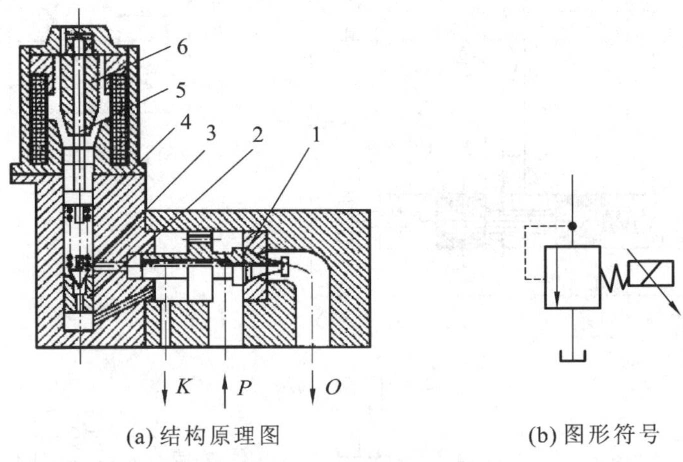


(a) 结构原理图　　(b) 图形符号

**图8.31　电液比例溢流阀**

1—主阀芯;2—阀座;3—阀芯;4—弹簧;5—推杆;6—电磁铁

**2. 插装阀**

如图8.32所示为插装阀,它由控制盖板、插装单元(由阀套、弹簧、阀芯及密封件组成)、插装块体和先导控制阀(如先导阀为二位三通电磁换向阀)组成。由于插装单元在回路中主要起通、断作用,故又称二通插装阀。

图8.32中$A$和$B$为主油路仅有的两个工作油口,$K$为控制油口(与先导阀相接)。当油口$K$回油时,阀芯开启,$A$与$B$相通;反之,当油口$K$进油时,$A$与$B$之间关闭。

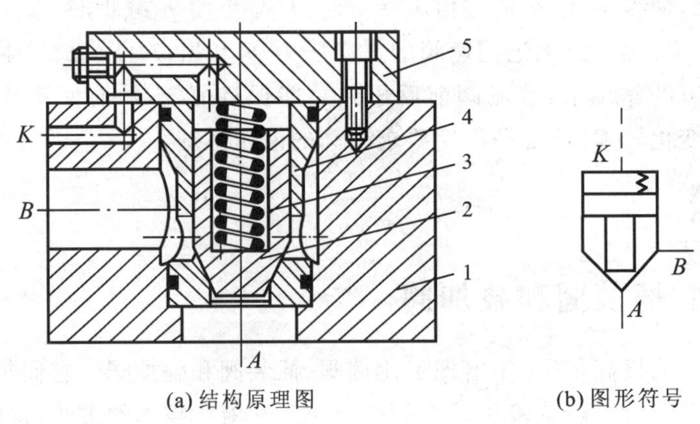


(a) 结构原理图　　(b) 图形符号

**图8.32　插装阀**

1—插装块体;2—阀芯;3—弹簧;4—阀套;5—控制盖板

3. 叠加阀

叠加阀的工作原理与一般液压阀的相同，只是具体结构有所不同。如图8.33所示为叠加式溢流阀。它主要由先导阀和主阀两部分组成，先导阀为锥阀式结构，主阀阀芯1为单向阀二级同芯结构。它的工作原理与一般的先导式溢流阀的工作原理相同，利用主阀阀芯两端的压力差来实现主阀芯的移动，改变阀口的开度。

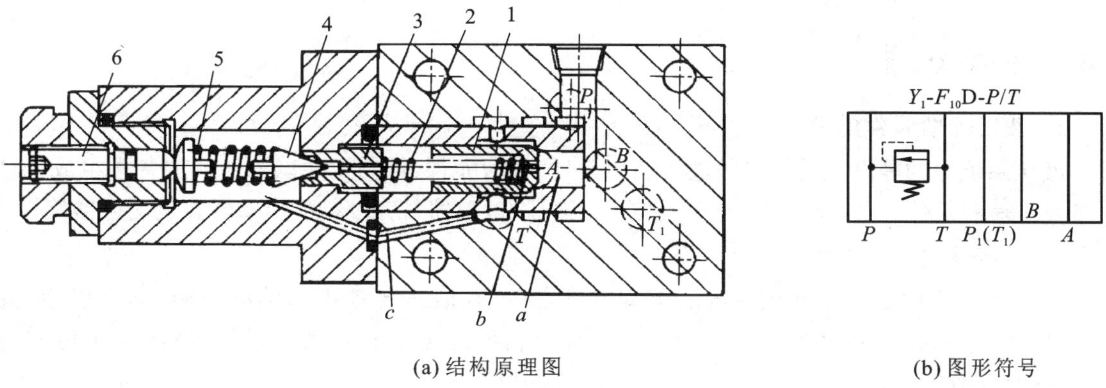

(a) 结构原理图　　(b) 图形符号

**图8.33　叠加式溢流阀**

1—主阀阀芯；2、5—弹簧；3—阀座；4—阀芯；6—摆动杆；*a*—油腔；*b*、*c*—油孔

## 【复习与思考】

1. 先导型溢流阀由哪几部分组成？各起什么作用？与直动型溢流阀比较，先导型溢流阀有什么优点？

2. 画出溢流阀、减压阀和顺序阀的图形符号，并比较：

(1) 进、出油口的油压；(2) 正常工作时阀口的开启情况。

3. 指出图8.34所示各图形符号所表示的控制阀名称。

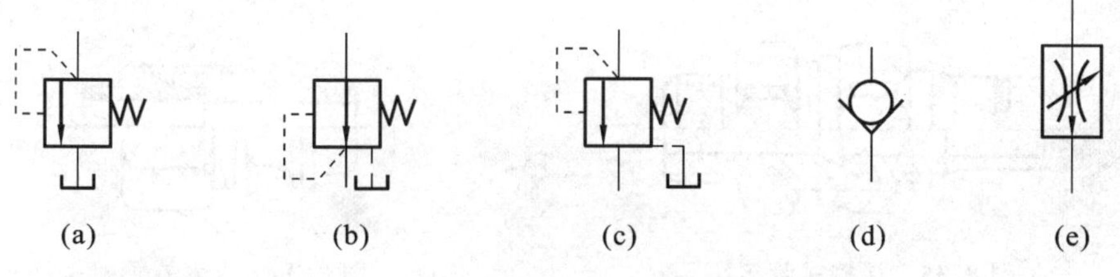


**图8.34　液压图形符号练习图**

# 任务5　汽车液压辅助元件

## 【任务导入】

受远东汽车维修公司的委托，要对上海大众帕萨特B5、一汽大众奥迪A6两辆轿车液压辅助元件进行检查及维修，以解决液压系统泄露的问题。

## 【任务分析】

液压辅助元件是液压系统中不可缺少的组成部分,它们对保障液压系统有效地传递力和运动、提高液压系统的工作性能起着重要的作用。液压系统的密封性、液压油的质量、系统压力的保持等都与液压辅助元件选择是否合理、连接是否可靠有很大的关系,因此,要完成汽车液压辅助元件检查及维修的工作,必须熟悉液压辅助元件的作用和结构。

## 【相关知识】

### 1. 液压辅助元件的分类

液压系统中的辅助元件是指除液压动力元件、执行元件、控制元件以外的其他各类组成元件。汽车液压辅助元件包括油管和管接头、油箱、滤油器、蓄能器、密封装置、冷却器和热交换器等。

### 2. 液压辅助元件的作用

液压辅助元件是汽车液压系统的基本组成之一,在液压传动中起辅助作用,不直接参与能量转换,也不直接参与方向、压力、流量的控制,但它们能创造必要条件,保证液压系统可靠、稳定、持久地工作。

## 【任务实施】

### 1. 认识汽车常用油管和管接头

汽车液压系统中常用的油管有钢管、铜管、橡胶软管和塑料管等;管接头有金属管接头和软管接头两种。

如图8.35所示为焊接式管接头,它由接头体、连接管和螺母组成。连接时,管接头的接管与被连接管焊接在一起,连接牢固,利用球密封,简单可靠,但拆装不便,用来连接管壁较厚的钢铜管,适用于中压系统。

如图8.36所示为卡套式管接头,它由卡套、螺母和接头本体三个基本零件组成,管接头用卡套密封,拆装方便,但对油管的要求较严格,适用于高压系统的钢管连接。

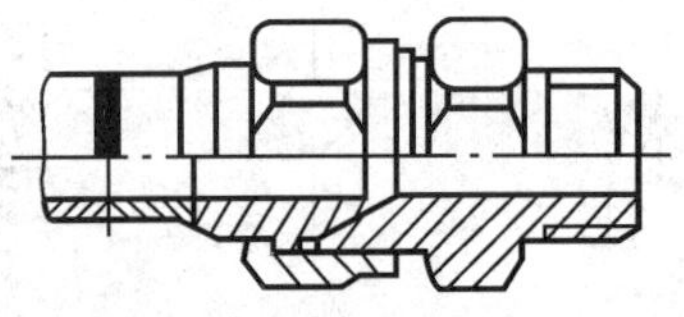

图8.35　焊接式管接头

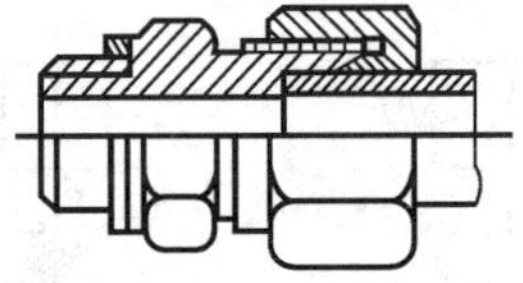

图8.36　卡套式管接头

如图8.37所示为扩口式管接头,它用管端扩口在管套压紧下密封,结构简单,拆装方便,适用于铜管、薄壁钢管、尼龙管、塑料管等低压管道的连接。

如图8.38所示为扣压式胶管接头,它用来连接高压软管,在中、低压系统中应用。

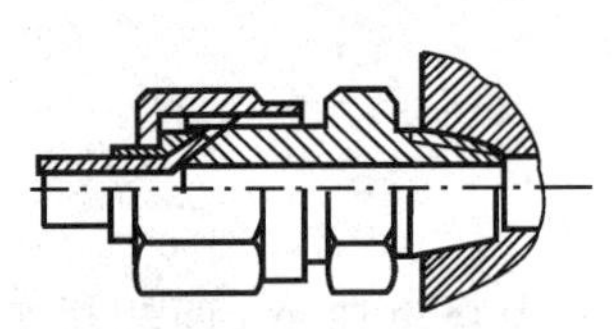

图8.37　扩口式管接头

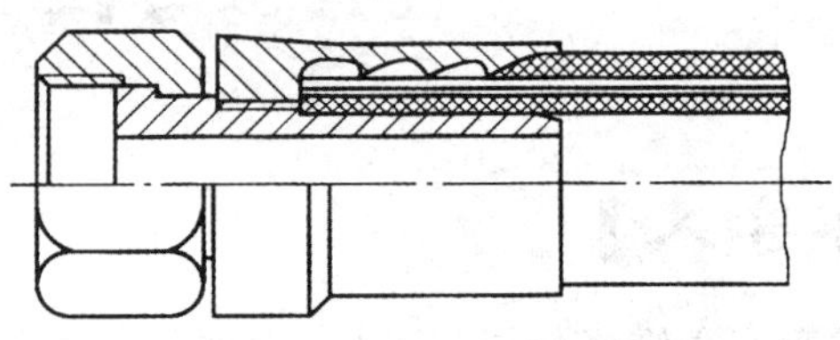

图8.38　扣压式胶管接头

**2. 认识汽车常用油箱**

在汽车液压系统中，油箱的功能是储存液压系统所需足够的燃油，并防止燃油蒸汽从油箱中溢出。油箱一般采用薄钢板冲压件焊接而成，安装在汽车的后部，如图 8.39 所示为轿车用油箱。

**3. 认识汽车常用滤油器**

滤油器的功能是清除油液中的各种杂质，保证油液的清洁，以免其划伤、磨损甚至卡死有相对运动的零件；防止油液中的杂质堵塞阀、管道小孔及缝隙，影响系统的工作性能并造成故障。汽车上的滤油器有机油滤清器和燃油滤清器，一般采用一次性纸质滤芯，如图 8.40、图 8.41 所示。

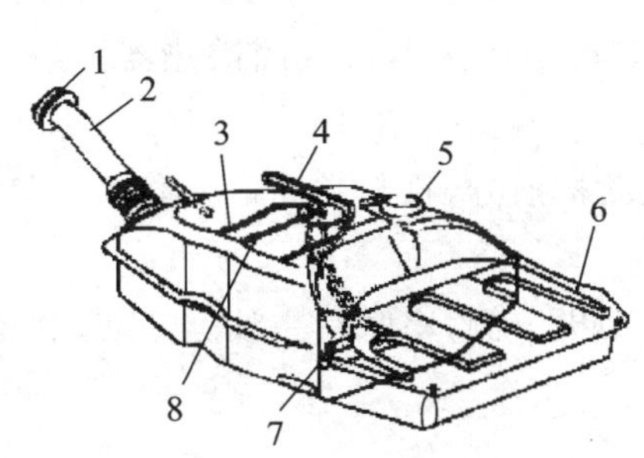


**图 8.39 轿车用汽油箱**

1—油箱盖；2—进油管；3—通气管；4—出油管；5—燃油传感器；6—壳体；7—浮子；8—回油管

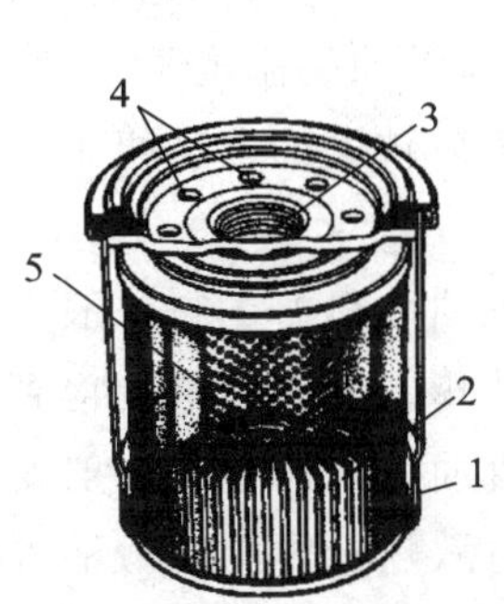


**图 8.40 机油滤清器**

1—壳体；2—滤芯；3—出油口；4—进油口；5—安全阀

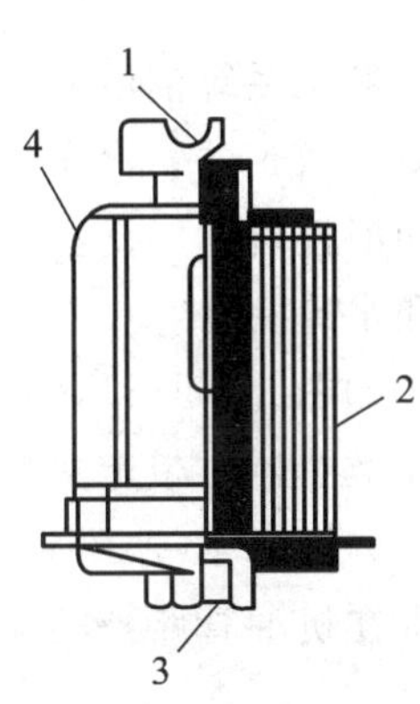


**图 8.41 燃油滤清器**

1—燃油出口；2—滤芯；3—燃油入口；4—壳体

**4. 认识汽车常用蓄能器**

蓄能器是储存液压油的一种容器，它可以在短时间内大量供油，协助泵供油，作应急动力源，补偿泄漏，维持系统压力，吸收液压冲击和消除压力脉动。汽车上常用的是气囊式和活塞式两种蓄能器，如图 8.42、图 8.43 所示。

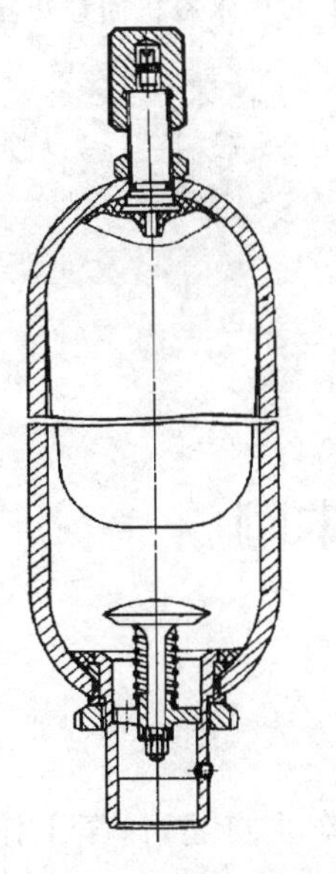

**图 8.42 气囊式蓄能器**

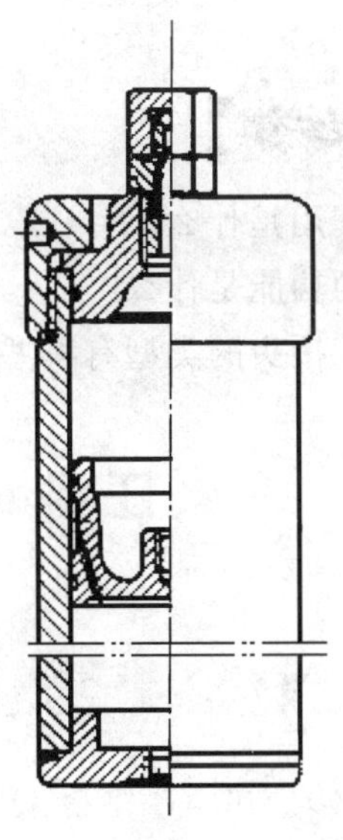

**图 8.43 活塞式蓄能器**

**5. 认识汽车常用密封装置**

密封装置用来防止液压油的泄漏和外界灰尘、气体等侵入,它是保证液压系统正常工作的必要装置。汽车密封装置常用密封方法有间隙密封和橡胶密封圈密封,如图 8.12、图 8.13 所示。

## 【知识拓展】

### 认识机油散热器

液压系统油液的工作温度有一定的范围,如果依靠自然冷却不能使油温能达到要求时,就应安装散热器。汽车发动机润滑油的温度不宜超过 85 ℃,如果超过 125 ℃时,润滑油会迅速丧失润滑性能。因此,在一些负荷较大的发动机上,专门设有机油散热器。机油散热器一般有风冷和水冷两种。

如图 8.44 所示为风冷机油散热器。它一般安装在发动机前方,且与主油道并联,利用空气流经散热器时带走热量,使散热器内的润滑油得到冷却。

如图 8.45 所示为水冷机油散热器。它一般安装在发动机一侧,串联在主油道之前,利用冷却水在机油管路外的流动,对散热器内的润滑油进行冷却。

**图 8.44　风冷机油散热器**

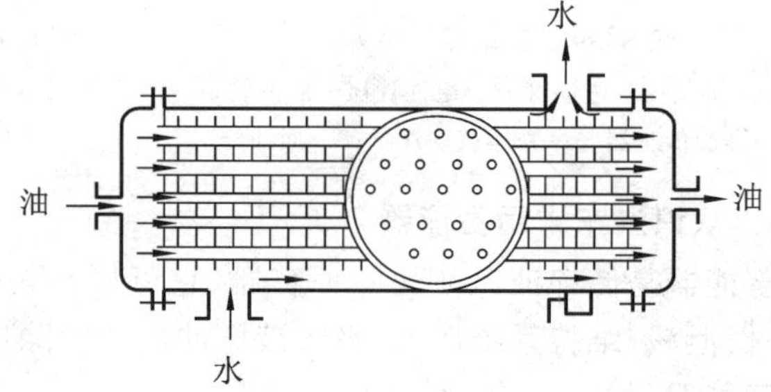


**图 8.45　水冷机油散热器**

## 【复习与思考】

1. 油箱的作用是什么?
2. 蓄能器的功能是什么?
3. 油管和管接头的类型有哪些? 分别适用什么场合?

# 任务 6　汽车液压基本回路

## 【任务导入】

远东汽车维修公司承接维修 QD351 自卸汽车的任务,车主自述,汽车工作时出现爬行并有举力不足、伸缩臂伸缩行程不够的故障现象,且液压系统振动和噪声较大,用手摸油管,油流波动较大。为确保安全生产,现在要对自卸汽车液压系统进行检修。

## 【任务分析】

QD351 自卸汽车的液压系统较复杂，如要迅速找出自卸汽车液压系统的故障部位，就应进行液压系统的分析。此自卸汽车液压系统包含多种回路，因此，必须了解液压回路的类型，熟悉回路的组成、功用，掌握回路的工作状态，这样才能快速解决问题。

## 【相关知识】

**1. 液压基本回路的定义**

所谓液压基本回路，就是由有关的液压元件组成，用来完成某种特定功能的典型回路。液压基本回路是液压系统的核心，无论多么复杂的液压系统都是由一些液压基本回路构成的。

**2. 液压基本回路的分类及作用**

常用的液压基本回路按其功能可分为方向控制回路、压力控制回路和速度控制回路三种。其中，方向控制回路是利用控制进入执行元件液流的通、断及改变流动方向来实现工作机构启动、停止或变换运动方向的回路；压力控制回路是利用压力控制阀来控制系统整体或某一部分的压力，以满足液压执行元件对力或转矩要求的回路；速度控制回路是改变执行元件的运动速度的回路。

## 【任务实施】

### 一、认识汽车液压方向控制回路

汽车上常用的方向控制回路有换向回路和锁紧回路。

**1. 认识换向回路**

换向回路用于控制液压系统中的油流方向，从而改变执行元件的运动方向，换向回路一般可由换向阀来实现。如图 8.46 所示，此换向阀组成的换向回路用行程开关控制三位四通电磁阀的动作。按下启动按钮后，2YA 通电，液压缸左腔进油，活塞向右运动，当触动行程开关 1ST 时，1YA 通电、2YA 断电，阀切换到右位工作，液压缸右腔进油，活塞向左运动。当触动行程开关 2ST 时，2YA 通电、1YA 断电，阀又切换到左位工作，液压缸左腔进油，活塞又向右运动。这样往复变换换向阀的工作位置，就可以自动变换活塞的运动方向。当 1YA、2YA 皆断电时，阀处于中位，活塞停止运动。

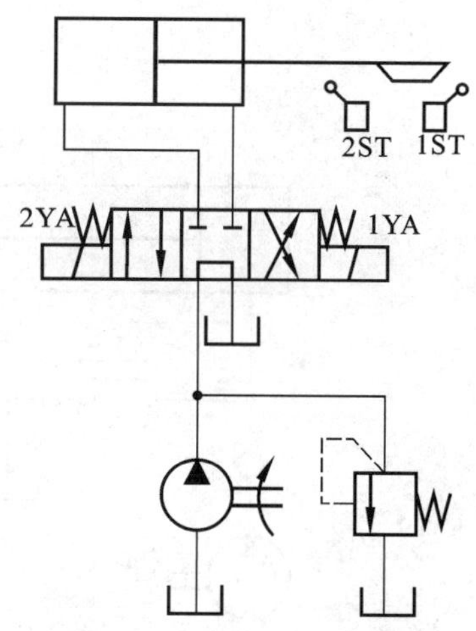

图 8.46 换向阀组成换向回路

**2. 认识锁紧回路**

锁紧回路可以使液压缸在任意位置停留，且停留后不会在外力作用下移动位置。汽车起重机支腿就采用了锁紧回路，如图 8.47 所示。液压缸的两个油路上都安装一个液控单向阀，当换向阀处于左位或右位工作时，液控单向阀控制口 $K_1$、$K_2$ 通入压力油，活塞就可向左或向右运动；当换向阀处于中位时，泵停止向液压缸供油，液压缸停止运动。此时，两个液控单向阀将液压缸里的油液封闭

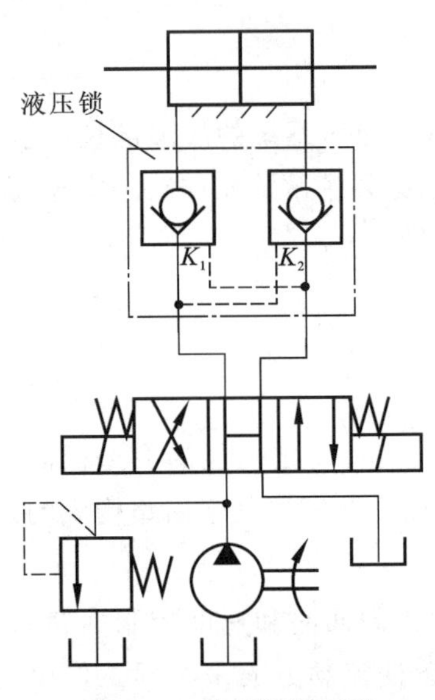


图 8.47 液压锁紧回路

在两腔内,液压缸便被锁住。因液控单向阀反向阀的反向密封性能很好,所以即使有外力的作用,活塞也不能移动,因此,锁紧可靠。这种回路主要用于汽车起重机的支腿油路中。

## 二、认识汽车液压压力控制回路

汽车上常用的压力控制回路有调压、卸荷、减压、增压、保压等多种回路。

### 1. 认识调压回路

调压回路的功能是使液压系统整体或部分的压力保持恒定或不超过某个数值。一般用溢流阀来实现这一功能。

1) 单级调压回路

如图 8.48 所示为单级调压回路,QF02B 型双柱汽车举升机就采用了此回路。液压泵输出的油液由溢流阀调节,并确定其最大供油量压力,以适应系统的负载并保护系统安全工作。为防止泵停止工作时产生油液倒流和空气入侵系统等现象,在液压泵的出口处串联安装一个单向阀。

2) 多级调压回路

如图 8.49 所示为多级调压回路,由溢流阀 1、2、3 分别控制系统的压力,从而组成了三级调压回路。换向阀左位工作时,系统的压力由阀 2 调定;换向阀右位工作时,系统的压力由阀 1 调定;换向阀中位工作时,系统的压力由阀 3 调定。在这种调压回路中,阀 1 和阀 2 的调整压力必须小于阀 3 的调定压力;否则,阀 3 将不起作用,阀 1 和阀 2 的调定压力之间没有什么一定的关系。

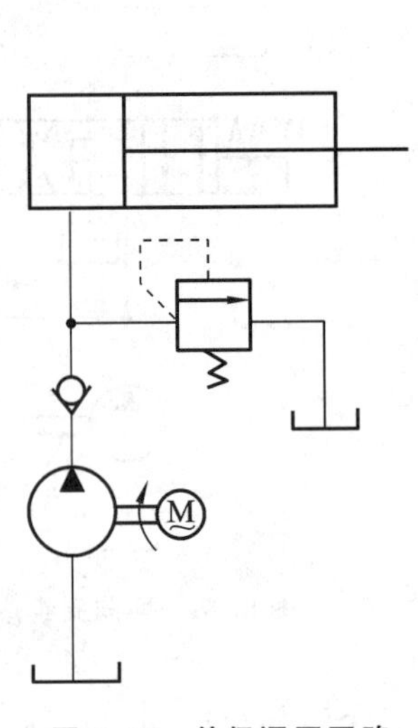


图 8.48 单级调压回路

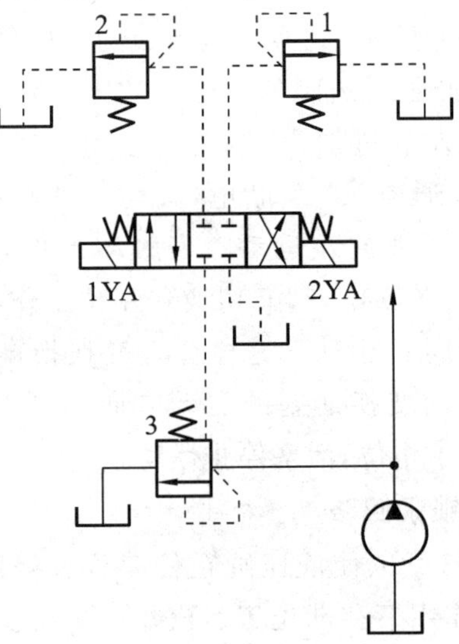


图 8.49 多级调压回路

**2. 认识卸荷回路**

液压系统执行元件短时间不工作时，不频繁启动原动机而使泵在很小的输出功率下运转，输出的油液在低压下流回油箱，这种卸荷回路可以减少液压泵磨损，降低功率消耗，减小系统温升。

1）换向阀卸荷回路

如图 8.50 所示为换向阀卸荷回路，当换向阀处于中位时，液压泵出口直通油箱，泵卸荷。由于回路需保持一定的控制压力以操纵执行元件，因此，在泵出口处安装单向阀。

2）电磁溢流阀卸荷回路

如图 8.51 所示为电磁溢流阀卸荷回路，电磁溢流阀是带遥控口的先导式溢流阀与二位二通电磁阀的组合。当执行元件停止运动时，二位二通电磁阀通电，溢流阀阀芯上部弹簧腔中的油液经电磁阀流回油箱，此时电磁阀全开，泵输出的油液以很低的压力经溢流阀流回油箱，实现泵卸荷。

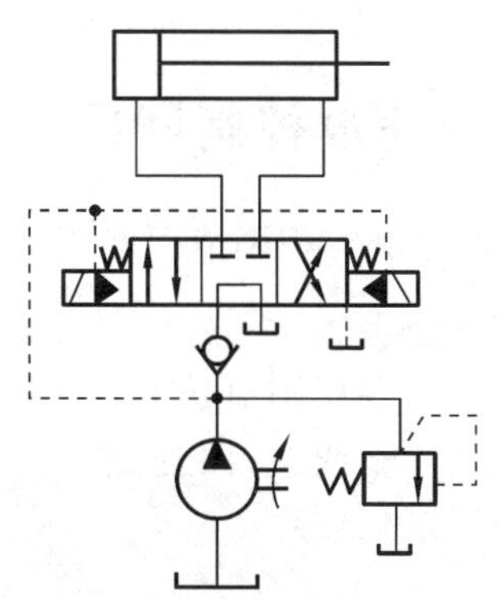

图 8.50 换向阀卸荷回路

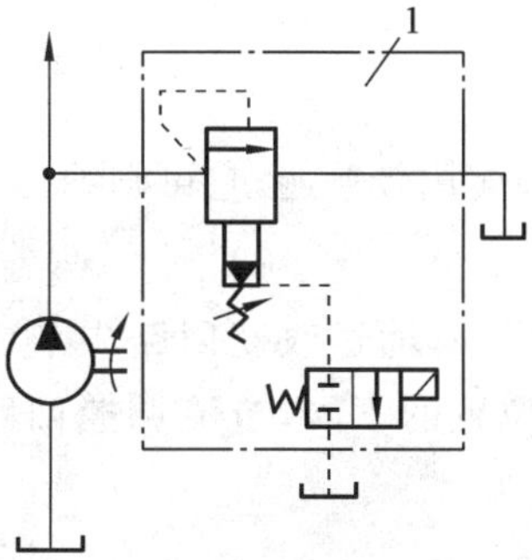

图 8.51 电磁溢流阀卸荷回路

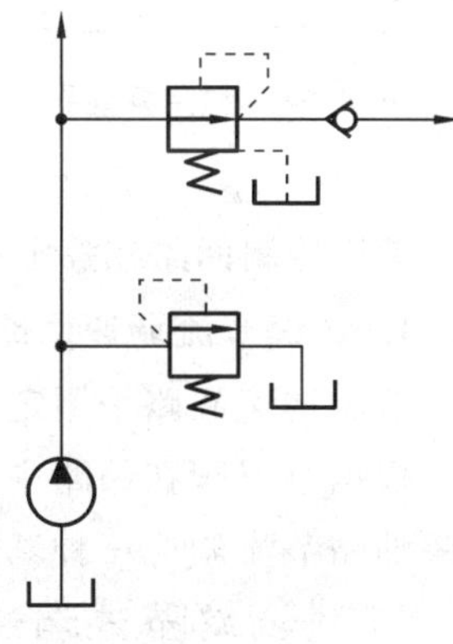

图 8.52 减压回路

**3. 认识减压回路**

在液压系统中，当主系统需要压力较高，而其他支系统需要压力较低时或要求有较稳定的工作压力时，可采用减压回路。如图 8.52 所示为减压回路，此减压回路通过定值减压阀与主油路相连，回路中的单向阀供主油路压力降低（低于减压阀调整压力）时防止油液倒流，起短时保压之用。

**4. 认识增压回路**

增压回路是利用增压器来提高液压系统中某一支路的油压，以满足驱动执行元件运动需要的回路。利用增压回路，液压系统可以采用供油压力较低的液压泵。

如图 8.53 所示为利用增压缸的增压回路，将液压缸 8 和液压缸 1 串联可使冲柱急速推出，且在低压下可得很大的力量输出。将换向阀 5 移到左位，泵 7 所送过来的油液全部进入液压缸 8 活塞后侧，冲柱急速推出，此时液压缸 1 由单向阀 2 将油液吸入，且充满液压缸 1 后侧空间。当冲柱前进达尽头受阻时，泵 7 送出的油液压力升高，而使顺序阀动作，此时油液以单向阀 2 所设定的压力作用在液压缸 1、8 活塞后侧，故推力等于液压缸 1、8 活塞后侧面积和乘上溢流阀所

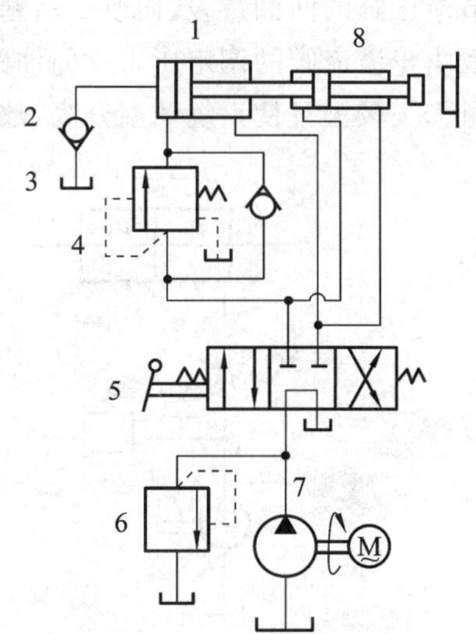


图 8.53 利用增压缸的增压回路

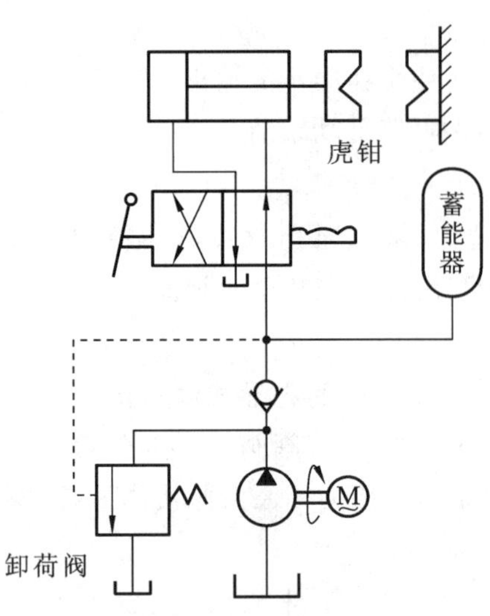


图 8.54　利用蓄能器的保压回路

调定的压力。油箱 3 和单向阀 2 为补油装置。

**5. 认识保压回路**

保压回路的功能是使系统在缸不动或因工件变形而产生微小位移的工况下保持稳定不变的压力。这种回路借助蓄能器来保持系统压力，补偿系统泄漏。如图 8.54 所示为利用蓄能器的保压回路，将换向阀移到阀左位时，活塞前进将虎钳夹紧，这时泵继续输出的压力油将蓄能器充压，直到卸荷阀被打开卸载为止，此时作用在活塞上的压力由蓄能器来维持并补充液压缸的漏油作用在活塞上，当工作压力降低到比卸荷阀所调定的压力还低时，卸荷阀又关闭，泵的液压油再继续送往蓄能器。

## 三、认识汽车液压速度控制回路

速度控制回路在液压系统中应用较普遍，它可归纳为节流调速回路和容积调速回路两大类。

**1. 认识节流调速回路**

节流调速回路采用定量泵供油，通过改变回路中节流面积的大小来控制流量，以调节其速度。根据节流阀在回路中安装位置的不同，节流调速回路有进油路节流调速、回油路节流调速和旁油路节流调速三种基本类型。

1）进油路节流调速回路

如图 8.55 所示，此回路是将节流阀串联在进入液压缸的油路上，即串联在泵和缸之间，调节节流阀的通流面积，即可改变流入液压缸的流量，从而改变速度，泵输出多余的油液经溢流阀流回油箱。进油路节流调速回路正常工作的条件是泵的出口压力为溢流阀的调定压力并保持定值。

2）回油路节流调速回路

如图 8.56 所示，此回路是将节流阀串联在液压缸的回油路上，即串联在缸和油箱之间，调节液压缸的回油量，从而改变活塞的移动速度。此回路应和溢流阀联合使用，液压缸进口压力取决于溢流阀的调定压力。回油路节流阀使缸有一定背压，运动较平稳，能承受负值负载，但能量损失较大且使系统油温升高，故高压、大流量系统较少采用。

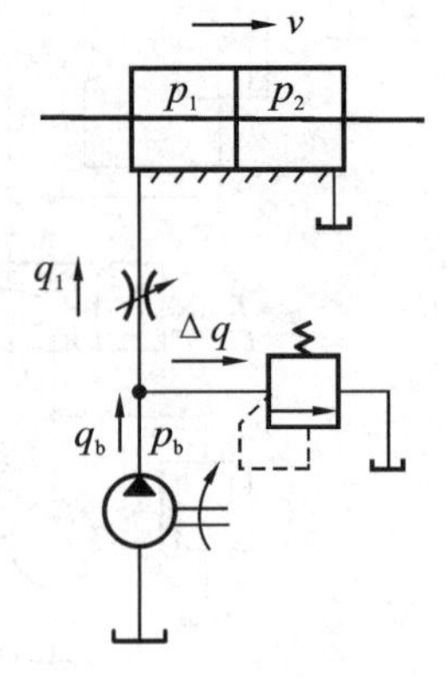


图 8.55　进油路节流调速回路

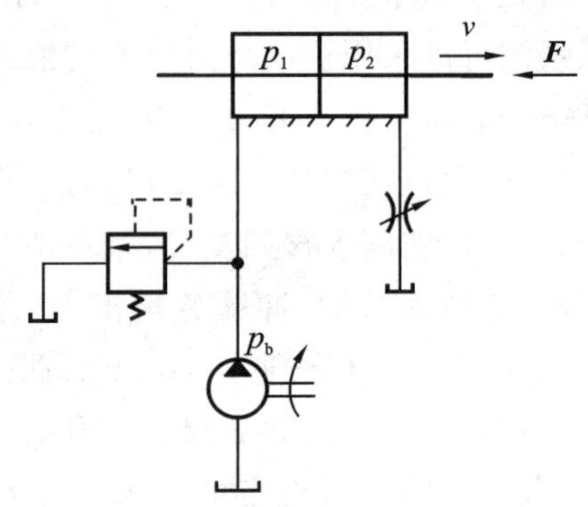


图 8.56　回油路节流调速回路

3）旁油路节流调速回路

如图 8.57 所示，此回路是将节流阀装在与液压缸并联的支路上，利用节流阀把液压泵供油的一部分排回油箱，实现速度调节。溢流阀作安全阀用，液压泵的供油压力取决于负载。此回路一般用于高速、重载、对速度平稳性要求很低的较大功率场合。

**2. 认识容积调速回路**

节流调速回路效率低、发热大，只适用于小功率场合，容积调速回路通过改变回路中变量泵或变量马达的排量来调节执行元件的运动速度。因无节流损失或溢流损失，故效率高、发热小，一般用于大功率场合。如图 8.58 所示为变量泵-定量马达式容积调速回路，变量泵 4 和定量马达 2 组成容积调速回路，此回路采用改变变量泵 4 的输出流量的方法来调速，溢流阀 3 在工作时起安全阀作用，起过载保护作用，它限定液压泵的最高工作压力，溢流阀 1 用于调定泵 6 的供油压力，补充系统泄漏油液。

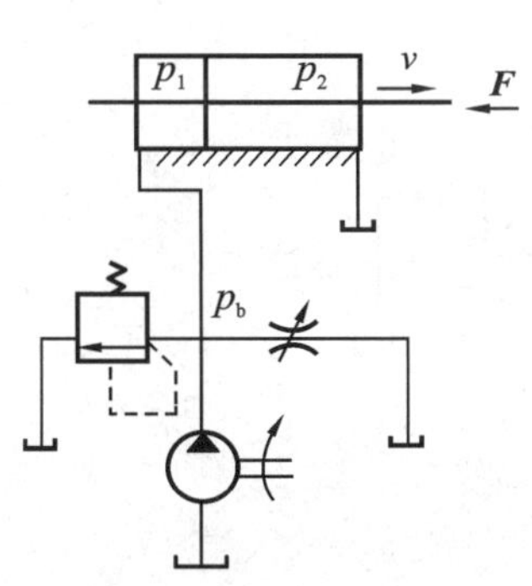


**图 8.57 旁油路节流调速回路**

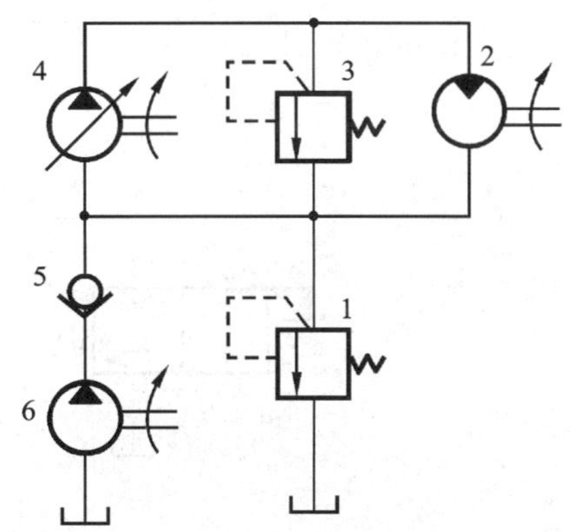


**图 8.58 变量泵-定量马达式容积调速回路**

## 【知识拓展】

### 分析 QD351 自卸汽车液压系统

如图 8.59 所示，该系统的动力装置为齿轮式液压泵 6，由四位四通手动换向阀 3 来控制油路的变换，使液压缸完成空位、举升、中停、下降四个动作，系统的压力由溢流阀 2 调定。当手动换向阀 3 处于最右位置时，手动换向阀 3 的中位职能为 H 型，液压缸 4 处于悬浮状态，车厢处于未举升的自由状态，即液压缸为空位；当手动换向阀 3 处于最左位时，液压泵将液压油从油箱中泵出，经换向阀最左位流入液压缸 4 的下腔，然后又从液压缸 4 的上腔流出，经换向阀最左位及滤油器 8 流回油箱 1，此时，多级活塞缸逐节伸出，完成举升的动作；当滑阀处于左二位时，手动换向阀 3 的中位职能为 M 型，液压泵处于卸荷状态，A、B 口皆被截止，液压缸两腔油液被封住，

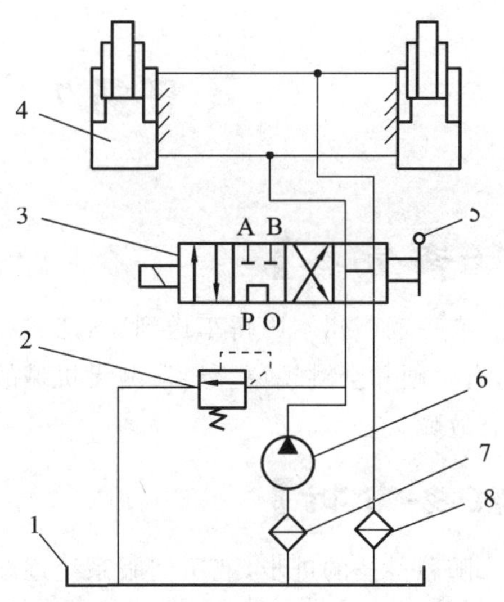


**图 8.59 自卸载重汽车液压系统图**

1—油箱；2—溢流阀；3—手动换向阀；4—液压缸；5—手柄；6—液压泵；7、8—滤油器

液压缸被锁紧在任意位置,实现中停的动作;当滑阀处于左三位时,液压泵将液压油从油箱中泵出,经换向阀左三位流入液压缸4的上腔,然后又从液压缸4的下腔流出,经回换向阀左三位及滤油器7流回油箱1,此时液压缸4下降,当车厢降至原位时,阀移至最右位,完成下降的动作。从以上分析可以看出,此系统包含了手动换向阀3控制的换向回路、滑阀右位和左二位控制的卸荷回路、溢流阀控制的限压回路及两液压缸组成的同步工作回路。

## 【复习与思考】

1. 什么是液压基本回路?常见的液压基本回路有几类?
2. 在进口节流调速回路中,用定值减压阀和节流阀串联代替调速阀,能否起到调速阀的作用?
3. 什么是锁紧回路,如何实现锁紧?
4. 简要分析图8.60中二位二通电磁换向阀卸荷回路的工作原理。

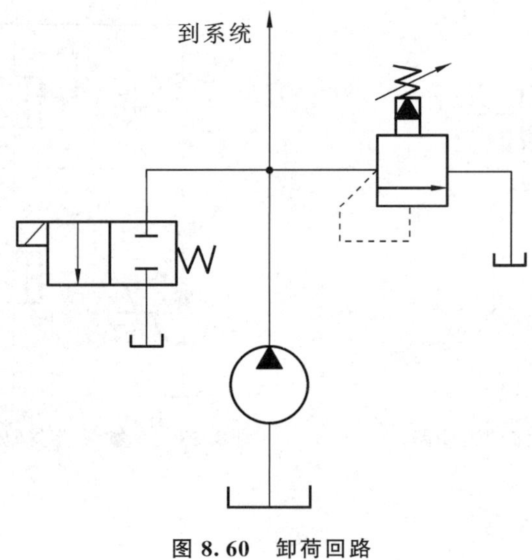


图8.60 卸荷回路

# 任务7 汽车液压伺服系统

## 【任务导入】

有一辆广州本田轿车送到4S店进行检修。车主自述,行车转向时,转动方向盘感到沉重费力,有生硬和会跳现象。经检测无机械故障,转向系统零部件有漏油痕迹,初步判定液压伺服系统有故障。

## 【任务分析】

随着科技的进步,液压伺服系统逐渐发展为以机电一体化为主流的伺服系统。液压伺服系统以其响应速度快、负载刚度大、控制功率大等独特的优势在汽车中得到了的应用。本案例中广州本田轿车的液压系统为液压伺服系统,要进行液压伺服系统的检测,必须了解液压伺服系统的分类,熟悉液压伺服系统的组成,掌握液压伺服系统的工作原理。

## 【相关知识】

**1. 液压伺服系统的分类**

液压伺服系统又称为随动或跟踪系统，是一种自动控制系统。在此系统中，液压执行元件的运动能自动、快速、准确地随着控制机构的信号而改变，与此同时，液压伺服系统还起到将信号放大的作用。

液压伺服系统可以按以下方式分类。

(1) 按控制信号分：机液伺服系统、电液伺服系统、气液伺服系统三种。

(2) 按控制元件分：阀控制系统、泵控制系统两种。

汽车上的液压伺服系统一般采用的是阀控制系统。

**2. 液压伺服系统的基本特点**

液压伺服系统除具有液压传动所固有的特点外，还具有以下特点。

(1) 输出量能自动跟随输入量的变化规律而变化。

(2) 液压伺服系统是一个有偏差的系统，其系统是靠偏差信号进行工作的。

(3) 具有反馈控制通路，因而输出信号能反复精确地复现输入信号的变化。

(4) 液压伺服系统是一个功率放大系统。

液压伺服系统具有体积小、质量小、惯性小、输出功率大，反应速度快、自动化程度高，系统刚度大(即输出位移受外负载影响小)、定位准确等优点，但也有元件加工精度高、价格较贵，抗污染能力差、不易维护等缺点。随着科学技术的发展，液压伺服系统的缺点将不断得到改进，在汽车制造业中将得到更广泛的应用。

## 【任务实施】

### 一、认识汽车常用液压伺服系统

如图 8.61 所示为一个简单的液压传动系统，主要由滑阀和液压缸组成，液压缸推动负载运动，而液压缸的运动由滑阀来控制。当给阀芯输入量 $x_i$时，则滑阀移动一个开口量 $x_V$，此时，在油液的作用下缸体向右移动，产生一输出位移 $x_o$。输出位移 $x_o$与输入位移 $x_i$的大小没有直接的关系，而与液压缸的结构尺寸有关。

如图 8.62 所示为一个汽车应用的简单液压伺服系统，它将上述的滑阀和液压缸组合成整体，形成了反馈通路，所以液压伺服系统是由液压动力机构和反馈机构组成的。

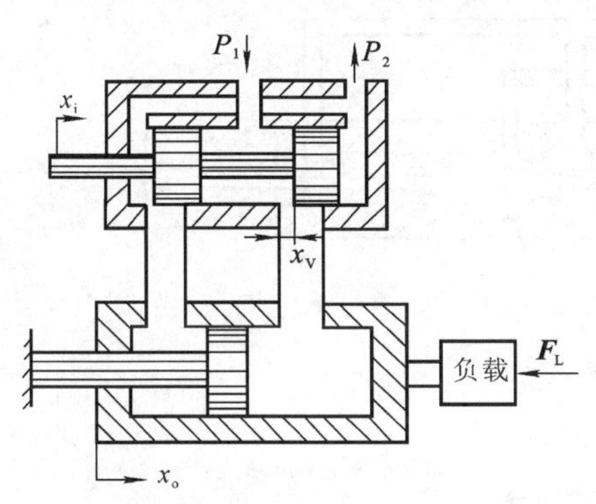


图 8.61 液压传动系统

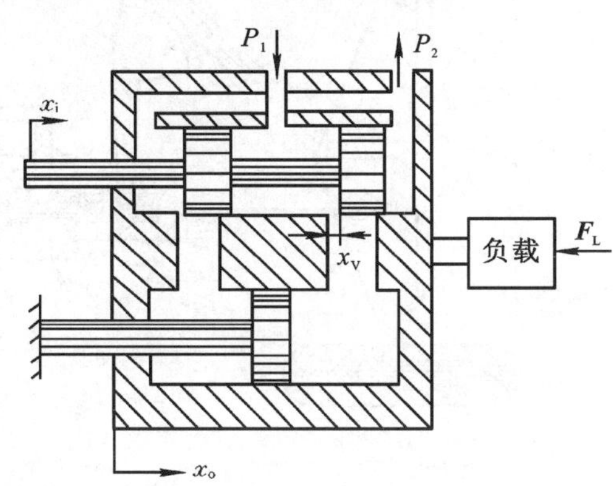


图 8.62 液压伺服系统

## 二、液压伺服系统的工作原理

如图 8.62 所示为液压伺服系统。当控制滑阀处于中间位置(零位),即没有输入信号,$x_i=0$ 时,液压缸的两个油口被阀芯的凸肩堵住,缸体不动,系统的输出量 $x_o=0$,因而负载不动,系统处于平衡状态。

当给控制滑阀输入一个正位移 $x_i>0$(如向右为正)的输入信号,阀芯偏离其中间位置,液压缸的进出油路同时打开,阀的开口量与输出量相同,即 $x_v=x_i$,液压缸的右腔流入高压油,而液压缸左腔回油,这样,液压缸就产生了位移 $x_o$,系统处于不平衡状态。

由于控制滑阀的阀体与液压缸是一个整体,所以,滑阀开口量 $x_v$ 随着输出量 $x_o$ 的增加而逐渐减小。当 $x_o=x_i$ 时,开口量 $x_v=0$,油路关闭,这时液压缸关闭,载荷停止在一个新的位置上,系统达到一个新的平衡状态。

如果不断输入正位移的信号,液压缸则跟随信号不断向右运动。如果给控制滑阀输入负位移的信号 $x_i<0$(向左为负),液压缸则跟随信号向左运动。

由以上分析看出,在液压伺服系统中,液压缸的运动取决于滑阀的运动,即滑阀不动,液压缸也不动;液压缸的移动方向与滑阀的移动方向相同;液压缸的移动距离与滑阀的移动距离相等;液压缸的移动速度与滑阀的移动速度相对应。因此,只要给控制滑阀以某一运动规律的输入信号,则执行元件(系统输出)就自动、准确地跟随控制滑阀按照这个规律运动,这就是液压伺服系统的工作原理。

## 三、液压伺服系统在汽车上的应用

液压伺服系统的基本特点使其在汽车液压系统中得到越来越多的应用。这种系统的应用,提高了车辆的转向灵活性,极大地减轻了驾驶员操作方向盘的体力劳动。汽车上采用的液压助力转向器,便是液压伺服系统的应用,如图 8.63 所示。它主要由液压缸和控制滑阀组成。液压缸缸体 6 活动,活塞 5 的活塞杆固定;液压缸缸体 6 和滑阀阀体做成一体,通过摆杆 3 和转向连杆机构连接,阀体上标注 $P$、$P_0$、$P_1$、$P_2$ 的槽分别与液压泵、油箱、液压缸两腔连通。驾驶员操纵

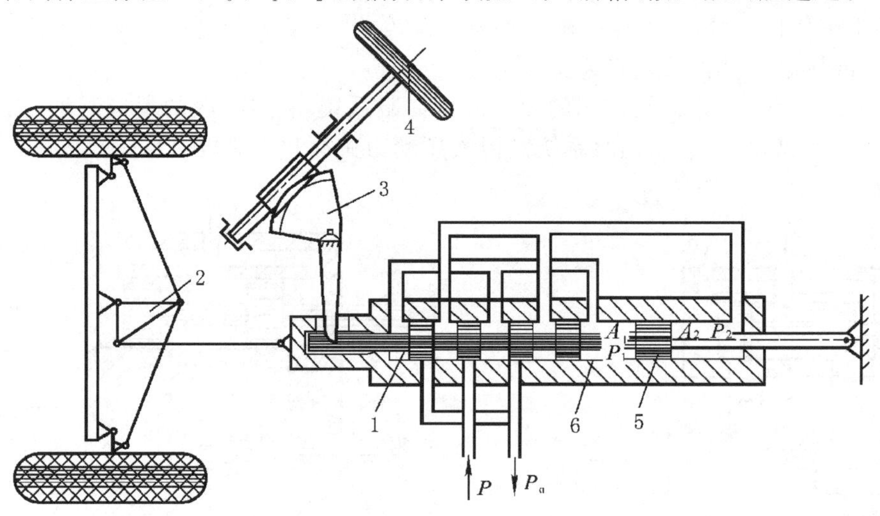


**图 8.63 汽车液压助力转向器**

1—阀芯;2—转向连杆机构;3—摆杆;4—方向盘;5—活塞;6—液压缸缸体

方向盘4,通过摆杆3可带动滑阀阀芯1移动。当阀芯1处于图示位置时,液压缸左、右腔油液被封闭,活塞受到两腔油压的作用力相等,因此,液压缸缸体6固定不动,汽车保持直线运动。若驾驶员操纵方向盘通过摆杆3带动滑阀阀芯1向后移动(向右移动),油泵供油流入油缸左腔,右腔的油液经阀芯上的油孔流回油箱,这样液压缸便向后移动,转向连杆机构2向逆时针方向摆动,车轮向左偏转。同理,若驾驶员操纵方向盘通过摆杆3带动滑阀阀芯1向前移动,则车轮向右偏转。

缸体前进或后退时,控制阀体同时前进或后退,即实现刚性反馈,使阀芯和阀体重新回复到平衡位置,保持了车轮偏转角度不变。

## 【复习与思考】

1. 液压伺服系统的基本特点有哪些?
2. 液压伺服系统的工作原理是什么?
3. 举例说明汽车上应用的液压伺服系统,并分析工作过程。

# 任务8 汽车常用气压传动系统

## 【任务导入】

雄鹰汽车维修有限公司对一辆东风EQ1090E型汽车进行修理。车主自述,汽车起步困难,制动时反应不灵敏,抬起制动踏板后,不能立即解除制动,要求进行修理。

## 【任务分析】

东风EQ1090E型汽车的制动采用气压式制动装置,上述故障现象应该是气压传动系统工作不良造成的,如要尽快排除故障,就需要了解气压传动系统的组成,熟悉气压传动的工作原理。

## 【相关知识】

### 一、气压传动系统的组成

气压传动系统是以空气压缩机为动力源,以压缩空气为工作介质进行能量传递或信号传递的工程技术。它在汽车制造业及汽车上得到了广泛的应用,如客车车门的控制、轿车制动系统、车身高度控制系统都采用了各种特殊功能的气缸及相应的气动控制系统。

气压传动系统和液压传动系统类似,除工作介质(压缩空气)外,也由四部分所组成。

**1. 动力元件(气源装置)**

动力元件是获得压缩空气的装置,其主体部分是空气压缩机,它将原动机供给的机械能转变为气体的压力能,为各类气动设备提供动力。

**2. 控制元件**

控制元件用来控制压缩空气的压力、流量和流动方向,以便使执行机构完成预定的工作循环。它包括各种压力控制阀、流量控制阀和方向控制阀等。

**3. 执行元件**

执行元件将气体压力能转换成机械能,并完成做功动作的元件,如气缸、气动马达等。

**4. 辅助元件**

辅助元件是保证压缩空气的净化、元件的润滑、元件间的连接及消声等所必需的,它包括过滤器、油雾器、管接头及消声器等。

## 二、气压传动的特点

**1. 气压传动的优点**

(1) 工作介质是空气,取之不尽、用之不竭。气体不易堵塞流动通道,用后可将其随时排入大气中,不污染环境。

(2) 空气的特性受温度影响小。在高温下能可靠地工作,不会发生燃烧或爆炸,且温度变化时,对空气的黏度影响极小,故不会影响传动性能。

(3) 空气的黏度很小(约为液压油的万分之一),所以流动阻力小,在管道中流动的压力损失较小,所以便于集中供应和远距离输送。

(4) 相对液压传动而言,气压传动动作迅速、反应快。

(5) 气体压力具有较强的自保持能力,即使压缩机停机,关闭气阀,但装置中仍然可以维持一个稳定的压力。液压系统要保持压力,一般需要能源泵继续工作或另加蓄能器,而气体能通过自身的膨胀性来维持承载缸的压力不变。

(6) 气动元件可靠性高、寿命长,易于标准化、系列化和通用化。

(7) 工作环境适应性好,特别是在易燃、易爆、多尘埃、强磁、辐射、振动等恶劣环境中,比液压、电子、电气传动控制优越。

(8) 气动装置结构简单,成本低,维护方便,过载能自动保护。

**2. 气压传动的缺点**

(1) 由于空气的可压缩性较大,气动装置的动作稳定性较差,外负载变化时,对工作速度的影响较大。

(2) 由于工作压力低,气动装置的输出力或力矩受到限制。

(3) 由于压缩空气需要良好的处理,不能有灰尘及湿气,因而空气净化处理较复杂。

(4) 排气噪声较大。

# 【任务实施】

## 一、认识汽车用气压传动系统

如图 8.64 所示为东风 EQ1090E 型汽车气压制动传动系统。此气动控制系统主要由空气压缩机、制动控制阀、储气筒、制动气室、制动器等组成。采用的是双管路气压传动装置,利用一个双腔的制动控制阀、两个主储气筒组成两套彼此独立的管路,分别控制两桥的制动。

## 二、气压传动的工作原理

如图 8.64 所示,单缸压缩机产生的压缩空气首先经过单向阀输入湿储气筒进行油水分离,

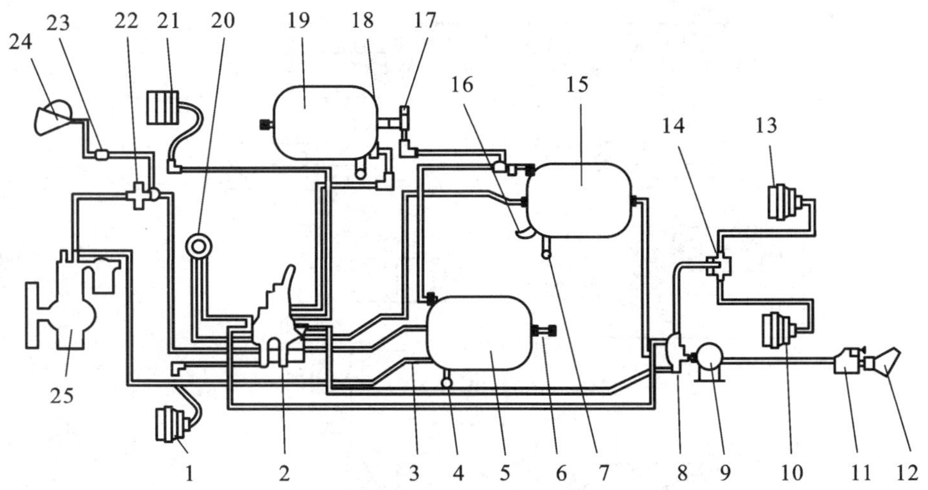


**图 8.64 东风 EQ1090E 型汽车气压制动传动系统**

1、21—前制动气室；2—并列双腔共制动控制门；3—储气筒单向阀；4、7—放水阀；5—湿储气筒；6—安全阀；8—梭阀；9—挂车制动阀；10、13—后制动气室；11—挂车分离开头；12—连接头；14—快放阀；15、19—往储气筒(供后制动器)；16、18—低压报警器；17—取气阀；20—双针气压表；22—气压调节阀；23—气喇叭开关；24—气喇叭；25—空气压缩机

然后分成两个回路：一个回路经过储气筒、并列双腔制动阀的后腔通向前制动气室；另一个回路经过储气筒、并列双腔制动阀的前腔和快放阀通向后制动气室。当其中一个回路发生故障失效时，另一个回路仍然能继续工作，这样，汽车就仍具有一定的制动能力，但不可以利用一个制动回路长时间行车，以防发生意外。

快放阀的作用是当驾驶员松开制动踏板时，可缩短后轮制动气室放气路线和时间，使后轮制动器迅速解除制动；报警器的作用是当储气筒的气压低于 0.35MP 时，发出断续鸣叫警报声，提醒驾驶员注意。

在不制动的情况下，前制动储气筒还向挂车储气筒充气。制动时，双腔制动阀的前、后腔输出气压可能不一致，但都通入梭阀。梭阀只允许压力较高一腔的压缩空气输入挂车制动阀，后者输出的气压又控制装在挂车上的继动阀，使挂车产生制动。

通过以上分析，可以总结出气压传动的工作原理是：将原动机输出的机械能转变为空气的压力能，利用管路、各种控制阀及辅助元件将压力能传送到执行元件，再转换成机械能，从而完成直线运动或回转运动，并对外做功。

## 【知识拓展】

### 认识汽车车门气动安全操纵系统

如图 8.65 所示为汽车车门安全操纵系统原理图。汽车车门的开、关由气动系统来控制，在车门关闭的过程中，如果遇到障碍物时，系统能使处于关闭过程中的车门再自动打开，起安全保护作用。

车门的开、关由气缸 12 中活塞的往复直线运动来实现，气动换向阀 9 控制气缸，1、2、3、4 四个按钮换向阀用于操纵气动换向阀 9，单向节流阀 10 或 11 用来调节气缸的运动速度。通过操纵阀 1 或 2 使车门打开，操纵阀 3 或 4 使车门关闭，机动换向阀 8 安装在车门上，起安全保护

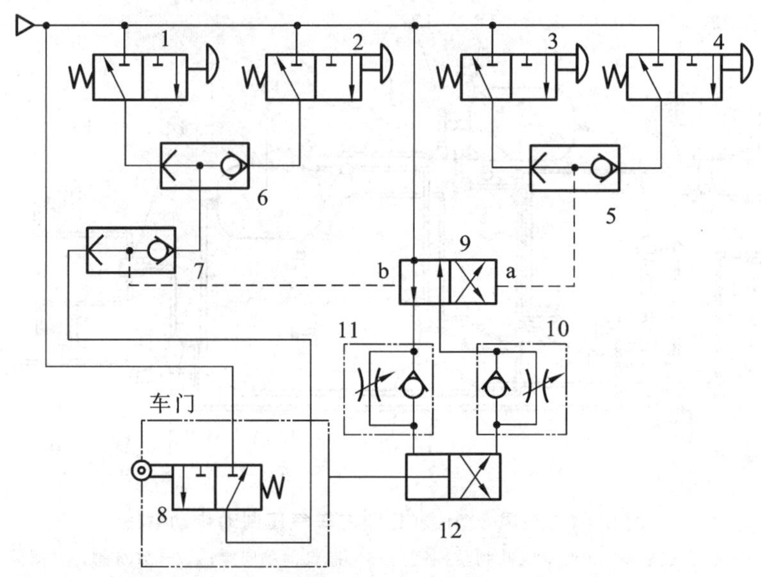


**图8.65 汽车车门安全操纵系统原理图**

1、2、3、4—按钮换向阀;5、6、7—梭阀;8—机动换向阀;

9—气动换向阀;10、11—单向节流阀;12—气缸

作用。

如要开门时,操纵阀1或2,压缩空气就经阀1或2流到梭阀6和7,这样,就把气压信号送到了阀9的b侧,这时,压缩空气便经阀9左位和阀11中的单向阀到气缸的有杆腔,推动活塞运动,从而使车门开启。

如要关门时,操纵阀3或4,压缩空气就经阀3或4流到梭阀5,这样,就把气压信号送到了阀9的a侧,这时,压缩空气便经阀9右位和阀10中的单向阀到气缸的无杆腔,从而使车门关闭。

在关门的过程中,如果遇到障碍物,便推动机动换向阀8,这时,压缩空气便经阀8把控制信号经阀7送到阀9的b侧,车门便重新开启。但是,如果阀3或阀4仍然保持按下状态,阀8则起不到自动开车门的安全作用。

## 【复习与思考】

1. 气压传动由哪几部分组成?试说明各部分的作用。
2. 气压传动的特点有哪些?
3. 举例描述气压传动的工作原理。

# 项目 9
## 汽车零件切削加工与装配

### 知识目标

(1) 会选用金属切削机床的型号。

(2) 能正确安装工件。

(3) 能合理选择汽车零件表面常用切削加工方法。

(4) 能制定典型汽车零件加工工艺路线。

(5) 了解汽车零件的装配工艺过程。

### 能力目标

(1) 掌握金属切削加工的原理和要素。

(2) 能完成外圆表面、平面、圆柱齿轮齿形和螺纹等的加工。

(3) 能正确安装工件,了解机床构造及型号,并能正确使用。

(4) 初步掌握典型汽车零件加工工艺路线。

(5) 学会数控机床的正确使用。

# 任务1　汽车零件加工刀具

## 【任务导入】

切削加工是指使用切削工具从工件上切除多余材料,以获得几何形状、尺寸精度和表面粗糙度等都符合要求的零件或半成品的加工方法。

切削加工是在材料的常温状态下进行的,它包括机械加工和钳工加工两种,其主要形式有:车削、刨削、铣削、磨削、齿形加工、锉削、錾削、锯割等。汽车零件加工刀具就是习惯上常说的机械加工的切削加工刀具。

## 【任务分析】

在国民经济领域中使用着大量的机器和设备,组成这些机器和设备的不可拆分的最小单元就是机械零件。由于现代机器和设备的精度及性能要求较高,所以对组成机器和设备的大部分机械零件的加工质量也提出了较高的要求,不仅有尺寸、形状和位置的要求,而且还有表面粗糙度的要求。为了满足这些要求,除了较少的一部分零件是采用精密铸造、特种加工或精密锻造等其他方法直接获得外,绝大部分零件都要经过切削加工的方法获得。在机械制造行业,切削加工所担负的加工量占机器制造总工作量的40%～60%。由此可以看出,切削加工在机械制造过程中占有举足轻重的地位。切削加工之所以能够得到广泛应用,是因为与其他加工方法相比较,它具有如下突出优点。

(1) 切削加工可获得相当高的尺寸精度和较小的表面粗糙度参数值。磨削外圆精度可达IT6～IT5级,$Ra$ 为0.8～0.1 μm;镜面磨削的粗糙度参数 $Ra$ 可达0.006 μm;最精密的压力铸造只能达到IT10～IT9,$Ra$ 为3.2～1.6 μm。

(2) 切削加工几乎不受零件的材料、尺寸和质量的限制。目前尚未发现不能切削加工的金属材料,橡胶、塑料、木材等非金属材料也都可以进行切削加工。其加工尺寸小至不到0.1 mm,大至数十米,质量可达数百吨。目前世界上最大的立式车床可加工直径26 m的工件,并且可获得相当高的尺寸精度和较小的表面粗糙度参数值。

## 【相关知识】

### 一、切削运动

在切削过程中,加工刀具与工件间的相对运动就是切削运动。它是直接形成工件表面轮廓的运动,如图9.1所示。切削运动包括主运动和进给运动两个基本运动。

#### 1. 主运动

主运动是由机床或人力提供的主要运动,它促使刀具和工件之间产生相对运动,从而使刀具前面接近工件。主运动是直接切除切屑所需要的基本运动,在切削运动中形成机床切削速度,消耗主要动力。图9.1所示车床上工件的旋转运动即为主运动,机床主运动的速度可达每分钟数百米至数千米。

主运动可以是旋转运动,也可以是直线运动。多数机床的主运动为旋转运动,如车削、钻削、铣削、磨削中的主运动均为旋转运动。

**2. 进给运动**

使新的金属层不断投入切削,保证切削能持续进行,以便切除工件表面的全部余量的运动称为进给运动。一般情况下,此运动的速度较低,消耗功率较小。图 9.1 所示车刀的轴向移动即为进给运动。进给运动有直线进给、圆周进给及曲线进给之分,直线进给又分为纵向、横向、斜向三种。

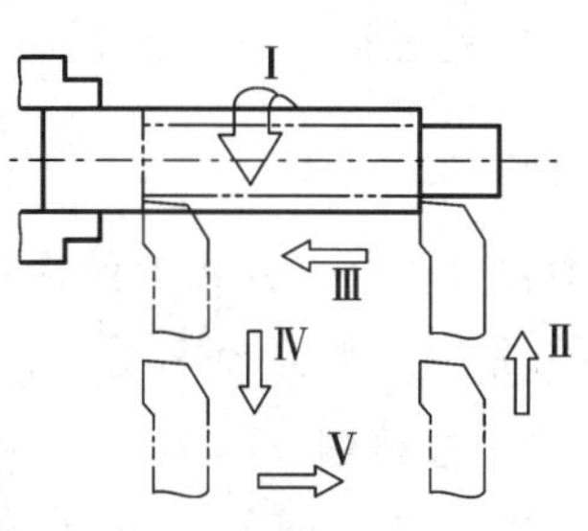


图 9.1 车床的运动

任何切削过程中必须有一个、也只有一个主运动。进给运动则可能有一个或几个。主运动和进给运动可以由刀具、工件分别来完成,也可以都由刀具单独完成。

## 二、切削要素

切削要素是指切削速度、进给量和背吃刀量,又称为切削用量,要完成切削加工,这三者缺一不可。切削用量三要素是调整机床运动的依据。以车削为例,在每次切削中工件上都形成三个表面,如图 9.2 所示。

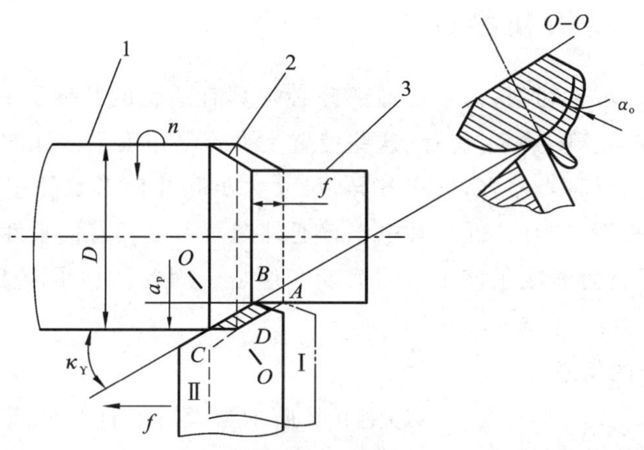


图 9.2 切削要素

1—待加工表面;2—过渡表面;3—已加工表面

(1) 待加工表面 工件上有待切除的表面。

(2) 已加工表面 工件上经刀具切削后产生的表面。

(3) 过渡表面 工件上由切削刃形成的表面,它是待加工表面和已加工表面之间的过渡表面。

**1. 切削速度 $v_c$**

切削速度是指切削刃上选定点相对于工件主运动的瞬时速度,单位为 m/s。当主运动是旋转运动时,切削速度是指圆周运动的线速度,即

$$v_c = \frac{\pi D n}{60 \times 1\ 000} \tag{9-1}$$

式中:$D$——工件或刀具在切削表面上的最大回转直径(mm);

$n$——主运动的转速(r/min)。

当主运动为往复直线运动时,则其平均切削速度为

$$v_c=\frac{2L_m n_r}{60\times 1\ 000} \tag{9-2}$$

式中:$L_m$——刀具或工件往复直线运动的行程长度(mm);

$n_r$——主运动每分钟的往复次数。

**2. 进给量 $f$**

进给量是指主运动的一个循环内(一转或一次往复行程),刀具在进给方向上相对工件的位移量。

**3. 背吃刀量 $a_p$**

吃刀量是两平面间的距离,该两平面都垂直于所选定的测量方向,并分别通过作用于切削刃上两个使上述两平面的距离为最大的点。背吃刀量是指在通过切削刃基点并垂直于工作平面方向上测量的吃刀量,即刀具切入工件时,工件上已加工表面与待加工表面之间的垂直距离。背吃刀量也称为切削深度,单位为 mm。车外圆时的背吃刀量如图 9.2 所示。

## 【任务实施】

## 掌握切削车刀结构和参数

要顺利地进行汽车零件切削,刀具切削部分必须具有适宜的几何形状,即组成刀具切削部分的各表面之间都应有正确的相对位置,这些位置是靠刀具角度来保证的。

汽车零件切削的刀具种类繁多,形状各异,尺寸大小和几何形状的差别也较大。但从刀具切削部分的几何特征来看,却有共性。其中以普通外圆车刀最具有代表性,它是最简单、最常用的切削刀具,其他刀具都可看成是该车刀的演变和组合。因此认识了车刀,也就初步了解了其他切削刀具的共性。

**1. 车刀切削部分的组成**

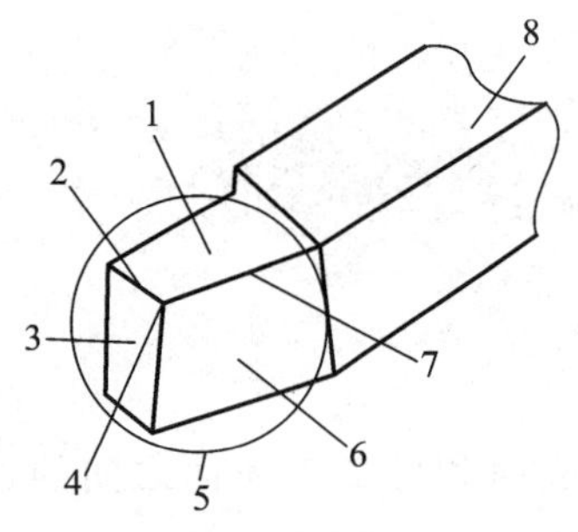


**图 9.3 车刀的组成**

1—前刀面;2—副切削刃;3—副后刀面;4—刀尖;5—切削部分;6—后刀面;7—主切削刃;8—刀柄

如图 9.3 所示为常见的直头外圆车刀。它由刀柄和刀头(刀体和切削部分)组成。

切削部分由三个刀面、两个切削刃和一个刀尖组成,简称三面、两刃、一尖。

(1) 前刀面 $A_r$ 刀具上切屑流过的表面,可为平面,也可为曲面,以使切屑顺利流出。

(2) 后刀面 $A_a$ 与工件上切削中产生的表面相对的表面,又称为后面。它倾斜一定角度以减小与工件的摩擦。

(3) 副后刀面 $A_a'$ 刀具上同前刀面相交形成副切削刃的表面。它倾斜一定角度以免擦伤已加工表面。

(4) 主切削刃 $S$ 刀具前刀面上拟作切削用的刃,即前刀面与后刀面的交线,担负主要切削任务。

(5) 副切削刃 $S'$ 切削刃上除主切削刃外的刀刃,即前刀面与副后刀面的交线,担负辅助

切削任务。

(6) 刀尖　主切削刃与副切削刃的连接处相当少的一部分为切削刃。它并非绝对尖锐，一般都呈圆弧状，以保证刀尖有足够的强度和耐磨性。

**2. 车刀切削部分的几何参数**

1) 坐标平面的组成

要表示刀具切削部分各个面、刃的空间位置，就必须将刀具置于一空间坐标平面参考系内，用刀具各刀面、切削刃与参考平面间形成的角度，定出刀具的几何角度，以确定各刀面在空间的位置。

(1) 基面　通过切削刃选定点且垂直于该点切削速度方向的平面，如图 9.4 所示。

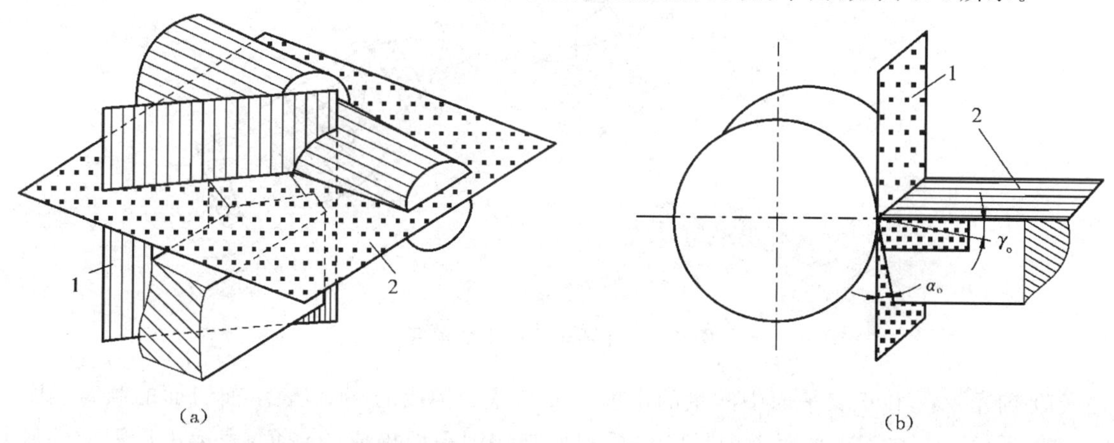


**图 9.4　基面与主切削平面的空间位置**

1—主切削平面；2—基面

(2) 正交平面(主剖面)　通过切削刃选定点并同时垂直于基面和切削平面的平面。刀具的正交平面包括主切削刃正交平面(简称正交平面)和副切削刃正交平面，如图 9.5 所示。车刀的基面、切削平面、正交平面在空间互相垂直，如图 9.6 所示。

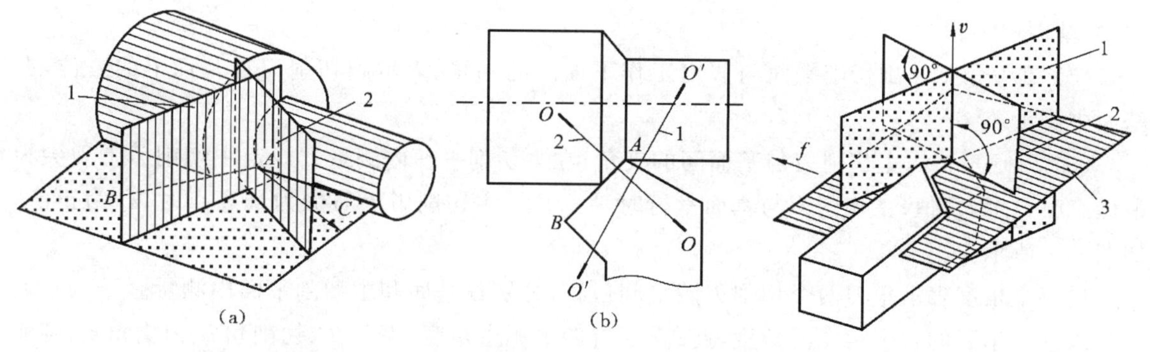


**图 9.5　正交平面**

1—副切削刃正交平面；2—主切削刃正交平面

**图 9.6　基面、切削平面和正交平面的空间关系**

1—切削平面；2—正交平面；3—基面

(3) 假定工作平面　通过切削刃选定点并垂直于基面，它平行或垂直于刀具在制造、刃磨及测量时适合于安装或定位的一个平面或轴线，一般来说其方位要平行于假定的运动方向。

2) 刀具角度的基本定义

普通外圆车刀一般有十个角度,如图 9.7 所示。

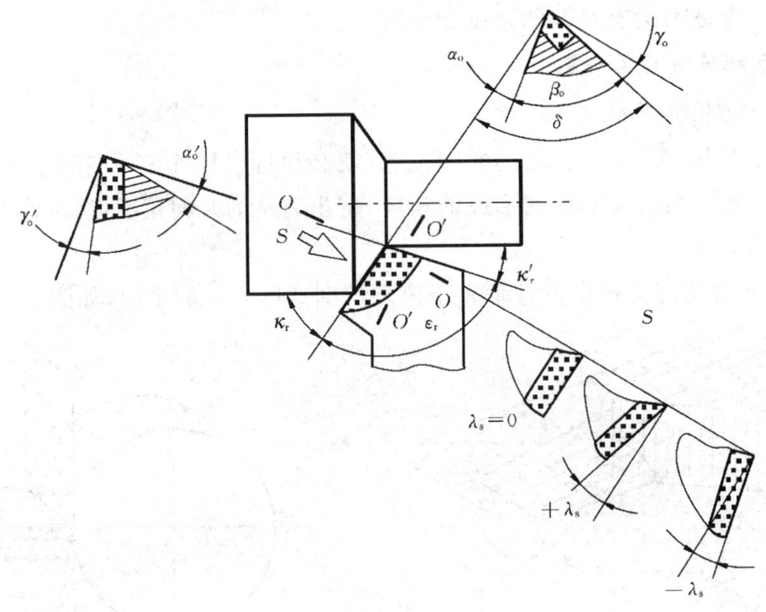


图 9.7　外圆车刀的十个角度

(1) 前角 $\gamma_o$　在正交平面中测量的由前刀面与基面构成的夹角,表示前刀面的倾斜程度。

(2) 后角 $\alpha_o$　在正交平面中测量的由后刀面与切削平面构成的夹角,表示主后刀面的倾斜程度。

(3) 副后角 $\alpha_o'$　在副切削刃正交平面中测量的由副后刀面与副切削平面之间构成的夹角,表示副后刀面的倾斜程度。

这三个角度表示车刀三个刀面的空间位置,都是两平面之间的夹角。

(4) 主偏角 $\kappa_r$　基面内主切削刃与假定工作平面间的夹角,表示主切削刃在基面上的方位,在基面中测量。

(5) 副偏角 $\kappa_r'$　副切削平面与假定工作平面间的夹角,表示副切削刃在基面上的方位,在基面中测量。

(6) 刃倾角 $\lambda_s$　主切削刃与基面间的夹角,在主切削平面内测量。规定主切削刃上刀尖为最低点时,$\lambda_s$ 为负值;主切削刃与基面平行时,$\lambda_s$ 为零;主切削刃上刀尖为最高点时,$\lambda_s$ 为正值,如图 9.7 所示。

这三个角度表示车刀两个切削刃的空间位置,分别在基面和主切削平面内测量。

以上为车刀的六个独立的角度,此外,还有四个派生角度:楔角 $\beta_o$、切削角 $\delta$、刀尖角 $\varepsilon_r$、副前角 $\gamma_o'$,它们的大小完全取决于前六个角度,其中,$\gamma_o+\alpha_o+\beta_o=90°$;$\kappa_r+\kappa_r'+\varepsilon_r=180°$。

**3. 刀具角度的选择**

1) 前角 $\gamma_o$

增大前角,切屑易流出,可使切削力降低,切削轻快;但前角过大时,会削弱刀刃强度及散热能力,使刀具的寿命降低。当加工塑性材料及工件材料硬度较低、刀头材料韧度较好或精加工时,前角值可取大些;当加工脆性材料及工件材料硬度较高、刀头材料韧度较差或粗加工时,前

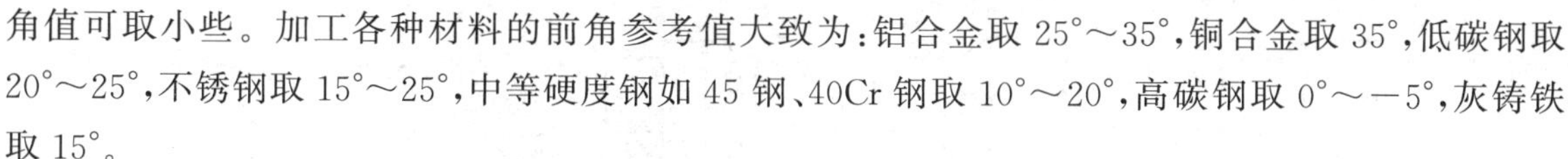

角值可取小些。加工各种材料的前角参考值大致为：铝合金取 25°～35°，铜合金取 35°，低碳钢取 20°～25°，不锈钢取 15°～25°，中等硬度钢如 45 钢、40Cr 钢取 10°～20°，高碳钢取 0°～-5°，灰铸铁取 15°。

2）后角 $\alpha_o$

增大后角，可减少刀具后面与工件之间的摩擦；但后角过大时，刀刃强度将降低，散热条件变差，刀具容易损坏。一般来说，当加工塑性材料和精加工时，后角可取大些。通常，用高速钢制成的车刀，其后角为 6°～15°；用硬质合金制成的车刀在强力切削时，其后角取 3°～6°，精车时取 8°～12°。

3）主偏角 $\kappa_r$

在切削量和进给量不变的情况下，增大主偏角，可使切削力沿工件轴向加大，径向减小，有利于加工细长轴并减小振动；但由于主刀刃参与切削工作的长度减小，刀刃单位长度上切削力加大，故散热性能下降，刀具磨损加快。通常，当加工细长轴时，主偏角取 75°～90°；强力切削时，选取 60°～75°；加工硬材料时，取 10°～30°。

4）刃倾角 $\lambda_s$

增大刃倾角有利于提高刀具承受冲击的能力。当刃倾角为正值时，切屑向待加工面方向流动；当刃倾角为负值时，切屑向已加工面方向流出。刃倾角对切屑流向的影响如图 9.8 所示。通常，精车时，刃倾角取 0°～4°；粗车时，刃倾角取 -10°～-5°。

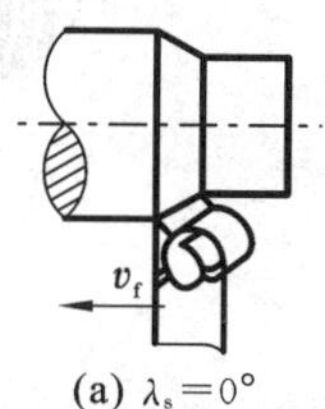


(a) $\lambda_s=0°$

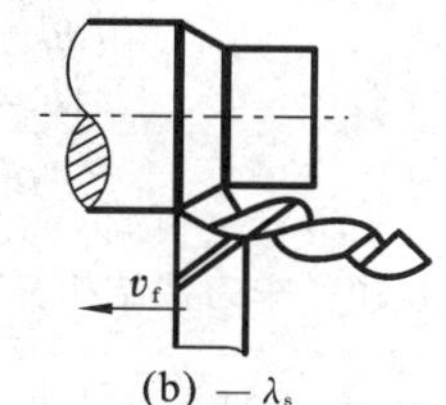


(b) $-\lambda_s$

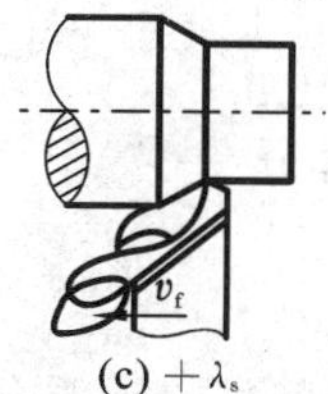


(c) $+\lambda_s$

图 9.8 刃倾角对排屑的影响

## 【知识拓展】

### 常用汽车零件切削刀具

#### 1. 车刀类型

车刀是金属切削加工中应用最广的一种刀具，它可以在车床上加工外圆、端面、螺纹、内孔，也可用于切槽和切断等。

1）车刀的分类

按用途不同，车刀可分为外圆车刀、内孔车刀、端面车刀、切断车刀、螺纹车刀等，如图 9.9 所示。

按结构不同，车刀可分为整体车刀、焊接车刀、机夹车刀、可转位车刀、成形车刀等，如图 9.10 所示。

2）焊接车刀

焊接车刀是由一定形状的刀片和刀杆通过焊接连接而成的，如图 9.10(b)所示。刀片一般

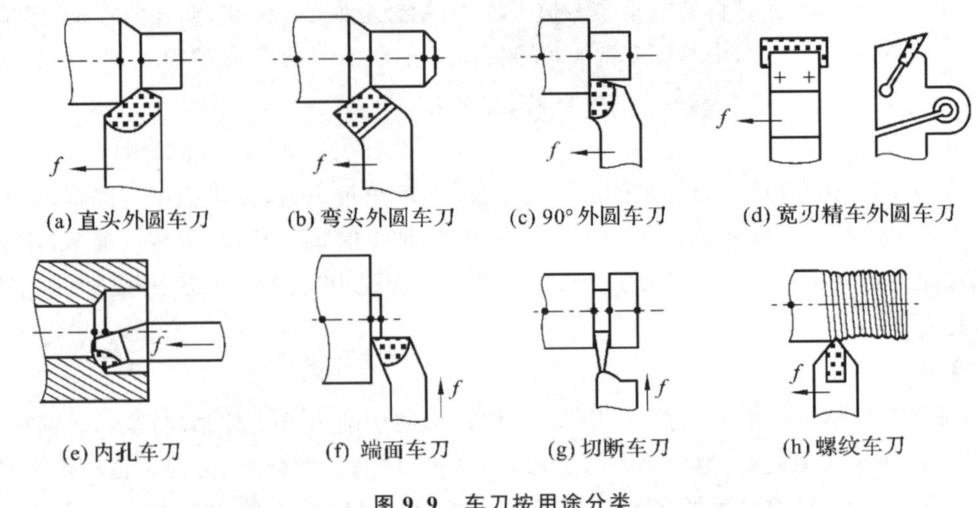


(a) 直头外圆车刀　(b) 弯头外圆车刀　(c) 90°外圆车刀　(d) 宽刃精车外圆车刀

(e) 内孔车刀　(f) 端面车刀　(g) 切断车刀　(h) 螺纹车刀

**图 9.9　车刀按用途分类**

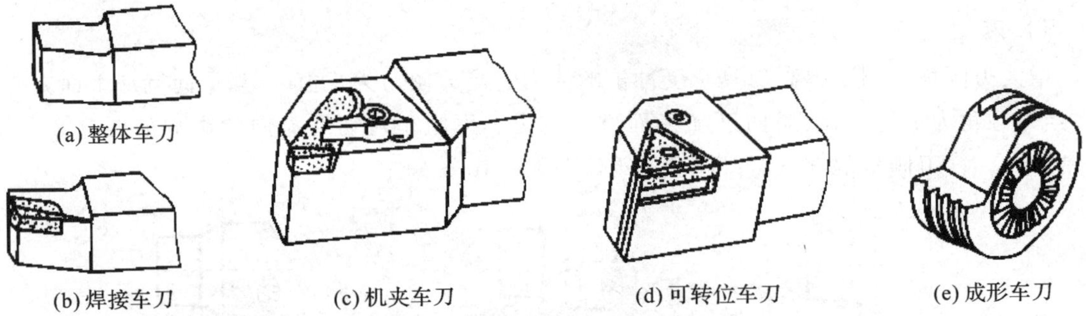

(a) 整体车刀　(b) 焊接车刀　(c) 机夹车刀　(d) 可转位车刀　(e) 成形车刀

**图 9.10　车刀按结构分类**

选用各种不同牌号的硬质合金材料，而刀杆一般选用 45 钢，使用时要根据具体需要进行刃磨。焊接车刀具有结构简单、紧凑、刀具抗震性强、制造方便等优点。但换刀和对刀的时间较长，不能满足机床和数控机床的需要。

3）可转位车刀

可转位车刀是使用可转位刀片的机夹车刀，如图 9.10(d)所示。可转位车刀由刀杆、刀垫、刀片和夹紧元件组成，如图 9.11 所示。

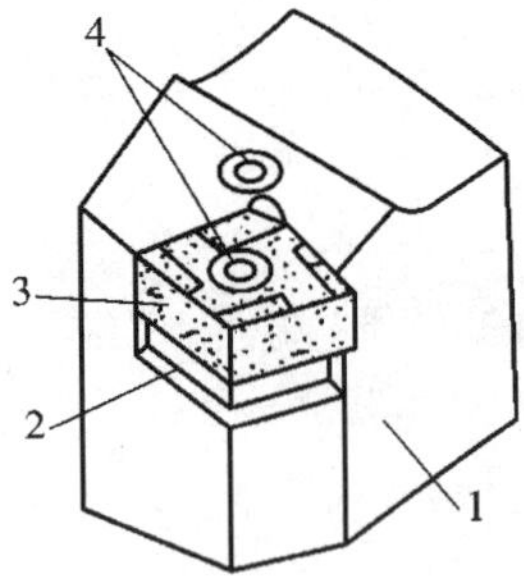

常用的车刀刀片形状有三角形、偏 8°三角形、凸三角形、正方形、五角形和圆形等。常用的夹紧元件有偏心式、杠杆式、杠销式、楔销式和上压式等。

可转位车刀不经焊接、刃磨，可避免脱焊、裂纹等缺陷，提高了刀片的寿命，而且刀杆可重复使用，切削性能稳定，加工效率高。它适合大批量生产、数控机床和自动线上生产。

**图 9.11　可转位车刀的组成**

1—刀杆；2—刀垫；
3—刀片；4—夹紧元件

**2. 孔加工刀具**

孔加工刀具一般可分为两大类：一类是从实体材料上加工出孔的刀具，常用的有麻花钻、扁钻、中心钻和深孔钻等，如图 9.12 所示；另一类是对工件上已有孔进行再加工用的刀具，常用的有扩孔钻、锪钻、铰刀及镗刀等，如图 9.13 所示。

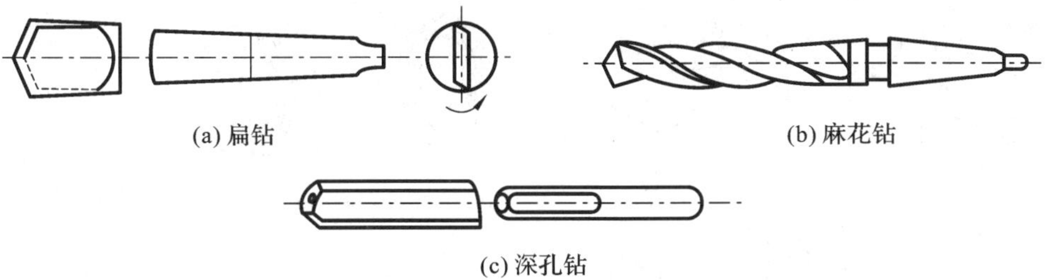


图 9.12　在实体材料上加工孔的刀具

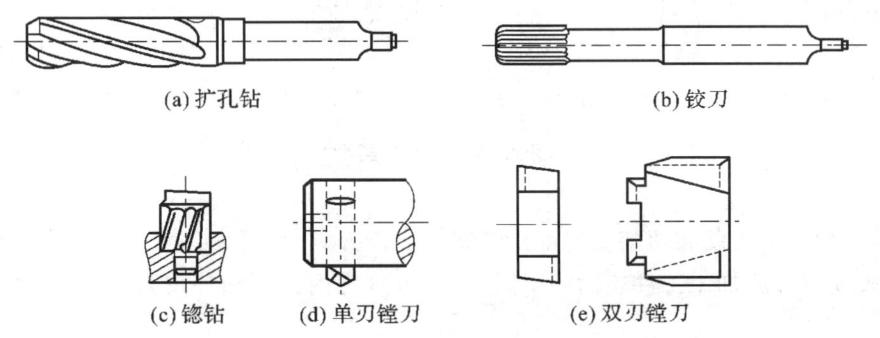


图 9.13　对已有孔进行再加工的刀具

1）麻花钻

麻花钻由柄部、颈部和工作部分组成，其工作部分由导向部分和切削部分组成，如图 9.14 所示。导向部分是钻头的螺纹槽部分，它的径向尺寸决定了钻头的直径，导向部分也是钻头的备磨部分。螺旋槽是排屑的通道，两条棱边起导向作用。切削部分是由两个螺纹形前刀面、两个圆柱形的副后刀面（棱边）组成。前刀面与后刀面的交线形成两条主切削刃，前刀面与棱边交线形成两条副切削刃，两个后刀面的交线形成横刃。

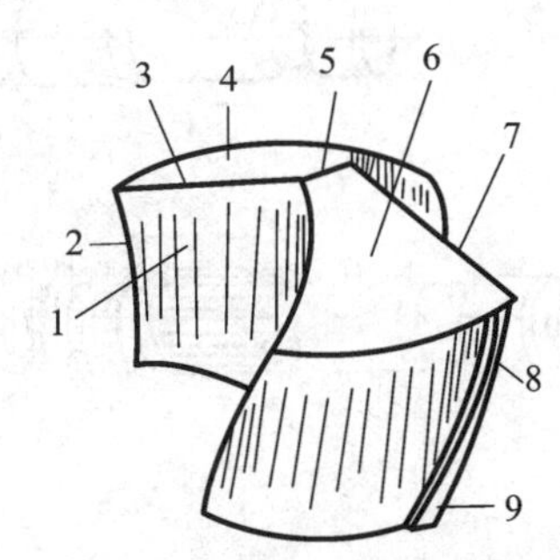


图 9.14　麻花钻的切削部分结构

1—前刀面；2—副切削刃；3—主切削刃；4—后刀面；5—横刃；6—后刀面；7—主切削刃；8—副切削刃；9—副后刀面(棱边)

2）铰刀

铰刀分为手用铰刀和机用铰刀，用于中小直径孔的半精加工与精加工。铰刀铰削加工余量小，齿数多，刚性和导向性好，工作平稳，加工精度可达 IT7～IT6，表面粗糙度 $Ra$ 可达 1.6～0.4 μm。

**3. 铣刀**

铣刀是一种应用广泛的多刃回转刀具。其种类很多，如图 9.15 所示。按用途不同，可分为：加工平面用的，如平面铣刀、端面铣刀等；加工沟槽用的，如立铣刀、两面刃或三面刃铣刀、锯片铣刀、T 形槽铣刀和角度铣刀；加工成形表面用的，如凸半圆和凹半圆铣刀；加工其他复杂成形表面用的铣刀。铣削的生产率一般较高，加工表面粗糙度值较大。

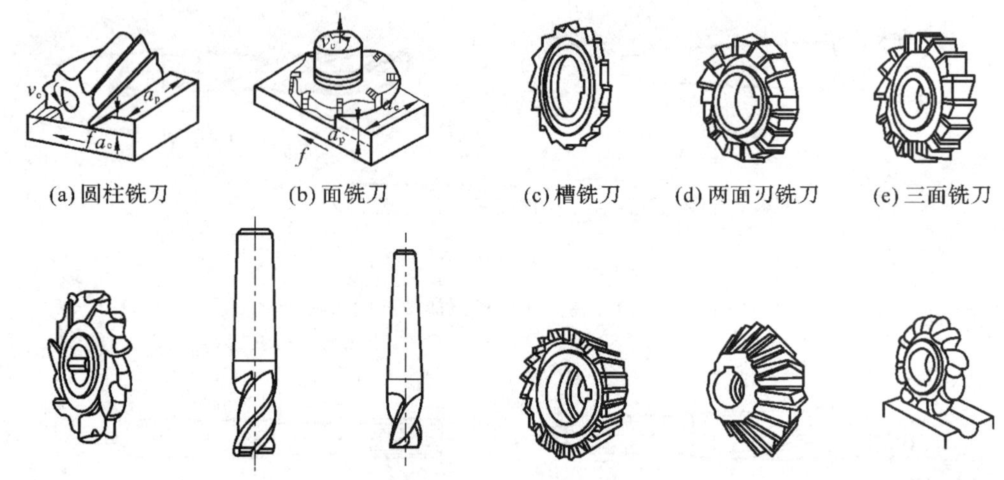

(a) 圆柱铣刀 (b) 面铣刀 (c) 槽铣刀 (d) 两面刃铣刀 (e) 三面铣刀

(f) 锯片三面刃铣刀 (g) 立铣刀 (h) 键槽铣刀 (i) 单面角度铣刀 (j) 双面角度铣刀 (k) 成形铣刀

图 9.15 铣刀的类型

**4. 拉刀**

拉刀是一种加工精度和切削效率都比较高的多齿刀具，广泛应用于大批量生产中，可加工各种内、外表面。按所加工工件表面的不同，拉刀可分为内拉刀和外拉刀两类，如图 9.16 和图 9.17 所示。

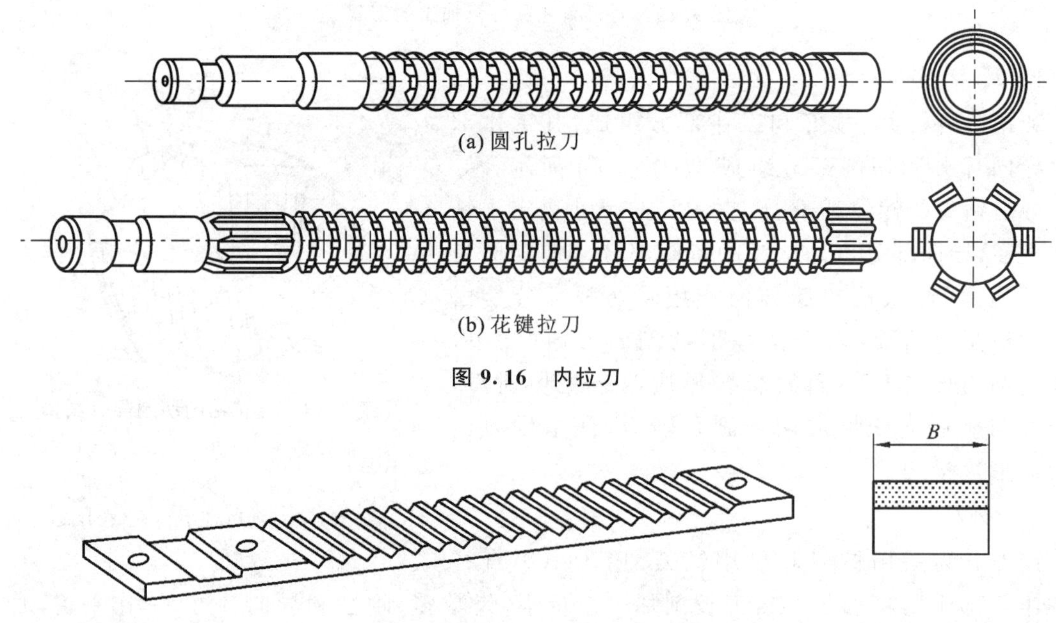


(a) 圆孔拉刀

(b) 花键拉刀

图 9.16 内拉刀

图 9.17 外拉刀

**5. 螺纹刀具**

螺纹可用切削法和滚压法进行加工。螺纹加工可在车床上车削完成(外螺纹)，也可用手动或在钻床上用丝锥进行加工(内螺纹)。

**6. 齿轮刀具**

齿轮刀具是用于加工齿轮齿形的刀具。按刀具的工作原理，齿轮刀具分为仿(成)形齿轮刀具和范(展)成齿轮刀具。常用的仿(成)形齿轮刀具有盘形齿轮铣刀和指形齿轮铣刀。常用的范(展)成齿轮刀具有插齿刀、齿轮滚刀和剃齿刀等。

**7. 砂轮**

砂轮是磨削加工使用的切削刀具，是由很多磨粒用粘结材料结合在一起经烧结而成的多孔体。它一般用于半精加工和精加工各种内圆、外圆、平面、螺纹、花键、齿轮等表面。

## 【复习与思考】

1. 切削运动包括哪些运动？
2. 切削用量的三要素指的是什么？
3. 外圆车刀的切削部分由哪些面或刃组成？
4. 背吃刀量和进给量对切削力的影响有何不同？

# 任务2 汽车零件加工机床和夹具

## 【任务导入】

受旋风模具制造有限公司委托，加工汽车零件维修架10套。要求为相关零件(安装架上座如图9.18所示)编制加工工艺规程，并完成加工。

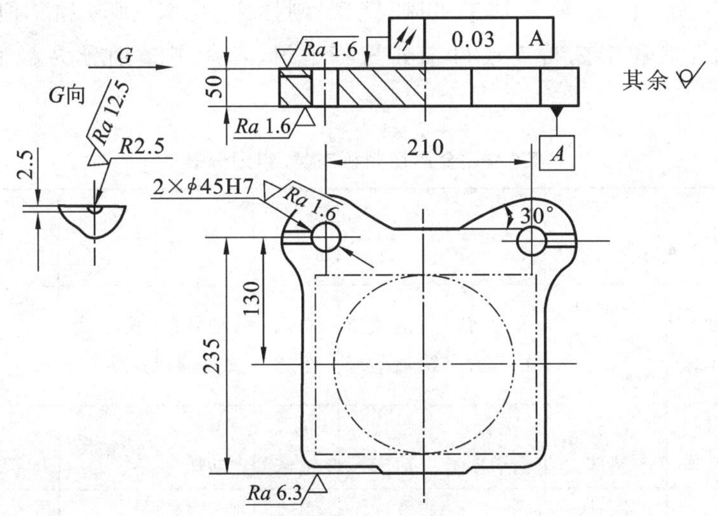


图9.18 安装架上座

金属切削机床是用切削刀具将金属加工成具有一定形状、尺寸和表面质量的机械零件的机器，它是制造机器的机器，又称为“工作母机”或“工具机”，习惯上简称为机床。在切削加工时，安装在机床上的工件和刀具是两个执行件，按加工要求相对运动并相互作用，切下金属材料，最终形成加工表面。本任务要求掌握汽车零件加工刀具、夹具和机床的选择方法。

## 【任务分析】

**1. 加工表面分析**

安装架上座零件的主要加工表面是：上、下表面；模座的导柱、导套安装孔。次要加工表面是:前部平面、螺纹孔、圆弧槽。

**2. 技术要求分析**

一般座板平面的加工质量要达到IT7～IT8,该座上、下表面的平行度公差一般为4级,表面粗糙度 $Ra$ 一般为0.8～1.6 μm,在保证平行度的前提下,可允许 $Ra$ 降低为1.6～3.2 μm,该座上、下表面平行度为0.03 mm,表面粗糙度 $Ra$ 为1.6 μm;常用座板各孔径的配合精度一般为IT6～IT7,$Ra$=0.4～1.6 μm。对安装滑动导柱的座板,孔轴线与上、下模板平面的垂直度要求为4级精度。模座上各孔之间的孔间距应保持一致,一般误差要求在±0.02 mm以下。所以该架上、下座的导柱、导套安装孔的孔中心距必须一致;导柱、导套安装孔的轴线与该座的上、下平面要垂直。分析结果是该零件结构简单,工艺性较好,能完成该零件的机械加工。

## 【相关知识】

## 一、认识加工机床和夹具

如何正确选择机床、刀具、夹具是本任务的出发点。

**1. 金属切削机床的型号及构造**

1) 机床的分类

我国传统的机床是按其工作原理进行分类的。目前我国将机床分为11大类,即车床、钻床、镗床、磨床、齿轮加工机床、螺纹加工机床、铣床、刨插床、拉床、锯床和其他机床。每一大类中的机床,按结构、性能和工艺特点还可细分为若干组,每一组又细分为若干系(系列),如表9.1所示。

**表9.1 金属切削机床类、组划分表**

| 类别＼组别 | 0 | 1 | 2 | 3 | 4 | 5 | 6 | 7 | 8 | 9 |
|---|---|---|---|---|---|---|---|---|---|---|
| 车床C | 仪表小型车床 | 单轴自动车床 | 多轴自动、半自动车床 | 回轮、转塔车床 | 曲轴及凸轮轴车床 | 立式车床 | 落地及卧式车床 | 仿形及多刀车床 | 轮、轴、辊、锭及铲齿车床 | 其他车床 |
| 钻床Z | — | 坐标镗钻床 | 深孔钻床 | 摇臂钻床 | 台式钻床 | 立式钻床 | 卧式钻床 | 铣钻床 | 中心孔钻床 | 其他钻床 |
| 镗床T | — | — | 深孔镗床 | — | 坐标镗床 | 立式镗床 | 卧式铣镗床 | 精镗床 | 汽车、拖拉机修理用镗床 | 其他镗床 |
| 磨床 M | 仪表磨床 | 外圆磨床 | 内圆磨床 | 砂轮机 | 坐标磨床 | 导轨磨床 | 刀具刃磨床 | 平面及端面磨床 | 曲轴、凸轮轴、花键轴及轧辊磨床 | 工具磨床 |
| 磨床 2M | — | 超精机 | 内圆珩磨机 | 外圆及其他珩磨机 | 抛光机 | 砂带抛光及磨削机床 | 刀具刃磨床及研磨机床 | 可转位刀片磨削机床 | 研磨机 | 其他磨床 |
| 磨床 3M | — | 球轴承套圈沟磨床 | 滚子轴承套圈滚道磨床 | 轴承套圈超精机 | — | 叶片磨削机床 | 滚子加工机床 | 钢球加工机床 | 气门、活塞及活塞环磨削机床 | 汽车、拖拉机修磨机床 |

续表

| 类别＼组别 | 0 | 1 | 2 | 3 | 4 | 5 | 6 | 7 | 8 | 9 |
|---|---|---|---|---|---|---|---|---|---|---|
| 齿轮加工机床Y | 仪表齿轮加工机 | — | 锥齿轮加工机 | 滚齿机及铣齿机 | 剃齿机及珩齿机 | 插齿机 | 花键轴铣床 | 齿轮磨齿机 | 其他齿轮加工机 | 齿轮倒角及检查机 |
| 螺纹加工机床S | — | — | — | 套丝机 | 攻丝机 | — | 螺纹铣床 | 螺纹磨床 | 螺纹车床 | — |
| 铣床X | 仪表铣床 | 悬臂及滑枕铣床 | 龙门铣床 | 平面铣床 | 仿形铣床 | 立式升降台铣床 | 卧式升降台铣床 | 床身铣床 | 工具铣床 | 其他铣床 |
| 刨插床B | — | 悬臂刨床 | 龙门刨床 | — | — | 插床 | 牛头刨床 | — | 边缘及模具刨床 | 其他刨床 |
| 拉床L | — | — | 侧拉床 | 卧式外拉床 | 连续拉床 | 立式内拉床 | 卧式内拉床 | 立式外拉床 | 键槽、轴瓦及螺纹拉床 | 其他拉床 |
| 锯床G | — | — | 砂轮片锯床 | — | 卧式带锯床 | 立式带锯床 | 圆锯床 | 弓锯床 | 锉锯床 | — |
| 其他机床Q | 其他仪表机床 | 管子加工机床 | 木螺钉加工机 | — | 刻线机 | 切断机 | 多功能机床 | — | — | — |

除上述基本分类方法外，还可按照通用性程度分为通用机床、专门化机床、专用机床；按照加工精度不同分为普通机床、精密机床、高精度机床；按照自动化程度分为手动机床、机动机床、半自动机床、自动机床；按照质量和尺寸不同分为仪表机床、中型机床、大型机床、重型机床、超重型机床；按照机床主要器件的数目分为单轴机床、多轴机床或单刀机床、多刀机床等。

随着机床的发展，其分类方法也将不断发展。机床数控化引起了机床传统分类方法的改变。这种变化主要表现在机床品种不是越分越细，而是趋向综合。

2）机床的型号

机床的型号必须简明地反映出机床的类型、通用特性、结构特性及主要技术参数等。我国的机床型号是按照《金属切削机床　型号编制方法》(GB/T 15375—2008)编制而成的。

该标准规定，采用汉语拼音字母和阿拉伯数字相结合的方式，按照一定规律排列来表示机床型号。现将通用机床的型号表示方法说明如下。

(1) 机床的类别代号　用大写的汉语拼音字母表示。如“车床”的汉语拼音是“chechuang”，所以用“C”表示。当需要分成若干分类时，分类代号用阿拉伯数字表示，位于类别代号之前，但第一类号不予表示，如磨床分为M、2M、3M三个分类。机床的类别代号如表9.2所示。

**表9.2　机床的类别代号**

| 类别 | 车床 | 钻床 | 镗床 | 磨床 | | | 齿轮加工机床 | 螺纹加工机床 | 铣床 | 刨插床 | 拉床 | 锯床 | 其他机床 |
|---|---|---|---|---|---|---|---|---|---|---|---|---|---|
| 代号 | C | Z | T | M | 2M | 3M | Y | S | X | B | L | G | Q |
| 读音 | 车 | 钻 | 镗 | 磨 | 二磨 | 三磨 | 牙 | 丝 | 铣 | 刨 | 拉 | 割 | 其 |

(2) 机床的特性代号　包括通用特性代号和结构特性代号,也用大写的汉语拼音字母表示。

① 通用特性代号　当机床除具有普通性能外,还具有如表9.3所示的各种通用特性时,则应在类别代号之后加上相应的特性代号,也用大写的汉语拼音字母表示。如数控车床用"CK"表示,精密卧式车床用"CM"表示。

表9.3　机床的通用特性代号

| 通用特性 | 高精度 | 精密 | 自动 | 半自动 | 数控 | 加工中心(自动换刀) | 仿形 | 轻型 | 加重型 | 高速 | 柔性加工单元 | 数显 |
|---|---|---|---|---|---|---|---|---|---|---|---|---|
| 代号 | G | M | Z | B | K | H | F | Q | C | S | R | X |
| 读音 | 高 | 密 | 自 | 半 | 控 | 换 | 仿 | 轻 | 重 | 速 | 柔 | 显 |

② 结构特性代号　为了区别主参数相同而结构不同的机床,在型号中用大写的汉语拼音字母表示结构特性代号。如CA6140型是结构上区别于C6140型的卧式车床。结构特性代号由生产厂家自行确定,在不同型号中意义可不一样。当机床已有通用特性代号时,结构特性代号应排在其后。为避免混淆,通用特性代号已用过的字母以及字母"I和"O"都不能作为结构特性代号。

(3) 机床的组别和系列代号　用两位数字表示。每类机床按用途、性能、结构分为10组(即0～9组);每组又分为10个系列(即0～9系列)。有关机床类、组、系列的划分及其代号可参阅有关资料。

(4) 机床主参数、设计序号、第二主参数的代号　都用两位数字表示。主参数表示机床的规格大小,反映机床的加工能力;第二主参数是为了更完整地表示机床的加工能力和加工范围。第一、二主参数均用折算值表示。机床主参数及其折算方法可参阅有关资料。当某些机床无法用主参数表示时,则在型号中主参数位置用设计序号表示,设计序号不足两位数的,可在其前加"0"。

(5) 机床重大改进序号　当机床的性能和结构有重大改进时,按其设计改进的次序分别用汉语拼音字母"A、B、C……"表示,附在机床型号的末尾,以示区别。如C6140A即为C6140型卧式车床的第一次重大改进。

3) 机床的基本结构

机床种类虽然多种多样,但其基本的组成结构可归纳为以下几个部分,如图9.19所示。

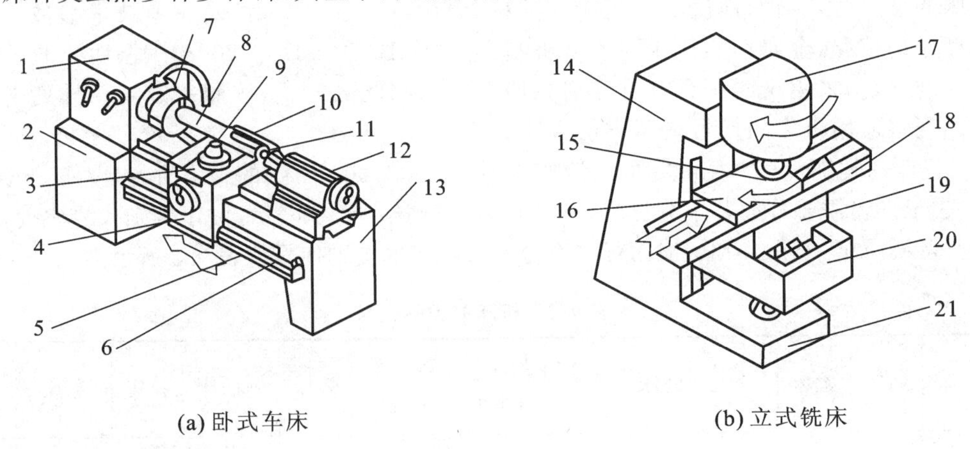


(a) 卧式车床　　(b) 立式铣床

图9.19　机床结构示意图

1,17—主轴箱;2—进给箱;3,19—床鞍;4—溜板箱;5—光杠;6—丝杠;7—卡盘;8—工件;9—刀架;10—车刀;11—顶尖;12—尾架;13—床身;14—立柱;15—铣刀;16—工件;18—工作台;20—升降台(进给箱);21—底座

(1) 动力源　为机床提供动力(功率)和运动的驱动部分,如各种交流电动机、直流电动机和液压传动系统的液压泵、液压马达等。

(2) 传动系统　包括主传动系统、进给传动系统和其他运动的传动系统,如变速箱、进给箱等部件,有些机床主轴组件与变速箱合在一起构成主轴箱。

(3) 支承件　用于安装和支承其他固定或运动的部件,承受其重力和切削力,如床身、底座、立柱等。支承件是机床的基础构件,也称机床大件或基础件。

(4) 工件部件　包括以下三类。

① 与最终实现切削加工的主运动和进给运动有关的执行部件。如主轴及主轴箱、工作台及其溜板或滑座、刀架及其溜板以及滑枕等安装工件或刀具的部件。

② 与工件和刀具安装及调整有关的部件或装置。如自动上下料装置、自动换刀装置、砂轮修整器等。

③ 与上述部件或装置有关的分度、转位、定位机构和操纵机构等。

不同种类的机床由于其用途、表面形成运动和结构布局的不同,这些工作部件的构成和结构差异很大,但就运动形式来说,主要是旋转运动和直线运动,所以工作部件结构中大多含有轴承和导轨。

(5) 控制系统　用于控制各工作部件的正常工作,主要是电气控制系统,有些机床局部采用液压或气动控制系统。数控机床则是数控系统,它包括数控装置、主轴和进给的伺服控制系统(伺服单元)、可编程序控制器和输入/输出装置等。

(6) 冷却系统　用于对加工工件、刀具及机床的某些发热部位进行冷却。

(7) 润滑系统　用于对机床的运动副(如轴承、导轨等)进行润滑,以减小摩擦、磨损和发热。

(8) 其他装置　如排屑装置、自动测量装置等。

4) 机床的传动系统

传动系统一般由动力源(如电动机)、变速装置及执行件(如主轴、刀架、工作台),以及开停、换向和制动机构等部分组成。动力源给执行件提供动力,并使其得到一定的运动速度和方向;变速装置传递动力以及变换运动速度;执行件执行机床所需的运动,完成旋转或直线运动。

(1) 主传动系统　包括以下三类。

① 按驱动主传动的电动机类型　可分为交流电动机驱动和直流电动机驱动。交流电动机驱动又可分单速交流电动机和调速交流电动机驱动。调速交流电动机驱动又分为多速交流电动机驱动和无级调速交流电动机驱动。无级调速交流电动机通常采用变频调速的原理。

② 按传动装置类型　可以分为机械传动装置、液压传动装置、电气传动装置以及它们的组合。

③ 按变速的连续性　可以分为分级变速传动和无级变速传动。

分级变速传动在一定的变速范围内只能得到某些转速,变速级数一般不超过20～30级。分级变速传动方式有滑移齿轮变速、交换齿轮变速和离合器变速。分级变速传动传递功率较大,变速范围广,传动比准确,工作可靠,广泛地应用于通用机床,尤其是中小型通用机床中。缺点是有速度损失,不能在运转中进行变速。

无级变速传动可以在一定的变速范围内连续改变转速,以便得到最有利的切削速度;能在运转中变速,便于实现变速自动化;能在负载下变速,便于车削大端面时保持恒定的切削速度,以提高生产效率和加工质量。无级变速传动可由机械摩擦无级变速器、液压无级变速器和电气无级变速器实现。机械摩擦无级变速器结构简单、使用可靠,常用于中小型车床、铣床等主传动中。液压无级变速器传动平稳、运动换向冲击小,易于实现直线运动,常用于主运动为直线运动的机床,如磨床、拉床、刨床等机床的主传动中。电气无级变速器有直流电动机和交流调速电动机两种,由于可以大大简化机械结构,便于实现自动变速、连续变速和负载下变速,应用越来越广泛,尤其在数控机床上目前几乎全都是采用电气无级变速。

(2) 进给传动系统　不同类型的机床实现进给运动的传动类型不同。根据加工对象、成形运动、进给精度、运动平稳性及生产率等因素的要求,主要有机械进给传动、液压进给传动、电伺服进给传动等。机械进给传动系统虽然结构较复杂,制造及装配工作量较大,但由于工作可靠,便于检查和维修,仍有许多机床采用。

**2. 工件的正确安装**

1) 工件的安装方式

在进行机械加工时,必须把工件放在机床或夹具上,使其占有一个正确的位置,称为定位。工件在定位之后,为了使其在加工过程中始终保持正确的位置,不因外力(重力、惯性力和切削力等)而改变,还需要把它压紧夹牢,称为夹紧。工件从定位到夹紧的整个过程称为安装。安装的正确与否,直接影响加工精度。安装的方法与速度又影响加工辅助时间的长短,从而影响加工的生产率。因此,工件的安装对加工的经济性、质量和效率都起着重要的作用。

工件的安装方式有以下两种。

(1) 使用夹具安装　工件放在通用夹具或专用夹具中,依靠夹具的定位元件获得正确位置,如图9.20所示。在工件上钻直径为$d$的孔,孔与端面的距离为$l$,孔的轴线相交并且互相垂直。工件安装在夹具中,用定位心轴和支承平板定位,用夹紧螺母夹紧,钻头用钻套引导。这样安装能够方便、迅速地保证工件的技术要求,适于生产量较大的加工。

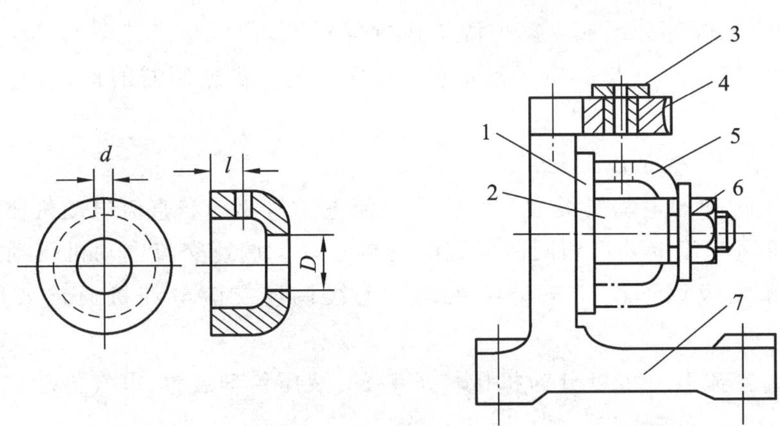


**图9.20　使用夹具安装**

1—支承平板;2—定位心轴;3—钻套;4—钻模板;5—工件;6—夹紧螺母;7—夹具

(2) 找正安装　以工件待加工表面上划出的线痕或以工件的实际表面作为定位依据,用划线盘或百分表找正工件的位置,如图9.21所示。

按照划线找正的定位精度不高,为0.2～0.5 mm,多用于批量较小、位置精度较低以及大型零件等不便使用夹具的粗加工;用百分表找正,则适用于定位精度要求较高的工件。

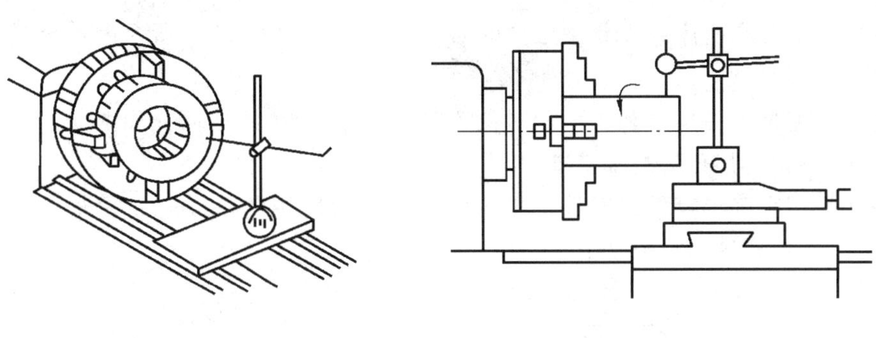

(a)用划线盘找正　　(b)用百分表找正

**图 9.21　找正安装**

找正装夹法的定位误差见表 9.4。

**表 9.4　找正装夹法的定位误差**　　单位:mm

| 基准面状 | 找正用工具种类 | | | | | |
|---|---|---|---|---|---|---|
| | 粉笔印 | 画线盘 | 水平尺 | 深度千分尺 | 百分表 | 长度量规 |
| 以划线作基准 | — | 0.5 | — | 0.25 | — | — |
| 以毛坯作基准 | 1.5 | — | — | — | — | — |
| 以已加工面作基准 | — | 0.25 | 0.01 | 0.10 | 0.05 | 0.05 |

2) 基准的种类与定位基准的选择

在零件和部件的设计、制造和装配过程中,必须根据一些指定的点、线或面来确定另一些点、线或面的位置,把这些作为根据的点、线或面称为基准。

(1) 基准的种类。

按照基准的作用不同,可将基准分为设计基准和工艺基准两类。

① 设计基准　设计基准是零件设计图纸上标注尺寸所根据的点、线或面。如图 9.22 所示箱体,$A$、$B$ 为孔的中心位置的尺寸,其设计基准为①、②面,它们在图上反映出来的是线。孔径 $D$ 的设计基准为轴线,在图上反映出来的是点。

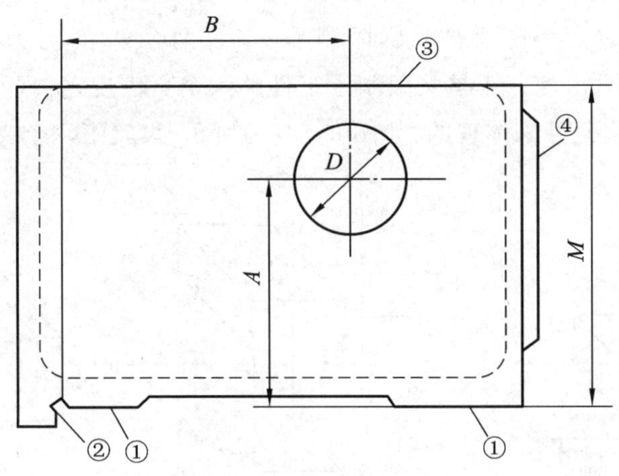


**图 9.22　设计基准**

② 工艺基准　工艺基准是制造零件和装配机器的过程中所使用的基准。按其用途的不同,工艺基准可分为定位基准、测量基准和装配基准。

定位基准是工件在机床或夹具中定位时所用的基准。如图 9.23 所示齿轮,在切齿时,孔和端面就是定位基准。

测量基准是测量工件尺寸和表面相对位置时所依据的点、线或面。如图 9.23 所示齿轮,在测量齿轮径向跳动时,其孔是测量基准。

装配基准是用来确定零件或部件在机器中的位置时所用的基准。如图 9.23 所示齿轮,在装配时,仍是以齿轮孔作为装配基准。

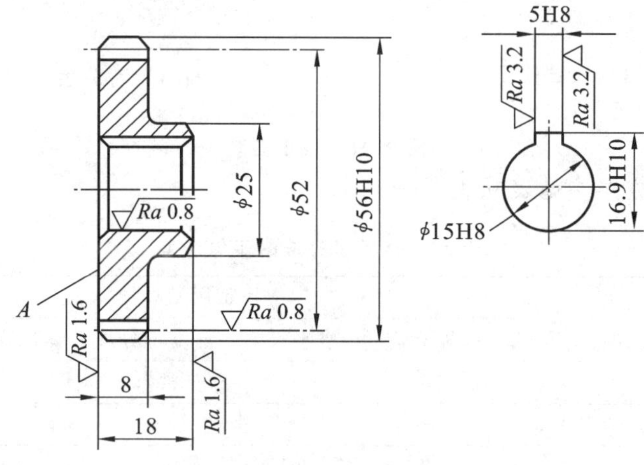


图 9.23 齿轮工艺基准

(2) 工件的定位。

① 六点定位原则。

定位就是限制自由度。工件的六个自由度如果都加以限制了,工件在空间的位置就完全被确定下来了。分析工件定位时,通常是用一个支承点限制工件的一个自由度,用合理设置的六个支承点,限制工件的六个自由度,使工件在夹具中的位置完全确定,这就是六点定位原则。

例如,在如图 9.24(a)所示的矩形工件上铣削半封闭式矩形槽时,为保证加工尺寸,可以在其底面设置三个不共线的支承点 1、2、3,如图 9.24(b)所示,限制工件的三个自由度$\overset{\frown}{x}$、$\overset{\frown}{y}$、$\vec{z}$;为了保证 $B$ 尺寸,侧面设置两个支承点 4、5,限制了 $\vec{x}$、$\overset{\frown}{z}$ 两个自由度;为了保证 $C$ 尺寸,端面设置一个支承点 6,限制$\vec{y}$自由度。于是共限制了工件的六个自由度,实现了完全定位。在具体的夹具中,支承点是由定位元件来体现的,如图 9.24(c)所示,设置了六个支承钉。

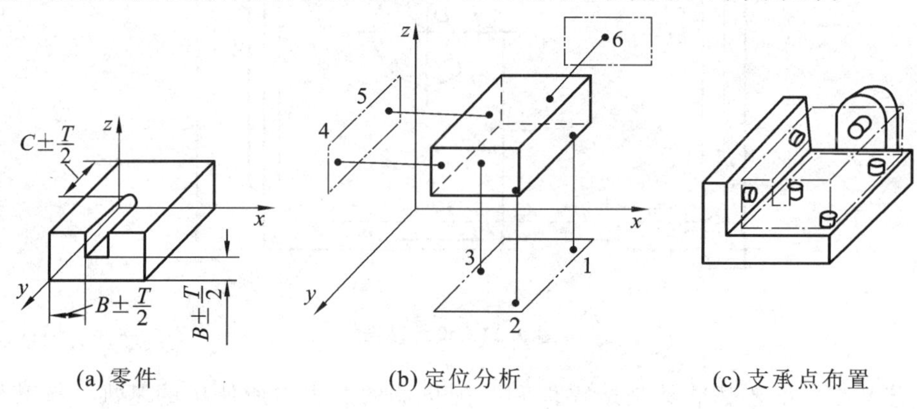


(a) 零件　(b) 定位分析　(c) 支承点布置

图 9.24 矩形工件定位

如图 9.25(a)所示，对于圆柱形工件，可在外圆柱表面上，设置四个支承点 1、3、4、5，限制 $\vec{y}$、$\vec{z}$、$\hat{y}$、$\hat{z}$ 四个自由度；槽侧设置一个支承点 2，限制 $\hat{x}$ 一个自由度，端面设置一个支承点 6，限制 $\vec{x}$ 一个自由度；为了工件实现完全定位，在外圆柱面上设置四个支承点一般采用 V 形架，如图 9.25(b)所示。

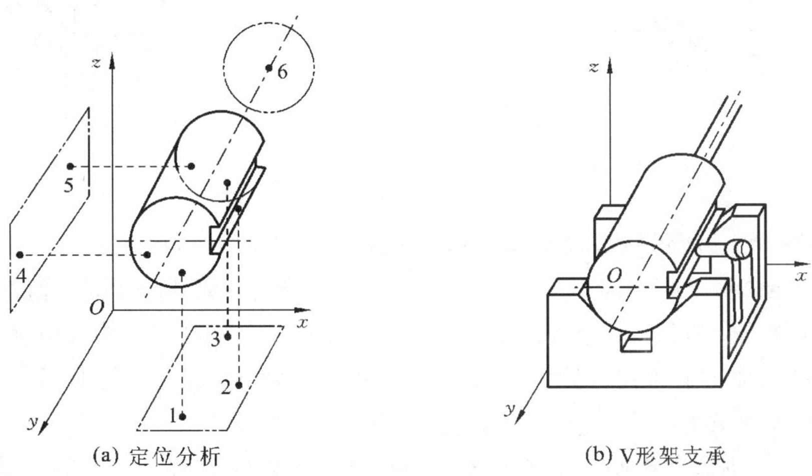


(a) 定位分析　　(b) V形架支承

**图 9.25　圆柱形工件定位**

通过上述分析，说明了六点定位原则的几个主要问题。

第一，定位支承点与工件定位基准面始终保持接触，才能起到限制自由度的作用。

第二，分析定位支承点的定位作用时，不考虑力的影响。工件的某一自由度被限制时，并不是指工件在受到使其脱离定位支承点的外力时不能运动。使工件在外力作用下不能运动，要使用夹紧装置。

第三，定位支承点是定位元件抽象而来的。在夹具中定位支承点是通过具体的定位元件体现的。在夹具的实际结构中，定位支承点不一定用点或销的顶端，常用面或线来代替，根据数学概念可知，两个点决定一直线，三个点决定一个平面，则一条直线可以代替两个定位支承点，一个平面可以代替三个定位支承点。在具体应用时，还可用窄长的平面（条形支承）代替直线，用较小的平面来替代点。

② 工件定位中的几种情况。

第一，完全定位是指不重复地限制了工件的六个自由度的定位。当工件在 $x$、$y$、$z$ 三个坐标方向均有尺寸要求或位置精度要求时，一般采用这种定位方式，如图 9.24 所示。

第二，不完全定位是根据工件的加工要求，并不需要限制工件的全部自由度的定位。如图 9.26(a)所示为在车床上加工通孔，根据加工要求，不需限制 $\vec{x}$ 和 $\hat{y}$ 两个自由度，所以用三爪自定心卡盘夹持限制其余四个自由度，就可以实现四点定位。如图 9.26(b)所示为平板工件磨削，工件只有厚度和平行度要求，只需限制 $\vec{z}$、$\hat{y}$、$\hat{z}$ 三个自由度，在磨床上采用电磁工作台就能实现三点定位。由此可知，工件在定位时应该限制的自由度数目应由工序的加工要求而定，不影响加工精度的自由度可以不加限制。采用不完全定位可简化定位装置。因此，不完全定位在实际生产中也广泛应用。

第三，欠定位是根据工件的加工要求，应该限制的自由度没有完全被限制的定位。欠定位无法保证加工要求，因此，在确定工件在夹具中的定位方案时，决不允许有欠定位的现象

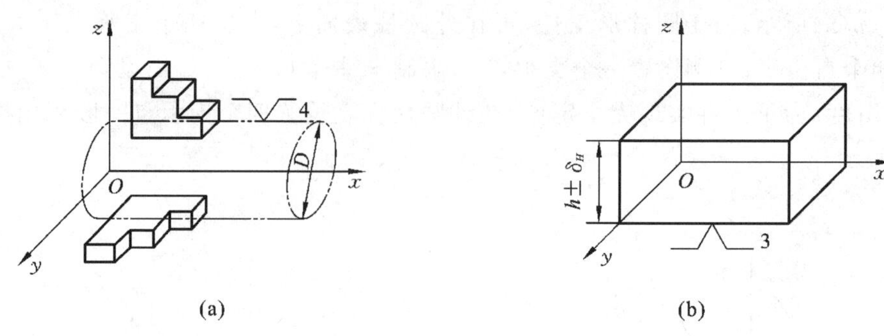


图 9.26 不完全定位示例

产生。若在如图 9.25 所示中不设端面支承 6,则在一批工件上半封闭槽的长度就无法保证;若缺少侧面两个支承点 4、5 时,则工件上 $B$ 的尺寸和槽与工件侧面的平行度均无法保证。

第四,超定位是夹具上的两个或两个以上的定位元件重复限制同一个自由度的现象。如图 9.27(a)所示,要求加工平面对 $A$ 面的垂直度公差为 0.04 mm。若用夹具的两个大平面实现定位,那么工件的 $A$ 面被限制了 $\vec{x}$、$\widehat{y}$、$\widehat{z}$ 三个自由度,$B$ 面被限制了 $\widehat{x}$、$\widehat{y}$、$\vec{z}$ 三个自由度,其中 $\widehat{y}$ 自由度被 $A$、$B$ 面同时重复限制。由图 9.27(a)可见,当工件处于加工位置“Ⅰ”时,可保证垂直度要求;而当工件处于加工位置“Ⅱ”时不能保证此要求。这种随机的误差造成了定位的不稳定,严重时会引起定位干涉。因此应该尽量避免和消除超定位现象。消除或减少超定位引起的干涉,一般有两种方法:一是改变定位元件的结构;二是提高工件定位基准之间以及定位元件工作表面之间的位置精度。如图 9.27(b)所示,把定位的面接触改为线接触,减去了引起超定位的自由度 $\widehat{y}$。

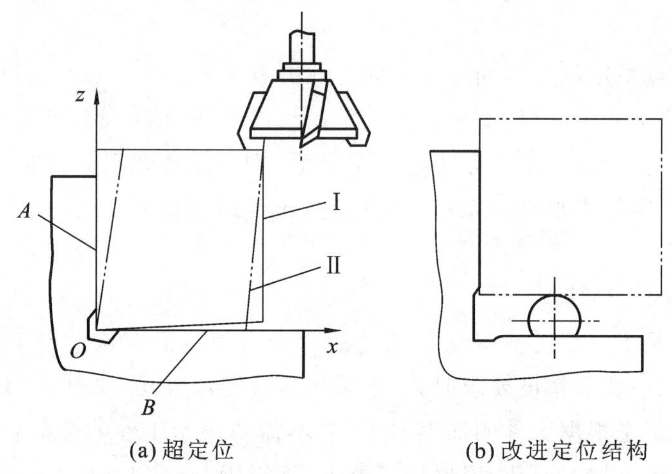


(a) 超定位　　(b) 改进定位结构

图 9.27 超定位及消除方法示例

(3) 定位基准的选择。

合理地选择定位基准,对保证加工精度、安排加工顺序和提高加工生产率有着十分重要的影响。从定位基准的作用来看,它主要是为了保证加工表面之间的相互位置精度。因此,在选择定位基准时,应该从有位置精度要求的表面中进行选择。

定位基准有粗基准和精基准之分。用没有经过加工的表面作定位基准称为粗基准。如毛坯加工时,第一道工序只能用毛坯表面定位,这种基准即为粗基准。用已加工表面作定位基准则称为精基准。

① 粗基准的选择　选作粗基准的表面，应该保证零件上所有表面都有足够的加工余量，不加工表面对加工表面都具有一定的位置精度。在选择粗基准时应该考虑以下几点。

第一，取工件上的不加工表面作粗基准。如图 9.28 所示是以不需要加工的外圆表面作为粗基准，这样可以保证各加工表面与外圆表面有较高的同轴度和垂直度。若几个表面均不需要加工，则应选择其中与加工表面间相互位置精度要求较高的表面作为粗基准。

第二，取工件上加工余量和公差最小的表面作粗基准。当工件的每个表面均需加工时，如图 9.29 所示机床床身的加工，由于床身的导轨面耐磨性较好，希望在加工时只切去较薄而均匀的一层金属，使其表面层保留均匀的金相组织，有较好的耐磨性和较高的硬度，因此，应首先选择导轨面作为粗基准，加工床腿底平面，如图 9.29(a)所示。然后，以床腿的底平面为精基准，再加工导轨面，如图 9.29(b)所示。

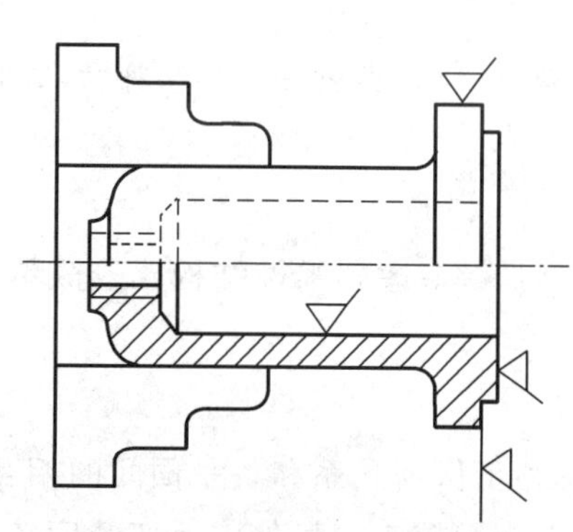

**图 9.28　不加工表面作粗基准**

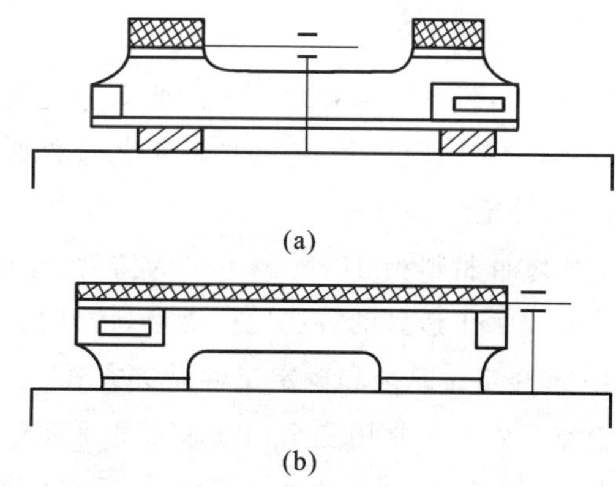


**图 9.29　机床床身导轨面作粗基准**

第三，选择粗基准的表面应尽可能平整、光洁，不应有飞边、浇口、冒口或其他缺陷，并要有足够大的表面，使定位稳定、夹紧可靠。

第四，应尽量避免重复使用。因为粗基准的表面精度很低，不能保证每次安装中位置一致，对于相互位置要求较高的表面，常常容易造成位置超差而使零件报废。因此，粗基准一般只使用一次，以后则应以加工过的表面作为定位基准。

② 精基准的选择　选择精基准时，应保证工件的加工精度和装夹方便可靠。

第一，尽可能选用设计基准为定位基准(基准重合原则)，这样可以避免因定位基准与设计基准不重合而引起的误差。如图 9.30(a)所示，尺寸 $A$ 和 $B$ 的设计基准是表面 1，表面 1 和 3 都是已加工表面。如图 9.30(b)所示为给一批工件加工表面 2，保证尺寸 $B$。现以表面 1 作为定位基准加工表面 2，则定位基准与设计基准重合，避免了基准不重合误差。此时，尺寸 $B$ 的误差只与本身的加工误差有关，该误差只需控制在尺寸 $B$ 的公差以内即可保证加工精度，但这样的定位和夹紧方法既不可靠，也不方便。实际上，不得不采用如图 9.30(c)所示的定位和夹紧方法，这样装夹方便可靠，但定位基准和设计基准不重合，尺寸 $B$ 的误差除了本身的加工误差以外，还包括尺寸 $A$ 的误差(即基准不重合误差，其最大值等于尺寸 $A$ 的公差)。

第二，加工相互位置精度要求较高的某些表面时，应尽可能选用同一个精基准(即遵循基准统一原则)，这样就可以保证各表面之间具有较高的位置精度。

第三，应选精度较高、安装稳定可靠的表面作精基准，而且所选的基准应使夹具结构简单，

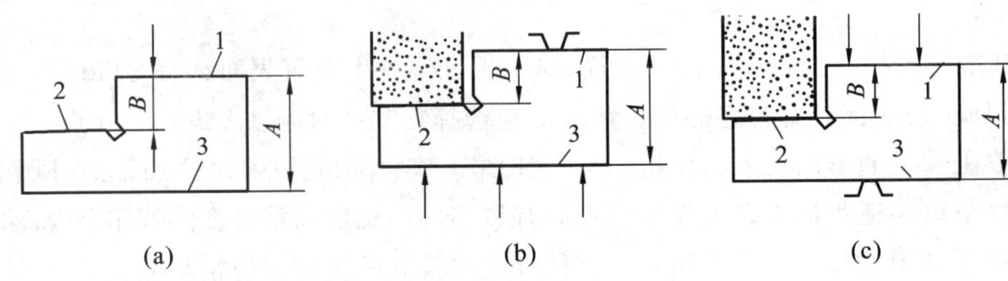


图 9.30 定位基准选择与基准不重合误差的关系

安装和加工工件方便。

在实际工作中,精基准的选择不一定能完全符合上述原则,因此,应根据具体情况进行分析,选出最有利的定位基准。

## 【任务实施】

根据旋风模具制造有限公司的要求加工汽车零件维修架10套。经过安装架上座零件加工工艺分析可以选择该座零件的加工工艺过程如下。

**1. 选择毛坯**

上座零件材料为HT200,毛坯为铸件,在小批量生产类型下,考虑到零件结构比较简单,所以采用木模手工造型的方法生产毛坯,铸件精度较低。

**2. 选择定位基准和确定工件装夹方式**

上座零件加工常用三个相互垂直的平面作定位基准,有利于保证孔系和各平面间的相互位置精度,定位准确可靠,夹具结构简单,工件装卸方便,生产中应用较广。另外因毛坯精度较低,粗加工时采用划线找正装夹。

**3. 确定零件加工工艺路线**

(1) 上、下平面的表面粗糙度 $Ra$ 为 1.6 μm,平行度为 0.03 mm。

加工方案:粗刨/铣→半精刨/铣→粗磨。

上座零件的毛坯经过刨削或铣削加工后,再对平面进行磨削,可以提高模座平面的平面度和上、下平面的平行度,同时容易保证孔的垂直度要求。

(2) 孔为 2×$\phi$45H7,表面粗糙度 $Ra$ 为 1.6 μm,孔的直径较大,要求较高。加工方案:钻→粗镗→半精镗→精镗。

(3) 加工阶段划分和工序集中的程度。该零件加工要求较高,平面和孔的加工均划分为粗加工、半精加工、精加工三个阶段。

(4) 加工顺序的安排。该零件的加工主要是平面加工和孔系加工。在加工过程中为了保证技术要求和加工方便,一般遵循“先面后孔”“先基面后其他”的原则,先加工上、下表面,然后加工孔,最后适当安排次要表面(前部平面、螺纹孔、圆弧槽)的加工和其他辅助工序。

(5) 拟定加工工艺路线。加工上座零件的工艺路线见表9.5。

**4. 工序设计**

(1) 选择机床和工装。根据小批生产类型的工艺特征,选择使用通用机床和通用夹具来加工,尽量采用标准的刀具和量具。机床的型号和工装夹具的名称、规格见表9.5。

(2) 加工余量和工序尺寸的确定。

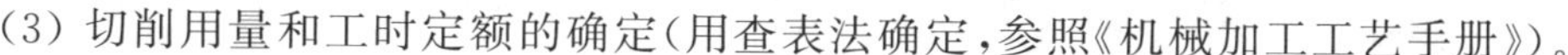

(3) 切削用量和工时定额的确定(用查表法确定,参照《机械加工工艺手册》)。

**5. 填写加工工艺过程卡**

安装架上座零件加工工艺过程卡见表9.5。

**表9.5 安装架上座零件加工工艺过程卡**

| (单位) | | 工艺卡片 | | | 共 页 | | 第 页 |
|---|---|---|---|---|---|---|---|
| 工装图号 | | 图9.18 | 件号 | 18 | | | |
| 零件名称 | | 安装架上座 | 数量 | 10 | | | |
| 材料牌号 | | HT200 | | | | | |
| 单件毛坯尺寸 | | | | | | | |
| 单件总工时 | | | | | | | |
| 工序号 | 工序名称 | 工序主要内容 | 主要设备 | 工艺装备 | | | 时间定额 |
| | | | | 夹具 | 刀具 | 量具 | |
| 1 | 备料 | 铸造毛坯 | | | | | |
| 2 | 刨平面 | 刨上、下平面,保证尺寸50.8 mm | 牛头刨床 | 通用夹具 | 刨刀 | 游标卡尺 | |
| 3 | 磨平面 | 磨上、下平面,保证尺寸50 mm,保证平面度要求 | 平面磨床 | 通用夹具 | 砂轮 | 游标卡尺 | |
| 4 | 钳工划线 | 划前部平面和导套孔线 | 钳台 | | | | |
| 5 | 铣床加工 | 按划线铣前部平面 | 立式铣床 | 通用夹具 | 立铣刀 | 游标卡尺 | |
| 6 | 钻孔 | 按划线钻导套孔至 $\phi 43$ mm | 立式钻床 | 通用夹具 | 钻头 | 游标卡尺 | |
| 7 | 镗孔 | 和下座重叠,一起镗孔至 $\phi 45H7$,保证垂直度 | 镗床或立式铣床 | 通用夹具 | 镗刀 | 千分尺 | |
| 8 | 铣槽 | 按划线铣 $R2.5$ 的圆弧槽 | 卧式铣床 | 通用夹具 | 铣刀 | 游标卡尺 | |
| 9 | 检验 | | | | | 千分尺 | |
| 更改记录 | | | | | | | |
| 超差处理 | | | | | | | |
| 编 制 | | 校 对 | | 定额员 | | 时 间 | |

## 【知识拓展】

## 机床夹具设计基础知识

机床夹具是机械加工工艺系统的重要组成部分,是机械制造中的一项重要工艺装备。工件在机床上进行加工时,为保证加工精度和提高生产率,必须使工件在机床上相对刀具占有正确的位置,完成这一功能的辅助装置称为机床夹具。机床夹具在机械加工中起着重要的作用,它直接影响机械加工的质量、工人劳动强度、生产率和生产成本。因此夹具设计是机械加工工艺准备中的一项重要工作。

**1. 夹具的工作原理**

(1) 使工件在夹具中占有正确的加工位置。这是通过工件各定位面与夹具的相应定位元件的定位工作面(定位元件上起定位作用的表面)接触、配合或对准来实现的。

(2) 夹具对于机床应先保证有准确的相对位置,其结构又保证定位元件的定位工作面对夹具与机床相连接的表面之间的相对准确位置,这就保证了夹具定位工作面相对机床切削运动形成表面的准确几何位置,也就达到了工件加工面对定位基准的相互位置精度要求。

(3) 将与刀具相对有关的定位元件的定位工作面调整到准确位置,这就保证了刀具在工件上加工出的表面对工件定位基准的位置尺寸。

**2. 夹具的作用**

夹具是机械加工中不可缺少的一种工艺装备,应用十分广泛。它能起下列作用:

① 保证稳定可靠地达到各项加工精度要求;

② 缩短加工工时,提高劳动生产率;

③ 降低生产成本;

④ 减轻工人劳动强度;

⑤ 可由较低技术等级的工人进行加工;

⑥ 扩大机床工艺范围。

**3. 夹具的分类**

按工艺过程的不同,夹具可分为机床夹具、检验夹具、装配夹具、焊接夹具等;按机床种类的不同,夹具可分为车床夹具、铣床夹具、钻床夹具等;按所采用的夹紧动力源的不同,夹具可分为手动夹具、气动夹具等;按夹具结构与零件部件的通用性程度,夹具可分为通用夹具、随行夹具、组合夹具和专用夹具。

通用夹具又可分为通用可调夹具和成组夹具,它们的结构通用性很好,只要对夹具上的某些零部件进行更换和调整,便可适应多种相似零件的同种工序使用。

随行夹具是自动或半自动生产线上使用的夹具,虽然它只适用于某一种工件,但毛坯装上随行夹具后,可从生产线开始一直到生产线终端在各位置上进行各种不同工序的加工。根据这一点,随行夹具的结构也具有适用于各种不同工序加工的通用性。

组合夹具的零部件具有高度的通用性,可用来组装成各种不同的夹具,但一经组装成一个夹具以后,其结构是专用的,只适用于某个工件的某道工序的加工。组合夹具已开始出现向结构通用化方向发展的趋势。

专用夹具的结构和零件都没有通用性,专用夹具需专门设计、制造,夹具生产周期长。若产品改型,原有专用夹具就要报废,因此难以适应当前机械制造工业向多品种、中小批生产发展的方向,但其优点是工作精度高,能减轻工人操作夹具的劳动强度。

**4. 夹具的组成**

夹具的主要组成部分如下。

(1) 定位元件　如图9.31所示的支承板2、支承钉3和4,如图9.32所示的分度板3和定位心轴5都是定位元件。它们以定位工作面与工件的定位基准面相接触、配合或对准,使工件在夹具中占有准确位置,起到定位作用。

(2) 夹紧装置　如图9.31所示的螺旋压板8和夹紧螺母9等组成的螺钉压板部件,图

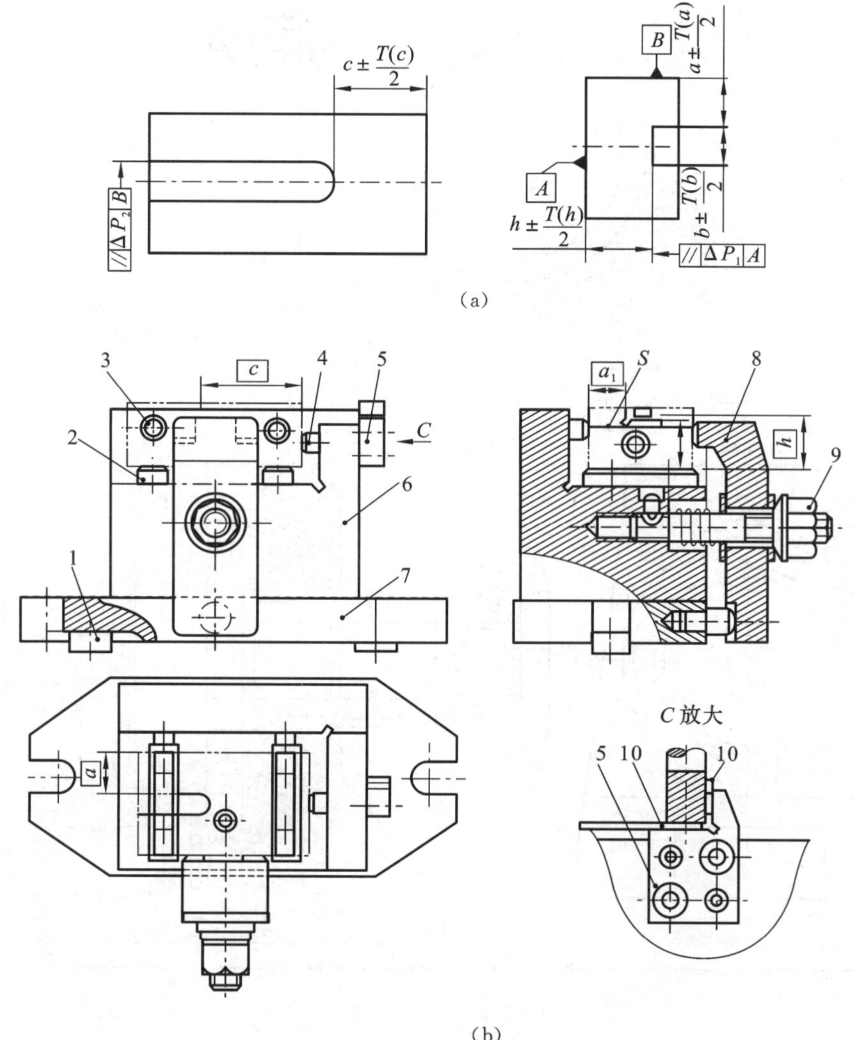


**图 9.31　铣槽工序用的铣床夹具**

1—定位键；2—支承板；3—齿纹顶支承钉；4—平头支承钉；5—对刀块；6—夹具底座；7—夹具底板；8—螺旋压板；9—夹紧螺母；10—对刀塞尺

9.32 所示的夹紧螺母 7 和开口垫圈 6 都是能将外力施加到工件上来克服困难切削力等外力作用，使工件保持在正确定位位置上不动的夹紧装置或夹紧元件。

(3) 对刀元件　如图 9.31 所示的对刀块 5，根据它来调整铣刀相对夹具的位置。

(4) 导引元件　如图 9.32 所示的钻套 4，它导引钻头加工，决定了刀具相对夹具的位置。

(5) 连接元件　图中 9.31 所示的定位键 1 与铣床工作台的 T 形槽相配合决定夹具在机床上的相对位置，它就是连接元件。图 9.31 与图 9.32 中，与机床工作台面接触的夹具体的底面则是连接表面。此外，图 9.31 所示夹具体两侧的 U 形耳座，可供 T 形螺柱穿过，并用螺母把夹具紧固，其 U 形槽面也属于连接表面。

(6) 夹具体　它是夹具的基础元件，夹具上其他各元件都分别装配在夹具体上形成一个夹具的整体，如图 9.31(b)所示由夹具底座和夹具底板焊接成的夹具体和图 9.32 所示的铸造夹具体 10。

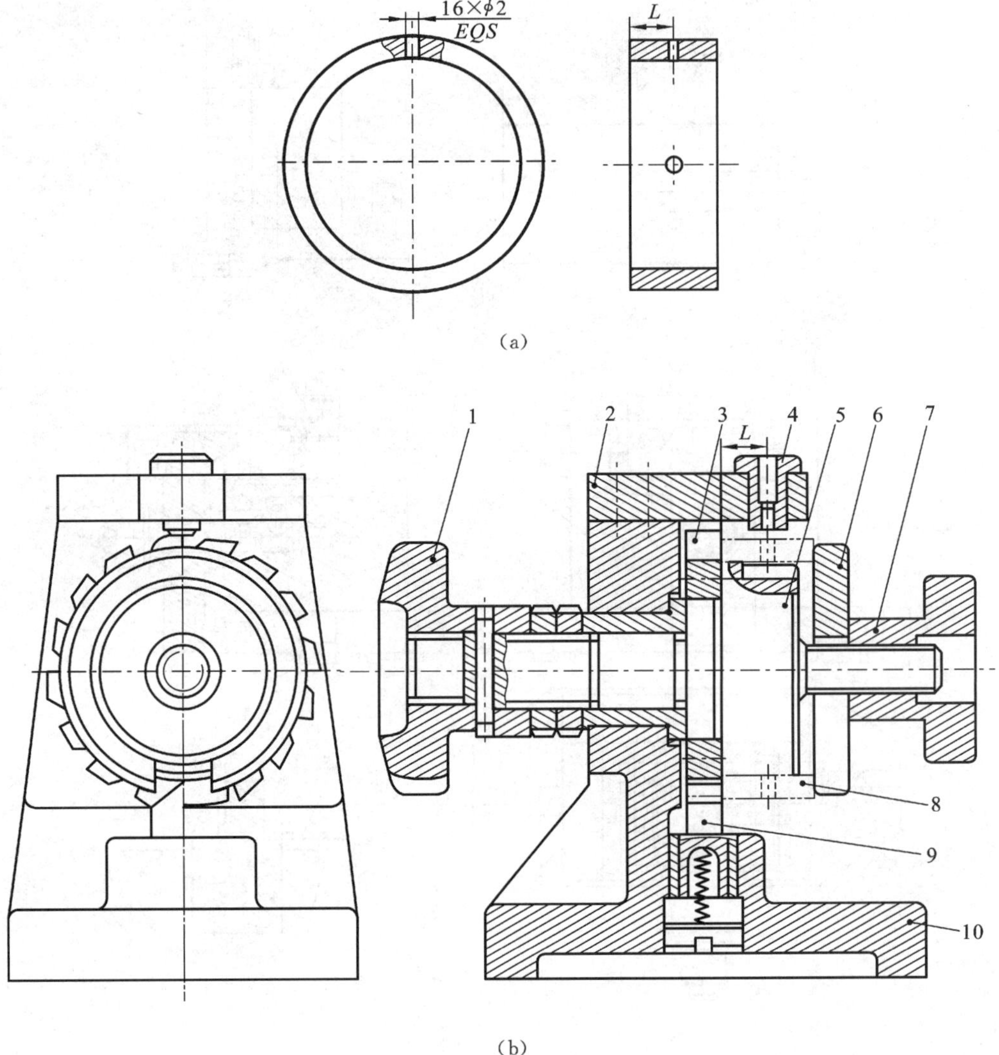


**图 9.32　分度钻床夹具**

1—分度操纵手柄;2—钻磨板;3—分度板(棘轮);4—钻套;5—定位心轴;6—开口垫圈;
7—夹紧螺母;8—工件;9—对定机构(棘爪);10—夹具体

(7) 其他装置　如图 9.32 中由棘爪 9 和棘轮 3 组成的分度装置,利用它进行分度加工。

## 【复习与思考】

1. 同类型的机床按其工艺范围可分为哪几类?各适合于哪些场合?
2. 试举例说明从机床的型号中可获得哪些有关机床产品的信息?
3. 机床有哪些主要组成部分?
4. 工件在机床上的安装方式有哪些?其原理是什么?
5. 什么是随行夹具?适用于什么场合?设计随行夹具主要考虑哪些问题?

# 任务 3　汽车零件常用切削加工

## 【任务导入】

受大华汽车零部件制造有限公司委托，加工图 9.33 所示的端盖零件 1 500 件，材料为 ZL102。要求确定零件表面的加工方法和编制加工工艺规程，并完成加工。

## 【任务分析】

加工如图 9.33 所示端盖零件的设备和加工方法分析如下。

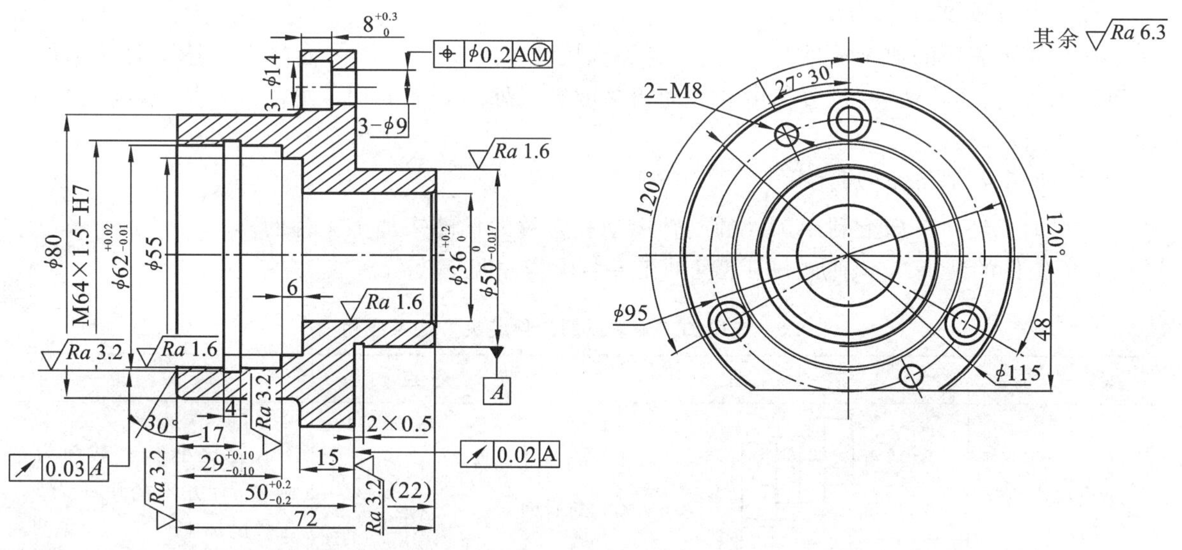


技术要求：未注倒角 C1

**图 9.33　端盖零件**

### 1. 端盖零件加工技术要求

#### 1）端盖零件材料

由图 9.33 所示零件图可知，该零件的材料为 ZL102，ZL102 是铸造铝合金 Al-Si 系常用铝合金，其牌号是 ZAlSi12，表示 $W_{si}$＝12％、余量为铝的铸造铝合金，俗称硅铝明。铸造铝合金和铜合金一样均属于有色金属。

#### 2）端盖零件加工精度

（1）尺寸精度　主要是内孔 $\phi36^{+0.025}_{0}$ mm和孔 $\phi62^{+0.02}_{-0.01}$ mm，IT7 级；外圆柱面 $\phi50^{0}_{-0.017}$ mm，IT6 级。在配合中一般是轴的精度比孔的精度高 1 级，主要是孔为内表面加工，工艺性较差的缘故。

（2）形状精度　主要是内孔和圆柱面的圆度及圆柱度，一般应限制在直径公差范围内。一般情况下轴的几何形状不超过直径公差的 1/2。对几何形状精度要求较高时，可在零件图上另行规定其允许的公差。

（3）位置精度　$\phi62^{+0.02}_{-0.01}$ mm 内孔轴线对 $\phi50^{0}_{-0.017}$ mm 外圆轴线的径向圆跳动公差为 0.03 μm；3-$\phi$9 圆柱孔轴线对 $\phi50^{0}_{-0.017}$ mm 外圆轴线的位置度公差为 $\phi$0.2 mm。

（4）表面粗糙度　主要配合表面 $Ra$ 为 1.6 μm，其余表面 $Ra$ 为 3.2 μm。

(5) 倒角 $C1$　未注圆角为 $R1.5$,未注公差尺寸形状精度IT9～IT10。

**2. 零件功能及作用**

端盖零件是机械加工中经常加工的一类零件,安装在箱体上,对传动轴起着支承和导向作用。

## 【相关知识】

## 一、汽车零件常用切削加工方法

机械零件的结构从形体上分析,都是由外圆面、内圆面、平面和成形面等基本表面组成的。每一种基本表面的成形有多种不同的加工方法。采用什么样的方法进行加工,需要根据表面加工精度、表面粗糙度的要求来决定。

**1. 外圆表面的加工方法**

具有外圆表面的典型零件为轴类、套筒类和圆盘类零件。外圆表面的主要技术要求包括:表面尺寸精度、形状精度、位置精度和表面粗糙度等。外圆表面的加工方法以车削、磨削及光整加工的使用较广。

1) 外圆表面车削加工

车削加工是在车床上利用工件的旋转运动和刀具的移动来加工工件的。

(1) 工件的装夹　车削加工中常见的工件装夹方法见表9.6。

**表9.6　车削加工中常见的工件装夹方法及应用**

| 名　称 | 装夹简图 | 装夹特点 | 应　用 |
|---|---|---|---|
| 三爪自定心卡盘 | | 三个卡爪同时移动,自动对中 | 长径比小于4,截面为圆形,六方形的中、小型工件的加工 |
| 四爪单动卡盘 | | 卡爪独立移动,安装工件需找正 | 长径比小于4,截面为方形、长方形的椭圆形工件的中、小加工 |
| 花盘 | | 盘面上多通槽和T形槽,使用螺钉、压板装夹,装夹前需找正 | 形状不规则工件、孔或外圆与定位基面垂直的工件的加工 |
| 双顶尖 | | 定心准确,装夹稳定 | 长径比为4～20的实心轴类的零件 |
| 双顶尖中心架 | | 支爪可调,增加工件刚性 | 长径比大于15的细长轴工件粗加工 |
| 一夹一顶跟刀架 | | 支爪随刀具一起运动,无接刀痕 | 长径比大于15的细长轴工件半精加工、精加工 |

（2）外圆车刀的种类和装夹　外圆车刀有直头和弯头两种，直头车刀主要用于车削没有台阶或台阶要求不太严格的外圆，常采用高速钢制成。弯头车刀常用硬质合金制成，主偏角有45°、75°、90°等。

车刀在刀架上的安装高度，一般应使刀尖在与工件旋转轴线等高的地方。安装时可用尾架顶尖作为标准，或先在工件端面上车一印痕，就可以知道轴线的位置，然后把车刀调整安装好。

车刀在刀架上的位置，一般应垂直于工件旋转的轴线，否则会引起主偏角的变化，还可能使刀尖扎入已加工表面或影响工件表面的质量。

（3）车削外圆的形式和加工精度　车削外圆的主要形式如图 9.34 所示，一般分为粗车、半精车、精车和精细车。

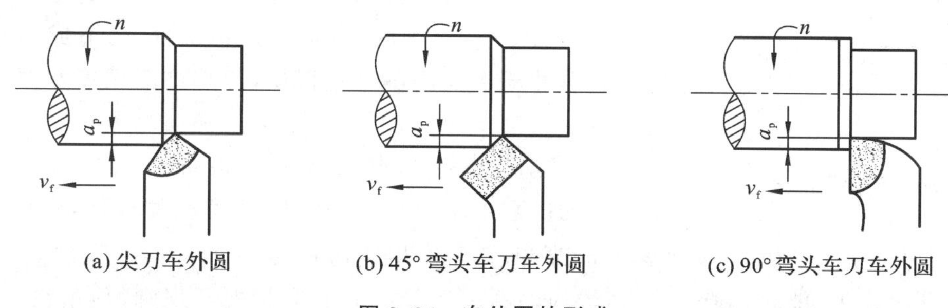


图 9.34　车外圆的形成

① 粗车　粗车属于低精度外圆表面加工，其目的主要是迅速地切去毛坯的硬皮和大部分加工余量。为此，必须充分发挥刀具和机床的切削能力以利于生产率的提高。粗车加工精度为 IT13～IT11，表面粗糙度 $Ra$ 为 12.5～50 μm。

② 半精车　半精车在粗车的基础上进行，属于中等精度的外圆表面加工，对加工表面一般需两次加工才能达到精度要求。半精车的加工精度为 IT10～IT9，表面粗糙度 $Ra$ 为 3.2～6.3 μm。

③ 精车　精车是在半精车的基础上进行的，属于较高精度的外圆表面加工。精车时一般取较大的切削速度和较小的进给量与背吃刀量。精车的加工精度为 IT7～IT6，表面粗糙度 $Ra$ 为 0.8～1.6 μm。

④ 精细车　精细车是用高精密车床，在高切削速度、小进给量及小背吃刀量的条件下，用经过仔细刃磨的人造金刚石或细颗粒硬质合金车刀进行车削。精细车的加工精度为 IT6～IT5，表面粗糙度 $Ra$ 为 0.2～0.4 μm。

2）外圆表面磨削加工

（1）磨削及其刀具　磨削是指用磨具以较高的线速度对工件表面进行加工的方法。磨削属于精加工。

磨削加工所用的切削刀具是砂轮，磨削也是一种切削。砂轮表面上的每一颗磨粒的单独工作可以与一把车刀相比较。而整个砂轮可以看成是具有极多个刀齿的铣刀。刀齿是由许多分散的尖棱组成。这些尖棱均随机排列在砂轮表面上，且几何形状差别不大，其中较锋利和凸出的磨粒可以获得较大的切削厚度，能起到切削作用切出切屑；不太凸出或磨钝的磨粒只能在工件表面上刻画出细小的沟纹，将工件材料挤向两旁而隆起；比较凹下的磨粒既不切削也不刻画工件，只是在工件表面上产生滑擦。由此可见，砂轮的磨削过程实际上是切削、刻划和滑擦三种作用的综合，如图 9.35 所示。

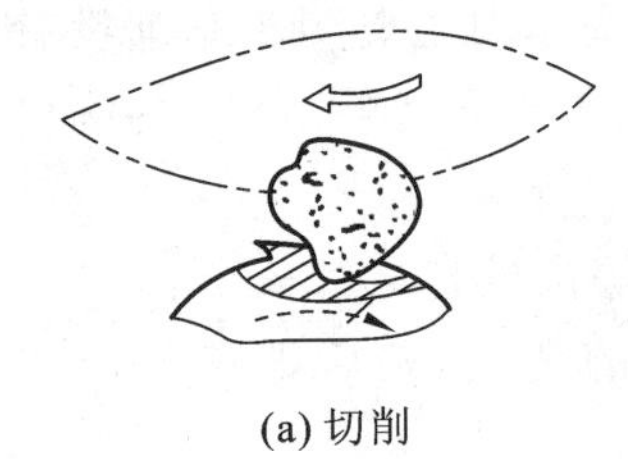
(a) 切削

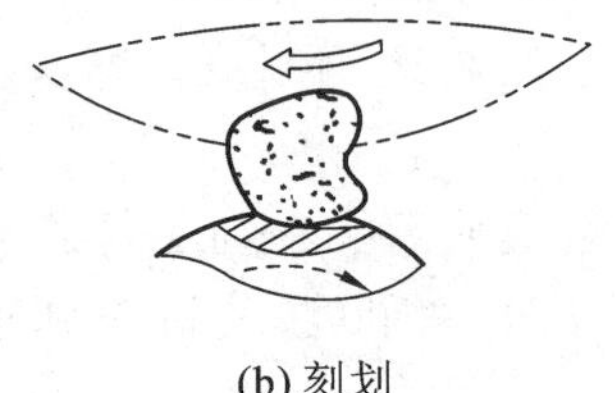
(b) 刻划

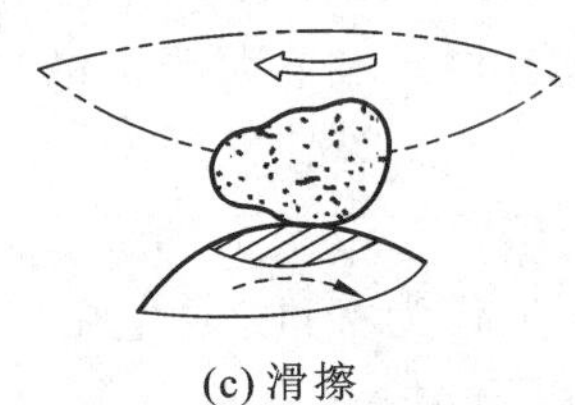
(c) 滑擦

**图 9.35　磨粒的磨削状态**

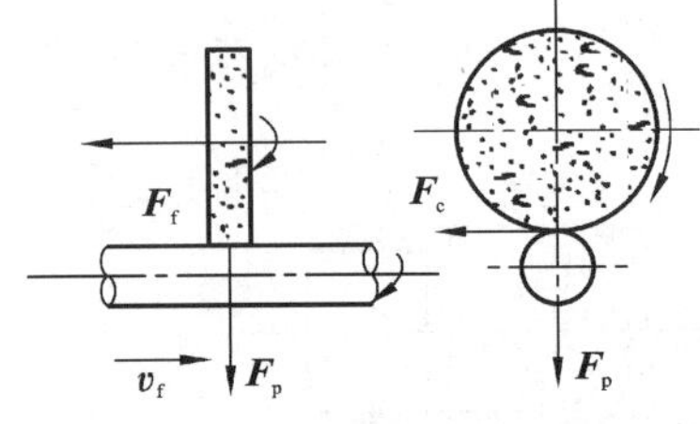

**图 9.36　削的切削分力**

(2) 磨削的工艺特点　工艺特点如下。

① 背向磨削力 $F_p$ 大　由于多数磨粒切削刃具有极大的负前角和较大的刃口钝圆半径，致使背向磨削力远大于切向磨削力 $F_c$，如图 9.36 所示，加剧工艺系统变形，造成实际磨削背吃刀量常小于名义磨削背吃刀量，影响加工精度和磨削过程的稳定性。

② 磨削温度高　磨削的速度都很高，一般在 30～50 m/s，是车、铣削速度的 10～20 倍，因此，切削温度很高，瞬时温度可达 1 000 ℃，将引起加工表面物理力学性能改变，甚至产生烧伤和裂纹。

③ 冷硬程度大、能量消耗大　磨粒的切削刃和前后面的形状极不规则，顶角在 105°左右，前角为很大负值，且后角很小，会使工件表层材料经受强烈挤压变形。特别是磨粒磨钝后和进给量很小时，金属变形更为严重。因此，磨削单位截面积所消耗的能量较一般切削加工高得多，冷硬程度也大。

④ 磨粒有自锐作用　磨粒在磨削力的作用下，会产生开裂和脱落，形成新的锐利刃，称为磨粒的自锐作用，有利于磨削的进行。

⑤ 精度高、表面粗糙度小　磨削时，砂轮表面有切削刃，并且较锋利，能够切下一层很薄的金属，切削厚度可小到数微米；同时磨床具有精度高、刚性好的特点，因此磨削可以达到高的精度和小的表面粗糙度，一般精度可达到 IT7～IT6，表面粗糙度 $Ra$ 为 0.2～0.8 μm。

(3) 常见的磨削方法　外圆柱面通常作为半精车后的精加工，在外圆磨床或万能外圆磨床上进行。

① 纵磨法　如图 9.37(a)所示，砂轮高速旋转作主运动，工件旋转并和工作台一起作纵向进给运动，完成圆周和纵向进给运动。工作台每往复一次，砂轮沿磨削深度方向完成一次横向进给，每次磨削深度较小，通过多次往复行程将余量全部磨去。纵磨法的磨削深度小、磨削力小、温度低、加工精度高，但加工时间长、生产率低，适于单件小批量生产和加工细长工件。

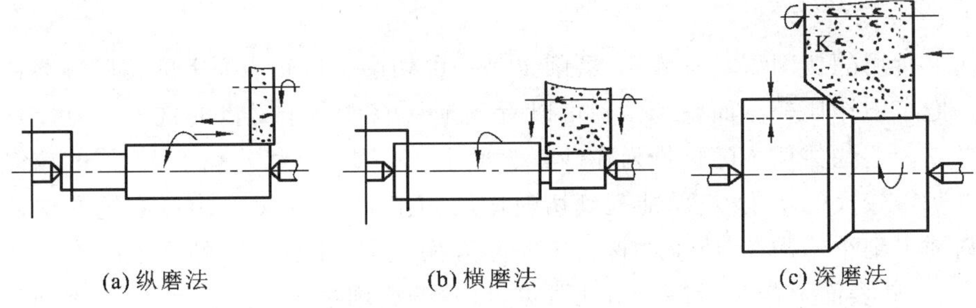

(a) 纵磨法　(b) 横磨法　(c) 深磨法

**图 9.37　外圆磨削方法**

② 横磨法　横磨法又称切入法，当工件被磨削长度小于砂轮宽度时，砂轮以很慢的速度连续地作横向进给运动，直到磨去全部磨削余量，如图 9.37(b)所示。横磨法充分发挥了砂轮所有磨粒的切削作用，生产效率高，但磨削时径向力较大，容易使工件产生弯曲变形。由于无纵向进给运动，砂轮表面的修整精度和磨削情况将直接复印在工件表面上，会影响加工表面的质量，因此，加工精度较低。横磨法主要用于磨削刚性较好、长度较短的工件外圆表面及有台阶的轴颈。

③ 深磨法　如图 9.37(c)所示，磨削时用较小的纵向进给量(一般取 1～2 mm/r)，在一次走刀中磨去全部磨削余量(一般为 0.3 mm)，是一种比较先进的方法，适用于大批量生产中加工刚度较大的短轴。

**2. 孔的加工方法**

孔是盘套类、支架箱体类零件的主要组成表面，其主要技术要求与外圆表面基本相同。但是与外圆相比，孔的加工条件较差，如所用的刀具尺寸(直径、长度)受到被加工孔本身尺寸的限制，孔内排屑、散热、冷却、润滑等条件都较差。因此，要达到与外圆表面同样的技术要求需要更多的工序。

零件上常见的孔有以下几种：①紧固孔，如螺钉、螺栓孔等；②回转体零件上的孔，如套筒、法兰盘及齿轮上的孔等；③箱体零件上的孔，如床头箱体上主轴及传动轴的轴承孔等；④深孔，一般 $L/D \geqslant 10$ 的孔，如炮筒、空心轴孔等；⑤圆锥孔，此类零件常用来保证零件间配合的准确性，如机床的锥孔等。

选择加工方法时，应考虑孔径的大小、深度、精度、工件形状、尺寸、重量、材料、生产批量及设备等具体条件。常见的孔的加工方法有钻孔、扩孔、铰孔、镗孔、拉孔和磨孔等，如图 9.38 所示。

1) 钻削

在钻床上进行切削加工的工艺过程称为钻削加工。钻削所用的刀具有钻头及铰刀等，常用的钻床有台式钻床、立式钻床和摇臂钻床等。

(1) 钻孔　单件生产时，先在工件上画线，打样冲眼确定孔的中心位置，然后将工件装夹在虎钳上或直接装夹在工作台上。大批生产时，通常采用钻床夹具，即钻模装夹工作，利用夹具上的导向套引导钻头在正确位置上钻孔，以提高效率，如图 9.39 所示。

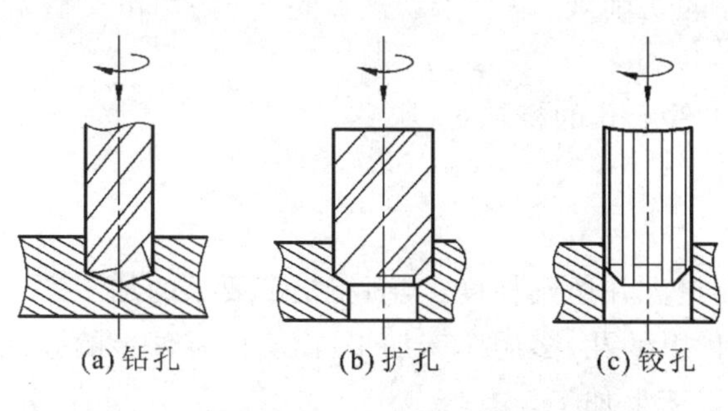


**图 9.38　孔加工方法**

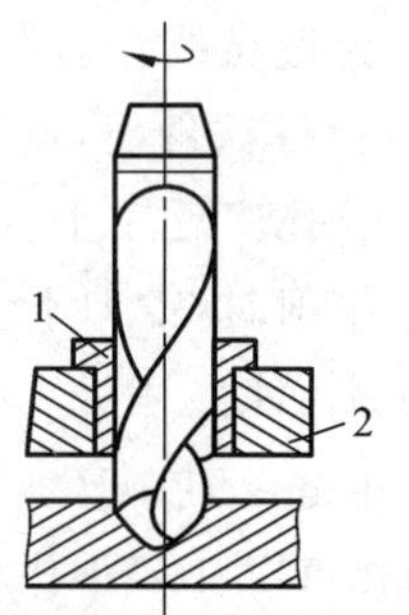


**图 9.39　利用钻模钻孔**

1—钻套；2—钻模

钻孔用的主要刀具是钻头，麻花钻是应用最广的钻头。钻削时，加工过程是半封闭的，切削量大、孔径小、冷却条件差、切削温度高，从而限制了切削速度，影响生产率的提高。

钻削时，钻孔切屑较宽，而容屑槽尺寸受限，故排屑困难，常出现切屑与孔壁的挤压摩擦，孔的表面常被划伤，使工件表面粗糙度增大。

钻孔属粗加工，精度只能达到IT13～IT11，表面粗糙度 $Ra$ 为 12.5～32.5 μm。对要求精度高、粗糙度小的孔，还要在孔后进行扩孔、铰孔或镗孔。

(2) 扩孔　扩孔是用扩孔钻对工件上已有的孔进行扩大加工，可以校正孔的轴线偏差，使其获得较正确的几何形状与较小的表面粗糙度。

扩孔是铰孔前的预加工，也可以是钻孔加工的最后工序。

扩孔用的刀具是扩孔钻，它与麻花钻相似，如图 9.38(b)所示，通常有 3～4 个切削刃，没有横刃，钻芯大，刚度好。

(3) 铰孔　铰孔是应用较普遍的孔的精加工方法之一，常用作孔的最后工序，如图 9.40 所示。手用铰刀切削部分较长，导向作用较好，手铰孔径一般为 $\phi$(1～50) mm。机用铰刀多为锥柄，装在钻床或车床上进行铰孔，其直径范围为 $\phi$(10～80) mm。

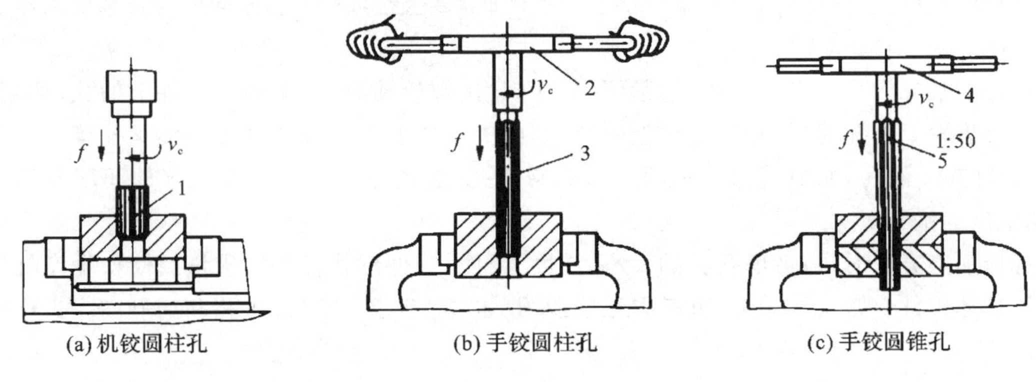


**图 9.40　铰孔**

1—机铰刀；2、4—铰杠；3—手铰刀；5—锥度铰刀

铰孔时应注意的事项如下。

① 用铰刀加工出的孔的直径不等于铰刀的实际尺寸，用高速钢铰刀时，铰出的工件孔径比铰刀的实际直径稍大。

② 铰削的功能是提高孔的尺寸精度和表面质量，而不能提高孔的位置精度。

③ 为提高铰孔质量，需施加润滑效果好的切削液，不宜干切。铰钢件时，用浓度较高的乳化液；铰铸件铁件时，则以煤油为好。

④ 铰孔广泛用于直径不很大的未淬火工件上孔的精加工。

⑤ 铰削时，铰刀不可倒转，以免崩刃。

2) 镗削

镗孔是镗刀在已加工孔的工件上使孔径扩大并达到精度、表面粗糙度要求的加工方法。

镗孔可以在多种机床上进行，回转体零件上的孔，多用车床加工；而箱体零件上的孔或孔系(即要求相互平行或垂直的若干孔)，则常在镗床上加工。

镗孔的一般加工精度为IT9～IT8，表面粗糙度 $Ra$ 为 1.6～3.2 μm，镗孔能较好地修正前工序加工所造成的几何形状误差和相互位置误差。

(1) 镗床的主要工艺范围　镗刀的刀尖相对于工件的进给运动形成直线母线，刀具相对于工件的回转主运动使直线母线沿圆周运动形成内圆表面。镗床的主要工艺范围有镗孔、镗同轴孔、镗大孔、镗平行孔和镗垂直孔。

(2) 镗削的工艺特点与应用　镗削的加工精度、生产率和生产成本较低、适应性好，主要用于机架、箱体等结构复杂零件的孔系加工，特别是大孔的加工。镗削加工质量主要取决于镗床精度。

(3) 镗刀的类型。包括单刃镗刀和多刃镗刀。

① 单刃镗刀　单刃镗刀是将与车刀相似的小刀(刀头)装夹于刀杆中，根据孔径大小，用螺钉固定其位置组成的镗杆镗刀，如图9.41(a)所示。小刀齿的横截面有圆形和方形两种，可用它进行粗加工，也可用来半精加工或精加工。镗孔时，可以校正预加工孔轴线歪斜或小的位置偏差，但由于单刃镗刀刚性较低，只能用于较小的切削用量，生产率较扩孔或铰孔低。

用单刃镗刀镗孔时应注意以下几点：

- 刀头镗杆上的悬伸量不宜过大，以免刚度不足；
- 应注意要有足够的容屑空间；
- 刀头在镗杆上的安装位置有两种，一种是刀头垂直于镗杆安装，只能用于加工通孔；另一种是刀头倾斜安装，可用来加工不通孔。

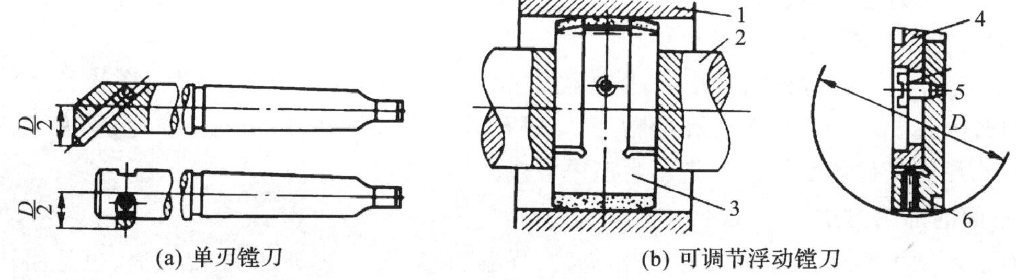

(a) 单刃镗刀　　(b) 可调节浮动镗刀

图 9.41　镗刀结构

1—工件；2—镗杆；3、4—刀片；5—紧固螺钉；6—调节螺钉

② 多刃镗刀　如图9.41(b)所示，多刃镗刀为一种可调浮动镗刀片。由于镗刀片在加工过程中浮动，可抵偿刀具安装或镗杆偏摆误差，能提高加工精度，公差等级为IT7～IT6，表面粗糙度 $Ra$ 为0.2～0.8 μm，而且其生产率较单刃镗刀要高，但结构较复杂，刃磨要求高，不能加工孔径20 mm以下的孔。浮动镗刀加工时与铰孔一样，不能纠正孔的直线度误差和位置偏差，所以要求的加工孔的直线度误差要小。

多刃镗刀镗孔主要用于批量生产、精加工箱体零件上直径较大的孔。

3) 拉削

在拉床上用拉刀可以加工各种型孔，如图9.42所示。此外，拉削还可以加工平面、半圆弧面和其他组合表面。

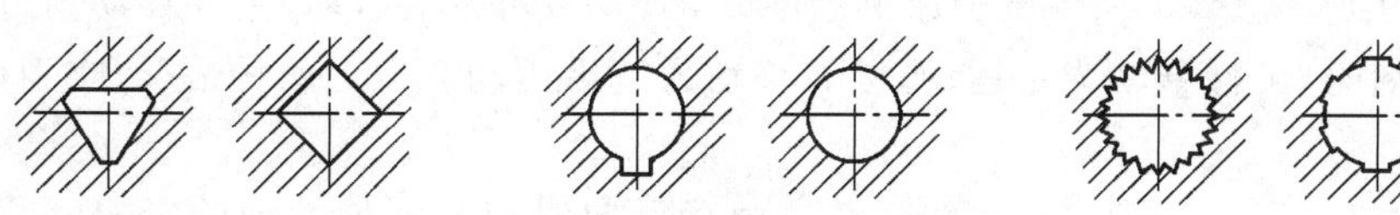

图 9.42　适于拉削的型孔

拉孔时工件一般不需夹紧，只以工件的端面支承。因此，孔的轴线与端面之间应有一定的垂

直度要求。如果垂直度误差太大，则需将工件的端面贴紧在一个球面垫圈上，如图 9.43 所示。

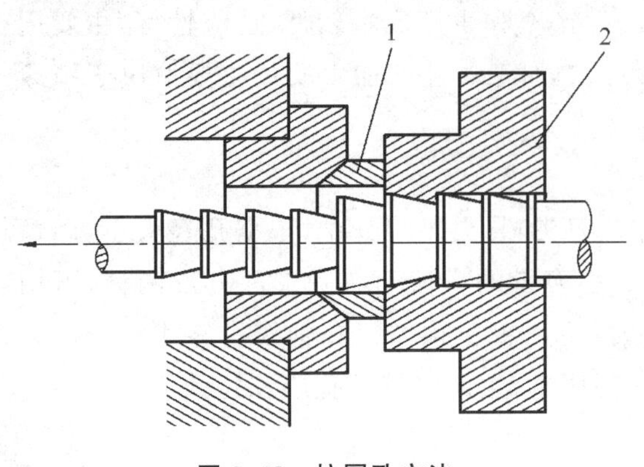


**图 9.43　拉圆孔方法**

1—球面垫圈;2—工件

拉削加工的孔径通常为 10～100 mm，孔的深度与直径之比不应超过 5。被拉削的圆孔一般不需精确的预加工，在钻削或粗镗后就可以进行拉削加工。

拉削加工生产率高，拉刀一次行程中就能切除加工表面的全部余量，并能完成校准和修光加工表面的工作。但拉刀结构复杂，制造成本高，主要用于大批量生产中。

对于薄壁孔，因为拉削力大、易变形，一般不用拉削加工。

4) 内圆磨削

内圆磨床常用的是卡盘式的。与外圆磨削相比，内圆磨削加工比较困难，其主要原因如下。

(1) 砂轮直径受工件孔的限制，一般较小。磨头的转速不能太高。

(2) 砂轮轴的直径小、悬伸长、刚性差，易产生弯曲变形。因而，内圆磨削的精度低于外圆磨削，一般为 IT8～IT6。

(3) 砂轮直径小、磨损快、易堵塞，需要经常修整和更换，增加了辅助时间，降低了生产率。

内圆磨削主要用于淬硬工件孔的精加工，磨孔的适应性较好，使用同一砂轮，可加工一定范围内不同孔径的工件，在单件、小批量生产中应用较多。

**3. 平面的加工方法**

平面是基体类零件(如床身、工作台、立柱、横梁、箱体及支架等)的主要表面，也是回转零件的重要表面之一(如端面、台肩面等)。平面的加工方法有刨削、铣削、端面车削、拉削、磨削及平面研磨等。刨削和铣削是加工平面的主要方法，通过磨削、研磨等加工方法可以进一步提高平面的加工质量。

1) 刨削加工

刨削是指在刨床上用刨刀对工件作直线往复运动的切削加工方法。

(1) 常见的刨床种类及应用　常见的刨床类机床有牛头刨床和龙门刨床等，前者用于中小工件加工，后者用于大型工件加工。

刨床的结构比车床、铣床简单，制造、刃磨和安装比较方便，所以刨削特别适合单件、小批量生产，在维修车间和模具车间应用较多。

插床是一种立式刨床，插削和刨削的切削方式相同，只是插削是在铅直方向进行切削的。插削主要用于单件、小件生产中加工零件上的某些表面，如孔内键槽、方孔、多边形和花键孔等，如图 9.44 所示。

(2) 刨削的工艺特点　在牛头刨床上刨削时，刨刀移动为主运动，工件移动为进给运动；在龙门刨床上刨削时，工件移动为主运动，刨刀移动为进给运动。以上两种情况，吃刀运动均由刨刀担任。

刨削加工时，主运动均为往复直线运动。由于反向时刀具受惯性力的影响，加之刀具切入和切出时有冲击，因此限制了切削速度和空行程速度的提高；同时，还存在空行程所造成的损失，所以刨削的生产率一般较低，在大批量生产中常被铣削代替。但在加工狭长表面(如导轨、长槽等)以及在龙门刨床上进行多件或多刀加工时，其生产率可高于铣削。

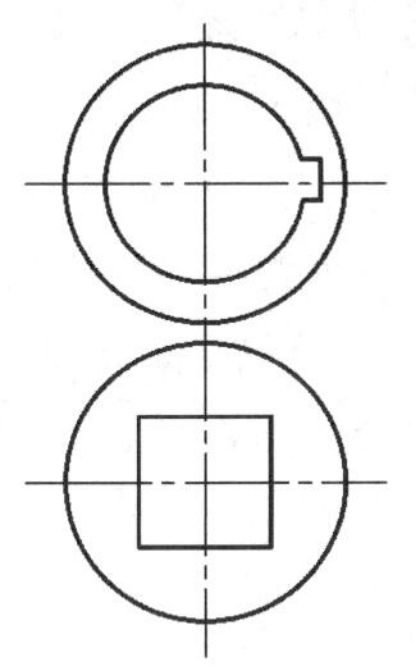
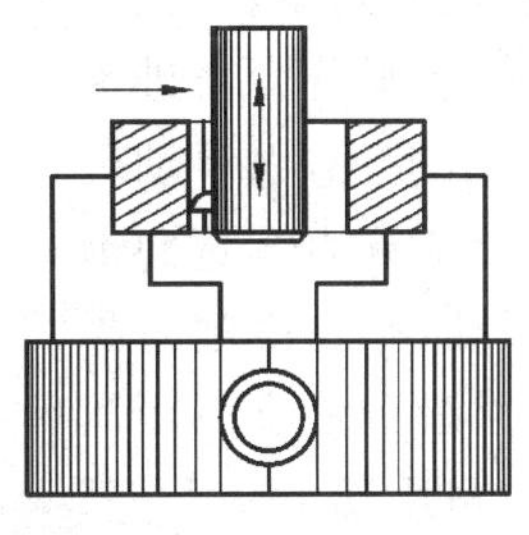

图 9.44 插床的工作原理

一般的刨削精度可达 IT9～IT7 级，表面粗糙度 $Ra$ 达 1.6～6.3 μm，加工成本低、生产率低。

2）铣削加工

铣削是平面加工的主要方法之一。铣削是指由铣刀旋转作主运动，由工件作进给运动的切削加工方法。铣削加工以回转运动代替了刨削加工的直线往复运动，以连续进给代替间歇进给，以多齿铣刀代替刨刀。所以，铣削加工范围广，生产率高。它可以加工水平面、垂直面、斜面、沟槽、成形表面、螺纹和齿轮等，也可以用来切断材料，如图 9.45 所示。

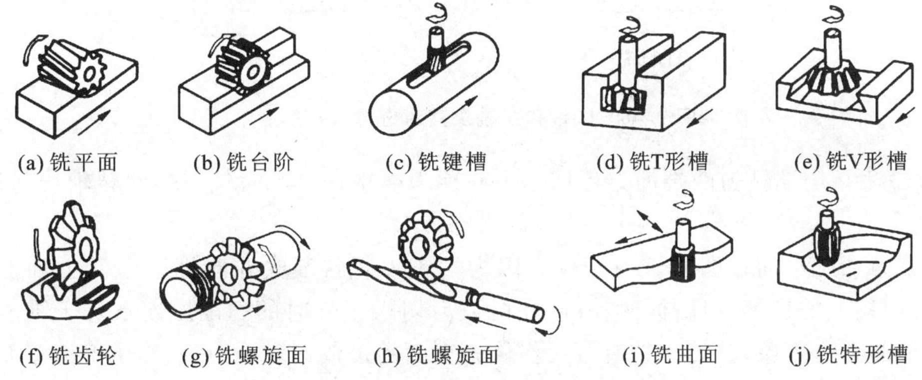


图 9.45 铣床上进行的各种加工

常用的是升降台卧式铣床和立式铣床。

(1) 铣削的加工特点　特点如下。

① 生产率较高　铣刀是典型的多齿刀具，铣削有几个刀齿同时参加工作，总的切削宽度较大。

② 刀齿散热条件好　铣刀刀齿在切离工件的一段时间内，可以得到一定的冷却，散热条件较好。但是在切入和切出时，热和力的冲击会加速刀具的磨损，甚至可能引起硬质合金刀片的碎裂。

③ 铣削过程不平稳　由于铣刀的刀齿在切入和切出时产生冲击，使工作的刀齿数有增有减，同时每个刀齿的切削厚度也是变化的，这就引起切削面积和切削力的变化，因此，铣削过程不平稳，容易产生振动。

(2) 铣削的方式　包括周铣法和端铣法。

① 周铣法　用圆柱形铣刀的刀齿加工平面称为周铣法。如图 9.46 所示，周铣可分为逆铣和顺铣。铣刀旋转方向和工件的进给方向相反时，称为逆铣；反之，称为顺铣。

顺铣时铣削力的水平分力与进给方向相同，当水平分力大于工作台的摩擦阻力时，由于进给丝杠与螺母之间有间隙，如图 9.46(a)所示，它会使工作台窜动。窜动的大小随切削力的变化时大时小、时有时无，造成进刀不平稳，影响工件表面粗糙度，严重时会引起啃刀、打刀事故；

但顺铣时刀齿对工件的切削分力是向下的,有利于工件夹紧,因而铣削过程稳定;另外,在切削时,每齿切削厚度由最大到零,刀具易于切入工件,刀具的耐用度较高。

逆铣时铣削力的水平分力与进给运动方向相反,使得铣床上的进给丝杠和螺母之间的接触面始终压紧,因而进给平稳,无窜动现象,有利于提高表面质量及防止打刀,如图 9.46(b)所示。但是刀齿对工件的切削分力垂直向上,有将工件抬离工作台的趋势,使机床工作台和导轨之间形成间隙,易引起振动,影响铣削过程的稳定性。铣刀刀刃在开始时不能立刻切入工件,而是在冷硬了的加工表面上滑行一小段距离后才能切入工件,不仅使加工表面质量下降,而且会加剧刀具磨损,使刀具的耐用度下降。

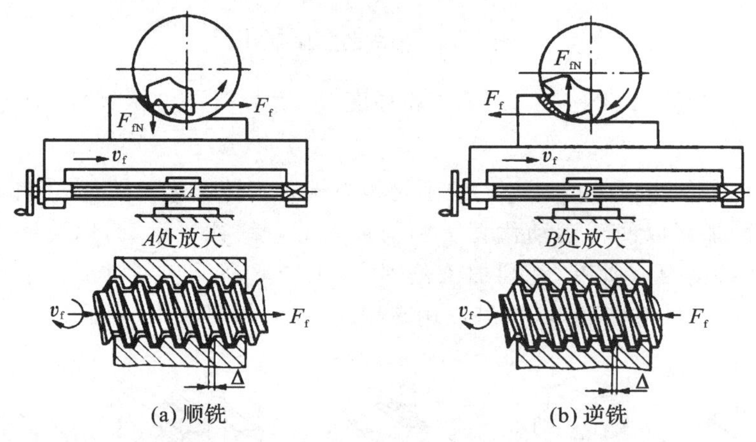


图 9.46 顺铣和逆铣及其对进给机构的影响

② 端铣法 用端铣刀的端面刀齿加工平面称为端铣法。此时铣刀的回转轴线与被加工表面垂直。

用端铣刀加工平面较圆柱铣刀为优。因为端铣刀直接装夹在刚性很高的主轴上工作,因此,铣刀可用较大的切削用量;同时在端铣时,刀齿切入工件时的切削厚度不等于零,不存在加剧刀具磨损的滑行现象,其刀齿带有可用作修光表面的过渡刃和副刀刃,当主刀刃略有磨损时,一时也不会使加工表面恶化。端铣已成为加工平面的主要方式之一。

(3) 铣削加工的工艺特点 铣削加工质量与刨削加工相当,精铣后,尺寸公差等级可达 IT9～IT7,表面粗糙度 $Ra$ 达 1.6～6.3 μm。但铣床结构复杂,铣刀的制造和刃磨困难,因而铣削加工成本高于刨削加工。

3) 平面磨削加工

平面磨削是在平面磨床上进行平面加工的,一般都作为铣削和刨削后的精加工工序。对于形状简单的铁磁性材料工件,采用电磁吸盘装夹;对于形状复杂或非磁性材料的工件,可采用精密虎钳或专用夹具装夹。

磨削平面的方式有以下两种。

(1) 周边磨削 用砂轮的周边进行磨削称为周边磨削,如图 9.47(a)所示。磨削时,砂轮与工件的接触面积小、磨削力小、磨削热少、冷却和排屑条件好、砂轮的磨损均匀。生产中经常采用卧轴矩台平面磨削,主要用于磨削齿轮等盘套类零件的端面,以及各种板条状中、小型零件。

(2) 端面磨削 用砂轮的端面进行磨削称为端面磨削,如图 9.47(b)所示。磨削时,砂轮与工件的接触面积大、磨削力大、磨削热多,冷却和排屑条件也较差,工件受热变形大。此外,砂轮端面径向各点的圆周速度也不相等,砂轮的磨损不均匀,因此,加工精度不高。一般用于磨削加

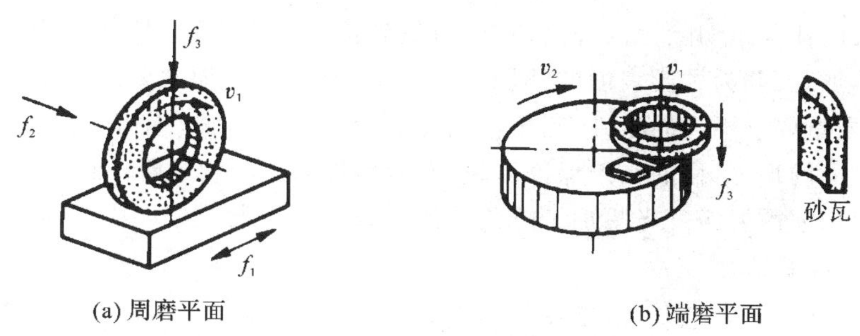


图 9.47 磨削平面示意图

工精度要求不高的平面，也可用于代替刨削和铣削加工。

生产中常采用立轴圆台平面磨床。这种磨床的砂轮轴悬伸长度短、刚性好，可采用较大的磨削用量，生产效率高，故适用于粗加工。

## 二、典型汽车零件加工工艺路线

### 1. 工艺路线与工艺阶段

1) 加工工艺路线制定的原则

根据工件的技术要求和生产实际条件，需要对不同的加工方法进行合理的组合、分工与安排，制定出正确的加工工艺路线，这样才能保证工件的加工质量，提高生产率，降低加工成本。

(1) 基准先行的原则　前道工序必须为后道工序准备好定位基准。轴类零件在车削和磨削之前都要先加工中心孔。支架和箱体类零件一般都要先加工平面，再以平面作为孔加工的定位基准，这样便于安装和保证孔与平面之间的位置精度要求。短套筒类零件应先加工孔后加工外圆，在加工外圆时以孔作为定位基准，安装在心轴上。长套筒类零件应先加工外圆后加工孔，因为此时不便使用细长的心轴。

(2) 粗精分开的原则　加工误差需要一步一步减小。粗加工时由于切除的余量较大，切削力和切削热所引起的变形也较大，对于零件上具有较高精度要求的表面，在全部精加工完成后再进行精加工才能保证质量。

2) 工艺阶段的划分

对于加工质量要求较高的零件，为了保证加工质量，便于组织生产，合理安排人力物力、使用设备、安排热处理工序，需要将零件加工的工艺路线划分成若干阶段，如图 9.48 所示。

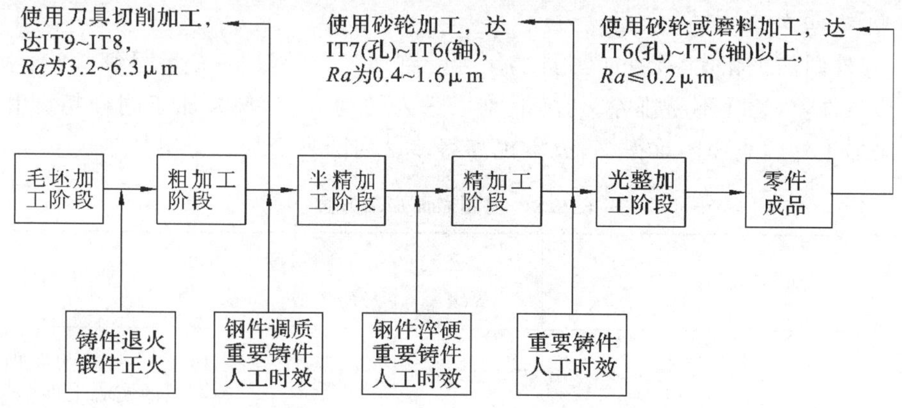


图 9.48 零件加工工艺路线的划分

粗加工阶段的任务是切除大部分毛坯余量，做到提高生产率；半精加工阶段的任务是完成零件次要表面的加工，并为主要表面的精加工作准备，目的在于为主要表面精加工准备好定位基准，对于加工质量要求不高的零件，到半精加工阶段就可全部加工完毕；精加工阶段的任务是完成零件主要表面的加工，目的在于保证质量，一般零件的加工到此阶段结束。只有精密零件，其上面的个别表面还需要经过光整加工阶段才能达到技术要求。

3）辅助工序安排

辅助工序是指检验、去毛刺、清洗等。

为了及时发现废品，工件在粗加工后，从一个车间转入到另一个车间之前，或重要加工工序之后或成品入库之前，一般都要安排检验工序。目的在于查明废品或次品产生的原因和保证获得质量合格的产品。

**2. 典型零件加工方案分析**

1）外圆表面加工方案分析

对于一般的钢铁零件，外圆表面加工的主要方法是车削和磨削。要求精度高、粗糙度小时，往往还要进行研磨、超级光磨等光整加工。对于精度要求不高、仅要求光亮的表面，可以通过抛光来获得，但在抛光前要达到较小的粗糙度。对于塑性较大的有色金属(如铜、铝合金等)零件，由于其精加工不宜用磨削，则采用精细车削。外圆表面加工方案如表9.7所示。

**表9.7 外圆的加工方案**

| 序号 | 加工方案 | 尺寸公差等级 | 表面粗糙度 $Ra/\mu m$ | 适用范围 |
|---|---|---|---|---|
| 1 | 粗车 | IT13～IT11 | 50～12.5 | 适用于各种金属(经过淬火的钢材除外) |
| 2 | 粗车→半精车 | IT10～IT9 | 6.3～3.2 | |
| 3 | 粗车→半精车→精车 | IT7～IT6 | 1.6～0.8 | |
| 4 | 粗车→半精车→磨削 | IT7～IT6 | 0.8～0.4 | 适用于淬火钢、未淬火钢、铸铁等，不宜加工韧度大的有色金属 |
| 5 | 粗车→半精车→粗磨→精磨 | IT6～IT5 | 0.4～0.2 | |
| 6 | 粗车→半精车→粗磨→精磨→高精度磨 | IT5～IT3 | 0.1～0.008 | |
| 7 | 粗车→半精车→粗磨→精磨→研磨 | IT5～IT3 | 0.1～0.008 | |
| 8 | 粗车→半精车→精车→研磨 | IT6～IT5 | 0.4～0.025 | 适用于有色金属 |

2）内圆表面加工方案分析

孔加工与外圆加工相比，孔加工刀具的尺寸受到加工孔的限制，一般呈细长状，刚性差。加工孔时，散热条件差，切屑不易排除，切削液难以进入切削区。因此，加工同样精度和表面粗糙度的孔，要比加工外圆表面困难得多，成本也高得多。内圆表面加工方案如表9.8所示。

**表9.8 内圆表面加工方案**

| 序号 | 加工方案 | 尺寸公差等级 | 表面粗糙度 $Ra/\mu m$ | 适用范围 |
|---|---|---|---|---|
| 1 | 钻 | IT13～IT11 | 12.5 | 用于加工除淬火钢以外的各种金属的实心工件 |
| 2 | 钻→铰 | IT9 | 3.2～1.6 | 同上，但孔径 $D<10$ mm |

续表

| 序号 | 加工方案 | 尺寸公差等级 | 表面粗糙度 $Ra/\mu m$ | 适用范围 |
|---|---|---|---|---|
| 3 | 钻→扩→铰 | IT9～IT8 | 3.2～1.6 | 同上，但孔径 $D=\phi 10\sim\phi 80$ mm |
| 4 | 钻→扩→粗铰→精铰 | IT7 | 1.6～0.4 | |
| 5 | 钻→拉 | IT9～IT7 | 1.6～0.4 | 用于大批、大量生产 |
| 6 | (钻)→粗镗→半精镗 | IT10～IT9 | 6.3～3.2 | 用于除淬火钢以外的各种材料 |
| 7 | (钻)→粗镗→半精镗→精镗 | IT8～IT7 | 1.6～0.8 | |
| 8 | (钻)→粗镗→半精镗→磨 | IT8～IT7 | 0.8～0.4 | 用于淬火钢、不淬火钢和铸铁件，但不宜加工硬度低、韧度大的有色金属 |
| 9 | (钻)→粗镗→半精镗→粗磨→精磨 | IT7～IT6 | 0.4～0.2 | |
| 10 | 粗镗→半精镗→精镗→珩磨 | IT7～IT6 | 0.4～0.025 | |
| 11 | 粗镗→半精镗→精镗→研磨 | IT7～IT6 | 0.4～0.025 | 用于加工钢件、铸件和有色金属 |

3）平面加工方案分析

平面可采用车、铣、刨、磨、拉等方法加工，要求更高的精密加工，可以用刮研、研磨等进行光整加工。回转体表面的端面，可采用车削和磨削加工。其他类型的平面，以铣削或刨削为主，但淬硬的平面则必用磨削加工。平面加工方案如表9.9所示。

**表9.9 平面加工方案**

| 序号 | 加工方案 | 尺寸公差等级 | 表面粗糙度 $Ra/\mu m$ | 适用范围 |
|---|---|---|---|---|
| 1 | 粗车→半精车 | IT10～IT9 | 6.3～3.2 | 用于加工回转体零件的端面 |
| 2 | 粗车→半精车→精车 | IT7～IT6 | 1.6～0.8 | |
| 3 | 粗车→半精车→磨削 | IT9～IT7 | 0.8～0.2 | |
| 4 | 粗铣(粗刨)→精铣(精刨) | IT9～IT7 | 6.3～1.6 | 用于加工不淬火钢、铸铁、有色金属等材料 |
| 5 | 粗铣(粗刨)→精铣(精刨)→刮研 | IT6～IT5 | 0.8～0.1 | |
| 6 | 粗铣(粗刨)→精铣(精刨)→宽刀细刨 | IT6 | 0.8～0.2 | |
| 7 | 粗铣(粗刨)→精铣(精刨)→磨削 | IT6 | 0.8～0.2 | 用于加工不淬火钢、铸铁、有色金属等材料 |
| 8 | 粗铣(粗刨)→精铣(精刨)→粗磨→精磨 | IT6～IT5 | 0.4～0.1 | |
| 9 | 粗铣→精铣→磨削→研磨 | IT5～IT4 | 0.4～0.025 | |
| 10 | 拉削 | IT9～IT6 | 0.8～0.2 | 用于大批、大量生产除淬火钢以外的各种金属材料 |

## 【任务实施】

### 1. 主要加工表面及加工方法

端盖(见图9.33)是安装在箱体的侧面上，通过 $\phi 50_{-0.017}^{\ 0}$ mm 圆柱面与箱体上的孔进行配合安装,对其安装定位作用的紧固孔的位置有要求,孔 $\phi62^{+0.02}_{-0.01}$ mm 是轴承孔。M64×1.5－H7 是紧固孔内轴承的,因此端盖的主要加工表面有 $\phi50^{\ 0}_{-0.017}$ mm、$\phi80$ mm 和 $\phi115$ mm 外圆柱面,$\phi62^{+0.02}_{-0.01}$ mm、$\phi36^{+0.025}_{\ 0}$ mm 和 $\phi55$ mm 内孔,还有端面的加工。根据零件的特点各加工表面均可在车床上加工。

**2. 加工端盖零件**

(1) 毛坯选择　根据其形状特点,该零件的毛坯选用铸件,因属于批量生产,其中心孔预留。

(2) 基准的选择　基准的选择是否合理直接影响工作的位置精度,选择基准应尽量使设计基准、定位基准和安装基准一致。图 9.33 所示工件的安装基准是 $\phi50^{\ 0}_{-0.017}$ mm 外圆柱面及其端面,因此在精车内孔和螺纹时应以 $\phi50^{\ 0}_{-0.017}$ mm 外圆柱面及其端面定位,来保证 $\phi62^{+0.02}_{-0.01}$ mm 内孔轴线对 $\phi50^{\ 0}_{-0.017}$ mm 外圆轴线的相互位置度要求。

(3) 端盖零件的加工工艺过程　图 9.33 所示的端盖零件机械加工工艺过程如表 9.10 所示。

**表 9.10　端盖零件机械加工工艺过程**

| 序号 | 工序名称 | 工 序 内 容 | 设　备 |
| --- | --- | --- | --- |
| 1 | 备料 | — | — |
| 2 | 粗车 | 毛坯全部粗车,内孔 $\phi36$ 至尺寸要求,其余均留 2 mm 余量 | CA6140 |
| 3 | 半精车 | 夹 $\phi80$ 外圆,车 $\phi50^{\ 0}_{-0.017}$×22 外圆至尺寸,外圆割槽 2×0.5,内孔及外圆倒角 C1 | CA6140 |
| 4 | 精车 | 软爪夹 $\phi115$ 外圆,车 $\phi80$ 外圆至尺寸要求,控制尺寸 50±0.2 及 $\phi115$ 外圆长度 15 | CA6140 |
| 5 | 精车 | 以 $\phi50^{\ 0}_{-0.017}$ 定位,车内孔 $\phi62^{+0.02}_{-0.01}$×29 至尺寸要求,内割槽 4 及内孔 $\phi55$×6,车内螺纹 M64×1.5,并倒角 | CA6140<br>车夹具 |
| 6 | 刨 | 刨削扁榫至尺寸 48 | B6050 |
| 7 | 钳 | 钻 3－$\phi14$($\phi9$)沉孔,钻攻 2－M8 内螺纹 | Z5025 |
| 8 | 检验 | 按图检验 | — |

## 【知识拓展】

### 一、圆柱齿轮齿形的加工方法

齿轮在各种机械和仪表中广泛应用,它是传递运动和动力的重要零件,机械产品的工作性能、承载能力、使用寿命及工作精度等,都与齿轮本身的质量有着密切的关系。常用的齿轮有圆柱齿轮、圆锥齿轮及蜗轮等,而以圆柱齿轮应用最广。

齿轮齿形曲线有渐开线、摆线、圆弧等,其中最常用的是渐开线。

齿形加工的方法很多,按加工过程中有无切屑,可分为有切屑加工和无切屑加工。无切屑加工是近年来发展起来的一种新工艺,具有广阔的发展前景。目前有屑加工仍是齿形加工的主要方法。按加工原理不同,齿形加工又可分为仿(成)形法和范(展)成法两种。仿(成)形法是在卧式铣床上利用刀刃形状和齿槽形状相同的齿轮铣刀来切制齿形；范(展)成法(滚齿、插齿、剃齿、珩齿)是根据齿轮啮合原理，在专用机床上利用刀具和工件间具有严格的传动比的相对运动来切制齿形。

渐开线圆柱齿轮的加工精度共有 12 个等级，其中 1 级精度最高，12 级精度最低，应用最多的是 IT6～IT9。

**1. 铣齿**

1) 铣齿加工的原理

铣齿是利用成形齿轮铣刀在万能铣床上加工齿轮的方法。当齿轮模数 $m<8$ 时，一般在卧式铣床上有盘状铣刀铣削，如图 9.49(a)所示；当齿轮模数 $m\geqslant8$ 时，用指状铣刀在立式铣床上进行，如图 9.49(b)所示。

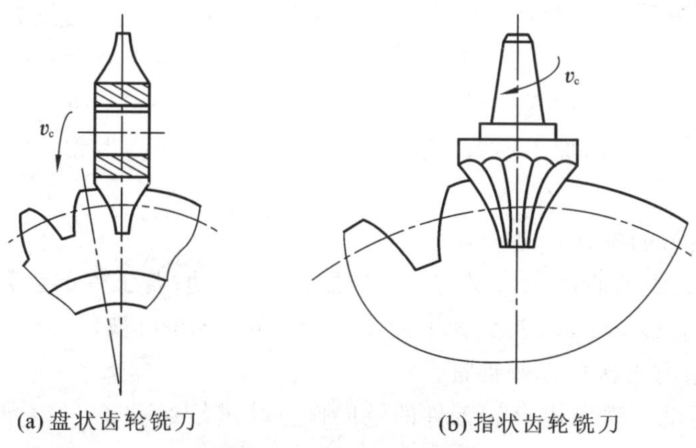


(a) 盘状齿轮铣刀　　(b) 指状齿轮铣刀

**图 9.49 成形法铣削齿轮**

铣削时，均将工件安装在铣床的分度头上，规定模数的铣刀作旋转主运动，工作台作直线进给运动。当加工完一个齿间后，退出刀具，按齿数 $z$ 进行分度，再铣下一个齿间。这样逐齿进行铣削，直至铣完全部齿间。

为了减少同一模数铣刀的数量，在实际生产中，将同一模数的铣刀按渐开线齿形的弯曲度相近的齿数，一般只做出 8 把或 15 把为一套。对标准模数铣刀，当模数 $m<8$ 时，每种模数由 8 把(8 个刀号)组成一套；当 $m\geqslant8$ 时，则 15 把(15 个刀号)组成一套，每把刀号的铣刀用于加工一定范围齿数的齿轮，齿轮铣刀号如表 9.11 所示。

**表 9.11 齿轮铣刀号**

| 铣刀号 | | 1 | $1\frac{1}{2}$ | 2 | $2\frac{1}{2}$ | 3 | $3\frac{1}{2}$ | 4 | $4\frac{1}{2}$ | 5 | $5\frac{1}{2}$ | 6 | $6\frac{1}{2}$ | 7 | $7\frac{1}{2}$ | 8 |
|---|---|---|---|---|---|---|---|---|---|---|---|---|---|---|---|---|
| 加工齿数 | 8 把一套 | 12～13 | — | 14～16 | — | 17～20 | — | 21～25 | — | 26～34 | — | 35～54 | — | 55～134 | — | ≥135 |
| | 15 把一套 | 12 | 13 | 14 | 15～16 | 17～18 | 19～20 | 21～22 | 23～25 | 26～29 | 30～34 | 35～41 | 42～54 | 55～79 | 80～134 | ≥135 |

2) 铣齿加工的特点

(1) 生产成本低　在普通铣床上即可完成齿形加工；齿轮铣刀结构简单，制造容易，因此生产成本低。

(2) 加工精度低　铣齿时，由于一把铣刀要加工几种不同齿数的齿轮，因此有齿形误差，而且加工时有分度误差,所以加工精度低。

(3) 生产率低 铣齿时,由于每铣一个齿间都要重复进行切入、切出、退出和分度的工作,辅助时间和基本工艺时间增加。因此,生产率低。

3) 铣齿加工的适用范围

铣齿常用于单件小批量生产和修配精度要求不高的齿轮。

**2. 滚齿**

1) 滚齿加工的原理

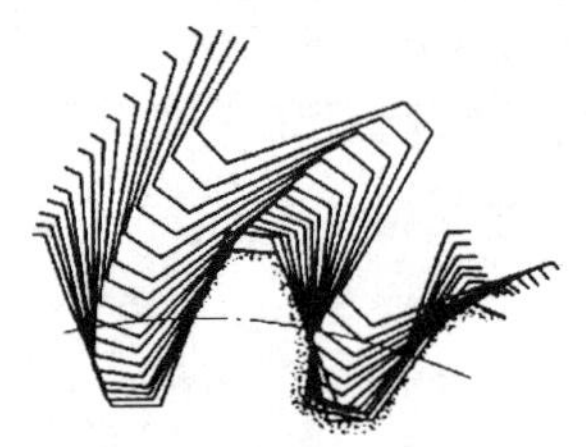

**图 9.50 滚齿原理**

滚齿是根据展成法原理,用齿轮滚刀加工齿形的一种方法。齿轮滚刀的形状与蜗杆相似,它是在蜗杆的基础上开槽,铲齿后形成刀齿的,并将每个刀齿都磨成一定的前角和后角,经淬硬后形成具有切削刃的刀具。齿条与同模数的任何齿数的渐开线齿轮都能正确啮合,即滚刀刀齿侧面运动轨迹的包络线为渐开线齿形,在与工件啮合的过程中形成齿面。滚齿原理如图 9.50 所示。因此,同一把滚刀可以加工模数、压力角相同而齿数不同的齿轮。

2) 滚齿运动

(1) 主运动 滚刀的旋转运动。

(2) 分齿运动(展成运动) 滚刀与齿坯之间的啮合运动;若工件的齿数为 $z$,则当单头滚刀转一圈时,被切工件应转 $1/z$ 圈;头数为 $k$ 的多头滚刀转一转时,被切工件应转 $k/z$ 圈。滚刀与工件之间的速比关系由机床传动来保证。

(3) 轴向进给运动 滚刀沿被切工件的轴向作直线进给运动。

3) 滚齿的工艺特点

滚齿为连续分齿切削,同时在切削过程中无空回程,所以在一般情况下滚齿生产效率都高于铣齿和插齿,其加工精度一般可达 IT6～IT10,常用于加工直齿、斜齿圆柱齿轮及蜗轮,但不能加工内齿轮以齿轮间距太近的多联齿轮。

**3. 插齿**

1) 插齿加工的原理

插齿是利用插齿刀在插齿机上加工内、外齿轮或齿条等齿面的方法。

插齿是按一对圆柱齿轮相啮合的原理进行加工的,插齿刀相当于一个在轮齿上磨出前角和后角、具有切削刃的齿轮,而齿轮坯则作为另一个齿轮。工作时,就是利用刀具上的切削刃来进行切削。插齿原理如图 9.51 所示。

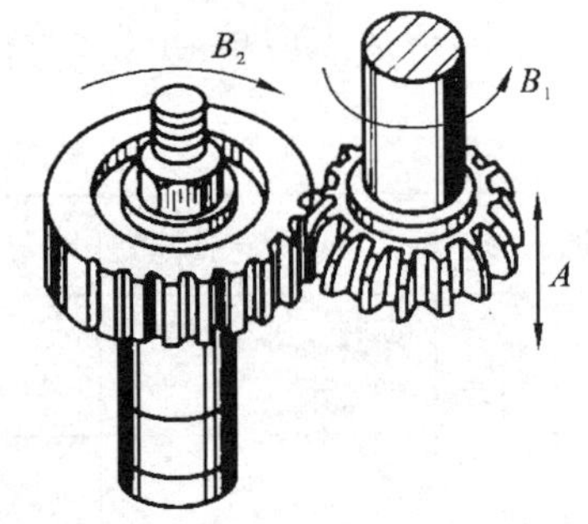


**图 9.51 插齿原理**

2) 插齿运动

(1) 主运动 插齿刀的上下往复运动 $A$。

(2) 分齿运动 插齿刀与工件齿坯之间强制严格保持一对齿轮副的啮合运动关系(即插齿刀以 $B_1$、工件以 $B_2$ 的相对运动关系转动)。

(3) 径向进给运动 为了使插齿刀逐渐切至全齿深,插齿刀每上下往复一次应具有向工件中心的径向进给运动。

(4) 让刀运动 为了避免插齿刀向上返回退刀时,造成后刀面的磨损和擦伤已加工表面,工件应离开刀具作让刀运动;当插齿刀向下切削加工时,工件应恢复原位。

3）插齿的工艺特点

插齿刀的制造、刃磨和检验均较滚刀简便，易保证制造精度，加工精度略高于滚齿，可达IT7～IT9；同一模数的插齿刀可以加工各种齿数的齿轮，生产效率高于铣齿而低于滚齿。

在单件、小批量生产和大量生产中，广泛采用插齿来加工各种未淬火齿轮，尤其是内齿轮和多联齿轮，加上附件还可以加工齿条及斜齿轮。

**4. 剃齿**

剃齿是剃齿刀在专用剃齿机上对齿轮齿形进行精加工的一种方法，专门用来加工未经淬火(35HRC以下)的圆柱齿轮。剃齿加工精度可达IT7～IT6，齿形表面粗糙度 $Ra$ 可达0.8～0.4 μm。

剃齿加工主要用于提高齿形精度和齿向精度，降低齿面的表面粗糙度。剃齿多用于成批、大量加工。

**5. 珩齿**

当工件硬度超过35HRC时，使用珩齿代替剃齿。珩齿与剃齿的原理完全相同，是用珩磨轮在珩齿机上对齿轮进行精加工的一种方法。

珩磨轮是用金刚砂轮及环氧树脂等浇注或热压而成，它的硬度极高，能除去剃齿刀刮不动的淬火齿面氧化皮。珩磨过程具有磨、剃、抛光等几种精加工的综合作用。

珩齿对齿形精度改善不大，主要用于改善热处理后的轮齿表面粗糙度。

**6. 磨齿**

磨齿是齿轮的一种精加工方法。磨齿对齿轮误差或热处理变形具有较强的修正能力。齿轮表面加工精度可达IT3～IT7。

随着技术的发展，齿形加工也出现了一些新工艺，例如，精冲或电解加工微型齿轮、热轧中型圆柱齿轮、精锻圆柱齿轮、粉末冶金法制造齿轮、电解磨削精度较高的齿轮等。

## 二、螺纹的加工方法

螺纹是常见的连接零件之一。按螺纹形式可将螺纹分为圆柱螺纹和圆锥螺纹，按用途可将螺纹分为传动螺纹和紧固螺纹。传动螺纹多用于传递力、运动和位移，如丝杆和测微螺杆的螺纹，其牙形多为梯形或锯齿形；紧固螺纹用于零件的固定连接，常用的有普通螺纹和管螺纹等，牙形多为三角形。

螺纹加工方法很多，工作中应根据生产批量、形状、用途、精度等不同要求合理选择。

**1. 车螺纹**

车螺纹是螺纹加工的基本方法，它可以使用通用设备，刀具简单，适应性广。

螺纹车削是成形面车削的一种，刀具形状应与螺纹牙形槽相同，车刀刀尖必须与工件中心等高，车刀刀尖角的等分线必须垂直于工件回转中心线。在车床上车削螺纹时，工件每转一圈，刀具应准确而均匀地进给一个导程，如图9.52所示。

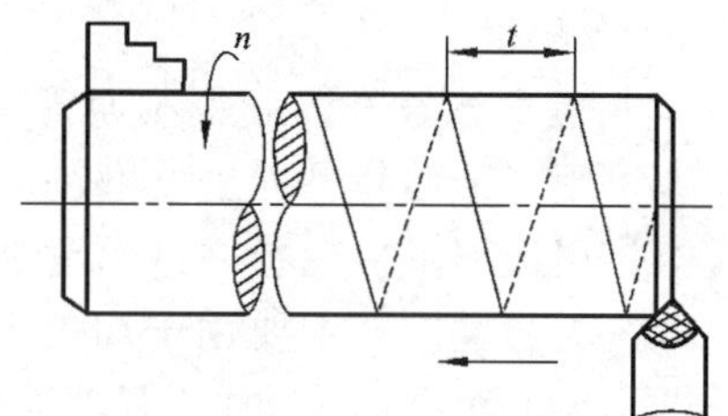

图9.52 车螺纹时刀具与工件的关系

车螺纹的生产率较低，加工质量取决于工人的技术水平以及机床、刀具本身的精度。所以，主要用于单件、小批量生产。当生产批量较大时，为了提高生产率，常用螺纹梳刀进行车削。螺纹梳刀实质上是一种多齿形的螺纹车刀，只要走刀一次就能切出螺纹,所以生产率高。但是,一般螺纹梳刀加工精度不高,不能加工精密螺纹,此外,螺纹附近有轴肩的工件,也不能用螺纹梳刀加工。螺纹梳刀如图 9.53 所示。

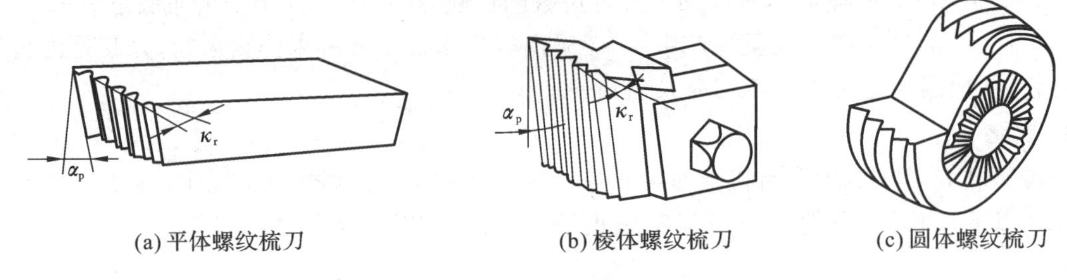


(a) 平体螺纹梳刀　(b) 棱体螺纹梳刀　(c) 圆体螺纹梳刀

图 9.53　螺纹梳刀

**2. 铣螺纹**

在铣床上铣削螺纹与车螺纹原理基本相同。铣螺纹可以用单排螺纹铣刀或多排螺纹铣刀(又称梳形螺纹铣刀)。

单排螺纹铣刀如图 9.54(a)所示。铣刀上有一排环形刀齿,铣刀倾斜安装,倾斜角大小等于螺旋角。开始,在工件不动的情况下,铣刀向工件作径向进给至螺纹全深;然后,工件慢速回转,铣刀作纵向运动,直至切完螺纹长度。可以一次铣至螺纹深度,也可以分粗铣和精铣。此法多用于大导程或多头螺纹加工。

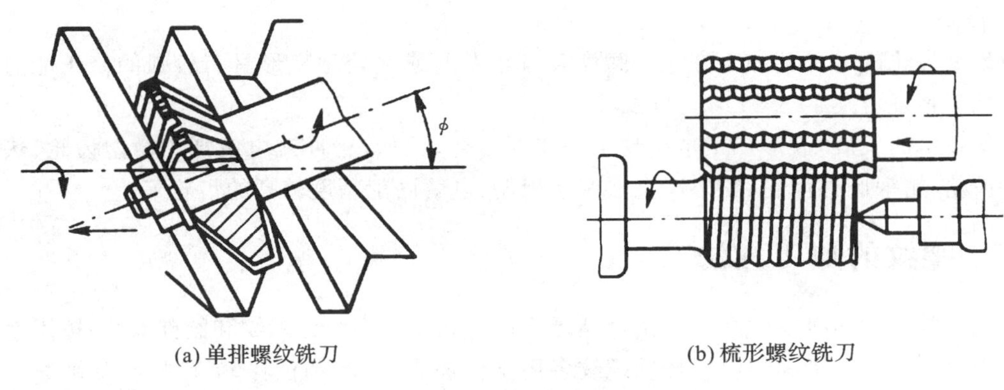


(a) 单排螺纹铣刀　(b) 梳形螺纹铣刀

图 9.54　螺纹铣刀

梳形螺纹铣刀有几排环形刀齿,是在专用的螺纹铣床上进行的,如图 9.54(b)所示。刀齿垂直于轴线,梳刀宽度稍大于螺纹长度,并与工件轴线平行。在工件不转动时,铣刀向工件进给到螺纹全深,然后工件缓慢转动 1.25 圈,同时回转的梳刀纵向移动 1.25 个导程,即可加工完毕。梳形螺纹铣刀主要适用于大直径、小螺距的短螺纹加工。

**3. 磨螺纹**

高精度的螺纹及淬硬螺纹通常用磨削加工。一般采用的磨削方法有以下几种。

(1) 用成形砂轮轴向进给磨削　此法相当于车螺纹,只是用成形砂轮代替了螺纹车刀。

(2) 用梳刀形砂轮径向进给磨削　此法与梳状螺纹铣刀铣螺纹相似。

(3) 无心磨削　主要用于加工无头螺纹,因为无头螺纹没有中心孔定位,也没有地方用卡盘装夹,所以用无心磨削加工最为合适。

**4. 攻螺纹与套螺纹**

攻螺纹与套螺纹是应用较广泛的螺纹加工方法。用丝锥在工件内表面上加工出内螺纹的工序称为攻螺纹,对于小尺寸的内螺纹,攻螺纹几乎是唯一有效的加工方法,如图 9.55(a)所示。单件小批量生产中，可以用手用丝锥手工攻螺纹；当批量较大时，则应在车床、钻床或攻螺纹机上使用机丝锥加工。

用板牙在圆杆上切出外螺纹的工序称为套螺纹，套螺纹的螺纹直径不超过 16 mm，也可在机床上进行。在攻螺纹和套螺纹时，每转过 1～1.5 圈后，均应适当反转倒退，以免切屑挤塞，造成工件螺纹的破坏。

攻螺纹和套螺纹的加工精度较低，主要用于加工精度要求不高的普通螺纹。

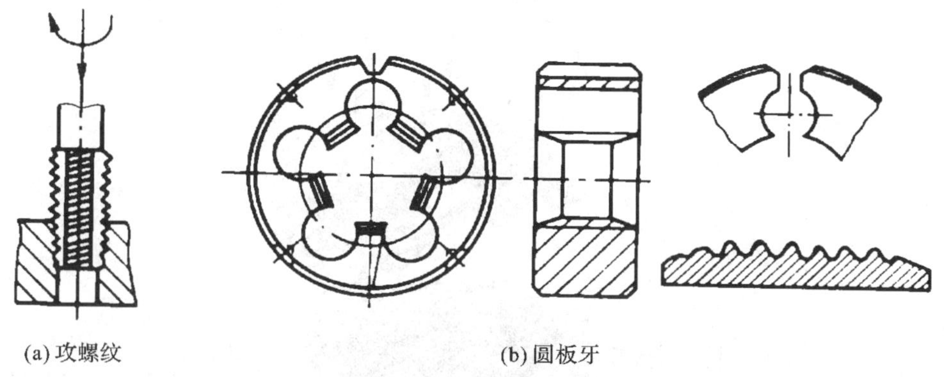

(a) 攻螺纹　　(b) 圆板牙

图 9.55　攻螺纹与套螺纹的板牙

## 【复习与思考】

1. 粗车、半精车、精车的目的是什么？
2. 常用哪些方法实现孔的加工？各有什么特点？
3. 外圆柱面的磨削方法有哪些？各适用于哪些零件？
4. 平面加工有哪些方法？
5. 试比较刨削与铣削平面的工艺特点和应用场合。
6. 圆柱齿轮齿形的加工有哪些方法？
7. 比较滚齿与插齿的加工特点和应用场合。

# 任务4　汽车零部件装配技术

## 【任务导入】

受荷花汽车零部件制造有限公司委托，对一批汽车零件进行装配。要求：①了解汽车零部件和减速器箱体的结构以及轴和齿轮的结构；②了解轴上零件的定位和固定，齿轮和轴承的润滑、密封以及减速器附属零件的作用、构造和安装位置；③培养减速器的拆装、调整及工具使用技能；④了解拆装工具和结构设计的关系。

## 【任务分析】

汽车零部件安装设备和拆装实训的工具常常有：①单级圆柱齿轮减速器（或单级蜗杆减速器、两级圆锥一圆柱齿轮减速器）；②活扳手、呆扳手、拉马、木手锤或橡胶手锤、铜棒；③零件存放盆、清洗液（煤油或汽油）、润滑油等。

本任务可选择如图9.56所示的单级圆柱齿轮减速器。首先观察、了解减速器附属零件的用途、结构和安装位置的要求。然后了解轴承的润滑方式和密封装置,包括外密封的形式、轴承内侧挡油环、封油环的作用原理及其结构和安装位置。正确进行轴承的组合结构分析以及轴承的拆、装、固定和轴向游隙的调整。

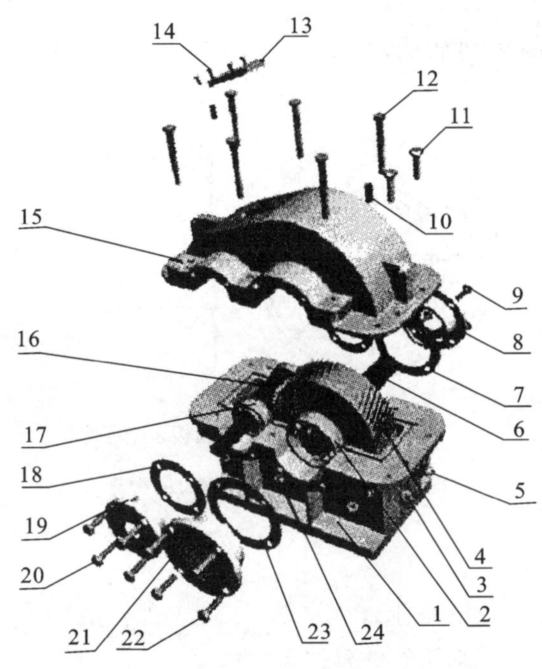


**图9.56 单级圆柱齿轮减速器**

1—箱体;2、17—轴承;3—放油螺塞;4—齿轮;5—油标;6—轴;7、18、23—垫片;8、19、21—端盖;9、14、20、22—螺钉;10—定位销;11、12—螺栓;13—观察孔盖;15—箱盖;16—齿轮轴;24—螺帽

## 【相关知识】

## 一、机器的装配工艺过程

### 1. 机器的装配工艺

装配就是把加工好的零件按一定的顺序和技术要求连接到一起,成为一部完整的机器(或产品),它必须可靠地实现机器(或产品)设计的功能。机器的装配工作,一般包括装配、调整、检验、试车等。它不仅是制造机器所必需的最后阶段,也是对机器的设计思想、零件的加工质量和机器装配质量的总检验。通常将机器分成若干个独立的装配单元。装配单元通常可划分为五个部分,即零件、套件、组件、部件和机器。

(1) 零件　组成机器的最小单元,它是由整块金属或其他材料制成的。零件直接装入机器的不多。一般都预先装成套件、组件或部件才进入总装。

(2) 套件　在一个基准零件上,装上一个或若干个零件就构成了一个套件,它是最小的装配单元。每个套件只有一个基准零件,它的作用是连接相关零件和确定各零件的相对位置。为形成套件而进行的装配工作称为套装。套件可以是若干个零件永久性的连接(焊接或铆接等)或是连接在一个"基准零件"上少数零件的组合。套件组合后,有的可能还要需要加工。

(3) 组件　在一个基准零件上,装上一个或若干个套件和零件就构成一个组件。每个组件只有一个基准零件，它连接相关零件和套件，并确定它们的相对位置。为形成组件而进行的装配称为组装。如机床主轴箱中的主轴，在基准轴件上装上齿轮、套、垫片、键及轴承的组合件称为组件。组件与套件的区别在于，组件在以后的装配中可拆，而套件在以后的装配中一般不再拆开，可作为一个零件参加装配。

（4）部件　在一个基准零件上，装上若干个组件、套件和零件就构成部件。同样，一个部件只能有一个基准零件，由它来连接各个组件、套件和零件，决定它们之间的相对位置。为形成部件而进行的装配工作称为部装。部件在机器中能完成一定的、完整的功用。例如，车床的主轴箱装配就是部件装配。

（5）机器　在一个基准零件上，装上若干个部件、组件、套件和零件就称为机器或产品。一台机器只能有一个基准零件。把零件和部件装配成最终产品的过程，称为总装。例如，卧式车床就是以床身为基准零件，装上主轴箱、进给箱、溜板箱等部件及其他组件、套件、零件所组成。又如，一台曲轴磨床就是由主轴箱、进给箱、溜板箱等部件和若干组件、套件、零件所组成，而床身就是基准零件。

**2. 装配工艺的特点与组织形式**

机器装配根据生产批量大致可分为三种类型：大批大量生产、成批生产和单件小批生产。生产类型与装配工作的组织形式、装配工艺方法、工艺过程、工艺装备、手工操作要求等方面的特点如表 9.12 所示。

**表 9.12　各种生产类型装配工作的特点**

| 生产类型 | | 大批大量生产 | 成批生产 | 单件小批生产 |
|---|---|---|---|---|
| 基本特性 | | 产品固定，生产活动长期重复，生产周期一般较短 | 产品在系列化范围内变动，分批交替投产或多品种同时投产，生产活动在一定时期内重复 | 产品经常变换，不定期重复生产，生产周期一般较长 |
| 装配工作特点 | 组织形式 | 多采用流水装配线：有连续移动、间歇移动及可变节奏等移动方式，还可采用自动装配机或自动装配线 | 笨重、批量不大的产品多采用固定流水装配，批量较大时采用流水装配，多品种平行投产时多品种可变节奏流水装配 | 多采用固定装配或固定式流水装配进行总装，同时对批量较大的部件亦可采用流水装配 |
| | 装配工艺方法 | 按互换法装配，允许有少量简单的调整，精密偶件成对供应或分组供应装配，无任何修配工作 | 主要采用互换法，但灵活运用其他保证装配精度的装配工艺方法，如调整法、修配法及合并法，以节约加工费用 | 以修配法及调整法为主，互换件比例较少 |
| | 工艺过程 | 工艺过程划分很细，力求达到高度的均衡性 | 工艺过程的划分须适合于批量的大小，尽量使生产均衡 | 一般不订详细工艺文件，工序可适当调度，工艺也可灵活掌握 |
| | 工艺装备 | 专业化程度高，宜采用专用高效工艺装备，易于实现机械化、自动化 | 通用设备较多，但也采用一定数量的专用工、夹、量具，以保证装配质量和提高工效 | 一般为通用设备及通用工、夹、量具 |
| | 手工操作要求 | 手工操作比重小，熟练程度容易提高，便于培养新工人 | 手工操作比重较大，技术水平要求较高 | 手工操作比重大，要求工人有高的技术水平和多方面工艺知识 |
| 应用实例 | | 汽车，拖拉机，内燃机，滚动轴承，手表，缝纫机，电气开关 | 机床，机车车辆，中小型锅炉，矿山采掘机械 | 重型机床，重型机器，汽轮机，大型内燃机，大型锅炉 |

### 3. 装配工艺规程设计

将装配工艺过程用文件形式规定下来就是装配工艺规程。它是指导装配工作的技术文件,也是进行装配生产计划及技术准备的主要依据。从广义上讲,机器及其部件、组件装配图,尺寸链分析图,各种装配夹具的应用图,检验方法图及其说明,零件机械加工技术要求一览表,各个“装配单元”及整台机器的运转、试验规程及其所用设备图,以及装配周期表等,均属于装配工艺范围内的文件。装配工艺规程对保证装配质量、提高装配生产效率、缩短装配周期、减轻工人劳动强度、缩短小装配占地面积、降低生产成本等都有重要的影响。它取决于装配工艺规程的合理性。

1) 制订机器装配工艺规程时应考虑的原则

制定机器装配工艺规程的原则有以下几点。

(1) 保证产品装配质量,并力求提高装配质量,以延长产品的使用寿命。

(2) 合理安排装配工序,尽量减少钳工装配工作量。

(3) 提高装配工作效率,缩短装配周期。

(4) 尽可能减少车间的作业面积,力争单位面积上具有最大生产率。

2) 制定装配工艺规程的原始资料

产品的装配图及验收技术标准;产品的生产纲领;生产条件。

3) 装配工艺规程的内容

分析产品图样,确定装配组织形式,划分装配单元,确定装配方法,拟定装配顺序,划分装配工序,编制装配工艺系统图和装配工艺规程卡片,计算装配时间定额,选择和设计装配过程中所需要的工具、夹具和设备,规定总装配和部件装配的技术条件,检查方法和检查工具,确定合理的运输方法和运输工具,制定装配时间定额。

4) 装配工艺规程的设计步骤

(1) 进行产品分析　研究产品的装配图及验收技术条件,分析产品图样,掌握装配的技术要求和验收标准,对产品的结构进行尺寸分析和工艺分析。结合产品的结构特点和生产批量,确保达到装配精度的装配方法,研究产品分解成“装配单元”的方案,以便组织平行、流水作业。确定装配的组织形式,装配的组织形式分固定式和移动式两种。装配的组织形式确定以后,装配方式、工作点的布置、工序的分散与集中及每道工序的具体内容也根据装配的组织形式而确定。固定式装配工序集中,移动式装配工序分散。

(2) 拟定装配工艺过程　确定装配工作的具体内容。根据产品的结构和装配精度的要求可以确定各装配工序的具体内容和装配工艺方法及设备,选择合适的装配方法及所需的设备、工具、夹具和量具等。当车间没有现成的设备、工具、夹具、量具时,还得提出设计任务书。所用的工艺参数可参照经验数据或计算确定,由此划分装配单元,确定装配顺序。各级装配单元装配时,先要确定一个基准件先进入装配,然后安排其他零件、组件或部件进入装配的顺序。例如,车床装配时,床身作为一个基准件先进入总装,其他的装配单元再依次进入装配。安排装配顺序的一般原则为:先下后上,先内后外,先难后易、先重大后轻小,先精密后一般。确定工时定额及工人的技术等级是按装配工作标准时间来确定的。装配工作的时间定额包括基本时间和辅助时间,即工序时间,工作地点服务时间即工人必须的间歇时间,一般按工序时间的百分数来计算。目前装配的工时定额大多数根据实践经验估计,工人的技术等级并不作严格规定。但必须安排有经验的、技术熟练的工人在关键的装配岗位上操作,以把好质量关。

(3) 编写装配工艺文件　装配工艺规程中的装配工艺过程卡片和装配工序卡片的编写方

法与机械加工的工艺过程卡和工序卡基本相同。在单件小批量生产中，一般只编写工艺过程卡，对关键工序才编写工序卡。生产批量较大时，除编写工艺过程卡外还需编写详细的工序卡及工艺守则。

(4) 装配元件系统图　在装配工艺规程设计中，划分装配工序常采用绘制装配元件系统图。装配元件系统图是用图解法说明产品零件和组件的装配程序，以及各装配单元的组成零件。在设计装配车间时，可以根据它来组织装配单元的平行装配，并可合理地按照装配顺序布置工作地点，将装配过程的运输工作减至最少。

**4. 保证机器装配精度的工艺方法**

1) 装配精度的概念

产品的装配精度一般包括尺寸精度、相关零部件的距离精度和配合精度。例如，轴和孔的配合间隙或配合过盈的变化范围，它影响配合性质和配合质量。

(1) 位置精度　包括相关零部件间的同轴度、平行度、垂直度和各种跳动等。

(2) 相对运动精度　零部件间的相对运动精度是指有相对运动的零部件间在运动方向和运动位置上的精度。运动方向上的精度如车床溜板移动在水平面内的直线度、溜板移动轨迹对主轴回转中心的平行度等。运动位置上的精度如滚齿机滚刀主轴与工作台的相对运动精度等。

(3) 接触精度　接触精度常以接触面积大小及接触点的分布来衡量。零部件间的接触精度影响接触刚度和配合质量的稳定性。如锥体配合、齿轮啮合和导轨面之间均有接触精度要求。

一般来说，机器和部件的装配精度与其相关的若干个零部件的加工精度有关。如果零件的加工精度低于规定的精度要求，即使采用合理的装配方案，也可能无法使产品满足装配精度要求，所以应当合理地规定和控制这些相关零件的加工精度。当遇到有些要求较高的装配精度，靠很高的相关零件的加工精度来保证比较困难。通常的做法是按经济精度来加工相关零部件，而在装配时则采取一定的工艺措施(如选择、修配或调整等措施)来保证装配精度。

2) 装配精度与零件精度的关系

各种机器或部件都是许多零件有条件地装配在一起的。各个相关零件的误差累积起来，就反映到装配精度上。因此，机器的装配精度受零件特别是关键零件的加工精度影响很大。

3) 装配尺寸链的基本概念

机器是由许多零件装配而成的，这些零件加工误差的累积将影响装配精度。在分析具有累积误差的装配精度时，首先应找出影响这项精度的相关零件，并分析其具体影响因素，然后确定各相关零件具体影响因素的加工精度。可将有关影响因素按照一定的顺序一个个地连接起来，形成封闭链，此封闭链即为装配尺寸链。装配尺寸链的封闭环就是装配所要保证的装配精度或技术要求。装配精度(封闭环)是零部件装配后才最后形成的尺寸或位置关系。在装配关系中，对装配精度有直接影响的零部件的尺寸和位置关系，都是装配尺寸链的组成环。如同工艺尺寸链一样，装配尺寸链的组成环也分为增环和减环。装配尺寸链按各环的几何特征和所处空间位置不同分为以下四类。

(1) 直线尺寸链　由长度尺寸组成，且各尺寸彼此平行。

(2) 角度尺寸链　由角度、平行度、垂直度等构成。

(3) 平面尺寸链　由一定角度关系的长度尺寸及相应的角度尺寸(或角度关系)构成，且处于同一或彼此平行的平面内。

(4) 空间尺寸链　由位于空间相交平面的直线尺寸和角度尺寸(或角度关系)构成。

在装配尺寸链中,装配精度是封闭环,相关零件的设计尺寸是组成环。如何查找对某装配精度有影响的相关零件,进而选择合理的装配方法和确定这些零件的加工精度,是建立装配尺寸链和求解装配尺寸链的关键。

4) 装配尺寸链分析

(1) 装配尺寸链的组成和查明方法　根据装配精度要求确定封闭环。再取封闭环两端的任一个零件为起点,沿装配精度要求的位置方向,以装配基准面为查找的线索,分别找出影响装配精度要求的相关零件(组成环),直至找到同一基准零件,甚至是同一基准表面为止。这样,所有有关零件上直接连接两个装配基准面间的位置尺寸或位置关系,便是装配尺寸链的全部组成环。装配尺寸链也可从封闭环的一端开始,依次查找相关零部件直至封闭环的另一端,也可以从共同的基准面或零件开始,分别查到封闭环的两端。

(2) 装配尺寸链的简化原则　查找装配尺寸链时,在保证装配精度的前提下可略去那些影响较小的因素,使装配尺寸链的组成环适当简化。

(3) 装配尺寸链组成的最短路线原则　在结构既定的条件下,组成装配尺寸链的每个相关的零部件只能有一个尺寸作为组成环列入装配尺寸链,这样组成环的数目就应等于相关零部件的数目,即一件一环,这就是装配尺寸链的最短路线原则。

(4) 查找装配尺寸链应注意的问题　机械产品的结构通常都比较复杂,对装配精度有影响的因素很多。查找尺寸链时,在保证装配精度的前提下,可以不考虑那些影响较小的因素,使装配尺寸链适当简化。在装配精度既定的条件下,组成环数越少,则各组成环所分配到的公差值就越大,零件加工越容易、越经济。在同一装配结构中,在不同位置方向都有装配精度的要求时,应按不同方向分别建立装配尺寸链。

## 二、装配尺寸链的计算方法

装配方法与装配尺寸链的计算方法密切相关。同一项装配精度,采用不同装配方法时,其装配尺寸链的计算方法也不相同。装配尺寸链的计算可分为正计算和反计算。正计算用于对已设计的图纸进行校核验算,反计算主要用于产品设计过程之中。通常,在实际生产中可以按经济加工精度加工零件,以降低零件的加工成本,而在装配时需要采取一定的工艺措施,例如,采取选配、调节、修配等方法以保证装配精度。虽然装配的劳动量和成本提高了,但就整个产品来看,比增加机械加工的劳动量和成本更经济。

### 1. 互换装配法

互换装配法是在装配过程中,零件互换后仍能达到装配精度要求的装配方法。其实质是通过控制零件的加工误差来保证产品的装配精度。根据互换程度的不同,互换法分为完全互换法和大数互换法(又称概率互换法)。

1) 完全互换装配法

在装配时,对参加装配的零件,直接按其加工所得的尺寸进行装配。不经过任何选择、修配或调节都能达到装配精度的要求。

在设计装配体时,常遇到有外购件或标准件,它们的尺寸和偏差都是已知的(例如,滚动轴承的外径、内径和宽度的尺寸及偏差都已由轴承厂决定了),在装配尺寸链计算中,只要确定好它们是增环或减环,然后把它们已知的尺寸代入尺寸链中应有的位置进行计算即可。如果遇到并联尺寸链,它们的公共环在计算第一个尺寸链时是未知量,在计算第二个尺寸链时就应按已知量进行处理。

采用完全互换装配法时，装配尺寸链采用极值法计算，即尺寸链各组成环公差之和应小于封闭环公差（即装配精度要求）：

$$\sum_{i=1}^{n-1} T_i \leqslant T_0 \tag{9-3}$$

式中：$T_0$——封闭环公差；

$T_i$——第 $i$ 个组成环公差；

$n$——尺寸链总环数。

进行装配尺寸链正计算，即已知组成环（相关零件）的公差，求封闭环的公差，可以校核按照给定的相关零件的公差进行完全互换式装配是否能满足相应的装配精度要求。进行装配尺寸链反计算时，即已知封闭环（装配精度）的公差 $T_0$，来分配各相关零件（各组成环）的公差 $T_i$时，可以按照等公差法或相同精度等级法来进行。常用的方法是等公差法。等公差法是按各组成环公差相等的原则分配封闭环公差的方法，即假设各组成环公差相等，求出组成环平均公差：

$$\overline{T}=\frac{T_0}{n-1} \tag{9-4}$$

式中：$T_0$——封闭环公差；

$n$——尺寸链总环数。

然后根据各组成环尺寸大小和加工难易程度，将其公差适当调整。但调整后的各组成环公差之和仍不得大于封闭环要求的公差。

调整参照原则：当组成环是标准件尺寸（如轴承环或弹性挡圈的厚度等）时，其公差值和分布位置在相应的标准中已有规定，为已定值。当组成环是几个尺寸链的公共环时，其公差值和分布位置应由对其要求最严的那个尺寸链先行确定。而对其余尺寸链来说该环尺寸为已定值。当分配待定的组成环公差时，一般可按经验视各环尺寸加工难易程度加以分配。如尺寸相近、加工方法相同的取其公差值相等，难加工或难测量的组成环，其公差可取较大值等。

在确定各组成环极限偏差时，一般可按“入体原则”确定，即对相当于轴的被包容尺寸，按基轴制（h）决定其下偏差。对相当于孔的包容尺寸，按基孔制（H）决定其上偏差。而对孔中心距尺寸，按对称偏差即 $\pm T_i/2$ 选取。

必须指出的是，应使组成环尺寸的公差值和分布位置符合《公差与配合》国家标准的规定，以便于组织生产。例如，可以利用标准极限量规（卡规、塞规等）来测量尺寸。

完全互换装配方法的特点：装配质量稳定可靠，装配过程简单、生产率高，易于实现装配机械化、自动化，便于组织流水作业和零部件的协作与专业化生产，有利于产品的维护和各零部件的更换。这种装配方法常用于高精度的少环尺寸链或低精度的多环尺寸链的大批大量生产装配中。采用完全互换法进行装配，使装配过程简单，生产率高，易实现流水装配作业，便于组织协作生产，便于维修中更换零件。但当装配精度要求较高、装配体中组成环数较多时，就会使零件尺寸公差过小，造成加工困难。对于这种情况，就要考虑采用其他装配方法。

2）**大数互换装配法**

实质是放宽尺寸链各组成环的公差，以利于零件的经济加工。其装配特点与完全互换装配法相同，但由于零件所规定的公差要比完全互换法所规定的大，会有极少可能使封闭环的公差超出规定的范围，从而产生极少量的不合格产品。

大数互换法是以概率论为理论根据的。在正常生产条件下加工零件时，零件获得极限尺寸的可能性是较小的，大多数零件的尺寸处于公差带范围的中间部分。而在装配时，各零部件的误差恰好都处于极限尺寸的情况更为少见。因此，在尺寸链环数较多，封闭环精度又要求较高时,使用概率法计算更为合理。

用概率法求解装配尺寸链的基本问题是合理确定各组成环的公差。若采用等公差分配原则,可求出组成环的平均公差为

$$\overline{T} = \frac{T_0}{\sqrt{\sum_{i=1}^{n-1} K_i^2}} \tag{9-5}$$

式中:$T_0$——封闭环公差;

$n$——尺寸链总环数;

$K_i$——尺寸链中各组成环的公差。

当封闭环公差一定时,用大数互换法可以扩大各组成环公差,从而降低加工费用。

**2. 选择装配法**

选择装配法是将尺寸链中组成环的公差放大到经济可行的程度,使零件可以比较经济地加工,然后选择合适的零件进行装配,以保证装配精度。这种方法又可以分为以下几种。

1) 直接选配

从配对的零件群中,选择两个符合规定要求的零件进行装配。这种方法劳动量大,与工人的技术水平和测量方法有关。直接选择装配法的优点是能达到很高的装配精度,缺点是装配精度依赖于装配工人的技术水平和经验、装配的时间不易控制,因此不宜用于生产节拍要求较严的大批大量生产中。

2) 分组装配法

分组装配可以降低对组成环的加工精度要求,而不降低装配精度,但却增加了测量、分组和配套的工作量。分组装配法适用于成批或大量生产中装配精度要求较高、尺寸链组成环很少的情况。

(1) 分组互换　将装配的零件按公差预先进行分组,同一组号的零件便可按互换的原则装配。这是生产中常用的方法,分组越多,则所获得的装配质量越高。

(2) 分组选配　分组后再成对选配零件,它可比分组互换法获得更高的质量。

(3) 分组选配后研配　对特别精密的装配(如圆柱面或圆锥面的配合要求密封性),在进行分组选配后,往往还采用装配接触表面相互研磨的方法,以保证密合。

3) 复合选择法

特点是配合件公差可以不相等,装配速度较快,能满足一定的生产节拍要求。发动机气缸与活塞的装配多采用这种方法。

4) 修配装配法

是用钳工或机械加工的方法修整产品某个有关零件的尺寸以获得规定装配精度的方法。这样产品中其他有关零件就可以按照经济加工精度进行制造。这种方法常用于产品结构比较复杂(或尺寸链环数较多)、产品精度要求高以及单件和小批生产等情况。用修配法进行装配,装配工作复杂、劳动量大。产品装配以后,先要测量产品的装配精度,如果不合格,就要拆开产品。对某一零件进行修整,然后重新装配,再进行检验,直到满足规定的精度为止。

修配法作为解尺寸链的一种方法来说,就是修配尺寸链中某一预定组成环的尺寸,使封闭环达到规定的精度。通常所选择的修配件应是容易进行修配加工并且对其他尺寸链没有影响的零件。计算尺寸链决定修配环的实质尺才时,要使修配时有足够的而且是最小的修配量。修配环在修配时对封闭环尺寸变化的影响不外乎两种情况,即使封闭环尺寸变小或者变大。

采用修配法时，尺寸链中各尺寸均按经济加工精度制造。在装配时，累积在封闭环上的总误差必然超出其公差。为了达到规定的装配精度，必须对尺寸链中指定的组成环零件进行修配，以补偿超差部分的误差，这个组成环称为修配环，也称为补偿环。采用修配法装配时，首先应正确选定补偿环。作为补偿环的零件应满足以下两点要求：一是易于修配并且装卸方便，不是公共环，即作为补偿环的零件应当只与一项装配精度有关，而与其他装配精度无关，否则修配后，保证了一个尺寸链的装配精度，但又破坏了另一个尺寸链的装配精度；二是不要求进行表面处理的零件，以免修配后破坏表面处理层，当补偿环选定后，解配尺寸链的主要问题是如何确定补偿环的尺寸和验算修配量是否合适，其计算方法一般采用极值法。

修配装配法常用修配方法如下。

(1) 单件修配法　选择某一固定的零件作为修配件(即补偿环)，装配时对该零件进行补充加工来改变其尺寸，以保证装配精度的要求。如车床尾架底板的修配是为保证前后顶尖的等高度，又如平键的修配是为保证其与键槽的配合间隙。

(2) 套件加工修配法　将两个或更多的零件套装在一起后再进行加工修配，套装后的尺寸可以视为一个组成环，这就减少了装配尺寸链的环数，并且减少了修配的劳动量。

(3) 自身加工修配法　在机床制造中，有一些装配要求，总装时用自己加工自己的方法，来满足装配精度比较方便。例如，牛头刨床总装时，自刨工作台面，比较容易满足滑枕运动方向与工作台面平行度的要求。又如，在六角车床装配中也采用自身加工修配法。因此自身加工修配法在机床制造中经常采用。

修配法的主要优点是既可放宽组成环的制造公差，又能保证装配精度。其缺点是增加了一道修配工序，对工人技术要求较高。

(4) 调整装配法　对于精度要求高且组成环数又较多的产品和部件，在不能用互换法进行装配时，除了用分组互换和修配法外，可用调整法来保证装配精度。调整法是在装配时用改变产品中可调整零件的相对位置或选用合适的调整件以达到装配精度的方法。调整装配法与修配装配法的实质相同。但在改变补偿环尺寸的方法上，修配法采用补充加工的方法去除补偿件上的金属层，调整法则采用调整的方法改变补偿件的实际尺寸和位置，以补偿由于各组成环公差扩大后所产生的累积误差，从而保证装配精度要求。它的特点也是按经济加工精度确定零件的公差，由于每一个组成环的公差取得较大，就必然会使装配部件超差。为了保证装配精度，可改变一个零件的位置(动调节法)，或选定一个(或几个)适当尺寸的调节件(也称补偿件)加入尺寸链(固定调整法)，来补偿影响。

在调整装配法中常见的调整法有以下三种。

① 固定调整法　在尺寸链中选定一个或加入一个零件作为调整环。作为调整环的零件是按一定尺寸间隙级别制成的一组专门零件，根据装配时的需要，选用其中的某一级别的零件来做补偿，从而保证所需要的装配精度。通常使用的调整件有垫圈、垫片、轴套等。采用固定调整法的关键是确定调整件的分级和各级调整件的尺寸大小。在批量大、精度高的装配中，可采用一定厚度的垫片与不同厚度的薄金属片组合的方法，构成不同尺寸，使调整工作更加方便。这种方法在汽车、拖拉机等生产中应用很广泛。

② 可动调整法　通过移动或旋转来改变零件的位置，可较方便地达到装配精度。可动调整法不仅装配方便，并可获得比较高的装配精度，而且可通过调整件来补偿由于磨损、热变形所引起的误差，使产品恢复原有的精度，所以在实际生产中应用较广。

③ 误差抵消调整法　在机床装配中应用较多，如在组装机床主轴时，通过调整前后轴承径向跳动的方向，来控制主轴锥孔的径向跳动。如在滚齿机工作台分度蜗轮装配中，采用调整二

者偏心方向来抵消误差以提高二者的同轴度。

一个产品(或部件)究竟采用哪一种装配方法来保证装配精度,应根据产品的装配精度要求、部件(或产品)的结构特点、尺寸链的环数、生产批量及现场生产条件等因素,进行综合考虑,确定一种最佳的装配方案。装配方法应该在产品设计阶段就首先确定,才能通过尺寸链计算,合理地确定出各个零部件在加工和装配中的技术要求。

选择装配方法的一般原则是首先应优先选择完全互换法,因为这种方法的装配工作简单、可靠、经济、生产率高,零部件具有互换性,能满足产品(或部件)成批大量生产的要求。当装配精度要求较高时,采用完全互换法装配,将会使零件的加工比较困难或很不经济,这时应该采用其他装配方法。在成批大量生产时,环数少的尺寸链可采用分组装配法,环数多的尺寸链采用大数互换装配法或调整法,单件成批生产时可采用修配装配法。若装配精度要求很高,不宜选择其他装配方法时,可采用修配装配法。

## 三、机器的自动装配

### 1. 实现装配自动化的目的和意义

机器装配工艺过程的自动化,是机器制造系统自动化的一个重要环节。通常,机器的装配作业比其他加工作业复杂,需要依靠人的感觉器官来综合观察和检测零件与部件的机械加工质量及配套情况,然后根据装配的最终技术要求,运用人的智慧和装配知识来进行判断,做出决策,并采取适合于各种情况的装配工艺措施,才能获得装配质量完好的机器。在现代的机器生产中,装配工作占用的手工劳动量大,装配费用高,装配生产率低。据统计,机电产品的装配工作量,占整个产品制造工作量的20%~70%,装配的费用约占机器总成本的1/3~1/2。装配工人数占工人总数的比例则随着机械加工自动化程度的提高而增大,在一些机电产品的生产企业中,装配工人数甚至超过机械加工的工人数。即使在工业发达的国家,其装配工作的自动化程度也远远落后于毛坯制造及切削加工的自动化程度。所以,实现机器装配自动化,已成为提高整个机械制造系统的生产率、降低成本、稳定产品质量的关键环节。此外,从提高装配精度的一致性、摆脱简单装配和繁重的手工劳动以及避免恶劣或危险的装配环境等方面来考虑,都需要不断提高装配自动化的程度。

### 2. 实现机器装配自动化的条件

实现自动装配的机械产品的结构和装配工艺应该保持一定的稳定性及先进性,采用的自动装配机或装配自动线应能确保机器的装配质量。所采用的装配工艺,既应保证容易实现自动化装配,又应保证自动装配的可靠性和稳定性。通常,应使装配过程按流水方式顺序地进行,尽量减少装配和运输过程中零件及部件的翻转和升降,产品的生产量应与自动化装配系统的特性相适应。在采用相对固定的自动化装配系统时,生产纲领要足够大并保持稳定。而对于多品种、中小批生产的产品,其自动装配系统应具有较大的柔性。要求设计的机器产品及其零部件具有良好的装配工艺性,以使自动装配容易实施。零部件的装配工艺性要求包括:结构简单,形状规则,特别是装配基面和主要配合面形状应规则。参与装配的零部件应能互换,并且便于运输和装入,易于自动定位和定向。零部件的组装方向尽可能一致,以便从一个方向就能完成装配。尽量减少螺纹连接,多用粘接及焊接。

### 3. 机器装配自动化的基本内容

机器装配工艺过程自动化的基本内容包括装配过程中物流的自动化和装配过程中信息流的自动化。装配中的物流自动化包括:装配的零部件传送和给料的自动化,零件的定向和定位

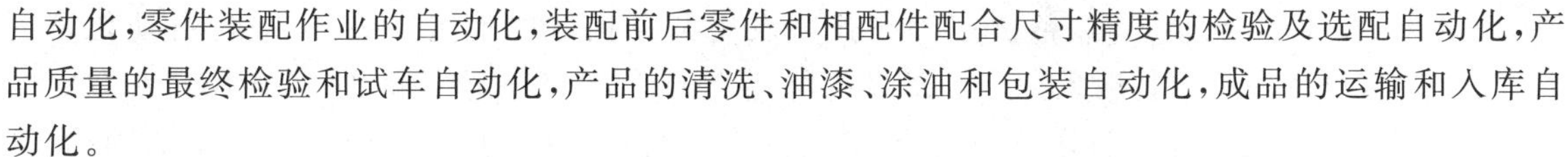

自动化，零件装配作业的自动化，装配前后零件和相配件配合尺寸精度的检验及选配自动化，产品质量的最终检验和试车自动化，产品的清洗、油漆、涂油和包装自动化，成品的运输和入库自动化。

装配过程中信息流的自动化主要包括：市场预测和订货要求与生产计划间信息数据的汇集、处理和传送自动化，外购件和加工好的零件的存取及自动仓库的配套发放等管理信息流自动化，自动装配机（线）与自动运输、自动装卸机及自动仓库工作协调的信息流自动化，装配过程中的监测、统计、检查和计划调度的信息流自动化。

**4. 自动装配系统的设计原则**

（1）自动装配系统中各个分系统的设计，都应围绕着使整个装配系统能自动地按最佳状态运行，以圆满达到自动装配的目的。

（2）设计的自动装配系统，应具有与生产规模相适应的柔性，以适应产品及装配工艺的改进。

（3）使装配作业的基本操作能够可靠地实现自动化，并使自动化机构简单可靠。

（4）自动装配过程尽量按单个零件逐个装入的顺序来安排，应避免装成多个组件来拼装的工艺。

（5）对大批大量生产，装配自动线划分工序时，应力求同步。不得已时，应使不同步的工序时间互成整数倍关系，以便于平衡和协调自动装配的工作。

（6）对中小批生产，其自动装配可以不受同步的限制。但应将自动装配系统或自动装配机设计成可变程序和可以自动更换工具的数控装配中心，或程序控制的可更换工具的装配中心，或通用的装配机器人系统。

（7）为便于实现装配、定向和定位的自动化，必要时可以改变产品零部件的结构，并减少装配过程中零部件的位置变换。

（8）尽量采用先进的装配工艺。如用点焊、黏结工艺代替螺纹连接及铆接工艺，用工序集中的可变装配工艺代替工序分散的不可变装配工艺，来扩大中小批生产的装配灵活性及可变性。

（9）合理安排装配过程中的自动检验工序，尽量使装配质量保持稳定。即在配合精度要求高的装配件和装配工序，安排配合件尺寸精度的自动检验和自动选配工序。

（10）把配合精度要求高的相配件中的一种零件安排自动分组。装配时，根据对另一相配件配合尺寸精度自动检测的结果，来选择相应组的配合件，然后再进行自动装配。如滚动轴承的内外环与滚珠（柱）的自动装配，就是采用这种工艺。

**5. 装配作业的自动化**

1）轴、孔类零件的自动装配

轴、孔类零件的装配，实质是圆柱面配合的零件装配，包括轴与套（盘）类旋转体零件的装配，轴与箱体（壳体或板）类非旋转体零件的装配。为了保证轴能够自动地顺利装入孔中，要求轴和孔都能自动对中。不能有过多的偏移量，也不能有过大的偏倾角。否则，不能实现自动装配。对轴与孔偏移量的要求，要使轴与套筒顺利地实现自动装配，轴对孔的偏移量应小于轴、孔的最小配合间隙。如果采用套筒外径定位，还应计入定位误差。显然，选择精度高的定位基准面和定位元件、定位误差小的定位方法，对自动装配是至关重要的。为使轴、孔装配时容易对中，可采用自寻中心的装入装置。当孔与轴的中心发生过大的偏斜量时，自动装配机会发生不能顺利装入的故障，严重时会损坏机器。因此，应把轴对孔的偏斜量控制在最小范围。在装配中,当定向不正而出现倾斜时,常引起轴在孔中发生两点接触的情况。总之,进行自动化装配时,为预先防止装入配合件时发生“卡住”及损坏零件的故障,不仅应保证轴、孔的尺寸在规定的公差范围内,并预先安排自动分类,而且要研究并满足自动装配的工艺条件,采取诸如轴、孔端部预先倒角等工艺措施,才可能顺利地实现轴、孔的自动装配。

2) 螺纹连接件的自动装配

(1) 将螺钉或螺母自动输送到装配位置,并且使其正确定向。螺钉及螺母的自动输送和定向方法与一般自动送料的原理相同。在自动装配线上,常采用振动式送料装置来完成上述工作。在半自动装配时,常采用弹仓式输料管送料,定向工作由人工来完成。

(2) 使螺钉或螺母自动找正中心。螺钉与螺孔的自动找正作业,在原理和方法上都与轴、孔类零件的自动找正相同。由于螺钉及螺母上都有倒角,所以对二者的偏移量及偏斜量要求略低于轴、孔类零件。近几年来,国外研制成功装配用的机器人,能够利用视觉和触觉装置,在计算机控制下自动找正螺孔中心,然后自动拧入,可以实现螺钉与螺孔装配的完全自动化。但是,因投资很大,故一般仍然由人工找正。

(3) 将螺钉或螺母自动拧紧。自动拧紧作业分为半自动拧紧装置和自动拧紧装置两大类。半自动拧紧装置只有机械动力扳手,供料工作由人来完成。根据驱动方式不同,可分为:①电动拧紧器(又称电动扳手);②气动拧紧器(又称气动扳手);③液压拧紧器。在使用或设计拧紧器时,应注意与自动供料装置的配合。自动拧紧装置由自动供料装置及机械动力扳手两部分组成。根据其结构不同可以分为两类:一类是拧紧器与供料装置分开的结构,其供料装置为专门的料斗式或弹仓式供料装置,一般布置在拧紧器旁;另一类是供料装置与拧紧器合为一体的结构。

**6. 提高装配自动化水平的途径**

(1) 改进产品设计,提高产品自动化装配的工艺性,着重改进零部件结构,以便于自动定向、给料、装配和检验。具有准确姿势和就位的给料是自动装配成功的关键。

(2) 提高装配工艺的通用性,使之适应类似产品的多品种生产。装备的模块化对调整生产线的工位(生产能力)会带来极大的方便,可以快速增加、减少或更换工位。灵巧的随行夹具有助于各道装配工序的精确定位和控制。

(3) 发展和使用装配机器人和装配中心。利用光学、触觉等传感器和微处理机控制技术,使机械手的重复定位精度已达±0.2 mm,可根据装配间隙和零件表面温度等因素,自动调整位置,使零件顺利装入。

(4) 人为的因素必须考虑,而且是保证产品质量的主要措施之一。对于技术要求较高、控制因素较多的装配作业,根据具体情况保留局部的人工操作来弥补当前自动化水平的不足,既机动灵活,又可降低成本。另外,必须重视改进装配系统中各个细小环节和附属工作,使装配机械化、自动化不断提高。

## 【任务实施】

**1. 拆卸**

(1) 仔细观察减速器外面各部分的结构,从观察中思考以下问题:如何保证箱体支承具有足够的刚度?轴承座两侧的上、下连接螺栓应如何布置?支承该螺栓的凸台高度应如何确定?如何减轻箱体的重量和减少箱体的加工面积?减速器的附件如吊钩、定位销钉、启盖螺钉、油标、油塞、观察孔和通气孔等各起什么作用?其结构如何?应如何合理布置?

(2) 用扳手拆下观察孔盖板,考虑观察孔位置是否恰当,大小是否合适。

(3) 拆卸箱盖。具体拆卸步骤如下。

① 用扳手拆下轴承端盖的紧固螺钉。

② 用扳手(或套筒扳手)拆卸上、下箱体之间的连接螺栓,拆下定位销钉;将螺钉、螺栓、垫圈、螺母和销钉等放在零件存放盆中,以免丢失;然后拧动启盖螺钉卸下箱盖。

③ 仔细观察箱体内各零部件的结构及位置,从观察中思考以下问题:对轴向游隙可调的轴承应如何进行调整?轴的热膨胀如何进行补偿?轴承是如何进行润滑的?

如果箱座的接合面上有油沟,则箱盖应采取怎样的相应结构才能使箱盖上的油进入油沟?油沟有几种加工方法?加工方法不同时,油沟的形状有何异同?为了使润滑油经油沟后进入轴承,轴承盖的结构应如何设计?在何种条件下滚动轴承的内侧要用挡油环或封油环?其作用原理、构造和安装位置如何?

④ 卸下轴承盖,将轴和轴上零件随轴一起从箱座取出,按合理的顺序拆卸轴上零件。

⑤ 测绘高速轴及其支承部件的结构草图。

**2. 装配**

按拆卸时的反向顺序进行装配。

按原样将减速器装配好,装配前应将配合处涂抹润滑油。装配时按先内部后外部的合理顺序进行;装配轴套和滚动轴承时,应注意方向;应注意滚动轴承的合理拆装方法。经指导教师检查后才能合上箱盖。装配上、下箱之间的连接螺栓前应先安装好定位销钉。

**3. 注意事项**

(1) 分小组在实训指导教师指导下先初步了解有关减速器装配图。

(2) 切忌盲目拆装,拆卸前要仔细观察零部件的结构及位置,拆卸过程中一定注意零部件的安装方向和合理的拆装顺序,拆下的零部件要妥善安放好,避免丢失和损坏。

(3) 爱护工具及设备,仔细拆装使箱体外的油漆少受损坏。

(4) 填写实训报告说明减速器的名称、传动比及拆卸和装配的步骤,绘制减速器的传动简图。

## 【知识拓展】

## 一、数控加工与数控工艺

**1. 数控加工**

数控加工就是将零件图形、工艺参数、加工步骤等以数字信息的形式,编成程序代码输入到数控机床的控制系统中,再由其进行运算处理后转换成驱动伺服机构的指令信号,从而控制数控机床各执行部件协调动作,自动地加工出零件来。

数控加工过程的具体步骤为:阅读零件图纸,充分了解图纸的技术要求,如尺寸精度、形位公差、表面粗糙度、工件的材料和硬度、加工性能以及工件数量等;根据零件图纸的要求进行工艺分析,包括结构工艺性分析、材料和设计精度合理性分析、大致工艺步骤等;根据工艺分析制定出加工所需要的一切工艺信息——如加工工艺路线、工艺要求、刀具的运动轨迹、位移量、切削用量(主轴转速、进给量、吃刀深度)以及辅助功能(换刀、主轴正转或反转、切削液开或关)等,填写加工工序卡和工艺过程卡;根据零件图和制定的工艺内容,按照所用数控系统规定的指令代码及程序格式进行数控编程;将编写好的程序通过传输接口,输入到数控机床的数控装置中。调整好机床并调用该程序后,就可以加工出符合图纸要求的零件。

**2. 数控加工工艺过程**

数控加工工艺是伴随着数控机床的产生、发展而逐步完善起来的一种应用技术,是人们大量数控加工实践的经验总结。数控加工工艺过程是利用切削刀具在数控机床上直接改变加工对象的形状、尺寸、表面位置、表面状态等,使其成为成品或半成品的过程。数控机床的应用使机械加工的全过程产生了大的变化。拟定数控加工工艺是进行数控加工的一项基础性工作,内容主要包括选择合适的机床、刀具、夹具、走刀路线及切削用量等,只有选择合适的工艺参数及切削路线才能获得较理想的加工效果。从加工的角度看,数控加工技术主要是围绕加工方法和加工参数的合理确定及其实现的理论与技术。

1) 数控加工零件的特点

在数控机床上加工的零件,可以是普通零件,但更多的是普通机床加工起来具有一定难度或对操作人员的技术水平有相当高要求的零件,一般在数控机床上加工的零件有如下的特点:多品种、小批量生产的零件或新产品试制中的零件、短期急需的零件;轮廓形状复杂,对加工精度要求较高的零件;用普通机床加工较困难或无法加工(需昂贵的工艺装备)的零件;价值昂贵,加工中不允许报废的关键零件。

2) 数控加工工艺的特点

在设计零件的数控加工工艺时,首先要遵循普通加工工艺的基本原则和方法,同时还必须考虑数控加工本身的特点和零件编程要求。

由于数控加工工具具有加工自动化程度高、精度高、质量稳定、设备使用费用高等特点,使数控加工相应形成了以下特点。

(1) 采用先进的工艺装备,采用多坐标联动自动控制加工复杂表面。

(2) 数控加工工艺内容要求具体而详细。由操作工人灵活掌握并通过适时调整来处理的许多具体工艺问题和细节,在数控加工时转变为编程人员必须事先设计和安排的内容。

(3) 数控加工工艺要求更严密且精确,自动化程度较高,但自适应性差,每一环节都要考虑。

(4) 制定数控加工工艺要进行零件图形的数学处理和编程尺寸设定值的计算。

(5) 数控加工工艺中工序相对集中。因此,工件各部位的数控加工顺序可能与普通机床上的加工顺序有很大区别。数控工艺规程中的工序内容要求特别详细。如加工部位、加工顺序、刀具配置与使用顺序、刀具加工时的对刀点、换刀点及走刀路线、夹具及工件的定位与安装、切削参数等都要清晰明确,数控加工工艺中的工序内容比普通机床加工工艺中的工序内容详细得多。

(6) 制定数控加工工艺切削用量时要考虑进给速度对加工工件形状精度的影响。

(7) 制定数控加工工艺时要特别强调刀具选择的重要性。

(8) 数控加工工艺的特殊要求。

(9) 数控加工程序的编写、校验与修订是数控加工工艺的一项特殊内容。

3) 数控加工工艺的主要内容

选择适合在数控机床上加工的零件,确定工序内容与工步,选取刀具和辅具,确定切削用量等。对零件图样进行数控加工工艺分析,明确加工内容及技术要求,并根据数控编程的要求对零件图作数学处理,确定零件的加工方案,制定数控加工工艺路线。如划分工序,安排加工顺序以及处理与非数控加工工序的衔接等,确定数控加工工序。确定工件的定位与装夹方法,确定刀具、夹具和对数控加工程序调整。确定刀具补偿和加工路线,分配数控加工中的加工余量,确定各工序的切削参数,处理数控机床上的部分工艺指令。编写、校验和修改加工程序,首件试加工与现场问题处理。填写数控加工工艺卡片、数控加工刀具卡片。绘制各道工序的数控加工路线图,进行数控加工工艺技术文件的定型与归档。

选择数控加工不等于零件全部都如此，需对零件图纸进行工艺分析，针对性地选择数控加工，选择顺序如下：①普通机床无法加工的；②普通机床难加工，质量又难保证的；③普通机床效率低，劳动强度大的。选择数控加工方法有下面几种。

(1) 平面孔系零件　孔数多，孔位置精度要求较高，宜采用点位直线控制的数控钻与镗床加工。这样可以减轻工人劳动强度，提高生产率，易于保证精度。常用点位、直线控制数控机床（如数控钻床）加工，选择加工方法时，主要考虑加工精度和加工效率两个原则，即用什么加工方法能保证零件的加工精度，用什么加工方法能提高零件的加工效率。

(2) 旋转体类零件　用数控车床或数控磨床来加工车削零件毛坯多为棒料或锻坯，加工余量较大且不均匀，因此在编程中，粗车的加工路线往往是要考虑的主要问题。选择加工方法时，主要考虑加工效率和刀尖强度两个原则。

考虑加工效率原则：车床上加工时，通常加工余量大，必须合理安排粗加工路线，以提高加工效率。实际编程时，一般不宜采用循环指令（否则，以工进速度的空刀行程太大）。比较好的方法是用粗车尽快去除材料，再精车。

考虑刀尖强度原则：数控车床上经常用到低强度刀具加工细小凹槽，在确定加工方法时必须考虑选用刀具的刀尖强度。

(3) 平面轮廓零件　平面轮廓多为直线和圆弧组成，可在两坐标轴联动的铣床上加工。曲面轮廓的零件，多采用三个或三个以上坐标轴联动的铣床或加工中心。选择加工方法时，主要考虑加工精度和加工效率两个原则，在确定加工方法时应注意：刀具的切入与切出方向的控制，以使工件表面轮廓光滑和一次逼近方法的选择。用微小直线段或圆弧段逼近非圆曲线轮廓的方法称为一次逼近。在只具有直线和圆弧插补功能的数控铣床上加工非圆曲线轮廓时，微小直线段或圆弧段与被加工轮廓之间的误差称为一次逼近误差，选择一次逼近方法时，应该使工件的轮廓误差在合格范围内，同时程序段的数量少为佳。

(4) 立体轮廓零件　常用多坐标轴联动数控机床（加工中心）加工。选择加工方法时，主要考虑加工精度和加工效率两个原则，在确定加工方法时应考虑工件强度及表面质量，立体轮廓零件上的强度薄弱部位常常难以承受粗加工时的切削量，同时对表面质量要求高的部位要采取相应的工艺措施。

(5) 模具型腔的加工　型腔表面复杂、不规则，表面质量及尺寸精度要求高，且常采用硬、韧的难加工材料，此时考虑选用粗铣后数控电火花成形加工。

(6) 板材零件的加工　该类零件根据零件形状采用数控剪板机、数控板料折弯机及数控冲压机加工。传统冲压工艺是按模具生产工件的形状，模具结构复杂，易磨损，价格昂贵，生产率低。数控冲压设备能使加工过程按程序要求自动控制，采用小模具冲压加工形状复杂的大工件，一次装夹集中完成多工序加工。数控加工采用软件排样，即能保证加工精度，又能获得高的材料利用率。

(7) 平板形零件的加工　选用数控电火花线切割机床加工，除了工件内侧角部的最小半径由金属丝直径限制外，任何复杂的内外侧形状都可以加工。

**3. 数控机床的合理使用**

数控机床的正常使用条件为：数控机床所处位置的电源电压应波动小，环境温度低于30 ℃，相对湿度应小于80%。机床的位置应远离振源，应避免阳光直接照射和热辐射、潮湿和气流的影响。同时对电源电压有严格控制，电源电压波动必须在数控机床允许的范围内，并保持相对稳定，否则会影响数控系统的正常工作。数控电控箱内部设有排风扇或冷风机，以保持电子元件特别是中央处理器工作温度恒定或温差变化很小。用户应按说明书的规定使用数控机床。不允许随意改变控制系统内制造厂设定的参数。数控系统中的参数只有间隙补偿参数值可根据实际情况予以调整。用户不能随意更换机床附件,例如,使用超出说明书规定的液压卡盘等。使用液压卡盘、液压刀架、液压尾座、液压缸的压力,都应在许用压力范围内,不允许任意提高。

## 二、数控加工工艺分析

### 1. 数控加工工艺系统的基本组成

图 9.57 所示为数控机床加工工件的基本过程,即从零件图到加工好零件的过程。

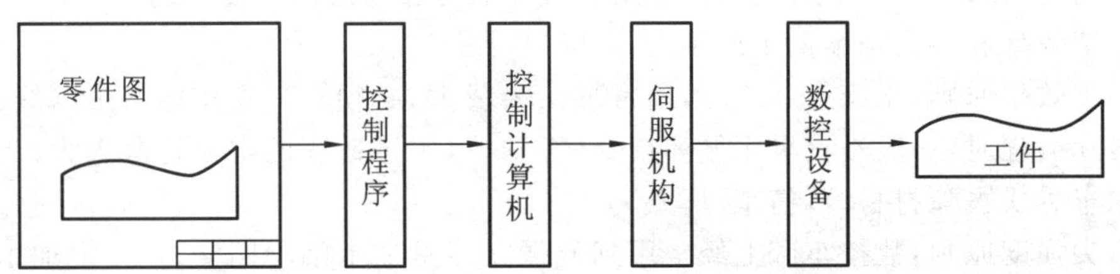


图 9.57 数控机床加工工件的基本过程

数控加工工艺系统是由数控机床、夹具、刀具和工件等组成的,如图 9.58 所示。采用数控技术,或者说装备了数控系统的机床,称为数控机床。它是一种技术密集度和自动化程度都比较高的机电一体化加工装备。数控机床是实现数控加工的主体。无论是普通机床还是数控机床都必须依靠刀具才能完成切削工作。工件是数控加工的对象。

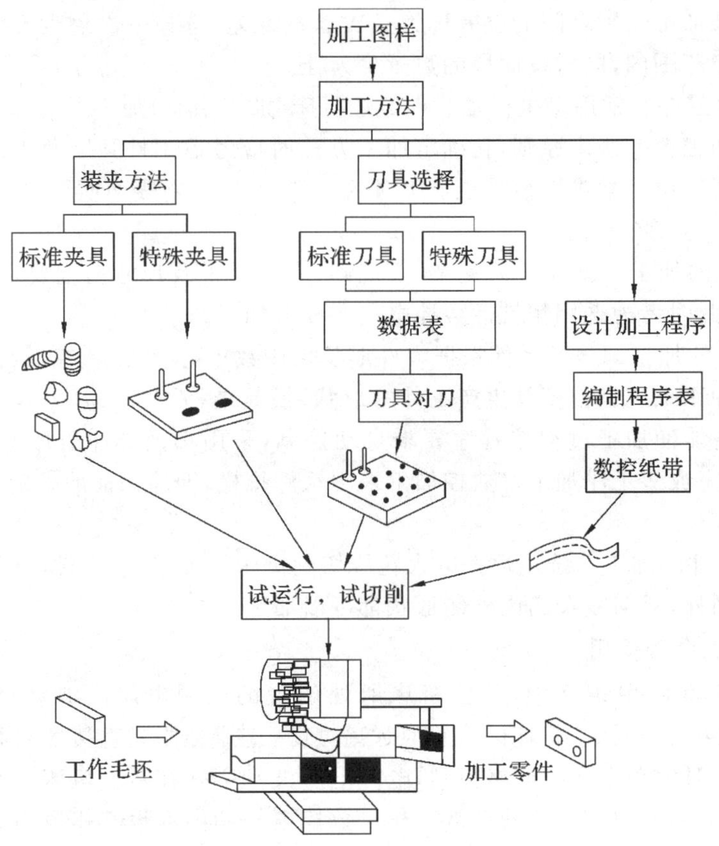


图 9.58 数控加工工艺系统的组成

**2. 数控加工工艺分析**

制订数控加工工艺是数控加工的前期工艺准备工作。数控加工工艺贯穿于数控程序中，数控加工工艺制订的合理与否，对程序的编制、机床的加工效率和零件的加工精度都有重要影响。因此，应遵循一般的工艺原则并结合数控加工的特点认真而详细地分析零件的数控加工工艺。

分析零件图是工艺制订中的首要工作，从可能性和方便性分析。主要包括以下内容。

(1) 零件结构工艺性分析　是指零件对加工方法的适应性，即所分析的零件结构应便于加工成型。若发现零件的结构不合理等问题应向设计人员或有关部门提出修改意见。零件图上尺寸标注方法应适应数控加工的特点。同一基准引注尺寸或直接给出坐标尺寸便于编程，便于尺寸之间的相互协调。零件各加工部位的结构工艺性应符合数控加工的特点。零件的内腔和外形最好采用统一的几何类型，减少刀具规格和换刀次数。内槽圆角的大小决定刀具直径的大小，因而内槽圆角半径不应太小。铣削零件底平面时，槽底圆角半径不应过大。应采用统一的基准定位，保证两次装夹加工其相对位置的准确性。零件上最好有合适的孔作为定位基准孔。

(2) 轮廓几何要素分析　零件轮廓是数控加工的最终轨迹，也是数控编程的依据。构成零件轮廓的几何元素的条件应充分。在手工编程时，要计算零件轮廓上每个基点的坐标，自动编程时，要对构成零件轮廓的所有几何元素进行定义。在分析零件图时，要分析零件轮廓的几何元素的给定条件是否充分。由于设计等多方面的原因，可能在图样上出现构成零件加工轮廓的条件不充分，尺寸模糊不清都会增加了编程工作的难度，有的甚至无法编程。分析轮廓要素时，以能在 AutoCAD 上准确绘制的轮廓为充分条件。

(3) 精度及技术要求分析　对被加工零件的精度及技术要求进行分析，是零件工艺性分析的重要内容，只有在分析零件尺寸精度、形状精度、位置精度和表面粗糙度的基础上，才能对加工方法、装夹方式、刀具及切削用量进行正确而合理的选择。精度及技术要求分析主要包括以下内容：分析精度及各项技术要求是否齐全、是否合理；分析每道工序的加工精度能否达到图样要求，若达不到，需采取其他措施(如磨削)弥补，则应给后续工序留有余量；找出图样上有位置精度要求的表面，这些表面应在一次安装下完成加工。对表面粗糙度要求较高的表面，应确定相应的工艺措施(如磨削)。

(4) 零件图的数学处理　零件图的数学处理主要是计算零件加工轨迹的尺寸，即计算零件加工轮廓的基点和节点的坐标，或刀具中心轮廓的基点和节点的坐标，以便编制加工程序。

**3. 数控加工工艺的制订**

在进行了零件图的工艺分析之后，制订数控加工工艺时，要确定工序的划分、各工序间的加工余量、加工路线、工件的定位与安装、夹具与刀具的选择、对刀点与换刀点的确定、切削用量的选择、加工方案的确定等。

1) 数控加工工序的划分

划分数控加工工序时推荐遵循下列原则。

(1) 保证精度的原则　数控加工要求工序尽可能集中，常常粗、精加工在一次装夹下完成，为了减少热变形和切削力引起的变形对工件的形状精度、位置精度、尺寸精度和表面粗糙度的影响，应将粗、精加工分开进行。对既有内表面(内型腔)、又有外表面需加工的零件，安排加工工序时，应先进行内外表面的粗加工，后进行内外表面的精加工。切不可将零件上一部分表面(外表面或内表面)加工完毕后，再加工其他表面(内表面或外表面)。以保证工件的表面质量要求。同时，对一些箱体零件，为保证孔的加工精度，应先加工表面而后加工孔。

(2) 提高生产效率的原则　数控加工中，为减少换刀次数，节省换刀时间，应将需用同一把刀加工的部位全部加工完成后,再换另一把刀来加工其他部位,同时应尽量减少刀具的空行程。用同一把刀加工工件的多个部位时,应以最短的路线到达各加工部位。

实际中,数控加工工序要根据具体零件的结构特点、技术要求等情况综合考虑。数控加工零件的工序可以集中,尽可能一次装夹中完成大部分或全部工序。根据零件图样分析是否可以在一台数控机床上完成全部工序。数控加工工序的划分方法如下。

① 以一次安装、加工作为一道工序。这种方法适合于加工内容较少的工件,加工完后就能达到待检状态。

② 以同一把刀具加工的内容划分工序。在一次装夹中,尽可能用同一把刀具加工出可能加工的所有部位。有些工件虽然能在一次安装中加工出很多待加工表面,但考虑到程序太长,会受到某些限制,如控制系统的限制(主要是内存容量),机床连续工作时间的限制(如一道工序在一个工作班内不能结束)等。因此程序不能太长,一道工序的内容不能太多。对于加工内容很多的工件,可按其结构特点将加工部位分成几个部分,如内腔、外形、曲面或平面,并将每一部分的加工作为一道工序。

③ 根据零件的加工精度、刚度和变形等因素来划分工序,先粗加工再精加工。

加工顺序的安排应根据零件的结构和毛坯状况,以及定位安装与夹紧的需要来考虑。重点是保证定位夹紧时工件的刚度和有利于保证加工精度。加工顺序的安排一般应按以下原则进行:上道工序的加工不能影响下道工序的定位与夹紧,中间穿插有通用机床加工工序的也应综合考虑;先进行内腔加工,后进行外形加工;以相同定位、夹紧方式或同一把刀具加工的工序,最好连续加工,以减少重复定位次数、换刀次数和挪动压板次数;在同一次安装中进行的多道工序,应先安排对工件刚性破坏较小的工序。

2) 加工余量的确定

一般零件的加工通常要经过粗加工、半精加工、精加工才能达到最终的精度要求。因此,零件总的加工余量应等于各中间工序加工余量之和。加工余量的确定原则是采用最小加工余量原则,以求缩短加工时间,降低零件的加工费用;应有充分的加工余量,防止造成废品。确定加工余量时还应考虑的情况是,由于零件的大小不同,切削力、内应力引起的变形也会有差异,若工件大,加工过程中的变形增加,加工余量相应的应取大一些。零件热处理时也会引起变形,应适当增大加工余量。加工方法、装夹方式和工艺装备的刚性可能引起零件的变形,过大的加工余量会由于切削力增大、切削热增加引起零件变形,故应控制零件的最大加工余量。

3) 加工路线的确定

在数控机床上加工零件一般有两种情况:一是有零件图样和毛坯,要选择适合加工该零件的数控机床;二是已经有了数控机床,要选择适合该机床加工的零件。无论哪种情况,都应根据零件的种类和加工内容选择合适的数控机床和加工方法。

(1) 机床的选择　数控车适合于加工形状比较复杂的轴类零件和由复杂曲线回转形成的模具内型腔;立式数控铣适合于加工平面凸轮、样板、形状复杂的平面或立体零件,以及模具的内、外型腔等;卧式数控铣适合于加工箱体、泵体、壳体类零件;多坐标轴联动的加工中心则可以用于加工各种复杂的曲线、曲面、叶轮、模具的工作零件等。

(2) 粗、精加工的选择　只经过粗加工的表面,尺寸精度可达IT12～IT14级,表面粗糙度(或 $Ra$ 值)可达12.5～50 μm。经粗、精加工的表面,尺寸精度可达IT7～IT9级,表面粗糙度 $Ra$ 值可达1.6～3.2 μm。

(3) 孔加工方法的选择　孔加工的方法比较多,有钻孔、扩孔、铰孔和镗孔等。大直径的孔还可采用圆弧插补方式进行铣削加工。对于直径大于 $\phi$30 mm且已铸出或锻出毛坯孔的孔加工，一般采用粗镗→半精镗→孔口倒角→精镗的加工方案。大直径孔可采用立铣刀粗铣→精铣的加工方案。对于直径小于$\phi$30 mm的无毛坯孔的孔加工，通常采用锪平端面→打中心孔→钻→扩→孔口倒角→铰孔加工方案。有同轴度要求的小孔，通常采用锪平端面→打中心孔→钻→半精镗→孔口倒角→精镗(或铰)加工方案。为提高孔的位置精度，在钻孔工步前推荐安排锪平端面和打中心孔工步。孔口倒角安排在半精加工之后、精加工之前，以防孔内产生毛刺。

(4) 螺纹的加工　在数控机床上车螺纹时，沿螺距方向的$Z$向进给应和机床主轴的旋转保持严格的速比关系，因此应避免在进给机构加速或减速过程中切削。为此要有引入距离$\delta_1$和超越距离$\delta_2$。如图9.59所示，$\delta_1$和$\delta_2$的数值与机床拖动系统的动态特性有关，与螺纹的螺距和螺纹的精度有关。一般$\delta_1$为2～5 mm，对大螺距和高精度的螺纹取大值，$\delta_2$一般取的1/4左右。若螺纹收尾处没有退刀槽时，收尾处的形状与数控系统有关，一般按45°退刀收尾。

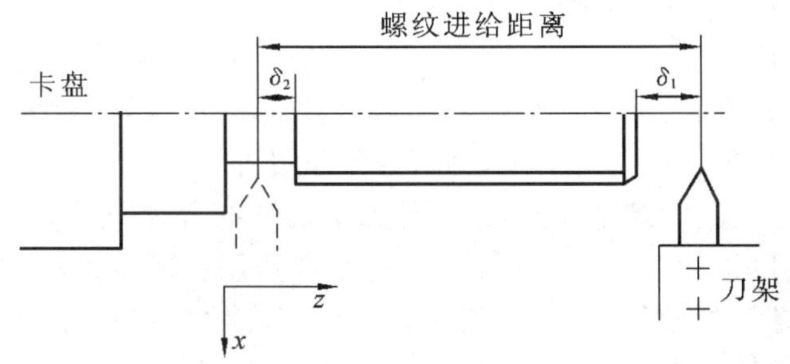


图9.59　切削螺纹引入距离

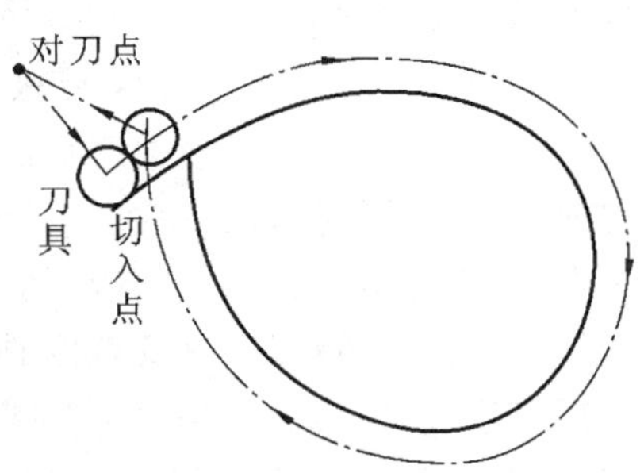


图9.60　切入、切出方式

铣削平面零件时，一般采用立铣刀侧刃进行切削。为减少接刀痕迹，保证零件表面质量，对刀具的切入和切出程序需要精心设计。如图9.60所示，铣削外表面轮廓时，铣刀的切入和切出点应沿零件轮廓曲线的延长线上切向切入和切出零件表面，而不应沿法向直接切入零件，以避免加工表面产生划痕，保证零件轮廓光滑。铣削内轮廓表面时，切入和切出无法外延，这时铣刀可沿零件轮廓的法线方向切入和切出，并将其切入、切出点选在零件轮廓两几何元素的交点处。图9.61所示为加工凹槽的三种加工路线。图9.61(a)和图9.61(b)所示分别为用行切法和环切法加工凹槽的走刀路线；图9.61(c)所示为先用行切法最后环切一刀光整轮廓表面的走刀路线。三种方案中，图9.61(a)所示方案最差，图9.61(c)所示方案最好。在轮廓铣削过程中要避免进给停顿，否则会因铣削力的突然变化，将在停顿处轮廓表面上留下刀痕。

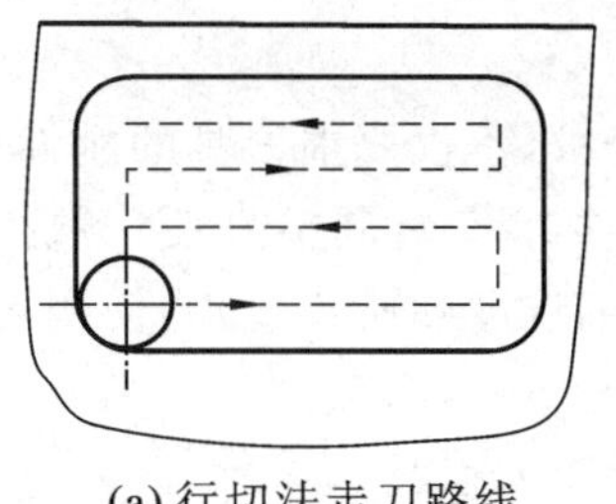

(a) 行切法走刀路线

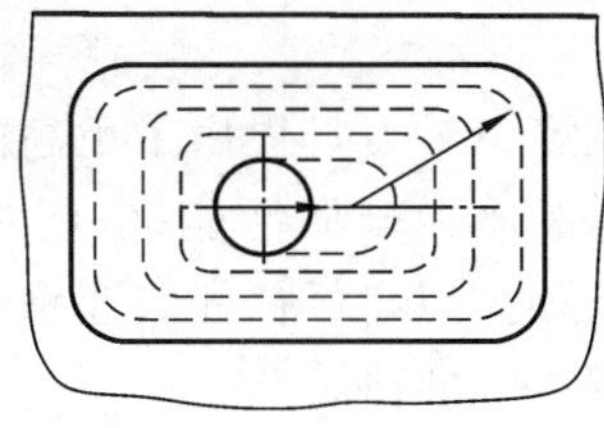

(b) 环切法走刀路线

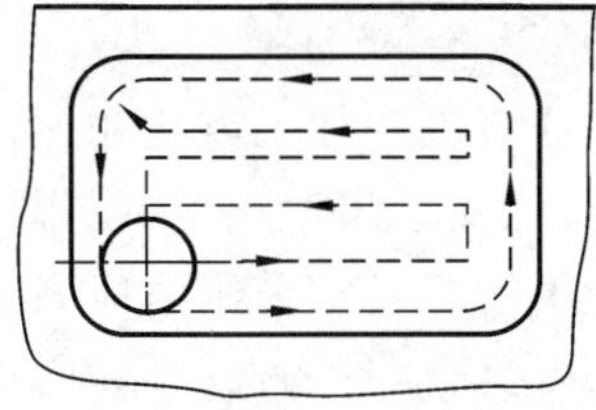

(c) 先行切后环切走刀路线

图9.61　凹槽加工路线

4) 对刀点与换刀点的确定

在进行数控加工编程时，往往是将整个刀具浓缩视为一个点，这就是“刀位点”，它是在加工上用于表现刀具位置的参照点。一般来说，立铣刀、端铣刀的刀位点是刀具轴线与刀具底面的交点。球头铣刀的刀位点为球心,镗刀、车刀的刀位点为刀尖或刀尖圆弧中心,钻头的刀位点是钻尖或钻头底面中心。对刀操作就是要测定出在程序起点处刀具刀位点相对于机床原点以及工件原点的坐标位置,即确定对刀点(也称起刀点)。

正确选择"对刀点"的原则是刀具起点应尽量选在零件的设计基准或工艺基准上。如孔定位,将孔中心作为对刀点,以提高零件的加工精度。对刀点应选在便于观察和检测且对刀方便的位置上;对于建立了绝对坐标系的数控机床,对刀点最好选在该坐标系的原点或选在已知坐标值的点上,便于坐标值的计算,对刀误差通过试切加工结果进行调整。

换刀点是加工中心、数控车床等多刀加工机床而设置的,是指加工过程中需要换刀时刀具与工件的相对位置点。往往设在工件的外部,离工件有一定的换刀安全距离,以便能顺利换刀、不碰撞工件和其他部件。铣床上,常以机床参考点为换刀点;加工中心上,以换刀机械手的固定位置点为换刀点;车床上,则以刀架远离工件的行程极限点为换刀点。

5)工件的定位、安装与夹具的选择

工件定位、安装的基本原则:力求设计基准、工艺基准与编程计算的基准统一。尽量减少工件的装夹次数,尽可能在一次定位装夹后,加工出全部待加工表面;避免采用占机人工调整式加工方案,以充分发挥数控机床的效能。选择夹具的基本原则:当零件加工批量不大时,应尽量采用组合夹具、可调式夹具及其他通用夹具,以缩短生产准备时间,节省生产费用。成批生产时,采用专用夹具,力求结构简单。零件在夹具上的装卸要快速、方便、可靠,以缩短机床的停机时间;夹具上各零部件应不妨碍机床对零件各加工表面的加工,即夹具要开敞,其定位夹紧元件不能影响加工中的走刀(如产生碰撞等)。

数控车床夹具除了使用通用三爪自定心卡盘、四爪卡盘、大批量生产中使用便于自动控制的液压、电动及气动夹具外,数控车床加工中还有多种相应的夹具,主要分为两大类,即用于轴类工件的夹具和用于盘类工件的夹具。数控车床加工轴类工件时,坯件装卡在主轴顶尖和尾座顶尖之间,工件由主轴上的拨盘或拨齿顶尖带动旋转。这类夹具在粗车时可以传递足够大的转矩,以适应主轴高速旋转车削。用于轴类工件的夹具有自动夹紧拨动卡盘、拨齿顶尖、三爪拨动卡盘和快速可调万能卡盘等。车削空心轴时,常用圆柱心轴、圆锥心轴或各种锥套轴或堵头作为定位装置。盘类工件的夹具适用在无尾座的卡盘式数控车床上。用于盘类工件的夹具主要有可调卡爪式卡盘和快速可调卡盘等。

数控铣床上的夹具一般安装在工作台上,其形式根据被加工工件的特点可多种多样。例如,通用台虎钳、数控分度转台等。

6)刀具的选择

与普通机床加工方法相比,数控加工对刀具提出了更高的要求,不仅要求刀具的刚性好、精度高,而且要求尺寸稳定,耐用度高,断屑和排屑性能好,同时还要求安装调整方便。数控机床上所选用的刀具常采用适应高速切削的刀具材料(如高速钢、超细粒度硬质合金)并使用可转位刀片。刀具、辅具的选择原则:质量第一,价格第二。

数控车削常用的车刀一般分尖形车刀、圆弧形车刀以及成形车刀三类。

(1)尖形车刀是以直线形切削刃为特征的车刀。这类车刀的刀尖由直线形的主副切削刃构成,如90°内外圆车刀、左右端面车刀、切槽(切断)车刀及刀尖倒棱很小的各种外圆和内孔车刀。尖形车刀几何参数(主要是几何角度)的选择方法与普通车削时基本相同,但应结合数控加工的特点(如加工路线、加工干涉等)进行全面的考虑,并应兼顾刀尖本身的强度。用这类车刀加工零件时,其零件的轮廓形状主要由一个独立的刀尖或一条直线形主切削刃位移后得到,它与另两类车刀加工时所得到零件轮廓形状的原理是截然不同的。

(2) 圆弧形车刀是较为特殊的数控加工用车刀。其特征是:构成主切削刃的刀刃形状为一圆度误差或轮廓误差很小的圆弧;该圆弧上的每一点都是圆弧形车刀的刀尖,因此,刀位点不在圆弧上,而在该圆弧的圆心上;车刀圆弧半径理论上与被加工零件的形状无关,并可按需要灵活确定或经测定后确认。圆弧形车刀可以用于车削内外表面,特别适合于车削各种光滑连接(凹形)的成形面。选择车刀圆弧半径时应考虑两点:一是车刀切削刃的圆弧半径应小于或等于零件凹形轮廓上的最小曲率半径,以免发生加工干涉;二是车刀圆弧半径不宜选择太小,否则不但制造困难,还会因刀尖强度太弱或刀体散热能力差而导致车刀损坏。当某些尖形车刀或成形车刀(如螺纹车刀)的刀尖具有一定的圆弧形状时,也可作为这类车刀使用。

(3) 成形车刀俗称样板车刀,其加工零件的轮廓形状完全由车刀刀刃的形状和尺寸决定。数控车削加工中,常见的成形车刀有小半径圆弧车刀、非矩形车槽刀和螺纹车刀等。在数控加工中,应尽量少用或不用成形车刀,当确有必要选用时,则应在工艺文件或加工程序单上进行详细说明。

铣削用刀具及其选择:数控加工中,铣削平面零件及其内外轮廓时常用平底立铣刀,该刀具有关参数的经验数据如下:铣刀半径 $R_D$ 应小于零件内轮廓面的最小曲率半径 $R_{min}$,一般取 $R_D=(0.8\sim0.9)R_{min}$。零件的加工高度 $H\leqslant(1/4\sim1/6)R_D$,以保证刀具有足够的刚度。用平底立铣刀铣削内槽底部时,由于槽底两次走刀需要搭接,而刀具底刃起作用的半径为 $R_e=R-r$,即每次切槽的直径为 $d=2R_e=2(R-r)$,故编程时应取刀具半径为 $R_e=0.95(R-r)$,以避免两次走刀之间出现过高的刀痕。对于一些立体型面和变斜角轮廓外形的加工,常用球形铣刀、环形铣刀、鼓形铣刀、锥形铣刀和盘铣刀。

目前,数控机床上大多使用系列化、标准化刀具,对可转位机夹外圆车刀、端面车刀等的刀柄和刀头都有国家标准及系列化型号;对于加工中心及有自动换刀装置的机床,刀具的刀柄都已有系列化和标准化的规定,如锥柄刀具系统的标准代号为 TSG-JT,直柄刀具系统的标准代号为 DSG-JZ。

标准化数控加工刀具从结构上可分为整体式和镶嵌式。镶嵌式又可以分为焊接式和机夹式。机夹式根据刀体结构不同,又分为可转位和不转位两种。标准化数控加工刀具从制造所采用的材料上可分为高速钢刀具、硬质合金刀具、陶瓷刀具、立方氮化硼刀具、金刚石刀具和涂层刀具等。

7) 切削用量的选择

数控编程时,编程人员必须确定每道工序的切削用量,并以指令的形式写入程序中。切削用量包括切削速度、背吃刀量及进给速度等。对于不同的加工方法,需要选用不同的切削用量。切削用量的选择原则是:粗加工时,以提高生产率为主,也应考虑经济性和加工成本;半精加工和精加工时,在保证加工质量的前提下,兼顾切削效率、经济性和加工成本。具体数值应根据机床说明书、切削用量手册,并结合经验而定。从刀具的耐用度出发,切削用量的选择顺序是:先确定背吃刀量,其次确定进给量,最后确定切削速度。切削用量的选择主要包括背吃刀量、主轴转速及进给速度等,对粗、精加工,钻、铰、镗孔与攻螺纹等不同切削用量都应编入加工程序。

背吃刀量由机床、工件和刀具的刚度来决定,在刚度允许的条件下,尽可能使背吃刀量等于工件的加工余量,减少走刀次数,提高生产效率。确定背吃刀量的原则是:工件表面粗糙度值 $Ra=12.5\sim25$ μm 时,如果加工余量小于 5~6 mm,粗加工一次进给就可以达到要求。但在余量较大,工艺系统刚性较差或机床动力不足时,分多次进给完成;工件表面粗糙度值 $Ra=3.2\sim12.5$ μm 时,分粗加工和半精加工两步进行。粗加工时的背吃刀量选取同前。粗加工后留 0.5~1.0 mm 余量,在半精加工时切除;工件表面粗糙度值 $Ra=0.8\sim3.2$ μm 时,分粗加工、半精加工、精加工三步进行,半精加工时的背吃刀量取1.5～2 mm,精加工时背吃刀量取0.3～0.5 mm。

进给量主要根据零件的加工精度和表面粗糙度要求及刀具、工件的材料选取。最大进给速度受机床刚度和进给系统的性能限制。工件的质量要求能够得到保证时,为提高生产效率,可选择较高的进给速度,可在100～200 m/min范围内选取。切断、加工深孔或用高速钢刀具加工时,宜选择较低的进给速度,在20～50 m/min范围内选取。加工精度、表面粗糙度要求高时,进给速度应选小些,在20～50 m/min范围内选取。刀具空行程时,特别是远距离"回零"时,可选择该机床数控系统设定的最高进给速度。主轴转速根据允许的切削速度和工件(或刀具)直径来选择。其计算公式为

$$n=1000v/\pi D \tag{9-6}$$

式中:$v$——切削速度(m/min),由刀具的耐用度决定;

$n$——主轴转速(r/min);

$D$——工件直径或刀具直径(mm)。

计算主轴转速$n$时,要根据机床说明书选取机床已有的或较接近的转速。数控车削的切削条件参考表9.13,数控铣削的最高切削速度参考表9.14。

**表9.13　数控车削的切削条件**

单位:m/min

| 被切削材料名称 | | 轻　切　削 | 一般切削 | 重　切　削 |
|---|---|---|---|---|
| | | 背吃刀量0.5～1.0 mm<br>进给量0.05～0.3 mm/r | 背吃刀量1～4 mm<br>进给量0.2～0.5 mm/r | 背吃刀量5～15 mm<br>进给量0.4～0.8 mm/r |
| 优质碳素结构钢 | 10# | 100～250 | 150～250 | 80～220 |
| | 45# | 60～230 | 70～220 | 80～180 |
| 合金钢 | | 100～220 | 100～230 | 70～220 |
| | | 70～220 | 80～220 | 80～200 |

**表9.14　铣刀刀具材料与许用最高切削速度**

| 刀具材料 | 类　别 | 主要化学成分 | 最高切削速度/(m/min) |
|---|---|---|---|
| 碳素工具钢 | — | Fe | — |
| 高速钢 | 钨系<br>铝系 | 18W+4Cr+1V+(CO)<br>7W+5Mo+4Cr+1V | 50 |
| 超硬工具 | P种(钢用)<br>M种(铸钢用)<br>K种(铸铁用) | WC+Co+TiC+(TaC)<br>WC+Co+TiC+(TaC)<br>WC+Co | 150 |
| 涂镀刀具<br>(COATING) | — | 超硬母材料镀Ti<br>TiNi103　A203 | 250 |
| 瓷金<br>(CERMET) | TicN+Nbc系<br>Nbc系<br>TiN系 | TicN+Nbc+CO<br>Nbc+CO<br>TiN+CO | 300 |

总之,切削用量的具体数值应根据机床性能、相关的手册并结合实际经验用类比方法确定,使主轴转速、切削深度及进给速度三者能相互适应,以形成最佳切削用量。

8) 加工方案的确定

确定加工方案时,根据主要表面的尺寸精度和表面粗糙度的要求,初步确定为达到这些要

求所需要的加工方法，即精加工的方法，再确定从毛坯到最终成形的加工方案。通常对一个零件进行加工有多种加工方案，在确定加工方案时，要进行分析比较，从中选出比较好的加工方案。

9）根据数控加工工艺，填写数控加工工艺卡片

为了使零件在加工过程中能及时地检验，也为了使零件的加工有序地进行，对于每个加工零件，在确定了数控加工方案之后，要制订详细的数控加工工艺，并且要填写数控加工工艺卡片，作为零件在加工过程中的工艺文件。

## 【复习与思考】

1. 何谓为工序集中？何谓工序分散？各有何特点？
2. 何谓毛坯余量、工序余量和总余量？影响加工余量的因素有哪些？
3. 装配包括哪些内容？
4. 装配精度有哪几类？它们之间关系如何？怎样确定装配精度要求？
5. 装配尺寸链和工艺尺寸链有何区别？
6. 请说明建立装配尺寸链的方法、步骤和原则。
7. 试述提高机械加工生产率的工艺途径。

# 附　　录

## 附录A　部分型钢表

### 一、热轧等边角钢(GB/T 706—2008)

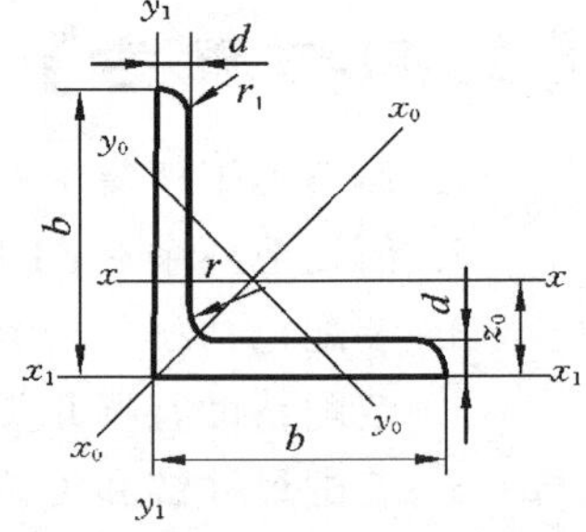


符号意义：

$b$——边宽　　$d$——边厚

$I$——惯性矩　　$W$——截面系数

$i$——惯性半径　　$z_0$——重心距离

$r$——内圆弧半径　　$r_1$——边端内圆弧半径

| 角钢型号 | 尺寸/mm | | | 截面面积 $A$/$cm^2$ | 理论质量/(kg·$m^{-1}$) | 外表面积 $A_1$/($m^2$·$m^{-1}$) | 参考数值 $x—x$ | | | $x_0—x_0$ | | | $y_0—y_0$ | | | $x_1—x_1$ | $z_0$/cm |
|---|---|---|---|---|---|---|---|---|---|---|---|---|---|---|---|---|---|
| | $b$ | $d$ | $r$ | | | | $I_x$/$cm^4$ | $i_x$/cm | $W_x$/$cm^3$ | $I_{x0}$/$cm^4$ | $i_{x0}$/cm | $W_{x0}$ $cm^3$ | $I_{y0}$/$cm^4$ | $i_{y0}$/cm | $W_{y0}$/$cm^3$ | $I_{x1}$ $cm^4$ | |
| 2 | 20 | 3 | 3.5 | 1.132 | 0.889 | 0.078 | 0.40 | 0.59 | 0.29 | 0.63 | 0.75 | 0.45 | 0.17 | 0.39 | 0.20 | 0.81 | 0.60 |
| | | 4 | | 1.459 | 1.145 | 0.077 | 0.50 | 0.58 | 0.36 | 0.78 | 0.73 | 0.55 | 0.22 | 0.38 | 0.24 | 1.09 | 0.64 |
| 2.5 | 25 | 3 | 3.5 | 1.432 | 1.124 | 0.098 | 0.82 | 0.76 | 0.46 | 1.29 | 0.95 | 0.73 | 0.34 | 0.49 | 0.33 | 1.57 | 0.73 |
| | | 4 | | 1.859 | 1.459 | 0.097 | 1.03 | 0.74 | 0.59 | 1.62 | 0.93 | 0.92 | 0.43 | 0.48 | 0.40 | 2.11 | 0.76 |
| 3 | 30 | 3 | 4.5 | 1.749 | 1.373 | 0.117 | 1.46 | 0.91 | 0.65 | 2.31 | 1.15 | 1.09 | 0.61 | 0.59 | 0.51 | 2.17 | 0.85 |
| | | 4 | | 2.276 | 1.786 | 0.117 | 1.84 | 0.90 | 0.87 | 2.92 | 1.13 | 1.37 | 0.77 | 0.58 | 0.62 | 3.63 | 0.89 |
| 3.6 | 36 | 3 | 4.5 | 2.109 | 1.656 | 0.141 | 2.58 | 1.11 | 0.99 | 4.09 | 1.39 | 1.61 | 1.07 | 0.71 | 0.76 | 4.68 | 1.00 |
| | | 4 | | 2.756 | 2.163 | 0.141 | 3.29 | 1.09 | 1.28 | 5.22 | 1.38 | 2.05 | 1.37 | 0.70 | 0.93 | 6.25 | 1.04 |
| | | 5 | | 3.382 | 2.656 | 0.141 | 3.95 | 1.08 | 1.56 | 6.24 | 1.36 | 2.45 | 1.65 | 0.70 | 1.09 | 7.84 | 1.07 |
| 4 | 40 | 3 | 5 | 2.539 | 1.852 | 0.157 | 3.59 | 1.23 | 1.23 | 5.69 | 1.55 | 2.01 | 1.49 | 0.79 | 0.96 | 6.41 | 1.09 |
| | | 4 | | 3.086 | 2.422 | 0.157 | 4.60 | 1.22 | 1.60 | 7.29 | 1.54 | 2.58 | 1.91 | 0.79 | 1.19 | 8.56 | 1.13 |
| | | 5 | | 3.791 | 2.976 | 0.156 | 5.53 | 1.21 | 1.96 | 8.76 | 1.52 | 3.10 | 2.30 | 0.78 | 1.39 | 10.74 | 1.17 |
| 4.5 | 45 | 3 | | 2.659 | 2.088 | 0.177 | 5.17 | 1.40 | 1.58 | 8.20 | 1.76 | 2.58 | 2.14 | 0.89 | 1.24 | 9.12 | 1.22 |
| | | 4 | | 3.486 | 2.736 | 0.177 | 6.65 | 1.38 | 2.05 | 10.56 | 1.74 | 3.32 | 2.75 | 0.89 | 1.54 | 12.18 | 1.26 |
| | | 5 | | 4.292 | 3.369 | 0.176 | 8.01 | 1.37 | 2.51 | 12.74 | 1.72 | 4.00 | 3.33 | 0.88 | 1.81 | 15.25 | 1.30 |
| | | 6 | | 5.076 | 3.985 | 0.176 | 9.33 | 1.36 | 2.95 | 14.76 | 1.70 | 4.46 | 3.89 | 0.88 | 2.06 | 18.30 | 1.33 |
| 5 | 50 | 3 | 5.5 | 2.971 | 2.332 | 0.197 | 7.18 | 1.55 | 1.96 | 14.37 | 1.96 | 3.22 | 2.98 | 1.00 | 1.57 | 12.50 | 1.34 |
| | | 4 | | 3.879 | 3.059 | 0.197 | 9.26 | 1.54 | 2.56 | 14.70 | 1.94 | 4.16 | 3.82 | 0.99 | 1.96 | 16.69 | 1.38 |
| | | 5 | | 4.803 | 3.770 | 0.196 | 11.21 | 1.53 | 3.13 | 17.79 | 1.92 | 5.03 | 4.46 | 0.98 | 2.31 | 20.90 | 1.42 |
| | | 6 | | 5.688 | 4.456 | 0.196 | 13.05 | 1.52 | 3.69 | 20.68 | 1.91 | 5.85 | 5.42 | 0.98 | 2.63 | 25.14 | 1.46 |
| 5.6 | 56 | 3 | 6 | 3.343 | 2.624 | 0.221 | 10.19 | 1.75 | 2.48 | 16.14 | 2.20 | 4.08 | 4.24 | 1.13 | 2.02 | 17.56 | 1.48 |
| | | 4 | | 4.390 | 3.446 | 0.220 | 13.18 | 1.73 | 3.24 | 20.92 | 2.18 | 5.28 | 5.46 | 1.11 | 2.52 | 23.43 | 1.53 |
| | | 5 | | 5.415 | 4.251 | 0.220 | 16.02 | 1.72 | 3.97 | 25.42 | 2.17 | 6.42 | 6.61 | 1.10 | 2.98 | 29.33 | 1.57 |
| | | 8 | | 8.367 | 6.568 | 0.219 | 23.63 | 1.68 | 6.03 | 37.37 | 2.11 | 9.44 | 9.89 | 1.09 | 4.16 | 47.24 | 1.68 |
| 6.3 | 63 | 4 | 7 | 4.978 | 3.907 | 0.248 | 19.03 | 1.96 | 4.13 | 30.17 | 2.46 | 6.78 | 7.89 | 1.26 | 3.29 | 33.33 | 1.70 |
| | | 5 | | 6.143 | 4.822 | 0.248 | 23.17 | 1.94 | 5.08 | 36.77 | 2.45 | 8.25 | 9.57 | 1.25 | 3.90 | 41.73 | 1.74 |
| | | 6 | | 7.288 | 5.721 | 0.247 | 27.12 | 1.93 | 6.00 | 43.03 | 2.43 | 9.66 | 11.20 | 1.24 | 4.46 | 50.14 | 1.78 |
| | | 8 | | 9.515 | 7.469 | 0.247 | 34.46 | 1.90 | 7.75 | 54.56 | 2.40 | 12.25 | 14.33 | 1.23 | 5.47 | 67.11 | 1.85 |
| | | 10 | | 11.657 | 9.151 | 0.246 | 41.09 | 1.88 | 9.39 | 64.85 | 2.36 | 14.56 | 17.33 | 1.22 | 6.36 | 84.31 | 1.93 |

## 二、热轧工字钢(GB/T 706—2008)

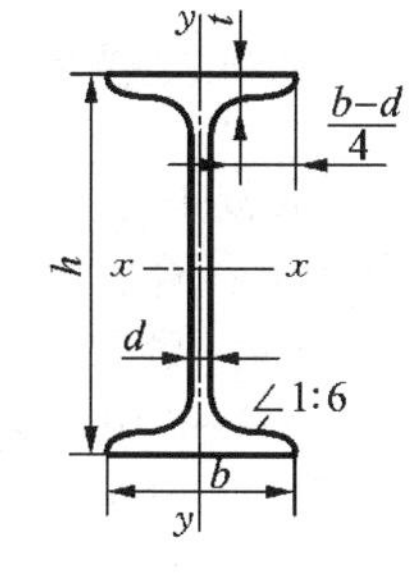


符号意义：

$h$——高度　　$b$——腿宽

$d$——腰厚　　$t$——平均腿厚度

$r$——内圆弧半径　　$r_1$——腿端圆弧半径

$I$——惯性矩　　$W$——截面系数

$i$——惯性半径　　$S$——半截面的静力矩

| 型号 | 尺寸/mm | | | | | | 截面面积 $A/cm^2$ | 理论质量 /(kg·m$^{-1}$) | 参考数值 | | | | | | |
|---|---|---|---|---|---|---|---|---|---|---|---|---|---|---|---|
| | | | | | | | | | $x—x$ | | | | $y—y$ | | |
| | $h$ | $b$ | $d$ | $t$ | $r$ | $r_1$ | | | $I_x$ /cm$^4$ | $W_x$ /cm$^3$ | $i_x$ /cm | $I_x : S_x$ | $I_y$ /cm$^4$ | $W_y$ /cm$^3$ | $i_y$ /cm |
| 10 | 100 | 68 | 4.6 | 7.6 | 6.5 | 3.3 | 14.345 | 11.261 | 245 | 49.0 | 4.14 | 8.59 | 33.0 | 9.72 | 1.62 |
| 12.6 | 126 | 74 | 5.0 | 8.4 | 7.0 | 3.5 | 18.118 | 14.273 | 488 | 77.5 | 5.20 | 10.8 | 46.9 | 12.7 | 1.61 |
| 14 | 140 | 80 | 5.5 | 9.1 | 7.6 | 3.8 | 21.516 | 16.890 | 712 | 102 | 5.76 | 12.0 | 64.4 | 16.1 | 1.73 |
| 16 | 160 | 88 | 6.0 | 9.9 | 8.0 | 4.0 | 26.131 | 20.513 | 1130 | 141 | 6.58 | 13.8 | 93.1 | 21.2 | 1.89 |
| 18 | 180 | 94 | 6.5 | 10.7 | 8.5 | 4.3 | 30.756 | 24.143 | 1160 | 185 | 7.36 | 15.4 | 122 | 26.0 | 2.00 |
| 20a | 200 | 100 | 7.0 | 11.4 | 9.0 | 4.5 | 35.578 | 27.929 | 2370 | 237 | 8.15 | 17.2 | 158 | 31.5 | 2.12 |
| 20b | 200 | 102 | 9.0 | 11.4 | 9.0 | 4.5 | 39.578 | 31.069 | 2500 | 250 | 7.96 | 16.9 | 169 | 33.1 | 2.06 |
| 22a | 220 | 110 | 7.5 | 12.3 | 9.5 | 4.8 | 42.128 | 33.070 | 3400 | 309 | 8.99 | 18.9 | 225 | 40.9 | 2.31 |
| 22b | 220 | 112 | 9.5 | 12.3 | 9.5 | 4.8 | 46.528 | 36.524 | 3570 | 325 | 8.78 | 18.7 | 239 | 42.7 | 2.27 |
| 25a | 250 | 116 | 8.0 | 13.0 | 10.0 | 5.0 | 48.541 | 38.105 | 5020 | 402 | 10.2 | 21.6 | 280 | 48.3 | 2.40 |
| 25b | 250 | 118 | 10.0 | 13.0 | 10.0 | 5.0 | 53.541 | 42.030 | 5280 | 423 | 9.94 | 21.3 | 309 | 52.4 | 2.40 |
| 28a | 280 | 122 | 8.5 | 13.7 | 10.5 | 5.3 | 56.404 | 43.492 | 7110 | 508 | 11.3 | 24.6 | 345 | 56.6 | 2.50 |
| 28b | 280 | 124 | 10.5 | 13.7 | 10.5 | 5.3 | 61.004 | 47.888 | 7480 | 534 | 11.1 | 24.2 | 379 | 61.2 | 2.49 |
| 32a | 320 | 130 | 9.5 | 15.0 | 11.6 | 5.8 | 67.156 | 52.717 | 11100 | 692 | 12.8 | 27.5 | 460 | 70.8 | 2.62 |
| 32b | 320 | 132 | 11.6 | 15.0 | 11.6 | 5.8 | 78.556 | 57.741 | 11600 | 726 | 12.6 | 27.1 | 502 | 76.0 | 2.61 |
| 32c | 320 | 134 | 13.5 | 15.0 | 11.5 | 5.8 | 79.956 | 62.765 | 12200 | 760 | 12.3 | 26.8 | 544 | 81.2 | 2.61 |
| 36a | 360 | 136 | 10.0 | 15.8 | 12.0 | 6.0 | 76.480 | 60.037 | 15800 | 875 | 14.4 | 30.7 | 552 | 81.2 | 2.69 |
| 36b | 360 | 138 | 12.0 | 15.8 | 12.0 | 6.0 | 83.680 | 65.689 | 16500 | 919 | 14.1 | 30.3 | 582 | 84.3 | 2.64 |
| 36c | 360 | 140 | 14.0 | 15.8 | 12.0 | 6.0 | 90.880 | 71.341 | 17300 | 962 | 13.8 | 29.9 | 612 | 87.4 | 2.60 |
| 40a | 400 | 142 | 10.5 | 16.5 | 12.5 | 6.3 | 86.112 | 67.598 | 21700 | 1090 | 15.9 | 34.1 | 660 | 93.2 | 2.77 |
| 40b | 400 | 144 | 12.5 | 16.5 | 12.5 | 6.3 | 94.112 | 73.878 | 22800 | 1140 | 15.6 | 33.6 | 692 | 96.2 | 2.71 |
| 40c | 400 | 145 | 14.5 | 16.5 | 12.5 | 6.3 | 102.112 | 80.158 | 23900 | 1190 | 15.2 | 33.2 | 727 | 99.6 | 2.65 |
| 45a | 450 | 150 | 11.5 | 18.0 | 13.5 | 6.8 | 102.446 | 80.420 | 32200 | 1430 | 17.7 | 38.6 | 855 | 114 | 2.89 |
| 45b | 450 | 152 | 13.5 | 18.0 | 13.5 | 6.8 | 111.446 | 87.485 | 33800 | 1500 | 17.4 | 38.0 | 894 | 118 | 2.84 |

## 三、热轧槽钢(GB/T 706—2008)

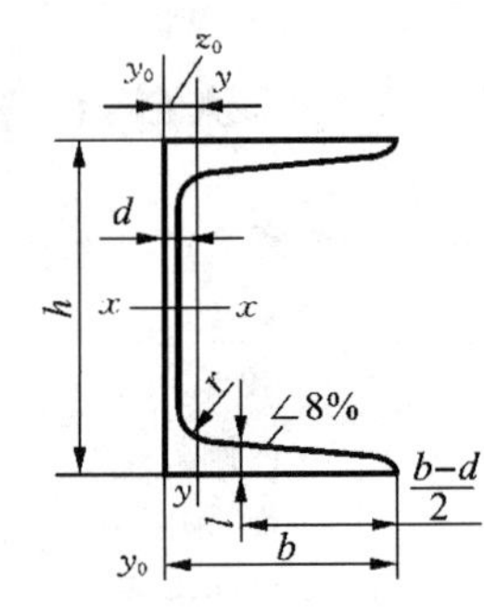


符号意义：

$h$——高度　　$b$——腿宽

$d$——腰厚　　$t$——平均腿厚度

$r$——内圆弧半径　　$r_1$——腿端圆弧半径

$I$——惯性矩　　$W$——截面系数

$i$——惯性半径　　$z_0$——$yy$ 轴与 $y_0y_0$ 轴间距

| 型号 | 尺寸/mm | | | | | | 截面面积 | 理论质量 | 参考数值 | | | | | | | |
|---|---|---|---|---|---|---|---|---|---|---|---|---|---|---|---|---|
| | | | | | | | | | $x—x$ | | | $y—y$ | | | $y_0—y_0$ | $z_0$ |
| | $h$ | $b$ | $d$ | $t$ | $r$ | $r_1$ | $A/cm^2$ | /(kg·$m^{-1}$) | $W_x$/$cm^3$ | $I_x$/$cm^4$ | $i_x$/cm | $W_y$/$cm^3$ | $I_y$/$cm^4$ | $i_y$/cm | $I_{y0}$/$cm^4$ | /cm |
| 5 | 50 | 37 | 4.5 | 7.0 | 7.0 | 3.5 | 6.928 | 5.438 | 10.4 | 26.0 | 1.94 | 3.55 | 8.30 | 1.10 | 20.9 | 1.35 |
| 6.3 | 63 | 40 | 4.8 | 7.5 | 7.5 | 3.8 | 8.451 | 6.634 | 16.1 | 50.8 | 2.45 | 4.50 | 11.9 | 1.19 | 28.4 | 1.36 |
| 8 | 80 | 43 | 5.0 | 8.0 | 8.0 | 4.0 | 10.248 | 8.046 | 25.3 | 101 | 3.15 | 5.79 | 16.6 | 1.27 | 37.4 | 1.43 |
| 10 | 100 | 48 | 5.3 | 8.5 | 8.5 | 4.2 | 12.748 | 10.007 | 39.7 | 198 | 3.95 | 7.80 | 25.6 | 1.41 | 54.9 | 1.52 |
| 12.6 | 126 | 53 | 5.5 | 9.0 | 9.0 | 4.5 | 15.692 | 12.318 | 62.1 | 391 | 4.95 | 10.2 | 38.0 | 1.57 | 77.1 | 1.59 |
| 14a | 140 | 58 | 6.0 | 9.5 | 9.5 | 4.8 | 18.516 | 14.535 | 80.5 | 564 | 5.52 | 13.0 | 53.0 | 1.70 | 107 | 1.71 |
| 14b | 140 | 60 | 8.0 | 9.5 | 9.5 | 4.8 | 21.316 | 16.733 | 87.1 | 609 | 5.35 | 14.1 | 61.0 | 1.69 | 121 | 1.67 |
| 16a | 160 | 63 | 6.5 | 10.0 | 10.0 | 5.0 | 21.962 | 17.240 | 108 | 866 | 6.28 | 16.3 | 73.3 | 1.83 | 144 | 1.80 |
| 16 | 160 | 65 | 8.5 | 10.0 | 10.0 | 5.0 | 25.162 | 19.752 | 117 | 935 | 6.10 | 17.6 | 83.4 | 1.82 | 161 | 1.75 |
| 18a | 180 | 68 | 7.0 | 10.5 | 10.5 | 5.2 | 25.699 | 20.174 | 141 | 1270 | 7.04 | 20.0 | 98.6 | 1.96 | 190 | 1.88 |
| 18 | 180 | 70 | 9.0 | 10.5 | 10.5 | 5.2 | 29.299 | 23.000 | 152 | 1370 | 6.84 | 21.5 | 111 | 1.95 | 210 | 1.84 |
| 20a | 200 | 73 | 7.0 | 11.0 | 11.0 | 5.5 | 28.837 | 22.637 | 178 | 1780 | 7.86 | 24.2 | 128 | 2.11 | 244 | 2.01 |
| 20 | 200 | 75 | 9.0 | 11.0 | 11.0 | 5.5 | 32.837 | 25.777 | 191 | 1910 | 7.64 | 25.9 | 144 | 2.09 | 268 | 1.95 |
| 22a | 220 | 77 | 7.0 | 11.5 | 11.5 | 5.8 | 31.846 | 24.999 | 218 | 2390 | 8.67 | 28.2 | 158 | 2.23 | 298 | 2.10 |
| 22 | 220 | 79 | 9.0 | 11.5 | 11.5 | 5.8 | 36.246 | 28.453 | 234 | 2570 | 8.42 | 30.1 | 176 | 2.21 | 326 | 2.03 |
| 25a | 250 | 78 | 7.0 | 12.0 | 12.0 | 6.0 | 34.917 | 27.410 | 270 | 3370 | 9.82 | 30.6 | 176 | 2.24 | 322 | 2.07 |
| 25b | 250 | 80 | 9.0 | 12.0 | 12.0 | 6.0 | 39.917 | 31.385 | 282 | 3530 | 9.41 | 32.7 | 196 | 2.22 | 353 | 1.98 |
| 25c | 250 | 82 | 11.0 | 12.0 | 12.0 | 6.0 | 44.917 | 35.260 | 295 | 3690 | 9.07 | 35.9 | 218 | 2.21 | 384 | 1.92 |
| 28a | 280 | 82 | 7.5 | 12.5 | 12.5 | 6.2 | 40.034 | 31.427 | 340 | 4760 | 10.9 | 35.7 | 218 | 2.33 | 388 | 2.10 |
| 28b | 280 | 84 | 9.5 | 12.5 | 12.5 | 6.2 | 45.634 | 35.822 | 366 | 5130 | 10.6 | 37.9 | 242 | 2.30 | 428 | 2.02 |
| 28c | 280 | 86 | 11.5 | 12.5 | 12.5 | 6.2 | 51.234 | 40.219 | 393 | 5500 | 10.4 | 40.3 | 268 | 2.29 | 463 | 1.95 |
| 32a | 320 | 88 | 8.0 | 14.0 | 14.0 | 7.0 | 48.513 | 38.083 | 475 | 7600 | 12.5 | 46.5 | 305 | 2.50 | 552 | 2.24 |
| 32b | 320 | 30 | 10.0 | 14.0 | 14.0 | 7.0 | 54.913 | 43.107 | 509 | 8140 | 12.2 | 49.2 | 336 | 2.47 | 593 | 2.16 |
| 32c | 320 | 96 | 12.0 | 14.0 | 14.0 | 7.0 | 61.313 | 48.131 | 543 | 8690 | 11.9 | 52.6 | 374 | 2.47 | 643 | 2.09 |
| 36a | 360 | 96 | 9.0 | 16.0 | 16.0 | 8.0 | 60.910 | 47.814 | 566 | 11900 | 14.0 | 63.5 | 455 | 2.73 | 818 | 2.44 |
| 36b | 360 | 98 | 11.0 | 16.0 | 16.0 | 8.0 | 68.110 | 53.466 | 703 | 12700 | 13.6 | 66.9 | 497 | 2.70 | 880 | 2.37 |

# 附录 B 压痕直径与布氏硬度值对照表

| 压痕直径 d10，2×d5 或 4×d2.5 | φ2.5 mm 钢球的布氏硬度 HBW | | | φ5 mm 钢球的布氏硬度 HBW | |
|---|---|---|---|---|---|
| | 1839 N(30$D^2$) | 613 N(10$D^2$) | 306 N(5$D^2$) | 613 N(2.5$D^2$) | 306 N(1.25$D^2$) |
| 2.89 | 448 | — | — | — | — |
| 2.90 | 444 | — | — | — | — |
| 2.91 | 441 | — | — | — | — |
| 2.92 | 438 | — | — | — | — |
| 2.93 | 435 | — | — | — | — |
| 2.94 | 432 | — | — | — | — |
| 2.95 | 429 | — | — | — | — |
| 2.96 | 426 | — | — | — | — |
| 2.97 | 423 | — | — | — | — |
| 2.98 | 420 | 140 | 70.1 | 35.0 | 17.5 |
| 2.99 | 417 | 139 | 69.6 | 34.8 | 17.4 |
| 3.00 | 415 | 138 | 69.1 | 34.6 | 17.3 |
| 3.01 | 412 | 137 | 68.4 | 34.3 | 17.2 |
| 3.02 | 409 | 136 | 68.2 | 34.1 | 17.0 |
| 3.03 | 406 | 135 | 67.7 | 33.9 | 16.9 |
| 3.04 | 404 | 135 | 67.3 | 33.6 | 16.8 |
| 3.05 | 401 | 134 | 66.8 | 33.4 | 16.7 |
| 3.06 | 398 | 133 | 66.4 | 33.2 | 16.6 |
| 3.07 | 395 | 132 | 65.9 | 33.0 | 16.5 |
| 3.08 | 393 | 131 | 65.5 | 32.7 | 16.4 |
| 3.09 | 390 | 130 | 65.0 | 32.5 | 16.3 |
| 3.10 | 388 | 129 | 64.6 | 32.3 | 16.2 |
| 3.11 | 385 | 128 | 64.2 | 32.1 | 16.0 |
| 3.12 | 383 | 128 | 63.8 | 31.9 | 15.9 |
| 3.13 | 380 | 127 | 63.3 | 31.7 | 15.8 |
| 3.14 | 378 | 126 | 62.9 | 31.5 | 15.7 |
| 3.15 | 375 | 125 | 62.5 | 31.3 | 15.6 |
| 3.16 | 373 | 124 | 62.1 | 31.1 | 15.5 |
| 3.17 | 370 | 123 | 61.7 | 30.9 | 15.4 |
| 3.18 | 368 | 123 | 61.3 | 30.7 | 15.3 |

续表

| 压痕直径 d10，2×d5 或 4×d2.5 | φ2.5 mm 钢球的布氏硬度 HBW | | | φ5 mm 钢球的布氏硬度 HBW | |
|---|---|---|---|---|---|
| | 1839 N($30D^2$) | 613 N($10D^2$) | 306 N($5D^2$) | 613 N($2.5D^2$) | 306 N($1.25D^2$) |
| 3.19 | 366 | 122 | 60.9 | 30.5 | 15.2 |
| 3.20 | 363 | 121 | 60.5 | 30.3 | 15.1 |
| 3.21 | 361 | 120 | 60.1 | 30.1 | 15.0 |
| 3.22 | 359 | 120 | 59.8 | 29.9 | 14.9 |
| 3.23 | 356 | 119 | 59.4 | 29.7 | 14.8 |
| 3.24 | 354 | 118 | 59.0 | 29.5 | 14.8 |
| 3.25 | 352 | 117 | 58.6 | 29.3 | 14.7 |
| 3.26 | 350 | 117 | 58.3 | 29.1 | 14.6 |
| 3.27 | 347 | 116 | 57.9 | 29.0 | 14.5 |
| 3.28 | 345 | 115 | 57.5 | 28.8 | 14.4 |
| 3.29 | 343 | 114 | 57.2 | 28.6 | 14.3 |
| 3.30 | 341 | 114 | 56.8 | 28.4 | 14.2 |
| 3.31 | 339 | 113 | 56.5 | 28.2 | 14.1 |
| 3.32 | 337 | 112 | 56.1 | 28.1 | 14.0 |
| 3.33 | 335 | 112 | 55.8 | 27.9 | 13.9 |
| 3.34 | 333 | 111 | 55.4 | 27.7 | 13.9 |
| 3.35 | 331 | 110 | 55.1 | 27.5 | 13.8 |
| 3.36 | 329 | 110 | 54.8 | 27.4 | 13.7 |
| 3.37 | 326 | 109 | 54.4 | 27.2 | 13.6 |
| 3.38 | 325 | 108 | 54.1 | 27.0 | 13.5 |
| 3.39 | 323 | 108 | 53.8 | 26.9 | 13.4 |
| 3.40 | 321 | 107 | 53.4 | 26.7 | 13.4 |
| 3.41 | 319 | 106 | 53.1 | 26.6 | 13.3 |
| 3.42 | 317 | 106 | 52.8 | 26.4 | 13.2 |
| 3.43 | 315 | 105 | 52.5 | 26.2 | 13.1 |
| 3.44 | 313 | 104 | 52.2 | 26.1 | 13.0 |
| 3.45 | 311 | 104 | 51.8 | 25.9 | 13.0 |
| 3.46 | 309 | 103 | 51.5 | 25.8 | 12.9 |
| 3.47 | 307 | 102 | 51.2 | 25.6 | 12.8 |
| 3.48 | 306 | 102 | 50.9 | 25.5 | 12.7 |
| 3.49 | 304 | 101 | 50.6 | 25.3 | 12.7 |
| 3.50 | 302 | 101 | 50.3 | 25.2 | 12.6 |
| 3.51 | 300 | 100 | 50.0 | 25.0 | 12.5 |
| 3.52 | 298 | 99.5 | 49.7 | 24.9 | 12.4 |

续表

| 压痕直径 d10，2×d5 或 4×d2.5 | $\phi$2.5 mm 钢球的布氏硬度 HBW | | | $\phi$5 mm 钢球的布氏硬度 HBW | |
|---|---|---|---|---|---|
| | 1839 N(30$D^2$) | 613 N(10$D^2$) | 306 N(5$D^2$) | 613 N(2.5$D^2$) | 306 N(1.25$D^2$) |
| 3.53 | 297 | 98.9 | 49.4 | 24.7 | 12.4 |
| 3.54 | 295 | 98.3 | 49.2 | 24.6 | 12.3 |
| 3.55 | 293 | 97.7 | 48.9 | 24.4 | 12.2 |
| 3.56 | 292 | 97.2 | 48.6 | 24.3 | 12.1 |
| 3.57 | 290 | 96.6 | 48.3 | 24.2 | 12.1 |
| 3.58 | 288 | 96.1 | 48.0 | 24.0 | 12.0 |
| 3.59 | 286 | 95.5 | 47.7 | 23.9 | 11.9 |
| 3.60 | 285 | 94.9 | 47.5 | 23.7 | 11.9 |
| 3.61 | 283 | 94.4 | 47.2 | 23.6 | 11.8 |
| 3.62 | 282 | 93.9 | 46.9 | 23.5 | 11.7 |
| 3.63 | 280 | 93.3 | 46.7 | 23.3 | 11.7 |
| 3.64 | 278 | 92.8 | 46.4 | 23.2 | 11.6 |
| 3.65 | 277 | 92.3 | 46.1 | 23.1 | 11.5 |
| 3.66 | 275 | 91.8 | 45.9 | 22.9 | 11.5 |
| 3.67 | 274 | 91.2 | 45.6 | 22.8 | 11.4 |
| 3.68 | 272 | 90.7 | 45.4 | 22.7 | 11.3 |
| 3.69 | 271 | 90.2 | 45.1 | 22.6 | 11.3 |
| 3.70 | 269 | 89.7 | 44.9 | 22.4 | 11.2 |
| 3.71 | 268 | 89.2 | 44.6 | 22.3 | 11.2 |
| 3.72 | 266 | 88.7 | 44.4 | 22.2 | 11.1 |
| 3.73 | 265 | 88.2 | 44.1 | 22.1 | 11.0 |
| 3.74 | 263 | 87.7 | 43.9 | 21.9 | 11.0 |
| 3.75 | 262 | 87.2 | 43.6 | 21.8 | 10.9 |
| 3.76 | 260 | 86.8 | 43.4 | 21.7 | 10.8 |
| 3.77 | 259 | 86.3 | 43.1 | 21.6 | 10.8 |
| 3.78 | 257 | 85.8 | 42.9 | 21.5 | 10.7 |
| 3.79 | 256 | 85.3 | 42.7 | 21.3 | 10.7 |
| 3.80 | 255 | 84.9 | 42.4 | 21.2 | 10.6 |
| 3.81 | 253 | 84.4 | 42.2 | 21.1 | 10.6 |
| 3.82 | 252 | 83.9 | 42.0 | 21.0 | 10.5 |
| 3.83 | 250 | 83.5 | 41.7 | 20.9 | 10.4 |
| 3.84 | 249 | 83.0 | 41.5 | 20.8 | 10.4 |
| 3.85 | 248 | 82.6 | 41.3 | 20.6 | 10.3 |

续表

| 压痕直径 $d10$，$2\times d5$ 或 $4\times d2.5$ | $\phi2.5$ mm 钢球的布氏硬度 HBW | | | $\phi5$ mm 钢球的布氏硬度 HBW | |
|---|---|---|---|---|---|
| | 1839 N($30D^2$) | 613 N($10D^2$) | 306 N($5D^2$) | 613 N($2.5D^2$) | 306 N($1.25D^2$) |
| 3.86 | 246 | 82.1 | 41.1 | 20.5 | 10.3 |
| 3.87 | 245 | 81.7 | 40.9 | 20.4 | 10.2 |
| 3.88 | 244 | 81.3 | 40.6 | 20.3 | 10.2 |
| 3.89 | 242 | 80.8 | 40.4 | 20.2 | 10.1 |
| 3.90 | 241 | 80.4 | 40.2 | 20.1 | 10.0 |
| 3.91 | 240 | 80.0 | 40.0 | 20.0 | 10.0 |
| 3.92 | 239 | 79.6 | 39.8 | 19.9 | 9.9 |
| 3.93 | 237 | 79.1 | 39.6 | 19.8 | 9.9 |
| 3.94 | 236 | 78.7 | 39.4 | 19.7 | 9.8 |
| 3.95 | 235 | 78.3 | 39.1 | 19.6 | 9.8 |
| 3.96 | 234 | 77.9 | 38.9 | 19.5 | 9.7 |
| 3.97 | 232 | 77.5 | 38.7 | 19.4 | 9.7 |
| 3.98 | 231 | 77.1 | 38.5 | 19.3 | 9.6 |
| 3.99 | 230 | 76.7 | 38.3 | 19.2 | 9.6 |
| 4.00 | 229 | 76.3 | 38.1 | 19.1 | 9.5 |
| 4.01 | 228 | 75.9 | 37.9 | 19.0 | 9.5 |
| 4.02 | 226 | 75.7 | 37.7 | 18.9 | 9.4 |
| 4.03 | 225 | 75.1 | 37.5 | 18.8 | 9.4 |
| 4.04 | 224 | 74.7 | 37.3 | 18.7 | 9.3 |
| 4.05 | 223 | 74.3 | 37.1 | 18.6 | 9.3 |
| 4.06 | 222 | 73.9 | 37.0 | 18.5 | 9.2 |
| 4.07 | 221 | 73.5 | 36.8 | 18.4 | 9.2 |
| 4.08 | 219 | 73.2 | 36.6 | 18.3 | 9.1 |
| 4.09 | 218 | 72.8 | 36.4 | 18.2 | 9.1 |
| 4.10 | 217 | 72.4 | 36.2 | 18.1 | 9.1 |
| 4.11 | 216 | 72.0 | 36.0 | 18.0 | 9.0 |
| 4.12 | 215 | 71.7 | 35.8 | 17.9 | 9.0 |
| 4.13 | 214 | 71.3 | 35.7 | 17.8 | 8.9 |
| 4.14 | 213 | 71.0 | 35.5 | 17.7 | 8.9 |
| 4.15 | 212 | 70.6 | 35.3 | 17.6 | 8.8 |
| 4.16 | 211 | 70.2 | 35.1 | 17.6 | 8.8 |
| 4.17 | 210 | 69.9 | 34.9 | 17.5 | 8.7 |
| 4.18 | 209 | 69.5 | 34.8 | 17.4 | 8.7 |

续表

| 压痕直径 $d10$，$2\times d5$ 或 $4\times d2.5$ | $\phi2.5$ mm 钢球的布氏硬度 HBW | | | $\phi5$ mm 钢球的布氏硬度 HBW | |
|---|---|---|---|---|---|
| | 1839 N($30D^2$) | 613 N($10D^2$) | 306 N($5D^2$) | 613 N($2.5D^2$) | 306 N($1.25D^2$) |
| 4.19 | 208 | 69.2 | 34.6 | 17.3 | 8.6 |
| 4.20 | 207 | 68.8 | 34.4 | 17.2 | 8.6 |
| 4.21 | 205 | 68.5 | 34.2 | 17.1 | 8.6 |
| 4.22 | 204 | 68.2 | 34.1 | 17.0 | 8.5 |
| 4.23 | 203 | 67.8 | 33.9 | 17.0 | 8.5 |
| 4.24 | 202 | 67.5 | 33.7 | 16.9 | 8.4 |
| 4.25 | 201 | 67.1 | 33.6 | 16.8 | 8.4 |
| 4.26 | 200 | 66.8 | 33.4 | 16.7 | 8.4 |
| 4.27 | 199 | 66.5 | 33.3 | 16.6 | 8.3 |
| 4.28 | 198 | 66.2 | 33.1 | 16.5 | 8.3 |
| 4.29 | 198 | 65.8 | 32.9 | 16.5 | 8.2 |
| 4.30 | 197 | 65.5 | 32.8 | 16.4 | 8.2 |
| 4.31 | 196 | 65.2 | 32.6 | 16.3 | 8.1 |
| 4.32 | 195 | 64.9 | 32.4 | 16.2 | 8.1 |
| 4.33 | 194 | 64.6 | 32.3 | 16.1 | 8.1 |
| 4.34 | 193 | 64.2 | 32.1 | 16.1 | 8.0 |
| 4.35 | 192 | 63.9 | 32.0 | 16.0 | 8.0 |
| 4.36 | 191 | 63.6 | 31.8 | 15.9 | 8.0 |
| 4.37 | 190 | 63.3 | 31.7 | 15.8 | 7.9 |
| 4.38 | 189 | 63.0 | 31.5 | 15.8 | 7.9 |
| 4.39 | 188 | 62.7 | 31.4 | 15.7 | 7.8 |
| 4.40 | 187 | 62.4 | 31.2 | 15.6 | 7.8 |
| 4.41 | 186 | 62.1 | 31.0 | 15.5 | 7.8 |
| 4.42 | 185 | 61.8 | 30.9 | 15.5 | 7.7 |
| 4.43 | 185 | 61.5 | 30.8 | 15.4 | 7.7 |
| 4.44 | 184 | 61.2 | 30.6 | 15.3 | 7.7 |
| 4.45 | 183 | 60.9 | 30.5 | 15.2 | 7.6 |
| 4.46 | 182 | 60.6 | 30.3 | 15.2 | 7.6 |
| 4.47 | 181 | 60.4 | 30.2 | 15.1 | 7.5 |
| 4.48 | 180 | 60.1 | 30.0 | 15.0 | 7.5 |
| 4.49 | 179 | 59.8 | 29.9 | 14.9 | 7.5 |
| 4.50 | 179 | 59.5 | 29.8 | 14.9 | 7.4 |
| 4.51 | 178 | 59.2 | 29.6 | 14.8 | 7.4 |
| 4.52 | 177 | 59.0 | 29.5 | 14.7 | 7.4 |

续表

| 压痕直径 $d10$，$2\times d5$ 或 $4\times d2.5$ | $\phi2.5$ mm 钢球的布氏硬度 HBW | | | $\phi5$ mm 钢球的布氏硬度 HBW | |
|---|---|---|---|---|---|
| | 1839 N($30D^2$) | 613 N($10D^2$) | 306 N($5D^2$) | 613 N($2.5D^2$) | 306 N($1.25D^2$) |
| 4.53 | 176 | 58.7 | 29.3 | 14.7 | 7.3 |
| 4.54 | 175 | 58.4 | 29.2 | 14.6 | 7.3 |
| 4.55 | 174 | 58.1 | 29.1 | 14.5 | 7.3 |
| 4.56 | 174 | 57.9 | 28.9 | 14.5 | 7.2 |
| 4.57 | 173 | 57.6 | 28.8 | 14.4 | 7.2 |
| 4.58 | 172 | 57.3 | 28.7 | 14.3 | 7.2 |
| 4.59 | 171 | 57.1 | 28.5 | 14.3 | 7.1 |
| 4.60 | 170 | 56.8 | 28.4 | 14.2 | 7.1 |
| 4.61 | 170 | 56.5 | 28.3 | 14.1 | 7.1 |
| 4.62 | 169 | 56.3 | 28.1 | 14.1 | 7.0 |
| 4.63 | 168 | 56.0 | 28.0 | 14.0 | 7.0 |
| 4.64 | 167 | 55.8 | 27.9 | 13.9 | 7.0 |
| 4.65 | 167 | 55.5 | 27.8 | 13.9 | 6.9 |
| 4.66 | 166 | 55.3 | 27.6 | 13.8 | 6.9 |
| 4.67 | 165 | 55.0 | 27.5 | 13.8 | 6.9 |
| 4.68 | 164 | 54.8 | 27.4 | 13.7 | 6.8 |
| 4.69 | 164 | 54.5 | 27.3 | 13.6 | 6.8 |
| 4.70 | 163 | 54.3 | 27.1 | 13.6 | 6.8 |
| 4.71 | 162 | 54.0 | 27.0 | 13.5 | 6.8 |
| 4.72 | 161 | 53.8 | 26.9 | 13.4 | 6.7 |
| 4.73 | 161 | 53.5 | 26.8 | 13.4 | 6.7 |
| 4.74 | 160 | 53.3 | 26.6 | 13.3 | 6.7 |
| 4.75 | 159 | 53.0 | 26.5 | 13.3 | 6.6 |
| 4.76 | 158 | 52.8 | 26.4 | 13.2 | 6.6 |
| 4.77 | 158 | 52.6 | 26.3 | 13.1 | 6.6 |
| 4.78 | 157 | 52.3 | 26.2 | 13.1 | 6.5 |
| 4.79 | 156 | 52.1 | 26.1 | 13.0 | 6.5 |
| 4.80 | 156 | 51.9 | 25.9 | 13.0 | 6.5 |
| 4.81 | 155 | 51.7 | 25.8 | 12.9 | 6.5 |
| 4.82 | 154 | 51.4 | 25.7 | 12.9 | 6.4 |
| 4.83 | 154 | 51.2 | 25.6 | 12.8 | 6.4 |
| 4.84 | 153 | 51.0 | 25.5 | 12.7 | 6.4 |

续表

| 压痕直径 $d10$，$2\times d5$ 或 $4\times d2.5$ | $\phi2.5$ mm 钢球的布氏硬度 HBW | | | $\phi5$ mm 钢球的布氏硬度 HBW | |
|---|---|---|---|---|---|
| | 1839 N($30D^2$) | 613 N($10D^2$) | 306 N($5D^2$) | 613 N($2.5D^2$) | 306 N($1.25D^2$) |
| 4.85 | 152 | 50.7 | 25.4 | 12.7 | 6.3 |
| 4.86 | 152 | 50.5 | 25.3 | 12.6 | 6.3 |
| 4.87 | 151 | 50.3 | 25.1 | 12.6 | 6.3 |
| 4.88 | 150 | 50.1 | 25.0 | 12.5 | 6.3 |
| 4.89 | 150 | 49.8 | 24.9 | 12.5 | 6.2 |
| 4.90 | 149 | 49.6 | 24.8 | 12.4 | 6.2 |
| 4.91 | 148 | 49.4 | 24.6 | 12.4 | 6.2 |
| 4.92 | 148 | 49.2 | 24.6 | 12.3 | 6.1 |
| 4.93 | 147 | 49.0 | 24.5 | 12.2 | 6.1 |
| 4.94 | 146 | 48.8 | 24.4 | 12.2 | 6.1 |
| 4.95 | 146 | 48.6 | 24.3 | 12.1 | 6.1 |
| 4.96 | 145 | 48.4 | 24.2 | 12.1 | 6.0 |
| 4.97 | 144 | 48.1 | 24.1 | 12.0 | 6.0 |
| 4.98 | 144 | 47.9 | 24.0 | 12.0 | 6.0 |
| 4.99 | 143 | 47.7 | 23.9 | 11.9 | 6.0 |
| 5.00 | 143 | 47.5 | 23.8 | 11.9 | 5.9 |
| 5.01 | 142 | 47.3 | 23.7 | 11.8 | 5.9 |
| 5.02 | 141 | 47.1 | 23.6 | 11.8 | 5.9 |
| 5.03 | 141 | 46.9 | 23.5 | 11.7 | 5.9 |
| 5.04 | 140 | 46.7 | 23.4 | 11.7 | 5.8 |
| 5.05 | 140 | 46.5 | 23.3 | 11.6 | 5.8 |
| 5.06 | 139 | 46.3 | 23.2 | 11.6 | 5.8 |
| 5.07 | 138 | 46.1 | 23.1 | 11.5 | 5.8 |
| 5.08 | 138 | 45.9 | 23.0 | 11.5 | 5.7 |
| 5.09 | 137 | 45.7 | 22.9 | 11.4 | 5.7 |
| 5.10 | 137 | 45.5 | 22.8 | 11.4 | 5.7 |
| 5.11 | 136 | 45.3 | 22.7 | 11.3 | 5.7 |
| 5.12 | 135 | 45.1 | 22.6 | 11.3 | 5.6 |
| 5.13 | 135 | 45.0 | 22.5 | 11.2 | 5.6 |
| 5.14 | 134 | 44.8 | 22.4 | 11.2 | 5.6 |
| 5.15 | 134 | 44.6 | 22.3 | 11.1 | 5.6 |
| 5.16 | 133 | 44.4 | 22.2 | 11.1 | 5.5 |
| 5.17 | 133 | 44.2 | 22.1 | 11.1 | 5.5 |
| 5.18 | 132 | 44.0 | 22.0 | 11.0 | 5.5 |

续表

| 压痕直径 d10，2×d5 或 4×d2.5 | φ2.5 mm 钢球的布氏硬度 HBW | | | φ5 mm 钢球的布氏硬度 HBW | |
|---|---|---|---|---|---|
| | 1839 N($30D^2$) | 613 N($10D^2$) | 306 N($5D^2$) | 613 N($2.5D^2$) | 306 N($1.25D^2$) |
| 5.19 | 132 | 43.8 | 21.9 | 11.0 | 5.5 |
| 5.20 | 131 | 43.7 | 21.8 | 10.9 | 5.5 |
| 5.21 | 130 | 43.5 | 21.7 | 10.9 | 5.4 |
| 5.22 | 130 | 43.3 | 21.6 | 10.8 | 5.4 |
| 5.23 | 139 | 43.1 | 21.6 | 10.8 | 5.4 |
| 5.24 | 129 | 42.9 | 21.5 | 10.7 | 5.4 |
| 5.25 | 128 | 42.8 | 21.4 | 10.7 | 5.3 |
| 5.26 | 128 | 42.6 | 21.3 | 10.6 | 5.3 |
| 5.27 | 127 | 42.4 | 21.2 | 10.6 | 5.3 |
| 5.28 | 127 | 42.2 | 21.1 | 10.6 | 5.3 |
| 5.29 | 126 | 42.1 | 21.0 | 10.5 | 5.3 |
| 5.30 | 126 | 41.9 | 20.9 | 10.5 | 5.2 |
| 5.31 | 125 | 41.7 | 20.9 | 10.4 | 5.2 |
| 5.32 | 125 | 41.5 | 20.8 | 10.4 | 5.2 |
| 5.33 | 124 | 41.4 | 20.7 | 10.3 | 5.2 |
| 5.34 | 124 | 41.2 | 20.6 | 10.3 | 5.2 |
| 5.35 | 123 | 41.0 | 20.5 | 10.3 | 5.1 |
| 5.36 | 123 | 40.9 | 20.4 | 10.2 | 5.1 |
| 5.37 | 122 | 40.7 | 20.3 | 10.2 | 5.1 |
| 5.38 | 122 | 40.5 | 20.3 | 10.1 | 5.1 |
| 5.39 | 121 | 40.4 | 20.2 | 10.1 | 5.0 |
| 5.40 | 121 | 40.2 | 20.1 | 10.1 | 5.0 |
| 5.41 | 120 | 40.0 | 20.0 | 10.0 | 5.0 |
| 5.42 | 120 | 39.9 | 19.9 | 10.0 | 5.0 |
| 5.43 | 119 | 39.7 | 19.9 | 9.9 | 5.0 |
| 5.44 | 119 | 39.6 | 19.8 | 9.9 | 4.9 |
| 5.45 | 118 | 39.4 | 19.7 | 9.9 | 4.9 |

注：表中压痕直径为 10 mm 钢球试验数值，如用 5 mm 钢球试验时，所得压痕直径增加为 2 倍，而用 2.5 mm 钢球时则增加 4 倍。例如用 5 mm 钢球在 613 N 总试验力下所得压痕直径为 1.65 mm，则在查表时用 3.30 mm(2×1.65=3.30)，而其相当硬度值为 28.4。

# 附录C 洛氏硬度与其他硬度及强度换算表

| 洛氏硬度（HRC） | 布氏硬度（HB）10/3000 | 维氏硬度（HV） | 强度 $\sigma_b$（近似值）（MPa） | 洛氏硬度（HRC） | 布氏硬度（HB）10/3000 | 维氏硬度（HV） | 强度 $\sigma_b$（近似值）（MPa） |
|---|---|---|---|---|---|---|---|
| 65 | — | 798 | — | 36 | 331 | 339 | 1140 |
| 64 | — | 774 | — | 35 | 322 | 329 | 1115 |
| 63 | — | 751 | — | 34 | 314 | 321 | 1085 |
| 62 | — | 730 | — | 33 | 306 | 312 | 1060 |
| 61 | — | 708 | — | 32 | 298 | 304 | 1030 |
| 60 | — | 587 | 2675 | 31 | 291 | 296 | 1005 |
| 59 | — | 666 | 2555 | 30 | 284 | 289 | 985 |
| 58 | — | 645 | 2435 | 29 | 277 | 281 | 960 |
| 57 | — | 625 | 2315 | 28 | 270 | 274 | 935 |
| 56 | — | 605 | 2210 | 27 | 263 | 267 | 915 |
| 55 | 538 | 587 | 2115 | 26 | 257 | 260 | 895 |
| 54 | 526 | 569 | 2030 | 25 | 251 | 254 | 875 |
| 53 | 515 | 551 | 1945 | 24 | 246 | 247 | 845 |
| 52 | 503 | 535 | 1875 | 23 | 240 | 241 | 825 |
| 51 | 492 | 520 | 1805 | 22 | 235 | 235 | 805 |
| 50 | 480 | 504 | 1745 | 21 | 230 | 218 | 790 |
| 49 | 469 | 489 | 4685 | 20 | 225 | 229 | 770 |
| 48 | 457 | 475 | 4635 | （19） | 221 | 224 | 755 |
| 47 | 445 | 461 | 1580 | （18） | 216 | 213 | 740 |
| 46 | 433 | 448 | 1530 | （17） | 212 | 208 | 725 |
| 45 | 422 | 435 | 1480 | （16） | 208 | 203 | 710 |
| 44 | 411 | 423 | 1440 | （15） | 204 | 198 | 690 |
| 43 | 400 | 411 | 1390 | （14） | 200 | 193 | 675 |
| 42 | 390 | 400 | 1350 | （13） | 196 | 184 | 660 |
| 41 | 379 | 390 | 1310 | （12） | 192 | 184 | 645 |
| 40 | 369 | 379 | 1275 | （11） | 188 | 180 | 625 |
| 39 | 359 | 369 | 1235 | （10） | 185 | 176 | 615 |
| 38 | 349 | 359 | 1200 | （9） | 181 | 172 | 600 |
| 37 | 340 | 348 | 1170 | （8） | 177 | 168 | 590 |

# 附录D 常用液压与气压传动元件图形符号

表D1 基本符号、管路及连接

| 名　　称 | 符　　号 | 名　　称 | 符　　号 |
|---|---|---|---|
| 工作管路 |  | 管端连接于油箱底部 | 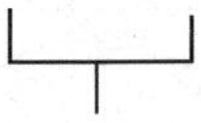 |
| 控制管路 |  | 密闭式油箱 | 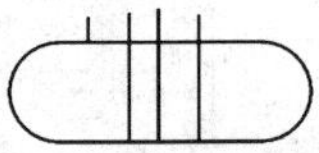 |
| 连接管路 | 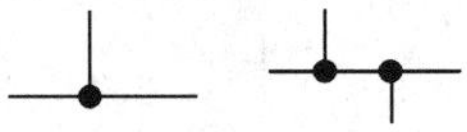 | 直接排气 | 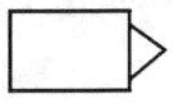 |
| 交叉管路 | 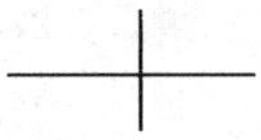 | 带连接排气 | 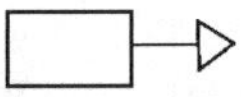 |
| 柔性管路 |  | 带单向阀快换接头 | 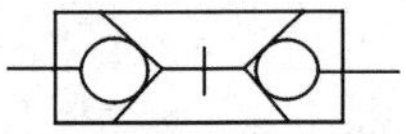 |
| 组合元件线 | | 不带单向阀快换接头 | 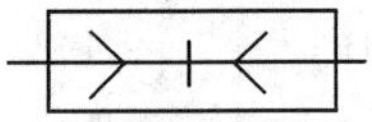 |
| 管口在液面以上的油箱 | 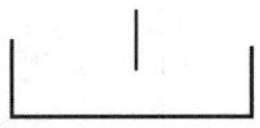 | 单通路旋转接头 | 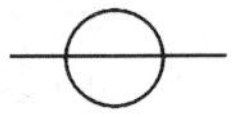 |
| 管口在液面以下的油箱 | 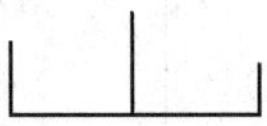 | 三通路旋转接头 | 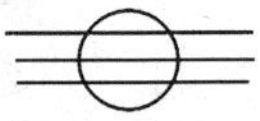 |

表D2 控制机构和控制方法

| 名　　称 | 符　　号 | 名　　称 | 符　　号 |
|---|---|---|---|
| 按钮式人力控制 | 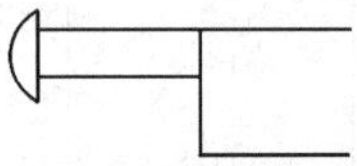 | 单向滚轮式机械控制 | 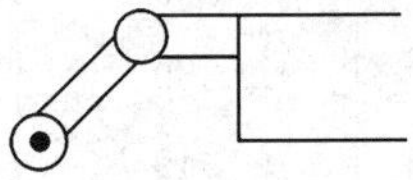 |
| 手柄式人力控制 | 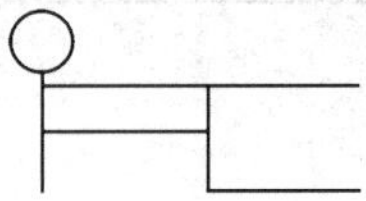 | 单作用电磁控制 | 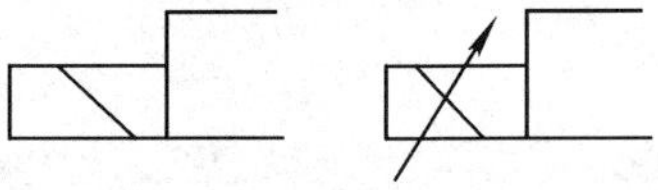 |

续表

| 名　　称 | 符　　号 | 名　　称 | 符　　号 |
|---|---|---|---|
| 踏板式人力控制 | 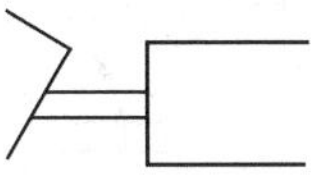 | 双作用电磁控制 | 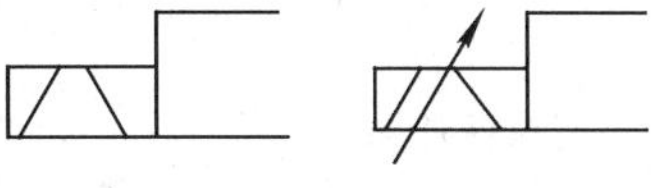 |
| 顶杆式机械控制 | 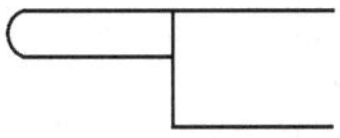 | 电动机旋转控制 | 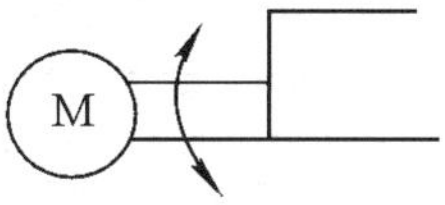 M |
| 弹簧控制 | 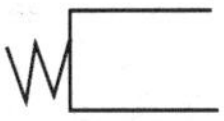 | 加压或泄压控制 | 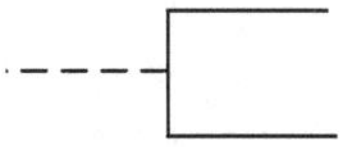 |
| 滚轮式机械控制 | 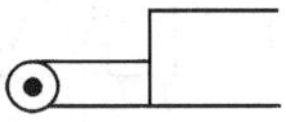 | 内部压力控制 | 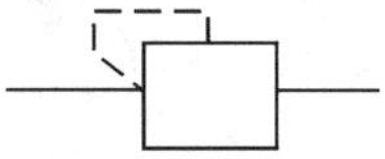 |
| 外部压力控制 | 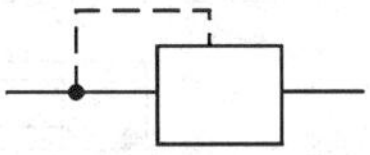 | 电-液先导控制 | 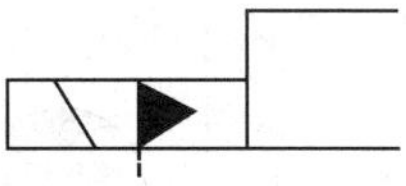 |
| 气压先导控制 | 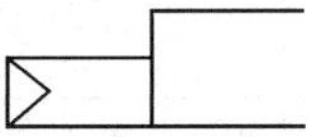 | 电-气先导控制 | 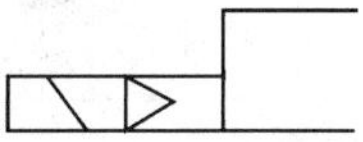 |
| 液压先导控制 | 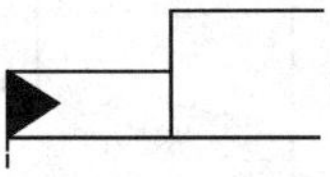 | 液压先导泄压控制 | 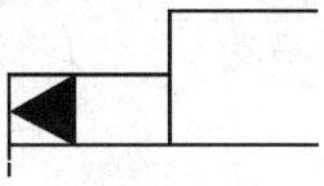 |
| 液压二级先导控制 | 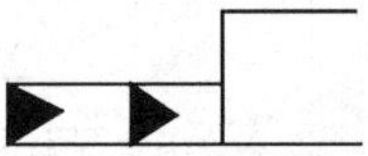 | 电反馈控制 | 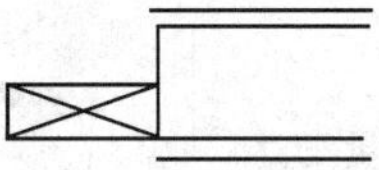 |
| 气-液先导控制 | 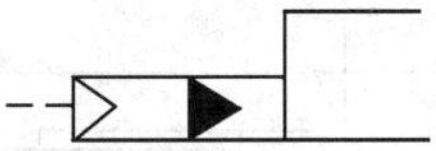 | 差动控制 | 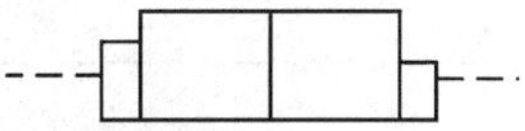 |

**表 D3　泵、马达和缸**

| 名　　称 | 符　　号 | 名　　称 | 符　　号 |
|---|---|---|---|
| 单向定量液压泵 | 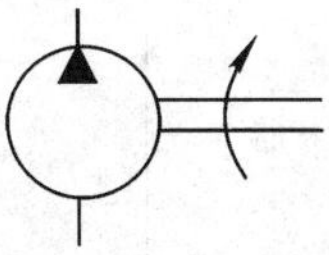 | 定量液压泵-马达 | 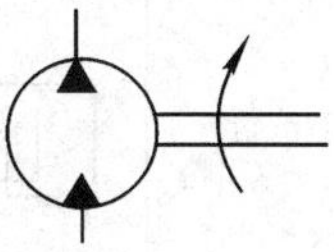 |
| 双向定量液压泵 | 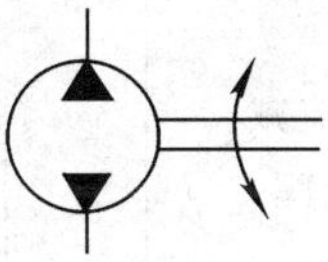 | 变量液压泵-马达 | 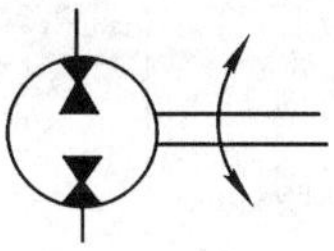 |

续表

| 名　　称 | 符　　号 | 名　　称 | 符　　号 |
|---|---|---|---|
| 单向变量液压泵 | 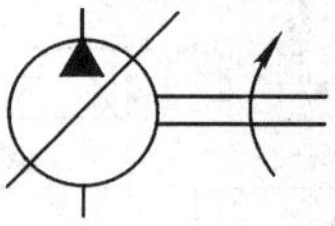 | 液压整体式传动装置 | 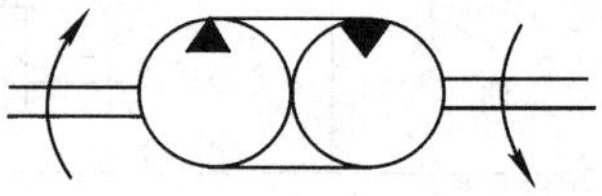 |
| 双向变量液压泵 | 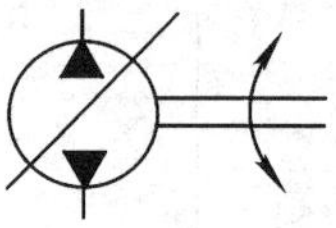 | 摆动马达 | 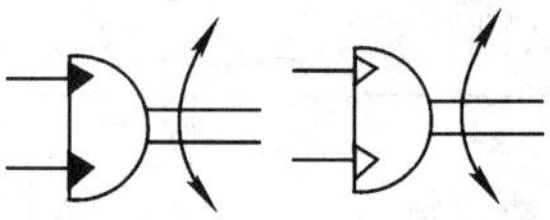 |
| 单向定量马达 | 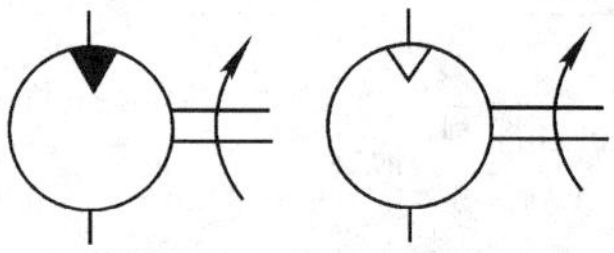 | 单作用弹簧复位缸 | 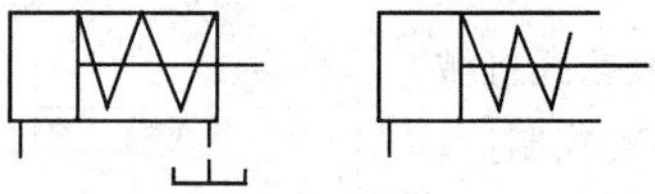 |
| 双向定量马达 | 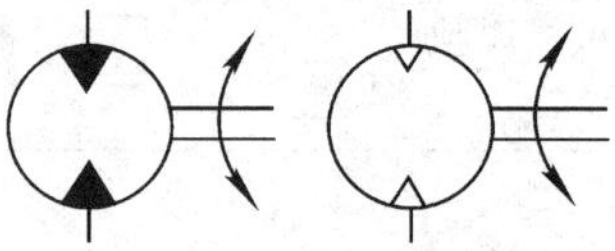 | 单作用伸缩缸 | 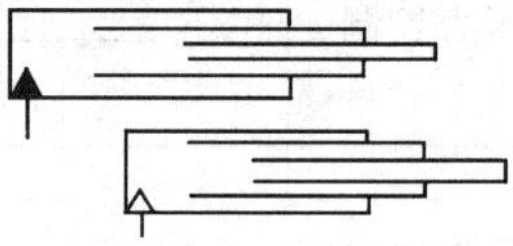 |
| 单向变量马达 | 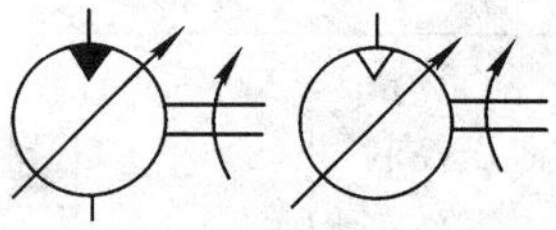 | 双作用单活塞杆缸 | 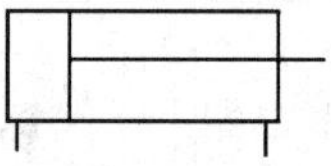 |
| 双向变量马达 | 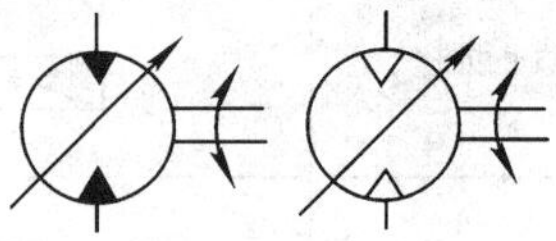 | 双作用双活塞杆缸 | 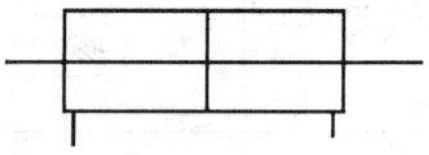 |
| 单向缓冲缸 | 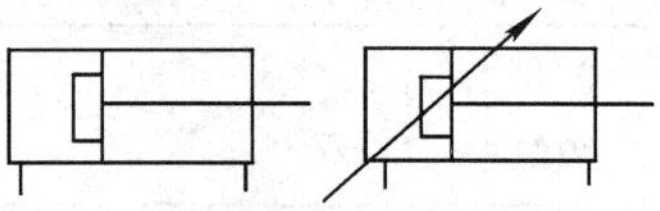 | 双作用伸缩缸 | 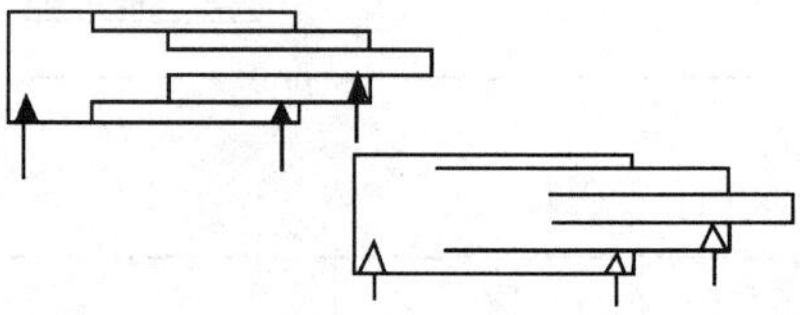 |
| 双向缓冲缸 | 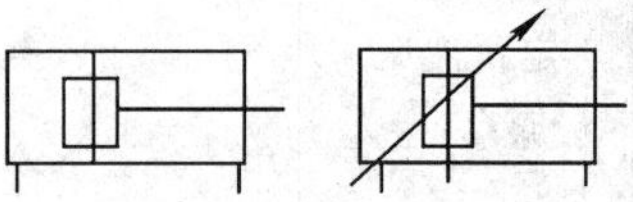 | 增压器 | 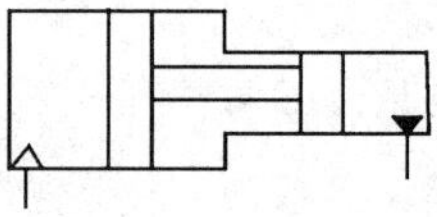 |
| 直动型溢流阀 | 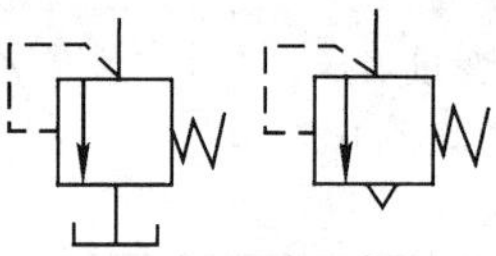 | 溢流减压阀 | 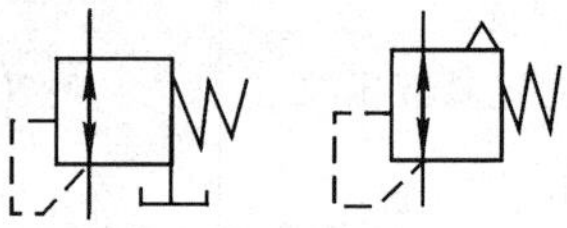 |

表 D4 控制元件

| 名称 | 符号 | 名称 | 符号 |
| --- | --- | --- | --- |
| 先导型溢流阀 | 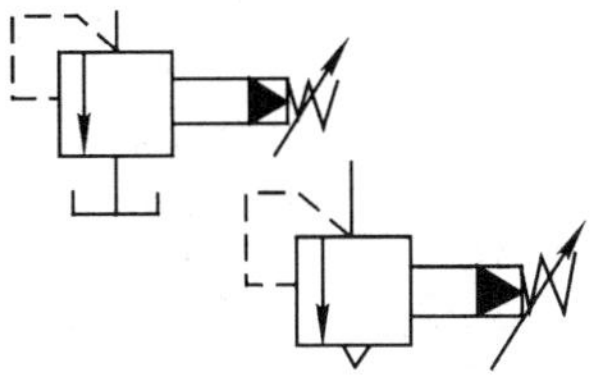 | 先导型比例电磁式溢流阀 | 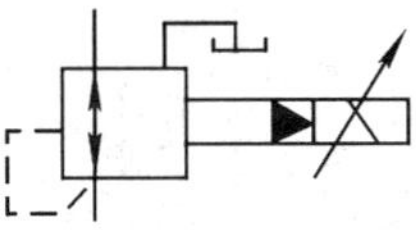 |
| 先导型比例电磁溢流阀 | 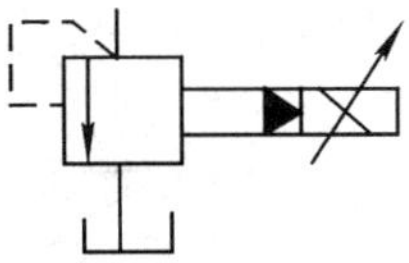 | 定比减压阀 | 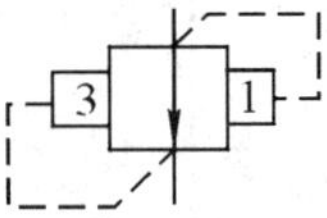 3 1 |
| 卸荷溢流阀 | 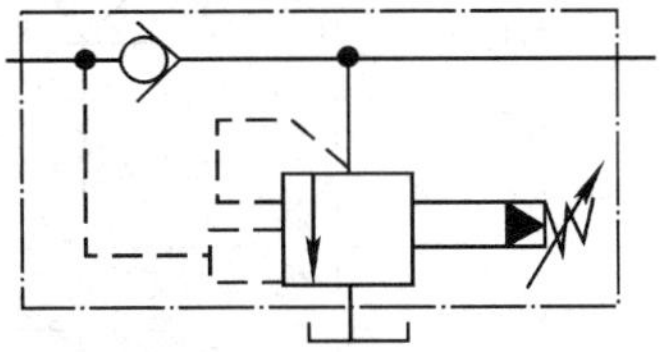 | 定差减压阀 | 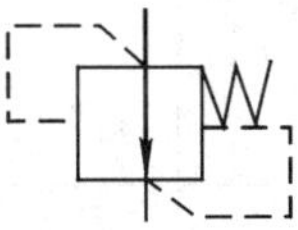 |
| 双向溢流阀 | 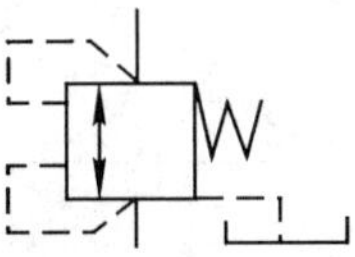 | 直动型顺序阀 | 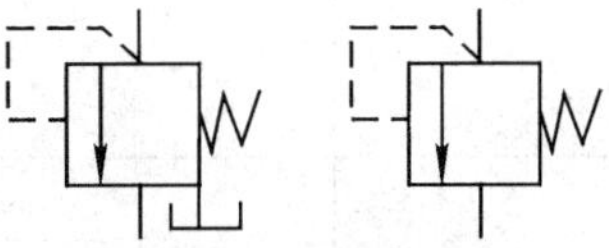 |
| 直动型减压阀 |  | 先导型顺序阀 | 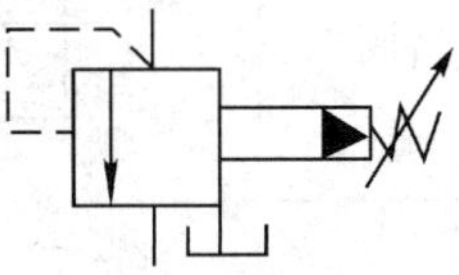 |
| 先导型减压阀 | 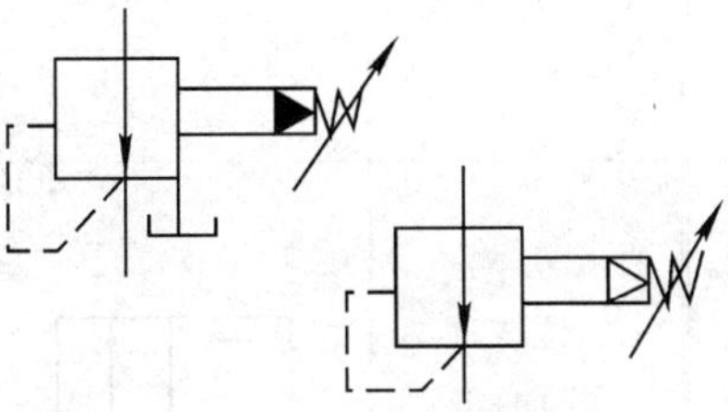 | 单向顺序阀（平衡阀） | 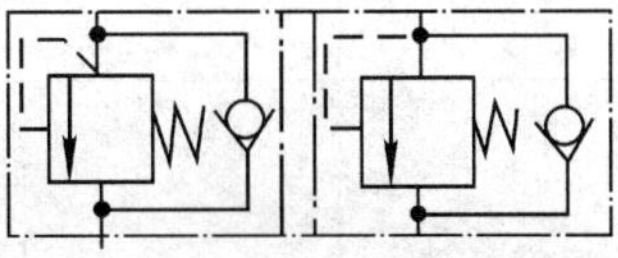 |
| 直动型卸荷阀 | 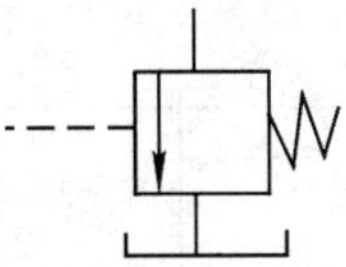 | 集流阀 | 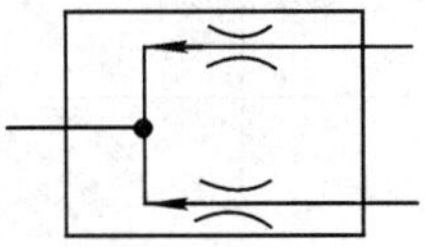 |
| 制动阀 | 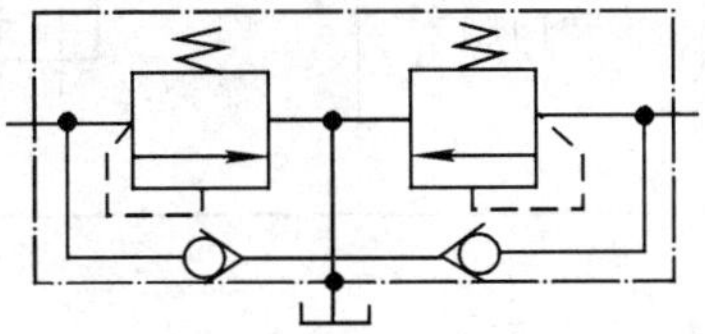 | 分流集流阀 | 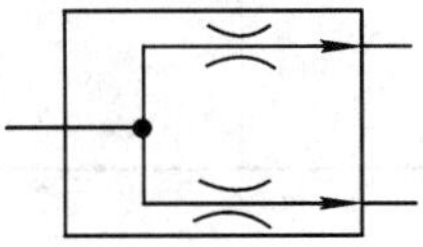 |

续表

| 名　称 | 符　号 | 名　称 | 符　号 |
|---|---|---|---|
| 不可调节流阀 | 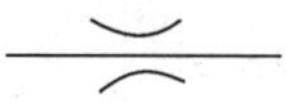 | 单向阀 | 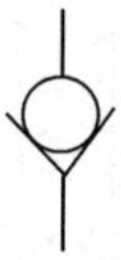 |
| 可调节流阀 |  | 液控单向阀 | 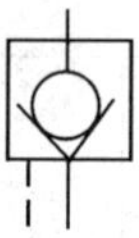 |
| 可调单向节流阀 | 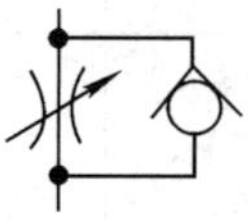 | 液压锁 | 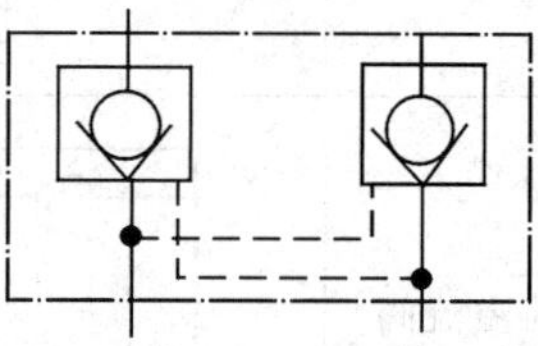 |
| 减速阀 | 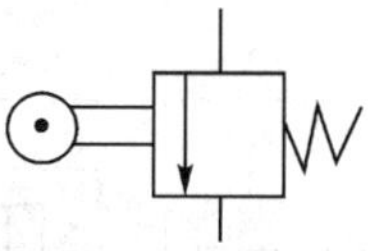 | “或”门型梭阀 | 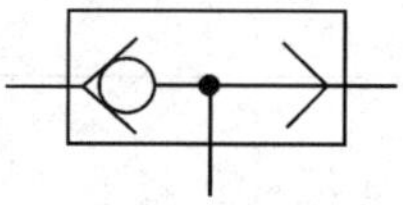 |
| 带消声器的节流阀 | 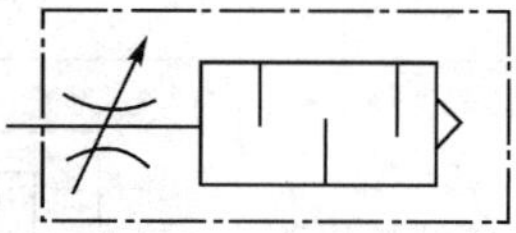 | “与”门型梭阀 | 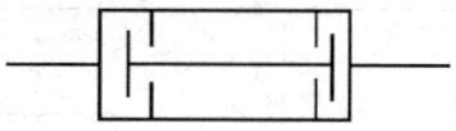 |
| 调速阀 | 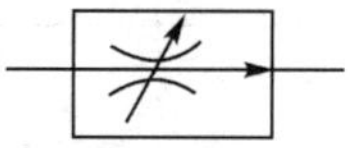 | 快速排气阀 | 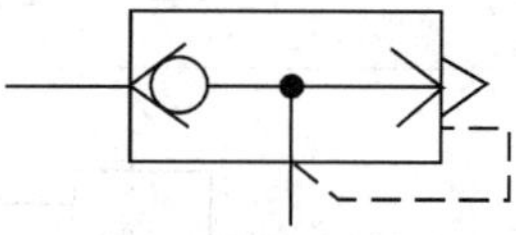 |
| 温度补偿调速阀 | 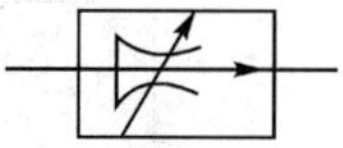 | 二位二通换向阀 | 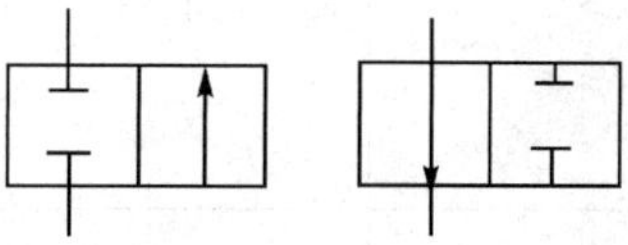 |
| 旁通型调速阀 | 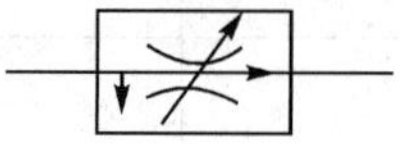 | 二位三通换向阀 | 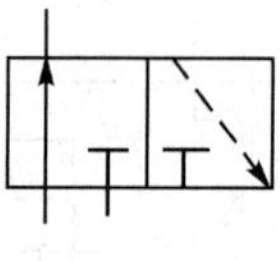 |

续表

| 名　称 | 符　号 | 名　称 | 符　号 |
| --- | --- | --- | --- |
| 单向调速阀 | 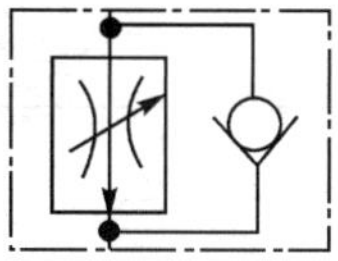 | 二位四通换向阀 | 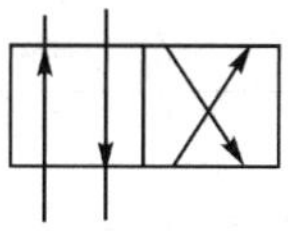 |
| 分流阀 | 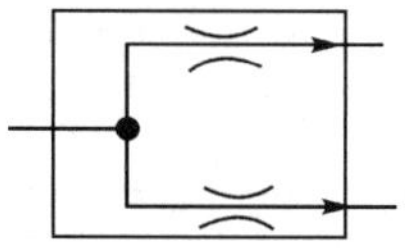 | 二位五通换向阀 | 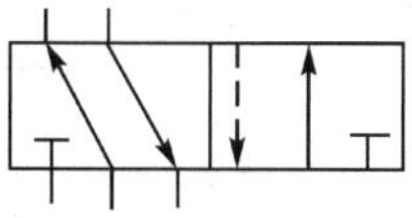 |
| 三位四通换向阀 | 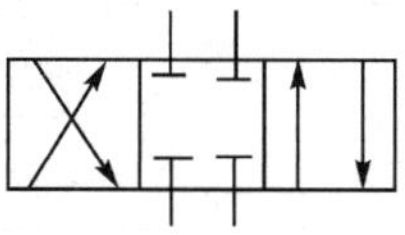 | 四通电液伺服阀 | 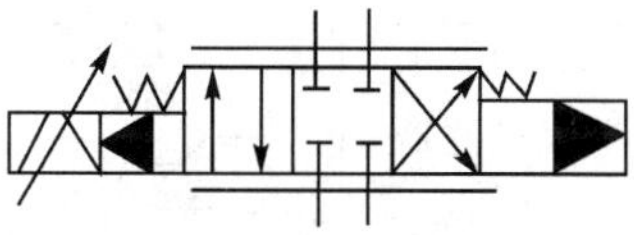 |
| 三位五通换向阀 | 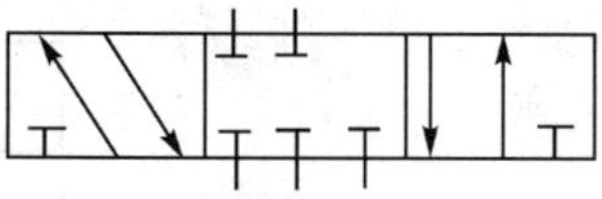 | | |

表 D5 辅助元件

| 名称 | 符号 | 名称 | 符号 |
|---|---|---|---|
| 过滤器 | | 气罐 | |
| 磁芯过滤器 | | 压力计 | |
| 污染指示过滤器 | | 液面计 | |
| 分水排水器 | | 温度计 | |
| 空气过滤器 | | 流量计 | |
| 除油器 | | 压力继电器 | |
| 空气干燥器 | | 消声器 | |
| 油雾器 | | 液压源 | |
| 气源调节装置 | | 气压源 | |
| 冷却器 | | 电动机 | M |
| 加热器 | | 原动机 | M |
| 蓄能器 | | 气-液转换器 | |

# 参考文献 CANKAOWENXIAN

[1] 林承全,余小燕,郭建农.机械设计基础学习与实训指导[M].武汉:华中科技大学出版社,2007.

[2] 林承全.机械设计基础[M].武汉:华中科技大学出版社,2008.

[3] 林承全.机械设计基础课程设计及题解[M].武汉:华中科技大学出版社,2009.

[4] 林承全,严义章.机械制造—基于工作过程[M].北京:机械工业出版社,2010.

[5] 林承全.冲压模具设计[M].北京:中国轻工业出版社,2010.

[6] 林承全,贺剑,刘合群.机械制造技术[M].武汉:华中科技大学出版社,2008.

[7] 陈位铭.汽车机械基础[M].北京:北京理工大学出版社,2009.

[8] 李铁军,梅秀珍.汽车机械基础[M].武汉:武汉理工大学出版社,2009.

[9] 林承全,杨辉.加大机械设计改革措施的研究[J].科技与企业,2007,12:251-252.

[10] 胡勇.汽车机械基础[M].北京:机械工业出版社,2008.

[11] 濮良贵,纪名刚.机械设计[M].8版.北京:高等教育出版社,2006.

[12] 林承全.模具制造技术[M].北京:清华大学出版社,北京交通大学出版社,2010.

[13] 林承全.冲压模具课程设计指导与范例[M].北京:化学工业出版社,2008.

[14] 林承全.机芯自停杆冲裁弯曲级进模的设计与制造[J].模具制造,2008,85(8):26-28.

[15] 于辉.机械设计基础教程[M].北京:北京交通大学出版社,2009.

[16] 林承全,胡绍平,杨辉.模具线切割加工中表面变质层的研究 [J].装备制造技术,2008,160(4):22-23.

[17] 林承全,罗小梅.焊片少废料级进模设计与制造的研究[J].装备制造技术,2008,157(1):8-10.

[18] 机械设计手册编委会.机械设计手册[M].北京:机械工业出版社,2004.

[19] 牛荣华.机械加工方法与设备[M].北京:人民邮电出版社,2009.

[20] 徐兵.机械装配技术[M].北京:中国轻工业出版社,2009.

[21] 于辉.公差配合与测量技术 [M].北京:北京交通大学出版社,2010.

[22] 祝燮权.实用金属材料手册[M].3版.上海:上海科学技术出版社,2008.

[23] 赵如福.金属机械加工工业人员手册[M].4版.上海:上海科学技术出版社,2006.

[24] 陈宏钧.简明机械加工工艺手册[M].北京:机械工业出版社,2008.

[25] 万文龙,邵永录.机械制造基础[M].上海:同济大学出版社,2009.

[26] 徐嘉元,曾家驹.机械制造工艺学[M].北京:机械工业出版社,2005.

[27] 余小燕,郑毅.机械制造基础[M].北京:科学出版社,2005.

[28] 李硕,栗新.机械制造工艺基础[M].2版.北京:国防工业出版社,2008.